BLACK ATHENA

黑色雅典娜

古典文明的亚非之根

（全三卷）

1

编造古希腊：
1785——1985

[英] 马丁·贝尔纳 —— 著

郝田虎　程英 —— 译

MARTIN BERNAL

VOLUME I

THE FABRICATION OF
ANCIENT GREECE : 1785-1985

THE AFROASIATIC ROOTS OF CLASSICAL CIVILIZATION

南京大学出版社

Black Athena: The Afroasiatic Roots of Classical Civilization, Volume I: The Fabrication of Ancient Greece, 1785-1985 by Martin Bernal
Copyright © Martin Bernal 1987, Reprinted 8 times
First Published by Free Association Books Publishers, represented by Cathy Miller Foreign Rights Agency, London, England.
Simplified Chinese edition copyright © Shanghai Sanhui Culture and Press Ltd, 2011, 2020
Published by Nanjing University Press
All rights reserved.

Black Athena: The Afroasiatic Roots of Classical Civilization, Volume II: The Archaeological and Documentary Evidence by Martin Bernal
Copyright © Martin Bernal 2000
First Published by Free Association Books Ltd, represented by Cathy Miller Foreign Rights Agency, London, England.
Simplified Chinese edition copyright © Shanghai Sanhui Culture and Press Ltd, 2020
Published by Nanjing University Press
All rights reserved.

Black Athena: The Afroasiatic Roots of Classical Civilization, Volume III: The Linguistic Evidence by Martin Bernal
Copyright © Martin Bernal 2006
First Published by Free Association Books Ltd, represented by Cathy Miller Foreign Rights Agency, London, England.
Simplified Chinese edition copyright © Shanghai Sanhui Culture and Press Ltd, 2020
Published by Nanjing University Press
All rights reserved.
版权登记号：图字10-2019-366号

图书在版编目（CIP）数据

黑色雅典娜：古典文明的亚非之根：全三卷 / (英) 马丁·贝尔纳 (Martin Bernal) 著；郝田虎等译
. -- 南京：南京大学出版社, 2020.7
书名原文: Black Athena: Afroasiatic Roots of Classical Civilization
ISBN 978-7-305-23267-1

Ⅰ.①黑… Ⅱ.①马… ②郝… Ⅲ.①西方文化—文化史—研究 Ⅳ.①K103

中国版本图书馆CIP数据核字(2020)第079719号

出版发行 南京大学出版社
社　　址 南京市汉口路22号　邮　编 210093
出 版 人 金鑫荣

书　　名 黑色雅典娜：古典文明的亚非之根（全三卷）
著　　者 ［英］马丁·贝尔纳
译　　者 郝田虎 程　英 李静滢 冯金朋 赵　欢
策 划 人 严搏非
责任编辑 陈蕴敏
特约编辑 张少军 张嘉宁 孔繁尘

印　　刷 山东临沂新华印刷物流集团有限责任公司
开　　本 787mm×1092mm 16开　印张 135　字数 2032千字
版　　次 2020年7月第1版　2020年7月第1次印刷
ISBN 978-7-305-23267-1
定　　价 398.00元

网　　址 http://www.njupco.com
官方微博 http://weibo.com/njupco
官方微信 njupress
销售热线 (025) 83594756

纪念我的父亲，

约翰·德斯蒙德·贝尔纳，

他教导我：

事物有趣地配合在一起

目录

中译本序

我很高兴《黑色雅典娜》第一卷能翻译成中文，这有若干理由。首先，它连接了我生命中的两大学术爱好，中国和"黑色雅典娜"项目。在我于剑桥正式开始学习汉语之前，我和中国的联系就开始了。第二次世界大战期间，我七岁时，作家兼翻译家萧乾给了我一本他的书《中国而非震旦》（*China But Not Cathay*），当时他是伦敦大学亚非学院的讲师。在书的卷首插图中，他陈述了该书的主题，即中国不是神秘的东方天堂，而是一个真实的地方，中华民族当时饱受日本侵略、政治腐败和自然灾害的苦难，但中国人民的力量终将战胜苦难。我最受吸引的地方是，他把这些用毛笔以中文写出来，辅以蓝墨水的英文翻译。

当我的父亲 J. D. 贝尔纳带我到剑桥拜访他的老朋友和同事李约瑟时，后来的联系就此形成了。李约瑟的书房里满是中文书和中国同事，他们耐心地解答了我关于中国的许多问题。我在剑桥正式开始学习汉语是 1957 年，1959 年——整整五十年前！——我终于前往中国，在北大和其他外国学生一起留学。这是"大跃进"开始的"苦涩年代"。虽然对我们西方人来说，物质条件很艰苦，但我在那里的数个月里，中国对我的吸引和我对中国的了解都增强了。

我回到剑桥和毕业以后，开始了"五四运动"前中国社会主义思潮的研究计划。虽然我最终出版了关于这个题目的一本小书，但在 20 世纪 60 年代，我越来越被两个重要的政治发展分神。其一是在印度支那的战争，这使我参与了反对美国侵略的政治活动。其二是"文化大革命"，我发现它既痛苦，又迷人。这两个过程在 1975/1976 年结束，正是在那时，我改变了研究领域。我意识到，随着东亚和东南亚紧张局势的缓和，在西南亚，尤其是围绕着以色列国，紧张在增加，因此也变得更加有趣。

并不是我不再卷入中国，而是我被新题目吸引了。这其中有个人因素，因为我虽然从小接受的是无神论教育，没有任何犹太教（或基督教）背景，但我有一些犹太血统。因此，我开始以特别的兴趣，但是用世俗的方式研究犹太历史。我无法接受通常的目的论／宗教方法，它认为犹太人是"上帝的选民"，拥有对巴勒斯坦土地的神圣权力。根据这一观点，犹太人被视为不同于居住在地中海东部地区的其他古代民族。我却想在其背景中看待犹太人，他们与腓尼基人、迦南人和埃及人有着民族和文化关系。我很快意识到，所有这些民族都与古希腊人有密切联系。这实际上是古典时期，即公元前 6 世纪到公元前 4 世纪希腊人自己的观点。但很久以后，古希腊人在历史编纂上深深陷入 19 世纪北欧制造的"神话"中，这一神话使得他们迥然相异于他们南面和东面说闪米特语和埃及语的文化。

正是这一故事的不可信性引导我进入了《黑色雅典娜》项目。我开始遵从少数学者的意见，他们认为希腊神话和黎凡特闪米特神话之间存在细致的相似性。从这里出发，我在两个方向上继续探索，首先我将相似性拓展到语言，尤其是词汇，其次我开始相信，埃及影响如果不比闪米特影响更重要的话，也是同等重要。因此，我开始寻找证据，以验证古希腊人的断言，即他们的宗教、数学和哲学是以埃及为基础的。

在《黑色雅典娜》的日译本序言中，我指出，我发现日本为古希腊提供了有用模式。毫无疑问，最早的日本文化的一些基本要素完全不同于中国，而且两种语言根本上不相联系。但另一方面，忽视、贬低或否认中国对日本文明各个方面的影响，包括服饰、建筑、艺术、音乐、写作和词汇等，将是荒谬可笑的。然而，西方古典学家就是这样对待他们的"日本"，即希腊的。他们几乎完全从本土和北方的根源方面研究希腊文化。这种方法注定要失败。借用一下 20 世纪中国有名的领导人制定的原则，我认为，在这一情况下，我们应该"两条腿走路，土法和洋法并举"*。

---

* 这是毛泽东的话。——译者注

如果日本模式与古希腊模式相似，那么，很明显与中国相对应的西方祖先就是埃及。古埃及吸取了其他非洲和西南亚民族的精华，它有延续了许多个千年的文化统一，发展出了独具特色、自成一体的文明，这一文明对相邻社会的文明有重大影响。同样，中国文化的一些要素来自中亚和印度。但是，这些借用被完全整合进了本土的基础。中华文明对整个东亚具有中心意义，它给予的比它得到的要多得多。18 世纪欧洲作家赞许地看到古埃及和中国之间的相似：官僚统治，对仪式和理性的强调，平民控制军队，重视稳定而非变化，书面符号有语音和语义内容，等等；相似性还表现在两个国家与周边社会相对位置的结构等同性。

我必须承认，我曾经以为，将任何一卷《黑色雅典娜》翻译成中文都是不可能的，因为这个任务太艰巨了。现在，郝田虎和程英证明我是完全错误的。我从心底里感激他们，谢谢他们为翻译付出的精力和毅力。

马丁·贝尔纳
2009 年 7 月

前言与致谢

　　《黑色雅典娜》背后的故事漫长而复杂，而且我相信非常有趣，足以作为知识社会学领域的个案研究，值得进行充分探讨；所以我在此只能勾勒出简要的轮廓。我接受的训练是中国研究；几乎二十年中，我做的都是有关中国的教学科研工作，研究领域是 20 世纪之交中国和西方的思想关系以及当代中国政治。1962年以后，我对印度支那战争日益关心，在英国几乎不存在任何有关越南文化的严肃学术成果的情况下，我觉得有义务研究越南文化。这既是为反抗美国在那里的压迫运动做贡献，也是因为越南本身有迷人的、极其吸引人的文明，其性质既是彻底混合的，又是完全特殊的。我也研究过日本的历史，在许多方面，越南和日本为我研究希腊提供了模式。

　　1975 年，我遭遇了中年危机。危机的个人原因并不特别有趣。但是，在政治上，它与美国在印度支那的干涉结束以及我意识到中国的毛泽东时代即将结束有关。在我看来，现在世界上危险和兴趣的中心焦点不再是东亚，而是地中海东部地区。这一转变使我开始关心犹太历史。我血统中分散的犹太成分会给试图适用纽伦堡法案的评估者带来噩梦，我虽然很高兴有这些犹太成分，但此前并未过多想过它们，也没有过多思考过犹太文化。正是在这一阶段，我被我的"根"中的这个部分以一种浪漫的方式迷住了。我开始调查犹太古代历史，由于我本人处于边缘，我还调查了以色列人与周围民族，尤其是迦南人和腓尼基人之间的关系。我一直知道，后者说闪米特语，但我震惊地发现，说希伯来语的人和说腓尼基语的人彼此听得懂，严肃的语言学家把二者当作单一的迦南语的**方言**。

在此期间，我开始学习希伯来语，发现了在我看来希伯来语和希腊语之间大量的惊人相似。有两个因素使我不能接受这些只是偶然的巧合。第一，我学习过汉语、日语、越南语和一点齐切瓦语［（Chichewa）一种在赞比亚和马拉维口头使用的班图语］，意识到如此数量的相似之处在彼此没有接触的语言中是不正常的。第二，我现在意识到希伯来语／迦南语不仅是在巴勒斯坦的山区与世隔绝的内陆一个小部落的语言，它还是整个地中海地区的通用口头语，遍布腓尼基人航海和定居的地方。因此，在我看来，没有理由认为希腊语和希伯来语中有着大量相似声音和相似意义的重要词汇——或者至少这些词语中间缺乏印欧语词根的词汇——不是从迦南语／腓尼基语进入希腊语的借词。

在此阶段，在我的朋友 David Owen 的引导下，我受到 Cyrns Gordon 和 Michael Astur 的著作很深的影响，他们论述的是闪米特和希腊文明之间的一般性接触。而且，Astur 使我信服，腓尼基人卡德摩斯创建底比斯的传说包含真实的内核。但是，像他一样，我摒弃了埃及殖民的传说，认为它们是彻底的幻想或者搞错了身份，而相信殖民者实际上是说闪米特语的人，无论希腊人是如何记录的。

我在这个方向研究了四年，最后确信，多达四分之一的希腊语词汇其来源可以追溯到闪米特。这些，连同百分之四十到五十的印欧语词汇，仍然有四分之一到三分之一的希腊语词汇无从解释。这一不可减缩的部分习惯上被认为是"前古希腊的"，或者假定一种第三外部语言，安纳托利亚语或者我认可的胡里安语——在这两种意见之间我摇摆不定。但是，当我调查这些语言时，它们几乎没有提供什么有希望的材料。只是在 1979 年，当我浏览一本切尔尼（Černy）的《科普特语词源词典》时，我才能对晚期古代埃及语有一些感觉。我几乎立刻意识到这就是那第三种外部语言。在几个月的时间内，我确信，埃及语可以为百分之二十到二十五的希腊语词汇提供可信的词源，以及多数希腊神灵名字和许多地名的词源。把印欧语、闪米特语和埃及语词根放到一起，加上进一步研究，我现在相信，可以为百分之八十到九十的希腊语词汇提供可信的解释，这在任何语言中都是一个相当高的比例。因此，现在根本没有必要寻找"前古希腊的"因素了。

在我研究的开始，我就不得不面对这一问题：如果一切都像你坚称的那样简单和明显，为什么以前没有人认识到呢？我读了 Gordon 和 Astur 的书，这个问题得到了回答。他们将地中海东部地区视为一个文化上的整体，阿斯特还证实，反犹主义解释了为何否认腓尼基人在希腊形成过程中扮演的角色。在偶然发现埃及成分之后，我很快更加剧烈地卷入了"我为什么从前没有想起埃及？"的问题。它是如此明显！在希腊形成的几千年期间，埃及在地中海东部地区拥有最伟大的文明。希腊作家们详细记述了他们从埃及宗教和文化的其他元素中得到的恩惠。而且，我发现我没有想到这一点更加令人困惑，因为我的外祖父是一位埃及学家，我孩提时对古代埃及极其感兴趣。显然，针对将埃及与希腊联系起来存在着很深的文化阻隔。

在这一时刻，我开始调查有关希腊起源的历史写作，以便确定希腊人真的相信他们被埃及人和腓尼基人殖民过，他们的大部分文化得自这些殖民地，以及后来对黎凡特的研究。

我又一次非常吃惊。我吃惊地发现，我开始称为"古代模式"的东西直到19 世纪早期才被推翻，我被教导的希腊史版本远远不是像希腊人本身一样古老，而只是在 19 世纪四五十年代才发展起来。Astur 教导我，历史写作中对腓尼基人的态度受到了反犹主义的深刻影响；因此，我很容易将摒弃埃及人与 19 世纪北欧种族主义的爆发联系起来。与浪漫主义的联系以及埃及宗教和基督教之间的紧张状况则花费了更长的时间才弄清楚。

因此，总的来看，《黑色雅典娜》中展开的规划耗费了我十多年的精力。在此期间，我在剑桥和康奈尔都是公认的讨厌鬼。我像老水手一样，拦下无辜的过路人，向他们诉说我最新的不完善的想法。我从这些"婚礼宾客"身上受惠良多，即便只是因为他们耐心地听讲。* 我更感激他们提出的极有价值的建议，虽然我仅仅向他们中的一些人表示了感谢，他们对我工作的帮助是无法计算的。最重要的是，我想感谢他们对我的论题表现出来的激动，感谢他们给予了我信心，使我相信挑战如此众多的学术学科的权威不是疯狂。他们似乎相信我所说的，他们使我信服，虽然我的一些具体观点大概是错误的，但我的方向是正确的。

---

* 老水手和"婚礼宾客"的典故出自英国浪漫主义诗人柯尔律治的著名诗作《古舟子咏》。——译者注

我亏欠专家们的是一种不同的感激。他们不只是挡着我的道。我追到他们休息的地方，不断打扰他们，请求他们提供基本信息，解释他们自己的观点背后或流行的看法背后的原因。尽管我过多占用了他们宝贵的时间，尽管我有时搅乱了他们最珍视的信念，但他们都很有礼貌，都很有帮助，经常为了我付出相当的努力。"婚礼宾客"和专家的帮助对我的规划具有核心的、必不可少的意义。在许多方面，我把整个事情视为集体的而非个人的努力。一个人不太可能覆盖所有相关领域。但是，即便有了这些大量的外来帮助，我也不可避免地没有做到专题研究应该具有的彻底性。而且，我充分意识到自己没有理解或没有适当吸收我所收到的许多最好的建议。所以，读者将会发现许多事实或阐释的错误，但下面提到的任何一个人都不应以任何方式为这些错误负责。然而，这一著作的荣誉归于他们。

首先，我愿意感谢那些先生和女士，没有他们，本书将无法完成：Frederic Ahl、Gregory Blue，已故和受到深切哀悼的 Robert Bolgar、Edward Fox、Edmund Leach、Saul Levin、Joseph Naveh、Joseph Needham、David Owen，以及 Barbara Reeves。他们以不同的比例，给予我信息、建议、建设性的批评、支持和鼓励，对这几卷书起了关键作用。他们都是异常繁忙的人，本身都从事着极端重要和迷人的项目。在这种情况下，他们为我的工作花费了大量时间，批评我经常给他们看的很初步的成果，我的感动已非语言可以表达。

我还想感谢以下的先生和女士——那些现在已逝的人，我想记录下对他们的感激——因为他们投入时间，不怕麻烦，帮助了我：Anouar Abdel-Malek、Lyn Abel、Yoël Arbeitman、Michael Astour、Shlomo Avineri、Wilfred Barner、Alvin Bernstein、Ruth Blair、Alan Bomhard、Jim Boon、Malcolm Bowie、Susan Buck Morse、Anthony Bullough、Carol Caskey、Alan Clugston、John Coleman、Mary Collins、Jerrold Cooper、Dorothy Crawford、Tom Cristina、Jonathan Culler、Anna Davies、Frederick de Graf、Ruth Edwards、Yehuda Elkana、Moses Finley、Meyer Fortes、Henry Gates、Sander Gilman、Joe Gladstone、Jocelyn Godwin、Jack Goody、Cyrus Gordon、Jonas Greenfield、Margot Heinemann、Robert Hoberman、Carleton Hodge、Paul Hoch、Leonard Hochberg、Susan Hollis、Clive Holmes、Nicholas Jardine、Jay Jasanoff、Alex Joffe、Peter Kahn、Richard Kahn、Joel Kupperman、Woody Kelley、Peter Khoroche、Richard Kline、Diane

Koester、Isaac Kramnick、Peter Kuniholm、Annemarie Kunzl、Kenneth Larsen、Leroi Ladurie、Philip Lomas、Geoffrey Lloyd、Bruce Long、Lili McCormack、John McCoy、Lauris Mckee、Edmund Meltzer、Laurie Milroie、Livia Morgan、John Pairman Brown、Giovanni Pettinato、Joe Pia、Max Prausnitz、Jamil Ragep、Andrew Ramage、John Ray、David Resnick、Joan Robinson、Edward Said、Susan Sandman、Jack Sasson、Elinor Shaffer、Michael Shub、Quentin Skinner、Tom Smith、Anthony Snodgrass、Rachel Steinberg、Barry Strauss、Marilyn Strathern、Karen Swann、Haim Tadmore、Romila Thapar、James Turner、Steven Turner、Robert Tannenbaum、Ivan van Sertima、Cornelius Vermeule、Emily Vermeule、Gail Warhaft、Peter Warren、Linda Waugh、Gail Weinstein、James Weinstein，以及 Heinz Wismann。我尤其要感谢他们中的一些人，这些人强烈反对我试图要做的东西，但仍然会意地、情愿地提供了非常有用的帮助。

对康奈尔大学政治系的每一个人，我愿表达深深的感激，他们不仅容忍，而且鼓励我从事一个离政治系的通常关注如此遥远的项目。同样，我愿感谢特柳赖德会所（Telluride House）的所有人，许多年以来，他们对我热情好客，他们智力上的激励引导我转向新的领域。我对康奈尔大学人文学科学会的每一个人也很感激，1977—1978 年我在那里度过了成果丰硕、非常幸福的一年。

我深深地受惠于我的出版者 Robert Young，他对我的项目充满信心，经常为我提供帮助和鼓励。与此同时，我想感谢我的编辑 Ann Scott，她为本卷书做了大量耐心的工作并且以同情的方式大大改进了文本的质量，而没有伤害我的自尊心。我深深感谢两位学术审稿人 Neil Flanagan 和 Holford-Strevens 博士，以及文字编辑 Gillian Beaumont。我可以向读者保证，这本书中仍然存在的许多错误、不一致、不恰当的地方比起文本在经过他们专业的仔细审阅之前大量存在的毛病来，简直不值一提。尽管他们极其棘手的任务伴随着种种沮丧，但他们在和我交往的整个过程中异常耐心，非常令人高兴。我还想感谢 Kate Grillet，她为我制作了地图和表的第一草稿，在对我匆忙、不确切的指令的阐释中，她表现出异乎寻常的技巧。我也很感谢我的女儿 Sophie Bernal，她帮我做了参考书目，做勤杂工作时愉快而耐心。

我从我母亲 Margaret Gardiner 那里得到的恩惠不可估量，她给了我基本教育和自信心。更特别的是，她提供了金钱，以便我完成这一卷书，她还为绪言提供了宝贵的编辑帮助。我还想感谢我的妻子 Leslie Miller-Bernal，她提出了有用的判断和批评，但首要的是，她提供了热情的感情基础，如此巨大的智力事业的成功完全依赖于此。最后，我想感谢 Sophie、William、Paul、Adam 和 Patrick，因为他们的爱，因为他们使我如此坚定地植根于真正要紧的事情。

转写和表音拼法

埃及语

埃及语词汇所用的拼字法是被现代埃及学家接受的标准拼字法，唯一的例外是用ꜣ来代表"兀鹫或双重ʾaleph"，它经常被印刷为两个上下紧挨着的逗号。

无论古埃及语中ꜣ的确切声音是什么，它在闪米特语手书中被转写为 r，l，甚至 n。这一辅音值至少直到公元前 17 世纪的第二中间期仍然保留着。在晚期埃及语中，它似乎成为一个ʾaleph；后来，它像南部英语的 r 一样，仅仅变换邻近的元音。ꜣ是埃及学家使用的字母表顺序中第一个符号，我下面继续讨论其他有着晦涩或困难音值的字母。

埃及语 i 对应闪米特语的ʾaleph 和 yōd。ʾAleph 在许多语言中都有发现，几乎所有亚非语中都有它。它是元音前的喉塞音，正如伦敦东区土话中的"boʾle"或者"buʾe"（"bottle"和"butter"）。

埃及语ʿayin 也出现在多数闪米特语言中，它是发音的或说出来的ʾaleph。埃及语形式似乎与"后"元音 o 和 u 有联系。

在早期埃及语中，符号 w 写作鹌鹑小鸟，可能有纯粹的辅音值。在晚期埃及语中——对希腊语影响最大的埃及语形式——它似乎经常被读作元音，o 或者 u。

写作 r 的埃及语符号在闪米特语和希腊语中通常转写为 l。在后来的埃及语中，它似乎和 ꜣ 一样弱化，仅仅成为元音的变换者。

拉丁化为 ḥ 的埃及语和闪米特语字母似乎被读作强调的 h。

埃及语和闪米特语 ḫ 代表的声音类似"loch"中的 ch。后来，它完全与字母 š 混淆。

埃及语字母 ẖ 似乎代表着声音 ḫy。它也变得与 š 混淆。

本书写作 s 的字母过去转写为 s 或 z。

š 读作 sh 或 skh。后来，它变得与 ḫ 和 ẖ 严重混淆。

ḳ 代表着强调的 k。我以不一贯的方式，遵从闪米特学家的普遍实践，使用 q 来代表闪米特语中的同样声音。

字母 ṭ 大概原本读作 tʸ。但是，甚至在中期埃及语中，它就与 t 混淆。

同样，ḍ 经常与 d 互换。

埃及名字

埃及神灵的名字根据最常见的希腊语进行元音化：例如，ꞌlmn 转写为 Amon。

君王的名字一般采用 Gardiner（1961）著名法老的希腊名字的版本，例如 Ramessēs。

科普特语

科普特语字母表的多数字母来自希腊语，所以使用同样的转写形式。源自古埃及世俗体的六个额外字母转写方式如下：

| ⳛ š | ⳝ ḫ | ⳋ ḍ |
| ⳅ f | ⳉ h | ⳟ ǧ |

闪米特语

闪米特语辅音的转写相对符合惯例。几个复杂的情形上面讲埃及语时已经提到。除此以外，还有如下情况：

在迦南语中，声音 ḫ 和 ḥ 融为一体。本书的转写有时反映词源的 ḫ，而非后来的 ḥ。ṭ 是强调的 t。

通常转写为 th 的阿拉伯语发音本书写作 tʸ。dh/dʸ 是同样的情况。

乌加里特语中与阿拉伯语 Ghain 相对应的字母转写为 ġ。

闪米特语中强调的 k 写作 q，而非埃及语中的 ḳ。闪米特语字母 Tsade 几乎肯定读作 ts，它写作 ṣ。在希伯来语中，从公元前一千纪起，字母 Shin 写作 š。但在别处，它仅仅转写为 s，而非 š，因为我质疑后一发音的古代性和范围（Bernal，即出，1988）。然而，这带来与字母 Samekh 的混淆，后者也转写为 s。字母 Sin 转写为 ś。

转写中不标明字母中点（dagesh）或塞-擦字母（begadkepat）。* 这是为了简单起见，也是因为我怀疑它们在古代的范围和发生。

元音化

《圣经》马所拉本的元音化完成于公元 9 和 10 世纪，但反映了古老得多的发音，其转写如下：

符号名称	无装饰	带ʸ y	带ו w	带ה h
Pataḥ	בַ ba	—	—	—
Qåmeṣ	בָ bå	בָי bâ	—	בָה båh
Ḥîreq	בִ bi	בִי bî	—	—
Ṣērê	בֵ bē	בֵי bê	—	בֵה bēh
Sᵉgōlbe	בֶ be	בֶי b	—	בֶה beh
Ḥōlem	בֹ bō	——	בוֹ bô	בה bōh
Qibû	בֻ bu	——	בוּ bû	

弱化元音转写为：

בְ bᵉ   חֲ ḥă   חֱ ḥĕ   חֳ ḥŏ

---

* 字母中点（dagesh）指置于希伯来字母内的点，表示辅音重复，或者表示辅音是塞音，而非擦音。塞-擦字母（begadkepat）指古希伯来语的六个字母，它们有两种发音，加字母中点时为塞音，没有时是擦音。——译者注

重音符号和祷文吟诵通常不标出。

希腊语

辅音的转写是标准的方式。

υ 转写为 y。

长元音 η 和 ω 写作 ē 和 ō，有区别性的长 α 写作 ā。

重音符号通常不标出。

希腊名字

译写希腊名字时不可能保持一致，因为一些名字太有名了，不得不给出它们的拉丁形式，例如 Thucydides 或 Plato，而非希腊语形式 Thoukydidēs 或 Platōn。另一方面，把鲜为人知的人名或地名改写成拉丁形式是荒谬的。因此，比较常见的名字以拉丁形式给出，而其余名字直接从希腊语译写。只要有可能，我就遵从彼得·列维（Peter Levi）对帕萨尼亚斯的翻译，该译文保持的良好平衡符合我的趣味。但是，这意味着许多长元音在名字的转写中没有标注。

地图和表

表1

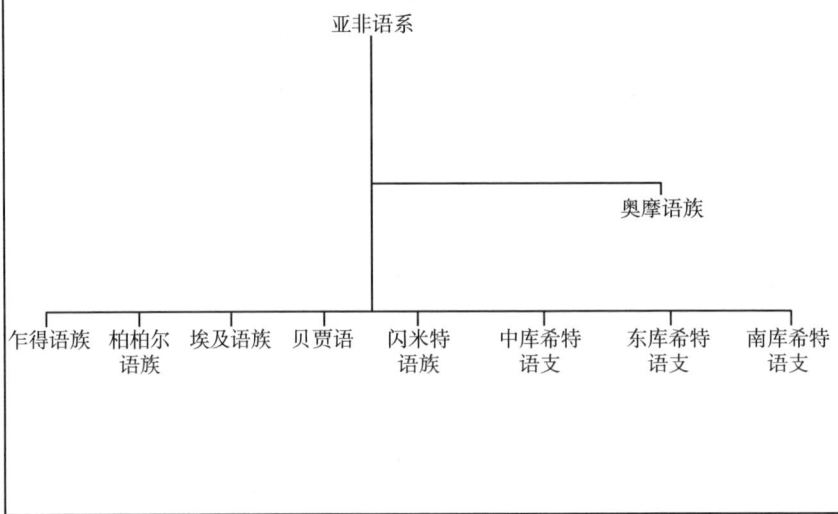

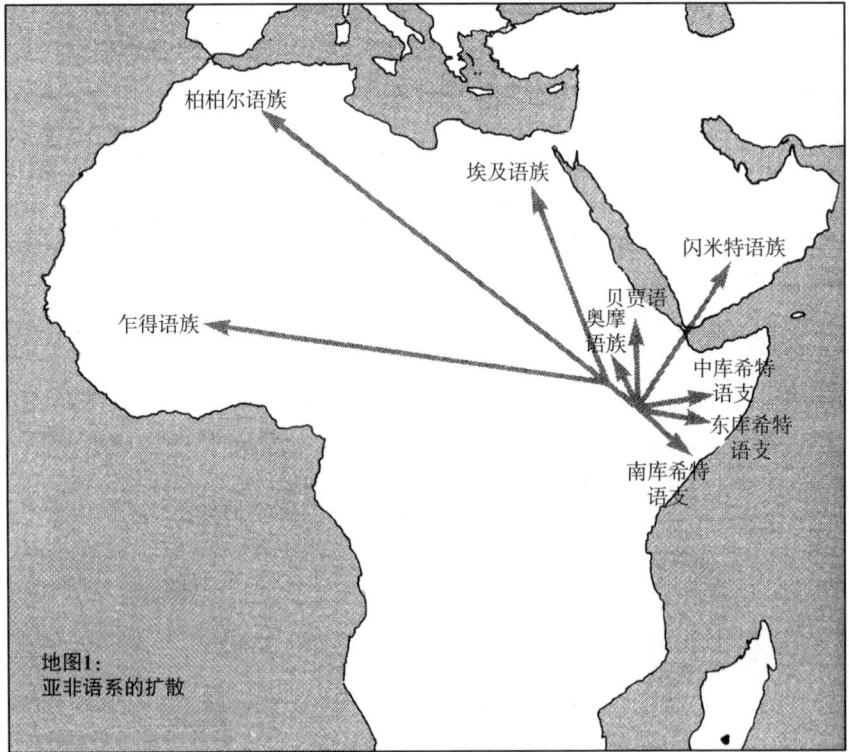

地图1：
亚非语系的扩散

古英语　弗里斯兰语　斯堪的纳维亚语　德语　南斯拉夫语支　塞尔维亚语

哥特语　西斯拉夫语支　波兰语　捷克语　立陶宛语　现代印度语

罗曼语族　罗曼语族　日耳曼语族

拉丁语　奥斯坎语等　斯拉夫语族

拉脱维亚语　波斯语

意大利语族　希腊语　弗里吉亚语　波罗的语族　伊朗语支　梵语

爱尔兰语　威尔士语　布列塔尼语　阿尔巴尼亚语　波罗的-斯拉夫语族　吐火罗语

凯尔特语族　亚美尼亚语　印度-伊朗语族

伊特鲁里亚语　吕底亚语　利西亚语　卢维语

印欧语系　利姆诺斯语　卡里亚语　巴莱语　赫梯语

安纳托利亚语族

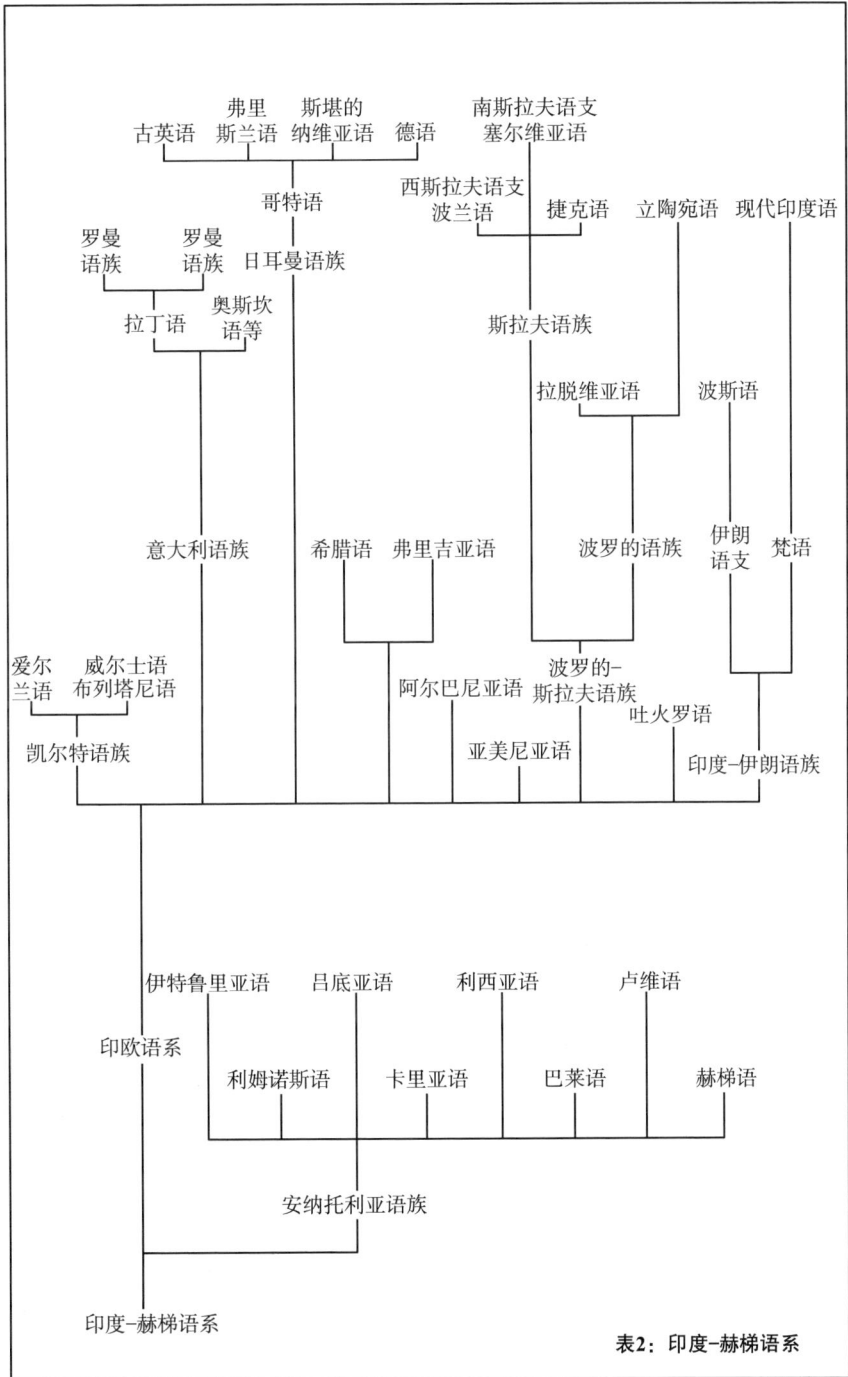

印度-赫梯语系　　　　　　　　**表2：印度-赫梯语系**

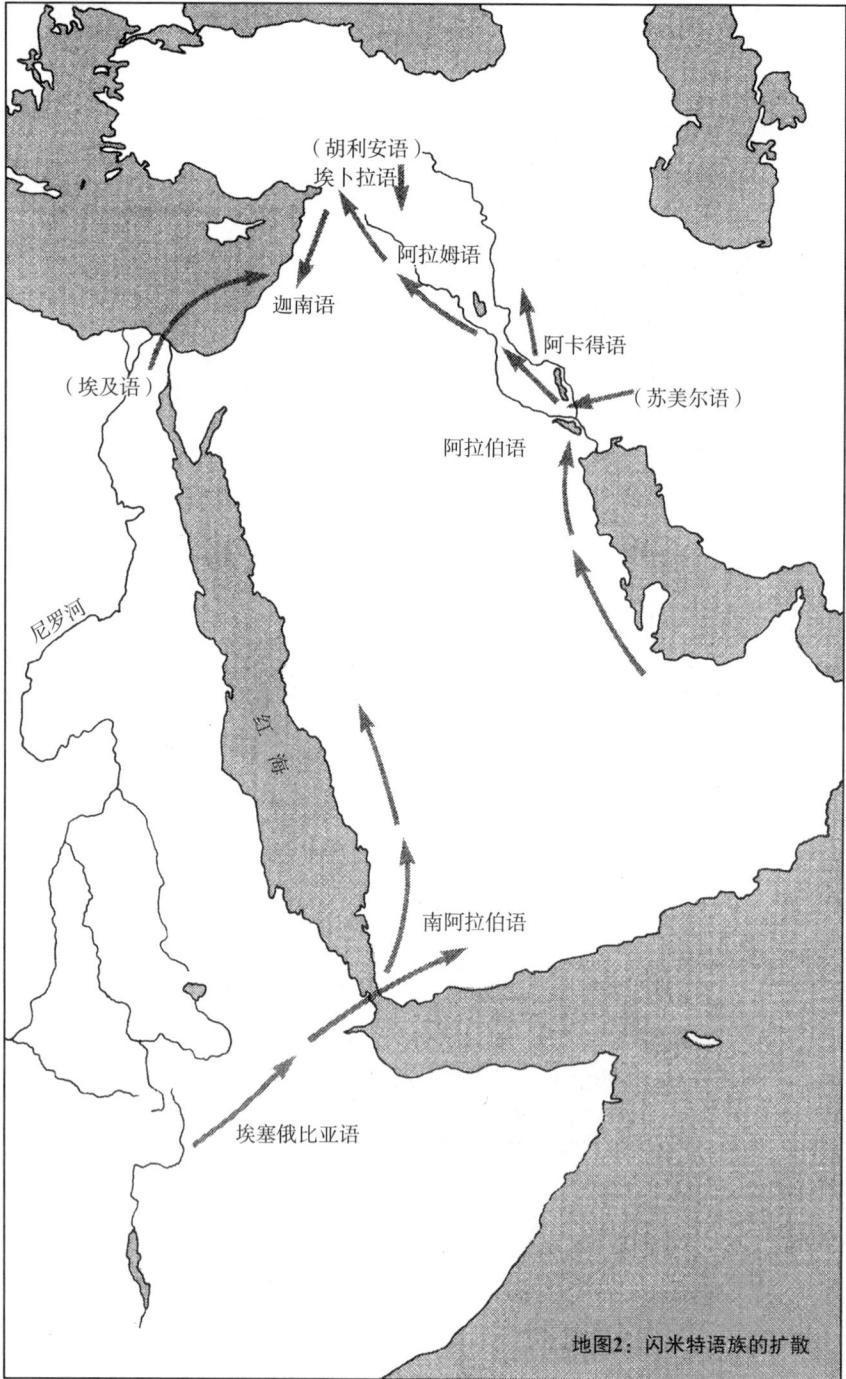

地图2：闪米特语族的扩散

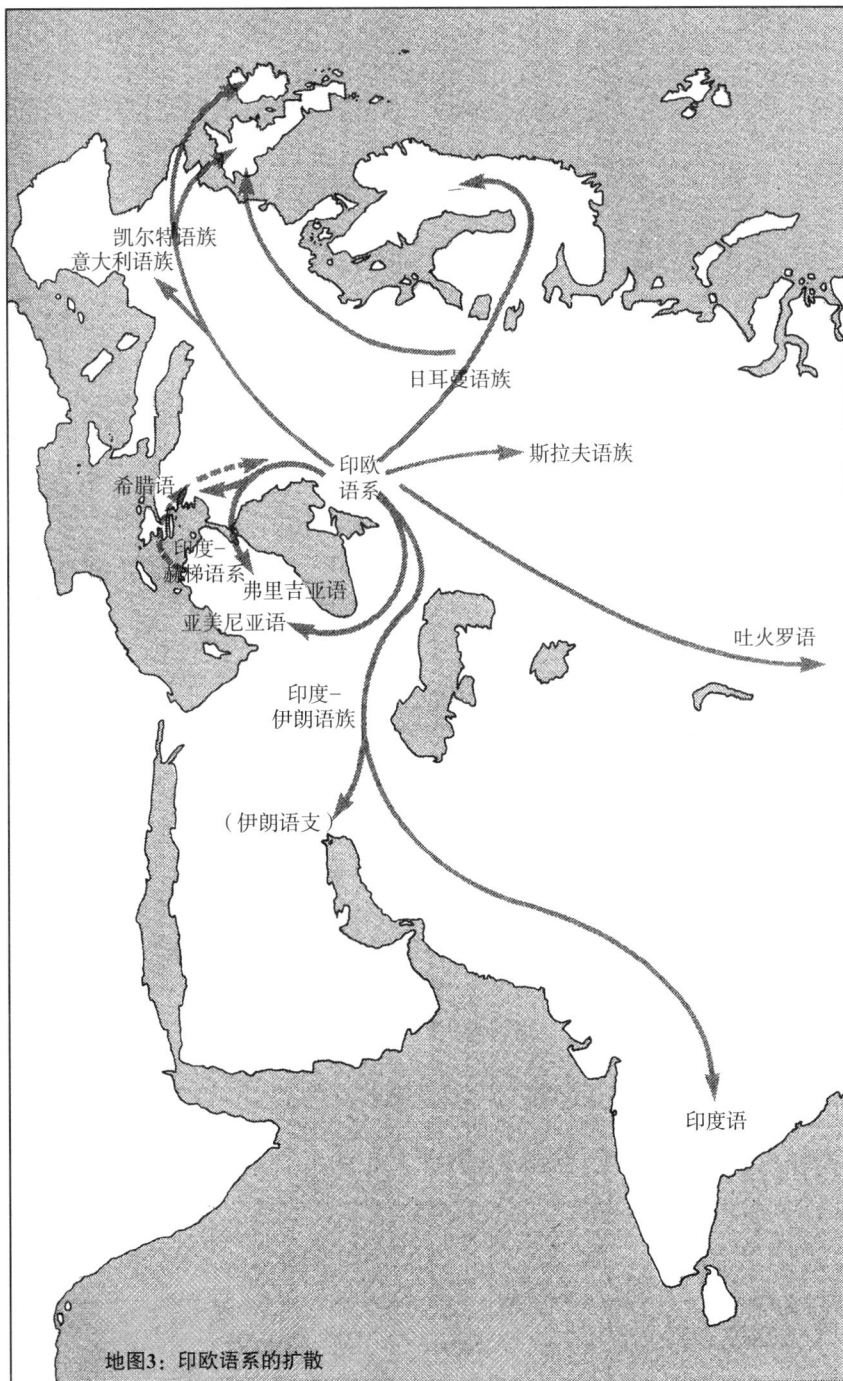

凯尔特语族
意大利语族

日耳曼语族

斯拉夫语族

印欧
语系

希腊语

印度-
赫梯语系

弗里吉亚语

亚美尼亚语

吐火罗语

印度-
伊朗语族

（伊朗语支）

印度语

地图3：印欧语系的扩散

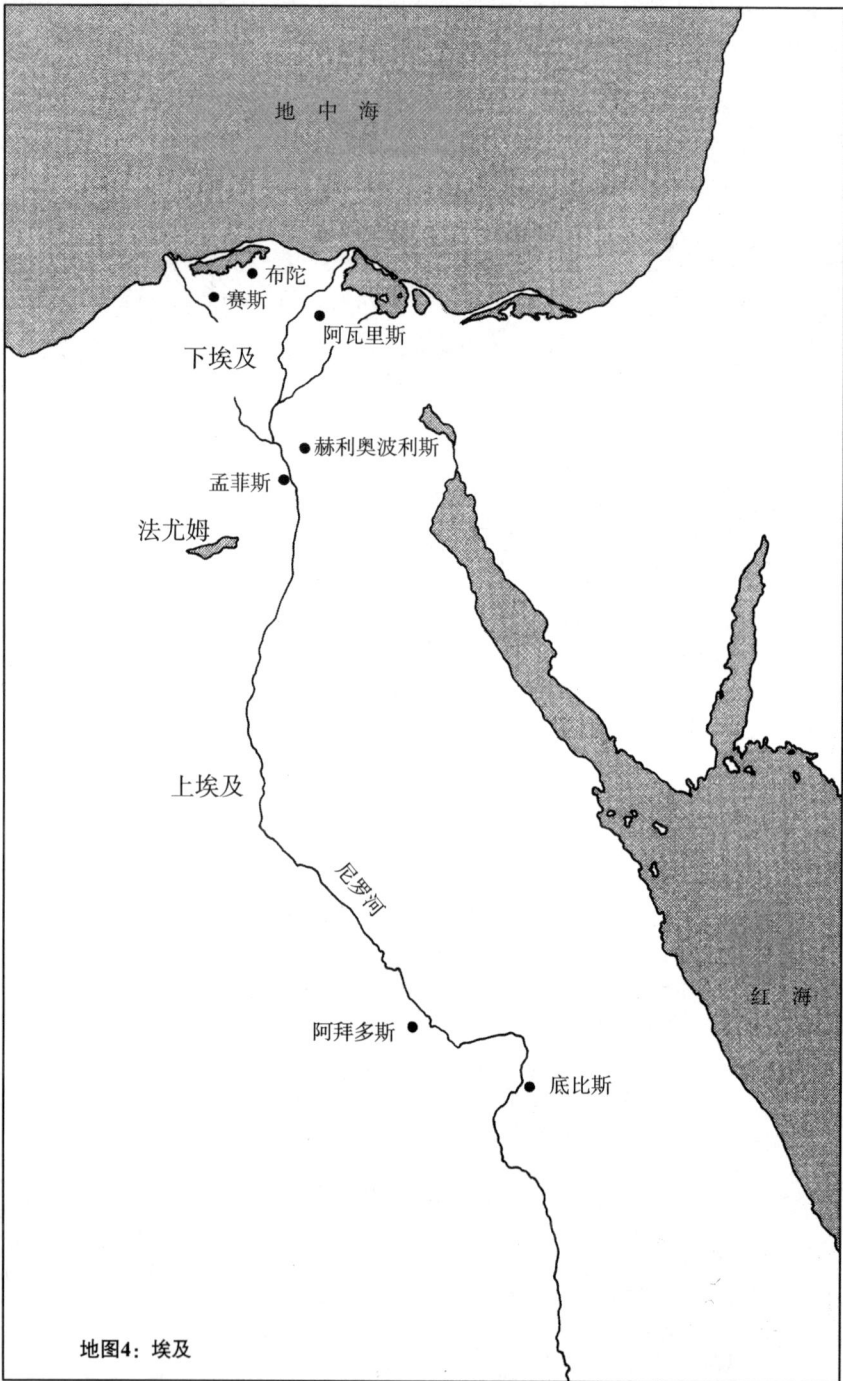

地 中 海

布陀

赛斯

阿瓦里斯

下埃及

赫利奥波利斯

孟菲斯

法尤姆

上埃及

尼罗河

红 海

阿拜多斯

底比斯

地图4：埃及

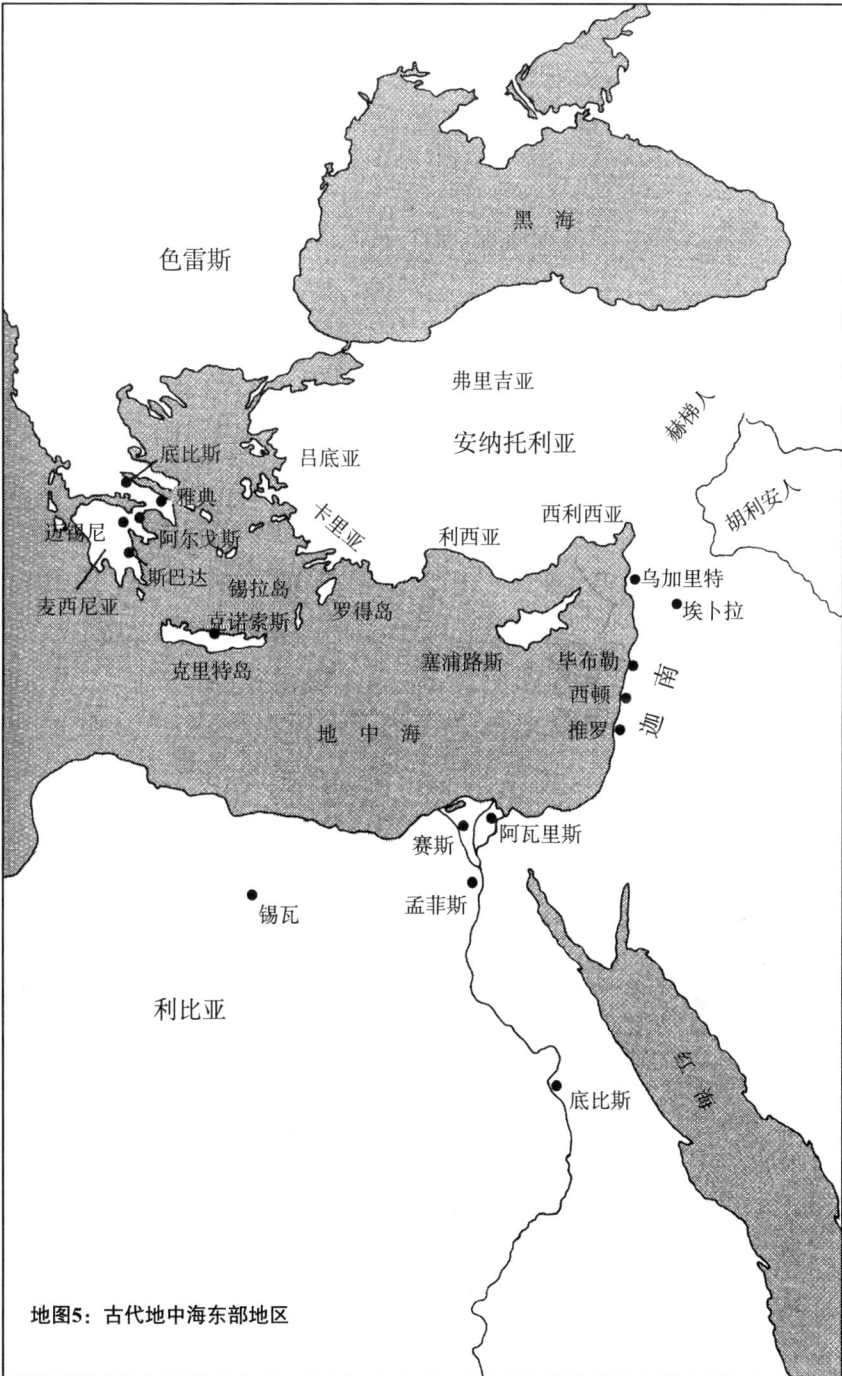

地图5：古代地中海东部地区

地图6：古代爱琴海地区

色雷斯

特洛伊

弗里吉亚

多多纳

利姆诺斯岛

塞萨利

埃维亚岛

吕底亚

科帕伊斯

底比斯

雅典

科林斯

爱奥尼亚人

卡里亚

埃利斯

迈锡尼

阿卡狄亚

阿尔戈斯

麦西尼亚

斯巴达

多利安人

锡拉岛

基西拉岛

罗得岛

克诺索斯

克里特岛

地 中 海

年代表

雅利安模式，克里特	雅利安模式，希腊	修正的古代模式	公元前
			3300
			3200
			3100
弥诺斯早期第一期		弥诺斯早期第一期	3000
	青铜时代早期第一期	青铜时代早期第一期	
			2900
			2800
			2700
			2600
弥诺斯早期第二期	青铜时代早期第二期	弥诺斯早期第二期，青铜时代早期第二期	2500
			2400
			2300
弥诺斯早期第三期	青铜时代早期第三期希腊人的到来??	弥诺斯早期第三期，青铜时代早期第三期	2200
			2100
弥诺斯中期第一期 第一王宫	弥诺斯中期第一期	门图霍特普/拉达曼堤斯在克里特和波伊奥提亚的宗主国?	2000
	青铜时代中期第一期希腊人的到来?	森乌塞特/Hpr K₃ R[<] 凯克洛普斯对阿提卡的宗主权?	1900
			1800

雅利安模式，克里特	雅利安模式，希腊	修正的古代模式	公元前
王宫毁坏		弥诺斯中期第三期，希克索斯侵略	
弥诺斯中期第三期		达那俄斯和卡德摩斯	1700
	青铜时代中期第三期第一竖井墓	第一竖井墓弥诺斯晚期第一期A，字母表引入锡拉岛火山爆发	
弥诺斯晚期第一期A			1600
	青铜时代晚期第一期A或迈锡尼第一期A		
		弥诺斯晚期第一期B	
弥诺斯晚期第一期B	锡拉岛火山爆发？		1500
弥诺斯晚期第二期	锡拉岛火山爆发？	弥诺斯晚期第二期，迈锡尼	
迈锡尼征服	青铜时代晚期／迈锡尼第二期	征服克里特，埃及宗主权	1400
克里特王宫的最后毁灭	青铜时代晚期／迈锡尼第三期	青铜时代晚期／迈锡尼第三期	
	迈锡尼王宫	珀罗普斯侵略？	
青铜时代晚期／迈锡尼第三期B	青铜时代晚期／迈锡尼第三期B	青铜时代晚期／迈锡尼第三期B	1300
	底比斯遭到毁坏	底比斯遭到毁坏	
特洛伊战争	特洛伊战争	特洛伊战争	1200
	多利安人侵略	自称赫拉克勒斯后裔者的回归	
	迈锡尼遭到毁坏	迈锡尼遭到毁坏	
青铜时代晚期／迈锡尼第三期C	青铜时代晚期／迈锡尼第三期C	青铜时代晚期／迈锡尼第三期C	
		非利士人	
			1100
	爱奥尼亚人迁移	爱奥尼亚人迁移	
		赫西俄德	1000
	巴希阿德斯统治科林斯	巴希阿德斯统治科林斯 荷马	900
	字母表引入？	来库古改革	
	荷马	斯巴达	800
	首届奥林匹克竞赛会	首届奥林匹克竞赛会	
		在意大利和西西里建立殖民地	

雅利安模式，克里特	雅利安模式，希腊	修正的古代模式	公元前
	在意大利和西西里建立殖民地		700
	赫西俄德		
	第一次东方影响	梭伦改革	600
	雅典		
	波斯人征服安纳托利亚	波斯人征服安纳托利亚	
	波斯侵略希腊	波斯侵略希腊	500
	希罗多德	希罗多德	
	伯罗奔尼撒战争	伯罗奔尼撒战争	
	苏格拉底	苏格拉底	400
	柏拉图，伊索克拉底	柏拉图，伊索克拉底	
	马其顿崛起	马其顿崛起	
	亚历山大大帝	亚历山大大帝	
	亚里士多德	亚里士多德	

绪　言

完成新范式这些基本发明的人几乎总是要么很年轻，要么进入领域时
间很短，他们改变了这个领域的范式。

[托马斯·库恩（Thomas Kuhn），《科学革命的结构》，第 90 页]

我使用托马斯·库恩的这一引文是为了替我的冒昧辩护：我接受的训练
是在中国历史方面，而写作的论题离我原来的领域是如此遥远。因为我将论
证，虽然我提议的观点变更在严格的意义上不是关于范式的，但它们依然是
基本的。

这几卷书讨论希腊历史的两种模式：一种将希腊视为本质上是欧洲的或雅
利安的，另外一种则将其视为黎凡特的，处于埃及和闪米特文化区域的边缘。
我将这两种模式称为"雅利安模式"和"古代模式"。"古代模式"是希腊人在
古典和希腊化时代的普遍看法。据此，希腊文化的兴起是由于殖民化，大约公
元前 1500 年，埃及人和腓尼基人使希腊本土居民文明化。进而，希腊人持续
不断地大量借鉴近东诸文化。

多数人会感到诧异，自幼时灌输进我们大多数人头脑中的雅利安模式实际
上是在 19 世纪上半期才形成的。这一新模式早期或"宽泛的"形式否定埃及
殖民的真实性，对腓尼基殖民提出质疑。我称为"极端的"雅利安模式甚至彻

2 　底否定了腓尼基文化的影响，它兴盛于反犹主义的两大高峰期，第一次在 19 世纪 90 年代，第二次在 20 世纪二三十年代。雅利安模式认为，北方的侵略——这在古代传统中没有记载——湮没了当地的"爱琴海"或"古希腊人之前的"文化。希腊文明被视为说印欧语的古希腊人与他们的土著臣民混合的结果。正是基于这一雅利安模式的建构，我把本卷书称为"编造古希腊，1785—1985"。

　　我认为，我们应该回归到古代模式，但有一些修正；由此，我把《黑色雅典娜》第二卷所倡导的模式称为"修正的古代模式"。这一模式认为，古代模式中关于埃及人和腓尼基人殖民希腊的故事是有真实依据的。但是，修正模式认为殖民发生得稍微早一些，在公元前两千纪的上半期。修正模式和古代模式都认为，希腊文明是这些殖民和此后从地中海东部地区的借鉴造成的文化混合的结果。另一方面，修正模式暂时接受了雅利安模式的假设，即公元前四千纪或公元前三千纪的某个时候说印欧语的民族从北方进行了侵略或曰渗透。然而，修正的古代模式坚持，更早的居民说的是一种印度-赫梯语的亲属语言，这种语言在希腊语中几乎踪迹全无。无论如何，它不能够用来解释希腊语中许多非印欧语的成分。

　　如果我坚持推翻雅利安模式，而代之以修正的古代模式是正确的，那么，不仅有必要重新思考"西方文明"的基石究竟是什么，而且有必要认识到种族主义和"大陆沙文主义"对我们所有史学或曰历史写作哲学的渗透。古代模式没有重大的"内部"缺陷或解释力单薄的问题，它被推翻是由于外部原因。在18 和 19 世纪的浪漫主义者和种族主义者看来，希腊不仅是欧洲的缩影，而且是欧洲纯洁的童年，认为希腊是本土欧洲人与外来殖民的非洲人和闪米特人混合的结果简直令人无法忍受。因此，古代模式必须被推翻，而代之以更能让人接受的东西。

　　这里的"模式"和"范式"是什么意思？定义这一类术语的价值是有限的，因为它们在使用上不可避免地意义含糊，也由于以下事实，即词语只能通过其他词语来定义，不能提供用来建构的基础。但是，有必要说明一下它们期

3 待中的意义。我所谓"模式"一般是指一个复杂现实的削减了的和简化了的规划。这一语词的置换总是会扭曲意义，正如意大利谚语所言，"翻译即背叛"（traduttore traditore）。尽管如此，模式和词语本身一样，几乎对所有思想和语言都是必需的。但永远应该记住，模式是人工的和多多少少任意的。而且，正

如光的不同侧面最好用波或粒子来解释一样，其他现象可以用两种或更多种不同的方式来有效地看待；也就是说，用两种或更多种不同的模式来看待。但是，通常情况下，一种模式在对所面对的"现实"的特征的解释力方面，会比另一种模式更好或更坏。因此，用模式竞争的方式思考是有用的。我所谓"范式"只是指一般化了的模式或者思想样式应用到一个个人或群体眼中的"现实"的许多或所有侧面。

对学科的基本质疑倾向于来自外部。通常，学生被逐渐引入他们的研究领域，就像慢慢展开的神秘世界，结果到他们能看到论题整体时，他们已经被如此彻底地灌输了习俗的先见和思维模式，以致他们根本不可能去质疑相关领域的基本假设。这一无能在古代史相关的学科中尤其明显。原因是，首先，学习困难的语言操控了他们的钻研，这一过程不可避免地是专制的：人们无法质疑不规则动词的逻辑或者小品词的功能。但是，与此同时，当教师制定出语言规则时，他们提供了其他社会和历史信息，这些信息倾向于以类似的方式被给予和接受。这些语言一般在童年时被教授，这一事实增加了学生的智性被动。虽然这种做法有助于学习，给予了如此训练的学生一种对希腊语或希伯来语无可比拟的**感觉**，但是，这类男人或女人倾向于把一个概念、词语或形式接受为**典型**希腊语或希伯来语的，而不要求解释它的特定功能或来源。

抑制的第二个原因是人们探讨古典或犹太文化时感觉到的近乎宗教的，或实际上宗教的敬畏，古典或犹太文化被视为"西方"文明的源泉。因此，人们不愿意使用"渎圣的"类比为他们的研究提供模式。一个重大例外是民间传说和神话，在这些领域，自从 20 世纪初年的詹姆斯·弗雷泽（James Frazer）和简·哈里森（Jane Harrison）开始，比较研究就相当盛行。但是，几乎所有这些都没有超出破坏了古代模式的卡尔·奥特弗里德·缪勒（Karl Otfried Müller）于 19 世纪 20 年代限定的范围。缪勒敦促学者研究希腊神话与人类文化整体的关系，但坚决反对确认任何来自东方的特殊借用。[1] 在谈及更高级的文化时，人们更不情愿看到任何确切的相似之处。

但是，情况最极端的领域是语言和名字。自从 19 世纪 40 年代以来，印欧语语言文学，或者语言间关系的研究，一直处于雅利安模式的中心。那时和现

---

1 参见本书第六章，注 143—144。

在一样，印欧语学者和希腊语语文学家极不情愿看到希腊语与古代地中海东部地区两大重要的非印欧语语言，即埃及语和闪米特语之间有任何联系。毫无疑问的是，如果埃及语、西闪米特语和希腊语是位于现代第三世界的三个重要的毗邻部落的语言，那么会有广泛的比较研究，在研究之后多数语言学家会得出结论，三种语言之间有可能是远亲，三个民族之间肯定有相当的语言借用，大概还有其他文化借用。但是，由于对希腊语和希伯来语存在深刻的尊敬，这类粗疏的比较工作被认为是不合适的。

5　　外来者从来不会有专家通过长期艰苦工作获得的对细节的掌控。他们缺乏对复杂背景的充分理解，所以倾向于看到表面相似间的简单对应。但是，这并不意味着外来者必然是错误的。海因里希·谢里曼（Heinrich Schliemann）是 19 世纪 70 年代首先发掘特洛伊遗址和迈锡尼遗址的德国巨头，他在传说、历史文件和地形学之间做出了一个天真的但富有成果的结合，这表明显而易见的东西并不总是错误的，尽管学术界是多么希望如此。

　　职业人的另一倾向是混淆我所谓一种情形的伦理学及其现实。把毕生精力耗费在某一题目上的专家比莽撞的初学者知道得要多，这"不过是理所应当的"，尽管如此，情况并不总是这样。初学者有时有视角的优势；他能够从整体上看待论题，并将外在的类比引进来，与之建立联系。这样，人们遇到了似非而是的情形：虽然业余爱好者通常无法帮助一个模式或范式内部的学术进步，但他们经常是挑战这一模式或范式的最佳人选。1850 年以来古希腊研究中两个最重要的突破——对迈锡尼人的考古发现与对他们文字 B 类线形文字的破解——都是由业余爱好者做出的：我上文刚刚提到的谢里曼和迈克尔·文特里斯（Michael Ventris），后者是英裔希腊建筑学家。

　　当然，基本新颖的方法经常来自外部的事实并不意味着来自外部的所有提议都是正确的或有帮助的。实际上，多数并非如此，它们被正当地排斥为古怪的。区分不同类型的根本质疑带来两个难题：应该由谁来做？应该怎么做？自然，应该咨询的第一批人是专家。他们拥有必要的知识，来评估新观点的可信性和用处。正如文特里斯对 B 类线形文字的破解一样，如果多数专家接受其中之一，那么去挑战他们的判断是愚蠢的。另一方面，他们的否定意见不能用同样无保留的尊敬来看待，因为他们虽然有做出判断的必要技巧，但他们有直接利害关系。他们是学术界现状的维护者，对它有智力投入，经常还有感情投入。在一些情况下，学者们甚至声称，业余爱好者的英雄时代在他们的领域过去是有必要的，但现在已经结束了，以此来为他们的立场辩护。因此，虽然他们的学科是由非职业者创建的，但非职业者不再能够为它做贡献。无论外来者的观点看起来是多么可信，它本质上不可能是真实的。

正是由于这样的态度，所以正如"战争是太严肃的事情，不能把它交给军事人员"一样，不仅职业意见，有根据的外行意见也是必要的，以评估被有关学者排斥的新质疑的有效性。虽然学者一般比公众知道得多，但有一些事例表明情况是相反的。例如，首次由 A. L. 韦格纳（A. L. Wegener）教授在 19 世纪末提出的大陆漂移说就是这样。在 20 世纪初的大部分时间里，多数地质学家否认非洲和南美洲之间、红海的两边和其他许多海岸"明显契合"的重要性。而现在，作为对照，大陆因为"漂移"而分开的理论被普遍接受。同样，美国平民党 19 世纪八九十年代抛弃金本位的提议被当时的学院派经济学家谴责为完全不可行。在这样的例子中，看来公众是对的，而学者错了。因此，虽然职业意见应该得到仔细研究和尊敬对待，但它不应该总是被当作定论。

一个见闻广博的外行应该如何区分建设性的外部的激烈创新者和怪人？如何区分破解了克里特音节文字的文特里斯和写作历史的韦利科夫斯基（Velikovsky），他笔下的事件和灾难顺序与任何其他历史重构都完全不一样？最终，外行陪审团不得不依赖它自身的主观或美学判断。但是，仍然有一些有帮助的线索。怪人就是有着连贯解释的某人，他的假设并不很快地引起学术机构的兴趣，他倾向于在理论中增加新的未知的或不可能知道的因素：失去的大陆、外星人、行星碰撞等等。当然，有时候，假定的未知因素的发现辉煌地证实了这类假设。例如，伟大的瑞士语言学家索绪尔为了解释印欧语元音中的异常现象，假定了神秘的"系数"（coefficients），结果在赫梯语的喉音中发现了它们。但在发现之前，理论无法得到证明，在这个程度上也是无趣的。

与此相对照，想象力不那么丰富的创新者倾向于去除因素，而不是增加它们。文特里斯拿走了据信 B 类线形文字以之写成的未知的爱琴海语言，而将两个已知的存在直接并立，即荷马的古典希腊语和 B 类线形文字刻写板的素材。这样，他即刻开辟了一个全新的学术领域。

我坚持认为，这几卷书提议的希腊史的古代模式的复兴属于上述第二类。

它没有增加额外的未知或不可知的因素。相反，它去除了雅利安模式支持者引入的两个因素：第一，不说印欧语的"古希腊人之前的"诸民族，希腊文化每一个不可解释的侧面都用它们来说明；第二，"埃及狂""亲野蛮人"和希腊解说（interpretatio Graeca）等神秘疾病，"雅利安主义者"宣称，这些疾病欺骗了如此众多的在其他方面睿智、均衡和见闻广博的古代希腊人，使他们相信埃及人和腓尼基人在他们文化的形成过程中扮演了中心角色。这一"欺骗"因为它的受害者没有从中得到种族满足感而显得更加引人注目。去除了这两个因素和复兴了古代模式之后，希腊、西闪米特和埃及文化和语言彼此直接面对，生成了数百个甚至成千上万的可以证实的假设和预言，即如果某一词语或概念在一种文化中出现，那么人们应该期望在另一种文化中发现它的对应物。这些假设和预言能够照亮三种文明的各个侧面，但尤其能够阐明雅利安模式无法解释的希腊文化的领域。

古代模式、雅利安模式和修正的古代模式共享一个范式，即语言或文化通过征服扩散的可能性。有趣的是，这违背了当今考古学的压倒性趋势，即强调本土发展。这一趋势在希腊前历史中的表现是最近提出了原地生成模式（Model of Autochthonous Origin）。[2]但是，《黑色雅典娜》将集中讨论古代模式和雅利安模式之间的竞争。

支配19和20世纪的是进步和科学的范式。学术领域存在这样的信念，即多数学科突变进入"现代性"或"真正科学"的阶段，然后是稳步积累的学术进步。在古代地中海东部地区的历史写作中，这些"突变"被认为发生在19世纪，从那以后，学者们倾向于相信他们的工作在质上比此前的任何工作都要好。这一时期自然科学触手可及的成功确认了那一领域中这一信念的真实性。它拓展到历史写作领域的基础则不那么牢靠。尽管如此，古代模式的破坏者和雅利安模式的建立者相信自己是"科学的"。对于这些德国和英国学者来说，埃及在希腊殖民并将其文明化的故事亵渎了"种族科学"，其骇人听闻正如塞壬和半人半马的怪物的传说打破了自然科学的经典一样。因此，所有这些都被同样推翻和抛弃。

过去150年中，历史学家声称他们拥有一种可以与自然科学方法相类比的

2　参见下文和本书第十章，注7—9。

"方法"。实际上，现代历史学家区别于"前科学的"历史学家的方式要不确定
得多。最好的早期作家是自省的，使用可信性的验证，并试图做到内部一贯性。
而且，他们援引和评估他们的文献。与此相对照，19 和 20 世纪"科学的"历
史学家不能够给出对"证据"的正式证明，或者建立坚定的历史法则。而且，
在今天，"方法论不合理"的控告不仅用来谴责无能的作品，而且用来谴责不
受欢迎的作品。这一控告不公正，因为它错误地暗示，存在其他方法论合理的
研究来与之相对照。

　　这一类考虑引入了实证主义的问题及其对"证据"的要求。证据或确定性
难以达到，甚至在实验科学和文献实证历史中也是如此。在这部著作涉及的领
域中，它是不可能的：人们所能希望发现的只是或多或少的可信性。换句话说，
在学术论争和刑法之间建立类比是误导人的。在刑法中，由于将无辜的人定罪
比宣告有罪的人无罪要坏得多，所以法庭在定罪之前，正确地要求要有"超出
合理怀疑的"证据。但是，流行的看法和学术界现状都没有被控告的人的道德
权利。所以这些领域的论争不应该以**证据**为基础进行判断，而仅仅以**有竞争力
的可信性**为基础。在这几卷书中，我无法**证明**，因此也不尝试证明雅利安模式
是"错误的"。我所试图做的只是表明它比起修正的古代模式来不那么可信，
后者为未来的研究提供了更加富有成果的框架。

　　20 世纪的史前史研究着魔于这一寻找证据的一种特殊形式，我称之为"考
古实证主义"。这就是处理"物品"（objects）使人"客观"（objective）的谬论；
也是对考古学证据的阐释和考古学发现本身一样坚实可靠的观念。这一信念将
考古学假设提升到"科学的"地位，而将其他来源的关于过去的信息降级——
传说、地名、宗教崇拜、语言以及口头方言和书面方言的分布。在这几卷书中，
我坚持所有这些来源都必须很谨慎地对待，但它们提供的证据的有效性并非必
然劣于考古证据。

　　考古实证主义者最钟爱的工具是"默证"（argument from silence），即如果
某样东西没有被发现，它就不可能曾经以相当数量的形式存在的信念。在一个
有限的但发掘很好的区域，考古学家们没能发现占优势地位的模式预言的某样
东西，在这样仅有的几例中，默证是有用的。例如，在过去 50 年中，据信锡
拉岛（Thera）火山大爆发发生在陶器分期弥诺斯晚期第一期 B，但是，尽管
在这个小岛上进行了广泛发掘，火山残骸的下面并没有发现这一时期陶器的碎

片。这表明，重新审视理论是有用的。但即便在这里，这一类型的一些陶罐仍有可能出现，而且总是有陶器风格定义的问题。在几乎所有考古学中，正如在自然科学中，证明不存在事实上是不可能的。

大概会有人指出，这些攻击针对的是稻草人，或者至少是死人。"现代考古学家太复杂了，不至于这么实证主义"，还有："今天严肃的学者没有人会相信'种族'的存在，更不用说它的重要性了。"这两个陈述可能都是真的，但我在这里的声称是：现代考古学家和这一领域的古代史学家仍然在使用粗糙的实证主义者和种族主义者建立起来的模式。因此，认为这些模式并没有受到这些观念的影响的看法极端不可信。这一点本身并不证明模式是虚假的，但是，既然现在认为它们生成的环境是可疑的，它们就应该被很仔细地检查，还应该严肃考虑存在同样好或者更好的别样选择的可能性。尤其是，如果能够表明古代模式被推翻是由于外部原因，那么雅利安模式代替它就不再能够归因于雅利安模式解释力强；因此，让两大模式互相竞争或者试图调和它们是合法的。

此时，有必要提供一下本绪言其余部分的纲要。像我现在试图完成的这么大的项目，提供论点摘要，还有论证证据的一些指示，显然是有帮助的。由于这些原因，我给出了组成这本书的诸章的概要。我对《黑色雅典娜》的论题所处的大背景的观点有时有别于流行的看法，这一事实加剧了清晰解释我的论点带来的各种问题。因此，我写了一个很简略的历史背景，它涵盖整个西方旧世界和过去的一万两千年。这一宽泛的概观之后是公元前两千纪的历史纲要，《黑色雅典娜》大致涉及的是这一时段。提供这个是为了表明我认为**实际发生**了什么，它与别人在此问题上的观点相左。

接着是《编造古希腊》的概要，再后面是本系列其他两卷书内容的相当详细的描述。第二卷的纲要，《欧洲的希腊还是黎凡特的希腊？》，包括在这里是为了证明，已经存在的考古学、语言学和其他形式的证据为古代模式的复兴提供了强大的支持。对第三卷的计划内容，《解决斯芬克斯之谜》，我进行了更为粗略的描述，以表明将修正的古代模式应用于希腊神话中从前无法解释的问题上可以得到有趣的结果。

背 景

在提供这几卷书论题的纲要之前，先给出我关于它们历史背景的观点的总体印象，尤其是与流行的看法相区别的部分，是有用处的。和多数学者一样，我相信，在人类语言的单源论和多源论之间，无法做出判断，虽然我倾向于认同前者。另一方面，一小部分但数量逐渐增多的学者最近的工作使我信服，在印欧语系语言和亚非语"超家族"之间存在发生关系。[3] 我进一步接受寻常的，虽然有争议的观点，即同一个语系源自单一方言。因此，我相信从前一定有一个民族说原始亚非-印欧语（Proto-Afroasiatic-Indo-European）。这一语言和文化肯定在很久以前就分裂了。最近的可能性是莫斯特文化（Mousterian）时期，距今五万到三万年前，但它有可能要早得多。印欧语和亚非语之间的差异远远大于它们内部的差异，这一事实决定了终结点（terminus ante quem），我相信亚非语的分裂可以定期为公元前九千纪。

我认为，亚非语的传播是在东非大裂谷久已确立的一种文化在上个冰川期末期，即公元前一万年代和公元前九千纪的拓展。在冰川时期，水积聚在极地的冰盖里，降雨比今天要少很多。撒哈拉沙漠和阿拉伯沙漠比现在要更大，更令人生畏。在其后的世纪中，热量和降雨增加了，这些地区的许多部分成为热带稀树草原，临近的民族开始大量涌入。其中最成功的，我相信，是来自大裂谷的说原始亚非语的人。这些人不仅拥有使用鱼叉捕捉河马的有效技术，而且拥有驯化的牛和庄稼。走过热带稀树草原，说乍得语的人到达乍得湖；柏柏尔人抵达马格里布；原始埃及人到达上埃及。说原始闪米特语的人在埃塞俄比亚定居，继续转移到阿拉伯热带稀树草原（地图 1；表 1）。

随着公元前七千纪和公元前六千纪撒哈拉沙漠的长期变干，人们不仅从苏丹，而且从西方和东方迁移进入埃及尼罗河谷。我还坚持——但这里我是少数派——从阿拉伯热带稀树草原到美索不达米亚南部发生过类似的迁移。多数学者相信，这一地区最初的居民是苏美尔人或原始苏美尔人，闪米特人只是在（公元前）三千纪从沙漠方向渗透过。[*] 我则认为，在公元前六千纪，闪米特语

3　对这方面文献的讨论参见本绪言下文和第二卷。

*　"公元前"在原文中省略了，这里是译者加上去的，以避免混淆。以下同类情况不再一一注明。——译者注

随着所谓的奥贝德（Ubaid）陶器传播到亚述和叙利亚，大约占据了今天说闪米特语的西南亚地区（地图 2）。我以为苏美尔人是在公元前四千纪初从东北方到达美索不达米亚的。无论如何，最早被阅读的文本，即大约公元前 3000年来自乌鲁克（Uruk）的文本，现在告诉我们，闪米特-苏美尔语的双语制已经完全确立了。[4]

我们所谓的"文明"首先聚集的地方是美索不达米亚，很少有学者对此观点持有异议。除了书写的可能例外外，文明组成的所有元素——城市、农业灌溉、金属加工、石头建筑物、车轮和陶轮——此前都在其他地方存在过。但这一聚集，以书写为顶点，使经济上和政治上的伟大积聚成为可能，这可以被有用地视为文明的开端。

在讨论这一文明的兴起和传播之前，考量印欧语系语言的分裂和独立发展是有用的。在 19 世纪上半期，印欧语据信源于亚洲的某一山区。随着 19 世纪的推进，这一原生地（Urheimat）向西移动，一般认为，最初说原始印欧语的人是黑海北部某地的游牧部落。在过去 30 年间，这一般被确认为所谓库尔干文化（Kurgan Culture），它在这一地区被证实存在于公元前四千纪和公元前三千纪。这一物质文化的拥有者似乎向西扩散到欧洲，向东南扩散到伊朗和印度，向南扩散到巴尔干半岛诸国和希腊。

从中亚或俄罗斯大草原向外拓展的总体规划是在破解赫梯语之前发展起来的，也在发现赫梯语是"原始的"印欧语之前，更在进一步确认存在整个安纳托利亚语族之前。我应该提及，对于语言学家来说，"安纳托利亚"语言不包括诸如弗里吉亚语和亚美尼亚语，它们分布的地区虽然是在安纳托利亚，即现代土耳其，却显然属于印欧语系。真正的安纳托利亚语言——赫梯语、巴莱语、卢维语、利西亚语、吕底亚语、利姆诺斯语，大概还有伊特鲁里亚语，可能还有卡里亚语——给寻常的印欧语来源的观点带来了若干问题（地图 3）。一般承认，原始安纳托利亚语在原始印欧语分裂之前与它分开。但是，不可能指出两个事件之间的时间长度，它可能是 500 年到 10000 年之间的任何长度。无论如何，差异足够大，使得许多语言学家区分了印欧语系——它不包括安纳托利亚诸语言——和印度-赫梯语系，后者两个语族都包括（见表 2）。

---

4 Bernal（1980）.关于乌鲁克刻写板，来自 G. Pettinato（私人交流，康奈尔大学，1985 年 12 月 3 日）。

　　如果就像许多历史语言学家认为的那样，不仅印欧语系，而且印度-赫梯语系都起源于黑海北部，那么，说安纳托利亚诸语言的人在何时、如何进入安纳托利亚？一些权威认为，这发生在公元前三千纪晚期，美索不达米亚文献表明，那时的安纳托利亚有野蛮人入侵。但这些侵略者更有可能是说弗里吉亚语和原始亚美尼亚语的人。几乎不可想象的是，在赫梯语和巴莱语首先被证实使用之前的数百年内能够做到印欧语系和安纳托利亚语族之间以及安纳托利亚语族内部的相当大程度的区分。公元前三千纪的考古学记录极其零星，但物质文化中没有明显断裂，以适应这一重大的语言转换。然而，人们不应该过分依赖默证，安纳托利亚文化在公元前五千纪和公元前四千纪涌入的可能性也无法排除。

　　一种更吸引人的可能是由格奥尔基耶夫（Georgiev）和伦弗鲁（Renfrew）教授提议的时间方案。[5] 根据这个方案，公元前八千纪和公元前七千纪伟大的新石器时代文化的创造者，包括位于科尼亚（Konya）平原上的恰塔尔·许于克（Catal Hüyük）的著名文化，已经在安纳托利亚南部说印欧语了——我更喜欢说是印度-赫梯语。两位教授提议，这一语言随着大约公元前 7000 年农业的扩散，迁移进入希腊和克里特，这两个地方在那时有考古证据表明物质文化有重要的断裂。因此，印度-赫梯语的一种方言将是公元前五千纪和公元前四千纪希腊和巴尔干半岛诸国的新石器时代"文明"的语言。这里可以方便地接受美国教授古迪纳夫（Goodenough）的提议，即库尔干游牧文化源自这些巴尔干半岛文化的混合的农业制度，因此它的语言也来自它们。[6] 这样，才有可能调和格奥尔基耶夫和伦弗鲁的理论与正统印欧语学者的理论，途径是假定说印欧语的库尔干文化扩散回去，进入巴尔干半岛诸国和希腊，那里的人说印度-赫梯语。

　　假设中的公元前九千纪和公元前八千纪亚非语随着非洲农业的拓展，与公元前八千纪和公元前七千纪印度-赫梯语随着西南亚农业的拓展，能够在一定程度上解释地中海北岸和南岸的基本差异。这些迁移大多经由陆路进行，因为海上航行虽然至少早至公元前九千纪就是可能的，但仍然很艰苦危险。随着公元前五千纪和公元前四千纪航行的进步，情形基本发生了逆转。虽然游牧部落

14

5　参见本书第十章，注 7—9。

6　Goodenough（1970）.

继续通过陆路迁移，尤其是通过平原，但从公元前四千纪直到公元 19 世纪铁路的发展，交通和交流一般是水上比陆上要容易。在这一长时期内，河流和海洋提供了联络通道，而没有河流的沙漠和群山将领土分隔开来。这一首先陆路，然后海洋的历史分层的模型解释了这本书所关心的总体悖论：在地中海周围的所有人口中发现了惊人的文化相似，这与地中海南岸和北岸民族之间基本的语言和文化分野显然是矛盾的。[7]

文明从公元前四千纪的美索不达米亚迅速地扩散着。书写的概念似乎在发源地将其整理为楔形文字之前，已经在印度和地中海东部的许多地方出现萌芽了。我们知道，到公元前四千纪的四分之三时，象形文字在尼罗河谷发展起来了；虽然缺乏直接证据证明，黎凡特语、塞浦路斯语和安纳托利亚语的音节文字的原型以及赫梯语的象形文字有可能是在将近公元前三千纪初形成的，在充分发展的苏美尔-闪米特文明，携带着它规则的楔形文字到达叙利亚之前。

埃及文明的基础显然是上埃及和努比亚王朝之前的丰富文化，这些文化的非洲来源没有争议。但是，从王朝之前时期晚期和第一王朝的遗迹可以明显看出美索不达米亚影响的广泛程度，这使得大约公元前 3250 年王朝埃及的统一和建立，几乎没有疑问是由东方的发展以某种方式引起的。文化混合进一步复杂化，因为埃及和美索不达米亚文明的基本闪米特成分之间存在基本的语言联系和——我将论证——文化联系。

神奇的公元前四千纪之后是繁荣的公元前三千纪。在叙利亚的埃卜拉（Ebla）新近发现的档案日期大约是公元前 2500 年，它们描绘了跨越从库尔德斯坦到塞浦路斯广大地区的富庶的、有文化修养的、高度发展的国家的集合。我们从考古学知道，此时的文明扩展要更远——直到跨越从印度河到阿富汗地区的哈拉帕文化（Harappan culture），以及里海、黑海和爱琴海的金属加工文化。美索不达米亚的闪米特-苏美尔诸文明由共同的文字和文化紧密联系着。边缘的文明虽然同样"文明化"，但保留着它们自己的语言、文字和文化身份。例如，在克里特，在陶器时期弥诺斯早期第一期的开端，即公元前三千纪之交，有相当的文化自黎凡特地区涌入。但是，楔形文字没有取得优势地位，克里特从未完全融入叙利亚-美索不达米亚文明。除了距离遥远外，最可信的原因似

7　Bernal（1989a）.

乎是本土文化的柔韧性与克里特在文化上处于闪米特影响圈和埃及影响圈之间这一事实。

这一与黎凡特和非洲的双重关系反映在考古发现中。在克里特和爱琴海的其他地区发现了这一时期的许多叙利亚和埃及物品。大约公元前 3000 年，这里和近东一样，铜开始和砷混合，以制造青铜；陶罐开始用陶轮制作，基克拉迪群岛的防御系统与同一时期巴勒斯坦的防御系统有惊人的相似。考古学家、教授，布里斯托尔大学的彼得·沃伦（Peter Warren）和剑桥大学的科林·伦弗鲁（Colin Renfrew），请求我们相信这些发展是独立进行的，没有受到同样的变化在近东发生得早一些这一事实的影响，也没有受到两个地区之间毫无疑问进行过的接触的影响。[8] 我认为这一观点非常不可信。更有可能的是，爱琴海的发展是通过黎凡特贸易和殖民进行接触的结果，也是为回应这些外来刺激地方主动采取行动的结果。

我们知道，公元前三千纪使用青铜的多数地区都有文字，要么是楔形文字，要么是地方文字。但是，这一时期的爱琴海地区没有书写的踪迹。这一例中的"默证"应该被如何严肃地对待？存在一些强有力的论点来反驳它。首先，比起中东或印度西北部的气候来，希腊和安纳托利亚的气候不适合保存泥板和莎草纸。即便在那些干燥的地区，也经常难以发现证据。直到 1975 年在埃卜拉发现刻写板，根本没有任何证据表明叙利亚公元前三千纪时有文字。我们现在知道，那时的叙利亚有一个有修养的文学阶级，人们从幼发拉底河前来，在埃卜拉的学校里学习。

一个进一步的论点表明，青铜时代早期的爱琴海地区有文字。虽然公元前两千纪的 A 类线形文字、B 类线形文字和塞浦路斯语音节文字共享一个共同的原型，它们也表现出非常大的差异，这些差异，与得到历史观察的文字发展类比，要经过许多个世纪才能形成。因此，文字"方言"的证据表明，原初形式存在于公元前三千纪，它在公元前四千纪经历发展，根据上面给出的理由，这是其发展的可信时期。最后，我在别处论证过，字母表到达爱琴海的最晚时期是公元前两千纪的中期。[9] 如果事实如此的话，那么，可以相信，各种音节文

8　Warren（1965，p. 8）；Renfrew（1972，pp. 345-8）。
9　Bernal（1983a，1983b；又参见 1987，1990 最充分）。

17　字的幸存表明它们在这一地区已经牢固确立。因此，在这一方面，证据也表明它们存在于公元前三千纪。

青铜时代早期文明在公元前 23 世纪崩溃。在埃及，它被称为第一中间期。在美索不达米亚，有古蒂人来自北方的侵略。整个文明世界被野蛮人侵略和社会叛乱所折磨，二者都有可能是由突然的气候恶化造成的。正是在这些年里，安纳托利亚遭到侵略，我认为侵略者是指说弗里吉亚语和原始亚美尼亚语的人。在希腊大陆，在这一和随后的世纪中，在青铜时代早期第二期这一陶器时期的末尾，存在广泛的破坏，这被可信地与"雅利安人"或"古希腊人"对希腊的侵略相联系，但也有可能是中王国开端时埃及劫掠和殖民地的结果。三个世纪后，在青铜时代早期第三期的末尾，大约公元前 1900 年，有了另一次破坏，虽然程度轻一些。这可能与埃及法老森乌塞特一世（Senwosret I）的征服相联系，希腊人称之为色梭斯特里斯（Sesostris）。

既然假定公元前三千纪爱琴海和近东之间有如此程度的接触，那么，本书讨论的埃及和闪米特来源的词汇、地名和宗教崇拜中的一些就有可能是在此时引入爱琴海的。在希腊大陆，这些借用不大可能在北方侵略或渗透的混乱之后幸存。但是，在克里特和基克拉迪群岛，这些没有受到混乱影响和大都说闪米特语的地方，此类文化元素更有可能存续下去。

我在此必须重申：上面给出的规划并不是这几卷书的主题，而是我对本书背景的认识。因此，虽然我会在第二卷讨论许多语言学问题，并在其他地方就其他一些侧面有过著述，但我在此无法提供充分的证据，以支持所有这些论点。[10]

提议的历史纲要

《黑色雅典娜》聚焦于希腊从埃及和黎凡特的文化借用，时间在公元前两千纪，更确切地说，是公元前 2100 年到公元前 1100 年的一千年间。其中一些
18　借用可能更早些，也会考虑到数个晚一些的交流。选择这一特定的时段的原因首先是，这一时段是希腊文化形成时期；其次，我发现不可能从近东或者从希

10　Bernal（1980）.

腊传说的、崇拜的或词源的证据中发现任何更早借用的标示。

我提议的规划是，虽然这一千年近东对爱琴海的影响或多或少是持续的，但影响的强度在不同阶段变动相当大。我们有踪迹可寻的第一个"高峰"是公元前21世纪。正是在那时，埃及从第一中间期的崩溃中恢复，所谓中王国被新的第十一王朝建立起来。这不仅重新统一了埃及，而且攻击了黎凡特，从考古学证据中，我们知道，它还有范围广泛的与更远地方的接触，肯定包括克里特，可能还有希腊大陆。上埃及黑人法老的序列中有门图霍特普（Menthotpe）的名字，他们的神圣恩主是鹰和公牛神 Mnṯw 或 Mont。在同一个世纪里，克里特的宫殿建立了，那里的公牛崇拜也开始了，它出现于宫殿的墙上，对关于弥诺斯国王和克里特的希腊神话具有中心意义。因此，我们可以相信，克里特的发展直接或间接地反映了埃及中王国的兴起。

就在希腊底比斯的北部有一个大土墩，传统认为是安菲翁（Amphion）和仄托斯（Zethos）的坟墓。最近的发掘者之一、杰出的考古学家 T. 斯皮罗普洛斯（T. Spyropoulos）描述道，它是土制的、有阶梯的金字塔，砖顶、内部是纪念碑式的坟墓，被劫掠过。他把在附近发现的陶器和少数几件珠宝定期为青铜时代早期第三期这一陶器时期，这一般被接受为大约公元前21世纪。在此基础上，还有大概发生在此时的对附近的科帕伊斯湖（Lake Kopais）异常复杂的排水系统，以及相当数量的古典文献将这一地区与埃及相联系——根据这些，斯皮罗普洛斯假定在这一时期的波伊奥提亚（Boiotia）有一个埃及殖民地。[11]有进一步的证据来支持他的假设，《黑色雅典娜》后两卷将援引这些证据。

与此同时，我们有趣地注意到，根据荷马提及的一个古代传说，安菲翁和仄托斯是底比斯的最初创建者，它的另一创建者卡德摩斯（Kadmos）来自近东，在城市遭到破坏之后很久抵达。安菲翁和仄托斯的坟墓与埃及金字塔一样，与太阳相联系；而且希腊的底比斯也与斯芬克斯有密切关联。进而，它以某种方式与黄道符号金牛宫相联系，许多学者平行比较了底比斯和克里特的公牛崇拜。这些证据都不确定，但强大的情景证据将坟墓和底比斯的初次创建与埃及第十一王朝直接或间接相联系。

克里特将公牛崇拜作为中心崇拜又持续了600年，埃及则在公元前2000

19

11　Spyropoulos（1972；1973）.

年之后不久第十二王朝兴起时，抛弃了对公牛神的皇家崇拜。新王朝将上埃及的公羊神阿蒙作为它的恩主。我相信，在爱琴海周围发现的、一般与宙斯相联系的公羊崇拜大多源于这一时期的影响，包括阿蒙的影响和下埃及对公羊／山羊 Mendēs 的崇拜的影响。

希罗多德和后来的作者详细阐述了一个他称为色梭斯特里斯的法老的广泛征服，这个名字被等同于 S-n-Wsrt 或者 Senwosret（森乌塞特），后两者是第十二王朝若干法老的名字。然而，人们以特别的嘲笑来对待希罗多德关于此的声称。人们以同样的方式对待了关于埃塞俄比亚或埃及王子门农（Memnōn）广泛远征的古代传说，这个名字很可能源自 ʾlmn-m-ḥ3t（后来的希腊作家写作 Ammenemēs），即第十二王朝其他重要的法老的名字。最近对孟菲斯铭文的解读证实了这两个传说系列，铭文详细记述了第十二王朝两个法老——即森乌塞特一世和阿蒙涅姆赫特二世（Ammenemēs II）——在陆上和海上的征服。此外，在森乌塞特的别名 Ḫpr k3 Rˁ 和凯克洛普斯（Kekrops）之间有吸引人的相似点，后者是传说中的雅典创建者，一些古代文献称他是埃及人。[12]

下一波影响发生在希克索斯王朝时期，关于此的传统要明确得多。希克索斯的名字来自埃及语 Ḥk3Ḫ3st，"外国统治者"，他们是来自北方的侵略者，从大约公元前 1720 到公元前 1575 年征服并统治了至少下埃及。虽然有其他元素，可能是胡里安语的元素卷入进来，但希克索斯人多数是说闪米特语的。

我提议的对古代模式的第一个修正是，接受公元前四千和三千纪，说印欧语的人从北方对希腊进行了侵略或渗透的观点。我想做的第二个修正是将达那俄斯（Danaos）抵达希腊的时间定在接近希克索斯王朝时期的开始，大约公元前 1720 年，而不是古代年表说的接近王朝末尾，公元前 1575 年或之后。自从古代晚期开始，作家们看到了以下三者之间的联系：对埃及第十八王朝驱逐出受憎恨的希克索斯人的埃及记录，以色列人在埃及逗留后从那里出走的《圣经》传统，以及达那俄斯到达阿尔戈斯（Argos）的希腊传说。根据希腊传说，达那俄斯是埃及人或者叙利亚人，但是他肯定是在与他的孪生兄弟埃古普托斯（Aigyptos）争斗期间或之后自埃及出走的，埃古普托斯的来源不言自明。这三方面的关联看来是可信的，一些权威将它与考古学证据相调和。然而，碳—

12　Bernal（1986a, pp. 73-4）。

14 年代测定法和树木年代学的最新发展证明，希腊的新殖民不可能是在希克索斯王朝时期末尾。另一方面，它们和克里特的考古学证据都表明抵达是在公元前 18 世纪晚期，希克索斯王朝时期的**开始**。

古代纪年者对卡德摩斯抵达和"第二次"创建底比斯的日期说法不一。我愿意将这些传说也和希克索斯人相联系，虽然它们有可能更晚。希腊传说讲，达那俄斯引入了灌溉，卡德摩斯引入了特定种类的武器、字母表和若干宗教仪式。根据修正的古代模式，好像灌溉来自更早一波的影响，而其他借用，包括战车和剑——二者在希克索斯时代引入埃及——不久之后来到爱琴海。在宗教方面，这一阶段引入的崇拜以波塞冬和雅典娜为中心。我坚持前者应该与埃及荒原或海洋之神，也是希克索斯人崇拜的神塞特（Seth）等同起来，也应该与闪米特的海洋（Yam）和耶和华（Yahwe）等同起来。雅典娜是埃及的 Nēit，大概是闪米特的 ˤAnåt，希克索斯人也崇拜这个神。这并不是否认对诸如阿芙洛狄忒（Aphrodite）和阿耳特弥斯（Artemis）等其他神灵的崇拜是在这一时期引入的。

大家一般同意，希腊语是在公元前 17 世纪和公元前 16 世纪形成的。它的印欧语结构和基本词汇与非印欧语的复杂词汇相结合。我相信，后者中的多数可以可信地源自埃及语和西闪米特语。这将与埃及-闪米特征服者长时期的支配地位很好地契合。

在公元前 15 世纪中期，第十八王朝在黎凡特建立了强大的帝国，并接受爱琴海地区的朝贡。在那个地区发现了许多第十八王朝的物品。我相信这是埃及影响的另一个高潮，大概是在这一时期，狄奥尼索斯崇拜被引入希腊，而传统认为，狄奥尼索斯崇拜是"晚期的"。尤其是，我接受古代传统，认为对得墨忒耳的埃琉西斯神秘崇拜（Eleusinian mystery cult）创建于这一时期。[13] 我还相信，在公元前 14 世纪初，来自安纳托利亚的珀罗普斯人（Pelopids）或者亚加亚人又一次侵略了希腊，从而引入了新的防御风格，可能还有战车比赛；但这不是我的项目直接关心所在。

公元前 12 世纪有一次更大的历史断裂。在古代，现在所谓"多利安人侵略"更经常地被称为"自称赫拉克勒斯后裔者的回归"。侵入者无疑来自希腊西北

13　参见本书第三卷。

边缘，那里没怎么受到他们破坏的迈锡尼宫殿所承载的中东文化的影响。他们自称"赫拉克勒斯后裔"这一点很迷人，因为它不仅声称是赫拉克勒斯的神圣后代，而且声称是已经被珀罗普斯人所取代的皇室家族的埃及和腓尼基祖先。没有疑问的是，这些征服者的后代，古典和希腊化时代的多利安国王，相信自己是埃及人和腓尼基人的后裔。[14]

22 　　在第二卷中，我将考量我认为的公元前 800 年至公元前 500 年间斯巴达社会的"埃及化"；在第三卷中，我将讨论公元前 6 世纪对埃及俄耳甫斯崇拜的引入。在别的地方，我论述过城邦（polis）或者城邦国家的腓尼基来源，还有马克思所谓公元前 9 世纪和公元前 8 世纪时"奴隶社会"作为一个整体的腓尼基来源。我还希望在某个时候，来研究希腊诸学科"创建者"对埃及和腓尼基科学、哲学和理论政治学的传播，这些"创建者"多数在埃及或腓尼基学习过。但是，《黑色雅典娜》本质上关注的是青铜时代中期和晚期希腊形成过程中埃及和闪米特的角色。

《黑色雅典娜》第一卷：内容提要

　　《黑色雅典娜》第一卷的论题是古代模式和雅利安模式的发展，第一章《古代的古代模式》讨论古典和希腊化时期希腊人对他们遥远过去的态度。这一章考量了肯定古代模式的作者的文本，这些作者指称了在底比斯和雅典的埃及殖民地，给出了埃及人征服阿尔戈斯地区（Argolid）与腓尼基人建立底比斯的细节。我还讨论了多位 19 和 20 世纪"渊源批评家"的声称，他们认为古代模式只是在公元前 5 世纪才编造出来的，而我援引了图像证据和许多更早的引文来证明这一模式早在几个世纪之前就存在了。

　　第一章尤其分析了埃斯库罗斯的《乞援人》，这一剧作描写达那俄斯及其女儿们抵达阿尔戈斯的情景。根据一系列词源，我认为，有相当证据表明该剧的特殊词汇受到埃及的影响，埃斯库罗斯与极其远古的传统有接触。其中，我声称该剧的主题是基于一对双关语：hikes(ios)（乞援人）和 Hyksos（希克索斯）；在另外一个层面上，埃及殖民者作为乞援人到达可以视为对希腊民族骄

14　Herodotos, VI. 53-5.

傲的抚慰。在柏拉图的对话《蒂迈欧篇》（*Timaios*）*中有类似的抚平打击的尝试：柏拉图大体承认埃及和希腊之间古老的"发生"关系，尤其是雅典和赛斯（Sais）之间的关系，后者是尼罗河三角洲西北边缘的主要城市。但是，他认为雅典居前，这非常不让人信服。 23

与其他一些希腊人一样，埃斯库罗斯和柏拉图似乎对殖民传说感到恼怒，因为这些故事把古希腊文化置于比埃及人和腓尼基人文化低等的位置，对这两种人，此时的多数希腊人好像都有严重的矛盾情绪。他们蔑视、害怕埃及人和腓尼基人，同时又非常尊重他们，因为他们有悠久的历史与保存完好的古代宗教和哲学。

如此众多的希腊人克服了他们的反感情绪，将"与民族偏见如此不通融的［殖民］传说"传递下来，这一事实给18世纪历史学家威廉·米特福德（William Mitford）的印象非常深刻，他基于这一事实，认为"它们（指殖民传说）的基本事实似乎不容置疑"。在米特福德之前，没有人质疑过古代模式，所以没有必要去为它辩护。这类"民族偏见"的动机可以解释修昔底德为何没有提及这些传说，他当然知道它们的存在。

接着，第一章讨论了一些特定的希腊和埃及神灵、仪式之间的对等，以及埃及形式更早、埃及宗教是原初的等普遍认识。只有这样——意欲回归古代的恰当的形式——才能解释为什么，至迟从公元前5世纪开始，在整个希腊、地中海东部地区，后来是整个罗马世界，埃及神灵开始被以埃及名字、埃及仪式进行膜拜。只是在公元2世纪埃及宗教崩溃后，其他东方教派，尤其是基督教，才开始取代它。

第二章，《从黑暗时代到文艺复兴时期的埃及智慧与希腊传播》，考量早期基督教神父对埃及的态度。在埃及宗教的希腊和异教传人新柏拉图主义及其犹太-基督教对应物诺斯替教（Gnosticism）被粉碎后，基督教思想家把埃及宗教变成一种哲学，从而将它驯化了。这一过程与赫耳墨斯·特利斯墨吉斯忒斯（Hermes Trismegistos）这一人物相统一，他是埃及智慧之神透特（Thoth）的 24

---

* 除《理想国》外，本书中柏拉图对话录的译名采用王晓朝《柏拉图全集》（共4卷，北京：人民出版社，2002—2003）的译名。——译者注

神话即历史论的或理性化的版本。若干与透特相关的文本在埃及宗教存在的最后几个世纪写成，被认为是特利斯墨吉斯忒斯的作品。在特利斯墨吉斯忒斯是否比摩西和圣经道德哲学更早这一问题上，早期基督教神父意见纷纭。圣奥古斯丁坚定地认为摩西和《圣经》有优先权和优越性，他的意见很有分量，流传后世。但早期基督教神父遵照古典传统，一致相信希腊人是从埃及人那里学到了他们的大部分哲学，虽然埃及人的一些哲学或许是从美索不达米亚和波斯那里学来的。因此，在整个中世纪，赫耳墨斯·特利斯墨吉斯忒斯被视为非《圣经》的或"异教的"哲学和文化的创始人。

这一信念在文艺复兴时期仍然持续着。15世纪时希腊研究的复兴造就了对希腊语言和文学的热爱以及对希腊人的认同，但没有人对希腊人曾经是埃及人的学生这一事实提出过质疑，他们对埃及人同样有兴趣，如果不是更有热情、更有兴趣的话。他们崇拜希腊人，因为希腊人保存、传播了埃及古老智慧的一小部分：在某种程度上，帕拉切尔苏斯（Paracelsus）和牛顿等人的实验技能得以发展，是为了找回失去的埃及或赫耳墨斯·特利斯墨吉斯忒斯的知识。在整个黑暗时代和中世纪，有若干赫耳墨斯·特利斯墨吉斯忒斯的文本可以找得到拉丁文译本；1460年，发现了更多的文本，运到了科西莫·迪·美第奇（Cosimo di Medici）在佛罗伦萨的宫廷，由那里最杰出的学者马尔西利奥·菲奇诺（Marsilio Ficino）把它们翻译出来。这些译本和其中的概念成为菲奇诺发起的新柏拉图主义运动的核心内容，而新柏拉图主义运动又是文艺复兴人文主义的核心。

虽然哥白尼的数学源自伊斯兰科学，他的日心说是在培育他的赫耳墨斯神智学新的思想环境中得自埃及神圣太阳概念的复兴。他的支持者焦尔达诺·布鲁诺（Giordano Bruno）16世纪末时在这一点上的立场更为鲜明，甚至超出了菲奇诺的可敬的基督教新柏拉图主义赫耳墨斯神智学。他对宗教战争和基督教的不宽容感到惊骇，倡导回归埃及的原始或自然宗教，因此他于1600年被宗教裁判所在火刑柱上烧死了。

这把我们带到了第三章，《17、18世纪埃及的胜利》。布鲁诺的影响延至他的身后。他似乎与神秘不定的玫瑰十字会（Rosicrucians）的创建者们有一些联系，玫瑰十字会匿名的宣言在17世纪早期吸引了人们，会员们也把埃及视为宗教与哲学的源泉。通常认为，赫耳墨斯·特利斯墨吉斯忒斯的文本于

1614 年被伟大学者伊萨克·卡索邦（Isaac Casaubon）推翻了，他令自己满意地证明，这些文本并非来自极其遥远的古代，而是基督教出现以后的文献。19 世纪以来，这一观点被视为公理，甚至"反叛"学者如弗朗西斯·耶茨（Frances Yates）也这么认为。但是，本章里，我试图证明我为何倾向于埃及学家弗林德斯·皮特里爵士（Sir Flinders Petrie）提出的观点，即最早的特利斯墨吉斯忒斯文本要追溯到公元前 5 世纪。无论它们的真实日期在何时，认为卡索邦破坏了这些文本可信度的想法是错误的。赫耳墨斯神智学即便到了 17 世纪后半期也是一支重要力量，甚至在那之后也保持了相当影响力。当然，在 17 世纪末，上层阶级对魔术的信仰衰退，特利斯墨吉斯忒斯文本的确失去了吸引力。

虽然特利斯墨吉斯忒斯文本对于启蒙时代的思想家们不那么有吸引力，但人们对埃及的兴趣和崇拜并未消减。一般来说，18 世纪是古典主义时代，渴求秩序和稳定，所以比起希腊来，人们更喜欢罗马；与此同时，为了与欧洲过去的封建主义和迷信的基督教相决裂，人们对其他非欧洲的各种文明很有兴趣。在这一世纪中，最有影响的是埃及文明和中国文明。二者都被视为拥有发达的代表概念而非声音的书写系统，二者都有内涵深刻、历史悠久的哲学。但它们最引人注目的特征似乎是如下一点：它们的统治出于理性，没有迷信，统治者是一群按照道德标准选拔出来，经过严格指引和训练的人。

至迟从柏拉图以埃及祭司为模型塑造了他的城邦卫士那时起，埃及祭司确实对保守的思想家有吸引力。在 18 世纪，这一思想路线被共济会成员（Freemasons）继承了；但即使在中世纪，共济会成员对埃及尤其感兴趣，因为他们遵从古代传统，相信埃及是几何学或共济会（Masonry）的家园。18 世纪初年，思辨共济会（Speculative Masonry）形成后，共济会依靠玫瑰十字会和布鲁诺建立了"双重哲学"。这包括为群众准备的迷信的、有限的宗教，但对先知先觉的人们来说，是回归埃及自然纯洁的原初宗教。所有其他宗教都从后者的废墟中创建。这样，共济会成员——这包括启蒙运动中几乎每一个重要人物——把他们的宗教视为埃及的，他们的符号是埃及象形文字，他们的居所是埃及神庙，他们自己是埃及祭司。的确，共济会成员对埃及的崇拜在埃及失去学界的光彩后依然存在。直到今天，他们仍然坚持这一崇拜，不过带有一定程度的自贬，这在"真正的"历史被视为从希腊人开始的世界中，是个异数。

极端的共济会制度达到顶峰并对基督教秩序造成最严重的威胁是在法国

26

大革命期间。在此期间，思想上的挑战伴随着政治和军事威胁，这表现在伟大的法国学者、反教权主义革命者夏尔·弗朗索瓦·迪皮伊（Charles François Dupuis）的作品中。迪皮伊的论点是，埃及神话——他遵从希罗多德的观点，把它视为与希腊神话相同——基本上由关于星座运动的寓言组成，而基督教不过是误解了这一光荣传统的片段的集合。

第四章的论题是《18 世纪对埃及的敌意》。埃及对基督教的威胁自然引发了反应，布鲁诺的祭杀和卡索邦对赫耳墨斯·特利斯墨吉斯忒斯文本古代性的攻击都可以视为这一反应的早期例子。然而，17 世纪末，随着共济会的重组和试图极端化，情势又一次变得危急了。这一"极端启蒙"造成的威胁能够解释牛顿对埃及态度的剧烈变化。在早期，他遵从他在剑桥大学的新柏拉图主义老师们，非常尊重埃及，但在其生命的最后几十年里，他把埃及创建的时间推迟到特洛伊战争前夕，试图以此降低埃及的重要性。牛顿关心的是对他物理秩序概念及其神学和政治对应物——穿平常衣服的神性和辉格党君主立宪制——的威胁。这一威胁来自泛神论，它暗示着宇宙生机勃勃，无须整饬者甚或创造者。

这种泛神论可以经斯宾诺莎追溯到布鲁诺及更远，直到新柏拉图主义者和埃及本身。对极端启蒙的挑战第一次清晰有力的拒绝是在 1693 年由理查德·本特利（Richard Bentley）做出的，他是牛顿的朋友，一名伟大的怀疑论古典学家；这也是对牛顿在科学、政治和宗教中"辉格党"规划的最早的通俗化。本特利攻击他和牛顿的敌人的一种方式是使用卡索邦的战术。他利用他的批评性学术来破坏有关埃及人远古和智慧的希腊文献。因此，在整个 18 和 19 世纪，我们发现希腊主义和校勘学（textual criticism）与对基督教的维护之间存在着一个事实上的联盟。偶尔的希腊主义无神论者，如雪莱和斯温伯恩（Swinburne），制造的吵闹之声与埃及-共济会的威胁比较起来，是微不足道的。

与基督教相比，牛顿只是企图降低埃及的地位；他并未试图提高希腊的位置。但是，到 18 世纪中期，若干基督教辩护士使用正在出现的"进步"范式——其假设是"越靠后越好"——以埃及人为代价来提升希腊人。这些思想线索很快与其他两个同时取得强势地位的线索相融合，即种族主义和浪漫主义。因此，第四章还勾勒了 17 世纪晚期以肤色为基础的英国种族主义的发展，此时美洲殖民地的重要性日益增加，他们的双重政策是消灭本土美洲人和奴役非洲黑人。洛克、休谟和其他英国思想家的思想浸透了这种种族主义。英国思想家的影响以及其他大陆的新的欧洲探索者的影响在哥廷根大学占有显著位置，这一大学是 1734 年由汉诺威选帝侯和英国国王乔治二世创建的，它成为不列颠和德国之间的文化桥梁。因此，并不让人惊奇的是，关于人类种族分类的第一部"学术"著作——它很自然地把白人（他的新名词叫作"高加索种人"）放在等级制度的顶端——是由约翰·弗里德里希·布卢门巴赫（Johann Friedrich Blumenbach），一位哥廷根的教授，在 18 世纪 70 年代写就的。

28

哥廷根大学为现代学科学术的建立开辟了道路。同是在 18 世纪 70 年代，其他哥廷根教授开始发表并非个人，而是民族、种族及其机构的历史。这些"现代"规划，连同彻底性以及处理文献的批评方法，能被有用地视为新的浪漫主义种族关切的学术侧面，这一关切流行于当时的德国和英国社会。18 世纪浪漫主义不仅仅相信感情是第一位的，理智是不足的。围绕着这些信念有对风景的情感——尤其是荒野的、遥远的、冰冷的风景——以及对精力充沛、有道德的原始人的崇拜，这类原始人或许由上述风景塑造出来。这些情感与下述信念相结合，即由于欧洲的风景和气候比其他大陆要好，欧洲人肯定高人一等。孟德斯鸠和卢梭支持这些看法，但它们在英国和德国扎根最深。

到 18 世纪末，"进步"已经成为居于支配地位的范式，动态和变化比稳定更受重视，人们开始通过时间而非空间来看待世界。当然，对于浪漫主义者来说，空间仍然重要，因为他们关切民族或"种族"的地方形成。因此，据信一个种族在不同时代里形式有变化，但总是保留一种不变的个体本质。真正的交流不再被视为通过理性发生，可以抵达任何理智的人。现在，它通过情感流动，只能打动那些通过亲属或"血缘"关系彼此联系、具有共同"遗产"的人。

回到种族主义的主题上来。许多古代希腊人有一种情感，很像现在称为民族主义的东西：他们蔑视其他民族，其中一些人甚至像亚里士多德一样，把民族主义抬高到理论的层面，以希腊的地理位置为依据，声称希腊人的优越性。许多希腊作家对外国文化，尤其是埃及、腓尼基和美索不达米亚的文化，抱有真正的敬意，这一敬意缓和了他们的民族主义情感。但无论如何，与 18 世纪末浪漫主义运动时席卷北欧的种族主义浪潮相比——这一浪潮与对基督教欧洲

29

和北方的崇拜相联系——这一古希腊"民族主义"的力度是微不足道的。各个"种族"在物质和精神的天赐方面本质上不平等这一范式被应用于所有人文研究，尤其是历史。不同种族相混合此时被认为是不好的，如果不是灾难性的话。一个文明保持创造性的保证是"种族纯洁"。浪漫主义者将希腊视为欧洲的缩影和纯洁的童年，而希腊竟然是本土欧洲人与殖民的非洲人和闪米特人相混合的结果这一看法越来越令人无法忍受了。

第五章，《浪漫主义语言学：印度的兴起与埃及的衰落，1740—1880》，开头是历史语言学的浪漫主义起源的概要，并讨论了18世纪之交对古代印度的热情，这一热情主要是由于认识到梵文和欧洲语言的基本关系后引起的。这一章还概述了欧洲对中国评价的降低，因为二者之间的贸易平衡变得对欧洲有利，英法两国不断对中国进行大规模的攻击。我论证，这些因素使得中国形象的转变成为必然，它原来是一个精致、开明的文明，现在则成为充满了鸦片、灰尘、腐败和酷刑的社会。古埃及在18世纪被视为与中国非常类似的国家，现在它遭受了使欧洲在其他大陆不断进行扩张和虐待土著人的行为成为正当需要所带来的同样后果。古埃及和中国都被抛进前历史，成为高等种族——雅利安人和闪米特人——动态发展的坚实而有惰性的基础。

尽管埃及的声名衰落了，但人们对这个国家的兴趣在19世纪仍然存在。的确，在某些方面，这一兴趣甚至增加了，因为1798年拿破仑到埃及的远征使得关于这个国家的知识呈爆炸性增长；其中最重要的成果是让-弗朗索瓦·商博良（Jean-François Champollion）破解了埃及象形文字。在这一章里，我将讨论商博良的动机和学术生涯的复杂性，这与共济会传统以及古埃及、古希腊和基督教之间的三角关系相关。在此，我们只需注意到，1831年去世时他对埃及的支持引发了基督教政界和新的热情的希腊主义学术界的敌意。因此，商博良的解读一开始受到热情追捧后，25年中一直被打入冷宫。它在19世纪50年代晚期复兴后，学者们一方面被埃及的魅力和商博良的完美工作吸引着，另一方面受到当时强烈的种族主义思潮的影响。到19世纪80年代，学术界将埃及文化视为静止不育的文化绝境。

在19世纪，若干数学家和天文学家被他们认为的金字塔的数学优雅所"引诱"，相信金字塔是高等的古代智慧的载体。这些人被划分为怪人，因为他们冒犯了 19 世纪的三大基本信念：职业主义、种族主义和"进步"的概念。在"合理"的学者中间，埃及人的名声很低。在 18 世纪末、19 世纪初，浪漫主义学者将埃及人视为本质上病态的、无生命力的。在 19 世纪末，一种新的相反的但同样贬损的形象开始出现。埃及人现在被视为与当代欧洲人对非洲人的看法相同：快活，热爱享乐，孩子气地爱吹牛，本质上是唯物主义的。

看待这些变化的另一种方式是假定**在黑奴制和种族主义兴起之后，欧洲思想家们关切的是把黑色非洲人尽可能远地置于欧洲文明之外**。中世纪和文艺复兴时期的男人和女人对埃及人的肤色并不确定，而热爱埃及的共济会成员往往把埃及人视为白人。其次，19 世纪初的希腊狂们开始怀疑埃及人不是白种人，并否认埃及人是文明人。只是在 19 世纪末，当埃及完全被剥夺了其哲学名声时，埃及的非洲亲和关系才能够重新建立起来。**请注意：在每一次变化中，黑人和文明之间的必然分隔总是清清楚楚**。但是，虽然学术圈中希腊主义得胜，埃及被摒弃，埃及作为"文明摇篮"的概念从未彻底消失过。而且，对埃及宗教和哲学的神秘古怪的大范围崇拜始终困扰着"严肃的"职业埃及学家。本章讨论了这一"反学科"的两支，即埃利奥特·史密斯（Elliot Smith）倡导的"传流论"（diffusionism）和漫长的"金字塔学"传统。

31

第六章的标题是《希腊狂第一部分：古代模式的衰落，1790—1830》。虽然种族主义总是古代模式主要的敌对方并成为雅利安模式的支柱，但 18 世纪和 19 世纪初基督徒对埃及重要性的攻击足以与之相比，这些基督徒对埃及的宗教或"智慧"的威胁感到惊慌失措。他们的攻击挑战了希腊关于埃及重要性的论述，增强了希腊的独立创造性，以减弱埃及的创造性。确实，非常重要的是，古代模式第一次被挑战是在 1815 年至 1830 年间，因为这些年经历了对共济会理性主义的严重反动，而共济会理性主义被视为法国大革命的幕后主导；这些年也是浪漫主义兴起和基督教复兴的时期。进而，由于基督教与欧洲是同一的，二者能够合起来和进步的概念一起，在亲希腊运动中发挥作用，这一运动支持基督教的、欧洲的和"年轻的"希腊人与"年老的"、亚洲的和异教徒的土耳其人做斗争。

在 19 世纪 20 年代，哥廷根教授卡尔·奥特弗里德·缪勒使用新兴的渊源批评的技术手段推翻了古代所有对埃及殖民的指称，并削弱了有关腓尼基人的指称。这些技术手段已开始被用来攻击希腊人在埃及学习过的传闻。新信仰产生了，认为希腊文化本质上是欧洲的以及哲学和文明发源自希腊，而古代模式已成为新信仰的障碍；甚至在印欧语系的概念被广泛接受之前，这一障碍被"科学地"去除了。

第七章的标题是《希腊狂第二部分：新学术向英国的传播与雅利安模式的兴起，1830—1860》。雅利安模式的支持者与古代人不同，他们坚定地相信"进步"。胜利者被视为比失败者更先进，"更好"。因此，尽管存在明显的短期的异常现象，历史现在被看作种族的传记，其内容是强壮活跃的民族如何战胜虚弱无力的民族。"种族"由其祖国的风景和气候形成，保持着永恒的本质，尽管它们在每一个新时代表现出新的形式。另外，对于这些学者来说，不言自明的是，世界历史上最伟大的"种族"是欧洲或雅利安种族。只有这一种族曾经有、将来永远会有征服其他所有民族，创造出先进活跃的文明的能力，与此相对照的是亚洲人或非洲人统治的静止社会。一些边缘欧洲人，如斯拉夫人和西班牙人，也许会被其他"种族"征服，但这样的征服与欧洲人对"劣等种族"的征服不同，从来不会持久有益。

这些关于"种族"和"进步"的范式及其"种族纯洁性"的推论，以及只有"统治种族"对臣民种族的征服是有益的这一概念都无法容忍古代模式的存在。因此，缪勒对有关埃及在希腊殖民的传说的反驳很快被接受了。随着缪勒的成功，雅利安模式在新的范式中建立起来。若干因素鼓励了它的形成：印欧语系的发现，说印欧语的人或雅利安人很快被视为一个"种族"；印欧语的原生地在中亚这一令人信服的假定；以及有必要解释希腊语基本上是一门印欧语。而且，就在同一时期，19世纪初，强烈的历史关怀集中于日耳曼民族于公元5世纪推翻了西罗马帝国，以及雅利安人于公元前两千纪征服了印度。由此，北方征服的模式很容易被用于希腊，而且很吸引人：活跃的征服者据信从生机勃勃的祖居地来到希腊北部，而"古希腊人之前的"土著人被并不严苛的家园环境软化了。虽然希腊文化中的许多非印欧语因素无法与彻底的纯洁的雅利安希腊的理想相融洽，但北方征服的概念的确使得不可避免的"种族"混合尽可能没有痛苦了。自然，更纯正、更北方的古希腊人是征服者，统治种族正应该如此。而古希腊人之前的爱琴海居民有时被视为边缘欧洲人，但总是高加索种人；这样，即便是土著人也没有被非洲和闪米特"血统"污染。

"闪米特血统"的问题把我们带到了第八章，《腓尼基人的兴起和衰落，1830—1885》。K. O. 缪勒在 19 世纪 20 年代时否认了腓尼基人对希腊有任何影响，但他的浪漫主义是极端的，他的种族主义和反犹主义的烈度是超前的。因此，在某些方面，腓尼基人甚至从埃及人的衰落中获利了，因为埃及殖民的传说现在可以解释为指代腓尼基人。无论有意无意，所有的欧洲思想家都把腓尼基人视为古代的犹太人，或聪明的"闪米特"贸易商。19 世纪中期居于主导地位的世界历史观是雅利安人与闪米特人之间的对话。闪米特人创造了宗教和诗歌；雅利安人则创造了征服、科学、哲学、自由以及值得拥有的其余一切东西。这一对"闪米特人"的有限认可与可以称之为西欧的有限的"机会窗口"相一致，处于对犹太人的宗教憎恶消失之后和"种族"反犹主义兴起之前。在英国，反犹主义与拥犹主义的传统并行，对腓尼基人相当推崇，因为他们的布匹贸易、探险和明显的道德正直对外国人和英国人来说，都几乎是维多利亚式的。相反的观点——即认为腓尼基人和其他闪米特人奢侈，残酷，奸诈——总是存在，尤其在欧洲大陆居于支配地位。

腓尼基人被憎恨为既是"英国的"又是东方的，这一点在伟大的法国浪漫主义历史学家儒勒·米什莱（Jules Michelet）的著作里尤其显著。米什莱关于腓尼基人的观点在福楼拜极受欢迎的历史小说《萨朗波》（Salammbô）中广为传播。《萨朗波》1861 年出版，内容包括对极其堕落的迦太基的生动描绘，这有力地加强了已经广为传播的反犹和反东方偏见。更糟糕的是福楼拜对用儿童祭献摩洛神（Moloch）进行了天才的、可怕的描写。这一令人厌恶的行为最终源自《圣经》，但公众坚定地认为它是迦太基人和腓尼基人所为，这使得支持腓尼基人变得非常困难。到 19 世纪七八十年代，腓尼基人的名声垂直下降，速度更甚于犹太人。

这把我们带到了第九章，《腓尼基问题的最终解决，1885—1945》。*腓尼基人的名声如此低落，加上 19 世纪 80 年代反犹主义兴起，人们持续不断地猛烈攻击腓尼基人，尤其是在论及腓尼基人与希腊人传说中有接触并对他们有影响时，因为此时希腊人已经有了半神的地位。

34

---

* 根据目录和正文，原文的"1880"应为"1885"。——译者注

十年后，在 90 年代，尤利乌斯·贝洛赫（Julius Beloch），一名在意大利教书的德国人，和萨洛蒙·雷纳克（Salomon Reinach），位于巴黎有教养的社交和学术中心的已归化的阿尔萨斯犹太人，发表了两篇短小的但异常有影响力的文章。二者都承认了缪勒先驱的地位，都声称希腊文明是纯粹欧洲的，而腓尼基人，除了传播辅音字母表外，对希腊文化并无任何贡献。虽然此后二十年许多学者不愿接受这一观点，但到了 20 世纪初年，我称为极端的雅利安模式的基础已经牢牢确立了。例如，对 19 世纪 70 年代海因里希·谢里曼发现迈锡尼文明的反应与对阿瑟·埃文斯（Arthur Evans）1900 年报告的在克诺索斯（Knossos）的克里特文明的反应迥然相异。前一例中，几名学者一开始曾建议，这些发现物与古典希腊时代的发现物完全不同，有可能是腓尼基人的。在此后几十年中，这一建议被坚决否定了。在 1900 年，与此相对照，在克诺索斯的文化立刻被取了个新名字"弥诺斯文化"，被认为是"古希腊人之前的"；它肯定不是闪米特的，尽管古代传统认为克里特岛正是闪米特的。

腓尼基对希腊影响的最后根除——及其被完全排斥为"幻景"——只是在 20 世纪 20 年代才实现，其时，由于犹太人在俄国革命和共产主义第三国际中充当了想象的和真实的角色，反犹主义渐至高潮。在 20 世纪二三十年代，所有关于腓尼基殖民希腊的传说都被推翻，关于腓尼基人在公元前 9 世纪和公元前 8 世纪在爱琴海和意大利出现过的报道也被推翻。许多从前提议的希腊名字和单词的闪米特来源都被否定。

35　　　现在，要付出全部努力，来限定唯一无法否认的从闪米特文化的借用——字母表的重要性。首先，所谓希腊人发明了元音字母的重要性被大大鼓吹，人们声称，元音字母对于"真正的"字母表必不可少，没有元音字母，人类无法有逻辑地思考。其次，借用的地点先后被转移到了罗得岛、塞浦路斯，最后到了叙利亚海岸线上一个据称是希腊殖民地的地方。这部分是因为现在认为让"活跃的"希腊人从中东把字母表带回来比他们从"闪米特人"那里被动地接受（传说是这么说的）要更合适，而且因为借用被认为包含社会混合，而这给希腊带来的种族污染是不可接受的。再次，传播的日期现在被推迟到约公元前 720 年，一个安全的日期，在城邦建立和希腊文化的形成期*之后*。这带来了一长段文盲期，处于埃文斯发现的线形文字消失和字母表的引入之间；这样的安排有两大优点：它允许荷马成为一个盲目的——几乎是文盲社会的北方游吟诗人，它还在迈锡尼时代与创始期时代之间打上了一个无法渗透的印记，即完全的黑暗时代。这样，后来希腊人关于他们早期历史的报道和古代模式被推翻得更加彻底了。

20世纪30年代，实证主义在"硬"科学中的地位削弱了，但在一些边缘学科如逻辑学和古代史中的地位得到额外加强。因此，古典学中腓尼基问题的解决显得"科学"和确定无疑：从此开始，这一学科可以科学地开展起来，或者，像一些人愿意描述的那样，一个范式已经建立。任何否认这一范式的学者都被取缔为无能、无理的怪人。这一立场的强势表现在：反犹主义的后果于1945年显现出来并深刻地动摇了反腓尼基主义的意识形态基础之后三十多年间，它仍然存在。但从长期来看，极端的雅利安模式退却了，对这一过程的叙述构成第十章，《战后局势：回归宽泛的雅利安模式，1945—1985》。

很可能以色列的建立比纳粹对犹太人的大屠杀对恢复腓尼基人地位的影响更大。自从1949年以来，犹太人，至少是以色列人，日益被接受为完全的欧洲人，很明显，说一门闪米特语并不使人丧失军事成就的资格。而且，在50年代，犹太人对他们闪米特之根的自信陡然上升。

在这一过程的情景下，也许因为他们不能接受正统犹太教或犹太复国主义的排他性，赛勒斯·戈登（Cyrus Gordon）和迈克尔·阿斯特（Michael Astour），两位伟大的闪米特学家，开始把西闪米特文明作为一个整体支持并攻击极端的雅利安模式。戈登在活着的人中最为精通古代地中海东部地区诸语言，他一直认为他的使命是证明希伯来文化与希腊文化之间的彼此联系。在此过程中，他的桥梁是古叙利亚的海港乌加里特（Ugarit）以及克里特岛。他觉察到迦南人的神话与《圣经》和荷马都有联系，这些神话在公元前14世纪和公元前13世纪记载于乌加里特，20世纪四五十年代得以翻译；他1955年发表的关于此问题的专著败坏了他作为"合理"学者的名声，但使一些总体历史学家和外行公众着迷。*此后不久，他把克里特文化的A类线形文字铭文读作闪米特语，进一步冒犯了正统，立刻招致一连串反对意见。尽管后来的研究几乎消除了所有这些反对意见，但多数学者仍然没有接受他的阐释。虽然文特里斯比他早几

36

* C. Gordon, *Homer and Bible:The Origin and Character of East Mediterranean Literature*, Philadelphia: Press of M. Jacobs, 1955. ——译者注

年把 B 类线形文字破解为希腊语是新奇的，但它肯定了希腊文化的地理广度和历史深度，因而受到欢迎；但接受 A 类线形文字为闪米特语意味着接受弥诺斯文明为闪米特文化，这就推翻了所有关于希腊和欧洲是独一无二的概念。

流行看法的支持者们对《希腊-闪族比较论》（*Hellenosemitica*）同样仓皇失措，如果不是更仓皇失措的话。这本书首次出版于 1967 年，是戈登的同事迈克尔·阿斯特的重要著作。《希腊-闪族比较论》是一系列关于西闪米特与希腊神话之间惊人相似的研究，揭示出二者之间非常密切的结构和术语方面的联系，这些联系是如此密切，而不能仅仅解释为人类心理的相似表现。除了这一基本主题带来的挑战外，阿斯特还做出了三项基本的攻击。首先，他写作这本书的事实本身打乱了学术界的现状。虽然一名古典学家来自居于支配地位的学科，可以讨论中东与希腊罗马的关系，相反的情形则不可行。一名闪米特学家被认为无权写关于希腊的书。其次，与其他有关史前阶段的证据来源相比，包括神话、传说、语言和名字，阿斯特质疑了考古学的绝对优先权，因此威胁了古代史的"科学"地位。再次，他为古典学勾勒了一种知识社会学，表明学术发展与社会发展之间的联系。他甚至暗示反犹主义与对腓尼基人的敌意有关，对学问稳步、渐进积累的概念提出质疑。但最坏的威胁来自他的基本信息，即达那俄斯和卡德摩斯的传说包含事实的内核。

如此众多的异端邪说不可能不遭到惩罚。阿斯特被批评家围攻得如此惨重，不得不停止他的天才所开拓的领域的工作。但他的工作和戈登的工作一样，已经有了深刻的后果：与爱琴海青铜时代晚期和铁器时代早期遗址出土的越来越多的黎凡特物品一起，他们的工作业已推翻了极端的雅利安模式。可以公正地说，到 1985 年为止，这一领域的多数研究者已经退缩到了宽泛的雅利安模式。这就是说，他们接受了青铜时代西闪米特人殖民的可能性，不仅在诸岛，而且在希腊大陆，至少在底比斯。他们还相信，腓尼基人对铁器时代希腊的影响开始是早在公元前 8 世纪以前，有可能早至公元前 10 世纪。

另一方面，虽然戈登和阿斯特智识上很大胆，但他们并没有挑战雅利安模式本身。他们两人都没有考虑到希腊语词汇中有大量闪米特成分这一可能性；而且闪米特是他们的研究重点，他们没有调查埃及对希腊进行殖民的可能性以及如下假设，即埃及语言和文化在希腊文明的形成过程中扮演了同等重要甚至更为核心的角色。

已经有了数次尝试，来复活埃及影响希腊的传统。1968 年，东德埃及学家西格弗里德·莫伦兹（Siegfried Morenz）就此论题及其对欧洲作为一个整体的更广泛的影响发表了一部重要著作，但它在德国之外很少受到关注。斯皮罗普洛斯博士关于公元前 21 世纪底比斯存在埃及殖民地的假定被体面地埋葬了，无人知晓。学者们恶意中伤他确定的日期，另一方面尽量避免提及他"古怪的"结论。[15] 总的来说，论及埃及对希腊有重要影响的人只有在学术圈边缘或之外才能找到到：例如彼得·汤普金斯（Peter Tompkins）写作了范围广泛的新闻题目，他的《大金字塔的秘密》一书写作谨慎，但标题大胆；还有非洲裔美国学者 G. G. M. 詹姆斯（G. G. M. James）的迷人的小书《被盗窃的遗产》也令人信服地论述了希腊科学和哲学从埃及那里大量借用的观点。《编造古希腊》的结尾预言，虽然推翻宽泛的雅利安模式会比推翻极端的雅利安模式需要时间长一些，但下个世纪初会普遍接受一种修正的古代模式。

　　绪言以下部分包含相当数量的技术讨论，对理解本卷书不是必需的。因此，我建议主要对历史编纂感兴趣的读者跳过这些部分，直接阅读第一章。

欧洲的希腊还是黎凡特的希腊？希腊文明中的埃及和西闪米特成分：第二卷提要

　　《黑色雅典娜》第二卷将两大模式的相对效果与若干不同学科或历史重建的方法相比较：同时代的文献资源、考古学、地名、语言以及宗教崇拜。这一卷的绪言是对两大模式内在合理性的比较。
　　除了关于古埃及的知识这一可能的例外外，很明显古代模式的支持者们比雅利安模式的支持者们占有更多的有关公元前两千纪的信息。但后者自称高等的基础不是信息的数量，而是他们的"科学方法"和客观性，在《编造古希腊》中此二者被根本地质疑了。有关客观性的问题它指出，希腊作家一方面希望为其文化赢得额外的历史深度，另一方面意欲在每个方面都比邻居

15　R. J. Buck（1979，p. 43）提及了斯皮罗普洛斯的假定但摒弃了它。S. Symeonoglou（1985）在他的长篇书目中没有引用 Buck 的文章。他恶意中伤斯皮罗普洛斯的日期，但并没有提及金字塔形式或任何埃及联系（pp. 273-4）。W. Helck（1979）则完全忽略了斯皮罗普洛斯的工作。

们高人一等，在两种愿望间左右为难，而19世纪的学者没有这种矛盾情绪。他们的全部兴趣是提升欧洲的希腊，打压非洲的埃及人和闪米特的腓尼基人。这一事实本身会使旁观者倾向于相信古代人比19世纪和20世纪初的历史学家更"客观"。

但是，信息源可能更充足、更客观本身并不意味着古代模式的阐释价值比雅利安模式胜出一筹。我已经论证并在本卷的结论中重复过，不能仅仅因为后者建构的动机现在被认为是可疑的就抛弃它。例如，19世纪的学者陶醉于雅利安人侵略印度、以肤色为基础形成种姓制度的历史图景，这一事实并未消除这一规划作为历史解释的有用性。但我们应当记住，印度与希腊不同，它有着古老的侵略传统。

欧洲的希腊还是黎凡特的希腊？第一章勾勒了我们所讨论的时代和地区的文献证据。公元前两千纪的地中海东部不是文盲地区：埃及人和黎凡特人已经书写了几个世纪；克里特岛正在使用它自己的象形文字和A类线形文字，后者在基克拉迪群岛也使用。而且，很可能在这一千纪的上半期B类线形文字在希腊大陆上发展起来，我还认为，到公元前15世纪为止地中海东部大部分地区在使用字母表。*因此，文字不仅广为传播，而且，与雅利安模式的构想者不同，我们能够解读它的多数形式。

这样说过以后，必须承认，地中海东部地区这一时期不同文化区域之间关系的文献证据非常缺乏。最近发现的巨大塑像下面石块上的米特拉希尼（Mit Rahineh，又名孟菲斯）铭文给出了一些细节，说明公元前20世纪埃及广泛的陆上远征和海上航行的情况。[16]人们有一段时间已经知道，公元前16世纪初，第十八王朝第一位法老的母亲阿霍特普女王，据信来自一个名叫"Ḥ3w Nbw"的外国地区，据可信辨认是爱琴海地区。她的一些珠宝是爱琴海式样，这就确认了上述辨认。虽然她的儿子阿摩西斯（Amōsis）似乎对Ḥ3w Nbw享有某种宗主权，此后一个多世纪没有这方面的进一步消息。无论阿摩西斯和Ḥ3w Nbw之间关系的性质如何，清楚的是，在希克索斯时期末尾和第十八王朝开初有过一些人口的交流。"克里特人"的名字P3 Kftiwy，这一时期在埃及出现

---

* M. Bernal（1983a and b）。——译者注

16 S. Farag（1980）.

过，一个同时代的埃及纸草纸卷轴上的克里特名字名单中出现了多个埃及人和黎凡特人。这一公元前 17 世纪南爱琴海地区人口充分混合的图景得到了以下两方面的确认：锡拉岛的壁画，A 类和 B 类线形文字中晚一些时候的人名。

就公元前 15 世纪和公元前 14 世纪而言，有关与爱琴海地区接触的埃及文献证据要丰富得多。铭文和墓画清楚表明，在图特摩斯三世（Tuthmōsis Ⅲ）公元前 15 世纪中期征服叙利亚以后，埃及人能够对克里特岛及更远地方行使某种形式的宗主权，此后一百年中这种宗主权更新了许多次。关系确定以后不久，埃及的文献和绘画表明克里特岛经历了权力更迭，这与克诺索斯的考古证据相吻合，暗示此时迈锡尼征服了弥诺斯人。埃及文本不再指称爱琴海的 Kftiw，而代之以 Tin3 或 Ta-na-yu。这几乎肯定是指达那厄人（Danaans）和希腊，因为公元前 14 世纪的一个铭文给出了一些 Ta-na-yu 地方的地名，其中几个被可信地辨认为克里特岛和希腊的地名。而且，同一时期腓尼基城邦推罗（Tyre）的国王给埃及法老写了一封信，指称 Da-nu-na 的一个国王，这个地方很可能在希腊。

乌加里特语和 B 类线形文字都指称了黎凡特与爱琴海地区在公元前 14 世纪的接触。乌加里特商人与克里特做生意，我相信在乌加里特发现的人名 Dnn 是 Danaan，表明在那个港口有过希腊人。B 类线形文字的刻写板说明在克里特岛和伯罗奔尼撒半岛有说希腊语的宫廷社会和经济，很像同时代近东的那一类。从语言学上说，B 类线形文字的铭文表明希腊语中许多得到承认的闪米特语外来词在公元前 14 世纪就已经有了。应该承认，它们一般属于"意识形态上合理"的语义领域，即有可能被闪米特商人带来的奢侈品。但是，它们包括 chitōn，"衣服"的标准词，和 chrysos（金子），希腊自从新石器时代以来具有核心崇拜意义的金属，这表明到青铜时代晚期接触已经非常深广了。而且，有许多人名属于"埃及的""推罗的"等等类型。总之，文献表明的密切接触和人口混合的类型与古代模式非常符合。另一方面，雅利安模式也能涵括它们，尚无文献证据支持传说中的殖民。

第二章关于考古学。开头讨论中王国在公元前两千纪之交对波伊奥提亚的影响的可能遗迹。但本章大部分是关于锡拉岛大爆炸的日期，锡拉岛是克里特岛以北 70 英里的一个岛。我们知道，岛的整个中心的爆发能量是 1883 年喀拉喀托火山（Krakatoa）大爆发的数倍。由于喀拉喀托火山爆发毁坏了数百英里以外的窗户，引发的海啸穿越了印度洋，它在全世界制造的灰尘促进了印象主义的发展，并影响了整个北半球的气候，所以锡拉岛火山爆发的影响一定非常巨大。流行的看法认为，这次爆发的时间与克里特岛发生的破坏同时，后者据信与迈锡尼的希腊人大约公元前 1450 年来到该岛有关联。但这种看法的一个困难是，破坏之前的克里特岛的陶器属于弥诺斯晚期第一期 B，虽然经过辛勤的寻找，但这样的陶器在锡拉岛的火山沉积物下面没有被发现。一些考古学家因此把两个事件分开，认为火山爆发比迈锡尼破坏早大约 50 年，即大约在公元前 1500 年。

42

我认为，爆发的时间要更早，在公元前 1626 年，这个精确年代的根据是树木年代学——这一例中，是测量美国西南部狐尾松的年轮得来的。喀拉喀托火山那样规模的爆发留下的印记包括夏天的霜和雪线附近的树木数年停止生长。而这些古老的狐尾松在公元前 15 世纪和公元前 16 世纪没有证据表明一场震动世界的爆发发生过，但公元前 1626 年有证据。这一年对爱尔兰的橡树也是个坏年头。这样的"喀拉喀托火山效应"有可能由世界上任何一个地方的巨大地震造成；但由于我们发现锡拉岛火山爆发的记录有问题，这一确认大概是可能的。[17] 但还有其他证据支持早一些的日期。虽然火山气体似乎扭曲了破坏层以下的一些物质的碳的日期，但存活期很短的植物的碳的日期——只有这些能够提供准确的信息——指示着公元前 17 世纪而不是公元前 15 世纪的日期。[18]

在中国，夏朝的最后一个国王桀的死亡伴随着一些异常天象，如黄雾、夏霜、暗淡的太阳、同时出现三个太阳，等等，所有这些现象都已可信地解释为是锡拉岛灰尘云霾的结果。但下一个问题是桀死亡的时间。它不可能发生在公元前 15 世纪：一些历史学家将其定在了公元前 16 世纪，另外一些认为是公元前 1700 年以前。但以公元前 3 世纪的古代计时器为基础的编纂物和考古学证据表明是公元前 17 世纪。[19]

早一些日期的进一步证据来自埃及，在那里有关公元前 15 世纪的文献资

17　V. C. la Marche and K. K. Hirschbeck（1984, p. 126）. 关于爱尔兰的橡树，得自 M. G. L. Baillie 和 P. Kuniholm1985 年 4 月在雅典的私人谈话。

18　H. N. Michael and G. A. Weinstein（1977, pp. 28-30）.

19　关于与中国的联系，参见 K. D. Pang and H. H. Chou（1985, p. 816）. 关于商朝的日期，参见范祥雍编，《古本竹书纪年辑校订补》，上海，1962，第 24 页。较晚的修正日期见 D. N. Keightley（1978）；较早的修正日期见 K. C. Chang（1980, pp. 354-5）。

料很丰富。如果锡拉岛大爆发规模的事件没有被以某种形式记载，那将是令人吃惊的，因为大爆发肯定影响了下埃及。而且，我们看到，克里特就是在这个时候，大约公元前 1450 年，向埃及派遣了前往进贡的使团。与此相对照，埃及有关公元前 17 世纪的记录几乎没有，自然不会提及爆炸。这次灾难的巨大规模允许我对通常反对的"默证"做一次例外的对待。但是，我承认这一类论证本质上是虚弱的。而且，树木年代学、碳和"中国"日期都可以被质疑。尽管如此，既然公元前 15 世纪的日期极端没有说服力，四项证据加起来使公元前 1626 年看起来要可信得多。

43

因为现在几乎毫无疑问火山爆发发生在弥诺斯晚期第一期 A，所以有必要对若干分期的绝对日期向前做出一些调整。《剑桥古代史》给出的年代表是标准分期，它是在陶器风格变化的基础上编制的：

> 弥诺斯中期第三期，公元前 1700—公元前 1600；弥诺斯晚期第一期 A，公元前 1600—公元前 1500；弥诺斯晚期第一期 B，公元前 1500—公元前 1450。

本书的年代表为：

> 弥诺斯中期第三期，公元前 1730—公元前 1650；弥诺斯晚期第一期 A，公元前 1650—公元前 1550；弥诺斯晚期第一期 B，公元前 1550—公元前 1450。

对克里特的陶器分期做出修正后，也有必要对希腊大陆的陶器分期做出修正，因为后者是在弥诺斯分期的基础上制定的，二者至今或多或少有相关性。其中，尤其需要修正谢里曼在迈锡尼首先发现的竖井墓的日期，从公元前 17 世纪末修正为 17 世纪初。这样做实际上增加了古代模式的困难，因为它主张，开启了英雄时代的殖民是埃及人在公元前 16 世纪赶走希克索斯人的结果。但是，16 世纪的日期是矛盾的，因为此时克里特岛并无考古证据证明有重要的整体的破坏发生，而埃及的殖民者不大可能绕过这个岛。

这些与考古证据的不洽合解释了《黑色雅典娜》提出的对古代模式的两大修

正之一。修正的古代模式断言，埃及人和西闪米特人开始在爱琴海开拓殖民地是在公元前 18 世纪末，当希克索斯人首次控制下埃及时，而不是在公元前 16 世纪 70 年代，当希克索斯人在下埃及的权力崩溃时。如果暂时接受了这一修正，那么接下来的问题是为何古代人尊敬更古的年代，却推迟了登陆的日期？一个可能的原因是试图把登陆与以色列人出埃及事以及埃及人赶走希克索斯人相关联，后者实际上发生在公元前 16 世纪初。[20] 另外一个因素可能是为了显得冷静合理而做出低估，因为古代这方面的压力肯定不会比今天小。最后，"爱国"情感和乞援人／希克索斯的双关语（Hikesios/Hyksos）可能有影响。如果到来者是在希克索斯阶段末期的难民或乞援人，而非初期到来的征服者，对希腊自尊的伤害会小一些。

考古学为希克索斯人到达埃及之后不久就入侵爱琴海的假设提供了很好的证据。公元前 18 世纪末，克里特的王宫全部遭到破坏，后来重建，方式略微不同但差异很重要。因此传统上有早王宫时代和后王宫时代的区分；变化包括剑的引入、竖井墓和狮身鹰首兽的皇家主题——所有这些早些时候存在于黎凡特，而且在迈锡尼时代的希腊很重要。克诺索斯这一破坏层的一个密封印表现了很像迈锡尼人的野蛮的、蓄须的国王。

在艺术方面，弥诺斯中期第三期／青铜时代中期第三期的爱琴海物品与希克索斯阶段和第十八王朝初期发现的埃及物品之间有惊人的相似之处。文化交流的方向通常认为是从爱琴海到埃及；但这里有一些疑问，因为就许多最具特征性的迈锡尼物品、技术和主题而言，黎凡特有先例。我认为，公元前 18 世纪末和公元前 17 世纪地中海东部地区至少物质文化大融合的最有成果的类比是公元 13 世纪鞑靼强权之下的世界和平（Pax Tartarica）。蒙古统治者使中国、波斯和阿拉伯的技术和艺术互相融合，彼此特征相混杂，打破了传统的严格界线。在希克索斯这一例中，我假定长期存在的如埃及和克里特传统，很快恢复原样，但有一些小的修正；而希腊大陆缺乏这样的传统，所以混杂的"希克索斯国际风格"持续了较长一段时间。

希克索斯人公元前 18 世纪末对克里特的埃及-迦南征服，并在更北方建立多个殖民地的假设能够提供可信的规划，来涵括我提到的考古学证据。迈锡尼的竖井墓充满了新式武器和其他物品，表明有外国影响，主要是弥诺斯和近东影响，这些墓很可能是新的征服者的墓。确实，剑桥古代史学家弗兰

20　这里作者对原文有修订。——译者注

克·斯塔宾斯（Frank Stubbings）教授在他为《剑桥古代史》写作的关于竖井墓的文章中持同样观点，虽然他接受了公元前 16 世纪的日期，并向他的读者保证说，希克索斯人侵者对希腊文化没有持久的影响。[21] 自从文章 20 世纪 60 年代被发表以来，出现了更多的证据来支持他的少数派观点。最近在东三角洲地区的 Tel ed Daba[<]a 的考古发现几乎肯定是希克索斯王朝的首都阿瓦里斯（Avaris）的遗址，它表现出西闪米特和埃及的混合物质文化，和竖井墓有明显的相似之处。[22]

迈锡尼青铜时代中期的陶器风格的连续性表明，早期文化在相对低层的社会级别存活下来。这正是修正的古代模式阐释的语言学证据所表明的。它还与下述描写相吻合，即本土的佩拉斯吉人（Pelasgians）在新来者的指导下成为达那厄人或雅典人。但必须指出，这不是对考古证据的唯一解释。即便在 Tel ed Daba[<]a 被发现之后，仍有可能论证，迈锡尼的物质文化是本土爱琴海首领变得富有和更有权势并进口外国物品和工匠的结果；或者，希腊雇佣军从埃及归来，带来财富和新风格的眼光。虽然没有语言学证据和古代权威来支持这些阐释，但当代考古学家多数持这样的观点。

我提到过，还有一派思想，认为此时希腊物质文化的剧烈变化是侵略的结果，但没有长期的效果。但两种情况下都没有多少疑问，非考古学论证对考古学家们的影响非常大。不可避免地，大多数学者否认有任何希克索斯殖民地存在，影响他们的是他们身处其中的雅利安模式。同样，少数人受古代模式的传说影响，相信殖民地的存在。二者中，很清楚物品本身并未强加一种单一的概念模式。在好的情况下，考古学也许能够提供有关人口密度、殖民地规模或地方经济的迷人、重要的信息，但仅仅考古学本身作为工具太迟钝，不能为《黑色雅典娜》讨论的问题提供答案。

第三章，讨论山、河的名字，是《黑色雅典娜》中集中探讨语言借用的第一章。因此，它在开头讨论了埃及语、闪米特语和希腊语之间公认的语音一致性。埃及语和闪米特语之间一致的某些细节已经确定了，它们与希腊语之间

21 F. H. Stubbings（1973, pp. 635-8）.

22 M. Bietak（1979）.

一致的大量信息可以从少数得到承认的外来词以及用其他语言标音的数以百计的专有名词中推测出来。从所有这些信息可以明确看出，三种语言之间的语音一致是异常广泛的；而一个闪米特语或埃及语词语或名字在希腊语中可能出现的标音方式之多很是令人困惑。这些变化的部分解释是聆听和复写外国语音的种种困难，还有外来词的借用是通过不同的地方方言或第三种语言。但是，变化的主要原因似乎是借用发生的时间非常之漫长。在公元前 2100 年到公元前 1100 年的时段里——这是我们讨论的主要时期，三种语言，尤其是埃及语，经历了剧烈的语音变化。我因此认为，同一个词语或名字有可能被借用了两次或两次以上，每次借用的结果大不相同。我发现这里最有用的类比是日语在近一千年中来自汉语的借词；但在这一例中，书写系统使人能够看到原来的词是什么，是日语对汉字的许多不同"读法"或语音标示着不同的借用。

47

埃及语和西闪米特语的书写系统都不标注元音。重建其元音的一些尝试可以从科普特语和马拉所本对《圣经》的元音化做出，也可以从楔形文字、希腊语和对它们的其他标音做出。但是，许多词源不得不仅仅在辅音结构的基础上构造。这一点，还有辅音本身明显的、大范围的对应，创造出了埃及语、闪米特语和希腊语词语和名字之间众多的可能语音对应。另一方面，现象很容易被想象出来这一事实与它们实际发生的可能性无关。而且，强有力的外在论证支持大量的语言借用发生过。即便没有古代模式，尚有地理和时间相近性，以及密切接触的文献和考古学证据。除此之外，支持雅利安模式的学者在过去 160 年中无法用印欧语或据称与"古希腊人之前"相关的安纳托利亚语言来解释 50% 的希腊词汇和 80% 的专有名词。

在此情势下，我认为值得为希腊语形式寻找埃及语和闪米特语词源，但要尽量严格地操作。首先，我没有试图取代广泛接受的印欧语词源，即便它们中间的一些可能是错误的；本书提议的大部分新词源没有正统竞争者。但即便在这些例子中，人们也应该极其谨慎。在语音方面，人们应该局限于实际被证明使用过的辅音对应，即便很可能其他对应也发生过。同样，不应该有音位变换或辅音次序的转换。这一规则的一个例外是流音的交换——第二、三位置的 l 音和 r 音。这一点得到容忍是因为这一现象在三种语言中极其常见，尤其是在埃及语和希腊语中。因此，希腊语 martyr（证人）可以合法地源自埃及语 mtrw（证人），pyramis（金字塔）源自埃及语 p3 mr（坟墓）或（金字塔）。但

48

避免虚假词源的主要抑制手段是语义学，词源认定需要意义的严格对应。

　　支持雅利安模式的学者在地名领域的研究尤为稀松。希腊语和安纳托利亚语名字之间的任何疏松的语音对应都被视为足够联结二者的证据，无论它们指称一个岛、一座山、一条河或一个城镇，更不用说它们的地理或传说情景了。这种马虎的状况使得更为严格的学者完全绕开了这个题目，结果德国古典学者A. 菲克（A. Fick）1905年发表的很概略的研究至今仍未被超越。这道惊人的鸿沟是雅利安模式下的学者几乎完全不能解释爱琴海地名的不可避免的结果，因为只有一小部分可以用印欧语解释。这些学者所能够做的只是解释他们为什么不能解释它们，并简单地称之为"古希腊人之前的"。

　　雅利安模式学者特别强调所谓"古希腊人之前的"地名元素 -(i)ssos 和 -nthos，它们尚未被赋予任何意义。这一分类由德国古典语言学家保罗·克雷奇默（Paul Kretschmer）首先提出，由美国古典学者 J. 黑利（J. Haley）和考古学家卡尔·布利根（Carl Blegen）予以发展。他们认为，这些地名的分布与青铜时代早期的殖民地相对应；进而，由于侵略者据信于青铜时代中期开始的时候才抵达，这些地名是古希腊人之前殖民地的信号。从考古学上说，这一理论很不足信，因为上述对应不仅适用于青铜时代早期遗址，而且适用于青铜时代晚期遗址。地名的侧面同样很薄弱。甚至在黑利和布利根宣布他们的理论之前，克雷奇默已经承认，这些后缀可以跟在印欧语词根后面，因此它们本身不能表明是古希腊人之前的——如果人们接受雅利安模式的话。由于这些后缀在闪米特语和埃及语词干结尾也有出现，如果人们在古代模式内部运作的话，它们作为一种本土要素的标示物同样没有帮助。

　　由于这些明显的不足之处，布利根和黑利的假说依然受到如此尊敬是令人惊诧的。我们的解释是，古代希腊语地名学这一领域是如此荒芜，甚至垃圾都不会被抛弃。根据修正的古代模式，-nthos 有许多不同的词源，其中两个最常见的是齿音前的鼻音化和埃及语 -ntr（神圣的）；-(i)ssos 似乎是一个典型的爱琴海语言词尾，但它至少到青铜时代末期仍然在使用。

　　如我所言，第三章讨论的是河流和山的名字。山、河名字构成任何国家最恒久的地名。例如在英国，多数山、河名字来自凯尔特语，有一些甚至比印欧语还要早。因此，埃及语或闪米特语山的名字的存在能表明很深刻的文化渗透。这一章不能讨论我在这一领域所有的提议，但得到考虑的提议包括一些被证实

49

广泛使用的地名。例如，Kēphisos 或 Kāphisos 是河流或溪流的名字，遍布整个希腊，但尚未得到解释。我认为它源于 Kbḥ，一个常见的埃及河流名字"清新的"，加上后缀 -isos。从语义上说完全相符：Kbḥ 显然与 ḳb(b)（清凉的）和 ḳbḥ（使洁净）相关联。希腊语 Kēphisoi 常常用于洁净仪式。Kbḥ 有一个辅助的意义："有野鸟的湖"。这与浅浅的大湖科帕伊斯湖契合很好，这个湖在希腊传统中有许多埃及关联，Kēphisos 河流注入它。据我所知，这一词源从未被发现过。

极端的雅利安模式开始之前，大家普遍接受希腊的河名 Iardanos——在克里特和伯罗奔尼撒半岛可以找得到——来自闪米特语 Yardēn 或 Jordan（约旦河）。甚至贝洛赫和菲克都不得不承认，这一词源"很吸引人"，而且他们不能提供别的选项。然而，整个 20 世纪都否认了这一词源。19 世纪末之前广泛认可的另一个闪米特词源是希腊语地名元素 sam-，如 Samos、Samothrace、Samikon，它总是指称高的地方，来自闪米特语词根√ smm（高的）。这一词源同样遭到忽视和否认。这一章提议的其余词源需要更多的讨论。

50　　　第四章讨论城市名字。比起自然景观的名字来，城市名字更通常地在文化与文化之间传递。但是，希腊的印欧语城市名字数量不多，多数城市名字能够发现可信的埃及和闪米特词源，这些事实表明的接触深度不可能仅仅用贸易来解释。例如，希腊城市名字最常见的一组词集中于词根 Kary(at)。这可以可信地解释为西闪米特语城镇的标准词语 qrt 在不同城市名字中以多种方式元音化的结果，包括 Qart-，Qârêt 或者 Qiryâh/at。事实上，它是一个最常见的腓尼基和希伯来地名，如迦太基（Carthage）和其他许多城市的名字。

我给出例子，来表明 Kary- 的使用与希腊语中"城市"的标准词 polis 之间是严格平行的。其中最惊人的是在雅典娜·波丽亚斯（Athena Polias）*神庙的柱廊中，在传说中的雅典创建人凯克洛普斯（Kekrops）的坟墓周围放置了加里亚狄（Karyatids）的像。这样，"城市的女儿"看起来比"来自拉科尼亚（Lakonia）的卡里埃（Karyai）的阿耳特弥斯的女祭司"或者"坚果仙女"是

---

* Athena Polias 意为城市的雅典娜，不同于 Athena Parthenos（处女雅典娜），这是较为温柔典雅的女神。——译者注

这个名字更可信的解释，而后两者是今天给出的唯一解释。词干 Kary- 有许多变异形式，我认为其中包括 Korinthos（Corinth，科林斯）。

地峡上科林斯附近是美伽拉（Megara）城。帕萨尼亚斯（Pausanias），公元 2 世纪希腊的贝德克尔，解释说这个名字意为"洞穴"或"地下房间"。*一个正是这个意思的西闪米特词在乌加里特语地名 Mgّrt 和圣经里的 M°<âråh 出现了。希腊城市名或城镇名 Megara 和 Meara 别无解释，上述两词看来是可信的词源。

古埃及有很长的斗牛传统，即牛斗牛的传统，这并不广为人知。斗牛及斗牛的场地被称为 Mtwn。在荷马史诗中，词语 mothos——宾格 mothon——意为"战争喧嚣"和"动物之间的战斗"；而 mothōn 可以指"放荡的舞蹈，笛子曲调"或者"鲁莽的年轻人"。Mtwn 是埃及常见的地名；Mothōne，Methōne 或者 Methana 在希腊几乎同样常见。这些地方都位于海湾旁，可以用剧院式来形容。所以，在 Mothone 发现了一枚硬币把港口描绘为剧院，因此明显与 Mtwn 相联系，这并不让人吃惊。

迈锡尼（Mykēnai，Mycenae）的传统词源是 mykēs，"蘑菇"。一个更为 51
可信的词源大概是 Maḥăneh "营地"或 Maḥănayim "两座营地"，西闪米特语一个常见的地名。还有，在极端的雅利安模式到来之前，普遍认为希腊城市名忒拜（Thēbai）来自迦南语 têbåh（方舟，箱子），后者又来自埃及语 tbi 或 dbt（盒子）。这两个词常常和另一个可能相关联的词 ḏb3（柳条筏，纸莎草方舟）以及 ḏb3t（棺材，神龛；由此引申，宫殿）相混淆。ḏb3 在科普特语中写作 Tbo 或 Thbo，是埃及的城市名。但有趣的是，没有记录表明曾经用它来称呼埃及的南方首都，希腊人称之为忒拜。但是，它大概被用来称呼希克索斯人在阿瓦里斯的首都。如果这样的话，ḏb3/ 忒拜可能成为希腊语中"埃及首都"的代名词，它被附加在埃及底比斯的名字上，第十八王朝在那里建都。无论如何，没有理由怀疑这个希腊城市名字来自西闪米特语 têbåh 和上述埃及语词组。

第五章专门讨论了一个城市——雅典。这一章的论点是城市名 Athēnai 和

---

* 帕萨尼亚斯，活动时期公元前 176 年—公元前 143 年，希腊地理学家、旅行家，著有《希腊纪事》。Karl Baedeker 是 19 世纪德国出版商，Baedeker 已经成为普通名词，指贝德克尔旅游指南或旅游指南。——译者注

神的名字 Athēnē 或 Athena（雅典娜）都来自埃及语 Ḥt Nt。在古代，雅典娜总是与埃及的女神 Nt 或 Nēit 对应，两者都是战争、编织和智慧的处女神。对 Nēit 的崇拜以西三角洲地区的城市赛斯为中心，赛斯的市民对雅典人感到特殊的亲近。赛斯是世俗的名字，这个城市的宗教名称是 Ḥt Nt（Nēit 的神庙或教堂）。这一名字在希腊语和科普特语中没有发现，但地名元素 Ḥt- 转写为 At- 或 Ath-。另外，埃及词在第一个辅音前有所谓词首添音的元音是极其普遍的现象。在这一例中，Nt 前面有一个元音的可能性增加了，因为有一个很相似的西闪米特女神名叫 ʿAnåt；所以，让 Ḥt Nt 元音化为 *Atanait[23] 似乎是合法的。多利斯方言中的 Athēnē，Athānā 和 B 类线形文字中的 A-ta-na 缺少字母 i 似乎是个问题。但是，阿提卡方言和多利斯方言中有变异形式 Athēnaia 和 Athānaia，而完整的荷马史诗形式是 Athēnaiē。由于词尾的 -ts 在希腊语和晚期埃及语中都被丢掉了，这一字母在 Athēnai 和 Athēnē 中不出现是当然的。

如果语音契合得不错，那么词义契合就是完美的。我已经说过，古代人把 Nēit 和雅典娜视为同一神灵的两个名字。在埃及，以其住地称呼神灵是正常的，这能够解释希腊语中女神名字和其城市名字的混淆。最后，公元 2 世纪的作家帕加马的沙哈克斯（Charax）有一句话，叫作"赛斯人把他们的城市称为 Athēnai"，这句话无法理解，除非赛斯人把 Ḥt Nt 视为赛斯的名字。[24]

接着，第五章讨论 Nēit 和雅典娜之间的图像联系。自从王朝时代之前，Nēit 的象征就是一根木棍上的蟑螂，后来演变成 8 字形的盾牌，常常与武器相联系。这一象征似乎是弥诺斯克里特发现的所谓"盾牌女神"的源头，而"盾牌女神"通常与在迈锡尼发现的绘画的石灰岩徽章相联系，这一徽章表现一位女神的手臂和脖子从一个 8 字形的盾牌后面出现。如今，这一形象被视为智慧女神（Palladion）的早期表现，是与帕拉斯·雅典娜崇拜以及女神本身相联系的常备盔甲。这样，人们能够勾勒出图像的发展，从公元前四千纪和公元前三千纪的埃及，到公元前两千纪的克里特和迈锡尼，再到公元前一千纪有名的女神——这恰好与 Nēit 和雅典娜之间传说的联系以及此处的词源学相对应。而且，雅典对雅典娜国家崇拜的高潮是在公元前 6 世纪中期，恰在

23　* 标示一个词语或名字推测出来但实际未见的形式。

24　C. Müller（1841-70, vol. 3, p. 639）.

此时，阿玛西斯（Amasis），埃及的赛斯法老，在地中海东部的其他地区大力推行雅典娜崇拜。

赛斯在埃及和利比亚的边界上，有时部分属于利比亚，这可以解释希罗多德把雅典娜与利比亚相联系的详细描述；这位希腊第一位伟大的历史学家认为埃及人和一些利比亚人是黑人，这一点也很清楚。另一方面，希腊对雅典娜最早的表现来自迈锡尼，她的四肢的描绘与取自埃及的弥诺斯传统相符合，男人是红／棕色的，女人是黄／白色的。但是，Nēit/雅典娜的埃及-利比亚渊源，希罗多德对这一联系的意识，以及他把埃及人描绘为黑人，这些因素一起赋予了本系列的标题。

第六章只讨论斯巴达（Sparta）。我认为这个地名是一个大词组中的一个，包括变异形式 Spata 和 Sardis，这些形式在整个爱琴海盆地都可以发现。我相信，它们都直接或间接地来自埃及地名 Sp(3)(t)（省）或者"地区及其首府"。在古埃及语和中期埃及语中，这里标示为 3 的"兀鹫"符号读作流音 r/l；在晚期埃及语中它仅仅变换其他元音。在埃及，最杰出的 Sp(3)(t) 是孟菲斯附近奉献给死亡使者和死者卫士豺狗阿努比斯（Anubis）的那一个。我认为，这一联系至少存在于萨迪斯和斯巴达，因为斯巴达或拉科尼亚文化充满了犬的关联。这包括斯巴达的另一个名字 Lakedaimōn，它可以可信地解释为"嗥叫的／折磨人的精灵"，这一形容词完全适用于阿努比斯；还有 Kanōb/pos 的精确仿造词，K₃ʾ I npw，"阿努比斯的精灵"，这是尼罗河最西面河口的名字。在希腊神话中，Kanōpos 与斯巴达有密切关联，二者都被视为地狱的入口。所以我还调查了阿努比斯的希腊对应物赫耳墨斯在拉科尼亚的宗教重要性以及斯巴达人对狗、地狱和死亡的特殊关切，所有这些我相信都可以追溯到青铜时代。

本章的最后一个部分讨论埃及对铁器时代斯巴达的影响。斯巴达特有的政治词汇有许多可信地来源于晚期埃及语这一事实，与斯巴达的立法者来库古（Lykourgos）访问过东方和埃及，以学习它们的机构这一传统相联系。而且，公元前 9 世纪和公元前 8 世纪时埃及在斯巴达的文化影响的概念得到了加强，因为早期斯巴达艺术表现出强烈的埃及外表。所有这些与斯巴达国王自称是赫拉克勒斯后裔——所以也是埃及人或希克索斯人后裔——相关联；因此能够解释雅利安模式中的异常，例如在斯巴达的"民族"神宓墨涅拉俄斯

（Menelaion）建造了一座金字塔，斯巴达最后的国王之一给耶路撒冷的大祭司写了一封信，声称与他有亲属关系等。

第七章回到语言学，概要地介绍亚非语系和印欧语系之间存在发生关系的支持和反对意见。我的结论是明确支持 A. R. 博姆哈德（A. R. Bomhard）、A. B. 多尔戈波利斯基（A. B. Dolgopolskii）、卡尔顿·霍奇（Carleton Hodge）和其他语言学家的少数派立场，他们相信两大语系一定有一个共同的原始语言。我还相信，原始印欧语在公元前三千纪之交分裂之前大概有来自闪米特语和埃及语的外来词。但这两个结论使我的工作变得相当复杂了，因为埃及语和西闪米特语与希腊语之间词汇方面的相似不能仅仅归因于公元前两千纪的借用；它们可能不仅是巧合的结果，而且是发生关系或早得多的借用的结果。控制这一点最好的方式是看相似的词是不是可以在日耳曼语、凯尔特语和吐火罗语中找得到——这些语言远离中东，因此不大可能从亚非语系中借用。但即便这些词我们也从来都不能确定。

第八章的标题是《古代近东诸语言，包括希腊语的共同特征》。自从发现印欧语系以来，历史语言学的主要任务是确定语言家族的分支和区分。当相临近但"不相关"的语言之间发现相似点时，这些语言同盟（Sprachbunden）通常归因于后来语言背后的古代"本源"。但近年来，一些语言学家开始探讨相邻的，但本源上不相关的语言之间的语言会合，即跨越了语言学疆域的语言变化。例如时髦的法语 r 音，融入了德语和英语上层阶级伪装的错误发音。还有一种趋势，用复合时态来取代简单过去时，这从法语扩散到了临近的方言，如德语、意大利语和西班牙语。这些变化不仅表明密切的接触，而且反映了这些语言变化发生期间，即 17 到 19 世纪之间，法国高度的政治和文化影响力。

第八章讨论了古代近东发生这些过程的可能性。例如，我认为，虽然首字母 s- 到首字母 h- 的变化已经在多种语言里发生过，包括威尔士语，但它在希腊、亚美尼亚语和伊朗语中的发生应该与它在毗邻的安纳托利亚语言利西亚语以及闪米特的迦南语和阿拉姆语中的发生相联系。这一发展似乎发生在公元前两千纪，因为这一地区更古老的语言如埃卜拉语、阿卡德语和赫梯语中找不到它。而且，在公元前 14 世纪和公元前 13 世纪的乌加里特文本里，这一过程已经开始，但尚未完成。

公元前两千纪的另一个发展是定冠词，这一特征在世界语言中不像人们以为的那么普遍。它只在印欧语系和亚非语系中出现过，在每一种情况中定冠词都是本土指示词的一种弱化形式。虽然如此，这并没有排除这一概念源有借用的可能性。定冠词首先在晚期埃及语中出现，在看起来是公元前 19 世纪的口语中出现。它在乌加里特语或早期《圣经》诗歌中不存在，但在腓尼基语和《圣经》散文中存在。既然埃及帝国公元前 15 世纪和公元前 14 世纪存在于黎凡特，可以可信地推测这一现象和其他显著"迦南语"的语言变化在那个时候发生，是埃及影响的结果。

而在希腊，定冠词的发展晚了一些。B 类线形文字文本中没有出现过定冠词，荷马史诗中也几乎没有定冠词的踪迹；但最早的铁器时代散文中有定冠词。希腊语冠词的用法有若干种方式与迦南语相同，而且只有这两种语言这么用，这说明希腊是从黎凡特借用来的。众所周知，拉丁语没有定冠词，但它的后代语言都有定冠词；通俗拉丁文中广泛使用定冠词，大概是因为希腊语、古迦太基语和阿拉姆语——这三种语言是罗马帝国除拉丁语外最有影响力的语言——都使用定冠词。定冠词后来扩散到日耳曼语和西斯拉夫语，这可以进行历史的追溯。

只有有了亚非语系和印欧语系的发生关系，以及会合产生的地区特征这些假设，人们才能够解释诸如希伯来语的定冠词 ha 与希腊语的定冠词主格形式 ho 和 hē 之间惊人的相似之类的"巧合"。亚非语系和印欧语系都有指示词 *se。希腊语和迦南语都把首字母 s- 转化成了 h-，二者都从指示词中发展出了定冠词。从闪米特语到希腊语形式或许有直接影响或"感染错合"，但希腊语形式在印欧语系中太根深蒂固了，不可能被认为是外来词。

一个更为复杂的会合模式表现在长 ā 或 ˃a 音在许多语音情景中的破裂，这在公元前两千纪的后半期发生在地中海东部地区的许多地方。在埃及和迦南它变为长 ō 音。但在黎凡特北部的乌加里特语里，安纳托利亚南部的利西亚语里，以及希腊东部的爱奥尼亚语里——希腊语的其他方言中长 ā 音仍然存在——长 ā 音变为长 ē 音。这一 ō 和 ē 的分布与当时已知的政治分区，即埃及帝国和赫梯帝国及其势力范围的区分恰相一致。这一现象尤其有趣，因为它跨越了西闪米特语和希腊语的历史和语言发生界限。公元前两千纪的这些广泛变

56

化表明了地中海东部地区尚未得到普遍承认的密切接触，也表明了埃及和迦南的政治和／或文化影响。

《闪米特语和希腊语中的圆唇软腭音》是第九章的题目。圆唇软腭音指像 qu- 一类的音，其中软腭音 k 或 g 后面跟着圆唇或 w 音。普遍认为这类音在原始印欧语中存在，但对于原始闪米特语也是如此没有普遍认同。但是，圆唇软腭音在亚非语系其他所有语言中和埃塞俄比亚的闪米特语言中很常见。在这一章中，我论证，从许多方面来说，以南埃塞俄比亚的一些闪米特语言为基础来重构原始闪米特语比从阿拉伯语重构——像现在做的那样——要有用得多。其中，以这些语言本身的证据为根据，我声称亚洲闪米特语有圆唇软腭音，西闪米特语直到公元前两千纪还保留了圆唇软腭音。既然普遍认为希腊语的圆唇软腭音于公元前两千纪中期失效，我认为从闪米特语到希腊语的一些外来词是在二者都有圆唇软腭音时借用的，另外一些是在希腊语丢掉了圆唇软腭音而西闪米特语仍然保留着它们时借用的，还有一些是在圆唇软腭音从两种语言中消失以后借用的。因此，假定圆唇软腭音失效之前西闪米特和希腊文化之间有相当接触——这是在公元前两千纪中期之前——我们能够解决希腊语词源学中一系列别无途径可以解决的问题。这还说明，在利用丰富的希腊语材料帮助重构埃及语和闪米特语的早期形式方面，修正的古代模式可以取得很多成果。

在这一概要中，我只能举出两个例子。第一个是著名的腓尼基城市，埃卜拉语和阿卡德语叫 Gublu(m)，希伯来语叫 G^{e}bal，阿拉伯语叫 Jebeil。既然我相信西闪米特语保留了圆唇软腭音，我认为假定一个早期的语音形式 *G^{w}eb(a)l 是可信的，这可以解释上述变异形式。与此相对照，这一城市的希腊名字是 Byblos 或 Biblos。这一难题能够解决，只要我们假定这一名字在公元前两千纪中期以前已经在爱琴海地区使用。由于人们知道在希腊语多数方言中，g^{w}i 在圆唇软腭音失效以后变为 bi，可以可信地认为，当希腊语仍然拥有圆唇软腭音时，*G^{w}eb(a)l 在希腊语中的使用形式是 *G^{w}ibl，此后，随着正常的声音转换，变为 Biblos 或 Byblos。

第二个例子是令人迷惑的名字得墨忒耳（Demeter）。从埃塞俄比亚语和西闪米特语的证据可以重构出早期形式 *g^{w}e 和 *g^{w}ay，意为"土地"或"广阔的山谷"。如果这个词在圆唇软腭音失效之前被引入希腊语并经历了规则的声音转换，g^{w}e 会变为 *de。这能够解释为何希腊的地球母亲女神称作 Dēmētēr 而非 *Gēmētēr，这个问题困扰学者两千年了。但还存在一些问题，一个是元音化，一个是这个名字在 B 类线形文字中没有出现；但是，在没有其他解释的情况下，这一解释是可信的，而少见的词 gyēs（土地丈量单位）的存在强化了这一解释。Gyēs 似乎是希腊语中圆唇软腭音失效之后从迦南语到希腊语的外来词，那时迦南语中仍然保留着圆唇软腭音。最后，当圆唇软腭音从两种语言中消失后，希腊语 gaia 和 gē（地球）——它们在印欧语系中无法解释——似乎是从迦南语 gay^e$^>$借用来的，迦南语的这个词的"结构成分"或变换形式发音是 gê$^>$。

第十章和第十一章讨论从西闪米特语和埃及语的语言借用，这里我先把两章放到一起讨论。两章都讨论了句法或语序，比如在晚期迦南语（腓尼基语和希伯来语）和希腊语中定冠词的相似用法。在另外一些地方考虑了词法或词语修饰，但两个章节的大部分研究了词汇借用或外来词。

在这里我们以词法开始，即从数、性别、格、时态等方面对词语的修饰。除赫梯语外，希腊语是最早被证实使用的印欧语，这一事实使得希腊语词法"衰退"的程度显得令人惊异。因为虽然印欧语原有的动词系统很好地保留在希腊语中，希腊语的名词仅有五个格，而拉丁语一千多年以后才被首次记录，却有六个格；立陶宛语只是在现代才书写下来，却保留了为原始印欧语假定的所有八个格。希腊语经历的词法损失表明它与其他语言有高密度接触；这和词汇方面的证据相吻合，并削弱了原地生成模式。但是，古代模式和雅利安模式都能解释它，因为它们与原地生成模式不同，能够解释这一类的接触。

但这两章的主要议题是文字借用。我已经提到过，希腊词汇的印欧语成分相对较少。例如，古教会斯拉夫语和立陶宛语首次被证实使用比希腊语晚了两千年，但它们印欧语同源词的比例要高得多。进而，印欧语词根在希腊语中出现的语义范围与古英语词根在英语中的语义范围几乎相同。这些词根提供了多数代词和介词；家庭生活——但不是政治生活——的多数基本名词和动词；赖以生存的农业词汇，但不是商业农业。与此相对照，城市生活、奢侈品、宗教、行政和抽象概念的词汇都是非印欧语的。

这一模式通常反映了长期情景，即提供高等文化词汇的语言的使用者控制着基本词汇的使用者——如英语中古英语和法语之间的关系；斯瓦希里语创造

过程中班图语和阿拉伯语之间的关系；现代越南语形成过程中越南语和汉语之间的关系等。一个不那么常见的模式表现于土耳其语和匈牙利语，征服者借用了本土人的复杂词汇。但在这些例子中，土耳其人和匈牙利人保留了军事技术或组织方面他们自己的或蒙古的词汇。但在希腊语中，战车、剑、弓、行军、盔甲、战斗等词汇都是非印欧语的。所以雅利安模式所描绘的希腊语不属于土耳其类型的语言。因此，要接受雅利安模式，就有必要假定希腊语在类型上是独一无二的。而古代模式下，希腊语像英语和越南语一样，是混合语中最常见的类型。

下面分别讨论这两章。第十章探讨希腊语从西闪米特语的借用。在这一领域中，我不仅可以借鉴雅利安模式胜利之前的学术成果，而且近二十年来的一些学者谨慎地、合理地恢复早先的词源，甚至增加一些他们自己的词源。尽管有这些进步，我们仍然远离极端的雅利安模式开始之前的情形。例如，我上面提到，对闪米特语借词的否认从来没有包括香料和东方奢侈品。但是，闪米特学家同样可信的词源提议如果来自更敏感的语义领域，例如 bōmos 源自 bâmâh——二者意为"高的地方"或"圣坛"——直到今天仍然遭到古典学家的普遍排斥。

这一章提出的具有西闪米特语词源的其他宗教名词包括希腊语 haima，这个词在荷马史诗中除了标准意义"血液"外，有"精神"和"勇气"的暗示。后两个意义在希腊科学中有反映，haima 被视为空气——而不是水，像人们期待的那样——的对应物。我认为 haima 源自迦南语 ḥayîm（生命）；迦南宗教视血液为生命的容器。另一个例子是众所周知的闪米特语词根 √ qds（神圣的）；从语义上说，它与以 kudos——意为"神圣的光辉"——为中心的一组希腊词对应很好。有趣的是，qds 在"分离的，不洁净"的意义上在希腊语 kudos（肮脏的）和 kudazō（谩骂）中有反映。另外一组具有宗教重要性的词围绕着 naiō（居住）和 naos（居所，神庙或神龛），似乎来自闪米特词根 √ nwh，这一词根有着同样的一般和特殊含义。nektar 来自闪米特语 *niqtar（用烟处理过的或过分精致的葡萄酒等）这一词源在极端的雅利安模式开始之前被广为接受，最近又被索尔·莱文（Saul Levin）教授复活了。

在抽象词汇中，有希腊语词根 kosm，源自这一词根的词不仅有"宇宙"（cosmos），而且有"化妆品"（cosmetics）。它的基本意思是"分发"或"安排"。

闪米特词根 √ qsm 涵盖了语义范围"区分、安排和决定"。还有，迦南语 sēm（标记，名字）好像被两次借入希腊语；第一次是 sēma（符号，标记，象征），后来是 schēma（形式，形状，图形，构形），这一形式大概来自 šēm。在政治领域，希腊语词组 deil-（悲惨的）和 doul-（受人庇护者）或（奴隶）大概来自迦南语 dâl 或 dal（依赖的，减弱的）或（可怜的）；而希腊语 xenos（陌生人）似乎来自西闪米特语 √ śn ＞（憎恨，敌人）。

在军事领域，例如 phasgan-（剑）或（刀刃）来自闪米特词根 √ psg（砍开），harma（战车或马具）来自闪米特词根 √ ḥrm（网）。最后，一些基本的希腊语词汇似乎有闪米特词源；例如，mechri(s)（一直到，到……那么远）似乎来自闪米特词根 √ mḥr（在前面，来与……相遇）。必须承认，以上所有词源都不是确定的，但它们或多或少是可信的。在没有相竞争的印欧语词源的情况下，考虑到支持闪米特公元前两千和一千纪影响希腊的其他所有证据，这些词源应该得到非常严肃的对待。

第十一章提出的埃及词源同样如此。和闪米特词源的研究不一样，有关希腊语中埃及借词的研究从来没有严肃地进行过。原因很简单：埃及象形文字被解读发生在古代模式完结之时。到 19 世纪 60 年代古代埃及语的字典首次出版时，雅利安模式已经牢固确立，两个词汇之间的比较在学术界已经不可能了。唯一的例外是 18 世纪的巴泰勒米（Barthélemy）神父所做的大胆有效的尝试，他比较了希腊词语和科普特词语。今天，除了三个例外外——baris（一种小船）、xiphos（剑）和 makar-（受保佑的），没有任何重要的希腊词语被承认有埃及词源，而三个例外中的后两个也受到广泛质疑。1969 年发表的两篇短文章收集和认可了若干明显的有可信埃及词源的外来词；但是，与西闪米特语一样，这些很容易通过贸易或偶然接触传播，因此雅利安模式能够接受它们。1971 年，一篇否定性更强的文章发表了，否认少数已确定的埃及词源中的一些，怀疑另外一些。[25]

我已经强调了军事词汇的重要性，所以 xiphos 源自埃及语 sft（刀，剑）的词源很重要。这意味着表示剑的两个希腊词语有一个闪米特词源，一个埃及词源，二者都是非印欧语的——剑是青铜时代晚期"英雄"时代的新式奇特武

61

---

25 B. Hemmerdinger（1969）; A. G. McGready（1969）; R. H. Pierce（1971）.

器。这里值得提到的其他例子包括 makar-，来自埃及语 m3ᶜ ḫrw（嗓音真的），给予通过审判考验的受庇护的死者的称号。其他希腊法律名词似乎有同样可信的埃及词源，而我们已经遇到 martyr 源自 mtrw（证人）。战争和法律领域的词根 tima-（名誉）大概来自埃及语 *dim3ᶜ，这个词在古埃及世俗体中写作 tym3ᶜ，意为"使……成为真实的，证明……正确"。

在政治领域，虽然有一个广泛、基本的印欧语词根 √reg 意为"统治"或"国王"，这个词在印度语中是 rajah，高卢语是 rix，拉丁语是 rex，爱尔兰语是 rí，但古代希腊表示"国王"的词语都与此无关，而是 (w)anax 和 basileus。本卷书的第一章将要讨论前者，它似乎来自用于活着的法老名字之后的埃及套语ᶜnḫḍt（但愿他永远健康！）。在早期希腊语中，basileus 不是国王，而是从属于 (w)anax 的官员。在埃及语中，p3 sr（官员）成为维齐尔（vizier）*的标准称号。它在阿卡德语中转写为 pa-ši-i-a-(ra)。由于晚期埃及语中 p 和 b 不分，埃及语的 r 希腊语中经常写作 l，所以没有语音困难来阻碍完美的语义相合。

希腊语 sophia（智慧）的埃及来源在本卷第一章中有描述。所有这些权力、抽象概念和复杂领域中的词源与古代模式揭示的情形相吻合，即埃及统治者管辖不那么发达的本土人口。但与闪米特语一样，其他外来词表明对希腊生活更加深入的影响。没有理由怀疑希腊语 chēra（寡妇）来自埃及语 ḫ3rt（寡妇），小品词 gar 来自埃及语 grt，这个词有同样的功能和句法位置。我已经提到，词尾的 ts 在晚期埃及语和希腊语中都脱落了。

《欧洲的希腊还是黎凡特的希腊？》一书的结论是，虽然文献和考古学证据倾向于支持古代模式，而非雅利安模式，但证据并不充分。与此相对照，语言和各种名字的证据强烈支持古代传统的内在可信性，因为词汇和名物借用的规模和中心地位表明埃及对希腊有大量的、持续的文化影响。虽然日本的例子表明如此大规模的借用不一定是征服的结果，但征服或殖民是借用发生的通常方式。所以说语言学证据强烈支持古代模式。

考虑到所有证据，雅利安模式并无任何途径具有高等的启发价值。既然《黑色雅典娜》第一卷论证了雅利安模式取代古代模式可以通过 19 世纪早期的

---

* 维齐尔是奥斯曼帝国统治时期伊斯兰国家的高官或大臣。——译者注

世界观（Weltanschauung）来解释，就没有必要保留雅利安模式。简言之，如同我在本书中其他地方说过的，第一卷表明雅利安模式"在罪恶中产生"。第二卷表明它已经破产。

解决斯芬克斯之谜和其他埃及-希腊神话研究：第三卷提要 63

《黑色雅典娜》第三卷试图利用修正的古代模式来阐明希腊宗教和神话中从前无法解释的一些侧面，尤其是英雄人物和神的名字。各个章节的安排遵循不同崇拜到达希腊的年代顺序；但是像这个领域的所有东西一样，这一顺序很不确定。

第一章关心的是第十一王朝公元前 21 世纪对鹰／牛神 Mnṯw 或 Mont 的皇家崇拜，这是对克里特最早可见的宗教影响，克里特在同一个世纪建造王宫的时候开始了牛崇拜。我认为，没有证据表明克里特在弥诺斯早期阶段，即公元前三千纪，存在牛崇拜，所以从公元前七千纪发现的安纳托利亚牛崇拜延续下来不大可能。而且，多山的克里特根本不能被视为牛的自然产地。除了那里牛崇拜的突然出现，时间的重合，第十一王朝名为门图霍特普的不同法老统治时期已知的埃及影响的扩张，以及埃及和爱琴海之间这个时候接触的考古学证据外，还有传说方面的证据，表明埃及此时对克里特有影响。我相信，神和法老的名字，Mnṯw 和门图霍特普，都反映在希腊传说赋予古代法官、立法者和希腊诸岛的开拓者的名字——拉达曼堤斯（Rhadamanthys），这一名字可以可信地源自埃及语 *Rdi M(a)nṯw，即"来自 Mnṯw 的给予"的意思。拉达曼堤斯也是赫拉克勒斯好战的继父，他教这位英雄如何射箭；而 Mnṯw 是射箭之神。Mnṯw 与女神 R ᶜ t 相联系，这个名字，我们从美索不达米亚文献知道已元音化为 Ria。这似乎是女神瑞亚（Rhea）的名字很可信的源头，瑞亚在克里特宗教中扮演了核心角色。

对 Mnṯw 的崇拜不是到达爱琴海的唯一埃及牛崇拜。我认为，可以可信地把传奇人物、克里特的第一位国王和立法者弥诺斯，与埃及的第一位立法者和法老美尼斯（Mēnēs）或 Min（希罗多德这么称呼他）相联系，后者应该 64 在大约公元前 3250 年。在古代，Min 据信创建了孟菲斯的阿皮斯圣牛（Apis）崇拜。还有一种埃及牛崇拜，罗马人称为 Mnevis，它可信地源自埃及语形式

*Mnewe。这一崇拜自从古王国以来与"曲折的墙"相联系，时间在克里特的王宫首次被建造之前数百年。这样我们有了三重的偶合：在埃及有两种牛崇拜，与 Min 和 Mnewe 的名字相关联；前一个是王国创建者的名字，后一个与"曲折的墙"相联系；而在克里特，有一种牛崇拜与创建者弥诺斯王和迷宫相联系！希腊传说清楚表明，伟大的工匠和建筑师代达罗斯（Daidalos）为弥诺斯王从埃及原本那里复制了迷宫。有人认为迷宫的名字（labyrinth）来自可疑的吕底亚语词语 labrys，意为"斧子"，这些尝试比起 19 世纪 60 年代埃及学家们提议的词源来不那么可信，尽管 20 世纪的埃及学家们否认了后者；19 世纪 60 年代提议的词源认为来自重建的埃及地名 *R-pr-r-ḥnt，这一地名指称希罗多德和其他古代作家描写过的伟大埃及迷宫。

Mnevis 和 Apis 的牛崇拜不仅源自 Mnṯw，而且源自 Min，它们在整个希腊都可以找得到，但被山羊和公羊的崇拜超越了。在或接近第十二王朝的开始，埃及的皇家崇拜从鹰／牛 Mnṯw，变为公羊阿蒙崇拜。我已经提到，第十二王朝名叫阿门内姆哈特（ˀI mn-m-ḥ3t）和森乌塞特（S-n Wsrt）的法老可以可信地辨认为希腊传统中伟大的征服者门农和色梭斯特里斯，铭文证据现在表明他们在地中海东部地区进行了范围广大的远征。因此我在第二章论证，在整个爱琴海盆地发现的广为传播的神谕式的公羊／山羊崇拜开始被介绍是在他们于公元前 20 世纪在埃及本身取得权势地位后不久。在埃及，公羊／山羊崇拜与阿蒙和奥西里斯（Osiris）都相联系，在爱琴海与宙斯和狄奥尼索斯相联系，这两位希腊神是埃及神的对应物。

65 公羊和山羊的自然混淆被以下事实加重了，即希腊人称为 Mendēs 的三角洲城市的神谕崇拜与一种天赋很好、灭绝了的公羊相联系，公羊是多产的象征，这可够尴尬的。在后来的世纪中，它被表现的方式至少使得希罗多德有时把它描写为山羊，有时是公羊。希腊西北部的多多纳（Dodona）通常被认为是这种类型最古老的神示所；根据希罗多德和其他希腊作家的描述，它的原型是利比亚沙漠中的绿洲锡瓦（Siwa）的神示所和存在阿蒙神谕崇拜的底比斯的神示所。考古学肯定多多纳和锡瓦之间存在惊人的相似之处。而且，锡瓦的阿蒙崇拜与 Ddwn 神有联系，Ddwn 大约是别无解释的名字 Dodona 的源头。

宙斯和狄奥尼索斯之间的混淆在克里特尤其显著，据说宙斯死于克里特；这一混淆在希腊的北部边界也很显著，从西面的多多纳直到东部很远的色雷斯

（Thrace）和弗里吉亚（Phrygia）。这些地区在其他方面特别保守，但保留了一种无明显特征的崇拜，它被后来引入的或发展起来的更具体的崇拜取代了。但是，许多崇拜中心，如奥林匹亚的宙斯崇拜中心，保留了早期分层的元素。在讨论公羊 / 山羊崇拜部分的结尾，我考虑了埃及宗教中奥西里斯的受难故事或戏剧之演绎与希腊戏剧源头的相似之处。我们惊人地注意到，希腊悲剧本质上是宗教的，而悲剧与狄奥尼索斯和山羊（tragos）都有联系。

　　第三章为《美女》，讨论女神阿芙洛狄忒。她的名字传统认为源自词语 aphros（海）；后缀 -ditē 不见于其余地方，也没有什么解释。这位女神从海面上升起的古典形象表明这一传说是古老的。但是，在我看来，它是个双关语或民间词源，实际上的词源几乎肯定来自埃及语 Pr W3dyt（W3dyt 的教堂）。这一指称两座城市——一个在尼罗河三角洲，后来希腊人称之为 Boutō/os，另一个在上埃及，名叫 Aphroditopolis——的名字表明 W3dyt 与阿芙洛狄忒是同一的。我讨论雅典娜时已经提及埃及人把神灵与其住所相联系；但在这一例中，把 Pr W3dyt 用作一种称呼的形式被证实使用过。语音上有一些问题，因为 pr 中的 r 保留下来没有别的例子；虽然如果有的话，加上"词首添音的"前缀 a/i 将是自动的。无论如何，源自 *aPr-W3dyt 显然比源自 aphros 语音上要更合理。

66

　　从语义上说，阿芙洛狄忒源自 Pr W3dyt 的确很合适。W3dyt 是多产女神，与大洪水后新的生长相联系，就像阿芙洛狄忒与春天和青春的爱情相联系一样；W3dyt 还与春天出现的蛇相联系。事情如此巧合，弥诺斯中期克里特最引人注目的埃及发现物之一就是 W3dyt 的祭司的塑像的基座。而且，上面的象形文字是如此不规则，表明可能是在当地刻上去的。无论如何，这一发现物说明 W3dyt 崇拜在那时存在于克里特岛。因此，发现这一阶段一位美丽迷人的女神抓着两条蛇的数种形象是惊人的，一些学者把这些形象初步与阿芙洛狄忒相联系。这一崇拜大概盛行于弥诺斯中期的末尾，所以我们可以把女神的引入初步可信地定位于公元前 18 世纪末和公元前 17 世纪初"希克索斯人"入侵前后的埃及-黎凡特-弥诺斯影响浪潮。

　　《美女》后面跟着第四章，《与野兽》。其论题是塞特或 Sutekh，这据信是希克索斯人尊崇的神。根据埃及神学，塞特是外面的神，沙漠及其野蛮的易变的居民的神；根据普鲁塔克的说法，他是海洋之神。我们有充分的理由相信，就像希克索斯征服可以认同为《圣经》里的埃及漫游一样，希克索斯人的塞特就是以色列人的耶和华，荒野、火山和翻腾的海洋的神。在乌加里特神话里，多产之神巴力（Ba<al）的敌人是 Yam，"海洋"，这好像是另外一个闪米特对应物。在希腊化时代，塞特变成了堤丰（Typhon），但是，他与所有其他埃及神灵不同，希腊诸神中没有他的对应物。原因很明白：到那时为止，塞特是恶的象征，不能与可敬的神灵相对应。

另一方面，唯一一位缺乏埃及对应物的希腊主神是波塞冬（Poseidon）。我认为，可以把松散的两端联系起来。塞特和波塞冬都与海洋、地震、狩猎、战车及马匹相关，而且通常爱争吵。如同希克索斯人尊崇塞特一样，迈锡尼克里特和希腊的 B 类线形文字刻写板非常经常地指称波塞冬。含有字母 t 的替代形式，如 Poteidōn，使得印欧语言学家把它与词根 √ pot "权力"相认同。但是，把后缀 -d(e)ōn 与 dios（神圣的）相联系是困难的。对于支持古代模式的学者来说，s/t 的替代暗示了闪米特语字母 ṣade，它似乎是 ts 的一种形式。

我为 Poseidon 提议的词源是 p₃(w) 或 Pr Sidôn，"来自……的他"或"西顿（Sidon）的教堂"。Sid 是西顿的保护神，其名字来自词根 √ ṣwd，"狩猎"。他是狩猎、捕鱼、战车和海洋之神，所以语义的契合是完美的。但这一词源的困难是，它需要一种至今尚未被证实使用过的埃及-闪米特语形式；因此我只能试探性地提出这一词源。但无论它能否被接受，我相信我能展示出塞特和波塞冬之间惊人的相似，这些相似正因为两个神在古典时代没有被对应，而尤其有趣。所以，两个神及其崇拜之间的相似不能归因于后来的"埃及化"。

第五章，《可怕的双胞胎》，讨论双胞胎阿波罗（Apollo）和阿耳特弥斯。在埃及，太阳被以多种方式崇拜：作为拉（Ra），作为日面阿顿（Aten），作为 Ḫprr 和 Tm，分别指早晨年轻的太阳和夜里年老的太阳。从语音上说，Apollo 源自 Ḫprr 的唯一问题是 ḫ 很少被标音为 ø。另一方面，这一借用是可能的，如果借用比较晚，而且是通过腓尼基语的话，因为在腓尼基语中，ḫ 与更软的 ḥ 相融合，后者在希腊语中经常写作 ø。恰好有两点表明了事实上正是如此。B 类线形文字中没有 Apollo 用于名字表明借用比较晚；通过腓尼基语传播的证据

是元音化 CaCoC，表明这个名字已经过"迦南语转换"ā＞ō。 68

从语义上说，Apollo 源自 Ḫprr 契合很好。Ḫprr 即 Ḥr m 3ḫt，希腊的
Harmachis，"初升太阳的荷鲁斯（Horus）"。荷鲁斯至迟从公元前 5 世纪诗人
品达的时候起就与阿波罗相对应，但其晨曦的一面恰好适合于总被视为年轻的
阿波罗。关于荷鲁斯的核心神话是他与水怪塞特战斗并得胜。在希腊，阿波罗
的主要神话发生在德尔斐（Delphi），在那里，年轻的阿波罗在姐姐阿耳特弥
斯的帮助下，杀死了巨蟒皮同（Python）。我认为，Delphi 和 adelphos（兄弟）
一样，来自闪米特语表示"一对"或"双胞胎"的词。所以，阿波罗的称号
Delphinios 是 Didymos "双胞胎"的成对物，阿波罗的"成双成对"对其性质
至关重要。

阿波罗的双胞胎姐姐阿耳特弥斯仅仅是月亮女神，希腊宗教的现代历史学
家正在远离这一概念。现在认为，阿耳特弥斯是个处女，晚上和夜里的猎手女
神。在希腊化时代，阿耳特弥斯被视为埃及猫女神贝斯特（B3stt）的对应物，
后者与月亮等同。但是，贝斯特还有火气大的一面，据信帮助荷鲁斯消灭了敌
人。在这一意义上她被视为母狮子，等同于拉和晚上太阳神 Tm 的女性对应物。
Ḫprr 和 Tm 一起形成 Ḥr 3ḫtwy 的两面，后者意为"（两个）地平线的荷鲁斯"，
是拉的等同物。Tm 的配偶 Tmt/ 贝斯特似乎有些独立性，从公元前三千纪中
期起，她与和（两个）地平线的荷鲁斯相联系的两位狮子女神相关联。荷鲁斯
在埃及最伟大的纪念碑是建在吉萨（Giza）的斯芬克斯。虽然纪念碑仅有一只
狮子，但公元前 15 世纪末，即纪念碑建造一千多年以后在碑附近的献辞指称
Ḥr3ḫtwy 和 Ḥr(i)Tm，后者几乎肯定就是指 Tm。从语音上说，阴性形式 *Ḫrt
Tmt 将为 Artemis 提供好的词源。埃及语词尾 -t 与希腊语词尾 -is 的对应是常
见的；随着埃及语正常的发展，中间的 t 会掉落；Ḥr 元音化为 (H)ar 被充分地
证实了，正如埃及语 ḫ 变异为 ø。因此，阿波罗和阿耳特弥斯的"成双成对"
可以视为 Ḫprr 和 Tm 的成双成对，即早晨太阳和晚上太阳的成双成对。 69

接着，第五章调查了性别变化的原因，以及阿波罗和阿耳特弥斯与卡德摩
斯和欧罗巴（Europa）之间的平行关系，后两者的名字来自闪米特语 √ qdm
（东方）和 √ ʿrb（西方）和（晚上）。在这一方面，希腊底比斯的崇拜和神话
尤其重要，因为它们也和斯芬克斯相关联，使得它们与这个方面的埃及太阳宗

教相联系的复杂网络更加复杂了。我认为，底比斯的斯芬克斯可以等同于欧罗巴和阿耳特弥斯野蛮狮子的性质，但希腊斯芬克斯给出的谜语把两个斯芬克斯更紧密地联系起来了。这个谜语是："什么东西只有一个声音，但有时两条腿，有时三条腿，有时四条腿，而且腿最多时最弱？"俄狄浦斯的答案是人的生命，但与此相似的谜语在全世界都有发现，其中许多是指早晨和晚上太阳光最弱，中午太阳光最强。我认为，考虑到埃及斯芬克斯是献给早晨和晚上的太阳，这一相似是很惊人的。

虽然阿波罗的名字出现较晚，但埃及和闪米特影响的互动使我相信，这一太阳神话系列是在希克索斯阶段被引入的。另一方面，埃琉西斯秘密仪式——第六章的论题——似乎更晚才到达。而古代年代学家一般同意，对得墨忒耳和狄奥尼索斯的崇拜在公元前 15 世纪后半期到达阿提卡（Attica）。这似乎完全可信，尽管得墨忒耳这一名字有公元前两千纪早期的来源（参见上文第 72 页）。公元前 15 世纪末，在图特摩斯三世的一系列征服之后，埃及权力大盛，伊希斯（Isis）和奥西里斯的神秘崇拜也于此时在埃及和黎凡特牢牢确立。既然放置在神庙角落的那种埃及彩陶饰板在迈锡尼有发现，而且可以追溯到阿蒙诺菲斯三世（Amenōphis Ⅲ，公元前 1405 年—公元前 1367 年）统治时期，我接受如下可能性没有困难，即古风希腊的埃琉西斯崇拜是七百年前在那里建立的埃及基础的后代。因为这种希腊崇拜独特的许多表现之一是像埃及神庙一样，它有固定的祭司，成员包括两个部落，部落成员在希腊化时代确实相信他们与埃及有联系。

埃及的奥西里斯神秘仪式的特征是伊希斯寻找她被杀害的丈夫／兄弟，重新聚集他的身体，他们的儿子荷鲁斯战胜了杀害他父亲的凶手塞特。乍一看，埃琉西斯的故事很不相同。这个故事讲，得墨忒耳寻找她的女儿珀尔塞福涅（Persephone），冥王（Hades）把她偷走了。她找到了珀尔塞福涅，但不能把她放走，于是她罢工了，结果不再有自然的季节生长。最后达成协议，珀尔塞福涅半年与冥王在一起，半年与她母亲在一起。这些差异不足以推翻古代的证言，认为希腊的秘密仪式来自埃及。

在埃及，虽然奥西里斯是崇拜的中心，但它的主要主人公是伊希斯；在希腊，几乎没有疑问，得墨忒耳的背后是狄奥尼索斯。而且，在埃及秘密仪式中实际上不是一个，而是两个女人。伊希斯的姐妹和酷似的人奈芙蒂斯（Nephthys）总是陪伴着她，她不仅寻找奥西里斯，为他哀悼，而且嫁给了杀他的凶手塞特。这样，她与珀尔塞福涅的矛盾性相似，后者有爱的一面，也有地狱的一面。但首要的是，人们在埃及和希腊神话系列内部发现的广泛变异表明，既然两个神秘崇拜在细节上的相似非常多，我们不应该过分注重二者之间的差异。

本章还概要介绍了 20 世纪对这一问题的研究，开始是保罗·富卡尔（Paul Foucart）的工作，他对埃琉西斯的细致研究和广泛的埃及学知识使他相信，关于埃及源头的古代传统是不可辩驳的。[26] 无论如何，埃琉西斯秘密仪式的中心无疑是寻求不朽，以及不朽只有通过死亡才能得到的似非而是的信念。据信，通过秘密仪式的导引，人们能够经历象征性的死亡，然后"重生"为不朽者；这一概念在古代近东流行，但在埃及尤其盛行。所以古代作家的共识是，毕达哥拉斯、俄耳甫斯（Orpheus）、苏格拉底、柏拉图和其他关心灵魂不朽的人是从埃及那里学到这一点的。

对个人不朽的关心是俄耳甫斯教的中心，俄耳甫斯教是在创始期引入的希腊宗教的一个侧面，那是在青铜时代结束以后数百年，《黑色雅典娜》在别的方面讨论了青铜时代。但是，我相信俄耳甫斯教与狄奥尼索斯和埃琉西斯崇拜很相近，所以它可以出现在第三卷中。Orpheus 的名字似乎来自埃及语形式 (ʾI)rp ͨt（继承的王子），这个词在希腊语中标音为 Orpais。(ʾI)rp ͨt 是通常称为给布（Geb）的埃及神灵的称号：给布是善的地球——包括覆盖其上的动植物——和地狱的神。俄耳甫斯使大自然和谐，他也关心地球的内部，这些角色和给布恰恰相合。给布和奥西里斯关系密切，后者有时据信是前者的儿子，奥西里斯还取代给布成为地狱之王。俄耳甫斯和狄奥尼索斯在许多方面同样地彼此复制，但二者之间有一些敌意。埃及社会对同性恋很不宽容，所以很难发现任何与俄耳甫斯性格这方面的直接类似。但是，有趣的是，虽然 (ʾI)rp ͨt 不是阴性形式，它的限定词写作一个蛋，这似乎与给布以鹅的形式下的宇宙发生的蛋相联系，给布下蛋时经常没有阴性介入。这里也与希腊有惊人的相似，因为一个原初的蛋也是俄耳甫斯宇宙起源的开始。

71

26　关于富卡尔及对他的反应，参见下文第五章，注45。

虽然给布非常远古，但很可能希腊的俄耳甫斯崇拜引入较晚。例如，赫西俄德的《神谱》中没有提及俄耳甫斯或他的宇宙起源，(ʾI)rpᵖt 元音化为 Orpais/Orpheus 似乎也较晚。因此，就像许多古代人和现代人猜测的那样，有可能虽然俄耳甫斯很古老，但俄耳甫斯教在公元前 6 世纪时才确立，与毕达哥拉斯主义有密切关系；与 (ʾI)rpᵖt 相联系是为了赋予新的信仰远古的威信。但是，不可能确定改革是在希腊还是在埃及开始的。俄耳甫斯教和毕达哥拉斯主义对灵魂转生的强调以及相联系的素食主义在希腊化和罗马时期也在埃及祭司中流行。不可能指出这样的节制有多古老，但我们知道埃及宗教通常是保守的，这些节制很可能早至古王国时期。但另一方面，它们也可能是由后来的改革倡导起来的。

俄耳甫斯和《死者之书》(*The Book of the Dead*) 也有联系。在新王国和后来的埃及，《死者之书》是灵魂通过地狱危险抵达不朽的指南，经常和木乃伊尸体放在一起埋葬。在希腊和意大利，刻写在金叶上的咒语和颂歌被放在俄耳甫斯虔诚信徒的身体旁边。所以我们有趣地注意到，《死者之书》的一个版本确实是指"给布和奥西里斯的书"。

在古典时代，人们普遍相信俄耳甫斯在某种意义上是色雷斯人，但他在埃及学习了秘密仪式。古代的所有人都接受毕达哥拉斯和埃及之间的密切联系。这样，古代模式很容易解释埃及形式与俄耳甫斯和毕达哥拉斯形式之间惊人的词源学和崇拜相似。但我要加上一句，支持雅利安模式的学者有可能承认此类"晚期"特征的埃及源头，却不损坏他整体的模式。尽管如此，很少有人这么做，我相信这一点很重要。

《解决斯芬克斯之谜》的结论重述了我的总体观点，即我们应该在上下文中看待第三卷中的各种词源和崇拜相似。这里所做的比较不是在希腊宗教与阿耳冈昆人（Algonquin）和塔斯马尼亚岛的宗教之间，遥远的空间和时间分隔了它们；我们的比较是在地中海同一端、同一个千年的两个系统。而且，古典和希腊化时代的希腊人自己断言他们的宗教来自埃及，希罗多德甚至明确说明除了一两个例外外，神灵的名字都是埃及的。在印欧语文化缺乏任何可信的词源和相似崇拜的情况下，有理由去寻找埃及方面的答案。第三卷的材料和第二卷中关于雅典娜和赫耳墨斯的部分一起，说明把希腊宗教与埃及和迦南宗教并列起来能够解释许多从前完全是秘密的现象。但更重要的是，它提出了许多新的有趣的问题，做出了数百个可以验证的假设。正如我在这部书整体绪言的开头所说的，这恰恰是有结果的激烈创新与无结果的古怪之间的区别所在。《解决斯芬克斯之谜》的学术目的和其余两卷一样：开拓新的研究领域，以便具有更好资格的女士和男士继续工作。当然，《黑色雅典娜》的政治目的是减少欧洲的文化傲慢。

第一章　古代的古代模式

> 埃及人如何来到伯罗奔尼撒半岛，他们做了什么，使得自己成为希腊那一部分的国王，别的作家已经记载过了；我因此不增加什么东西，而是接着提到几点别人没有讨论过的东西。
>
> （希罗多德，《历史》，VI. 55）[1]

我们多数人被教导将希罗多德尊称为"历史之父"，但即便那些遵从普鲁塔克，将他视为"谎言之父"的人也难以坚称希罗多德在这类记载的存在方面说谎了。他的话不是一个关于一些遥远民族的不能验证的陈述，读者很容易去查证它，如果他们不是已经知道的话。暂时把希罗多德写作《历史》之前一千年究竟发生了什么的问题放到一边，他的陈述强烈表明，在公元前5世纪时，人们普遍相信，希腊在英雄时代的开始被埃及殖民过。在这一章里，我希望证明，虽然现代多数古典学家和古代史家以傲慢和轻蔑的态度对待希罗多德关于埃及和腓尼基殖民的观点，但这样的观点不仅在他自己的时代，而且在整个创始期古代、古典时代和后来的古代都是寻常的。

1　Trans. A. de Selincourt，1954，p. 406. 此处指称阿尔戈斯和斯巴达的国王。关于后来的斯巴达国王相信自己的祖先是希克索斯人，参见第二卷。

佩拉斯吉人

在探讨古典时代的希腊人关于这些和其他假定的侵略的观点之前，考虑他们关于希腊早期人口的观念将是有用的。这是因为早期人口是希腊人看待近东影响作用的基础。这里我们遇到了最广为人知的本土人口的棘手问题，即佩拉斯吉人（Pelasgoi 或 Pelasgians），一个不同的希腊作者有不同用法的名字。根据荷马史诗，特洛伊战争的双方都有佩拉斯吉人。阿喀琉斯手下的一些古希腊人和亚加亚人队伍据信居住在"佩拉斯吉人的阿尔戈斯"，这一城市被清楚地视为位于塞萨利（Thessaly）境内。[2] 另一方面，来自拉里萨（Larisa）的佩拉斯吉人 Hippothoos 的武士们在为保卫特洛伊而战。[3] 地名 Laris(s)a 大概源自埃及地名 R-3ḥt，"进入丰饶的土地"，它大概是指希克索斯王朝的首都阿瓦里斯，因为它位于东尼罗河三角洲的富饶土壤中。[4] Laris(s)a 和 R-3ḥ 之间的语义契合度是很高的。而且，荷马史诗中两个不同的 Larisai 的修饰语都是 eribōlax（土壤深厚的）。[5] 正如生活于公元前 1 世纪和公元 1 世纪的地理学家斯特拉博（Strabo）所指出的，希腊有许多 Laris(s)ai，它们都位于冲积土地区。[6]

如果我们把希克索斯殖民作为工作假说的话，那么引人注目的是伯罗奔尼撒半岛的阿尔戈斯的卫城叫作拉里萨，这一城市据信由达那俄斯建立，达那俄斯与它有许多崇拜联系。[7] 而且，斯特拉博在其《地理学》的另一部分中认为，"阿尔戈斯"在希腊语中意为"平坦的土地"。[8] 这与拉里萨的词源，作为希克索斯王朝首都名字的"进入丰饶的土地"非常相合。但是，"阿尔

---

2 《伊利亚特》，II. 681。关于对佩拉斯吉人的古典指称的一个几乎完全的名单，参见 F. Lochner-Hüttenbach（1960，pp. 1-93）。

3 《伊利亚特》，II. 841；X. 429 和 XVII. 290。

4 这一尝试性的确认是由 Bietak（1979，p. 255）在铭文证据的基础上做出的，他是 Tel ed Dabaˋa（阿瓦里斯）的发掘者。Laris(s)a 源自 R-3ḥt 的语音问题并不严重。埃及语词首的 r 在希腊语中通常转写为 l。中期埃及语的 3，双重 >aleph，在闪米特语中转写为 r。词语中间的喉音，如 ḥ，经常消失掉，埃及语词尾的 t 在希腊语中转写为 -is 有许多例子。关于这些细节和语音平行，参见第二卷。

5 《伊利亚特》，II. 841 和 XVII. 301。

6 Strabo，XIII. 621. c，这是 K. O. 缪勒引用的，同时被引用的还有其他指称，说明 Laris(s)ai 与泥、富饶的土壤和佩拉斯吉人有联系（1820，p. 126）。

7 关于达那俄斯与拉里萨和阿尔戈斯的联系，参见 Pausanias，II. 19. 3（参见本书参考文献中的 Frazer，Levi）。

8 Strabo，VIII. 6. 9.

戈斯"还意为"速度"和"狗"或"狼"，二者都反映在伯罗奔尼撒半岛城市的神话和图像记录中。[9] 这个词的核心意义是"光辉的"或"银色的"。这与 ˒I nb ḥd 契合得很好，后者意为"银色的墙"，是下埃及首都孟菲斯最常用的名字。[10] 塞萨利的记载表明，在两个 Larisai 地区存在一个佩拉斯吉人的阿尔戈斯，所以佩拉斯吉人、拉里萨和阿尔戈斯之间的三面联系由此得到强化。[11]

据荷马称，宙斯在伊庇鲁斯（Epirus）的多多纳的伟大而古老的神示所是"佩拉斯吉人的"，后来的作家采用了这一修饰语。[12] 在荷马的克里特民族的名单中，佩拉斯吉人也出现了，其他民族还包括亚加亚人、原克里特人（Eteocretans）、基多尼亚（Kydonians）和多利安人。[13] 赫西俄德，或者也许是米利都的凯克洛普斯（Kekrops of Miletos），曾经说"三种古希腊部落定居在克里特：佩拉斯吉人、亚加亚人和多利安人"。[14] 很久以后，Diodoros Sikeliotes（狄奥多罗斯）声称，佩拉斯吉人定居在克里特是在原克里特人之后，多利安人之前。[15]

根据古代模式，赫西俄德生活于公元前 10 世纪，即便上述早一些的引文没有早至赫西俄德，它也与荷马的名单若合符节。在后面的援引中，佩拉斯吉人被与 Eteo 或"真正的"克里特人相区分，后者据信不是古希腊人，而是安纳托利亚人，但更有可能是说闪米特语的。[16] 而且，荷马没有提及在克里特的

9　参见 Ahl（1985，pp. 158-9）。

10　˒I nbḥd 参见 Gauthier（1925，vol. 1，p. 83）和 Gardiner（1947，vol. 2，pp. 122-6）。赫梯王国首都 Hattus 或者 Hattusas 也意为"银色的"。不可能判断希腊和安纳托利亚名字是不是对古老得多的埃及名字的仿造，也不可能判断它们是否来自城市或城堡的墙的实际颜色。

11　《伊利亚特》，II. 681。

12　《伊利亚特》，XVI. 233。对多多纳的进一步讨论见第三卷。

13　《奥德赛》，XIX. 175。

14　*Aigimios*，frg. 8，在 White（1914，p. 275）书中。

15　V. 80. 1.

16　在整体上，我接受 C. Gordon（1962a，1963a-b，1966，1967，1968a-b，1969，1970a-b，1973，1975，1980，1981）的观点，怀着对 Duhoux（1982，p. 232）的敬意。"Eteocretan"不可信的提议的词源见 Duhoux，pp. 16-20。词语 *eteos 本身没有印欧语词源。一个可信的来源是世俗体中的埃及语 it，科普特语中写作 eiōt，意为"大麦"。中期和晚期埃及语中的 it m it 字面意思是"大麦中的大麦"，意为"真正的大麦"，大概是指麦粒或颗粒。希腊语中有术语 eteokrithos（好的或真正的大麦）。关于古代文明中文字游戏的中心性和严肃性，参见下文。无论 Eteokrētes 是不是 eteokrithos 的双关语，it 都是 *eteos 的可信词源。但是，大概有来自埃及语 it(y)，科普特语 eiōt，"祖先"的一些感染错合。这好像是部落名字 Eteoboutadēs 的来源，后者指雅典的雅典娜·波丽亚斯神庙的世袭祭司。

达那厄人或阿尔戈斯人。这些事实，加上"佩拉斯吉人"这一名字"土著的"一般内涵，可信地说明佩拉斯吉人是克里特岛上最早的古希腊或说希腊语的居民。这样，"赫西俄德的"顺序似乎是以时间先后为序：佩拉斯吉人来到岛上是在公元前 14 世纪亚加亚人的侵略之前，当然也在公元前 12 世纪多利安人的侵略之前。因此，在两个名单上，他们都等同于达那厄人。

克里特的佩拉斯吉人是古希腊人的进一步证据来自数位学者建立的佩拉斯吉人和公元前 12 世纪定居于巴勒斯坦的非利士人（Philistines）之间的联系。根据一个坚实的《圣经》传统，非利士人据信来自克里特。*Pelasg 和 *Pelast 对等的通常解释是，假定存在一个原初的"古希腊之前的"词尾塞音，希腊人把它听成 g，说埃及语和闪米特语的人把它听成 t。除了我怀疑前古希腊人的存在外，也很难建构一个介于 g 和 t 之间的辅音。

但是，有把二者联系起来的另一种途径。1951 年，让·贝拉尔（Jean Bérard）强化了这一联系，他使人们注意到在公元 5 世纪的赫西基奥斯（Hesychios）的大词典中和对《伊利亚特》第 16 卷第 233 行的批注或评注中发现的异体 Pelasgikon/Pelastikon。[17] 这表明，有可能混淆 Γ 和 T 的书面形式。如果，正如我在其他地方所坚称的，希腊字母表自从公元前 15 世纪就开始使用，那么这一错误不仅能够解释这些文本异体，而且能解释 Pelasgoi 这一名字本身。它可能来自 *Pelast，为迦南语形式重新建构的元音化。[18]（Hebrides 这一名字来自对原来的 Hebudes 的误读，这个例子为此提供了类比。）[19] 虽然非利士人所说的一种或多种语言的性质仍然很不确定，但最有可能的答案是西安纳托利亚语，例如吕底亚语或希腊语。后者在我看来要更有可能。[20] 因此，如果佩拉斯吉人和非利士人是对等的（这是有可能的），如果非利士人说希腊语（这是大概可能的），那么，克里特的佩拉斯吉人说一种古希腊语言的可能性就大大增加了。

和荷马一样，赫西俄德似乎在塞萨利的弗提亚（Phthia）见到过佩拉斯

17　J. Bérard（1951，p. 129）and Lochner-Hüttenbach，p. 142. 关于非利士人的克里特来源，参见附录。
18　W. F. Albright（1950，p. 171）；关于字母表的早期传播，参见 Bernal（1987a）。
19　关于文字对口头语言的影响，参见 Lehmann（1973，pp. 178，226）和 Polomé（1981，pp. 881-5）。
20　参见附录。

吉人。[21] 他还在阿卡狄亚（Arkadia）见过他们，在那里，名祖珀拉斯戈斯（Pelasgos）被描述为土生土长的。[22] 在公元前 6 世纪或公元前 5 世纪，阿古斯劳斯（Akousilaos）把塞萨利以南的全部希腊称为 "Pelasgia"。公元前 5 世纪，埃斯库罗斯将它扩大了，也包括北希腊。[23] 与此同时，希罗多德就佩拉斯吉人写下了几个有趣的但很混乱的段落。他认为，虽然他们居住于整个希腊，但他们只是爱奥尼亚人（Ionians）的祖先，而非多利安人的祖先，而多利安人才是 "古希腊人"。他坚称佩拉斯吉人的语言不是希腊语，其根据是，达达尼尔海峡上的两个城市据信是佩拉斯吉人的，但其语言是外国的。这样，像雅典人一类的民族，在成为古希腊人之前据信是佩拉斯吉人，他们将不得不改变他们的语言。[24]

除了雅典外，希罗多德认为与佩拉斯吉人有联系的地方还包括多多纳、伯罗奔尼撒半岛的海岸和利姆诺斯岛（Lemnos）、萨莫色雷斯岛（Samothrace）以及作为一个整体的爱琴海东北部。[25] 希罗多德的观点似乎得到现代发现的支持，在利姆诺斯岛发现了一个墓碑，上面的语言类似伊特鲁里亚语，有充分的理由相信，他所指的达达尼尔海峡上的城市也说安纳托利亚语。[26]

一般来说，希罗多德对佩拉斯吉人的描绘与一代人以后修昔底德的类似。两人都认为，佩拉斯吉人是希腊和爱琴海早期人口的主体，虽然不是全部，而且其中多数逐渐被古希腊人吸收了。[27] 希罗多德认为，这一转变发生在达那俄斯侵略之后，他想象侵略发生在大约公元前两千纪中期，他还描写，埃及的达那伊得斯姐妹教会了佩拉斯吉人——而不是古希腊人——崇拜神灵。狄奥多罗斯称，卡德摩斯教会了佩拉斯吉人使用腓尼基字母。[28] 而且，雅典的创建者凯克洛普斯是埃及人的传说很可能流行于希罗多德的时代。因此，尽管后者声称

21　frg. 16, *The Great Eoiai*（White，p. 264）.

22　Strabo, V. 2. 4.

23　Akousilaos, frg. 11, 转引自 Ridgeway（1901，I，p. 90）。但在另一个地方，他将意义局限于伯罗奔尼撒半岛，就像公元前 4 世纪时的埃福罗斯一样。参见 Apollodoros, II. 1. 1。关于埃斯库罗斯，参见他的《乞援人》，251-60。

24　Herodotos, I. 58 and II. 50.

25　Herodotos, II. 50-5；IV. 145；VII. 94. 关于他对佩拉斯吉人观点的其他概论，参见 Abel（1966，pp. 34-44）和 A. B. Lloyd（1976，pp. 232-4）。关于早期雅典人作为 "佩拉斯吉人和野蛮人"，参见 Meyer（1892，vol. 1，p. 6）。

26　M. Pallotino（1978，pp. 72-3）.

27　Thucydides, I. 3. 2.

28　Herodotos, II. 50-5 和 Diodoros, III. 61. 1.

雅典人与阿尔戈斯人和底比斯人不同，是土著，也就是说，是当地一向有的，我们还是发现了下列有趣的段落：

> 现在称为希腊的地方［古希腊］被佩拉斯吉人占据时，雅典人，一个佩拉斯吉人的民族，被称为克兰瑙伊（Kranaoi）。在凯克洛普斯统治时，他们的名字是 Kekropidai（"凯克洛普斯之子"）。埃瑞克透斯（Erechtheus）继位时，他们把名字改成雅典人。[29]

佩拉斯吉人是土著人口，被侵略的埃及人转变成为更希腊的人口，这一观念在埃斯库罗斯和欧里庇得斯的剧作中表现得更为清晰，他们的剧作大约与希罗多德的《历史》同时。他们认为，佩拉斯吉人是土著人，在阿尔戈斯地区与达那俄斯相遇，并被他以某种方式征服：

> 达那俄斯，五十个姐妹的父亲，来到阿尔戈斯后，居住在伊那科斯（Inachos）城里。在整个希腊［古希腊］他制定法律，规定从前称为佩拉斯吉人的所有人从此以后称为达那厄人。[30]

埃斯库罗斯认为，佩拉斯吉人显然等同于后来的古希腊人，他以时代错误称，前者的做法是古希腊的。[31]

公元前 1 世纪和公元 1 世纪时的斯特拉博编纂了许多有关佩拉斯吉人的文献，他增加了佩拉斯吉人从波伊奥提亚向阿提卡迁徙的详细故事。[32] 公元 2 世纪时的帕萨尼亚斯指称在雅典、科林斯、阿尔戈斯、拉科尼亚和麦西尼亚（Messenia）的佩拉斯吉人，虽然在最后一个地方的佩拉斯吉人据信来自塞萨利。[33] 但是，他强调他们和阿卡狄亚人之间的联系。珀拉斯戈斯被认为是阿卡

29　Herodotos, VIII. 44. 关于凯克洛普斯作为埃及人，参见第二卷。关于埃瑞克透斯是埃及人的观点，参见 Diodoros, I. 29. 1 和评注者 Aristeides, XIII. 95，转引自 Burton（1972, p. 124）。压倒性的观点是他是土著人。

30　Euripides, *Archelaos*,（lost）fragment, quoted in Strabo, V. 2. 4.

31　*The Suppliants*, 911-14.

32　Strabo, V. 2. 4 and IX. 2. 3.

33　Pausanias, I. 28. 3; III. 20. 5; IV. 36. 1; VIII. 1. 4-5 and 2. 1.

狄亚人的祖先，帕萨尼亚斯引用公元前 6 世纪的诗人，来自萨摩斯的阿西俄斯（Asios of Samos）*："黑色的泥土生产出与神同等的珀拉斯戈斯。"[34]

能弄懂这些不同的指称吗？要调和它们，不仅像希罗多德和斯特拉博一样的古代作家有困难，现代学者也经历了同样的困难。正如 19 世纪的博识者、现代古代史学科的创建者尼布尔（Niebuhr）所称，"他们的名字大概是全国性的：至少希腊人对它的解释是荒谬的"[35]。一个世纪以后，在 19、20 世纪之交支配了古代历史编纂的爱德华·迈尔（Eduard Meyer）同样很绝望。[36]20 世纪其他历史学家倾向于忽视这一问题，他们仅仅说，佩拉斯吉人是希腊早期人口的重要成分。[37]

要在认为古希腊征服来自北方的雅利安模式中调和佩拉斯吉人肯定是困难的。一些作家，例如 19 世纪的雅利安模式先驱恩斯特·库尔提乌斯（Ernst Curtius），认为他们是被高等雅利安古希腊人这一少数民族征服的"半雅利安"民族。[38]希罗多德有关说安纳托利亚语的爱琴海东北部地区的佩拉斯吉人的报道与此契合得很好。但是，这一假设使得很难解释为什么没有关于佩拉斯吉人被古希腊人征服的记忆，如果佩拉斯吉人被记忆得如此清晰的话。修昔底德甚至指称，佩拉斯吉人和其他人在与"赫楞（Hellen）之子"的逐渐"接触"中被"希腊化"（Hellenized），"赫楞之子"源于塞萨利附近的弗西奥蒂斯（Phthiotis）。[39]

解决这一问题的一个办法是威廉·里奇韦（William Ridgeway）——他在 20 世纪之交支配了古典考古学——以及 20 世纪学者恩斯特·格鲁马赫（Ernst Grumach）和辛克莱·胡德（Sinclair Hood）采取的方针。他们声称，古希腊征服传统上被记录为"自称赫拉克勒斯后裔者的回归"和"多利安人的侵略"，二者的确是公元前 12 世纪由北向南的部落运动。[40]这一说法与希罗多德将多利

---

* Asios ho Samios，应转写为 Asius of Samos。——编者注

34　Pausanias，VIII. 1. 4.

35　Niebuhr（1847a，vol. 1，p. 28）.

36　Meyer（1928，vol. 2，Pt. 1，p. 237 n.）.

37　关于现代观点的概观，参见 Abel（1966，pp. 1-6）。

38　参见第七章，注 59。

39　Thucydides，I. 3. 2.

40　Ridgeway（1901，vol. 1，pp. 280-92）；Grumach（1968/9，pp. 73-103，400-30）；Hood（1967，pp. 109-34）.

安人与古希腊人相联系、将爱奥尼亚人与佩拉斯吉人相联系契合得很好。[41] 将报道中的"佩拉斯吉"雅典人希腊化与雅典从未被多利安人征服的强大传统相调和有一个小问题。但这一困难与多数 19 世纪和几乎所有 20 世纪历史学家所接受的"事实"相比，就微不足道了，这一"事实"即迈锡尼文明的多利安人之前的创造者是说希腊语的。因此，"多利安人的侵略"能够与"雅利安征服"相联系的唯一途径就是，它是一系列移民浪潮中的最后一个。但是，这无助于人们理解首次抵达希腊的说希腊语或"原始希腊语"的人。

从上面对希腊作者的指称可以看出，古代模式在佩拉斯吉人的问题上也面临着困难。对于修正的古代模式的现代支持者来说，最好的解决方案是遵从 19 世纪历史编纂的主流——如格罗特（Grote）和维拉莫维茨-默伦多夫（Wilamowitz-Moellendorff）一类的学者——认为佩拉斯吉人是称呼本土人或土著人的一般名字。[42] 但是，我认为，这一名字多数是指本土的说印欧语的民族，他们被埃及-腓尼基侵略殖民化，在某种程度上文化方面也被同化。这将与上面提到的埃斯库罗斯和欧里庇得斯的描写若合符节。因此，达那俄斯命令佩拉斯吉人成为达那厄人代表着他们采纳了近东文明。同化的概念也与雅典人从佩拉斯吉人转变为爱奥尼亚人——可能是通过凯克洛普斯和埃瑞克透斯的作用——的过程相契合。

这样，在古代模式中运作，我们没有遵从雅利安模式的学者所面临的问题，他们不能理解古典作家如何既把佩拉斯吉人视为希腊原初的"野蛮"居民，又把他们视为某种意义上是古希腊的。引人注目的是，在后来，佩拉斯吉人倾向于与遥远的地方，例如阿卡狄亚、伊庇鲁斯和塞萨利的边缘相联系。这样的话，他们可以被视为部分未经同化的"原始希腊人"。[一个类比是红河三角洲的越南人和南方山区的芒人（Muong）之间的模糊区分，后者的语言和文化与越南人相似，但越南人从中国的文化借用要多得多。但是，没有证据来支持这样的猜想。]我们还知道，至少到迈锡尼时代末期，阿卡狄亚人说希腊语。而且，阿卡狄亚尤其充满了埃及和闪米特的影响。[43] 那里存在缓慢的但完整的同化过

41　Herodotos, I. 58.

42　Grote（1846-56, vol. 2, p. 350, etc.）; Gobineau（1983, vol. 1, p. 663）; Wilamowitz-Moellendorff（1931, vol. 1, pp. 60-3）.

43　V. Bérard（1894）; ch. 9, n. 33.

82

程的假定可以解释这一现象。这样，正如威尔士人反抗了罗马统治，但保留了许多拉丁语借词和罗马基督教，阿卡狄亚人也保留了他们曾经抵抗过的高等文化的传统。与此相对，人们也可以论证，他们被称为"佩拉斯吉人"只是因为他们较晚的传统主义。

阿卡狄亚人不是在铁器时代保留迈锡尼文化因素的唯一希腊人。爱奥尼亚人和伊奥利亚人（Aiolians）同样如此。显著的例外是多利安人；这引发了多利安文化或者希腊北部和西北部文化的性质的问题，多利安人据信来自希腊北部和西北部。几乎没有疑问的是，埃及和闪米特宗教影响存在于整个希腊北部和色雷斯。另外，以下三者之间有明确的联系：这一地区最重要的，大概也是最古老的神示所中心"佩拉斯吉人的"多多纳，位于锡瓦绿洲的埃及-利比亚阿蒙神示所，以及底比斯伟大的阿蒙神示所。这一点将在第三卷中讨论。

而且，多利安人的领袖自称为赫拉克勒斯的后裔，即达那厄-埃及殖民者的后代，取代了后来的坦塔罗斯（Tantalid）或珀罗普斯（Pelopid）王朝，这些王朝似乎于公元前 14 世纪自安纳托利亚抵达。清楚的是，直到希腊化时代很久，多利安人的国王仍然以他们的埃及-希克索斯祖先为荣。[44] 但是，希腊西北部没有发现迈锡尼宫殿，可以可信地认为，一般来说，这一地区比起希腊其他地区来，受到的近东影响要小得多。另外，多利安人"自称赫拉克勒斯后裔者的回归"虽然声称达那厄人的合法性，但也许还有革命性的社会和民族侧面。数位考古学家注意到在迈锡尼宫殿被毁坏后，有过迈锡尼之前的、希腊青铜时代中期物质文化的复兴。因此，有可能的是，未经同化的多利安人的侵略，至少在一些地区与宫殿经济内部仅仅部分同化的农民的支持相联合，共同终结了迈锡尼时代。[45]

总之，对希腊大陆的佩拉斯吉人的指称与古代模式的契合程度还不错。根据古代模式，"佩拉斯吉人"只是用来称呼未经同化的本土希腊人的名字。这一框架与克里特的早期但属古希腊的佩拉斯吉人并不矛盾。[46] 另一方面，修正

83

的古代模式的巨大困难来自希罗多德的明确陈述，即他相信佩拉斯吉人不说希腊语。他这一声称的证据似乎完全来自爱琴海东北部，可以可信地说，在这一

44　见下文和第二卷。

45　Sandars（1978，p. 185）; Snodgrass（1971，pp. 180-6）; Wardle（1973）.

46　参见附录。

例中，"佩拉斯吉人"是用了宽泛的"本土的"意义。看起来，试图统一这些根本不同的民族的尝试给古代和现代作家带来了这样的混乱。

爱奥尼亚人

爱奥尼亚人是希腊的两大部落之一，另一个是多利安人。在古典时代，爱奥尼亚人居住在跨越爱琴海中部、从阿提卡到安纳托利亚海岸上的"爱奥尼亚"的地带上。他们有着强大的传统，不仅在多利安人抵达后曾向东部殖民，而且在侵略以前更广泛地居住于希腊。希罗多德将佩拉斯吉人与爱奥尼亚人相联系，几乎可以肯定他遵从了更古老的传统。[47]

> 爱奥尼亚人……根据希腊人的记述，在达那俄斯和克苏托斯（Xouthos）到来之前，他们居住在现在的伯罗奔尼撒半岛的亚加亚期间，被称为海岸上的佩拉斯吉人……岛上居民也……是佩拉斯吉人，他们后来被称为爱奥尼亚人，原因与从雅典建立的十二城市的居民相同。[48]

居于阿提卡和安纳托利亚海岸上的爱奥尼亚的爱奥尼亚人特别重视他们古老的本土起源。没有人否认，I(a)ōn，B 类线形文字写作 ia-wo-ne，它与西闪米特语的 Yǎwǎn、亚述语的 Yawani 或 Yamani、波斯语的 Yauna 和古埃及世俗体的 Wynn 是一样的。这些词都意为"希腊人"。但是，所有权威假定伊翁（Ion）的名字是希腊语，尽管它缺少印欧语的词源。[49] 这一组词最可信的来源，以及传说中的波伊奥提亚的埃及-腓尼基侵略者所遇到的土著伊俄尼人（Aones）和海安蒂人（Hyantes）的名字最可信的来源，似乎是埃及语 ꜣIwn(ty(w))（弓箭手，野蛮人）。[50] 这个词被证实使用比其他词早一千多年，而

47　Herodotos，I. 58. Abel（1966，p. 13）指出，这一信息由小品词 gar（因为）引出的事实表明希罗多德说的是流行的看法，而非他自己的发现。

48　Herodotos，VII. 94-5，trans. p. 473.

49　Chantraine（1968-75，vol. 1，p. 475b）；T. Braun（1982，pp. 1-4）.

50　希腊语的第二十个字母需要一个词首的"呼气"，即 h。因此，不可能有 *Yantes 的形式。埃及词源的进一步确认似乎来自称呼原始民族的另一个希腊名字，Paiōn，这个词也尤其和阿提卡相联系。学者们一般同意它与 Iōn 或 Iaōn 同源，但他们无法理解二者联系的所谓"古希腊之前的"机制；参见 Cromey（1978，p. 63）的参考文献。来源词可以简单地解释为埃及语 p3 iwn（野蛮人）。

且它有来自 iwnt（弓）和 iwn（柱子或树干）的明显词源。

埃及文本倾向于将它用于非洲其他民族，而非希腊人（称呼希腊人它们有其他名字），这一事实并不严重地削弱上述词源。英语词"印度人／印第安人"不加选择的使用，用于指完全不同的民族，表明指代"本土人"或"野蛮人"的词语是多么容易变动。在这一例中，我们知道，至少到公元前一千纪之交，说西闪米特语的人使用一个惊人相似的词语特指希腊人。正如绪言中提到的，埃及在尼罗河谷以外的沙漠和所有荒地及其居民之神是 St，希腊语中写作 Seth（塞特），阿卡德语写作 Sutekh。第三卷将论述，塞特是波塞冬的对应物，因此，引人注目的是，根据公元前 5 世纪希腊的流行看法，伊翁——传说中命名了爱奥尼亚人的名祖——的父亲是麻烦制造者克苏托斯，这个名字在语音上可以很好地源于 St。波塞冬是爱奥尼亚人的保护神，这一事实强化了上述两者之间的语义联系。[51]

这样，修正的古代模式能够为克苏托斯和伊翁的名字提供可信的词源，能够解释古代作家觉察到的佩拉斯吉人与爱奥尼亚人之间的密切关系。许多杰出的学者试图以雅利安模式来理解一堆杂乱的数据，但无功而返；一般而言，修正的古代模式能够开始解释这些数据。

殖　民

在讨论希腊的殖民传说时，我认为可以把它们有用地分为三类。首先是关于故事人物比如阿尔戈斯的伊那科斯国王以及底比斯的安菲翁和仄托斯等的模糊的，更不用说不连贯的传说。其次是关于阿提卡的凯克洛普斯或者克里特和爱奥尼亚的拉达曼堤斯的传说，这些在古代是辩论的主题。第三，有关于卡德摩斯、达那俄斯和珀罗普斯（Pelops）的记录，这些一般都被接受了。正如上文提到的，我相信出于文化骄傲的原因，希腊人倾向于降低近东影响和殖民的程度。而且，我敢肯定，所有传说都包含有趣的历史真实的内核，其隐晦的等

51　关于克苏托斯，参见 Herodotos, VII. 94；VIII. 44 和 Pausanias, VII. 1. 2。关于波塞冬作为爱奥尼亚人的保护神，参见 Farnell（1895—1909, vol. 4, pp. 10-11, 33-4, etc.）。克苏托斯和 Zethos（这大概也是 Seth 的异体形式）词首咝音的不确定性或许来自与迦南语 Şid（海洋与狩猎之神）和闪米特语词根 √ şwd（狩猎）的混淆；狩猎这一活动对 Seth 和 Poseidon 都具有中心重要性，后者的名字有时写作 Poteido/an。参见第三卷。

级可以用年代来解释：殖民离现在越近，其图景越清楚。本卷主要讨论的是达那俄斯和卡德摩斯的传说，因为它们是离现在比较近的殖民，在古代模式的衰落和雅利安模式的胜利中是斗争焦点。

首先，我们应该考虑卡德摩斯对底比斯的殖民。这是古代模式的据点所在，因为它拥有强大而广泛的证据，也因为对闪米特腓尼基人的尊敬比对非洲埃及人的尊敬延长了几十年。英语世界关于卡德摩斯的古典学术被 A. W. 戈姆（A. W. Gomme）于 1913 年发表的一篇文章支配着。这位作者声称，卡德摩斯殖民，他同时暗示其他殖民，是在公元前 5 世纪初，就在希罗多德之前，由"理性主义"历史学家捏造出来的。[52] 但是，这一极端立场总是难以捍卫，它现在已经站不住脚了。首先，非常民族主义的公元前 5 世纪忽然广泛出现了如此细致的、多样的和不爱国的传说，这一点具有内在的不可信性。其次，我们有图画证据：一个公元前 7 世纪的浮雕花瓶碎片描绘了穿着东方服饰的欧罗巴，还有其他类似的对她和达那伊得斯姐妹的早期描绘。[53]

但是，中心的论证来自文学。虽然荷马没有提及这些殖民，但我们没有理由说他应该提及。虽然他的史诗几乎肯定包含较早的材料，但它们涉及的是迈锡尼时代的结束，而非往前数百年迈锡尼时代的开始。《伊利亚特》充满了对达那厄人和卡德摩斯人（Kadmeians）的指称，二者的名祖达那俄斯和卡德摩斯至少会被后来的希腊人立刻认出是来自埃及或腓尼基。荷马和赫西俄德都提到过欧罗巴，而欧罗巴总是被认为是卡德摩斯的姐妹或其他性质的近亲，是"腓尼克斯（Phoinix）的女儿"。卡尔·奥特弗里德·缪勒和其他渊源批评家不愿意承认这会与腓尼基有任何联系，但他们正确地指出，腓尼克斯有其他许多意思，不一定与黎凡特有直接联系。[54]

但是，既然荷马经常把腓尼克斯用作"腓尼基人"的意义，既然后来一般都把欧罗巴和卡德摩斯与腓尼基等同起来，上述观点有点不着边际，尤其是我们知道赫西俄德把腓尼克斯描写为阿多尼斯（Adonis）的父亲，而阿多尼斯的腓尼基血统毫无疑问，正如他的名字肯定来自迦南语 ˀādôn（君主、主人）一

---

52 Gomme（1913）. 关于对他持续性影响的描述，参见 Muhly（1970，尤其 p. 40）和 R. Edwards（1979，p. 65，n. 63）。

53 参见 R. Edwards（1979，p. 77，n. 70）。

54 K. O. Müller（1820-4，vol. 1，pp. 113-21）.

样。[55] 的确，自从戈姆写了他的文章以来，赫西俄德的《女性目录》（*Catalogue of Women*）的一个残篇面世了，其中把欧罗巴描写为"高贵的腓尼基人"的女儿，她的劫持者宙斯携带她越过"咸水"。[56] 这确证欧罗巴的故事在赫西俄德的时代已经存在了，《伊利亚特》第 12 卷第 292 行的批注者将这一故事归属于赫西俄德和公元前 5 世纪的诗人 Bakchylides。

至于达那俄斯，我们有赫西俄德的证言，即达那俄斯和他的女儿们为阿尔戈斯城掘井，还有他与埃古普托斯关系的强烈暗示。另外有已经佚失的史诗《达纳伊斯》（*Danais*）的残篇，描写了达那俄斯的女儿们在尼罗河岸边武装自己。[57] 因此，即便人们意欲怀疑埃斯库罗斯、欧里庇得斯和希罗多德的文献的古代性，其他证据强有力地证明，达那俄斯和卡德摩斯的传说一直回溯到史诗时代。

为了理解我们所讨论的东西，此刻考虑一下关于最伟大的史诗作家荷马和他大概的同时代人赫西俄德的日期的不同估算是有用的。古典作家倾向于将赫西俄德放在荷马前面，将他们两人置于公元前 1100 年至公元前 850 年之间，无论如何肯定是在公元前 776 年首次举行奥林匹克竞赛会之前。[58] 今天的学者倾向于颠倒他们的顺序。他们将荷马置于公元前 800 年和公元前 700 年之间，而赫西俄德大约生活于公元前 700 年。把日期往后推的基本依据是，自从 20世纪 30 年代以来，流行的看法认为字母表只是在公元前 8 世纪才被引入。正如当代学者乔治·福里斯特（George Forrest）写道：

> 赫西俄德与荷马一样，生活于从口头向书面写作的转折时期。确实，有可能他们都是第一个，或者是第一批中的一个，将一个漫长的口头传统的个人版本写成手稿。[59]

55　R. Edwards（1979，p. 77，n. 70）；Chantraine（1968-75，vol. 1，p. 21）. 首次发现于埃卜拉语 adana 中的西闪米特语词根似乎来自埃及语 idn(w)（副手，总督）。

56　Merkelbach and West（fr. 141 and 143）.

57　《女性目录》，残篇 16，引用于 Strabo，VIII. 6. 8 中的条目和残篇 17。关于《达纳伊斯》的残篇，参见 Kinkel（1877，fr. 1）和 R. Edwards（1979，p. 75）。

58　Parian Marble，I. 11. 44-5 and Herodotos，IV. 53. 关于评估的一个古代概观，参见 Tatian，I. 31. 关于对两位诗人的古代日期的研究，参见 Jacoby（1904，pp. 152-8）。

59　Forrest（1982，p. 286）. 关于赫西俄德及其日期的现代文献的良好概论和参考书目，参见 G. P. Edwards（1971，pp. 1-10，200-28）。关于荷马更多的论述，参见下文第六章，注 3。关于传播的较近日期的讨论，参见第九章，注 74—91。

但是，甚至古典学家现在都倾向于将腓尼基字母表的引入定于公元前9世纪或公元前10世纪晚期。一些闪米特学家将迦南字母表的引入定于公元前11世纪，而我认为，传播肯定发生在公元前1400年前。[60] 因此，以字母为依据挑战古代编年是不牢靠的。把荷马的日期往后推的进一步原因是《伊利亚特》中最精致的商品来自腓尼基，《奥德赛》指称了爱琴海的腓尼基人。因此，由于后者据信最早于公元前9世纪抵达，所以荷马——如果有这么一个人的话——不可能在那之前生活。[61] 然而，在这一论证之后，最近的考古发现表明，腓尼基人从公元前10世纪就出现在爱琴海，如果不是11世纪晚期的话。这一新证据与腓尼基扩张介于公元前1000年到公元前850年之间的强有力历史事实若合符节。[62]

将荷马置于公元前8世纪末或公元前7世纪的另一个原因是，《奥德赛》的场景主要位于希腊西面，而据论证，希腊人在于公元前8世纪末殖民西西里和意大利南部之前不可能了解地中海中部地区。[63] 我认为，将这部史诗看作埃及的《死者之书》的希腊版在许多方面都是有用的，在埃及和希腊宇宙论中，日落处的西部诸岛都与地狱和死者的灵魂王国相联系。[64] 但是，即便没有这一假设，也很清楚，青铜时代的迈锡尼有相当的向西方的贸易，即使希腊人没有直接卷入其中，他们也一定知道腓尼基人与地中海西部在公元前11、10和9世纪时的交往。

将赫西俄德置于荷马之后的原因首先是，据信赫西俄德

> 不属于英雄诗人……他的观点总是个人的和当代的……赫西俄德完全是现在的铁器时代的一部分，特别是公元前8世纪和公元前7世纪初期的古风希腊世界的一部分。[65]

60　关于所有这些日期及其政治内涵，参见 Bernal（1987a；1988）。

61　关于这一广泛流传的论点，参见 Finley（1978，pp. 32-3）。对腓尼基人的指称使得一些学者声称《奥德赛》的写作时间比《伊利亚特》要晚得多（Nilsson，1932，pp. 130-7；Muhly，1970）。Muhly（p. 20，n. 6）指出这一理论在古代时就已经提出了（Longinus, *De Sublimitate* IX. 13）。

62　Albright（1950，pp. 173-6；1975，pp. 516-26）；Cross（1974，pp. 490-3；1979，pp. 103-4；1980，pp. 15-17）；Sznycer（1979，pp. 89-93）；Naveh（1982，pp. 40-1）；Helm（1980，pp. 95-6，126）。

63　Finley（1978，p. 33）.

64　参见第三卷。

65　Finley（1978，p. 33）.

另据论证，赫西俄德的《神谱》显然建筑在近东模型之上，这种模型只是在公元前 1100 年后才发展起来，它们被引入希腊只能在公元前 800 年后，此时据称一个希腊殖民地在叙利亚海岸的阿尔米纳（Al Mina）建立起来了。[66] 赫西俄德的《神谱》属的大类可以追溯到公元前三千纪的整个中东，几乎没有理由来怀疑它的某种形式或多种形式存在于迈锡尼时代的希腊。[67] 但是，赫西俄德的版本的确包含特别之处，这些特别之处最好用公元前一千纪之交的传说来解释。[68] 另一方面，阿尔米纳的希腊殖民地的存在受到严重怀疑，似乎可信的是，赫西俄德及其同时代人通过腓尼基与这些后来的神谱有接触，毕竟，赫西俄德最钟爱的葡萄酒来自腓尼基。[69]

总之，挑战古代传统中荷马和赫西俄德日期的基础非常薄弱。接受古典和希腊化时代的共识，并将其作为工作假设是合理的，即赫西俄德比荷马要早，前者活跃于公元前 10 世纪，后者活跃于大约公元前 9 世纪之交。但是，无论他们被赋予什么日期，我们没有理由怀疑，埃及和腓尼基殖民故事的踪迹出现于现存最古老的希腊传说中。

希腊悲剧中的殖民

虽然这一阶段的其他戏剧中有关于埃及和腓尼基殖民者的指称，但我在此集中讨论埃斯库罗斯的《乞援人》，其中心主题是希腊大陆上的殖民。《乞援人》一般被认为是一个三联剧或四联剧中的第一部，也是唯一留存下来的一部。佚失的几部剧的标题据信是《埃及人》《达那伊得斯姐妹》，还有一部讽刺剧，《阿密摩涅》（Amymone）。从《乞援人》和后来关于神话和传说的著作中，我们可以清楚看出整部剧的整体主题。

伊俄（Io）是阿尔戈斯的伊那科斯国王的女儿，宙斯爱着她。赫拉在她许多次嫉妒冲动中的一次中，将伊俄变成一头奶牛，用牛虻折磨她。伊俄逃

66　Forrest（1982, pp. 286-7）.

67　Walcot（1966, p. 16）接受这一可能性。

68　Walcot（1966, pp. 27-53）. 应该指出，虽然宙斯在希腊从来没有与 Marduk 混淆过，但他经常被与阿蒙神等同起来。因此，有可能有其他的神谱来自公元前两千纪的埃及。关于沃尔卡特贬低埃及和腓尼基的重要性，参见第十章，注33。

69　*Works and Days*, p. 589. 没有理由怀疑 Biblinos 意为来自 Bi/yblos。

到了许多地方，最后定居在埃及，并在那里生下了宙斯的孩子，厄帕福斯
（Epaphos）。厄帕福斯的后裔及其配偶包括利比亚、波塞冬、柏罗斯（Belos）、
推罗的阿该诺尔（Agenor）国王——即卡德摩斯和欧罗巴的父亲——以及孪生
兄弟达那俄斯和埃古普托斯。[70]达那俄斯有 50 个女儿，埃古普托斯有 50 个儿子。
两兄弟吵了架，但后来，有一场集体婚礼，在那一夜，除了一个例外，达那俄
斯的女儿们杀死了埃古普托斯的儿子们。然后，达那俄斯以某种方式取得了阿
尔戈斯的王位。这一故事的不同版本彼此差异很大，尤其是关于哪些情节发生
在埃及，哪些发生在阿尔戈斯。

　　《乞援人》描写这个故事中的一个片段，即达那俄斯的女儿们从埃及逃离
埃古普托斯的儿子们的罪恶企图、作为乞援人抵达阿尔戈斯时的情景。在那里，
本土国王珀拉斯戈斯给她们提供了"乞援人"宙斯的圣所。埃古普托斯及其儿
子们的信使到来了，傲慢地命令必须交回达那俄斯的女儿们。珀拉斯戈斯以坚
决的希腊爱国主义回绝了他，剧本结束时，计划让达那俄斯及其女儿们与珀拉
斯戈斯及阿尔戈斯的人民住在一起，定居下来。

　　人们一般没有意识到对这部剧和三联剧的现代研究充满政治影响的程度。
德国浪漫主义-实证主义者和后来的学者坚称，这是埃斯库罗斯留存下来的最
早的一部剧，甚至是任何剧作家留存下来的最早的一部剧。这一日期定位实际
上被树立为现代古典学术的试金石：

　　　　迄今为止，学者们将《乞援人》视为埃斯库罗斯留存下来的最早的剧
　　作；如果我们现在同意将它置后，那将使所有研究文学的尝试徒劳无功。[71]

　　但是，1952 年发表的一部纸草文献强烈表明，这部三联剧于公元前 464
年—公元前 463 年赢得了一个奖项，因此，它是悲剧家成熟时期的作品。[72]这
部剧在公元前 5 世纪和公元前 4 世纪的雅典得到高度尊重，这和上述观点若合

70　认为《乞援人》属于一部三联剧的观点首先由 A. W. 施莱格尔于 1811 年提出。参见 Garvie（1969，
p. 163）。关于它的主题，参见 Apollodoros，II. 1. 3 和 III. 1. 1，Nonnos（*Dionysiaka*，II. 679-98，III. 266-
319），以及欧里庇得斯的《腓尼基女人》的评注者。R. Edwards（1979，pp. 27-8）简洁地总结了所有这些。
又参见 Garvie（1969，p. 163）。关于对阿密摩涅故事的指称，参见 Frazer（1921，vol. 1，p. 138，n. 2）。

71　F. R. Earp（1953，p. 119），Garvie（1969，p. 29）引用了它。

72　Garvie（1969，pp. 1-28）.

符节。关于此剧早期日期的声称的理由包括格律、词汇和戏剧结构，一位当代古典学家，艾伦·加维（Alan Garvie）博士，犀利地展示了这些声称的空洞性。[73]那么是什么造成了对它"不成熟"的一贯贬低？最可信的原因是，它处理的主题可以被理解为暗示埃及人在伯罗奔尼撒半岛殖民过，这于正处于盛年期的最伟大的希腊悲剧家是不适宜的。

同时有减弱本剧的埃及视角的同样坚持不懈的尝试，而该剧的埃及视角在后来的时代是对古代模式如此重要的支撑。例如，虽然伊俄被视为来自阿尔戈斯，但多数文献一致认为她只是埃古普托斯和达那俄斯的遥远的祖先。因此，两兄弟及其孩子如果不是纯粹埃及人的话，也被埃及化了，而达那伊得斯姐妹被明确描述为"黑人"。[74]但是，德国的主流学术偏爱唯一的批注者，这位批注者可以被可疑地理解为认为孪生兄弟是伊俄本人的孩子。同一批注者还断言，三联剧的全部情节都发生在阿尔戈斯。与其他所有文献相比，人们偏爱这一版本，因为其他文献中有一些认为所有事件的场景都在埃及，而其他所有文献，包括上面提到的《达纳伊斯》中的诗行，都有达那伊得斯姐妹自埃及到达的情节。[75]

虽然对雅利安派学者提出这些批评，但毫无疑问，埃斯库罗斯充满了可以有用地称为古希腊民族主义的东西，并意图减轻任何侵略的影响。他经历了波斯战争的高潮。作为一名雅典贵族，他参加了公元前492年关键的马拉松战役，这场战役阻止了波斯的一次重要侵略。他的剧本《波斯人》直接表达了他那一代人恐外的情感。在《乞援人》中，这种情感只是被轻轻地掩饰着：

> 老兄！你是干什么的？是什么样的傲慢，激起你如此侮辱这一佩拉斯吉人的王国？你真的认为你是来到了女人的王国吗？对于一个与希腊人打交道的野蛮人来说，你是太骄傲了。[76]

在如此热烈的沙文主义氛围中，更为可信的是认定埃斯库罗斯意图减弱，

73 Garvie（1969, pp. 29-140）.

74 *The Suppliants*, I. 154. 关于此的讨论，参见 Johansen and Whittle（1980, vol. 2, p. 128）。

75 *Hekabe* 886 的评注者。参见 *Pauly-Wissowa* 中的文章，IV, 2, 2094-8。关于它的歧义，参见 Garvie（1969, p. 164, note 3）。

76 *The Suppliants*, IS. 911-14, trans. Weir Smyth, pp. 89-91.

而非夸大这一神话系列中的埃及成分。文本中有相当的证据来支撑这一观点，但是为了证实它，我必须超前我的论证，使用一般用于本书第二卷和第三卷的方法。

任何传说的要素大致可以以其历史价值划分等级。用处最小的是任何民间故事都有的主题，在此例中是 50 个女儿嫁给 50 个儿子并谋害他们的故事。其他民间故事的主题在别的地方有出现，但是在重要的地方。狄奥多罗斯的埃及调查对象告诉他，希腊人将伊俄来源的地点从埃及变成了阿尔戈斯。[77] 迈克尔·阿斯特指出，伊俄、宙斯和赫拉的故事与《圣经》中夏甲（Hagar）的闪米特故事是如何相似。夏甲的名字似乎源于闪米特语 √ hgr（漫游），亚伯拉罕爱上了她，并使她怀孕，亚伯拉罕的妒妻撒拉（Sarah）将夏甲赶到沙漠里。夏甲几乎死去，但上帝让她在绿洲休息，在那里她生下了半人半兽的以实玛利（Ishmael）。阿斯特还从《耶利米书》引用了惊人的一段："埃及是肥美的母牛犊，但出于北方的牛虻来到了！来到了！"来暗示预言者的以色列听众知道这一传说。阿斯特用这两个证据来声称关于达那俄斯殖民的传说中存在闪米特影响。[78]

但是，似乎有更多的证据表明埃及神话的影响。例如，在《乞援人》中（第212 行）达那俄斯乞灵于"宙斯之鸟"，合唱队作为回应，乞灵于"太阳拯救的光芒"。评注者不得不看到埃及神话中惊人的相似，即宙斯的埃及对应物阿蒙-拉（Amon-Ra）的太阳鹰，但他们试图降低它的重要性，称之为"埃及化"，从而赋予它不知怎么晚近和肤浅的风味。[79] 在别的地方，有关于欢迎死者的"地下的"或"地狱的"宙斯的指称，还有在地狱掌管判决人的恶行的"另一个宙斯"的指称。这些指称与埃及神话中奥西里斯对死者的审判极其相似，不令人吃惊的是，《奥德赛》中的一些段落与奥西里斯的故事相似，这些段落被广泛接受为"俄耳甫斯的"，最终是埃及的。[80]

这些指称富有暗示性。但是，传说中能发现的"最坚实的"历史证据来自专有名词，这里有必要借助于古典学家和文学批评家弗雷德里克·阿尔

91

77　Diodoros，I. 24. 8. 他的调查对象显然将伊俄与伊希斯等同起来。

78　46. 20. Astour（1967a，pp. 86-7，388）.

79　Johansen and Whittle（1980，vol. 2，p. 171）.

80　lines. 155-8，228-34，822-4. Johansen and Whittle（1980，vol. 2，p. 184）.

（Frederic Ahl）最近的工作。阿尔表明了古典作家的巨大复杂性，有必要像研究《芬尼根守灵夜》一样研究他们的文本。他的观点是，人们应该避免像许多古典学家那样，将"一元论的"或单一的粗糙意义强加给古典文本。在实践中，他认为，人们应该寻找双关语、字谜游戏和结构平行组成的稠密网络，这一网络赋予了文本多重、经常矛盾的意义或"解读"。而且，双关语不应该被轻视，

92　而应该被视为揭示了深刻的，如果不是神圣的，联系和真实。[81]

　　毫无疑问，《乞援人》值得这样的解读。加维指出：

　　　　词语的使用，其声音或形式暗示一个主题，虽然这个词本身的意义可能非常不同。《乞援人》第 117 行中，βοῦνιν 意为"有山的土地"，但暗示"奶牛的土地"［词干 bou- 意为"牛"］，而 Ἀπίαν 让人想起埃皮斯（Apis），Epaphus 的埃及对应物（请比较第 262 行）。这绝不仅仅是文字游戏。它来源于下述概念，即名字不仅是习俗的问题，而是密切地属于它所标示的事物。[82]

　　加维接着指出 Epaphos 这一名字和词干 ephap- 之间的特别相似，这一词干在剧中经常出现，它本身有两个意思："抓住"和"爱抚"。还有 epipnoia 这个词，它意味着使伊俄怀孕的宙斯的温柔的呼吸以及后来威胁了达那伊得斯姐妹的暴风雨。[83] 甚至除了这些和"阿皮亚（的）"（Apia(n)）外，让·贝拉尔还提出了与名字 Epaphos 的另一联系：ᵓIp. py 是两个或三个希克索斯王朝法老的名字，一般在希腊语中译为 Ap(h)ōphis。[84] 正如阿斯特所指出的，晚期埃及语在公元前两千纪末经历了一场元音转移 a > o，上述元音化的差异可以用这一

81　参见 Ahl（1985, esp. pp. 17-63）。

82　Garvie（1969, pp. 71-2）. Herodotos, IV. 199, 写道，bounos（小山）一词来自现在利比亚境内的 Cyrene，这个词虽然在现代希腊语中是山的标准术语，但在古典语言中比较少见。参见 Garvie（p. 71），Johansen and Whittle（1980, vol. 2, pp. 105-6）。在我看来，可以合法地将它与埃及语根 √ bn 联系起来，至少在双关语的意义上，这个词根出现于 wbn（像太阳一样升起）和 bnbn（尖顶或山峰）或者（原始的小山）。参见 A. B. Lloyd（1976, pp. 318-19）。

83　Garvie（1969, p. 72）.

84　J. Bérard（1952, p. 35）.

事实来解释。[85]这将说明，名字 Epαphos 是在那之前引入的，从而晚期"埃及化"的观点被削弱了。

地名阿皮亚在这个剧之外很少被使用，它一般意为阿尔戈斯，但在别的地方它涵盖了整个伯罗奔尼撒半岛。它被可信地与荷马史诗中的 apios（遥远的）或者 apiē gaiē（遥远的土地）相联系。[86]但是，这不可能是它的词源，阿皮亚有其他许多联系。对于古典作家来说很明显，自从 1911 年以后甚至现代学术也认可，阿皮亚的名字让人想起埃及的埃皮斯牛，并因此与奶牛伊俄及其埃及儿子厄帕福斯相联系。[87]孟菲斯的埃皮斯牛崇拜可以追溯到第一王朝，但其影响的高潮是在第十八王朝之后，名字的原初埃及形式是 Ḥpw。[88]Ḥp 或 Ḥpy 是荷鲁斯的一个儿子的名字，他在《死者之书》中很重要，其特殊的职责是守卫北方。[89]因此，在埃及人的眼中，他与希腊相联系。初看起来，把他与希腊的阿皮亚联系起来可能太遥远了；然而，《乞援人》中有这么一段： 93

> 我们站立其上的就是阿皮亚的土地，它很久以前为了纪念一位医生，取了这个名字。因为埃皮斯，预言者和医生，阿波罗的儿子，来自遥远海岸上的瑙帕克托斯（Naupaktos），他清除干净了这块土地上对人有致命危害的怪物，地球很久以前被血腥的事件所玷污，使得这些怪物涌现出来，即充满愤怒的瘟疫、成群的蛇的有害聚集地。埃皮斯利用外科手术和咒语，成功医治了这些瘟疫，使得阿尔戈斯人很满意……[90]

应该指出，在埃及的万神殿中，Ḥpy 是盛放小肠的礼葬瓮的守护者，在《死者之书》中，他保护死者的一个重要功能是杀死蛇形的魔鬼。[91]阿波罗一般

---

85 Astour（1967a，p. 94）. Johansen and Whittle（1980，vol. 2，p. 45）没有给出来源地引用了 J. R. Harris 对这一元音的音量的反对意见，这一意见很无力，因为在转移中造成的扭曲和推定的借用两个因素。Johansen 与 Whittle 自己指出"埃斯库罗斯式的追溯词源不顾及音量"（p. 105）。但是，Harris 的主要控告是在完全意识形态的基础上做出的，即 Epaphos 和 Aphophis 之间的联系"没有道理"。

86 《伊利亚特》，1. 270；3. 49 和《奥德赛》，7. 25；16. 18，转引自 Johansen 与 Whittle（1980，vol. 2，p. 105）。

87 关于古代知识，参见例如 Fréret（1784，p. 37）。关于现代知识，参见 Sheppard（1911，p. 226）。

88 Vercoutter（1975，cols 338-50）.

89 Van Voss（1980，cols 52-3）.

90 *The Suppliants*，260-70（trans. Weir Smyth，1922，vol. 1，p. 27）.

91 Van Voss（1980，cols 52-3）；Budge（1904，vol. 1，p. 198）.

被认为与 Ḥpy 的父亲荷鲁斯相对等。这一平行的复杂性使它非常可信。但是，与厄帕福斯这一名字显然远古的渊源不同，埃皮斯的渊源似乎更新近，至少在这一上下文中是这样。阿皮亚的名字在荷马史诗中没有出现，上面讲述的它的名祖的故事仅在这个段落中出现过，好像并不属于更一般的传统。

厄帕福斯和阿皮亚不是独一无二的例子。《乞援人》中的多数名字都有强烈的埃及内涵，在此我仅举数例。伊那科斯现在一般认为是剧中最具阿尔戈斯特征的名字，他被视为阿尔戈斯的国王和伊俄的父亲。他后来化为阿尔戈斯的主要河流，经常被与埃及的尼罗河相对照。但在 18 世纪，态度非常不同。例如，大胆而杰出的学者尼古拉·弗雷列（Nicolas Fréret）在早期基督教著作家尤西比厄斯（Eusebius）的基础上，相当可疑地坚称伊那科斯是埃及殖民者。[92] 弗雷列认为，这个名字在中东很普通，意为"以气力和勇敢著称的男人"，他援引《圣经》名词 ˁănåq，这在七十子希腊文本《圣经》中转写为 Enak 或 Enach，还有希腊文 anax, anaktos（国王）。

94   名字 ˁănåq 有歧义。它用于指 Qiryat ʾArba ˁ 的统治者，这些统治者是赫梯人，但它一般是指高大强壮的非利士人，非利士人被广泛地认为来自爱琴海。[93] 由于词语 (w)anakt- 既出现在希腊语中，又出现在弗里吉亚语中，ˁănåq 有可能来源于此。除了这一可疑的词源外，还有一个问题，即有证据清楚显示，Qiryat ʾArba ˁ 被创建于公元前 17 世纪或公元前 18 世纪。[94] 但是，如果像我相信的那样，非利士人多数说的是希腊语，那么前者可能是从后者而来的借词。[95]

无论如何，弗雷列不知道埃及语词根 √ˁnḫ，这很大程度上加强了他的一般论证。这个词根的基本意思是"生命"，正如在著名的象征 ankh 里一样，但它有相当广泛的延伸义。惯用语句 ˁnḫḏt（祝他万寿无疆）是用于活着的法老名字之后的标准套语，这成为希腊语 (w)anax, (w)anaktos（国王）的可信词源，这两个希

---

92   Castor，转引自 Eusebius, 1866, p. 177. 关于尤西比厄斯文本的复杂性，参见 A. A. Mosshammer（1979, pp. 29-112），又参见 Fréret（1784, p. 20）。关于阿尔戈斯这一名字的许多不同意义，见本章注 8—10。

93   《民数记》13：22-33；《申命记》1：28, 2：10-21, 9：2；《约书亚记》11：21-2, 14：12-15, 15：14 和 15：13-14；《士师记》1：20. 关于非利士人，参见附录。Gobineau（1983, vol. 1, p. 663）认为 Inachos 和 anax 来自闪米特语 ˁănåq。

94   《民数记》13：22 指出，希伯仑（Hebron）——这大概是 Qiriat ʾArba 后来的名字——被建造比琐安（Zoan）早七年，琐安看来是希克索斯王朝的首都阿瓦里斯，它创建于公元前 17 世纪或更早。

95   Fréret（1784, p. 37）. 源自 √ˁnq（"项链"，或者可能是"脖子"）的词源大概是民间词源。

腊语单词在印欧语中没有已知的来源。[96] <nḥ 的另一个用法是作为"棺材",这似乎是希腊语 Anaktoron 的词源,后者就是位于埃琉西斯秘密仪式中心的圣骨盒。

跟我们当前的讨论更相关的 <nḥ 的用法是用来描写"活"水的短语 mw <nḥ。Anaktos 是同样的用法,尤其是在已佚的史诗《达纳伊斯》中的那一行,ποταμοῦ Νείλοιο Ἄνακτος,"皇家的 / 活跃的尼罗河的"。尼罗河以其丰产和赋予生命的力量而闻名。而且,根据大概生活于公元 1 世纪的神话学家阿波罗多罗斯(Apollodoros),埃古普托斯和达那俄斯的母亲是尼罗河的女儿,被称为安喀诺厄(Anchinoē)。她的名字有异体形式 Anchirrhoē 或者 Anchirhoē,这增加了它来源于埃及语形式 *<nḥnwy(活水或水的生命)的可能性,因为 rhoē 在希腊语中意为"溪流或流动"。[97]

埃及语和希腊语中都存在围绕皇室、棺材和流水的如此奇特的语义组将偶然巧合的可能性几乎降低到零。另外,伊那科斯作为国王、祖先和河流的三重宗教仪式以及他与尼罗河之间的经常对比说明,存在埃及语和希腊语之间复杂的双关语,其类型与上面讨论的 ḥpw/y-Apis/Apia 相同。还有,这里,虽然史诗中用了 Ἄνακτος,但荷马和赫西俄德都没有使用伊那科斯的名字,而后者赋予了伊俄的父亲另外一个名字,这些事实说明这一埃及-希腊关系确实是后来苦心经营的结果。

伊那科斯的女儿伊俄的名字被认为源于动词 ienai(漫游),这与夏甲源自 √ hgr(漫游)的词源干脆地相合。[98] 但是,存在同样清楚的埃及语和闪米特语词源。现代评注者承认剧中 Ἰώ "伊俄"、Ἴων "爱奥尼亚人"和 Ἴον "紫罗兰花"三个词之间清楚的双关。[99] 爱奥尼亚人一词的埃及语来源上文已经提及。伊俄本身的双重词源似乎首先来自埃及语 i<ḥ(月亮),它在科普特语的波海利语(Bohairic)方言中转写作 iōḥ。[100] 而且,传统认为,iō 是阿尔戈斯"月亮"

95

96　借词的语音细节将在第二卷中展开。

97　Apollodoros, II. 1,4. 异体形式见 Frazer(1921, vol. 1, pp. 134-5)。"生命"之水或者"活的"或流动的水的概念当然来自自然。后来的希腊思想称之为 ὕδωϱ ζῶν,它在犹太和基督教传统中表现得更明显。例如,希伯来语中有 מים חיים(《利未记》14: 5, 6 等)。又参见 Daniélou(1964, pp. 42-57)。关于奥维德的《变形记》中伊俄与她的父亲 Inachos(河水)、flumen 以及她的劫持者宙斯的 fulmen(雷)之间的关系的进一步拉丁复杂化,参见 Ahl(1985, pp. 144-6)。

98　参见 Astour(1967a, p. 86)。

99　Johansen and Whittle(1980, vol. 2, p. 65)。

100　我接受 T. T. Duke 的观点(1965, p. 133)。

的方言词语。正如阿尔所指出的，与此相联系的是伊俄和伊希斯的关联，伊希斯在很晚的埃及宗教中，与月亮相联系。阿尔进一步表明月亮的联系，因为角 / 月牙钩（horns）和女性在"奶牛"中合并。[101] 正是在这里，我们发现了伊俄的第二种，我相信也是基本的埃及语词源，即来自 iḥt（奶牛）——复数 iḥw——和 iw3（长角的家畜）。

伊俄的后裔的名字中，我们已经考虑了厄帕福斯。利比亚（Libya）来自晚期埃及语 Rb，我相信她是雅典娜的一种形式。[102] 许多学者认为他们的儿子柏罗斯的名字来自闪米特语 $\sqrt{}$ b<l，它要么是一般意义上的"君主"，要么特别指那个名字的神。[103] 腓尼克斯的名字显然与腓尼基相关联。[104] 似非而是的是，推罗国王阿该诺尔是这个家庭中唯一的有希腊名字的成员，意为"有男人气概的"或"勇敢的"。名字埃古普托斯的词源很明显。Ḥ(t)-K3-Ptḥ，"普塔神（Ptah）之灵的神庙"，原来是下埃及首都孟菲斯的一个名字。但是，到了青铜时代晚期，它在整个地中海东部地区被普遍用作指"埃及人"，人名 Ai-ku-pi-ti-jo 在迈锡尼时代的希腊被提及过。[105]

埃古普托斯的孪生兄弟和对手达那俄斯的名字在 B 类线形文字中写作 Da-na-jo，但这呈现了复杂得多，也迷人得多的问题。埃及历史或神话已知的人物中没有这个名字。但是，它的确与爱琴海有悠久的联系，有可能回溯至公元前三千纪。[106] Da-na-ne 在 A 类线形文字中使用过；T>in3y 或 ta-na-yu 是公元

96

101　Ahl（1985，pp. 151-4）. 关于把伊希斯和月亮等同起来的埃及和希腊根源，参见 Hani（1976，p. 220）。

102　雅典娜的埃及渊源，像利比亚的丈夫波塞冬的渊源一样，在绪言中有所讨论，第二卷中将进一步详细地讨论。

103　Meyer（1892，vol. 1，p. 81），转引自 Astour（1967a，p. 80）。迈尔声称，Bēlos 的元音化表明这个名字不可能来自迦南语 ba<al，而是来自阿拉姆语 be°<ēl；因此它比较晚。但是，在希腊语中，同样有可能从 *Bālos 变化为 Bēlos。

104　埃及-闪米特词根和词语 phoinix 的巨大复杂性将在第二卷中讨论。

105　Astour（1967a，p. 81）.

106　在日期大约为公元前 2500 年的两个平行文本中——一个来自叙利亚的城市埃卜拉，另一个来自美索不达米亚遗址 Abu Salabikh——人们在似乎位于西部地区的相应地方发现了两个名字，Am-ni 和 DA-ne[ki]（G. Pettinato，1978，p. 69，No. 186）。

作者向我建议道（私人交流，1983 年 3 月），前者可能与克里特城市 Amnisos 相关，这个名字现在在 B 类线形文字和公元前两千纪的埃及语中都被证实使用过。既然如此——或者即便 Am-ni 不过是标示"西方"的类别术语，埃及语中"西方"是>imn——Da-ne 的土地有可能是指克里特。

前 15 世纪意指希腊的埃及语名字，D3-in 到公元前 13 世纪已经使用。[107] 阿斯特将这一词干与闪米特语词根 √ dn(n)（法官）相联系，它在名字 Danˀel 或 Daniel 中可以看到，他断言，达那厄人——其名祖是达那俄斯——是说闪米特语的部落，他认为这一部落在青铜时代晚期抵达希腊，大概来自安纳托利亚东南部的西利西亚（Cilicia）。[108] 虽然我接受地中海东部地区叫作 Dani/a 或 Tani/a 的不同民族之间大概有联系，虽然我相信西利西亚和爱琴海南部在青铜时代的大部分时期内严重闪米特化，但是，一些学者断言，后来在西利西亚发现的 Dnnym 和《圣经》中的但族（Dan）来自爱琴海，而不是相反，我宁愿遵从这些学者。[109] 然而，我们所讨论的殖民要早得多，关于这些殖民的所有传说都坚称达那俄斯是到希腊的闯入者。

名字 Dan- 在埃及语、西闪米特语和希腊语中肯定被密集、古老的双关语包围着。加德纳（Gardiner）指出，到公元前 11 世纪，地名 D3-in 或 Dene 和限定词一起书写，或者加上弯腰的老人的图像。他把这与埃及语 tni 相联系，后来写作 tni——到这一阶段，d，t 和 t 的发音都是一样的——意为"年老的"或"疲劳的"。他因此称之为"疲劳的土地"。[110] 这样，我们有趣地注意到，达那俄斯在《乞援人》中和其他地方最引人注目的特征是他的高龄和疲累。他还以在阿尔戈斯地区殖民的聪明的法官和立法者的身份而闻名，他和他的女儿们尤其以参与灌溉闻名。因此，他的名字可以来自埃及语形式 *dniw（分配者或灌溉者），它又来自 dni（分配，灌溉），这个词显然与闪米特语 √ dn(n)（法官）相联系。在我看来，这里双关语的网络太密集了，不可能区分哪一个在先：是爱琴海的达那厄人民族，还是达那俄斯，即埃及-闪米特殖民者、土地分配者、立法者和灌溉者。

如果从达那俄斯的名字得出的结论不可避免地要有歧义，那么，他与埃古普托斯斗争的传说，至少自从公元前 3 世纪以来，就被认为毫无歧义地指

107　参见 Helck（1979, pp. 31-5）; Gardiner（1947, vol. 1, pp. 124-6）。更多关于这些问题的讨论，参见第二卷。

108　Astour（1967a，pp. 1-80）.

109　关于此点的文献概观和一些重要的新论点，参见 Gordon（1962b，p. 21）; Yadin（1968）; Arbeitman and Rendsburg（1981）。

110　Gardiner（1947, vol. 1, p. 126）; Morenz（1969, p. 49）. 通过常见的死亡的委婉语，词根 tni（变老）大概是希腊语词根 √ θ v 的来源，这个希腊语词根出现于 thanatos 和其他地方，意为"死亡"，但有变老的含义。关于埃及对老年和死亡的混淆，参见 Hornung（1983，pp. 151-3）。

97 向他曾经是希克索斯人的首领，被第十八王朝的埃及民族复兴驱赶了出来。[111]
在这一方面，我们应该求助于《乞援人》的希腊名字 Hiketides。这清楚地与
Hikesios（乞援人）相联系，它是宙斯的主要别名，而宙斯从头到尾主导了整
部戏剧。[112] 相当奇怪的别名或另外的名字 Hikesios 有时在其他地方也被使用，
尤其是在希腊南部，它属于宙斯的一般视角，他以此来保护陌生人。[113] 我们还
可以有趣地注意到，名称为 Hiketides 的两部剧都指称了阿尔戈斯，这个城市
后来尤其与希克索斯人殖民相联系。[114]Hikesios 与埃及语 Hk3hst 惊人地相似，
公元前 3 世纪后者被译成希腊语的希克索斯。

　　既然如上所示，剧中存在总体的和普遍的双关语，那么的确很可能埃斯库
罗斯及其文献来源意识到了这些双关语，而这部剧所属的三联剧是关于埃古普
托斯和达那俄斯之间的斗争，尤其是关于达那俄斯从埃及来到阿尔戈斯。另外，
认为"希克索斯"是基本的意思，而"乞援人"的概念来源于它看起来是合理
的。但是，乞援人宙斯的普遍流行的被证实使用说明，这一双关语是古老的，
它不可能始于埃斯库罗斯。

　　几乎没有疑问的是，作为避难者抵达，被土著人热情地接待，然后神秘地
成为统治者，这样的描写比起征服来，要让古希腊民族主义舒服得多。它肯定
可以帮助减轻古代传说和民族骄傲之间的紧张。公元前两千纪实际上究竟有没
有希克索斯人对阿尔戈斯的殖民，第二卷将讨论这一问题。我在这里论证的只
是，《乞援人》的主题及其中的大量埃及材料证实，埃斯库罗斯及其文献来源
相信有过这样的殖民，他的文献来源至少可以回溯到公元前 7 世纪《达纳伊斯》
写作时，或者更早。

　　最后，我应该增加一句：《乞援人》不是指称殖民的唯一悲剧，许多以底
比斯为题材的剧作提到了卡德摩斯的腓尼基血缘。例如，在欧里庇得斯的《腓
98 尼基妇女》中，腓尼基妇女的合唱队前来观看卡德摩斯王朝的覆灭，正因为
卡德摩斯来自推罗。[115] 也是在这里，证据支持公元前 5 世纪对有关传说的一

111　关于对这一传说的怀疑，参见绪言。

112　Johansen and Whittle（1980，vol. 2，p. 5）.

113　Farnell（1895，vol. 1，pp. 72-4）; A. B. Cook（1925，vol. 2，pt. 2，pp. 1093-8）.

114　另一部为欧里庇得斯所作。

115　《腓尼基妇女》，202-49。关于其他剧作，参见 *The Bakchai*，170-2，1025 和 *Phrixos*，fr. 819 and
820。

般信仰。[116]

希罗多德

这一信仰最惊人的表现来自希罗多德，他公元前 450 年前后写作了伟大的《历史》。他主要的主题是欧洲——他所谓欧洲一般指希腊——与亚洲和非洲的关系。他认为这一关系中存在相似点和不同点，接触和冲突，关于这些题目，他在波斯帝国中从巴比伦到埃及广泛旅行时提出了许多问题，他的旅行还包括波斯帝国的北部和西部边缘，从伊庇鲁斯和希腊到黑海。

这一章开头的引文表明希罗多德没有写下任何关于殖民的描写，因为他相信别处已经这样做了。但是，同样，引文清楚地显示他坚定地相信殖民实际发生过。《历史》充满了关于殖民的指称：

那里［罗得岛的林佐斯（Lindos）］的雅典娜神庙由达那俄斯的女儿们建立，她们在逃离埃古普托斯的儿子们的过程中经过了这个岛。[117]

卡德摩斯，阿该诺尔的儿子，在寻找欧罗巴的过程中经过了它［锡拉岛］，并……在那里留下了许多腓尼基人。[118]

希罗多德的兴趣不在于殖民本身，而在于殖民在介绍埃及和腓尼基文明进入希腊的过程中是如何作用的：

我建议就得墨忒耳的神秘仪式保持沉默，希腊人把这个仪式称为塞斯摩弗洛斯节（Thesmophoria），虽然……我可以说，例如，正是达那俄斯的女儿们将这一仪式从埃及带来，并把它教给了佩拉斯吉人妇女……[119]

和卡德摩斯一起来的腓尼基人……在希腊定居以后，将许多技能介

116　总体的概观见 R. Edwards（1979，pp. 45-7）。

117　Herodotos，II. 182（trans. p. 201）.

118　Herodotos，IV. 147（trans. p. 319）.

119　Herodotos，II. 171（trans. p. 197）.

绍进了希腊，其中最重要的是书写，我认为希腊人在此之前不知道这门艺术。[120]

在别的地方，他将近东文明的引入与文化人物相联系，这些文化人物隶属于政治和军事人物。但是，这一过程在开初的殖民之后持续着：

现在我知道是墨兰普斯（Melampous）……将狄奥尼索斯的名字介绍入希腊，还有纪念他的仪式和生殖器崇拜队列。但他没有完全理解教条或完整地传达它；它的圆满发展是后来的老师们的功劳。但是，正是墨兰普斯引入了生殖器崇拜队列，希腊人是从墨兰普斯那里学会了他们现在施行的仪式。我认为，墨兰普斯是个有能力的人，他学会了占卜术，并将他在埃及学到的许多东西几乎原封不动地带到了希腊，其中包括狄奥尼索斯崇拜……墨兰普斯大概是从推罗的卡德摩斯以及和他一起从腓尼基来到现在称为波伊奥提亚的国家的人们那里得到了关于狄奥尼索斯的知识。**希腊几乎所有神的名字都来自埃及**（黑体由笔者标注）。我从我的调查得知它们来自国外，最有可能的是来自埃及，因为所有神的名字从时间一开始就存在于埃及……那么，这些习俗，以及我后来将要讲到的其他习俗，是希腊人由埃及借来的……在古代，正如我从在多多纳被告知的东西所了解的，佩拉斯吉人供奉所有种类的祭品，并向神灵祈祷，但没有任何名字或称号的区分——因为他们尚未听说过这一类事情。他们用希腊语称呼神灵为 theoi——"安排者"……此后很久，神灵的名字被从埃及带到了希腊，佩拉斯吉人学会了……接着，随着时间的流逝，他们派人去多多纳的神示所（最古老的，在那一阶段也是希腊唯一的神示所），询问采纳国外来的名字是否合适。神示所回答说使用这些名字是对的。因此，从那以后，佩拉斯吉人在祭祀中使用神灵的名字，这些名字从佩拉斯吉人传播到整个希腊。[121]

120　Herodotos, V. 58（trans. p. 361）.

121　Herodotos, II. 49-52（trans. p. 149-51）. 关于最近为所有这些辩解的详细尝试，参见 Froidefond（1971, pp. 145-69）; A. B. Lloyd（1976, vol. 2, pp. 224-6）.

而且，希罗多德没有将近东概念的引入仅限于殖民者。他以多多纳神示所的女祭司和埃及底比斯的祭司的报道为基础，描写位于伊庇鲁斯的多多纳的神示所具有埃及和利比亚来源，他所使用的神话根本与达那俄斯或卡德摩斯无关。[122]

我已经提到，公元 2 世纪时，普鲁塔克控告希罗多德是"谎言之父"。处于雅利安模式内部的学者今天倾向于以宽容的傲慢态度对待希罗多德，他们尤其蔑视他的"轻信"。但是，当他认为希腊习俗源于东方，尤其是埃及的时候，他没有完全依赖传说：[123]

> 我永远不会承认，希腊和埃及施行的类似仪式仅仅是巧合的结果——如果是这样的话，我们的仪式性质上会更希腊，来源上会更远古。我也不会承认，埃及人曾经借用希腊的这一习俗或任何别的习俗。[124]

因此，希罗多德使用的是理性，而非对传统的盲目信仰，他的方法是竞争性的可信性，这对这一课题来说是完全合适的。但是，我们这里关心的不是他的结论正确与否，而只是他本人相信正确和他这么做是相对寻常的这些事实。后面的这个结论由更早的关于殖民的指称得到证实，后来的希腊作家中的绝大多数接受了他关于殖民的观点也证实了它。这一接受尤其使人印象深刻，当我们看到这些时代希腊人热烈的沙文主义，他们对使他们文化上比埃及人和腓尼基人低等的传说感到不舒服或者不喜欢，此时埃及人和腓尼基人仍然在周围。或许正是由于这个原因，希罗多德采取了防御姿态，不是在殖民是否存在的问题上，而是在希腊自埃及和腓尼基文化借用的程度的问题上。正是这一不安将我们引向了希腊第二位伟大的历史学家，修昔底德（公元前 460 年—公元前 400 年）。

修昔底德

19 世纪早期的批评家就殖民问题上一些权威的"沉默"大做文章，他们

122　Herodotos，II. 55-8.

123　Plutarch, *De Malig.* 关于过去 15 年中一些现代学者开始严肃地对待希罗多德，参见 A. B. Lloyd（1976）。

124　Herodotos，II. 49（trans. p. 149）.

想到的历史学家显然就是修昔底德。修昔底德历史书的绪言没有提及卡德摩斯或达那俄斯，但它的确提到珀罗普斯从安纳托利亚对希腊的侵略。修昔底德还陈述，一度"卡里亚人和腓尼基人居住了大多数岛屿"，他提及达那厄人，并说 Kadmeis 是波伊奥提亚的旧称。[125] 他还把珀罗普斯之前的阿尔戈斯国王描述为珀尔修斯（Perseus）的后裔，而希罗多德将珀尔修斯视为"真正的埃及人"或者"亚述人"。[126] 但是，修昔底德没有提及卡德摩斯或达那俄斯，或者他们的侵略。

既然希罗多德和希罗多德写作之前几十年的悲剧作品中经常提及殖民，修昔底德肯定知道有关传说，他的省略应该被视为有意决定的结果。极端不可能的是，他做出这一决定是由于他拥有反面的证据，因为那样的话，他几乎肯定会举出这一证据，以提高他作为历史学家的声誉，还因为——下文将论证——侵略冲撞了他的历史框架。一种更宽容的解释是，作为一名自觉的"批评性"历史学家，他不愿意讨论无法验证的传说。但是，他提到了更遥远的赫楞的神话，这削弱了这一观点的力量；赫楞是大洪水的幸存者丢卡利翁（Deukalion）的儿子。[127]

修昔底德在过去三个世纪中魅力如此之大的原因之一是他的历史观是"进步的"。[128] 根据他的历史观，离现在愈近，政治组织变得愈庞大，愈有效。因此，他倾向于降低迈锡尼文明的成就，转而强调那一社会的不稳定和紧随其后的"黑暗时代"的混乱。比如，这帮助解释了他为何否认荷马有任何古希腊人作为单一民族的意识。[129] 根据他的观点，历史逐步积累到前所未有的力量，即**他的**两个主角，雅典和斯巴达，结果他的生命跨越了，他的著作描写了"古希腊人历史上最严重的混乱，它也影响了大部分非希腊世界，的确我几乎可以说，它影响了整个人类"[130]。

这一异乎寻常的说法与下述观点不和谐，即古希腊人作为一个民族参与了特洛伊战争。接受殖民说对他的历史框架将是更加毁灭性的。传说中的侵略行

125　Thucydides，I. 8.

126　Herodotos，VI. 53-4.

127　Thucydides，I. 3. 2.

128　参见例如 Snodgrass（1971，p. 19）。

129　Thucydides，I. 3. 2；关于对此的讨论，参见 Strabo，VIII. 6. 6. 套语 καθ'Ελλάδα καί μέσον'Άργος "通过古希腊和阿尔戈斯中部"在《奥德赛》中经常被用来修饰希腊，见 I. 343-4；IV. 726, 816；XV. 80。

130　Thucydides，I. 1.

过的距离、动作的规模以及巨大的长期后果将揭示出伯罗奔尼撒战争本质上琐屑的性质，它只是因为修昔底德的历史才变得伟大起来。

比起可以称为修昔底德"时间沙文主义"的因素，一个更加重要的抑制因素是他的民族主义——我故意使用了这个词。修昔底德严格区分了古希腊人和"野蛮人"，他的整部作品赞美了希腊成就的独特性，甚至包括破坏性的成就。这样，埃及人（雅典人现在可以征服他们）或者腓尼基人（他们组成了波斯军事力量最可怕的一翼，也就是舰队）在希腊文化的形成中起到中心作用的观念显然使修昔底德的同时代人感到不安。

这一态度可以解释为何修昔底德作为排斥传说的"批评性历史学家"，能够提及赫楞，一个纯粹民族的人物，而不涉及带来文明的外邦人如达那俄斯、卡德摩斯或埃及人凯克洛普斯。（消除不愉快传说的愿望能否促进批评性方法本身将在第四章和第六章中讨论。）这种"民族主义"在公元前5世纪初的波斯战争的后果中以及其后希腊权力的拓展中是典型的：从这时开始，多数希腊人表现出不同程度的对"野蛮人"的憎恨和蔑视。在这样的氛围下，人们会期待希腊作家降低文化上受惠于近东的传说的重要性，如果他们做了什么的话。因此，比如，理解为何对凯克洛普斯埃及联系的建议会被认为他土生土长的观点代替，或者理解为何修昔底德会完全省略有关传说，比起理解为何希腊人会发明"新的"外国殖民和文明的故事要容易。

103

伊索克拉底和柏拉图

在公元前4世纪早期，泛希腊主义和希腊文化骄傲的杰出代言人是雅典雄辩家伊索克拉底。在公元前380年奥林匹亚节发表的著名的颂扬的演说中，他呼吁斯巴达人和雅典人捐弃前嫌，团结起来，组成泛希腊联盟，共同对付波斯和野蛮人。他带着一种新的等级的文化安全感宣称：

> 我们的城市［雅典］在思想和言语方面远远抛开了其他人类，以至她的学生已经成为世界其余部分的老师。她带来的结果是"古希腊人"这个名字不再表示一个种族，而是一种智力，"古希腊人"的称号被应用于那

些分享我们文化的人，而非那些具有共同血缘的人。[131]

这一陈述的傲慢是惊人的，因为我们知道许多有文化的希腊人，包括公元前 4 世纪最伟大的数学家和天文学家欧多克索斯（Eudoxos），仍然觉得有必要在埃及学习。[132]

不令人惊奇的是，伊索克拉底对殖民很关心：

> 从前，任何不幸的野蛮人擅自做希腊城市的统治者：[例如] 达那俄斯，来自埃及的流放者，占领了阿尔戈斯；来自西顿的卡德摩斯成为底比斯的国王……[133]

伊索克拉底虽然明显不喜欢这些侵略，但他没有怀疑其历史性，注意到这一点很重要。然而，他在这个问题上的态度要矛盾得多。在他的《蒲西里斯》（*Bousiris*）中，他给出了一幅优点极其突出的埃及图景。在一个层面上，这篇演说只是修辞的绝妙表演，它为主要以杀害外邦人而闻名的神话中的国王辩护。但是，为了具有说服力，演说不得不借助于流行的看法，它显然具有很严肃的侧面。埃及这块土地及其人民被描绘为世界上最受福佑的，但首要的是，这篇演说赞扬了作为神话中的立法者的蒲西里斯以及他为埃及设计的宪法的完美。[134]

伊索克拉底崇拜的东西包括种姓制度，由哲学家充当统治者，以及埃及哲学家/祭司的产生了沉思的人（anēr theōrētikos）的严格教育（paideia），沉思的人利用自己的高等智慧为国家服务。[135] 劳动分工允许"闲暇"（scholē），闲暇又带来"学识"（scholē）。首要的是，他坚持说哲学（philosophia）是，而且只能是，埃及的产物。[136] 这个词似乎已经被埃及化的毕达哥拉斯主义者使用

131　Panegyrikos, 50（trans. Norlin, p. 149）. 关于这一演说的背景，参见 Bury（1900，pp. 540-1，568-9）。又参见 Snowden（1970，p. 170），该作者欢迎这篇演说，认为它表明希腊没有种族主义。

132　Diogenes Laertius, VIII. 86-9; de Santillana（1963，pp. 813-15）.

133　*Helen*, X. 68（trans. p. 226）.

134　*Bousiris*, 30. 怀着对 Smelik and Hemelrijk（1984，p. 1877）的敬意，我要指出，他们显然公开表露了反埃及的立场。

135　*Bousiris*, 16-23.

136　*Bousiris*, 28.

了一段时间——有可能自从公元前 6 世纪以来——但是，它现存最早的用法之一来自《蒲西里斯》。[137]

实际上，在这一对埃及非常尊敬的态度和伊索克拉底的热烈的排外情感之间并无逻辑上的不一致。他并不否认殖民的存在，至少自从希罗多德以来，殖民就与埃及宗教植入希腊相关联。而且，伊索克拉底对雅典和希腊文化成就的赞颂只是指现在。对于过去它没有声称。可是，两种立场之间的确有个对照。在一个表面的层面上，它可以用伊索克拉底最关心的"野蛮人"是波斯人和腓尼基人这一事实来解释，他关心腓尼基人是因为他们形成了波斯舰队的大部分基础，还因为他的恩主、独裁者埃瓦戈拉斯（Evagoras）从腓尼基人那里攫取了领土，即塞浦路斯的萨拉米斯（Salamis）。而且，写作《蒲西里斯》时的公元前 390 年前后，针对波斯的三方联盟在埃瓦戈拉斯、埃及法老阿科里斯（Achōris）和雅典之间形成了。[138]

但是，我相信，两种视角可以在一个更基本的层面上整合，即作为伊索克拉底联合雅典和斯巴达以对付波斯的尝试的一部分。毫无疑问，在伯罗奔尼撒战争结束时，即公元前 4 世纪初年时，雅典人着迷于斯巴达的宪法，斯巴达是雅典如此成功的敌人。这使得在雅利安模式内部运作的学者，例如 19 世纪德国伟大的古典学家维拉莫维茨-默伦多夫假定《斯巴达政治》的存在，这一著作激励伊索克拉底写作了《蒲西里斯》，维拉莫维茨-默伦多夫还认为，正是因为希罗多德声称斯巴达人的制度来自埃及，伊索克拉底才把蒲西里斯作为他的理想。[139] 法国现代学者夏尔·弗鲁瓦德丰（Charles Froidefond）对这一观点提出质疑，理由是，《蒲西里斯》与色诺芬（Xenophon）所作的《斯巴达政治》根本不像，因为伊索克拉底明确说明斯巴达人只是从埃及部分地借用，也因为给他那一代人印象最深刻的斯巴达社会的军事侧面被归因于来库古。只是到后来很晚，在公元 2 世纪时，普鲁塔克才声称来库古是埃及的模仿者。[140]

105

137　参见 Cicero, *Tusculanae Disputationes*, V. 3. 9; sophia 一词源自埃及语 sb$_3$（教导，学识）将在第二卷中讨论。

138　Bury（1900, p. 541）; Gardiner（1961, p. 374）; Strauss（forthcoming, ch.6）. Salamis 的名字是指塞浦路斯和雅典西部的 Salamis 的隐蔽的港口，它显然来自闪米特语 salam（和平），后者今天出现于阿拉伯语地名 Dar es Salam（和平港）中。雅典结果成为联盟中虚弱不牢靠的一方。

139　Wilamowitz-Moellendorff（1919, vol. 1, pp. 243-4; vol. 2, p. 116, n. 3）.

140　Plutarch, *de Iside*, 10; *Lykourgos*, 4; Froidefond（1971, pp. 243-6）. 在注 77 中，他承认公元前 1 世纪和公元 1 世纪时的斯特拉博也提及来库古受惠于埃及。

我同意弗鲁瓦德丰的观点，没有必要假定《斯巴达政治》的存在。另一方面，我们知道，"战后的"雅典人关心斯巴达人成功的秘密。而且，在古代模式内部运作的学者们没有疑问，关于斯巴达从埃及进行制度借用的故事，特别是来库古，在公元前 4 世纪初年流行，是因为**它们是真的**。这就是说，证实这一传统的不仅有斯巴达社会特定侧面的性质，而且有埃及对斯巴达创始期艺术的强烈影响以及斯巴达许多特定制度名称的可信的晚期埃及语词源。[141]

伊索克拉底坚持说，斯巴达人没有成功地应用埃及劳动分工的原则，所以他们的宪法没有达到埃及范式的完美，他就此写道："讨论这类问题并赢得最大声誉的哲学家们最钟爱埃及的政府形式……"[142]

伊索克拉底指的是谁？弗鲁瓦德丰可信地假定说这是指毕达哥拉斯学派的信奉者，伊索克拉底援引了他们"埃及政治"的概念，甚至引用了这么一篇文章。[143]强大的古代传统认为——希罗多德提到了它，后来的作家给出了细节——有这么一个叫毕达哥拉斯的人，以他在埃及的长期学习为基础，建立了他的学派，雅利安模式的支持者需要极端的智谋来否认这一传统。但是，的确有过这样的尝试。[144]无论如何，伊索克拉底对此有很明确的说法："在埃及的一次旅行中，他［毕达哥拉斯］成为大众宗教的学生，他是第一个把所有哲学带给希腊人的。"[145]

另一个不那么可能的可能性是，伊索克拉底所谓"哲学家"指他的伟大竞争者柏拉图及其《理想国》。[146]一般认为，《理想国》作于公元前 380 年和公元前 370 年间，即在《蒲西里斯》的大约公元前 390 年之后。据信，《理想国》是许多年思考和教学的成果，有可能存在更早的草稿。[147]但是，很有可能应该是《蒲西里斯》在先。尽管如此，在它和柏拉图的《理想国》之间有惊人的相似。在后者中，也有以种姓制度为基础的劳动分工，由开明的城邦卫士做统治

106

141　参见第二卷。

142　*Bousiris*, 18（trans. p. 113）.

143　Froidefond（1971, p. 247）.

144　Herodotos, II. 81. 后来的确认参见 Diogenes Laertius, VIII. 2-3. 企图否定的尝试参见 Delatte（1922, p. 152 and elsewhere）.

145　*Bousiris*, 28. Isokrates, p. 119.

146　参见例如 Norlin 的译本，第 112 页，注 1。

147　参见 Froidefond（1971, pp. 240-3）的讨论。

者，他们经过仔细的挑选和严格的教育产生出来。柏拉图对雅典民主政治的混乱非常敌视，而这种模式显然令人感到安慰。

它在何种程度上可以与埃及相联系？除了与明显埃及式的《蒲西里斯》的类似外，我们知道，柏拉图大概公元前 390 年前后在埃及待了一段时间，埃及是他后期作品的一个中心关切。[148] 在《斐德罗篇》（Phaidros）中，柏拉图借苏格拉底之口宣布："正是他［修思－透特（Theuth-Thoth），埃及的智慧之神］发明了数字、算术和几何……最重要的还有字母……"[149]

在《斐莱布篇》（Philebos）和《伊庇诺米篇》（Epinomis）中，柏拉图更详细地阐述了透特是书写的发明者，甚至是语言和所有科学的发明者。[150] 在别的地方，柏拉图表扬了埃及艺术和音乐，认为希腊应该采纳它们。[151] 的确，怀疑《理想国》以埃及为基础的唯一理由是他在文本中没有这么说这一事实。但这一省略有一种古代的解释。克兰托（Krantor）生活在柏拉图几代人之后，他是柏拉图最早的评注者，正如他写道：

> 柏拉图的同时代人嘲笑他，说他不是理想国的发明者，而是抄袭了埃及的制度。他对嘲笑者是如此重视，以至把雅典人和亚特兰蒂斯人的故事归于埃及人，让他们说雅典人在过去的某一时刻真的曾经在这一政制下生活。[152]

面对所有这些支持埃及来源的证据，早期现代学者仍旧将柏拉图的理想国与埃及相联系。正如马克思所言："在柏拉图的理想国中，分工被说成是国家的构成原则，就这一点说，他的理想国只是埃及种姓制度在雅典的理想化。"[153]

148　关于雅利安主义学者对柏拉图是否到过埃及的争论的概略，参见 Froidefond（1971，p. 269，n. 24）和 Davis（1979，p. 122，n. 3）。但是，应该注意到，正如 Davis 指出："我们古典权威中的任何一个从未明确否认过这一传统。"还应该注意到，关于柏拉图到访的一些最大的怀疑来自 T. Hopfner 的著作，尤其是他的 Plutarth über Isis und O sinis。

149　Phaidros，274D（trans. H. N. Fowler，p. 563）。

150　Philebos，16C；Epinomis，986E-987A.

151　Davis，1979，pp. 121-7.

152　转引自 Proklos，In Tim. LXXVI（trans. Festugière，1966-8，vol. 1，p. 111）。柏拉图对亚特兰蒂斯传说的讲述下面会称引。

153　马克思，《资本论》，第一卷，第四篇（1983，p. 299）。

107 　　憎恨柏拉图的蒲柏尔（Popper）本来情愿用埃及来侮辱他。但是，他写作的年代是更系统的雅利安模式时代，尽管非常了解克兰托的控告，他只是把它放在脚注里，而且似乎对马克思的评论感到疑惑。[154] 一些支持柏拉图的学者有力否定了他赞同埃及类型的种姓制度的观点。大多数人只是从不提及埃及与《理想国》的关系。[155]

　　在其对话录《蒂迈欧篇》和《克里底亚篇》（Kritias）中，柏拉图提及消失的亚特兰蒂斯文明的奇迹及其在火焰中的衰落。本书第二卷将论证，这是指公元前 1626 年锡拉岛火山爆发所造成的破坏，亚特兰蒂斯人是北方民族、公元前两千纪中期侵略埃及的希克索斯人和公元前两千纪末进攻埃及的"海上民族"的混合物。但是，我们这里所关注的是柏拉图对希腊和埃及之间历史关系的认识。

　　正如绪言中所提到的，有一个广泛传播的但在晚期才被证实的传说，认为雅典是由凯克洛普斯创建的，他是来自西三角洲地区的城市赛斯的埃及人。还有一个确认，认为那个城市的女神 Nēit 就是雅典娜。[156] 在他著名的关于亚特兰蒂斯神话的段落中，柏拉图让克里底亚讲述了这么一个故事：当伟大的雅典立法者梭伦在公元前 6 世纪初前往赛斯的时候，赛斯是埃及的首都，梭伦被作为亲戚对待，因为赛斯人感受到与雅典人之间的特殊关系。梭伦甚至被允许与埃及高级祭司会面，一名祭司先是用著名的话语谴责梭伦："哦，梭伦，梭伦，你们希腊人总是小孩。从未有过年老希腊人这样东西。"接着告诉梭伦说雅典娜在赛斯之前创建了雅典，而不是相反。[157] 他解释说，雅典人对此一无所知以及一般希腊人对于自己过去无知的原因是，希腊文化被水与火的灾难周期性地破坏，没有留下雅典从前光荣的记忆。但在埃及，由于其有利位置，制度得以保存下来。[158]

154　Popper（1950, pp. 495, 662）.

155　关于前者，参见 A. E. Taylor（1929, pp. 275-86）。关于后者，参见例如 Lee（1955, Introduction）。

156　Herodotos, II. 29, 62; Plato, Timaios, 21E. 关于赛斯和雅典**真实**关系的细节，参见第二卷。又参见 Bernal（1985a, pp. 78-9）。

157　Timaios, 22B（trans. Bury, 1913, p. 33）.

158　Timaios, 23A. 这里，柏拉图有可能确实是在记录一个古老的传说。灾难传说的内容将在第二卷中讨论。也有可能存在一个神圣的双关语，因为祭司所谓雅典意为 ḥt Nt，赛斯的宗教名字、因此是更早的名字。参见绪言和第二卷。又参见 Bernal（1985a, p. 78）。

108

因此，对柏拉图来说，要想回到雅典古代制度，必须求助于埃及。在这方面，他与伊索克拉底类似，后者既呼吁雅典和斯巴达的泛希腊联合，又赞扬埃及宪法是斯巴达宪法的更纯粹的版本。**他们对希腊真正的古代根源挖掘越深，就越靠近埃及。**其中一个原因是，伊索克拉底和柏拉图都坚称，伟大的立法者和哲学家，如来库古、梭伦和毕达哥拉斯，都曾把埃及知识带回来。而且，伊索克拉底和柏拉图都相信珀罗普斯、卡德摩斯、埃古普托斯和达那俄斯的殖民，都和希罗多德一起，接受"野蛮人"带来重要文化财富的事实。[159] 甚至在雅典创建的问题上，柏拉图都处于古代模式内部，因为他接受雅典与赛斯的"发生"文化关系。因此，尽管他们对有关观点持矛盾情绪，如果不是敌意的话，这两位公元前4世纪初杰出的思想界人物还是被迫承认外来殖民以及后来从埃及和黎凡特大量的文化借用对于古希腊文明形成的极端重要性，他们是如此热烈地爱着古希腊文明。

亚里士多德

亚里士多德不仅是柏拉图的学生，他在学园学习时还是尼多斯的欧多克索斯的学生，后者是伟大的数学家和天文学家，据记载曾在埃及待过16个月，专门剃光了头，以便和那里的祭司们一起学习。[160] 希罗多德对亚里士多德的埃及观影响也很大，亚里士多德显然对埃及很着迷。虽然他有时强调美索不达米亚和伊朗文明的远古性，但他深思熟虑的观点是埃及人是最远古的民族。[161] 在传流论的问题上，亚里士多德同样是矛盾的。有时，他陈述说他相信不同文化的独立创造，但有时他又认为，埃及人创造了种姓制度，因此，"埃及是数学的摇篮，因为祭司种姓被给予大量闲暇"[162]。根据他的观点，祭司发明了数学艺术（mathēmatikai technai），包括几何、算术和天文学，希腊人正在开始掌握它们。[163] 事实上，亚里士多德对埃及的崇拜在一个方面超越了

159　关于伊索克拉底，参见本章注133。关于柏拉图，参见 *Menexenos*，245D。

160　参见本章注132。

161　*Meteorologika*，I. 14. 351b, 28.

162　*Metaphysika*，I. 1. 981b.

163　*De Caelo*，II. 14. 298a. 关于将天文学从名单中去除的现代尝试，参见 Froidefond（1971, p. 347，n. 35）。

109　希罗多德。希罗多德相信，埃及人发明关键的科学几何学是出于实际的原因，为了在尼罗河洪水冲走地标之后重新丈量土地，而亚里士多德坚称，是祭司从理论上发展了几何学。[164]

希腊化世界中的殖民理论和后来的借用

在诸多身份之中，亚里士多德当然是亚历山大大帝的老师。[165] 随着公元前4世纪30年代对波斯帝国的异乎寻常的马其顿征服，希腊对所有东方文明，尤其是对埃及文明的兴趣大大上升。就在征服之后的年份里，埃及祭司曼涅托（Manetho）用希腊语写了一部埃及史，在书中他建构了33个王朝的模式，这一直是古代埃及历史编纂的基础。[166] 大约也是在这一时间，阿布德拉的赫卡泰奥斯（Hekataios of Abdera）提出了他的观点，认为埃及人驱逐希克索斯人的传说、以色列人出埃及事和达那俄斯抵达阿尔戈斯是同一故事的三个平行版本：

> 这个国家的土著人推测，除非他们赶走外邦人，否则他们的麻烦永无终结。因此，外邦人立刻被赶出去，他们中间最突出、最活跃的结合在了一起，正如一些人所说的，被扔在希腊和某些其他地区的海岸上；他们的导师是著名人物，其中包括达那俄斯和卡德摩斯。但更多的人被赶进了现在称为朱迪亚（Judaea）的地方，它离埃及不远，当时完全无人居住。这一殖民地的首领名字叫作摩西。[167]

大概是在这一基础上，还有希罗多德的观点，即斯巴达国王的祖先可以追溯到希克索斯殖民者，大约公元前300年，斯巴达国王阿瑞俄斯（Areios）写

164　Froidefond（1971, p. 350, n. 61）.

165　G. G. M. James（1954, pp. 112-30）认为，这一身份使他得以利用埃及图书馆，这进一步又可以解释亚里士多德著作的几乎令人难以置信的数量和范围。这一论点，以及希腊人征服中东与一千年以后阿拉伯人的征服类似——因为他们采用了大部分早先的文化，并将其希腊化／阿拉伯化，但失去了其余部分——的总体观点虽然验证起来极端困难，但值得进行严肃的检讨。

166　H.-J. Thissen（1980, cols 1180-1）.

167　Quoted in Diodoros, XL. 3. 2, trans. F. R. Walton and R. M. Geer, vol. 12, p. 281.

给耶路撒冷的信件这么开头：

> 致高级祭司奥尼亚斯（Onias），问候您。发现了一个文件，它表明斯　110
> 巴达人和犹太人是亲戚，都是亚伯拉罕的后裔。[168]

　　希腊化时期对埃及–腓尼基殖民的指称太多了，这里不能一一列举。有争论的不是抵达的存在与否，而是抵达的细节：领导者的民族、他们离开的地方或者时间。[169]

　　随着公元前 330 年之前亚历山大异乎寻常的征服，希腊文化骄傲与它对古代文明的尊敬之间的张力变得更加紧张了。例如，这可以从对基蒂翁的芝诺（Zeno of Kition）的反应看出来，芝诺是公元前 3 世纪之交创建了斯多葛学派的腓尼基人。他的竞争对手嘲笑他是"小腓尼基人"，但正如一个学生描写他道：

> 您辛勤工作，创建了一个伟大的新学派，
> 无所畏惧的自由的纯洁父亲。
> 如果您的祖国是腓尼基，
> 有理由轻视您吗？卡德摩斯不是从那儿来吗，
> 他给予了希腊书籍和书写的艺术？[170]

　　公元前 1 世纪写作的狄奥多罗斯在关于将希腊文明化的"野蛮人"的问题上表达了同样的困惑，如果不是精神分裂的话。在他的卷帙浩繁的《历史图书馆》的开头部分，他写道：

> 我们首先要讨论的民族是野蛮人，这并不是说我们认为他们比希腊

168　I Maccabees XII：20-2 和 Josephus, *Antiquities*，XII. 226 都引用了这一信件。莫米利亚诺教授相信 I Maccabees 中包含的多数文件的真实性，但坚称这一信件是伪作。他在雅利安模式内部运作，自然认为犹太人和斯巴达人发生关系是荒谬的（1968，p. 146）。E. Rawson（1969，p. 96）同样表示怀疑。两人都没有提及 E. Meyer（1921，p. 30）关于此信件的有思想的工作，迈尔认为信件是真实的，并将它与赫卡泰奥斯的作品相联系。J. Klausner（1976，p. 195）对其真实性没有疑问。又参见 Astour（1967a，p. 98）。

169　关于卡德摩斯是埃及人还是腓尼基人的争论，参见 Pausanias，IX. 12. 2。关于古代纪年者对他抵达日期的不同看法，参见 R. Edwards（1979，p. 167）。

170　Zenodotos，转引自 Diogenes Laertius，VII. 3 and 30（trans. Hicks，vol. 2，p. 141）。

人更早，像埃福罗斯（Ephoros）所说的那样，而是因为我们希望一开始就陈述关于他们的多数事实，以便我们以希腊人提供的各种叙述开始，而不必在关于他们早期历史的不同叙述中插入任何与另一民族相联系的事件。[171]

在著作的第五卷中，狄奥多罗斯援引罗得岛人历史学家芝诺，芝诺坚称，希腊人，或者来自罗得岛的神秘的 Heliadai*，将文化带给埃及人，但一场大洪水消灭了所有的记忆，就像雅典人忘记了雅典比赛斯更早一样：

> 正是因为这一类的原因，许多代人以后，人们认为阿该诺尔的儿子卡德摩斯是第一个将字母从腓尼基带到希腊的。[172]

大概仍然是遵从芝诺，狄奥多罗斯接着细致描述达那俄斯和卡德摩斯在前往希腊殖民的路上是如何在罗得岛留下踪迹的。[173] 与柏拉图认为雅典比赛斯要早的观点一样，芝诺的规划是古代模式的一种颠倒形式，而非雅利安模式内部的形式。规划没有提及来自北方对希腊的侵略，而是仍然维护了希腊与埃及-腓尼基文化和文明之间的"发生"关系。认为希腊将埃及文明化的观点甚至对于最热烈的雅利安模式支持者来说都太过分了。狄奥多罗斯的现代译者欧发德（Oldfather）教授在此注解道：

> 第一卷各处呈现埃及人提出的他们的文明优先的声称；这里给出的希腊人相反的声称是空洞的吹嘘。[174]

狄奥多罗斯著作的要点是他相信埃及是世界文明的源泉，在更少的程度上，其他东方文明也是这样：

171　Diodoros Sikeliotes, I. 9. 5-6（trans. Oldfather, vol. 1, pp. 33-5）.

*　太阳神赫利俄斯之子。——译者注

172　Diodoros Sikeliotes, V. 57. 1-5（trans. Oldfather, vol. 3, pp. 251-3）.

173　Diodoros Sikeliotes, V. 58.

174　Oldfather, vol. 3, pp. 252-3.

既然是在埃及这个国家，神话确定了诸神的起源，进行了据说最早的对星星的观察，而且，伟大人物的许多引人注目的事件得到记载，那么，我们的历史将以与埃及有关的事件开始。[175]

狄奥多罗斯不仅经常提及卡德摩斯和达那俄斯对底比斯和阿尔戈斯的殖民，而且在著作的开头部分，用了相当篇幅讨论赛斯人关于凯克洛普斯和其他雅典早期国王都是埃及人的声称，以及他们认为雅典和埃及之间存在特殊关系的可信观点。[176]

这一殖民在希腊化时期和罗马时代没有被广泛接受，但人们普遍相信伯罗奔尼撒半岛西部和底比斯的殖民。帕萨尼亚斯作于公元 2 世纪的《希腊指南》充满了关于此的指称： [112]

> ［位于阿尔戈斯地区］特里津（Troizen）的民众……说，他们国家存在过的第一个人是奥罗斯（Oros），在我看来这像个埃及名字，肯定不是希腊名字。[177]

> 离开勒纳（Lerna），有另一条道路，就在海边，通向他们称为出生地的地方；海边是波塞冬出生的一个小小的圣所。挨着的是抵达处，他们说，就是在这里，达那俄斯及其子民首次抵达阿尔戈斯地区。[178]

> 传说中的抵达处与出生的联系令人着迷，正如以下事实一样：波塞冬是迈锡尼人的主神，塞特——我把他视为波塞冬的埃及对应物——是希克索斯人的主神。[179]

> 我认为，瑙普利俄斯人（Nauplians）是更早阶段的埃及人，他们和达那俄斯的舰队一起抵达阿尔戈斯地区，三代人以后，阿密摩涅的儿子瑙普

---

175 Diodoros Sikeliotes, I. 9. 5-6（trans. Oldfather, vol. 1, pp. 33-5）.

176 Diodoros Sikeliotes, I. 28-30（trans. Oldfather, vol. 1, pp. 91-7）.

177 Pausanias, II. 30. 6（trans. Levi, vol. 1, p. 202）.

178 Pausanias, II. 38. 4（trans. Levi, vol. 1, pp. 222-3）.

179 绪言中已经论及波塞冬和塞特的等同关系，第三卷将有详细讨论。

利俄斯（Nauplios）将他们定居在纳夫普利亚（Nauplia）。[180]

当卡德摩斯和一支腓尼基军队一起［向底比斯领土（Thebaid）］进军时，他们［海安蒂人和伊俄尼人］打了一场败仗，海安蒂人就在第二天夜里逃跑了，而伊俄尼人做了仪式性的乞求，结果卡德摩斯允许他们留下来，并与他的腓尼基人通婚。[181]

海安蒂人和伊俄尼人的名字与爱奥尼亚人的名字（Ionian）和埃及语 ＞lwn(tyw')（野蛮人）之间的关系，上文已经讨论过了。[182]这样，没有疑问的是，帕萨尼亚斯信服殖民的真实性，并相信在他的时代，即公元 2 世纪，仍然有许多殖民的直接符号。

普鲁塔克对希罗多德的攻击

公元 2 世纪还发生了最接近人们可以称为攻击古代模式的事件。这是在多产作家普鲁塔克的一篇长文中发生的，文章的题目是《论希罗多德的恶意》，作者在文中对希罗多德提出了许多控告，其中之一是他"亲野蛮人"：

他说，希腊人从埃及人那里不仅学会了对十二个神的崇拜，还学会了列队行进赞美诗和民族节日；他说，狄奥尼索斯的名字是由墨兰普斯从埃及人那里学来的，他教给了其他希腊人；与得墨忒耳相联系的宗教仪式和秘密仪式是由达那俄斯的女儿们从埃及带来的……这还不是最坏的。他将赫拉克勒斯的祖先追溯到珀尔修斯，并说根据波斯文的记述，珀尔修斯是亚述人；他还说，"多利安人的首领会被确定为纯种的埃及人……"；他不仅急于确定一个埃及的和一个腓尼基的赫拉克勒斯；他还说，我们自己的赫拉克勒斯是在另外两个赫拉克勒斯之后出生的，他意欲将这个赫拉克勒斯排除出希腊，使他成为外邦人。但在古代的博学者中，荷马和赫西俄德

180　Pausanias, IV. 35. 2（trans. Levi, vol. 2, p. 187）.

181　Pausanias, IX. 5. 1（trans. Levi, vol. 1, p. 317）.

182　参见本章注释 50。

都没有……提起过埃及的或腓尼基的赫拉克勒斯，他们所有人只知道一个赫拉克勒斯，即我们自己的赫拉克勒斯，他既是波伊奥提亚人，又是阿尔戈斯人……[183]

普鲁塔克显然相信，他的读者会对希罗多德在这些题目上的观点感到愤慨，但有趣的是，我们注意到在赫拉克勒斯的问题上，他仅仅援引了古代权威，并没有直接面对达那俄斯和卡德摩斯的殖民。既然普鲁塔克在《论伊希斯与奥西里斯》中表达了对埃及宗教的深刻了解和欣赏，首要的是他相信埃及宗教本质上与希腊宗教相一致，那么，他本人是否不相信希罗多德认为希腊文化如此多的部分有外国来源的观点有严重的疑问。看来更有可能的是，普鲁塔克对希罗多德"亲野蛮人"的攻击只是用来对他进行一般攻击的一个工具。而且，迷人的是，我们注意到古代模式的现代诋毁者中没有人依赖这篇文章。正如普鲁塔克的两个翻译者所述，其中一个原因是：

> 这篇文章不仅冒犯了希罗多德的爱好者，它还使普鲁塔克的崇拜者感到不安，他们很难相信，如此仁慈和善的作者竟然以如此激烈的恶意写作，使自己易于受到类似他对希罗多德提出的控告的指责。[184]

114

更重要的是，19 或 20 世纪的现代学者急于依赖"古代"文献，而非"晚期"文献；他们所谓"晚期"文献是指公元前 5 世纪以后的文献。这一偏爱受到了以下事实的影响，如果不是以它为基础的话，即在古典晚期和希腊化时代的希腊，压倒性的证据既支持殖民，又支持希腊宗教源自埃及宗教。但在讨论这一点之前，我们应该考虑希腊化和罗马时代埃及宗教对希腊的影响。

埃及宗教的胜利

希腊人和其他地中海民族以埃及名字崇拜诸神的运动在亚历山大征服和希

183　*De Malig*，13-14（trans. Pearson and Sandbach，pp. 27-9）．

184　L. Pearson and F. H. Sandbach，p. 5.

腊化时代的宗教汇合之前很久就开始了。早在公元前5世纪，诗人品达作了《阿蒙神赞美诗》，开头是"阿蒙神奥林波斯（Olympos）的国王"。这一对埃及阿蒙神的利比亚变体的崇拜与品达的家乡底比斯相联系。[185] 但是，这一崇拜在斯巴达也很强烈，帕萨尼亚斯就位于斯巴达的 Aphytis 的阿蒙神圣所写道：

> 拉科尼亚人似乎从一开始就比其他希腊人更多地使用利比亚神示所。阿蒙神在 Aphytis 所受到的崇拜并不比利比亚的阿蒙神崇拜者所给予的少。[186]

不可能确定帕萨尼亚斯所谓"从一开始"的意思。无论如何，肯定是在公元前5世纪末以前，伟大的斯巴达统帅来山得（Lysander）的兄弟被称为利比斯（Libys），因为他的家族与阿蒙神崇拜者的 basileis（国王或祭司）有传统关系，而且来山得本人咨询过神示所。[187] 到公元前4世纪时，阿蒙神在雅典得到崇拜，雅典城的一只神圣三层船也被奉献给他。[188]

115
阿蒙神的儿子亚历山大

亚历山大大帝显然认为自己是阿蒙神的儿子。他在征服埃及后，前往沙漠，去咨询阿蒙神在利比亚绿洲锡瓦的伟大神示所。神示所告诉亚历山大他是阿蒙神的儿子，这解释了为什么从那以后亚历山大的硬币上将他展示为带角的阿蒙神。[189] 有许多报道称，在他生命的最后一年，亚历山大把自己打扮成若干神和女神，让人们崇拜他，"亚历山大甚至希望人们对着他面前的泥土鞠躬，因为他以为阿蒙神是他的父亲，而不是菲利普"，现代历史学家将这些报道称为诽谤。[190]

那么，谁是阿蒙神的儿子呢？根据早期埃及传说，奥西里斯是太阳神拉

185　Pausanias, IX. 16. 1（trans. Levi, vol. 1, p. 339, n. 75）.

186　Pausanias, III. 18. 3（trans. Levi, vol. 2, p. 62）. 第三卷将讨论这一神示所。

187　Pausanias, III. 18. 3（trans. Levi, vol. 2, p. 62 and Levi, n. 153）.

188　F. Dunand（1973, p. 3）; S. Dow（1937, pp. 183-232）.

189　Arrian, *Alexander*, III. 3. 2; Lane-Fox（1980, pp. 202, 207）. 关于角，参见 Lane-Fox（1980, pp. 200-1）: 亚历山大硬币与来自利比亚海岸上希腊殖民地 Cyrene 的更早的阿蒙神硬币之间有惊人的相似。Cyrene 硬币有时对阿蒙神的描绘"带有黑人血统"。参见 Seltman（1933, p. 183）。

190　Arrian, IV. 9. 9; Lane-Fox（1980, pp. 388-9）.

的儿子。随着第十二王朝阿蒙神崇拜的兴起，二者合而为一成为阿蒙-拉。到新王国晚期，拉和奥西里斯之间产生了神秘的结合。[191] 这样，在狄奥多罗斯那里或者根据他公元前 2 世纪的文献，亚历山大城居民斯坎托布罗契的奥尼修斯（Dionysios Skytobrachion）那里发现的阿蒙神和狄奥尼索斯之间的彻底混淆似乎在埃及神学中已经有先例了。[192] 无论如何，亚历山大把自己看作这一汇合的神，包括阿蒙神和他的儿子。

无疑，亚历山大的实际征服增加了狄奥尼索斯或者用狄奥多罗斯的命名，奥西里斯的巨大东方文明化远征的神话的重要性，这些神话的踪迹可以在第十八王朝甚或中王国的埃及传说中发现。[193] 正如詹姆斯·弗雷泽所指出的，甚至在希腊，欧里庇得斯在亚历山大出生之前已经勾画了这一规划的轮廓。[194] 亚历山大与狄奥尼索斯的关系处于紧张之中，他感到了与他的某些竞争，至少在他的征服之后。[195] 当亚历山大抵达印度西北部山区的尼萨（Nysa）时，当地居民告诉他这个地方与狄奥尼索斯有联系，据报道：

> 他很乐意相信狄奥尼索斯旅行的故事；他也乐意相信尼萨是由狄奥尼索斯创建的，这样，他就已经抵达了狄奥尼索斯抵达的地点，甚至还要比狄奥尼索斯走得更远。[196]

还有不可靠的记述称，亚历山大走遍印度，"模仿狄奥尼索斯的酒神式狂欢"。[197] 毫无疑问，他赋予他的许多次长时间狂饮以政治和膜拜注意力，奥西里斯/狄奥尼索斯的文明化使命为亚历山大自己这方面的活动提供了关键的背景。因此，他将自己确认为阿蒙神的儿子，与狄奥尼索斯平行的对手，对他的人生

116

191　Hornung（1983，pp. 93-5）.

192　Diodoros Sikeliotes, III. 68-74. 第三卷将讨论这一希腊宗教，尤其是克里特宗教中非常重要的汇合。

193　Diodoros Sikeliotes, I. 17. 3-I. 20. 关于航海的教化者奥西里斯与狄奥尼索斯之间的联系，又参见 Plutarch, *De Iside*……, 13, 365B. Helck（1962, cols. 505）否认有关奥西里斯征服的故事在埃及传说中有任何根据。正如 J. Hani（1976, p. 44）写道，"我们奇特地注意到"，Helck 省略了指称这一传说的卢浮宫的《奥西里斯赞美诗》。我对这类省略并不感到惊奇，因为 Pauly Wissowa 百科全书是雅利安模式的堡垒。

194　*Bakchai*, 13-20. 参见 Frazer（1921, pp. 324-5）的讨论。

195　Arrian, IV. 9. 5, 10. 6; VII. 20. 1.

196　Arrian, V. 2. 1（trans. Robson, vol. 2, p. 7）.

197　Arrian, VI. 27. 2（trans. Robson, vol. 2, p. 191）.

规划具有中心意义。雅利安模式下的历史学家情愿强调他阅读色诺芬，他与阿喀琉斯相认同，与他竞争，这些无疑是促使他决定侵略亚洲的重要因素。但是，这些比起他本质上埃及的宗教使命来就不那么重要了。他的身体被埋葬在埃及，而非希腊或波斯的事实不能仅仅归因于继承他成为埃及统治者的他的将军托勒密的无情。它表明了埃及这个国家对亚历山大的人生和自我形象的中心意义。[198]

托勒密及其继承者们，一直到恺撒和安东尼的克娄巴特拉，极大地利用了埃及宗教，既是为了赢得其埃及臣民的尊敬和喜爱，也是为了赋予自己文化权力，以便与从亚历山大帝国的碎片中兴起的其他国家交往。[199] 但是，这不足以解释埃及宗教在这一时期的巨大拓展，它被称为"东方宗教对西方的征服"。[200]

例如，埃及的母神伊希斯自从公元前 5 世纪起就在雅典得到崇拜，不仅埃及居民崇拜，土著雅典人也崇拜。[201] 到公元前 2 世纪，雅典卫城附近有一座伊希斯神庙，雅典官方鼓励它的属地进行埃及崇拜。[202] 甚至在尤其崇奉阿波罗的得洛斯岛（Delos），对伊希斯和阿努比斯的崇拜也成为官方的，而这与当时失去了对这个岛控制的托勒密王国根本没有关系。[203] 的确，到公元 2 世纪，帕萨尼亚斯虽然没有提到别的东方崇拜，但记载称埃及神庙或圣祠分布于雅典、科林斯、底比斯以及阿尔戈斯地区、麦西尼亚、亚加亚和福基斯（Phokis）的许多地方。[204]

应该强调的是，希腊只是经历了遍及整个罗马帝国的浪潮的一部分。[205] 例如，在庞培古城发现的最重要的圣祠来自公元 79 年，当时维苏威火山的爆发湮没了它们，它们是"埃及的"。提比略（Tiberius）已经把埃及和犹太宗教从罗马放逐了。但是，崇拜很快恢复了，后来的皇帝，尤其是图密善（Domitian）

117

198　Lane-Fox（1980，pp. 121-3；关于他的送葬行列的埃及风格，参见 pp. 408-9）。

199　参见 Parke（1967，pp. 222-30）。关于极端得多的雅利安主义观点，参见 Wilcken（1928；1930）。关于维尔肯在德意志第三帝国成功的生涯，参见 Canfora（1980，p. 136）。

200　关于这一过程的参考书目，又参见 Hani（1976，p. 8）。M. J. Vermaseren 编的多卷本系列讨论的正是这一主题（*Études préliminaires aux religions orientales dans l'empire romain.* Leiden：1961）。

201　Zucker（1950，pp. 151-2）；Froidefond（1971，p. 228）；Dunand（1973，p. 5）。

202　Pausanias，I. 41. 4；Dunand（1973，pp. 13，99）。

203　Dunand（1973，p. 89）。

204　Pausanias，I. 41. 4；II. 3. 3；II. 32. 6；III. 9. 13；III. 14. 5；III. 18. 3；IV. 32. 6；VII. 25. 5；X. 32. 9。

205　关于伊希斯崇拜的传播，参见例如 J. Leclant（1972，1974）规模宏大但不完整的参考书目。

和哈德良（Hadrian），热烈地崇奉着埃及神灵。[206] 后者甚至试图将他的亲信安提诺乌斯（Antinoos）变成一位埃及的神，他在罗马东部蒂沃利（Tivoli）的异乎寻常的乐园从许多方面最好被视为他为他神圣的情人建造的埃及丧葬综合体。[207] 马可·奥勒利乌斯（Marcus Aurelius）、塞普蒂穆斯·塞维鲁（Septimius Severus）、卡拉卡拉（Caracalla）、戴克里先（Diocletian）和其他皇帝都参观了埃及，所有的记述都强调他们对埃及宗教和文化是如何地尊敬。[208] 无论他们的个人情感如何，这样的态度在政治上是必要的，因为埃及宗教在整个帝国扮演着中心角色。

这样的热情激起了强烈反对。现代荷兰学者斯梅利克（Smelik）和赫梅尔赖克（Hemelrijk）勇敢地凑集希腊对埃及文化抱有敌意的例子，当说到罗马时他们要轻松得多。埃及武器的弱点在于崇拜动物。例如，西塞罗发现这一点很奇怪，虽然"在埃及那一最不堕落的民族中，它保留了许多个世代的事件的书面记录"[209]。后来的讽刺作家尤维纳利斯（Juvenal）和卢奇安（Lucian）对动物崇拜和对埃及从整体上的攻击不加克制。[210]

多数作家相信这一崇拜是象征性和寓言性的，普鲁塔克在《论伊希斯与奥西里斯》中最清楚地表达了这一观点。甚至雅利安模式下的学者也承认这部作品是关于埃及宗教唯一最重要的文献；而且，随着埃及学的进展，它的阐释日益得到证实。[211]

普鲁塔克详细地说明了在有教养的希腊人中间通行的埃及宗教的总体形象，至少自从公元前4世纪起。他认为，动物崇拜和埃及宗教的明显迷信只是为大众准备的寓言表面：祭司和／或那些入门的人知道，实际上动物崇拜和荒诞的神话隐藏了深刻的抽象和对宇宙的深刻理解。在《论伊希斯与奥西里斯》中，埃及的宗教哲学主要关心的不是"生成"（becoming）及其生长和衰朽的转瞬即逝的物质世界，而是"存在"（being）的不朽王国，这尤其表现在数字、

118

206　Smelik and Hemelrijk，1984，pp. 1931-8.

207　R. Lambert，1984，esp. pp. 121-7，157-60。

208　Smelik and Hemelrijk（1984，pp. 1943-4）.

209　*De Republica*，III. 9. 14（trans. Smelik and Hemelrijk，1984，p. 1956）.

210　Smelik and Hemelrijk（1984，pp. 1965-71）.

211　作为许多例子中的一个，参见普鲁塔克提及赞美诗称奥西里斯为"隐藏在太阳臂膀中的神"（54. 372B）以及古代埃及称引对 Re 的精灵和奥西里斯的精灵的信奉。Hani（1976，p. 219）就此写道："这里，我们又一次注意到普鲁塔克所提供的信息的可靠性。"

几何学和天文学中。

当然，所有这些和柏拉图、毕达哥拉斯学派和俄耳甫斯教派的观点惊人地相似，不仅在内容上，而且经常在用来描写的语言形式上。因此，19 和 20 世纪的学者将普鲁塔克的作品视为所谓希腊解说的首要例子，以下很好地描述了希腊解说：

> 希腊观察者通常不具备从内部理解埃及宗教的条件；起初的障碍是他不懂埃及语。有时，一个等同或一种解释是以对埃及现象的误解为基础的，或者通过希腊平行事物进行修正为基础的。每一次偏离，无论是大的还是小的，都造成对真正图景的远离。[212]

一位重要的现代学者用了一整本书来讨论这一希腊对埃及的"幻景"。[213]这一德意志解说（interpretatio Germanica）或者格言——即埃及宗教和哲学必然是粗疏的和肤浅的——在如此睿智的人如欧多克索斯那里遇到了困难，根据所有记载，欧多克索斯和祭司一起生活，学习了埃及语，显然对埃及文化表现出高度尊敬和热情。但是，现代规划的基本缺点是它缺乏自省意识，以及比古人"知道得多"（Besserwissen）的实证主义感觉。甚至受人钟爱的希腊人也是这样，他们的文化在每一方面都是高等的，除了他们的古代史写作和对希腊与其他文化关系的理解之外。

对于普鲁塔克的同时代人和后来古代模式内部的思想家来说，普鲁塔克对埃及宗教和哲学的描绘与柏拉图和毕达哥拉斯学派的描述之间的惊人相似根本不是困难。每个人都知道，柏拉图、毕达哥拉斯和俄耳甫斯的观点都来自埃及，以上相似只不过是这一事实的结果。而且，普鲁塔克还坚称，埃及和希腊宗教之间有着更基本的联系。《论伊希斯与奥西里斯》被题献给 Klea，他向 Klea 写道：

119 　　奥西里斯与狄奥尼索斯是同一的，谁比您更适合知道这一点，Klea？

212　Gwyn Griffiths（1980, cols. 167）. 应该指出，他不赞成低估有关埃及文明的希腊文献，其强烈态度像弗鲁瓦德丰等其他学者一样。

213　Froidefond（1971）.

因为您是德尔斐的受神灵启示的姑娘们［狄奥尼索斯的信奉者］的首领，
您的父母还将您在奥西里斯的神圣仪式中圣化。

　　他接着给出了埃及崇拜和德尔斐崇拜之间相似的细节。[214] 在这部作品中，
普鲁塔克将狄奥尼索斯与奥西里斯等同起来一共有三次。[215] 虽然他在伊希斯与
得墨忒耳等同的问题上不那么明确，但没有疑问的是，他对此同样确定。例如，
他对伊希斯在毕布勒（Byblos）经历的困难的描写与《献给得墨忒耳的荷马式
赞美诗》在埃琉西斯的描绘有许多平行的细节。雅利安模式下的学者经常把这
一点作为普鲁塔克的希腊解说的明显例证。[216]

　　在这个例子中可能是这样。但是，我将论证，埃琉西斯的神秘崇拜——赞
美诗显然与它相联系——大概来源于埃及，就像古人相信的那样。[217] 即便不是，
我们有考古学证据表明到公元前 9 世纪时——这就是说，在赞美诗的惯常日期
之前——伊希斯在埃琉西斯与得墨忒耳是同一的。[218] 无论如何，绝对没有任何
理由去质疑普鲁塔克将两者视为同一神灵的表现形式。总之，清楚的是，普鲁
塔克既相信希腊哲学有许多是从埃及引入的，又相信埃及宗教和希腊宗教之间
的基本同一性。他进一步坚称埃及宗教要更纯洁，更古老。

　　这一埃及宗教的观点在公元 2 世纪的两部重要"小说"中扮演了中心角色，
即赫利奥多罗斯（Heliodoros）的《埃塞俄比亚传奇》（*Aithiopika*）和阿普列
乌斯（Apuleius）的《变形记》或《金驴记》。前者是道德上催人向上的浪漫
故事，有美丽贞洁的埃塞俄比亚——但不是黑人——女主角，作者表达了对埃
塞俄比亚人及其天衣派信徒（裸体的哲学家或导师）的极大崇拜，但《埃塞俄
比亚传奇》的重点是埃及及其宗教的道德高等性。它还强调希腊祭司对埃及宗
教的强烈兴趣，他们把它视为通向他们自己崇拜的关键。当谈到德尔斐的祭司
们向来访的埃及人连珠炮似的提出许多问题时，作者写道：

　　214　Plutarch, *On Isis*……, 35. 364. E（trans. Babbit, p. 85）. 在这一作品中和其他地方，有其他许
多文献表明德尔斐宗教和埃及宗教之间尤其密切的联系。参见 Jeanmaire（1951, p. 385）; Hani（1976, p.
177）。又参见 Heliodoros, II. 28.

　　215　13,356B; 28,362B.

　　216　Griffiths（1970, pp. 320-1）.

　　217　Clement of Alexandria, *Protreptikos*, II. 13.

　　218　Snodgrass（1971, pp. 116-17）.

总之，他们对埃及的有趣特征一点都没有忘记，因为这个世界上希腊人最喜欢听说的国家就是埃及。[219]

120　　与此相对照，阿普列乌斯的《金驴记》是讽刺作品，但它严肃的内核是埃及的宗教仪式以及伪装和变形的女主人伊希斯和她背后的奥西里斯 / 狄奥尼索斯的形象。在故事的高潮，女神向主人公宣布：

> 这样，最早的种族弗里吉亚人称我为众神之母，在珀西农泰（Pessinuntia）瞻仰我。这样，发源于他们自己土壤的雅典人称我为凯克洛普斯的密涅瓦（Cecropeian Minerva），在大海上颠簸的塞浦路斯人称我为帕福斯的维纳斯（Paphian Venus），弓箭手克里特人称我为狄安娜（Diana），迪蒂娜（Dictynna），说三种语言的西西里人称我为普罗塞耳皮娜（Proserpine）；对埃琉西斯人来说我是古代女神刻瑞斯（Ceres），对其他人来说我是朱诺（Juno），对别的人来说我是贝娄娜（Bellona）和赫卡忒（Hecate）和拉姆努吉雅（Rhamnusia）。但是埃塞俄比亚人，太阳神每一天出生时的第一缕光线照亮了他们，还有非洲人和埃及人，他们因为有原初的信条而出类拔萃，他们用我独具特征的仪式崇奉我，赋予了我真正的名字伊希斯女王。[220]、*

认为埃及宗教和仪式是原初的、"真正的"形式使得希腊和其他地方形式显得多余，这解释了为什么对后者有大量背离。正如新柏拉图主义哲学家扬布利科斯（Iamblichos）在公元 4 世纪异教时代结束时写道：

> 不妨这样想：由于埃及人在人类中首先被分配分享神灵，所以神灵被唤起时，很享受埃及仪式。[221]

219　Heliodoros, II. 27. 3.

220　Apuleius, XI. 5 (trans. Griffiths, 1975, p. 75).

*　笔者在翻译这段引文的过程中，部分译名参考了《金驴记》刘黎亭（上海：上海译文出版社，1988，第 294—295 页）和谷启珍、青羊的译文（哈尔滨：北方文艺出版社，2000，第 255—256 页）。——译者注

221　Iamblichos, VII. 5. 3 (trans. T. Taylor, 1821, p. 295).

　　这一章的重复和大量引文是因为我觉得有必要反复强调一个图景在古代的通常性，但它在现代古典研究中很不寻常。这一方法的不熟悉突出了以下事实，即雅利安模式的支持者无法广泛征引，以强化他们的观点。我在这一章的所有观点就是，公元前5世纪以后——这是我们拥有充足的知识的唯一阶段——古代希腊人虽然为自己和他们新近的成就而骄傲，但没有认为他们的政治制度、科学、哲学或宗教是原创的。它们通过早期的殖民和希腊人后来在国外的学习，源自东方，尤其是埃及。

第二章 从黑暗时代到文艺复兴时期的埃及智慧与希腊传播

　　这一章讨论古代埃及在它的高级文明衰落以后的余存。首先，我们在基督教内部和基督教之外发现埃及宗教的余存，例如异教教派诺斯替教和公然异教的赫耳墨斯·特利斯墨吉斯忒斯传统。但比这些直接延续更为广泛存在的是受过教育的精英普遍崇拜古代埃及。虽然在宗教和道德问题上基督教和《圣经》传统比埃及更重要，但埃及明显被视为所有"异教"或世俗智慧的源泉。因此，1600年以前没有人严肃地质疑过希腊文明和哲学源自埃及的信念，也没有人质疑过它们传播的主要途径是通过埃及对希腊的殖民以及后来希腊人在埃及的学习。

希帕蒂亚被杀害

　　公元390年，亚历山大城的塞拉皮斯（Serapis）神庙和邻近的大图书馆遭到基督教暴徒的破坏；25年后，在同一座城市，一群修道士在圣西里尔（St Cyril）的教唆下，残忍可怖地杀害了聪慧美丽的女哲学家和数学家希帕蒂亚。这两次暴力事件标志着埃及–异教时代的结束和基督教黑暗时代的来临。[1]

　　1　Gibbon（1776-88，vol. 3，pp. 28，199-200；vol. 5，pp. 109-10）. 应该指出，托勒密王朝的第一个图书馆被裘力斯·恺撒的军队偶然破坏了。但第二个图书馆仍然是当时世界上最大的。

不令人惊奇的是，在雅利安模式内部运作的学者更愿意忽略基督教因素，而把这些事件看作与希腊理性主义相对的埃及东方狂热主义复苏的标志。[2]但是，如果人们不顾及欧洲人不可能狂热这一可笑内涵的话，这两个解释——狂热的暴徒既是基督徒，又是埃及人——并不互相排斥。到公元4世纪时，埃及是罗马帝国中非常激进的——如果不是最激进的话——基督教省份。

埃及-异教宗教的崩溃

到底发生了什么？公元130年到230年间，埃及宗教以惊人的速度崩溃了。为何异教的中心地带比其余所有罗马省份更早、更积极地皈依了基督教？这个问题与更大的问题相联系：为什么整个异教世界皈依了基督教？对于基督教历史学家来说，这一事件不成问题：当埃及人或任何其他民族看到"真正宗教"的光芒时，他们很自然地离弃了偶像崇拜的异教。但对于没有这一优先假定的历史学家来说，这一现象不大好解释。

在一个更广泛的层次上，可以论证，随着希腊和罗马帝国中无法无天的肆虐，传统的地方结构崩溃了，有一个趋向一神教的自然趋势，一神教是地上世界帝国在上天的反映。这首先表现在，公元前300年以后整个地中海区域犹太教的大力扩张，主要通过改宗的方式实现。的确，到公元1世纪中期时犹太人占了罗马帝国人口的5%到10%。[3]但在116—117年，住在巴勒斯坦之外的早期犹太籍基督徒，即流散犹太人举行了大叛乱，规模比66—70年和132—135年发生在朱迪亚的更为著名的狂热派人（Zealots）和巴尔·库克巴（Bar Kokhba）叛乱要大得多。

流散犹太人叛乱后，在塞浦路斯、昔兰尼（Cyrene），首要的在亚历山大城发生了种族灭绝式的压迫，完全摧毁了希腊化犹太人的光辉文化。[4]甚至在此之前，虽然犹太人在埃及人口中占有相当比例，但犹太教外国味太浓，不能吸收埃及文化。与19世纪和20世纪殖民帝国中的印度人和中国人或者后来东欧的犹太人一样，在埃及的犹太人是希腊统治者和埃及人民之间的中间人。在

123

2　参见例如 Baldwin Smith（1918，p. 169）。

3　Juster（1914，vol. 1，pp. 209-11，253-90）.

4　Juster（1914，vol. 1，p. 211）; Baron（1952，vol. 2，pp. 93-8，103-8）.

所有这些情况下，统治者在本土人和外来中产阶级（allogenes）之间保持张力是很合适的。因此，在 2 世纪剩下的时间里及以后，消灭犹太人意味着基督教——它无论如何更松散地与一个特定民族相联系——作为一个改宗宗教没有严肃的竞争对手。

认为埃及宗教与法老国家和埃及民族一起崩溃大概是可信的。这一论点有些说服力，但也有一些问题。自从公元前 700 年以来，多数时间埃及被外国人统治着；其中一些，例如埃塞俄比亚人和托勒密王朝的希腊人，在埃及统治着他们整个的帝国，但波斯人像罗马人一样，把埃及视为一个非常特别的省份。多数统治者认为，和埃及宗教保持良好关系对他们控制整个国家是至关重要的。的确，波斯人有时迫害埃及宗教，但从整体上说他们也与它合作。[5] 他们的马其顿继任者非常正面的态度在第一章里有描述：埃及宗教在此整个时期繁荣扩展，在公元 2 世纪前半期达到鼎盛。这一历史模式使得它其后的崩溃显得更为惊人。因为，如果外国迫害是关键因素的话，崩溃更有可能发生在公元前 6 世纪或公元前 4 世纪波斯人统治时，而不是公元 2 世纪时，当时埃及宗教正享受着罗马皇家的支持。

在埃及的托勒密王朝的国王正像在中国的蒙古人和满洲人一样，一方面以所在国捍卫者的姿态出现，另一方面强烈地意识到被本土文明同化的危险。他们决心保持自己的文化，通过希腊人来统治。克娄巴特拉七世（Kleopatra Ⅶ），安东尼和恺撒的王后，是托勒密王朝第一个，也是最后一个学习埃及语的。因此，虽然埃及祭司客观上与新的外国统治者合作，就像他们早先与别的外国统治者合作那样，但他们个体试图保持漠然，在某种程度上继续代表着埃及的"民族主义"。但到公元 2 世纪，希腊统治 400 年后，罗马统治者以及马其顿和埃及上层阶级，包括祭司阶层，已经处于共同的希腊文明中，与埃及宗教融为一体。罗马皇帝们对埃及宗教及其"国际化"的热情削弱了祭司们作为埃及捍卫者的立场。

毫无疑问，到公元 3 世纪和 4 世纪时，对旧宗教的敌意有一个明确的阶级基础；像其他地方一样，基督徒起先代表穷人，然后代表中产阶级，与富人相对。因此，尽管祭司的素朴生活方式得到广泛宣传，神庙的巨大财富以及祭司

---

5 Herodotos, III. 27-43.

阶层对穷人的剥削有可能引发了憎恨。[6] 因此在 2 世纪后，虽然基督教来自巴勒斯坦，并有意识地国际化，但它开始代表贫穷的和中产阶级的埃及人，与世界性的希腊化的上层阶级及其埃及异教宗教相敌对。

基督教、星星和鱼

几乎没有疑问的是，这些社会和民族因素对有组织的埃及宗教的破坏起了重要作用。但它们是成长缓慢、长期的张力或缺陷，而非紧急的问题，2 世纪时有两个新的特征。首先，正像流行的看法正确认为的那样，有基督教可供选择，它是普遍的一神教，犹太教从来不会这样，它还有超常的组织热情和能力。其次，人们普遍相信，旧世界结束了，新世界将要来临。

弥赛亚主义或千禧年主义是相信弥赛亚和圣人们"阔步来临"时，一个新的秩序或者和谐、公正的新千年即将到来。这通常是对各种不幸的反应，但尤其是对外国人的军事征服和经济、文化压制的反应。的确，某种外来力量将攻击并推翻现在的非法统治者，结果"在前的将要在后，在后的将要在前"[*]这一概念是犹太教的基本信念，至少自从公元前 6 世纪巴比伦俘获后就是如此。但很清楚，这一情感在大约公元前 50 年以后更加强烈了，并于此后 200 年间居于显著地位；而且，天启的感觉不仅犹太人有。一系列政治和经济变化可以部分地解释这一危机。罗马人在联合地中海的事业中取得前所未有的成功，罗马军阀之间进行了残酷的内战；最后，公元前 31 年，奥古斯都（Augustus）建立了罗马帝国，这通常被描绘为一个新时代。

对于犹太人来说，还有一个因素，罗马人的政策先是和他们结成友谊同盟，以抵御他们共同的敌人，统治着西南亚大部分地区的希腊塞琉西王朝（Seleukids）；后来变成中立，以保持权力平衡；再后来变为敌意，一旦希腊化王国被推翻，整个帝国成为罗马-希腊国际共管的领土。弥赛亚主义很长时间以来对犹太传统具有核心意义。《圣经》里的第一个弥赛亚是居鲁士大帝（Cyrus），他是波斯国王，释放了流放在巴比伦的犹太人，至少是那些想离开的犹太人。[7]

6　关于埃及神庙的巨大财富及其许多奴隶，参见 Cumont（1937, pp. 115-44）。
*　《马太福音》第 20 章第 16 节。——译者注
7　《以斯拉记》第 1 章第 2—4 节。

犹太弥赛亚主义保持了希望，认为救赎会来自东方，尤其是来自安息人，波斯的新统治者，他们也统治着美索不达米亚，人口中有许多犹太人，和犹太人一样，他们也针对塞琉西王朝进行了独立战争。另外，几乎没有疑问的是，115年和116年的起义——其参与者显然用弥赛亚的概念来看待这些起义——与罗马皇帝图拉真（Trajan）那些年对安息的重要攻击有关联。[8]

但我应该重复一下，公元前50年到公元150年的弥赛亚主义，以及一个新时代将要来临的概念不仅限于犹太人，上面提到的罗马政治变化也不能完全解释它们。另一个因素是从白羊宫时代到双鱼宫时代的占星学变化。我们这里不讨论何时何人发现了岁差，没有疑义的是，到公元前50年时岁差已广为人知。[9] 在这一情景中，重要的是在公元前50年到公元150年的阶段内，春分会从白羊宫转移到双鱼宫。[10]

只有在这一系列相关联的政治、经济、社会和占星学变化中，人们才能够理解罗马诗人维吉尔的第四《牧歌》。这首诗作于公元前40年，将近开头写道：

> 伟大的世纪的运行又要重新开始……从高高的天上新的一代已经降临，在他生时，黑铁时代就已经终停，在整个世界又出现了黄金的新人。圣洁的露吉娜（Lucina），你的阿波罗今已为主。[*]

维吉尔接着问候了孩子的父亲波利奥（Pollio），他现在已成为执政官，带来了一个"光荣的时代"；但历史将重复自己，会有新的特洛伊战争和别的重大历史事件。[11] 这似乎是基督将要降临的预示，现代人对此感到不安，多数古典学家使用他们的一元论方法声称，这些只是一个朋友孩子出生的诗学比喻手法。但更为可信的解释是，诗人，作为一名诗人，利用了数层不同层次的意义：波利奥孩子的出生；在他和波利奥的恩主奥古斯都的庇佑下一个和平时代开始

8　Neusner（1965，vol. 1，pp. 70-3）。

9　关于这一点的两种相反观点，参见 de Santillana（1969）；Neugebauer（1950，pp. 1-8）。

10　岁差是太阳系转动产生摇晃的结果，它导致太阳系固定下来的点与系外恒星的相互关系发生变化。在最经常使用的测量下，春分就黄道十二宫的象征符号来说，出现得"越来越早"。正因为二分时刻大约每2100年从一个黄道宫转移到前一个黄道宫，占星学家现在告诉我们在一两个世纪内要为宝瓶宫时代做好准备，春分将在宝瓶宫发生。

*　这里采用了杨宪益1957年的译文。——译者注

11　Virgil，*Fclogues*，IV. lines 4-10（trans. Fairclough，1932，vol. 1，p. 29）。

了。诗歌用语还标示着一个新的年轻的神明的来临。当然，诗中还指宇宙或星相的时代变化，这只能是指双鱼宫的新时代。

星星常常与伟大的弥赛亚领导者相联系，从公元前 6 世纪创建波斯帝国的居鲁士大帝到公元 8 世纪中国的反叛领袖安禄山都是如此。[12] 尤为惊人的是，我们注意到星星是多么经常地与公元前 50 年到公元 150 年的危机阶段的主要领袖相联系：从被认为代表裘力斯·恺撒魂灵的彗星到伯利恒的星星，到与哈德良的新神灵安提诺乌斯相联系的星星；而犹太反抗的最后一位弥赛亚领导人到少在其朋友们中间以巴尔·库克巴（意为"星之子"）而闻名。的确，年老的拉比阿吉巴（Akiba），现代犹太教谨慎、理智的创建者，他经历了并使自己适应了公元 70 年的灾难性失败和耶路撒冷遭到破坏，他为巴尔·库克巴的早期成功如此激动，以至于他认为新时代来临了，他引用了《民数记》第 24 章第 17 节："有星要出于雅各。"[13]

从普鲁塔克的《论伊希斯与奥西里斯》，我们知道天体运动作为星星和几何学的理想世界的标志是极端重要的，至少在晚期埃及宗教中星星和神灵之间的基本关系也是极其重要的。我们还知道，希腊化埃及的天文学家关心岁差。在公元 2 世纪，岁差的影响由于一个超常的天文学巧合而成为双倍的了。[14] 事情是这样的：古埃及有若干种复杂的历法系统。其中最常用的两种"年"一种是一年 365 天的民用日历，另外一种是与天狼星升起有关的"天狼年"，天狼星的升起预示着尼罗河的洪水开始泛滥。[15] 由于天文年比 365.25 天差一点，民用年大概每四年比它快一天。二者每 1460 年才巧合一次，这样的巧合发生在公元 139 年！因此，与星星紧密联系的埃及祭司们得到双重信息，一个时代结束了。

公元 130 年，罗马皇帝哈德良和他的年轻情人安提诺乌斯在透特的主要崇拜地埃尔穆波利斯（Hermopolis）长时间地咨询了透特的祭司们，透特是智慧和测量之神。此后不久，安提诺乌斯被发现淹死在尼罗河中；一个重要的埃及

127

12　Pulleybank（1955，pp. 7-18）.

13　Finkelstein（1970，p. 269）.

14　尤其参见第 41—45 章，367C—369C。Hipparchos 公元前 2 世纪在埃及居住，通常被认为是这种现象的发现者。

15　Gardiner（1961，pp. 64-5）; von Bekarath（pp. 297-9）.

传统认为奥西里斯是淹死的。[16] 整个事件的意图是个秘密，直到现在也是个秘密。但是，今天的共识认为这是主动的牺牲，以便避免某种大灾难。[17] 确定的是，哈德良立刻把安提诺乌斯宣称为新奥西里斯，他所倡导的崇拜的成功虽然短命，但超出了皇家庇佑的范围。

安提诺乌斯是不是新时代的新的救世主只能供大家揣测。但没有疑问的是，基督徒们用这种方式看待他们的新奥西里斯——耶稣。当然，基督有许多其他传统侧面，但此处我愿提出一种新的神圣形象——鱼。鱼在埃及或犹太宗教传统中并不引人注目。在埃及，特定的鱼与特定的神灵相联系，在埃及一些行省或地区人们崇拜某些种类的鱼，并视为禁忌。而且在晚期，传说认为鱼吃了奥西里斯的阴茎，"鱼"这个词 bwt，这么写时可以意为"令人厌恶的东西"。然而，鱼并不能被认为对埃及宗教具有中心意义。[18]

除了非利士人的主神大衮（Dagon）这一可疑个案外，鱼在《旧约》中并无宗教内涵。[19] 但在《新约》中，与此相对照，鱼的角色非常显著。重要的门徒是渔夫，关于鱼的形象很丰富，有两条鱼和五块面包的神迹。更惊人的是，在《约翰福音》里，基督在象征性的最后晚餐中，给予他的门徒鱼。[20] 这一主题，以及鱼对最后晚餐具有中心意义的概念在早期基督教图像记录中是标准的。[21] 在圣餐变体的意义上，基督不仅像奥西里斯一样是面包或谷物，他还是鱼，他同样经常地被描绘为两条鱼。正如德尔图良（Tertullian），杰出的早期基督教思想家，在大约 200 年时写道："我们这些小鱼，依照 'Ιχθῢς［即 Ichthys，意为'鱼'的希腊词］的形象，出生在水里。"[22]

16　Griffiths（1970，p. 34）。科普特语有个有趣的词，hasie，Černy 认为它来自更古老的 ḥsi（受赞扬的淹死的人）。这显然与这些传说相联系。希腊语词干 hosio-（神圣的，不受污染的）似乎来自这个词，而非印欧语词根 √ es（是）。第三卷将详细讨论这一点。

17　Lambert（1984，pp. 126-42）。

18　Gamer-Wallert（1977，pp. 228-34）；Griffiths（1970，pp. 342-3，422-3）。

19　虽然 Dāgôn 看起来与希腊语 drakōn-（鱼或龙）相联系，但传统认为它等同于希伯来语 dāg（鱼）。但是，dāgān 意为"谷物"，还有一位老的闪米特神 Dagan，他实际上在公元前三千纪的埃卜拉地位显赫（Pettinato，1981，pp. 246-8）。显然，二者之间有双关现象。无论如何，以色列人既不认为鱼神圣，也不视鱼为禁忌。

20　《约翰福音》第 21 章第 1—14 节。

21　Baldwin Smith（1918，pp. 129-37）。

22　De Baptismo，I. 更多关于早期基督教思想中"活水"中的鱼，参见 Daniélou（1964，pp. 42-57）。在另一层次上，德尔图良或许是在指称双鱼宫紧随或出自宝瓶宫（Aquarius，拉丁语中意为"运水人"）的事实。

　　这一信仰解释了为何使用鱼的象征来表现基督和基督徒。后者经常被归因于关于 'Iχθὺς 的离合诗谜 'Iησοῦς Χριστὸς θεοῦ υἱὸς σωτήρ（耶稣基督，神之子，救世主）。但是，鱼的象征被证实使用比这个词的拼写要早，更有可能的是，离合诗谜是这一象征的解释，而不是反过来。有趣的是，基督教对鱼的表现首先出现于 2 世纪初的亚历山大城。总之，几乎没有疑问的是，尽管关于耶稣有同样强烈的公羊-羔羊白羊座象征，用一条鱼——或更具体地说，两条鱼，就像黄道宫的标志那样——来代表耶稣表明早期基督徒视自己为，也被他人视为，新的双鱼宫时代新宗教的追随者。

　　让我总结一下：在公元 2 世纪，除了长期的对埃及宗教的社会、经济和民族压力外，从白羊宫到双鱼宫的变化与天狼年和民用年周期的完成这两者令人惊异的互相重合在其天文中心制造出有力的自我毁灭的力量来。而且，埃及宗教不仅包含深刻的循环感，而且它以出生、死亡和重生为中心概念。它甚至包括一种可能性，即神灵虽然长寿，但不是必然永生的。正如霍尔农（Hornung）教授写的那样：

　　　　因此我们可以假定，无神时代的可能性深深地根植于埃及人的意识中，比少数几个对这一可能性的明确指称所表明的要深得多。诸如 m ḏrw nṯrw "在神的王国里"的短语，意为"只要神在那里"，可以在希腊-罗马的神庙文本里找得到……否则末世论是……魔法咒语的领域。[23]

　　必须在这一上下文中，我们才能解读一个《赫耳墨斯·特利斯墨吉斯忒斯文本》中的《挽歌》：

　　　　这样的时刻会到来，到时候会看出埃及人用虔诚的心灵、辛勤的仪式白白地尊奉了神灵。他们所有的神圣崇拜都将没有效果。离开地球的神灵会回到天庭；他们会抛弃埃及；这块土地曾经是宗教的家园，将要被剥夺它的神灵，变得孤零零的。陌生人将充满这个国家，不仅不再会有宗教崇奉的操持，而且，更为痛苦的是，所谓法律会做出规定，所有人必须放弃虔诚侍奉或崇拜神灵的行为，否则严惩不贷……锡西厄人或印度人，或别的类似的野蛮邻居，会在埃及安顿下来。

但是，如同在许多《圣经》预言或启示中一样，真正宗教的敌人的"恶意"将会被

天主天父……和唯一神造物主毁灭……要么用洪水烈焰，要么用瘟疫疾病……然后，他会把世界带回到最初美丽的状态……世界的重生将来就是这样的：更新所有好的东西，最庄严地恢复大自然本身……[24]

这种周期性的概念——出生，死亡，然后是重生，为文艺复兴时期和启蒙阶段埃及宗教的未来恢复者留下了通道。但同时，我们必须考虑它在古代晚期和基督教早期变形了的余存。从总体上说，希腊作家归于埃及人的两样东西，即人民热烈的宗教性以及祭司们微妙的哲学和神学，在早期基督教时代仍然持续着。而且，在教堂组织和教义的层次上，所有地方的基督教，不仅仅埃及的，都被埃及宗教深深地渗透了。

埃及宗教的遗留：赫耳墨斯神智论、新柏拉图主义和诺斯替教

除了提及耶稣与奥西里斯和美索不达米亚的坦木兹（Tamuz）之间惊人的相似外（后两者是被杀害、被哀悼并胜利复活的植物神灵），我不会讨论基督教中埃及和美索不达米亚宗教的具体遗存这一迷人话题，因为这样会偏离本书的题目太远。[25] 这里，我们的兴趣在于机构化埃及宗教在正统基督教边缘的遗存。

从公元150年到450年，埃及经历了一个大的政治宗教不稳定和多样性的阶段。而且，我们讨论的派别倾向于信仰神明能够通过个体或在秘传宗派中到达，为此目的有必要进行严格神秘的引导。这里，一个关键因素是关于保密的

24　*Corpus Hermeticum*，II. 326-8（trans. F. Yates，1964，pp. 38-9）.
25　关于这一题目迄今仍然优秀的概观，参见 Dupuis（1822，vol. 1，pp. 75-322）。第八章将讨论相似的各个侧面。

可怕誓言。这些派别还有一个倾向，对明确的作品或"出版"抱有敌意，认为真正的智慧只能由老师向门徒，以单独的方式，通过很长时期直接传授。他们相信，很难用言语来描述"不可描述的东西"，更不用说用写作来描述了，他们坚持神秘的重要性。要描述这些人，非常之困难；即便可能，让别人理解他们也是对他们思想的基本背叛——尽管如此，有必要勾勒出一些总体模式。[26]

131

古代晚期对数字三很是着迷：例如赫耳墨斯·特利斯墨吉斯忒斯（"特利斯"意为三）和基督教的三位一体。[27]我们所讨论的派别中，即赫耳墨斯神智论者、新柏拉图主义者和诺斯替教徒中，有两种基本类型的三位一体。基督教的三位一体属于第一种类型，这种类型有一个圣父、一个圣子，圣子是使圣父起作用的智识，还有连接圣父和圣子的第三种力量。[28]第二种更常见的形式以"隐蔽的上帝"的概念为基础，隐藏在犹太人、基督徒和其他人所崇拜的造物主后面。两个上帝被视为分隔开来或神秘地统一；隐蔽的上帝，柏拉图思想的"至善"或第一原则是纯粹的思想，与此相对的是造物主的行动。三位一体的第三个成员最为多变——它被视为"世界的灵魂""上帝的心灵"等等，甚至是世界或宇宙的被激活的物质——但它的关键职能是辩证的，既在三位一体的其他成员之间起中介作用，又使它们保持不同。

似非而是的是，第一位上帝隐蔽、不可描述的事实被用来证明偶像崇拜是正确的。由于人类只能理解有限的事物，而隐蔽的上帝是无限的，它只能被部分觉察到。正如 2 世纪时的诡辩家推罗的马克西莫斯（Maximus of Tyre）写道：

> 上帝……比时间、永恒和存在的所有变动还要伟大，不可能被任何立法者命名，被任何声音说出来，也不可能被任何眼睛看到。但是我们，由于不能理解他的本质，借助于声音、名字和图像的帮助，借助煅打的金子、象牙和银子，借助植物、河流、山顶和激流，渴望着认知他。

他接着用这一点来论证宗教宽容——顺便说一句，他的立意可以直接与约

26　数位学者，显著者如 J. Kroll，试图将赫耳墨斯神智论及其周围的哲学缩减为一个系统，他们在此领域的知识比我不知多少。但是，由于现代学术一般依赖越来越细微的区分，过细区分者迄今已打败了这里的聚合分类学家。参见 Blanco（1984，p. 2268）。

27　关于古代晚期和文艺复兴时期"三"的概念的概观，参见 Wind（1980，pp. 41-6）。

28　Des Places（1984，p. 2308）.

翰·洛克的立意联系起来：

> 让人们知道什么是神圣的，让他们知道；这就是全部。如果菲迪亚斯（Pheidias）的艺术让一个希腊人想起上帝，崇拜动物让一个埃及人信仰上帝，或是河流或是火让别的人信奉上帝，我不会因为他们的不同缘由而发怒；就让他们知道吧，让他们爱吧，让他们记住吧。[29]

赫耳墨斯神智论、新柏拉图主义和诺斯替教是"双重的"哲学，为群众准备了迷信，为精英准备了真智或 gnōsis。但是，gnōsis"并非首要的是理性知识……我们可以把它译为'洞见'，因为 gnōsis 包含认识自我的直觉过程"[30]。

通过教育和道德宗教训练，开明的少数人能够接近至善和第一因，这些东西对群众屏蔽了，他们仅仅看到了造物主。这种内省和精英主义与另一种特征有联系，正统的犹太教和基督教完全没有这一特征，即对人类的实在的，至少是潜在的神性的信仰。我个人认为，这来自埃及人认为死去的法老成为奥西里斯的信仰。在晚期埃及宗教中，这一信仰"民主化"了，结果每一个人都有潜力成为奥西里斯和不朽的人，只要有虔敬之心和良好训练，并知道正确的程序。但在一个更深和更模糊的层次上，我相信这可以追溯到下面的区分，即畜牧的以色列人超验的牧羊神与农业的埃及人中泛神论和无所不在的神性的感觉这一对比。在后者中，上帝存在于一切东西中，包括人类。

人能成为上帝的概念很容易由宗教引入魔幻，在前者中崇拜者祈求帮助、引领等等，在后者中崇拜者可以命令这些东西出现。正如新柏拉图主义者普罗提诺（Plotinus）所说："神必须来找我，而不是我去找他们。"[31] 这种思维模式超越了与上帝的平等，变得对上帝有控制权，甚至到了人类创造上帝的分上。[32]

现在回到星星。在所有这些"权力旅程"中，星星起到了核心作用。虽然有若干种不同的天文学模式，最有影响的是天文学家托勒密设计的那一种，他在公元 2 世纪时生活于埃及，当时正处于新旧宗教交替之际。托勒密认为，太

29　Hobein（vol. 2, p. 10, trans. Murray, 1951, p. 77, note 1）；引用于 Wind（1968, pp. 219-20）。

30　Pagels（1979, p. xix）。

31　Porphery, *Vita Plotini*, X.

32　Des Places（1975, pp. 78-82）。

阳、月亮、行星和"恒"星围绕着地球，在各自的运行轨道里运转。因此，为 133
了抵达理想的王国，人们必须超越它们。赫耳墨斯神智论和新柏拉图主义还包
含灵魂先存和灵魂转生的非基督教和埃及观念。这一过程涉及超越天体运行轨
道，新形式在某种程度上被出生时星星和行星的相合来塑造。[33]

　　在她关于诺斯替教派值得高度赞赏的政治论述里，当代学者伊莱恩·帕
格尔斯（Elaine Pagels）对该教派表示同情，认为他们是自由的捍卫者，正统
教会的死板压迫和等级制度的反对者。诺斯替教派有许多老师、文本和福音
书，并挑战教会威权，而正统教会被主教们把持着，仅限于得到批准的教义，
只允许四部经典的福音书。但是，帕格尔斯并未充分重视下列事实，即诺斯
替教徒一般比正统教徒要富有，虽然原则上人人都可以得到真智，但探索真
智需要财富和闲暇。[34] 在这一情景下，费斯蒂吉埃（Festugière）神父——他在
1930 年到 1980 年间支配了赫耳墨斯神智论和诺斯替教研究——区分了他所谓
学术赫耳墨斯神智论（hermétisme savant）和大众赫耳墨斯神智论（hermétisme
populaire），用这两个名词，他对比了赫耳墨斯·特利斯墨吉斯忒斯文本的哲
学以及和赫耳墨斯神智论相关的魔幻和神秘科学。但是，正如其他学者指出的
那样，"占星术、炼金术和魔术都是神秘学科，只有精英才能从事它们"[35]。这里，
极端的例子是伟大的新柏拉图主义哲学家和数学家希帕蒂亚，几乎没有人更地
位显赫和精英主义了。另外在神学层次，诺斯替教——以及新柏拉图主义和赫
耳墨斯神智论——的"双重哲学"是内在不平等的。虽然正统教会有等级制度，
玩弄威权和压迫，但它为所有的信奉者维持了单一信仰。

　　这三种学派缺乏正式的组织，以及强调内省的信仰系统所必需的个性，使
得它们在机构化埃及宗教崩溃后非常适应当时的情景。但是，埃及多神教从来
没有继承它的一神教所有的组织或神学统一性。而且，各种迹象表明，早在公
元 2 世纪之前，至少一种"原始赫耳墨斯神智论"存在过。 134

33　参见柏拉图《理想国》，XI。

34　他们神学中及诺斯替教徒本身中妇女的突出地位与古代晚期上层阶级妇女赢得的自由很好地相合。
参见 Pagels（1979，pp. 48-69）。同样，毫无疑问，妇女的社会地位传统上在埃及比在迦南或希腊高得多。
Pagels（pp. 63-4）引用史密斯教授，后者可信地说，随着基督教中占统治地位的阶级从下层阶级——下层
阶级中妇女对家庭经济不可或缺，所以她们拥有相当的平等——转变为中产阶级（中产阶级中妇女被圈在
家里），基督教对妇女的态度硬化了。

35　Blanco（1984，p. 2242）。

下面总结一下上文的陈述。从埃及宗教的废墟中出现的三种思想学派是赫耳墨斯神智论、新柏拉图主义和诺斯替教。赫耳墨斯神智论者是公然埃及的，新柏拉图主义者更为希腊化，虔敬地信奉"神圣的柏拉图"，而诺斯替教徒视自己为基督徒。当然，在三种学派之间和内部有多样性和竞争，有时是激烈的竞争。但是，它们不仅在形式上互相相像，而且其实践者彼此关联，阅读彼此的著作。[36]

赫耳墨斯神智论是希腊的，伊朗的，迦勒底的，还是埃及的？

几乎没有疑问的是，赫耳墨斯神智论是三者中最早出现的，并对其余两个运动的形成具有关键影响。[37]另外，每个人都同意赫耳墨斯神智论包含希腊的、犹太教的、波斯的、美索不达米亚的和埃及的影响。但是，因为围绕着这些影响的相对程度和深度有激烈的争论，在探讨我认为赫耳墨斯神智论主要是埃及之根的观点之前，有必要从知识社会学的视角考虑这个问题。当然，它与古代埃及思想的关系问题是高度政治化的。正如文学艺术史学家布卢姆菲尔德（Bloomfield）1952 年写道："在赫耳墨斯神智论的埃及成分问题上，学术界从一个极端走向另一个极端。"[38]一个与此相关的问题是其年代。当代赫耳墨斯神智论专家 A. G. 布兰科（A. G. Blanco）写道："支持 [赫耳墨斯神智论] '作品'来自埃及源头这一观点的人也倾向于把文献的日期往回推。"[39]

这一论战中的两个关键人物是赖岑施泰因（Reitzenstein）和费斯蒂吉埃。赖岑施泰因在 20 世纪之交就赫耳墨斯神智论进行了大量写作，起初认为它的灵感是埃及的。但是，随着 20 世纪临近和极端的雅利安模式向前发展，他改变了观点，到 1927 年时，他认为赫耳墨斯神智论本质上是伊朗的，因而是雅

36　参见例如在 Nag Hammadi 的诺斯替教图书馆发现的被充分阅读的赫耳墨斯文学，有时它们装订在同一卷中（Blanco，1984，pp. 2248-9，2252）。关于赫耳墨斯神智论及其与其他学派关系的一个最近的书目，参见 Blanco, pp. 2243-4。关于新柏拉图主义与赫耳墨斯神智论关系的例证，参见 Des Places（1975，pp. 336-7）；Dieckmann（1970，pp. 18-25）。

37　关于赫耳墨斯神智论对诺斯替教影响的书目，参见 Blanco（1984，p. 2278，n. 102）。关于它对新柏拉图主义的影响，参见 Des Places（1975，pp. 76-7；1984，p. 2308）。

38　Bloomfield（1952，p. 342），引用于 Yates（1964，p. 2，n. 4）。

39　Blanco（1984，p. 2264）.

利安的。[40] 从 20 世纪 30 年代直到最近这一领域中居于支配地位的是费斯蒂吉
埃神父，他"几乎使用全副精力来探讨赫耳墨斯神智论的希腊影响"，反对它
与埃及神秘崇拜的任何联系。[41]

从表面上看，既然一个传统的文献在有组织的埃及宗教崩溃之前，是埃及
人在埃及写就的，很可能用古埃及世俗体或科普特语写就的，我们就有理由认
为有相当的埃及影响。[42] 而且，虽然古代文献指称伊朗-琐罗亚斯德教和迦勒底-
美索不达米亚的影响，在罗马时期无人质疑下述观念，即赫耳墨斯神智论本质
上就是它声称的那样——埃及的。

我想强调：此事关涉重大。不仅是赫耳墨斯神智论与诺斯替教和新柏拉图
主义有固有联系，而且，如同费斯蒂吉埃神父所表明的，它与柏拉图主义在整
体上紧密相连。赫耳墨斯神智论、《约翰福音》的神学和圣保罗的一些书信也
有很强的相似。[43] 这些紧密的联系得到广泛承认，这使得赫耳墨斯文本的日期
和"埃及性"具有关键的重要性。如果文本比基督教早，并且主要是埃及的，
那么，一般认为的基督教神学的希腊、柏拉图成分将有另外一个可能的源头。
而且，将很难把普鲁塔克所谓埃及宗教的"柏拉图"和"毕达哥拉斯"图景辩
解为埃及狂或希腊解说造成的幻觉。如果这些文本被证明更早的话，将很难否
认柏拉图和毕达哥拉斯的概念来自埃及这一古代观点。

现代关于赫耳墨斯文本日期的多数学术成果仍然采纳了法国伟大的新教校
勘学者伊萨克·卡索邦在 17 世纪初建立的框架。卡索邦攻击了他的时代流行
的观点，即这些文本是埃及智慧的极其远古的容器。他使用 16 世纪之交发展
起来的确定拉丁文本日期的技术手段，论证说，赫耳墨斯作品与圣约翰、圣保
罗之间的神学相似性以及赫耳墨斯圣歌与《诗篇》之间的密切关系明显意味着
《圣经》比赫耳墨斯文本要早。同样，与柏拉图的相似性，尤其是与柏拉图当
时最为广泛阅读的作品《蒂迈欧篇》的相似性，肯定是从柏拉图借用的结果；

40　Blanco（1984，p. 2272）. 有趣的是，在她有关此问题的优秀的大众著作中，伊莱恩·帕格尔斯
没有提到埃及思想甚或赫耳墨斯思想对诺斯替教的影响，但她在微小证据的基础上，拿出篇幅来讨论印度
影响的可能性（1979，pp. xxi-xxii）。又参见 Schwab（1984，p. 3）。

41　Yates（1964，p. 3）. 关于 20 世纪赫耳墨斯神智论研究的概观以及费斯蒂吉埃就此题目的书目，
参见 Dieckmann（1970，pp. 18-19）；Blanco（1984，pp. 2268-79）。

42　关于诺斯替教文本原本用科普特语写成，参见 Doresse（1960，pp. 255-60）。

43　Blanco（1984，p. 2273）。

136　无论如何，卡索邦指出，柏拉图、亚里士多德或其他古代作家都没有提及过赫耳墨斯·特利斯墨吉斯忒斯。[44]

现代学者在雅利安模式中、而非卡索邦的基督教框架中运作，他们仅仅对他的计划进行了些微修正。首先，他们毫无问题地认为新约神学来自柏拉图思想；在少一些的程度上，他们愿意承认对赫耳墨斯神智论的早期伊朗甚至印度影响。这样，雅利安模式允许学者将赫耳墨斯文本的日期提早到公元前3世纪，即柏拉图之后的任何时间。例如，正如费斯蒂吉埃所言：

> 这些［关于透特崇拜的］指称不允许我们做出结论，认为法老时期的埃及神庙在其档案中拥有据称是透特神写的作品集。恰恰相反，似乎自从托勒密王朝时代开始，就有了希腊的赫耳墨斯文献。[45]

其他人甚至没有利用这一机会，他们宁愿把赫耳墨斯文本与诺斯替教和新柏拉图主义作品一起，把日期定为公元2和3世纪。

但是，许多人其实探索了更早的可能性，即赫耳墨斯传统的日期在公元前3世纪。德国历史学家克罗尔（Kroll）20世纪20年代认为，据认为日期为公元2世纪的赫耳墨斯文本描述的社会其实是希腊化埃及，而非罗马埃及人社会，而且肯定当时神庙起着完全的作用。[46]克罗尔的观点20世纪30年代得到伟大的伊朗密特拉教和晚期异教宗教史学家弗朗斯·屈蒙（Franz Cumont）的支持，当时屈蒙编辑了新发现的占星术赫耳墨斯文本。除了支持克罗尔外，屈蒙表明，占星术文本中的天文学标示指向公元前3世纪的日期，而且他进一步声称：

> 第一批希腊-埃及占星家没有发明他们声称教给希腊世界的学科。他
137 　们利用了直至波斯阶段的埃及文献，这些文献本身至少部分地源于古代迦勒底文献。这一原始本源的痕迹仍然存在于我们晚得多的文本中，即运送到更近土壤的不规则大块。当我们在那里发现提及"众王之王"或者"（古

44　卡索邦工作的概要见 Yates（1964, pp. 398-403）; Blanco（1984, pp. 2263-4）。因为它不见于现存的文献而否认某种事物的存在这一技术将在下文讨论。

45　Festugière（1944-9, vol. 1, p. 76）.

46　Kroll（1923, pp. 213-25）.

波斯）总督"（satraps）时，我们不再在埃及了，我们在古代东方。……
这里我们仅仅指出：在所有表面上，作为埃及占星术作者的祭司们一直相
对忠实于古代东方传统。[47]

屈蒙确实是波斯宗教史学家，对于19世纪末和20世纪初的一些北欧人来说，
伊朗人的确比希腊人更"雅利安"。但这些事实并未根本削弱下述观点的可信性，
即虽然不用的赫耳墨斯作品显然创作于不同时间，但其中一些不仅比公元前4世
纪晚期的亚历山大大帝早，而且比更早五十年的柏拉图早。[48]屈蒙的论点给雅利
安模式带来了严重问题，因为它意味着要么柏拉图的概念与东方–埃及的赫耳墨
斯概念偶然重合，要么像古代模式支持的那样，柏拉图的概念来自埃及。

波斯源头的概念本身就有问题，因为梭伦、毕达哥拉斯和其他在波斯于公
元前525年征服埃及之前据信去过埃及的人的思想与柏拉图和普鲁塔克的思想
很相似，这一点使得埃及源头比波斯源头更有可能。在埃及和"东方"概念的
相对重要性这一问题上，有可能——的确很可能——在公元前6世纪以前很久
美索不达米亚对埃及有相当影响。在波斯占领期间，大部分琐罗亚斯德教的影
响肯定强化了。因此我相信，除了埃及祭司们臭名昭著的保守主义和沙文主义，
希腊关于埃及宗教的观点在波斯征服前后有明显的延续性，所以可以可信地论
证，屈蒙夸大了"东方"对早期托勒密时代埃及宗教的影响程度，尽管有外来
征服，埃及宗教基本上仍然是埃及的。

但是，屈蒙关于最早的赫耳墨斯文本早至波斯时期的观点在弗林德斯·皮特
里爵士先前的工作中得到了加强，皮特里是19世纪末和20世纪初现代埃及学杰
出但古怪的创建者。他从历史情景中论证，至少赫耳墨斯文本的一些段落肯定早
至波斯时期，埃及宗教的危机也在这一时期开始。皮特里坚持说，预示埃及宗教
遭到排斥的《挽歌》（参见上文第117页）在基督教公元390年禁止异教之前很
久就已经流通，所以它只能是指波斯阶段的迫害。他还指出，早一些的日期更适
合印度人和锡西厄人作为典型外国人的指称。其他文本称外国人"新近充满了这
块土地"；这不大可能适用于希腊征服，更不用说罗马征服了。这些文本还提到埃

138

47　Cumont（1937，pp. 22-3）.
48　Cumont的历史定位及成就见Beck（1984，pp. 2003-8）。

及的国王——其中最后一个在公元前 359 年到公元前 342 年间统治。[49]

皮特里的论点被学者们认为无法容忍，因为他们很快意识到，整个雅利安模式遭到威胁。正如赫耳墨斯神智论的希腊主义专家沃尔特·斯科特（Walter Scott）教授 1924 年写道："如果这些日期被证明是正确的，结果必然是所有关于希腊思想史普遍接受的观点令人吃惊地被推翻了。"这样，挑战雅利安模式的证据没有因为自身的优缺点得到仔细的考虑，而是被雅利安模式本身镇压了。皮特里的论证被认为不值一顾，不需要任何回答："但是他试图支持他的日期的论据根本不值得严肃的关注。"最后，斯科特以令人无法置信的厚颜无耻，声称古典学比其他小学科要高等："遗憾的是，他在其他部门以良好的工作赢得高度名声，却在此处漫游到了一个他不知自己身处何方的研究领域。"[50]

毫无疑问，皮特里懂得的希腊语比斯科特懂得的埃及语要多得多。无论如何，自从 19 世纪 80 年代埃及学从属于印欧语研究以来，这个等级制度一直心照不宣，斯科特不过是把它说出来罢了。在这一例中，它意味着，埃及学家不能针对赫耳墨斯文本发言，因为希腊主义者认为它们是希腊的。这个假定和声称垄断的专业知识彼此加强对方。

除了皮特里的具体论点外，指向文本最古老部分早期日期的中心特征是，所有学者都同意赫耳墨斯与埃及的透特是同一个神。卡索邦是赫尔墨斯文本 17 世纪的批判者，但他也没有否认有可能古代有位圣人叫作赫耳墨斯·特利斯墨吉斯忒斯。同样，现代作家很难否认透特作为智慧之神的存在。受到质疑的是文本的古代性和圣人赫耳墨斯·特利斯墨吉斯忒斯这个人物。

但是，在下列三者之间不容易划出清晰的界限：对透特的传统崇拜，希腊化时期对他的所谓伊朗或希腊崇拜，以及赫耳墨斯文本的哲学。斯特里克（Stricker）和德尔尚（Derchain）教授最近详细地论证了作品中的埃及成分比费斯蒂吉埃和其他雅利安模式鼎盛时期的学者所认为的要显著得多。[51]而且，"透

49　Petrie（1908，pp. 196，224-5；1909，pp. 85-91）。Petrie 的论点及我对它的接受是以可信性而非确定性为基础的。有可能的是，公元 2 世纪的作家故意将他们的作品定位于波斯时期，就像赫利奥多罗斯在他的小说《埃塞俄比亚传奇》里做过的那样。但是，赫耳墨斯文本之缺乏炫耀，其布景的复杂和一贯，其写作时间普遍认为的古代性，希望往后定位者明显的意识形态目的，这些都使得早期日期更为可能。

50　Scott（1924-36，vol. 1，pp. 45-6）。

51　Stricker（1949，pp. 79-88）；P. Derchain（1962，pp. 175-98）。参见 Griffiths（1970，p. 520）和 Morenz（1969，p. 24）。

特的作品"的概念显然很古老，它经常在流行于第十八王朝的《死者之书》中出现。博伊兰（Boylan）神父在 20 世纪 20 年代写了一本关于透特的书，他提到一个第十九王朝时"图书馆里的透特作品"的指称。[52] 普鲁塔克和早期基督教作家亚历山大的克莱门特（Clement of Alexandria）指称"赫耳墨斯的作品"。[53] 虽然王朝时期的版本可能和后来的作品相似点很少，但我相信，学者们否认与后者有任何联系是太匆忙了。

　　赫耳墨斯作品的一些特征从前被认为只是在罗马阶段才会有，最近的发现将它们的日期提前了。ḏḥwty ˁ₃, ˁ₃, ˁ₃（三重最伟大的透特）的名字在上埃及的伊斯纳（Esna）被发现了，来自公元前 3 世纪初；ḏḥwty p₃ ˁ₃, p₃ ˁ₃, p₃ ˁ₃（三重最伟大的透特），赫耳墨斯·特利斯墨吉斯忒斯在古埃及世俗体文本中出现过，这些文本来自孟菲斯郊外的塞加拉（Saqqara），来自公元前 2 世纪初。这一文本存在于与透特相关联的一个祭司的文献里。这批收藏品里的另一个文本，即《何尔宝库》（*The Treasury of Hor*, Hor, 即荷鲁斯）里，记载着一个传统，说透特是伊希斯的父亲，这一说法此前仅仅在赫耳墨斯文本里被证实出现过。[54] 这两个与赫耳墨斯作品的联系被发现与其他作品一起，与所谓埃尔穆波利斯的宇宙起源相关联，也与极其受人欢迎的透特及其神鸟圣鹮崇拜有传统根源和联系。以塞加拉为例，据估计在任何一年都有一万只圣鹮。[55] 普遍认为，透特崇拜在托勒密时代有极大扩张，但在《死者之书》中，往前早一千年，透特已经是极其有权力、经常受祈求的神灵。[56] 总之，没有任何原因去怀疑托勒密时代的透特崇拜在古代传统中根深蒂固。

140

　　强烈区分古代崇拜和后来的赫耳墨斯神智论的关键原因是后者的抽象"柏拉图"哲学。否认埃及人能够进行抽象和哲学思考对雅利安模式来说很关键，因此带有沉重的意识形态包袱。为什么 80 年前发表的埃及人能够进行抽象宗教思考的证据很少有人注意到，这是唯一可能的原因。证据来自一般称为《孟

52　T. G. Allen（1974，p. 280）；Boylan（1922，p. 96；他没有给出日期）。又参见 Baumgarten（1981，p. 73）。

53　Plutarch, 61, 375F. Clement, *Stromata*, VI. 4. 37. 对普鲁塔克关于这一点的讨论见 Griffiths（1970，pp. 519-20）。

54　伊斯纳铭文见 M.-T. 与 P. Derchain（1975，pp. 7-10）。塞加拉见 Ray（1976，p. 159）。又参见 Morenz（1973，p. 222）。

55　Ray（1976，pp. 136-45）。

56　T. G. Allen（1974，p. 280）。

菲斯神学》的文本，这一文本的日期早至公元前两千或三千纪。《孟菲斯神学》描述了一种宇宙发生论，孟菲斯的地方神灵普塔及其散发物阿图姆（Atum）是最初的生命。普塔在他的心中创造了世界，心是他心智的中心，并通过他的舌头，即言语行为实现了世界。尽管费斯蒂吉埃神父和博伊兰神父急急地否认，这与柏拉图和基督教的逻各斯非常相似，"太初有道，道与神同在，道就是神。这道太初与神同在。万物是借着他造的……"[57]

埃及学家詹姆斯·布雷斯特德（James Breasted）在翻译、出版《孟菲斯神学》后写道：

> 上述关于世界的概念形成了一个非常充分的基础，表明后来的奴斯（nous）和逻各斯的观念在这一早期阶段就存在，而迄今为止人们认为这些观念是从外国在晚得多的时候介绍进入埃及的。因此，希腊哲学源于埃及的传统无疑比近年来人们承认的要包含更多的真实性。

他继续道：

> 后来在希腊人中如此盛行的习惯，即以哲学的方式阐释埃及诸神的功用和关系……在希腊最早的哲学家出生之前就已经在埃及开始了；不无可能的是，希腊人阐释他们自己诸神的实践从埃及那里得到了最初的冲动。[58]

透特在这一宇宙起源中的角色是普塔的心，普塔的舌头即荷鲁斯。把透特与心相联系的传统在两千年后的《何尔宝库》里仍然可以看到。其出版者约翰·雷（John Ray）正确指出心与智识有关联，而透特尤其被认为是智识的主人。[59] 但在其他神学中，透特是书写的发明者、数学的创始者和魔术咒语的大

---

57 《约翰福音》第 1 章第 1 节。否认见 Festugière（1944-9, vol. 1, p. 73）；Boylan（1922, p. 182）。

58 Breasted（1901, p. 54）。G. G. M. James（1954, pp. 139-151）充分意识到《孟菲斯神学》的重要性。希腊语 νόος（思考与认知中使用的心智）似乎来自埃及语 nw 或 nw3（看见，看），这个词也是 νοέω（认知，观察）的词源。

59 参见修饰语 p3 nb n p3ḥ3ty（心的主人），Ray（1976, p. 161）发现它"谜一般"。透特也被视为拉的心（Budge, 1904, vol. 1, pp. 400-1）。

师；他掌管着神圣的言语行为——言语行为将神与神、神与人相连接——甚至是世界的创造者。[60]

透特是伟大的联络者这一事实是他与阿努比斯汇合的一个因素，后者是死者的豺狗保护者，灵魂的向导和死亡的信使。更重要的是下述事实，即透特和阿努比斯在死者审判中扮演紧密相连的角色。甚至在公元前三千纪的《金字塔铭文》里，二者在这一功能上紧密相连，两个神灵的调和形象在第十九王朝或公元前13世纪有发现。但是，对Hermanubis（即赫耳墨斯加阿努比斯）的正式崇拜直到托勒密时代才在埃及宗教中出现。[61]希腊宗教中的赫耳墨斯融合了透特和阿努比斯的角色，上述最后发展与赫耳墨斯的关系并不清楚。但是，虽然最初的融合大约在埃及开始，几乎没有疑问的是，托勒密时代的汇合形式来自希腊宗教。

有了这些多重侧面，赫耳墨斯·特利斯墨吉斯忒斯能担当上文讨论的神学或"双重哲学"中的所有角色。作为诸神之父和最高智识，他可以是隐蔽的上帝；作为启动的智识或言语行为，他可以是造物主；作为联络者他可以是联系和分开其他两者的圣灵。最后，他可以是把灵魂引向不朽的信使或向导，并向他们解释宇宙的神奇。但是，后来的主导传统清楚表明，赫耳墨斯是哲学家和道德教师。

这里我们面临着赫耳墨斯神话即历史论的问题，即他从神变为圣人的问题。许多学者认为这一神话即历史论是另一晚期特征。但这里也有早一些的先例。公元前4世纪初，柏拉图指称修思和透特（Thot）为书写、数字、天文学等等的发明者。而且，修思／透特以神和圣人的形象出现。[62]50年后，阿布德拉的赫卡泰奥斯把赫耳墨斯／透特描述为伟大的人类发明家。[63]在腓尼基，还有他早期神话即历史论和理性化的强烈暗示。公元1世纪，腓尼基人毕布勒的斐洛（Philon of Byblos）用希腊语缩写、翻译了一位古代祭司的一些作品，这位祭司名叫桑楚尼

142

60　Budge（1904, vol. 1, pp. 400-1）.

61　《金字塔铭文》，1713C。参见Griffiths（1970, p. 517）。更早的被证明使用见Hani（1976, pp. 60-1）。

62　这些指称的汇编见Froidefond（1971, pp. 279-84）。

63　Jacoby（1923-9, vol. 3, p. 264）; frags 25, 15, 9; 16, 1.

亚松（Sanchunation），斐洛认为他生活于特洛伊战争之前。[64] 在 19 世纪初古典学创建后，斐洛关于古代腓尼基宗教和神话的著作被作为希腊化幻想摒弃。但在 20 世纪 30 年代，发现在斐洛的神话与公元前 13 世纪乌加里特文本的神话之间有惊人的相似，于是意见陡然变化了。因此，闪米特学家们，如威廉·奥尔布赖特（William Albright）和奥托·艾斯费尔德（Otto Eissfeldt）倾向于把桑楚尼亚松放在公元前一千纪的前半期，他的一些材料来自公元前两千纪。[65] 最近，鲍姆加滕（Baumgarten）教授挑战古代传统和 20 世纪该领域两位最大的权威，论证了一个晚得多的日期。这首先是因为不是斐洛的一切都能用乌加里特材料解释，其次因为鲍姆加滕认为斐洛中的所有理性和科学思想都有希腊源头是不证自明的公理。而这是因为他相信古典学家已经证明理性和科学开始于希腊。[66] 这样，一个本质上循环的论证——不可能有任何希腊以前的科学或理性，因为没有希腊以前的科学或理性——被用来声称斐洛的犹希迈罗斯主义一定是希腊的和晚期的。

这里，继续讨论之前，我要做出一些区分。第一种犹希迈罗斯主义，即对自然力量的非人格化抽象，似乎从最早的时期就存在于埃及思想中。这对于埃尔穆波利斯的宇宙起源来说当然是对的，它与透特以及桑楚尼亚松所描述的 Taautos 宇宙起源相关联。[67] 抽象化的标志是下述事实，即埃尔穆波利斯的八神（Ogdoad）——就是埃尔穆波利斯城的八个神，宇宙从中得以创造的四对生命或力量——中没有一个有神庙或崇拜，虽然他们有时被等同于有神庙或崇拜的神灵。[68]

第二种犹希迈罗斯主义——神和女神变为俗世圣人、英雄和女英雄——是一个世界性的现象，把主要神灵称为埃及最初的国王的广泛传统至少可以追溯到公元前 13 世纪的国王的《都灵名单》（Turin Canon）。[69] 在黎凡特，它似乎与公元前一千纪之交单拜一神教（monolatry）和一神教的兴起相关联；其原因

64　斐洛著作的残篇由早期基督教教父尤西比厄斯公元 3 世纪在他的 *Praeparatio Evangelica* 中引用，I. 9. 20-29 以及 I. 10。

65　Albright（1968, pp. 194-6, 212-13）; Eissfeldt（1960, pp. 1-15）. Taautos 宇宙起源的闪米特和埃及混合根源将在第三卷中讨论。

66　Baumgarten（1981, pp. 1-7, 122-3）. 在第三卷中，我将试图展示，斐洛著作中许多无法用乌加里特语和闪米特语解释的名字其实有可信的埃及语词源。

67　Albright（1968, p. 225）. Baumgarten（1981, pp. 108-19）也看到两种宇宙起源之间的密切相似。

68　Budge（1904, vol. 1, pp. 292-3）; Hani（1976, pp. 147-9）. Derchain（1980, cols. 747-56）.

69　Gardiner（1961, pp. 47-8）.

只是排他性的崇拜甚至无法容忍地位低的神祇。例如，《创世记》写作或编纂于公元前一千纪初，其中有相当多的犹希迈罗斯主义，显现为神灵的人物，如以诺和挪亚，被化为族长。而且，从 19 世纪的勒南（Renan）到 20 世纪的奥尔布赖特等学者论证，腓尼基宗教自然有助于犹希迈罗斯主义分析。[70] 因此，从字面上或比喻意义上接受那些学者是合理的，他们把最初的神话即历史论者犹希迈罗斯（Euhemeros）与西顿相联系，同意奥尔布赖特和艾斯费尔德也是合理的，他们将桑楚尼亚松和莫乔斯（Mochos）——他们的西顿式宇宙起源保留在晚期新柏拉图主义者扎马斯科斯（Damaskios）那里——的年代定于公元前 6 世纪以前。[71]

桑楚尼亚松的宇宙起源名义上的基础是 Taautos 的已佚作品。但是，斐洛的作品中提及 Taautos 是发明字母的腓尼基文化英雄。[72] 在著作的其他地方，他显现为赫耳墨斯·特利斯墨吉斯忒斯——这是希腊语中最早提及这个名字——或者是神圣英雄克罗诺斯（Kronos）的秘书和狡诈维齐尔，这出现在彻底神话即历史论的克罗诺斯的人生和冒险故事中。[73]

透特在《圣经》中也出现过。在公元前 6 世纪或更早的《约伯书》中，有下面两行：

谁把智慧放进 ṭḥwt？

谁给了 śekwî 理解力？

马尔温·蒲柏（Marvin Pope）教授在他的权威评注中，就此写道：

J. G. E. 霍夫曼（J. G. E. Hoffmann）认为 ṭḥwt 指透特神本人，他很可能是对的。辅音正字法与该名字在第十八王朝时盛行的形式（dḥwty）对应得相当密切，那时透特崇拜正处于巅峰期，并传播到腓尼基……毕布勒的斐洛给出腓尼基语音为 Taaut(os)，它反映的形式是 tāḥût……关于

144

70　Renan（1868，p. 263）；Albright（1968，p. 223）. 其他人见 Baumgarten（1981，p. 92，n. 94）。

71　Albright（1968，p. 193）；Eissfeldt（1960，pp. 7-8）. 又参见 Baumgarten（1981，pp. 107-10）。关于迦南文化中的犹希迈罗斯主义及其对希腊的影响，参见 G. Rosen（1929，p. 12）。

72　Jacoby（1923-9，vol. 3，p. 812，15-17）. 又参见 Baumgarten（1981，p. 69）。

73　Jacoby（1923-9，vol. 3，p. 810，2-5）. 又参见 Baumgarten（1981，p. 192）。

śekwî，霍夫曼建议与水星的科普特语名字（souchi）相联系，这比可疑的"公鸡"联系要好。全知的、聪慧的透特-Taautos，字母的发明者，所有知识的创建者，被与希腊人和罗马人的赫耳墨斯–墨丘利等同起来，等同的形式是赫耳墨斯·特利斯墨吉斯忒斯/Tremaximus。[74]

应该强调，ṭhwt 被主赋予了知识，因此是圣人和智慧的缩微，而不是神。因此，除非人们像鲍姆加滕一样对希腊以前的理性持原则的反对立场，似乎有压倒性的证据表明，在埃及和腓尼基文化中，早在公元前 4 世纪希腊对埃及的大规模影响之前很久，就有了神祇的神话即历史化，变为圣人和英雄。而且，对于透特和赫耳墨斯·特利斯墨吉斯忒斯来说尤其是这样。

让我重复一下迄今为止的观点。新柏拉图主义和诺斯替教主要兴盛于埃及，在机构化埃及宗教崩溃以后在多多少少希腊化的埃及人中间兴盛。无论在公元 2 世纪到 4 世纪有没有赫耳墨斯兄弟会或崇拜，赫耳墨斯神智论概念对这些哲学和异端邪说及其信奉者扮演了形成性的角色，并起了核心作用。透特崇拜在埃及宗教中总是很重要，但在公元前两千纪后半期日益如此。"透特的著作"这一概念很古远，大概这样的著作到公元前两千纪末就存在了。但是，现存的赫耳墨斯作品表现了危机期的埃及宗教，包含了伊朗和美索不达米亚概念。因此，不可能有公元前 525 年波斯人首次侵略之前的任何文本。显然，赫耳墨斯作品来源多样，包含的材料大概是在长时期内写成的，从公元前 6 世纪到公元 2 世纪。尽管它相对比较晚，但非常有可能的是，作品包含许多古老得多的宗教和哲学概念，并且作品基本上是埃及的。伊朗和迦勒底影响上面已经提到了。无疑还有希腊影响，至少对晚期文本是如此。但是，我相信希腊影响难于发现，因为希腊的毕达哥拉斯和柏拉图哲学是如此严重地依赖埃及宗教和思想。

早期基督教、犹太教和伊斯兰教下的赫耳墨斯神智论和新柏拉图主义

到 4 世纪末，诺斯替教大约已被正统教会消灭了。异教的新柏拉图主义存

74　Pope（1973，p. 302）。我不接受他一元论地排除公鸡的可能性，公鸡在晚期埃及宗教中的确看起来与透特崇拜有某些联系。透特、阿努比斯与赫耳墨斯及水星之间的关键联系将在第二卷中讨论。

活时间久一些，但是它在 7 世纪 30 年代穆斯林征服埃及前也已经消失。另一方面，赫耳墨斯·特利斯墨吉斯忒斯这一人物作为知识的缩影在基督教和伊斯兰教中却存活下来。犹希迈罗斯主义现在是关键的；正如研究文艺复兴时期异教余存的 20 世纪伟大历史学家让·塞兹内克（Jean Seznec）指出的那样，犹希迈罗斯主义在早期基督教时代享有"一个异常的复兴"。[75] 像迦南一神教的所有后裔一样，基督教会利用犹希迈罗斯主义来减弱和驯服异教神祇，同时它允许他们在新宗教下存在。Nēit/ 雅典娜被归化为圣凯瑟琳，荷鲁斯 / 珀尔修斯成为圣乔治，阿努比斯 / 赫耳墨斯成为圣克里斯托弗。[76] 但有意味的是，透特–阿努比斯–赫耳墨斯作为圣人和埃及、东方智慧的缩影赫耳墨斯·特利斯墨吉斯忒斯，处于教会之外。

　　赫耳墨斯与基督教的关系总是很微妙，尤其是在优先权的问题上。3 世纪的教会神父拉克坦提乌斯（Lactantius）坚持说赫耳墨斯生活于摩西之前；另一方面，圣奥古斯丁声称，虽然埃及的天文学和其他精确科学发展得很早，但埃及直到特利斯墨吉斯忒斯的时候才有道德教诲，特利斯墨吉斯忒斯比摩西稍晚，并向摩西和《圣经》族长们学习。这里，如同在其他许多领域一样，奥古斯丁开创了一直延续到 18 世纪的正统：在优先权和重要性两方面，《圣经》知识处于赫耳墨斯埃及知识之前，但后者是所有"异教"智慧尤其是希腊人智慧的源泉。[77]

146

　　在伊斯兰教中，赫耳墨斯·特利斯墨吉斯忒斯被神话即历史化并与《古兰经》中的诚挚先知易德里斯（Idris）等同。同样在这一传统中，他被视为"哲学家之父"和"被三重赐予智慧的人"。在其他伊斯兰传统中，他被视为三个圣人：一个生活于大洪水之前的埃及，两个生活于大洪水之后；一个来自巴比伦，另一个也来自埃及。他被视为发明了所有艺术和科学的文化英雄，尤其是天文学、占星术、医学和魔术。而且，虽然有人可信地论证认为他或埃及在早期伊斯兰教中的影响大致在这些领域，但还有一种早期伊斯兰哲学的赫耳墨斯神智论没有被深入研究，部分无疑是因为有关文本极端费解。[78]

75　Seznec（1953，p. 12）.

76　Devisse（1979，pp. 39-40）; Morenz（1969，p. 115）.

77　*City of God*，18. 39.

78　Blanco（1984，pp. 2253-8）.

7 和 8 世纪从波斯到西班牙规模巨大的伊斯兰征服为犹太人带来了显赫的声望和繁荣。犹太宗教尽管有强有力的理性和平等精神，但它甚至在基督教开始之前就有神秘教义的崇拜和"双重哲学"。艾赛尼派信徒和其他公元前 2 世纪生活在朱迪亚沙漠的犹太教派都信服，不为耶路撒冷的祭司和普通人所知的真理已经展现给他们了；例如，我们知道，他们使用《以诺书》和其他启示录著作。他们关心占星术和其他预言的方法，还分享关于上帝御座及以利亚和神秘主义者借以上天的战车这些形象的神秘主义，这一神秘主义后来展现得更加充分。[79] 这些教派与基督教之间毫无疑问的关系已经并将要被无休止地辩论下去，但没有那么多人注意到，在犹太教派的禁欲、集体主义和沙漠生活的倾向与在埃及沙漠成长起来的早期基督教隐修生活方式之间存在相似和可能的因果关系。[80] 两个组织当然分享共同的民粹主义、弥赛亚主义和暴力倾向。

147

与上层阶级赫耳墨斯神智论者和新柏拉图主义者的思维相近得多的类似之处可以在亚历山大的斐洛（Philon of Alexandria）的卷帙浩繁的作品集中找得到。在斐洛公元 1 世纪富有的、埃及的、希腊化的犹太人圈子中，有一种欲望，要通过神秘难懂的寓言式阐释来调和《旧约》的智慧和柏拉图-埃及思想。斐洛甚至提及存在一个"上帝崇拜者"的教派团体。[81] 斐洛本人在中期和新柏拉图主义思想的发展中是个重要人物，他对柏拉图主义和犹太教的混合在基督教中有迷人的回响。但是，公元 116 年东罗马帝国镇压犹太人的起义，其种族灭绝大屠杀永远破坏了斐洛所代表的富有、有教养、希腊化的犹太人。

虽然斐洛在公元 70 年耶路撒冷神庙遭到破坏之前死去，他在流散地的生活本质上是犹太会堂的生活，因此与后来犹太人的生活相似。即便在这个乏味的、民主的、法利赛人般的拉比社会里，在公元的早期世纪里也有秘传和神秘倾向，格尔肖姆·肖勒姆（Gershom Scholem）教授称之为"犹太诺斯替教"。在这些倾向的著作里，人们发现一些犹太人特有的关切，诸如上帝御座和战车，希伯来字母表或《圣经》文本字母的神秘数字命理学重要性等。赫耳墨斯神智论、新柏拉图主义和诺斯替教的多数关键要素都包括其中了：人的概念用来衡

79　Scholem（1974，p. 11）. 卷轴见 Gaster（1964）。

80　Festugière（1961-5, esp. vol. 1）.

81　Scholem（1974，p. 9）；又参见 Sandmel（1979）。

量一切东西，八个天体轨道或天空可以被超越，以及魔术的倾向。[82]

在 8 和 10 世纪，犹太教被证实使用过神秘主义。例如，一个 10 世纪的卡拉派信徒（Karaite）或犹太教派纯洁主义者对斐洛的引文很熟悉。但肖勒姆教授警告道：

不能由此推论出，一直到此时有连续的影响，更不用说到中世纪犹太教神秘哲学形成时了。斐洛释经和犹太教神秘哲学释经之间的具体相似应该归因于他们释经方法之间的相似，所以有时自然产生相同的结果。[83]

这里，他提出了一个总体的问题（这一章将再次出现这一问题）：在面临长时期的一般敌意和具体迫害时，遮遮掩掩的神秘教派存活、延续下来的可能性。一方面，这些团体即便兴盛时留下的踪迹也很少；另一方面，正如肖勒姆所论证的，他们经常使用同样的文本和相似的释经技巧。因此，经常有充分的理由认为存在独立创造。在这一例中，独立创造的论点非常极端。而且，既然犹太文化在这些世纪中传递了许多别的东西，不仅有正统宗教，还有民间信仰，我认为没有理由去怀疑存在连续的神秘主义传统。肖勒姆本人追溯了犹太神秘主义的发展，从 8、9 世纪时的埃及和巴勒斯坦到巴比伦王国，到 10 世纪时埃及和意大利的地中海地区，再到 11、12 世纪时德国的犹太教哈西德主义。[84]

我们必须继续勾勒犹太教神秘哲学的历史，因为文艺复兴时期它与赫耳墨斯神智论密不可分。12、13 世纪普罗旺斯和西班牙的大部分犹太教神秘哲学神秘主义可以得到解释，因为赫耳墨斯神智论及其后裔存活于基督教和伊斯兰教中；它们在这些文化中的新发展；加泰罗尼亚（Catalonia）和朗格多克（Languedoc）的特殊位置；犹太人在这一时期受到强烈的迫害；还有，正如肖勒姆教授所论证的，在危机时期对同样文本的神秘解读。

12、13 世纪的朗格多克处于创造性骚动的状态中，因为它几个世纪以来位于基督教和伊斯兰教边缘，是富有、有教养的社会；在犹太教内部，它汇合了生活于伊斯兰教下的西班牙系犹太人和来自基督教欧洲的德系犹太人。朗

82　Scholem（1974, pp. 8-30）.

83　Scholem（1974, p. 9）.

84　Scholem（1974, pp. 30-42）.

格多克的居民对于各种宗教的具体形式，能够有一定的客观性和超越性。这有助于我们解释为什么这一地区会有欧洲基督教国家中最极端的异端的结晶，即阿尔比派教徒（Albigensians）或清洁派教徒（Cathars）。这一异端中有两种信徒：普通的信徒（Credentes）和纯洁派（Perfecti）。后者远离物质世界中的日常生活，专注于精神冥想，而他们的理想是与物质彻底分离，绝食到死。维护清洁派的斗争开始与那一地区摆脱法国北部和巴黎国王控制的斗争相联系，巴黎国王声称支持天主教，把他们中央集权的扩张粉饰为对异教徒的神圣战争。但是，无疑广大群众对清洁派和纯洁派很是欢迎，因为他们的精神性据信有益于整个社区。[85]

虽然清洁派显然是双层的宗教，它和我上面讨论的神秘传统分有了一些信仰，如灵魂转生，但它的二元性要显豁得多，这种二元性通常认为是伊朗的、琐罗亚斯德教的和摩尼教的。上帝与撒旦、善与恶、灵与肉的宇宙力量被视为彼此平衡，互相冲突。这与赫耳墨斯传统的泛神论和以人类为中心的幻想迥然相异。[86] 但是，虽然两个运动在整个欧洲都存在，阿尔比派和犹太教神秘哲学同时兴盛于朗格多克和普罗旺斯还是令人吃惊，表明其社会文化环境有异常之处。很难相信二者没有互相影响，这在社会结构方面尤其是如此。正如普通信徒以强烈的虔敬支持和保护了纯洁派一样，神秘的犹太教神秘哲学家拉比被他们的社区维护着，因为他们的神圣给社区带来了精神利益。但是，清洁派教徒被法国天主教无情地灭绝了，而犹太人中犹太教神秘哲学家的敌人缺乏这些镇压方式，运动扩展到了西班牙，在那里作为西班牙犹太教中秘传的但相对可敬的因素兴盛起来，直到 1492 年费迪南德（Ferdinand）和伊莎贝拉（Isabella）把犹太人从西班牙驱逐出去。

犹太教神秘哲学明显是秘传宗教——确实，它的研究者一般仅限于四十岁以上的、善良的、博学的（男）犹太人。它排斥普通"表面"阅读《圣经》的历史主义和正统的理性，而提倡一种文本的"内在"阅读，据信这种阅读能够显现神秘的宇宙斗争，以便善良的犹太人能重新捕捉创世时被破坏的原初之光。犹太教神秘哲学在许多方面是正统的《塔木德经》方法的扩展：通过勤奋的学习来接近

85　Lafont et al.（1982，pp. 207-68）.

86　Scholem（1974，p. 45）.

神秘，神秘包括《圣经》中字母的重要性和数字命理学。但它还超越这些事情，150进入对上帝的御座、战车，首要的是上帝之名的冥想，这些冥想都会带来狂喜。犹太教神秘哲学还包含我们在赫耳墨斯神智论及其后裔中看到的所有关键形式：三位一体，"潜逃的"或隐藏的上帝或智识的概念，启动的逻各斯或语言和中介的魂灵；八大天体的运行轨道或天空及训练有素的神秘主义者对它们的超越；人类被视为衡量万物的尺度，有时甚至是上帝的制造者。在它存在的最初几个世纪中，这带来占星术、医学和魔术，犹太人以此闻名于整个中世纪的欧洲。[87]

拜占庭和基督教西欧的赫耳墨斯神智论

新柏拉图主义，至少一种名义上属于基督教的新柏拉图主义，在拜占庭帝国存活下来，并在那里所谓 11 世纪文艺复兴时期得到更新。其新柏拉图主义代表人物普塞洛斯（Psellos）显然对赫耳墨斯神智论哲学和魔术感兴趣。20 世纪学者泽尔沃斯（Zervos）教授写道：

> 我们不知道普塞洛斯关于赫耳墨斯文献写了多少部作品。唯一留存下来的是关于《波伊曼德斯》（*Poimandres*）的注解。……在坚持《创世记》对《波伊曼德斯》的宇宙起源教义的形成有影响之后，普塞洛斯肯定希腊所有关于上帝的概念都被东方模式影响着。为了验证东方哲学比希腊哲学高等，他指出波菲利［（Porphery）公元 3 世纪时的新柏拉图主义者］为了搞明白第一动因，曾向埃及祭司 Anebon 求助。[88]

这里和奥古斯丁那里一样，人们看到了等级序列——《圣经》，埃及和东方智慧，再到希腊，兴趣集中在第二级。普塞洛斯的一些作品 15 世纪时被带到意大利的事实意味着它们在君士坦丁堡经过拜占庭帝国最后四百年的风风雨雨，最后得以保存下来。这进而表明新柏拉图主义和赫耳墨斯神智论在那里得151到严肃的对待。

87　Scholem（1974，p. 31）.

88　Zervos（1920，p. 168，trans. Blanco，1984，pp. 2258-9）. 关于普塞洛斯晚一点的书目也参见这一著作。

相信埃及是强有力的魔术中心，如果不是最强有力的，这直到西欧皈依基督教以后仍然存在。希尔代里克（Childeric）是法国第一个基督教国王克洛维（Clovis）的父亲，他死于 481 年，在他的异教坟墓中发现了圣甲虫雕饰物和额头上有日面的野蛮牛头，后者被辨认为埃皮斯。[89] 大约三百年后查理曼的大印章表现了已死的埃及朱庇特塞拉皮斯的头。[90]

虽然像这一阶段的其他每一种文化活动一样，对赫耳墨斯文本的兴趣在黑暗时代和早期中世纪处于低潮，但它没有完全灭绝。尽管如此，几乎没有疑问的是，中世纪思想家对赫耳墨斯魔术和占星术比对哲学更有兴趣。但是，一个哲学文本，《阿斯克勒庇俄斯》（*Asclepius*），自从 2 世纪译成拉丁语后一直处于流通中。[91] 这一文本在 11、12 世纪时的复本数量表明在西欧所谓 12 世纪文艺复兴时期对它的兴趣增加了。[92] 难以相信，在此后几个世纪中人文主义的扩

89　这些圣甲虫雕饰物的故事很好地展示了雅利安模式在发挥作用。希尔代里克装饰得非常丰富的坟墓于 1653 年被发现，虽然其中一些物品很快消失了，但多数很快由 J. -J. 希夫莱（Jean-Jacques Chiflet），一位对考古学感兴趣的杰出的医生，以插图的形式出版了。在 19 世纪，这些物品经历了很多变动。因此，虽然一些宝物现在在巴黎的纪念章陈列馆（Cabinet des Médailles），现代学者还是不得不依赖 17 和 18 世纪的出版物。从整体上说——如果他们仍然有可供比较的物品——现代学者对这些出版物早期评论的精确性印象非常深刻。但是，迪马博士，关于这一题目最近的作者，排斥了希夫莱将牛头归于埃皮斯的说法，认为没有必要寻找埃及其或罗马源头，因为人们可以在锡西厄人、波斯人和赫梯人中间发现它们。她正确地指出，有"或多或少相似的"锡西厄类似物（1976，pp. 42-3）。赫梯人的安纳托利亚文化已经在一千年前灭亡，提及赫梯人的原因只能是他们艺术浓重的野蛮性和他们说印欧语这一事实。考虑到以下事实：希尔代里克在他一生的大部分时间是罗马人的扈从，而且在匈牙利阿提拉的宫廷里待过一段时间，直到 5 世纪时埃及宗教在晚期帝国的北方省份，即现在的德国、奥地利和匈牙利，尚有影响（Selem，1980；Wessetzky，1961），还有基督徒查理曼认为塞拉皮斯很重要，可能有埃及影响的观念并非令人无法容忍。

但是，这一令人无法容忍还表现在她考虑希夫莱对坟墓中埃及圣甲虫雕饰物的报道时。她对这一"可笑的错误"解释道：

在讨论银币时——其中一些被穿透了——希夫莱作为比较，复制了他的收藏品中的特定例子，还有圣甲虫雕饰物。18 世纪时，博学的本笃会修士贝尔纳·德·蒙福孔（Bernard de Montfaucon），当时最伟大的学者之一）漫不经心地包括了这些圣甲虫雕饰物，被认为是法兰克人的硬币……这一错误被不断重复，因为蒙福孔是权威。就这样，希尔代里克的坟墓曾经被增加了二十个左右的埃及圣甲虫雕饰物！（1976，p. 6）

她为何认为她的先辈犯下了这么一串不太可能的错误？实际上，19 和 20 世纪学者想去除圣甲虫雕饰物的背后有强大的意识形态原因。创建了法国君主制的日耳曼法兰克国王很受法国右翼和那些相信法德合作的人的钟爱。并不偶然的是，维希法国的象征正是法兰克人的双头斧——希尔代里克的坟墓发现了一个光辉的例子。因此，埃及圣甲虫雕饰物出现在这个雅利安、北方的野蛮精力的神龛是令人无法容忍的。

90　Seznec（1953，p. 55）.

91　Blanco（1984，p. 2260）；Wigtil（1984，pp. 2282-97）.

92　Festugière（1945，vol. 1，pp. xv-xvi；vol. 2，pp. 267-75）. Scott（1924-36，vol. 1，pp. 48-50）；请允许我怀着敬意指出，Dieckmann（1970，pp. 30-31）似乎不知道这些复本的存在和 15 世纪以前人文主义的赫耳墨斯神智论侧面。

张没有受到《阿斯克勒庇俄斯》和仅有可供阅读的新柏拉图主义文本的影响。

文艺复兴时期的埃及

20 世纪初的历史学家倾向于把文艺复兴描绘为希腊的和某种程度上"纯洁的"，虽然受到柏拉图的影响，直到 15 世纪末新柏拉图主义引入。[93] 但是，对埃及和东方的关切从一开始就是整个运动不可或缺的部分。无法充分强调的是，正如对于莎士比亚来说古希腊人是爱争吵的黎凡特人而非半神一样，意大利的文艺复兴学者、艺术家和恩主把自己和希腊人等同起来，但他们中心关切的不是荷马或伯利克里时期的希腊，甚至也不是奥林匹亚诸神。他们感兴趣的是从异教古代停止的地方捡起来。正如哲学家和历史学家大卫·休谟以 18 世纪的理性写道："学识复活时穿着同样不自然的衣服，如同它在希腊人和罗马人中间腐败时穿的一样。"[94]

对这一"堕落"起中心作用的是对埃及和东方的尊敬，对新柏拉图主义著作的"东方"丰富和晦暗的崇拜，以及对埃及和东方神秘的激情。但是，正是从新柏拉图主义和赫耳墨斯神智论传统那里，文艺复兴汲取了它最典型的关于人的无限潜能的幻想，以及人是衡量万物尺度的信仰。即便在 19 和 20 世纪历史学家认为"很男人的" 14 世纪和 15 世纪初时，对埃及人也有非常的尊重。

到 15 世纪初，意大利学者充分认识到埃及和赫耳墨斯文本对他们想复活的古代学识的中心重要性。学者们很早就知道和阅读《阿斯克勒庇俄斯》，阿拉伯语的赫耳墨斯文本被翻译成拉丁语。而且，随着意大利和希腊接触的增多，普塞洛斯和其他拜占庭文艺复兴倡导者的新柏拉图主义和赫耳墨斯神智论著作开始流通。[95]1419 年，一本《象形文字集》（Hieroglyphika）被带到意大利并得到翻译，这是 5 世纪末关于埃及象形文字的著作，上埃及人霍拉波罗（Horapollo）所著，。[96] 作者综合了对若干种符号的正确解释和"那些意义的最古怪的寓言原因"。[97] 这本书非常受欢迎，它肯定了埃及象形文字是各种神秘的

93　Blunt（1940，pp. 20-1）.

94　Cited in Wind（1980，p. 10）.

95　Blanco（1984，pp. 2256-60）.

96　Dieckmann（1970，pp. 27-30）; Iversen（1961，p. 65）; Seznec（1953，pp. 99-100）; Boas（1950）.

97　Gardiner（1927，p. 11）.

手写体，比字母文字要高等，因为其符号内部压缩了丰富的意义，又不为世俗言语的语音所累。总之，埃及象形文字及其所包含的谜语在 15 世纪初变得非常重要；例如，参见伟大画家、建筑家和艺术理论家莱昂内·巴蒂斯塔·阿尔贝蒂（Leone Battista Alberti）制作的著名徽章，表现明显埃及的带翅膀的眼睛。阿尔贝蒂有时被认为是"未受污染的"早期文艺复兴的代表。[98]

埃及祭司使用象形文字被视为与他们使用寓言相关，普鲁塔克和其他希腊作家归属于他们的秘密仪式的寓言含义也与此相关。正如我们所看到的，19 和 20 世纪学者坚持说希腊人"搞错了"。他们相信文艺复兴时期的思想家同样也错了。正如 20 世纪初艺术史家温德（Wind）教授就若干名文艺复兴思想家写道：

> 他们的关切与其说是原初的神秘崇拜，不如说是这些崇拜的哲学改造。仅仅好的判断力并不带来限制；这主要是好运气所致，因为它来自一个历史误解：他们假定象征阐释是原初秘密仪式的一部分。[99]

我相信 15 世纪的阐释是精确的，至少对于晚期埃及宗教是如此。无论如何，文艺复兴时期的意大利人从未质疑过其真实性。

文艺复兴时期对埃及的激情首先是因为埃及有久远的名声，在那里秘密仪式和神圣入会仪式最初被建立起来。而且，除了波斯琐罗亚斯德教徒和迦勒底人的可能例外外（对他们人们只有晦暗不清的概念），埃及人被视为所有智慧和艺术的源头；尽管浪漫主义史学家赋予了他们不少进步的感觉，文艺复兴时期的男人和女人基本上只对过去感兴趣。他们正在寻找着"源头"——所以他们越过基督教看异教罗马，越过罗马看希腊；但在希腊后面还有埃及，正如焦尔达诺·布鲁诺在下一个世纪所说："我们希腊人承认埃及，那个伟大的文学和高贵的君主制国家，是我们的寓言、比喻和教义的父母。"[100]

但是，以免有人认为布鲁诺不典型，或者属于被复兴的新柏拉图主义"腐

98　参见 Wind（1980, pp. 230-5）；Dieckmann（1970, pp. 32-4）；还有 Blunt（1940, pp. 1-22）的不同意见。

99　Wind（1980, p. 7）.

100　Bruno, *Spaccio*, Dral. 3, in *Dialeghi italiani*, pp. 799-800, cited in Yates（1964, p. 223）.

蚀"了的一代人，让我来引用弗朗西斯·耶茨有关新的新柏拉图主义学派创建的论述，这些论述必然反映了这发生之前对埃及和希腊的态度：

> 大约 1460 年，一个僧侣从马其顿带了一份希腊文手稿到佛罗伦萨，他是科西莫·迪·美第奇雇用的为他收集手稿的许多代理人之一。这一手稿包含一份《赫耳墨斯作品》。……虽然柏拉图的手稿已经收集完毕，等待翻译，但科西莫命令菲奇诺把柏拉图放到一边，在翻译希腊哲学家之前立刻翻译赫耳墨斯·特利斯墨吉斯忒斯的作品。……埃及在希腊之前；赫耳墨斯比柏拉图要早。文艺复兴时期尊敬古代……认为那最接近神圣的真理，这要求《赫耳墨斯作品》比柏拉图的《理想国》或《会饮篇》要先行翻译。[101]

154

伟大的翻译家、学者和哲学家马尔西利奥·菲奇诺在佛罗伦萨外的 Carregio 有一座别墅，在那里他创建了复兴的柏拉图学园，新的译作被用作学园中最引人注目的作品。在所有意大利主要城市、后来在整个欧洲兴起的其他学园也是如此。虽然这些学园有意模仿了柏拉图本人在雅典的学园，它们的成员却相信柏拉图学园是在埃及神庙理想祭司的模型基础上建造起来的。所有欧洲的学园都以选举新成员作为中心的存在理由。例如，在 15 和 16 世纪罗马的学园，这种选举充满了复杂的仪式程序。[102] 法兰西学院和其他地方行使的把人提升到"不朽者"的仪式可以追溯到赋予不朽的秘密仪式和神圣入会仪式，这些仪式是文艺复兴时期在古代晚期报告的基础上编造出来的，据信——我认为这是正确的——它们最终来自古代埃及。[103] 而且，文艺复兴时期的学者从新柏拉图主义那里得到的不仅有组织形式，还要多得多。他们越过新柏拉图主义者，看到柏拉图本人、毕达哥拉斯、俄耳甫斯和埃及，以学习他们的哲学、科学和魔术。

15 世纪末，文艺复兴思想家和神秘主义者比科·德拉·米兰多拉（Pico

101　Yates（1964，pp. 12-14）；她选择《会饮篇》和《理想国》的例子有时代错误。文艺复兴时期和古代晚期一样，柏拉图最有名的文本是《蒂迈欧篇》，这一文本和前两者不同，明确地指称了埃及智慧。

102　Wind（1980，p. 245）。

103　第三卷将论证这些神秘仪式和入会仪式存在于中王国的埃及，如果不是古王国的话。

della Mirandola）混合了新柏拉图主义思想和犹太教神秘哲学。比科的"精神魔术"能够利用两个系统，甚至能以埃及象形文字与希伯来字母和数字的神秘基础来支持基督教。[104] 比科当时影响巨大，尤其是对博尔吉亚家族（Borgias），这个家族委托订制了许多艺术品，以颂扬埃及宗教，尤其是埃皮斯公牛，因为他们认为埃皮斯公牛是他们的象征。但从长远来看，重要得多的是比科清楚说明了埃及立场，即人作为"星术学家"，能够——正如弗朗西斯·耶茨所说——"使用魔术（Magia）和犹太教神秘哲学来作用于世界，利用科学来控制他的命运"[105]。

这和其他类似的对犹太和埃及传统的混合——上文提到，二者彼此相关——在 16 世纪初年又一次出现，显著者如文艺复兴哲学家托马索·康帕内拉（Tommaso Campanella）的作品。犹太教神秘哲学也继续成为 16 和 17 世纪魔术和科学的一个主要灵感。[106] 但是，正如弗朗西斯·耶茨所指出的，犹太教神秘哲学从未被称为古代的或原初的神学（prisca theologia），因为它属于《圣经》传统，而非异教传统。因此，文艺复兴思想家要想超越基督教，除了埃及别无选择。[107]

哥白尼与赫耳墨斯神智论

弗朗西斯·耶茨的观点和最近关于哥白尼的论述一致，她 1964 年声称：

哥白尼并没有生活在托马斯·阿奎那的世界观中，而是生活在新的新柏拉图主义、古代神学和菲奇诺的世界观中，赫耳墨斯·特利斯墨吉斯忒斯是古代神学的首领。我们可以说，这一新的世界观中对太阳的激烈强调是推动哥白尼的精神动力，使他对太阳确实位于行星系统中心的假设进行了数学计算；或者说，他愿意把他的发现放到这一新态度的框架中，使它变得可以接受。或许两种解释都对，或者部分对。[108]

104　Yates（1964, pp. 84-116）; Dieckmann（1970, pp. 38-44）.

105　Yates（1964, p. 116）.

106　Yates（1964, pp. 360-97）.

107　Yates（1964, p. 85）.

108　Yates（1964, p. 154）; in Rattansi（1975, pp. 149-66）; Kuhn（1970, esp. pp. 128-30）.

虽然正如我所说，赫耳墨斯文本倾向于在托勒密的地心说系统中工作，但其中一些文本想象了日心说的宇宙论。而且，太阳的特殊神圣性被屡屡指称，人们把它视为光的源泉，有时视为统治第三个神、生命世界及其所有生物的第二个神。[109]因此，赫耳墨斯文本展现了古代埃及把太阳视为主要神灵和赋予生命的力量的视角。

自从弗朗西斯·耶茨写下上述引文后，哥白尼研究的领域发生了许多事情，有人企图减轻她令人不安的提议。一些反对者，如科学史家罗森（Rosen）教授，持续遵守着科学发展的传统模式，即一系列伟人从黑暗向光明的英雄式跳跃。因此，对于罗森来说，哥白尼"既非柏拉图主义者，亦非新柏拉图主义者，亦非亚里士多德主义者，他是哥白尼主义者。"[110]更重要的是，若干最近的学者指出，哥白尼的数学模型大部分建筑在伊斯兰材料的基础上，显著的如 13 世纪的 Naṣīr ad-Din aṭ-Ṭūsī 和 14 世纪的 Ibn ash Shāṭir 的作品。[111]但这些著作没有包括日心说本身，哥白尼得到日心说的概念是在他做出数学证明之前好久。有人论证，哥白尼的日心说来自 15 世纪中期的学者雷吉奥蒙塔努斯（Regiomontanus）。有关的技术论证并不削弱以下事实，即雷吉奥蒙塔努斯开拓了日心说的可能性很可能是因为他处于 15 世纪中期柏拉图主义的深处。无论这是不是事实，耶茨教授的声称仍然是对的。[112]

16 世纪时的赫耳墨斯神智论和埃及

通常人们暗示，一旦赫耳墨斯文本被阅读，就产生了醒悟。这违背了以下目录学事实，如同布兰科教授所说：

> 从 1471 年到 1641 年，马尔西利奥·菲奇诺的翻译发行了 25 版；帕特里修斯（Patritius）的翻译出版了 6 版；De Foix 修士的双语版出现了两

109　Festugière（1945-54, vol. 2, p. 319），cited in Yates（1964, p. 36）.

110　E. Rosen（1970; 1983）.

111　关于这一影响的概观，参见 Swerdlow and Neugebauer（1984, pp. 41-8）。我很感谢 J. 拉热普（Jamil Ragep）博士对我写作这一部分的帮助。

112　Swerdlow and Neugebauer（1984, pp. 50-1）. 赫耳墨斯神智论对天文学的影响并不止于哥白尼。一个世纪以后，伟大的天文学家约翰·开普勒（Johann Kepler）对新柏拉图主义或新毕达哥拉斯主义浸淫甚深。参见 Haase（1975, pp. 427-38）; Fleckenstein（1975, pp. 519-33）。下文将讨论布鲁诺和 17 世纪科学家的赫耳墨斯神智论。

次；《阿斯克勒庇俄斯》被编辑了 40 次；J. Faber Stapulensis 对 "Pimander" 的评论出现了 14 版；Rosellius 的评论出现了 6 版；J. Faber Stapulensis 对《阿斯克勒庇俄斯》的评论发行了 11 版，等等。[113]

目录学还向我们揭示了对希腊和埃及的相对关心。例如，处于维多利亚浪漫主义高峰期的乔治·艾略特生动描绘了文艺复兴时期对异教雅典的废墟的关切。[114] 但这是个时代错误。从 15 世纪到 17 世纪，西欧人对在埃及旅游比在希腊旅游要关切得多：最近一个重印本集子的编者坚持说，从 1400 到 1700 年，西方旅游者有 250 多个对埃及的描绘。[115]

实际上，在一些圈子里，曾经到知识的源头埃及旅行过后，就可以合法地攻击流行的看法。16 世纪初这一现象最明显的例子是伟大的、有创意的医生和矿业工程师帕拉切尔苏斯，他自称去过埃及——这很可能是错误的——并称他的医学为赫耳墨斯的。但是，他只是一个传统的开始，这一传统持续到并包括牛顿，科学家们把实验作为追回埃及和东方智慧的正当方法，因为希腊人和罗马人没能保存这一智慧。[116]

我们必须记住，在最近一个半世纪中，文艺复兴被看作欧洲文化的两大高峰之一，只比公元前 5 世纪的雅典稍低一点。因此，19 和 20 世纪的学者在处置文艺复兴对埃及和东方的崇拜时，经历了相当困难和痛苦。例如，虽然诸神被以拉丁名字指称，但他们被认为基本上是埃及的。如让·塞兹内克，20 世纪研究古代时期异教遗留的卓越学者，就异教神祇插图手册写道：

> 但在我们的手册［插图书］中东方崇拜的神灵被赋予超常地位，尤其是在 Cartari。首要的是埃及人……我们已经在 Picator 那里注意到，东方神灵被赋予同样不寻常的甚或不合比例的地位；我们认为，这是由于同时代的影响——"埃及象形文字"把人文主义者的注意力吸引到埃及和东方。[117]

---

113 Blanco（1984，p. 2261）.

114 Eliot（1906，ch. 6，pp. 80-4）.

115 参见 Sauneron et al.（1970-1，Introduction）. 又参见 Khattab（1982）。

116 Hill（1976，p. 3）; Rattansi（1963，pp. 24-32）.

117 Seznec（1953，p. 238）.

后来又写道：

> 我们的手册明显地喜欢东方诸神，而非奥林匹斯山的神灵，这一喜欢被同时代的埃及狂浪潮和对谜语的趣味加重了……至于墨丘利，他是某种戴着尖帽子的星术学家。小的带翅膀的生物，似乎从井里出来，抓住了他巨大节杖的柄，杖上盘绕着四条蛇；其他类似的小男孩（puttini）似乎跌倒回去。这一形象是什么，正如伊里亚特（Yriarte）所言，它既不属于罗马和希腊，也不属于亚述和波斯？它立刻让人想起赫耳墨斯，引领灵魂到地狱的向导，或者灵魂的向导（psychopompos），想起埃及的透特，透特教导灵魂逐步提升自己，直到了解神圣的事物。[118]

不唯普通的历史学家喜欢与文艺复兴这一"不幸"的侧面拉开距离。弗朗西斯·耶茨不仅开拓了，而且仍然支配着文艺复兴时期的赫耳墨斯神智论研究，她赞成各种各样的异端邪说，但没有挑战雅利安模式的全部力量。她在评述埃及赫耳墨斯神智论对 15 和 16 世纪意大利的巨大、有效的影响时，似乎感觉有必要安慰她的读者，她没有如此地离经叛道，以致**相信**她以如此同情描写的人们。经常出现这一类的评论："这一巨大的历史错误将产生惊人的后果。"[119]我认为，这实际上用来描写雅利安模式要合适得多！

毫无疑问，16 世纪时，赫耳墨斯神智论和对埃及的关切兴盛一时，成为文艺复兴时期高等文化的可敬组成部分。但从后来历史的视角来看，赫耳墨斯神智论这一阶段最重要的成果是一个例外，即哥白尼的伟大支持者焦尔达诺·布鲁诺。19 世纪和 20 世纪初的科学史家把布鲁诺拥戴为科学和思想探索自由的先驱和烈士，但弗朗西斯·耶茨将他牢靠地安置在赫耳墨斯神智论传统中。布鲁诺之所以引人注目，是因为他比他的任何前辈或同时代人都走得更远。多数早期的赫耳墨斯神智论者尽管热情勃发，但他们诚实或虚伪地保持在基督教和圣奥古斯丁规定的范围内，圣奥古斯丁规定，埃及及其生发的异教哲学比圣经智慧要晚，要低等。但布鲁诺不仅超越了基督教，而且超越了犹太教，抵

118　Seznec（1953，pp. 253-4）.

119　Yates（1964，p.6）.

达了埃及异教：

> 不要以为迦勒底魔术的自负来自犹太人的神秘哲学；因为犹太人无疑
> 是埃及的排泄物，没有人能够以任何等级的可能性声称埃及人从希伯来人
> 那里借用了任何原则，无论好的或坏的。因此我们希腊人［他大概意为异
> 教人］承认埃及，那个伟大的文学和高贵的君主制国家，是我们的寓言、
> 比喻和教义的父母……[120]

如此极端主义的社会背景是 16 世纪 70 年代的反宗教改革没有能够克服天
主教的局限，愈合西方基督教内部的分裂，以及宗教战争猛烈震动了 16 世纪
末的欧洲。布鲁诺试图依附于政治上温和并相对宽容的统治者，他们意欲和解。
但自相矛盾的是，他在思想上和神学上表现出极端主义。因此，为了精神和肉
体的和平，布鲁诺认为有必要不仅在思想上而且在政治上超越基督教。正如弗
朗西斯·耶茨所言："布鲁诺的赫耳墨斯神智论成为纯粹'埃及的'，赫耳墨斯
式的埃及宗教不仅是预示了基督教的古代神学，而且实际上是真正的宗教。"[121]

布鲁诺超越了基督教的范围，因为其信仰被宗教裁判所在火刑柱上烧死，
但这一事实不应该让人夸大他在 16 世纪意大利的古怪。既然有追求源泉的激
情和认为优先即高等的信仰，从说赫耳墨斯神智论早于基督教到声称它超越了
基督教并不是那么巨大的一步。但是，虽然《圣经》、基督教与埃及、赫耳墨
斯文本之间的平衡很微妙，且不停变化，后者与古希腊之间的关系却明朗得多。
例如，伊拉斯谟（Erasmus）对赫耳墨斯文本日期的怀疑似乎是建筑在意欲保
护基督教的基础上，而非断言希腊的优先权。[122] 宗教改革后，加尔文主义者兰
伯特·达诺（Lambert Daneau）甚至使用埃及人是希腊人老师的名声来**证明**摩
西和《圣经》传统在"自然哲学"中的高等地位，自然哲学多多少少就是后来
称之为"科学"的东西。达诺引用了古代文献，他能够建立如下传统，即埃及
人从"叙利亚人"那里学习了天文学。他还能够表明叙利亚人中有位学识渊博
者叫莫斯霍斯（Moschos），他认为这人就是摩西。因此，摩西教了埃及人，因

120　参见本章注 99。

121　Yates（1964, p. 351）。

122　Yates（1964, pp. 164-5）。

此还有希腊人、天文学。把摩西和莫斯霍斯等同起来的传统一直延续到 18 世纪。[123] 因此，在这一阶段，挑战埃及人在学识上比希腊人高等是不可能的。

用一个熟悉的例子来结束这一章。莎士比亚在《特洛伊罗斯与克瑞西达》中把希腊人描写为不可靠、爱耍阴谋，这牢靠地建立在中世纪晚期传统之上，在他的时代里并非不典型。正如我在这一章里试图表明的，多数文艺复兴思想家相信埃及是原初的创造源泉，而希腊是一部分埃及和东方智慧后来的传播者，古代模式的真实性没有争议。

123 Daneau, 1578, p. 9, 引用于 Manuel (1983, p. 6)。我能够追寻这一联系晚至 Warburton (1736-9, vol. 3, p. 398)。又参见 McGuire and Rattansi (1966, p. 130)，他们将这一联系追溯到弗里斯兰学者 Arcerius 在翻译扬布利科斯的 *Devita Pythagorae* 时做的一个注中，这一翻译出版于 1598 年。他们还指出他把 Moschos 与 Mochos 相联系 (见上面注 70)。这些观点不像它们看起来的那么荒唐。肯定有埃及从 "叙利亚" ——我们现在可以合理地把它等同于腓尼基、叙利亚和美索不达米亚——借用知识的传统。而且，对于把 Moschos 和希伯来语或阿拉姆语 Môšeh 联系起来没有实质的反对意见，因为 šîn 在希腊语中有时转写为 sch，而 -os 显然是希腊语名词词尾。这并不是说以色列人有可以与埃及人相比的——更不用说高等的——"科学" 知识。而且，š>sch 的转写是晚期的；这会给这些传统来自希腊化时代的假设提供语音支持，当时人们认为犹太人是伟大的天文学家。参见 Theophrastos, *Peri Euseb*, I. 8, 引用于 M. Stern (1974, vol. 1, p. 10)。又参见 Momigliano (1975, p. 86)。

第三章 17、18 世纪埃及的胜利

　　在这一章里，我将探讨赫耳墨斯神智论在 17 世纪的延续。虽然现代多数学者认为卡索邦的校勘学证实了赫耳墨斯的作品不真实，但我相信这对它名声的影响微乎其微。从短期来看，赫耳墨斯文本仍然被相信，它们在 18 世纪的消逝是总体思想转换偏离魔术的结果，而非任何特别批评的结果。而且，对赫耳墨斯神智论失去兴趣并不意味着对埃及的尊重有所降低。17 世纪末，古埃及与"极端启蒙"相联系，被用来推翻基督教和政治现状。共济会在 18 世纪支配了思想生活，埃及的形象对其成员具有中心意义。因此，埃及——它经常与另一个历史悠久的伟大帝国中国相联系——因为其哲学和科学，但首要的是因为其政治制度，享有很高声誉，一直到 18 世纪八九十年代时欧洲的政治和思想秩序崩溃。

17 世纪时的赫耳墨斯神智论

　　焦尔达诺·布鲁诺 1600 年在罗马被活活烧死。但他的死对于赫耳墨斯神智论的长期效果不像伊萨克·卡索邦的工作那么重要，卡索邦是 1614 年攻击赫耳墨斯文本古代性的温和的新教学者。对于弗朗西斯·耶茨来说，卡索邦工作的令人吃惊之处在于，校勘学的学术手段自从 15 世纪末就开始存在，应用

于赫耳墨斯文本却如此晚。但是，既然应用这些学术手段必然有选择性，既然
它们后来被应用于政治和意识形态场合，我就不是那么吃惊，在 16 世纪末，
赫耳墨斯文本不仅对天主教，而且对基督教整体构成威胁，于是一名学者得到
鼓励，以敌意的态度细细检查这些文本。[1]

卡索邦展示了赫耳墨斯文本、柏拉图作品和《新约》段落之间在哲学、神
学甚至文本上的相似性。他论证，埃及文本一定是派生的，首先因为《圣经》
或柏拉图、亚里士多德或其他古代作家的文本没有被提及过；其次因为它们指
称晚期机构，引用希腊化作者。[2] 卡索邦的攻击有力地摧毁了目标，即赫耳墨
斯文本是一个人的作品，写作于基督时代之前一千多年。但是，卡索邦的学术
和意识形态后代没有回答拉尔夫·卡德沃思（Ralph Cudworth）17 世纪 70 年
代提出的反对意见，即晚近材料的出现并不能使我们否认赫耳墨斯文本是埃及
智慧的源泉，因为它们写"在埃及异教及其祭司序列尚在灭绝之前"。[3]

卡索邦的现代追随者更是没有回应弗林德斯·皮特里制定的规划，皮特
里举出具体的历史理由，论证赫耳墨斯文本是一个相对混杂的集合，作于公
元前 6 世纪到公元前 2 世纪。[4] 而且，赫耳墨斯文本、柏拉图作品和《新约》
的"柏拉图"部分之间不可否认的相似点很容易得到解释，因为它们都源于
晚期埃及宗教，以及在这一时期通行于整个地中海东部地区的腓尼基、美索
不达米亚、伊朗和希腊观念。

上一章结尾对伊拉斯谟的指称（参见上文第 159 页）表明，卡索邦对赫耳
墨斯神智论作为基督教源泉这一观念的"基督教人文主义"攻击不是全新的。
但是，卡索邦启示的故事是已经提到的 19 和 20 世纪初的科学史神话的完美的
语文学对应物：英雄的、孤独的科学天才超越了他的时代，将迷信的黑暗变为
科学和理性的光明。

但是，对于这个例子来说，不幸的是，赫耳墨斯神智论和对埃及的激情在

163

1　Yates（1964，p. 401）；又参见 Dieckmann（1970，pp. 104-5）。

2　Scott（1924-36，vol. 1，pp. 41-3）；Blanco（1984，pp. 2263-4）．

3　Cudworth（1743，p. 320）；引用于 Yates（1964，p. 429）；Dieckmann（1970，pp. 105-7）。更多关于剑桥柏拉图主义者和赫耳墨斯神智论的讨论，参见 Rattansi（1975，pp. 160-5）；Patrides（1969，pp. 4-6）．在弗朗西斯·耶茨之前写作的学者似乎并未将他们的赫耳墨斯兴趣视为重要的。参见 Cassirer（1970，写作于许多年以前）和 Colie（1957）。

4　参见本书第二章注 48。

整个 17 世纪继续盛行。而且，当弗朗西斯·耶茨写道"它一举粉碎了……"时，她反映了对神话与现实的混淆；但在下一段她写道："卡索邦的炸弹没有立刻生效。"稍后，她进一步修正了效果，称：

> 虽然其他因素在 17 世纪时对反抗文艺复兴的传统起了作用，但我认为，卡索邦的发现必须被视为将 17 世纪的思想家从魔术中解放出来的一个因素，并且是一个重要因素。[5]

诚然，17 世纪初的哲学家和数学家马兰·梅森（Marin Mersenne）使用卡索邦的日期来攻击伊丽莎白时期的魔术家罗伯特·弗卢德（Robert Fludd）的赫耳墨斯神秘主义，但难以论证这一校勘批评对整个社会产生了重要影响。[6]更可信、更顺理成章的说法是，由于大规模的社会、经济、政治和宗教原因，对魔术的信仰在 17 世纪末衰落了；这一衰落是对赫耳墨斯文本逐渐失去兴趣的一个原因；在对魔术信仰的衰落程度上，对文本古代性的信仰成为总体上增加的怀疑主义的受害者。

164

无论卡索邦的批评对 17 世纪的思想整体上有无影响，它对那一世纪的赫耳墨斯神智论根本没有任何影响。一些学者，如基歇尔（Kircher），完全忽略了卡索邦；另外一些学者，如剑桥柏拉图主义者，正视他的批评，但认为赫耳墨斯文本仍然包含古代的、有价值的材料。

祭杀布鲁诺的目的是为了使教会免于直接的挑战。天主教对埃及的兴趣太强烈了，不可遏制，古埃及成为 17 世纪罗马最有影响的思想和文化人物之一着迷的东西，这个人物就是德国耶稣会士阿塔纳修斯·基歇尔（Athanasius Kircher）。基歇尔是基督教赫耳墨斯神智论者，他关心的事物包括星相学、毕达哥拉斯乐音学和犹太教神秘哲学等。[7]他对赫耳墨斯·特利斯墨吉斯忒斯的古代性没有疑问，认为他大约生活于亚伯拉罕时代，他还完全乐于接受埃及关于基督的先兆。正如他所写的：

5　Yates（1964, pp. 398-9）. Blanco（1984, p. 2264）; Scott（1924-36, vol. 1, p. 43）.

6　Yates（1964, pp. 432-55）; Blanco（1984, p. 2264）; 弗卢德和埃及象形文字参见 Dieckmann（1970, pp. 76-7）。

7　Godwin（1979）; Iversen（1961, pp. 89-90）; Dieckmann（1970, pp. 97-9）.

埃及人赫耳墨斯·特利斯墨吉斯忒斯首先创立了象形文字，因此成为埃及所有神学和哲学的王子和父亲，他是埃及人中首要的和最古老的一个……从那里，俄耳甫斯、穆萨依奥斯（Mousaios）、利诺斯（Linos）、毕达哥拉斯、柏拉图、欧多克索斯、巴门尼德（Parmenides）、墨利索斯（Melissos）、荷马、欧里庇得斯和其他人正确地学习了有关上帝和神圣事物的知识……[8]

基歇尔对埃及的兴趣不仅在于它是古代神学的发源地，而且在于它是古代智慧的家园，希腊人没有能够保存这一"原初智慧"或"哲学"的大部分。在通用度量衡的问题上，他与伽利略相通信，认为这自然应该是埃及人的度量衡，他还利用他在罗马教廷的权势地位，向埃及派出代理人，从大金字塔的测量来确定通用度量衡。[9]他最大的努力是试图解开埃及象形文字的秘密，为此他付出了毕生精力和超常的语言天才，他认为，埃及象形文字不仅是古代智慧的容器，而且是理想的文字。基歇尔遵从霍拉波罗的观点，认为埃及象形文字是纯粹象征性的，因此比所有字母文字都优越得多。虽然他尝试破解埃及铭文并不成功，但他意识到，科普特语是埃及象形文字的后代，可能为破解提供帮助，尽管科普特语据信缺乏语音一致性。因此，就在科普特语作为口头语在埃及行将灭绝之际，基歇尔在罗马系统地建立起了对它的研究。[10]

玫瑰十字会：古埃及在新教国家

新教徒也继续对埃及和赫耳墨斯神智论感兴趣。难以捉摸的玫瑰十字会会员17世纪兴起于德国、法国和英国，像布鲁诺——他们可能和他有联系———样，他们为精英人士提倡一种"真正的"宗教。设计这个宗教是为了避免天主教徒和新教徒之间的血腥敌意，这样的敌意在从1618年到1648年蹂躏德国的三十年战争期间如此可怕地爆发了。[11]像16世纪的赫耳墨斯神智论者一样，

165

8　Kircher（1652, vol. 3, p. 568; trans. Yates, 1964, pp. 417-18）.

9　Tompkins（1973, p. 30）. 汤普金斯精彩的学术书被剥夺了学术权威，这是个悲剧。又参见 Iversen（1961, pp. 94-6）。

10　Gardiner（1957, pp. 11-12）; Iversen（1961, pp. 90-8）.

11　这一联系的可能性见 Yates（1964, pp. 407-15）; Dieckmann（1970, pp. 71-5）.

玫瑰十字会会员或声称为他们代言的人们，倡导由精英来指导社会，这些精英拥有真正的、魔术的和科学的知识，是开明的男人。这样做时，会员们遵从着现在熟悉的序列：从埃及祭司到毕达哥拉斯兄弟会，再到柏拉图式学园。在这方面，弗朗西斯·耶茨可信地声称，正是这一玫瑰十字会的概念潜伏在"看不见的学院"后面，17 世纪 50 年代英国皇家学会的创建者们看见了这个学院。[12]

由于英伦三岛共和国有新闻自由，17 世纪 50 年代目睹了对赫耳墨斯神智论兴趣的旺盛复兴。正如历史学家克里斯托弗·希尔（Christopher Hill）所言："17 世纪 50 年代出版的帕拉切尔苏斯和神秘化学书籍比此前整整一个世纪出版的都要多。"[13] 在攻击相关联的教会和学术制度时，英国的赫耳墨斯神智论开始与政治和宗教极端主义联盟。[14]

但 1660 年王政复辟后，许多思想家受到反革命浪潮的冲击，从极端主义立场退缩了。而且，国王精明地接管科学，成为皇家学会的恩主，就像他是国教的首领一样。但是，英伦三岛共和国时期赫耳墨斯神智论的发酵为可敬科学后来的发展提供了重要激励。现在，赫耳墨斯神智论倾向于与 17 世纪英国发展起来的一种特殊形式的千禧年主义相联系，它聚焦于完善或恢复所有知识的需要；这被视为新千年到来的必要的前提条件。[15]

166

剑桥柏拉图学派以亨利·莫尔（Henry More）和拉尔夫·卡德沃思为中心，也来自这一赫耳墨斯和千禧年环境。[16] 正如上文所提到的，这一学派兴盛于 17 世纪 60 到 80 年代，它完全了解卡索邦的批评，但仍然坚持，赫耳墨斯文本是有价值的，因为它们包含了古代智慧的要素。由于他们认为没有理由将赫耳墨斯神智论的"柏拉图"侧面归因于希腊，对他们来说，希腊人的本质功能是古代智慧的部分传播者。正如莫尔写道：

> 柏拉图学派……与博学的毕达哥拉斯完全一致，

12　Yates（1972, pp. 180-92）; Dieckmann（1970, pp. 103-4）.

13　Hill（1976, p. 8）.

14　Hill（1968, p. 290）; Rattansi（1963, pp. 24-6）.

15　关于在这些圈子中也很重要的千禧年主义的影响，参见 Popkin（1985, pp. xi-xix）. 我没有遍览这一题目的文献，但是我敢肯定，一定有人在这种千禧年主义和犹太教神秘哲学试图通过研究恢复创世时破裂的光之间建立了联系。

16　Yates（1964, pp. 423-31）; Popkin（1985, p. xii）.

> 埃及的特利斯墨吉斯忒斯，古老的名单，
>
> 迦勒底的智慧，时间将它们全都毁坏，
>
> 但柏拉图和深邃的柏罗丁——恢复。[17]

迄今为止剑桥柏拉图学派最有名的学生是伊萨克·牛顿，虽然他能被有用地视为赫耳墨斯神智论者的程度仍然是人们激烈争论的话题。[18]但毫无疑问，正如现代思想史家弗兰克·曼纽尔（Frank Manuel）所言，他也"不受伊萨克·卡索邦的启示的打扰"。[19]

而且，无论牛顿是否接受赫耳墨斯古代神学，他肯定相信埃及的古代智慧，他认为恢复这一古代智慧是他的使命。例如，牛顿的万有引力理论需要确切地测量地球的周长。就他所知，最近没有对于一度纬度的精确测量。因此他只能依靠希腊化时代的数学家和天文学家埃拉托斯特尼（Eratosthenes）及其追随者的数字，但这些数字与牛顿的理论不相符合。他的下一个假定是，虽然埃拉托斯特尼在埃及生活过，但他未能精确地传承古代的测量。因此，牛顿需要重新得到原来的埃及肘尺的确切长度，由此他能计算出他们斯塔德（stadium）的确切长度，根据古典作家的说法，斯塔德与地理纬度有关系。

17世纪早些时候，布拉蒂尼（Burattini），一名为基歇尔工作的意大利人，和约翰·格里夫斯（John Greaves），一名做类似工作的英国学者，花费数年时间，企图得到大金字塔的精确量度。（从古代开始，据信——这很可能是正确的——大金字塔祀奉了长度、面积和体积的完美单位，还有几何比例，如 π 和"黄金分割"φ。）格里夫斯回到英国后，发表了他的全部发现，被任命为牛津的天文学教授；牛顿利用格里夫斯的数字推理出，大金字塔是以两个肘尺为基础建造的。其中一个肘尺比希腊人的远远更符合他的需要，但即便是它也不符合他的理论。这可能是因为格里夫斯和布拉蒂尼对大金字塔基座的测量不够精确，因为他们无法穿透基座周围堆积的残骸。的确，直到1671年，法国人皮卡尔（Picard）在法国北部精确测量了一度纬度之后，牛顿才得以证明他

167

17　Bullough（1931，p. 12），引用于 Patrides（1969，p. 6）。卡德沃思与埃及象形文字见 Dieckmann（1970，pp. 105-7）。

18　正面的观点见 Rattansi（1973，pp. 160-5）. 反面的观点见 McGuire（1977，pp. 95-142）。

19　Manuel（1974，pp. 44-5）.

的万有引力总体理论。[20]

这一测量的问题只是牛顿相信古埃及的古代智慧的一个例子。他还相信，古埃及了解原子理论、日心说和万有引力。[21]正如他在他的著作《数学原理》的早期版本中写道：

> 那些从事哲学的人的最古老的意见是，恒星在世界最高的地方恒定不动；在恒星之下，行星绕着太阳转；地球作为一个行星，每年绕太阳转一圈……埃及人是最早的天象观测者，很可能这一哲学是从他们流传到国外。因为希腊人，一个更沉湎于研究语文学而非大自然的民族，正是从他们及他们周围的民族得到了最初的、最合理的关于哲学的概念；在祭祀女灶神维斯太的仪式中，我们能看出埃及人的精神，他们把平常人无法理解的奥秘隐藏到了宗教仪式和象形文字象征的外表下。[22]

在这一段话中，重要的是，我们大概可以看出 17 世纪关于我们所关心的主题的普通观点。它清楚地表达了牛顿把古埃及人尊崇为最伟大的科学家和哲学家。由于这些早期态度的存在，我们惊奇地发现牛顿在生命的最后年份里企图捍卫他在《古代王国纪年增补》中提出的观点。这就是，埃及文明创建于特洛伊战争之前一点，伟大的色梭斯特里斯不过是《圣经》中的示撒（Shishak），他在所罗门时代之后侵略了朱迪亚。从牛顿的观点来看，这一叙述把埃及人诅咒为相对的晚来者，比古老得多的《圣经》传统要低等。但是，牛顿只关心宣称以色列的优先权，他并不想否认埃及是希腊智慧的源泉。因此，将埃及出现的时间后延使他抛弃了所有的希腊纪年，使得希腊人更晚了。[23]在下一章里，我将论证，这一尝试最好被视为像牛顿一样的基督徒和可敬的自然神论者对当代思想史家玛格丽特·雅各布（Margaret Jacob）*所谓"激进启蒙"的反应的一部分。

但是，在论述激进启蒙和共济会改革之前，考虑一下文艺复兴晚期对腓尼

20　Tompkins（1978，pp. 30-3）.

21　参见 McGuire and Rattansi（1966，p. 110）。

22　关于书目的复杂性，参见 Westfall（1980，p. 434）. 又参见 Pappademos（1984，p. 94）。

23　示撒现在被置于公元前 9 世纪。关于细节的充分讨论，参见 Manuel（1963，esp. pp. 101-2）。又参见 Westfall（1980，pp. 812-21）；Iversen（1961，p. 103）。

*　此处原文 Jacobs 有误。——译者注

基人重要性的信仰或许是有用的。腓尼基人在共济会传说中是如此重要，因为正是半腓尼基人希拉姆（Hiram）建造了耶路撒冷神庙，这个神庙象征着世界，处于共济会仪式和信仰的核心。我们应该记得，虽然埃及语仍然是个谜，被锁在象形文字里，宗教改革后基督徒对希伯来语的研究一度兴旺，并相对迅速地使人意识到，希伯来语和腓尼基语是同一种语言的可以互相理解的方言。[24] 因此，早在腓尼基字母 18 世纪中期被巴泰勒米神父首次解读之前很久，学者们对这种语言就有相对清楚的概念。

当然，希伯来语一般被认为是人类的原初语言，是亚当和巴别塔的语言。因此，人们在其他语言中，尤其是欧洲语言中勤奋地寻找希伯来词语，这一寻找从今天多数学者认为是词语之间显著的偶合中得到一些鼓励。事实上，一些偶合纯属巧合，但是，正如我在绪言中所说，我相信其他偶合是亚非语言和印欧语言之间发生关系的结果，还有一些通过借用从迦南语或腓尼基语进入了希腊语、伊特鲁里亚语或拉丁语。[25]

腓尼基人被视为希伯来或其他文化和语言（我们现在应该称之为闪米特的）扩散到欧洲的通道。例如，16 世纪的政治理论家让·博丹（Jean Bodin）使用语言学证据来支持他的观点，即所有文明和语言都是从迦勒底扩散出去的。他把达那俄斯和卡德摩斯的侵略视为这一过程中的关键步骤，坚持说所有希腊人都源于亚洲、埃及或腓尼基。[26] 但是，虽然博丹仍然是受尊敬的政治思想家，他的和类似的语文学理论很快在 17 世纪之交被约瑟夫·斯卡利杰尔（Joseph Scaliger）和卡索邦等学者的工作推翻了——这些学者没有宽泛地测度希伯来联系，直到今天还属于古典研究的经典之列。胡格诺派教徒萨米埃尔·博沙尔（Samuel Bochart）同样是位博学谨慎的学者，却不在经典之列。在 17 世纪 40 年代，博沙尔正确地假定希伯来语和腓尼基语基本上是同一种语言，因而调查了地中海周围可信的闪米特地名，他的调查至今无人超越。他还对希腊语和拉丁语中的迦南语借词进行了严肃研究，他的这一研究只是到 19

169

24　Friedrich（1951, p. 4）认为腓尼基语与希伯来语之间的关系类似于荷兰语和高地德语之间的关系。Albright（1970, p. 10）把希伯来语描述为"迦南语的辩证变体"。Menahem Stern（1974, p. 12）写道："既然腓尼基语和希伯来语之间几乎没有区别……"

25　第二卷将详细讨论这一论题。

26　Bodin（1945, p. 341）.

世纪 20 年代才不再权威。[27]

18 世纪的古埃及

牛顿是个关键人物。他来自一个占星术、炼金术和魔术的世界，在他离开的世界里，这些却不再受到尊敬。当然，这一变化也反映了 17 世纪末的社会、经济和政治转变，还有资本主义在英国和荷兰的胜利，以及法国的中央集权制的胜利。在这一新的世界中，没有赫耳墨斯神智论的位置，至少没有它旧形式的位置，但这并不意味着对古埃及的热情有任何稍减。在从 1680 到 1780 的一百年中，这一热情剧增。例如，这一百年早期最有名的小说，费奈隆（Fénelon）的《忒勒玛科斯的冒险》（Télémaque，首次出版于 1699 年），主人公是一名希腊王子——忒勒玛科斯（Telemachus），尤利西斯的儿子。书中充满了对埃及人的物质财富、伟大智慧、哲学和正义的评论。这些与低等的希腊人形成具体对照，虽然法老色梭斯特里斯喜爱希腊人，仁慈地给了他们法律。[28]

18 世纪中期是埃及热的顶点。正如一名法国作家 1740 年写道：

> 唯一谈论的是古代城市底比斯和孟菲斯、利比亚沙漠以及底比斯领土上的洞穴。许多人像熟悉塞纳河一样熟悉尼罗河。甚至孩子们的耳边也轰鸣着尼罗河的瀑布和洞口。[29]

这名作家大概是基督教对埃及反应的一部分（见第四章）。但在这一阶段，甚至欧洲中心主义的作家也敬重埃及，这些作家在 19 和 20 世纪被誉为先驱。博学的乔瓦尼·巴蒂斯塔·维科（Giovanni Battista Vico）盛行于 18 世纪初的那不勒斯，他关于历史的浪漫主义、欧洲中心主义和历史主义观点使他在 19 世纪学者中成为一名英雄，他在许多方面对埃及人抱有敌意。作为一名虔诚的天主教徒，他明确地将犹太人从世俗历史中排除，把他们的历史放置回创世时期。他认为，埃及人只是大洪水之后的最早民族之一。但是，埃及人在他的思

27　Bochart（1646）.

28　Fénelon（1833, vol. 2, pp. 22-40）.

29　转引自 Charles-Roux（1929, p. 4）。

想中扮演了中心角色。他坚持说，他关于三个时代的世界历史规划的基础是希罗多德叙述的埃及历史：神的阶段、英雄的阶段及人的阶段。他认为，这些阶段与三种"语言"平行：象形文字、"象征语言"及"书信语言"。他还讨论并接受了卡德摩斯的神话，将它与埃及相联系。[30] 孟德斯鸠也被迫承认"埃及人是世界上最好的哲学家"。[31]

正如上面的法国引文表明的那样，英国和法国流行的主流意见似乎是对埃及明白无误的热情。例如，18世纪中期英国最有名的剧作家之一是爱德华·扬（Edward Young），他的埃及系列剧本在后来的世纪中几乎无人注意，这并不让人吃惊。1752年，15岁的爱德华·吉本（Edward Gibbon）写了他的第一篇关于"色梭斯特里斯时代"的历史论文，表现了他对埃及的热情。[32]

这种有利的意见，还有认为希腊文化来自埃及和腓尼基的延续的信念，转移到了新的不神秘的学术中。1763年，聪慧的巴泰勒米神父，帕尔米拉语（Palmyrene）和腓尼基语的解读者，提交了一篇论文，题目是《对埃及语、腓尼基语和希腊语之间关系的总体思考》。这篇论文中，在基歇尔的基础上（他认为基歇尔的另一项工作很荒诞），他的第一个正确的假设是科普特语是古埃及语的一种形式。他还确认了后来称之为闪米特的语言家族，他称之为"腓尼基"。在这两个基础上，他确定埃及语虽然不是闪米特语言，但与闪米特家族相联系。诚然，他的一些词汇证据现在可以被认为是错误的，因为一些科普特词汇源自进入晚期埃及语的闪米特借词，但是，他论证的主线无可指摘，是在代词和语法特征相似性的基础上进行的。那么，在此意义上，我们现在应该称巴泰勒米为亚非语系研究的先驱。

巴泰勒米承认，在科普特语和希腊语之间他无法看到这样的语法的相似之处。但是，他相信埃及对希腊的殖民和文明化，坚称"在这一概念和商品的交换中，埃及语不参与希腊语形成是不可能的"[33]。然后他给出了一个从埃及语到

171

30　维科到1721年时已经形成了这一规划的基础，当时它出现在他的《论法学的恒常性》（De Constantia Jurisprudentia）的结论中。与书写系统的平行出现在他的《新科学》1725年的第一版（参见第四卷，第三章）。关于卡德摩斯的讨论参见《论法学的恒常性》第17章。又参见 Dieckmann（1970, pp. 119-24）。我感谢格雷戈里·布卢给了我这些参考资料。

31　Montesquieu（1748, 15.5）.

32　Gibbon（1794, vol. 1, pp. 41-2）.更多关于18世纪对埃及的热情，参见 Iversen（1961, pp. 106-23）。

33　Barthélemy（1763, p. 222）.

希腊语词源的名单，其中有几个——例如科普特语 hof，古埃及世俗体 ḥf，到
希腊语 ophis（蛇）——直到今天仍然可信。[34]

语言学家不是唯一的坚持埃及优先权和中心性的学者。18 世纪关于古代
神话的标准著作，巴尼耶（Banier）神父的著作，延续了古典和文艺复兴传统，
认为希腊和罗马神祇来自埃及人的神灵。[35] 在这一世纪末，雅各布·布赖恩特
（Jacob Bryant）试图继续博沙尔的工作，但他指出，博沙尔没有完全成功，因
为他忽略了希腊、罗马神话和语言中的埃及成分。[36] 布赖恩特因此试图用"阿
蒙神"文化（Amonian culture）来解释它们的来源，该文化包括埃及和腓尼基
成分。虽然他的工作有许多荒诞的侧面，我相信他的方法基本上是正确的，但
他失败了，因为埃及语那时尚未解读成功，他也没有使用科普特语。无论如何，
他的《一种新系统，或对古代神话的分析》发表于 1774 年，在 18 世纪之交时
非常受尊敬；它对浪漫主义诗人，尤其对布莱克，是重要的资料读物。[37]

同样的观点支配了哲学史。我已经提到，欧洲中心主义者如孟德斯鸠将埃
及人视为最伟大的哲学家。甚至雅各布·布鲁克（Jacob Brucker）也无法剥夺
埃及人"哲学家"的称号，虽然他厚重的哲学史持续攻击了柏拉图、他的埃及
老师、他们的秘传性和双重真理。[38]

18 世纪：中国与重农主义者

17 世纪末，欧洲的自信心猛涨。1683 年，波兰人在维也纳郊外打败了土
耳其人，接着，奥地利很快收复了匈牙利。这些，还有俄国人前进到黑海，解
除了土耳其在欧洲的威胁。从此开始，欧洲人在海上和在陆上都对亚洲人采取
攻势。有了这种安全保证，启蒙运动的领导人现在觉得，在反对封建主义和传
统基督教中，可以自由地表现出对于非欧洲文化的喜爱了。迄今为止最受偏爱
的是埃及和中国，二者被视为彼此很相似，即便没有直接联系的话。这两大文
明不仅仅被视为反欧洲的乌托邦，像土耳其、波斯和休伦人的土地一样，能被

34 Barthélemy（1763，p. 226）.关于这一论文富有敬意的评价，参见 Badolle（1926，pp. 76-8）。
35 Banier（1739）.
36 Bryant（1774，especially vol. 1，p. xv）.
37 Frye（1962，pp. 173-5）；F. M. Turner（1981，pp. 78-9）.
38 Braun（1973，pp. 119-27）；Pocock（1985，pp. 19-23）.

抹上某种模糊的一般的高贵色彩，用来讽刺和批评欧洲。埃及和中国的重要性要大得多，因为它们提供了更高更好文明的正面例子。[39] 二者都被视为具有巨大的物质成就、深刻的哲学和高等的书写系统。

但他们最吸引人的特征是他们模范的行政管理。他们的统治出于理性，没有迷信，统治者是一群具有道德和智慧、必须经过严格指引和训练的人。一方面，法国世俗的重农主义者感到与中国人更接近：他们愿意把路易十五视为中国皇帝，他们自己是文士。在他们的支持下，中国对法国有重要的文化影响，18 世纪中期的许多，如果不是多数的话，中央集权化和理性化政治经济改革都遵循了中国模式。[40]

173

18 世纪：英国、埃及和共济会

重农主义者倾向于中国，而更神秘的共济会会员，偏爱埃及人，会员包括启蒙运动的大部分重要人物。共济会的所有历史都是模糊的，这一组织在 18 世纪初重组之前的历史更是双重模糊，因为它必须从后来的著作中摘抄出来，而这些著作被刻意扭曲了，以制造出一个神话的发展。但是，特定的部分能够得到认同。共济会本来是中世纪欧洲建造大教堂和其他重要建筑的砖瓦匠的组成秘密社团。在欧洲大陆的多数地方，他们在宗教改革和宗教战争以后消亡了；但他们在英国存活下来，尽管具有了很不相同的性质，准许绅士成员入会，开始了所谓"思辨共济会"。[41]但是，甚至在这一变化（它发生在 17 世纪末）之前，共济会成员就对埃及有特殊的偏爱。

基督徒、百科全书编纂者、历史学家、塞维利亚的伊西多尔（Isidore of Seville）写于 620 年代的著作《论本源或词源》（*Originum sive Etymologiarum*）包含希罗多德和狄奥多罗斯的陈述，认为埃及人为了在边界符号消失于尼罗河洪水之后丈量土地，发明了几何学。对伊西多尔来说，几何学只是七艺之一，

39　早至 1712 年，德·拉·克罗兹曾尝试联系两种文字。参见他的书信，引用于 Barthélemy（1763，p. 216）. 最有名的尝试是由 de Guignes（1758）和 J. T. Needham（1761）做出的。

40　不让人惊奇的是，19 和 20 世纪历史学家很少关注这一极其丰富的领域。但参见 Pinot（1932）；Maverick（1946）；Appleton（1951）；Honour（1961）. Raymond Schwab（1950）在这一方面很是误导人；参见下面第五章，注 7—10。

41　R. F. Gould（1904，pp. 240-5）.

但对砖瓦匠来说，几何学具有中心的重要性，因为它与砖石工艺等同。[42] 还有，几个中世纪共济会手稿称，欧几里得在埃及为埃及贵族创建了砖石工艺。[43] 在摒弃这一古怪的故事之前应该记得，欧几里得整个一生都是在埃及度过的。[44]

174

腓尼基人处于共济会神话的核心；在《圣经》中，腓尼基人被牢牢地与埃及人相联系，二者都被列为含（Ham）的儿子。希拉姆·阿比夫（Hiram Abif），所罗门神庙的半腓尼基人工匠，到 16 世纪时很可能是共济会传说的一部分。[45] 据信他在神庙完成后被杀害，到 18 世纪初砖石工艺重新形成时，他肯定是奥西里斯类型的中心人物。

我已经提到，弗朗西斯·耶茨通过布鲁诺，观察到了文艺复兴时期赫耳墨斯神智论者与 17 世纪玫瑰十字会会员之间的联系。她还在伊莱亚斯·阿什莫尔（Elias Ashmole）这一人物中看到玫瑰十字会与共济会之间的联系。阿什莫尔是牛津大学阿什莫尔博物馆的创建者，他请求加入玫瑰十字会，人们知道，他还被接纳为共济会会员。[46] 弗朗西斯·耶茨进一步表明玫瑰十字会和共济会的基本相似点，他们都利用建筑物——所罗门神庙或大金字塔——的测量和比例来象征宇宙的结构，都想创造一群开明的人，他们能够领导世界进入一种更好、更和平和更宽容的生活方式。[47] 另一方面，她没有看到后来学者创建的联系，即这一传统和同样圈子里广为流传的千禧年主义之间的联系。许多千禧年信徒相信，在千禧年到来之前，知识必须被重新聚集起来。[48] 因此，学者可能是末世论的接生婆。17 世纪末英国的"科学革命"发源于这些思想学派。

绅士对于共济会的兴趣在 17 世纪七八十年代增加了。除了偶然因素如 1666 年大火灾之后伦敦的大规模重建等，共济会的发展像同时代咖啡馆和男人俱乐部的兴起一样，反映了城市化的工商和地主上层阶级的变化以及人们可

42　Knoop and Jones（1948，pp. 64-6）.

43　关于这些手稿的长篇讨论，参见 Gould（1904，pp. 262-85）。

44　参见 Lumpkin（1984，p. 111）。

45　16 世纪 40 年代的《圣经》译本中把工匠称为希拉姆·阿比夫的事实表明了这一点。这一名字在 17 世纪初的詹姆斯一世钦定本《圣经》中没有出现。

46　Gould（1904，p. 243）.

47　Yates（1972，p. 210）. 这两个信仰也对圣殿骑士具有中心意义，他们将岩石穹顶作为神庙的继承者来崇拜。他们还自视为精英主义者，超越了普通民众的宗教差异，在这里是基督教和伊斯兰教之间的差异。他们自 1118 年开始活跃，直到法国国王 1314 年在 Acre 陷落后作为异端解散了他们，Acre 是他们在巴勒斯坦的最后据点。共济会会员自视为圣殿骑士的后代（Steel-Maret，1893，p. 2）。

48　Popkin（1985，pp. xii-xiii）.

以称为复辟宫廷外"亚政治"活动的开始。在天主教徒詹姆士二世统治期间（1685—1688），在 1688 年光荣革命后，激进主义复兴了，甚至唤回了一些 50 年代英伦三岛共和国的幸存者。但是，在这一玛格丽特·雅各布称为——如我所说——激进启蒙的运动中，早一阶段的清教主义和粗糙的千禧年主义被更现代的概念所代替，如自然神论、泛神论和无神论。

在 17 世纪六七十年代，无神论主要与托马斯·霍布斯相联系。霍布斯关于利维坦的政治概念不像他的无神论那么令人震惊，其无神论的基础是德谟克利特（Demokritos）的原子论和唯物主义，并参照了在伟大的拉丁诗人卢克莱修（Lucretius）的著作中表达最充分的伊壁鸠鲁传统。与此同时，无神论在荷兰一直发展着。但从长期来看，17 世纪中期在荷兰出现的最有影响的哲学是伟大的犹太哲学家斯宾诺莎的泛神论，他受到了犹太教神秘哲学和布鲁诺的影响。[49]

到 17 世纪 80 年代，从赫耳墨斯神智论和玫瑰十字会传统中，一种新的、同样激进的思想力量业已出现。新运动认为需要双重哲学，需要精英超越大众的宗教争吵。应该宽容大众从事他们特定的迷信活动，但受到启蒙的少数人应该牢牢掌握政治和思想权力。

这一总体态度与 18 世纪英国社会完全相符合。但激进启蒙包括约翰·托兰（John Toland）等思想家，他们不仅从玫瑰十字会和共济会传统那里汲取了古代神学的概念，而且阅读布鲁诺。托兰吸取了布鲁诺许多关于活物质和世界精神的赫耳墨斯和古埃及宇宙观念，这些观念会导致泛神论甚至无神论。在这之前很久，牛顿本人私下里在物质的主动性或被动性问题上很犹豫，但牛顿主义不仅仅是科学的。它的相应的政治和神学教条依赖于物质的被动性，运动只能来自外部。否则，从神学上说，宇宙就不需要创造者或"伟大的建筑师"，更不用说"修表工"；而从政治上说，英国将不需要国王——托兰完全意识到他的概念的共和内涵。[50]

思辨共济会建立其传说、仪式和神学的过程中，约翰·托兰是一个中心人物，这其中有许多是 1717 年融合不同的共济会和玫瑰十字会组织而标准化、

175

49　关于斯宾诺莎和他对剑桥新柏拉图主义者的影响，参见 Colie（1957，pp. 66-116）。

50　Jacob（1976，pp. 201-50；1981，esp. pp. 151-7）；Manuel（1983，pp. 36-7）；Force（1985，pp. 100，113）。

经典化的。[51] 但到了那时，运动被可敬的牛顿学说信奉者接管了。甚至，大胆的人物如牛顿在剑桥大学的代理人和继任者威廉·惠斯顿（William Whiston），和他的老师不一样，他公开宣称他的阿里乌主义（Arianism），即不相信基督的神圣性，并"蔑视和积极斗争"托兰及其观念。[52] 但是，激进启蒙的一些侧面存活于可敬的共济会制度之中，因为它保留了双重哲学的本质精英主义，并用新的形式保存了新柏拉图主义。在那一传统中，普通大众，甚至多数共济会成员遵从部分的信仰，而更高阶层的人们超越了基督教。

对于共济会成员，如同对于赫耳墨斯神智论者一样，隐蔽上帝的名字太神圣，太神秘有力，不能揭示给低等的人们，即普通会员。这个名字叫 Jabulon，不让人吃惊的是，这是一个三重名字，前两个音节是 Ja 和 Bul，前者代表 Yahwe（耶和华），以色列的上帝；后者代表迦南语 Ba<al（巴力）。[53] 最后一个名字来自 ˀOn，埃及城市 ˀIwnw 的希伯来名字，在希腊语中称为赫利奥波利斯（Heliopolis），现在是开罗的一个郊区。根据古典作家的说法，赫利奥波利斯曾经是重要的学术中心，例如欧多克索斯曾在那里学习过。[54] 对于共济会会员来说，它因此是古代秘传智慧的缩影。[55] 更重要的是，这个城市是太阳崇拜的重要中心，尤其与太阳神拉相联系，而太阳神拉到第十八王朝时与奥西里斯相联系。赫耳墨斯文本一再指称赫耳墨斯·特利斯墨吉斯忒斯创建的，与太阳紧密相连的完美城市；虽然太阳城（Città del Sole）是布鲁诺的用语，但在他同时代人康帕内拉写的乌托邦作品中这个词更广为人知。[56]

康帕内拉的城市居民是穿白袍的、纯洁信教的太阳人（Solarians），他们显而易见是埃及人，城市的建筑形成宇宙的理想模式或一种以太阳为中心的行星系统。[57] 这里应该记住，共济会意识形态围绕的中心是象征宇宙的神圣建筑物。在太阳城中，摩西、基督、穆罕默德和其他至圣先师被推崇为魔术师，但城市的统治者是赫耳墨斯·特利斯墨吉斯忒斯，他是太阳祭司、哲学家、国王

51　Manuel（1983，p. 36）. 后来的共济会对托兰在工艺改革中的重要角色感到不舒服，这从托兰没有出现在他们的标准历史中可以看出来。

52　Force（1985，p. 100）.

53　Knight（1984，pp. 236-40）.

54　Diogenes Laertius，VIII. 90.

55　Tompkins（1973，p. 214）.

56　关于这一点的讨论见 Yates（1964，pp. 55-7）。

57　Yates（1964，pp. 370-2）.

和立法者。[58] 因此，在这一例中，共济会声称他们的传统来自古埃及有事实根据。通过赫耳墨斯文本、布鲁诺、康帕内拉、托兰和／或他的朋友，人们能够追寻一条线索，从他们不可言说的上帝的名字的最后一个音节到 ˘ Ī wnw，下埃及太阳神拉的崇拜中心。

逐渐上升的谜团 Jabulon——从犹太–基督教到迦南–腓尼基，再到埃及和为上等人准备的奥西里斯仪式——并不意味着埃及对共济会会员的中心性是隐藏的。共济会神庙经常以埃及风格建造——建筑自然对这一组织非常重要——表明"地方分会"（Lodges）应该被视为埃及神庙。他们的象征是 18 世纪概念中的纯粹逻辑的象形文字。（其中一些，如金字塔和眼睛仍然能在美国国玺和美元一元纸币上看到，它们直接来自埃及。）因此，没有疑问，共济会会员把自己视为柏拉图城邦卫士的继任者以及城邦卫士的模型，埃及祭司的继任者。

如果说与埃及和一些宗教象征相认同的激励来自早一些的传统，那么 18 世纪共济会会员中关于埃及的一般知识则来自同时代的学术。但在检查这些新的信息源之前，我想看一下法国在这一领域的思想发展。

法国、埃及和"进步"：古今之争

"进步"的概念自从 16 世纪就在欧洲存在了，那时人们意识到他们拥有古人不曾有的产品和发明——糖、纸、印刷术、风车、指南针、火药等等——这些东西都是从亚洲引进的。但在 1560 年到 1660 年毁灭性的宗教战争期间，这样的观点很难扩散，甚至很难牢牢扎根。但从 1670 年到 1770 年的一百年间，经济大扩张，科学技术发展了，政治权力的集权化增加了。受大众欢迎的作家佩罗（Perrault）和法国的"现代人"把路易十四的时代比作奥古斯都的时代，不仅仅是在谄媚，他们认为他们自己时代的辉煌和道德比古人的时代要伟大，尤其是比野蛮的荷马英雄时代要伟大。[59]

把路易十四作为太阳王（Le Roi Soleil）进行崇拜是 1661 年他满法定年龄

58　参见 Yates（1964，pp. 367-73）。

59　关于争论的复杂状况，参见 Farnham（1976，pp. 171-80）；Furhmann（1979，pp. 107-28）；Simonsuuri（1979，pp. 1-45）。

178　时设立的，这也是创造国家崇拜的尝试的一部分，所有法国人，无论天主教徒还是新教徒，都能团结在它下面。[60]的确，作为三重上帝：阿波罗、赫拉克勒斯和创造者上帝，这一崇拜或比喻显然受惠于路易的年轻和投石党内战的终结。这一崇拜对于凡尔赛的辉煌和教养具有中心意义，还服务于一定的政治目的，用被视为地球上最辉煌的宫廷的视觉盛宴和各种享乐来收买贵族。[61]路易作为年轻的阿波罗，是艺术的恩主，作为赫拉克勒斯，他作战勇敢。他是传统的太阳，他作为仪式的"一天"（Journée）开始于正式的 lever（起床，升起），结束于同样正式的 coucher（上床或落山）；但同时他也是哥白尼式的太阳，行星围绕着他。这一崇拜还有炼金术的侧面。现代历史学家路易·马兰（Louis Marin）指出，路易中心的视觉盛宴，即用烟花将尘土驱入空气，一片光耀照亮了水面，表明他作为太阳能够混合和超越四种基本元素。[62]

　　但是，虽然这一炼金术、太阳崇拜、与太阳相联系的神化的君主的组合看起来很埃及，我尚未能够发现二者之间的直接联系。另一方面，从伏尔泰那里我们的确知道，除了古代其他君主外，路易尤其被与色梭斯特里斯等同起来。[63]因此，当路易十四和路易十五统治期间的法国作家描述古埃及的辉煌景象时，他们在心里一定想着他们自己的社会。

　　这将我们带回到 18 世纪支配欧洲思想生活的论争：古今之争。上文提到，关键问题是现代人是不是在道德上和艺术上高于古代人，中心是荷马史诗的道德和艺术质量；应该记住，古希腊人把荷马视为文化上的"国父"。从 15 世纪到 17 世纪初，埃及人代表着真正的古代，但同时，革新者利用埃及的权威来挑战古代的权威如亚里士多德、盖仑（Galen）等等。因此，在这个意义上，

179　可以说它的形象具有双面性。在 17 世纪末和 18 世纪初的法国，进步的一面居于支配地位：埃及被与路易十四的法国等同，显然站在现代人这边。

　　《忒勒玛科斯的冒险》的作者费奈隆是个太油滑的人物，他不让别人看出他站在哪一边。他热爱荷马，崇拜希腊人的素朴，但是，正如我说过的，与荷马时期的希腊文明相比，他表扬色梭斯特里斯时期埃及文明的巨大财富和文化

60　关于结合两个崇拜的早期尝试，参见 Farnham（1976, p. 39）。关于建立国家宗教节日的其他尝试，参见 Bloch（1924, pp. 360-70）。

61　一些思想家意识到满洲皇帝康熙宫廷的更伟大的辉煌（Honour, 1961, pp. 21-5, 93）。

62　Marin（1981, pp. 246-7）.

63　Voltaire（1886, ch. 32, pp. 408-9）.

优越性，这明显地把他与达西耶夫人（Madame Dacier）相区别，达西耶夫人翻译了《伊利亚特》，是荷马永恒艺术和完美道德的支持者。[64]

另一方面，泰拉松（Terrasson）神父则更忠于现代人。他出生在一个有禀赋的天主教家庭，他的父亲似乎卷入了支配 17 世纪英国科学的千禧年运动。父亲让他的儿子们接受教育，"以加速世界灭亡"。让·泰拉松成为一个牧师，从 17 世纪 90 年代到 1750 年去世，他一直是法国思想生活的领袖人物。[65] 他在法兰西公学院（Collège de France）担任希腊语和拉丁语教授，在法兰西学院（Académie Française）和人文学院（Académie des Inscriptions et Belles Lettres）占有关键位置，所以他支配了 18 世纪初法国的古代史研究。他 1715 年发表了对《伊利亚特》的重要攻击，使他站在了现代人的前列。[66]

狄奥多罗斯是关于埃及及其对希腊殖民的细节化的、持赞成态度的评注者，泰拉松作为他的译者，赢得了名声。但他最有名的著作是首次发表于 1731 年的一部小说:《塞索斯生平纪事，据古埃及逸闻，译自希腊手稿》（*Sèthos, histoire ou vie tirée des monuments : anecdotes de l'ancienne Égypte*；*traduite d'un manuscrit grec*）*。泰拉松以简单的伪装声称这是公元 2 世纪一个不知名的亚历山大人的作品。虽然是伪托之作，小说以注明来源的方式包含了大量从希罗多德到早期基督教教父等古代作家的材料，还有来自小说《埃塞俄比亚传奇》的材料，而这部小说确实是公元 2 世纪的作品。

泰拉松的主人公塞索斯是在特洛伊战争前一个世纪出生的埃及王子。公元前 13 世纪实际上有两个名字叫塞提（Sety）的法老（希腊语中称为 Sethōs），而特洛伊战争的传统日期是公元前 1209 年。泰拉松主人公的名字似乎来自托勒密时期埃及的历史学家曼涅托，曼涅托用这一名字称呼伟大的法老拉美西斯二世（Ramessēs Ⅱ）——塞索斯一世（Sethōs Ⅰ）的儿子。名字和日期相当精确的事实表明,18 世纪学者有时能够有益地利用古典文献来重建埃及历史。[67] 但是，小说的结构是虚构的，与费奈隆的《忒勒玛科斯的冒险》类似，讲的都是一个年轻高贵的王子的历险和教育。但它还反映了狄奥多罗斯关于奥西里斯

180

64　Fuhrmann（1979，p. 114）. Dr. Farnham（1976，p. 177）夸大了他对荷马和古代人的承担。

65　Beuchot（1854，pp. 169-71）.

66　Terrasson（1715）.

*　译者对书名有修正。——译者注

67　Manetho 由 Josephus 引用于 *Contra Apionem*，I. 98。

带来文明的征服的故事。在经历了各种各样神秘的入门传授后，塞索斯在非洲和亚洲广泛旅游，创建城市，制定法律，后来退休了，加入了一群具备入门知识的内行。[68]

像《忒勒玛科斯的冒险》一样，《塞索斯》包含许多对埃及文明光辉的评论，而且它比前一本书更进一步，坚持埃及比希腊优越得多。泰拉松把孟菲斯的学园描写为比雅典的学园精致得多，给出埃及人超过希腊人的所有艺术和科学的细节。他利用古典引文，表明希腊政治、天文学、工程和数学的创建者们都在埃及学习过。而且，他还坚称，希腊和埃及神话、仪式之间有密切的类似，希腊人从埃及那里学习了这些形式。[69]他认为，主要的文化传播来自希腊人在埃及学习。但是，他也提到了卡德摩斯和达那俄斯的殖民活动，他坚定地把腓尼基人依附于埃及文明的光辉，这很重要。[70]

《塞索斯》立刻成为共济会关于埃及的标准信息源。随着共济会扩散到整个欧洲和北美，这本书被译成英语和德语，在整个 18 世纪出版了许许多多个版本。它成为许多剧本和歌剧的源头，多数是共济会的，其中最有名的是《魔笛》。席卡内德（Schikaneder）的剧本和莫扎特的总谱充满了共济会-埃及象征主义。[71]一个多世纪中，《塞索斯》被公开用作共济会历史的来源，而且今天依然是共济会传说和仪式的主要源泉。埃及优先权的传统对这一组织是如此重要，共济会在这个问题上无法服从大众的或学术的流行趋势。正如一名共济会作家在极端亲希腊的 19 世纪 30 年代写道：

181

古代和现代所有历史学家都同意，埃及从前是科学和艺术的摇篮，同

68 Terrasson（1731）.关于对《塞索斯》彻底敬意的评价，见 Badolle（1926，pp. 275-6）.又参见 Iversen（1961, pp. 121-2）。关于在 18 世纪教育小说主题的上下文中对这一点的讨论，参见 Honolka（1984, pp. 144-54）。

69 Terrasson（1731, esp Bk. 2）.

70 Terrasson（1731, Bk. 7, p. 4）.

71 Chailley（1971）; Nettl（1957）.《魔笛》的另一个主要来源是伊格纳茨·冯·博恩（Ignaz von Born）的 Über die Mgserier der Ägyptier，发表于《共济会期刊》（Journal für Freymaurer）第一卷（1784）。参见 Iversen（1961, p. 122）; Honolka（1984, p. 144）.1773 年，莫扎特十七岁时，成为共济会会员之前，他为格布勒的歌剧写了总谱，歌剧的名字是 Thamos, King of Egypt，它也是以《塞索斯》为基础的。参见 K. Thomson（1977, pp. 24-31）; Honolka（1984, pp. 142-4）.尽管其剧本不适宜浪漫主义时代，《魔笛》能够留存下来，除了它本身的优点外，似乎还与它是德国第一部重要歌剧有关。在它演出后的若干年里没有人反对它的主题。歌德 1795 年写了一部续集。参见 Iversen（1961, p. 122）。

时代各民族从它那里汲取了宗教和政治原则。正如博学的迪皮伊所表明的："埃及像与世界一样古老的一棵树一样，在永恒的混沌中抬起她高贵的头颅，用她的产品丰富了世界的所有部分。她以不同形式和多种面目把她的根部推向后代，但她永恒的本质走向我们，那就是她的宗教、她的道德和她的科学。"[72]

作为埃及科学寓言的神话

古代牢牢树立了这样一种观念，神话是把历史事件和自然现象向群众所做的寓言性阐释，因为他们只能理解部分真理。这是双重真理或哲学这一总体规划的一部分，上文经常提到它。这样，它是从文艺复兴时期到 17 世纪末理解神话的居于支配地位的方式。

18 世纪偏向常识，这一路径遭到排斥和推翻，弗兰克·曼纽尔敏感地描述了其方式。一些 18 世纪神话作家，如弗雷列和巴尼耶神父，像两千年前的希腊犹希迈罗斯主义者一样，试图把神话阐释为笨拙地讲述字面的真理。[73] 现在据信古人按照表面意义来理解神话，正如其他大陆的当代民族理解他们的神话一样。

与这一变化相关联的因素有日益发展的"进步"感，还有日益增加的始于 17 和 18 世纪作家丰特内勒（Fontenelle）的倾向，来复兴人类历史和孩子长大成熟之间的类比，圣奥古斯丁在古代陈述了这个类比。[74] 从前认为神话是高等文明的隐蔽符号，现在这完全被推翻了，神话被视为人类童年的诗意表达，其价值不在于它的真实内容，而在于它是人类心理的一个信息源。

尽管有所有这些活动，神话的寓言式阐释，认为它是埃及祭司古代智慧的表达，仍然在共济会会员和玫瑰十字会会员中存活、兴盛起来。曼纽尔表明，它如何在库尔·德·热伯兰（Court de Gebelin）巨大和极其无聊的著作中以印刷的方式复兴。[75] 但我们更关心的是学者和革命者夏尔·弗朗索瓦·迪皮伊的

182

72　Rheghellini de Schio（1833，pp. 7-8）.

73　Manuel（1959，pp. 85-125）.

74　Manuel（1959，pp. 44-5）.

75　Manuel（1959，pp. 245-58）.

著作。

作为 20 世纪伟大的科学史家，乔治·德·桑蒂利亚纳（Giorgio de Santillana）指出，迪皮伊今天鲜为人知不是偶然的。他的信仰仍然对基督教和希腊作为文化开始的神话形成连贯的挑战，因此他和他的作品不得不被埋没。[76] 迪皮伊是杰出的科学家，他发明了旗语，法国大革命期间在政治上很积极。他作为学者的伟大名声和他献身于温和的革命原则使他自然成为 1795 到 1799 年督政府期间文化事件的指导者，其后拿破仑治下的执政府期间他是立法机构的主席。

迪皮伊最有名的作品是 1795 年发表的卷帙浩繁的《所有崇拜的本源》。在这本书中，他认为，所有神话和宗教都能追溯到一个来源，即埃及。而且，他相信几乎所有神话都建筑在两个原则中的一个之上：性再生的奇迹和星星及其他天体的复杂运动。虽然神话以堂皇奇幻的用语表达，他认为神话隐藏了内在的科学真理，这只能用科学来解释。他巨大工作的大部分实际上是把神话和天文学详细地相匹配，他对于天文学的了解比任何后来的古典学家要好得多，这对于雅利安模式的支持者来说是不幸的。迪皮伊有两大主题。一个要点是反对基督教，他以大量的细节表明福音书具有近东的神话背景。他认为，基督教是从误解的祭司寓言的废墟中建筑起来的。他的第二大主题是用天文学来解释希腊神话，他遵从希罗多德和古代传统，认为希腊神话基本上是埃及的。这里，他又举出一系列令人吃惊的对应或偶合，如赫拉克勒斯十二项英雄业绩等神话与星星每年通过黄道十二宫的运动彼此对应。

弗兰克·曼纽尔认为迪皮伊很有趣，但最终是可笑的。[77] 德·桑蒂利亚纳则对迪皮伊有完全不同的看法：

> 迪皮伊的作品几乎包含了后来关于创始期天文学所发现的一切东西。他只能依赖古典文献，几乎没有正确的东方文本，关于世界的其他部分只有旅行者偶尔的报告……就是用这些不充分的工具，他做出了现代研究者都没有发现的成就。他关于苏格拉底前古希腊哲学的知识比我们能从赫尔

---

76 De Santillana（1963，p. 819）.

77 Manuel（1959，pp. 259-70）.

曼·迪尔斯（Hermann Diels）那里得到的要广泛得多（迪尔斯是现代学术的圣经），而且避免了猜测的舛误。他的《本源》可以说是极端的，但它合理，连贯，令人印象深刻。[78]

迪皮伊的观点发表之后 20 年中非常有影响，被视为与政治挑战即法国大革命平行的意识形态和神学挑战。第五章将探讨基督教对他的攻击的反应，以及与之相联系的希腊主义者对他认为希腊依附于埃及观点的挑战。迪皮伊的希腊观表现于诸如此类的陈述："埃及可以被视为所有神谱的母亲和所有虚构的源泉，希腊人接受和装饰了这些东西，因为他们似乎没有发明很多。"[79]

远征埃及

无论迪皮伊是否直接影响了去埃及的决定，没有疑问的是，他作为重要的思想–政治人物的存在反映了 1798 年埃及远征前拿破仑圈子里热爱埃及的总体氛围。人们知道的是，他影响了进一步深入上埃及，他认为上埃及是埃及文化乃至世界文化的源头。[80]

184

实际上，殖民埃及的计划早在法国大革命之前很久就制定了，那是在 18 世纪 70 年代法国共济会对埃及的热情处于高潮时。虽然远征有重要的政治和经济原因，没有疑问的是，法国复兴被罗马破坏掉的"文明摇篮"的概念，以及理解埃及秘密仪式的愿望，也提供了重要动机。[81]

拿破仑本人是否共济会会员并不确定。但毫无疑问，他很深地卷入了共济会事务，他军队中的许多高级军官是共济会会员，而且共济会在他的统治下"非常兴盛"。[82]同样清楚的是，他从埃及，很可能通过共济会渊源得到了他的皇家象征蜜蜂。[83]他在埃及一开始的行为也表明了这一影响：例如，他试图超

78　De Santillana（1963，p. 819）.

79　Dupuis（1795，vol. 1，p. 14）.他引用了塔提安，2 世纪的亚述人基督徒，写作了 *Letter to the Greeks*，其中提及波斯魔术、腓尼基字母以及埃及几何学和历史写作（第一章）。

80　Auguis（1822，p. 10）.

81　Charles-Roux（1929，p. 13；1937，p. 2）.另一个"不那么重要的"因素是圣路易斯在十字军东征期间对埃及注定要失败的远征这一传统。

82　R. F. Gould（1904，pp. 451-5）；Beddaride（1845，pp. 96-140）.

83　Iversen（1961，p. 132）.

越基督教，成为伊斯兰教和犹太教的支持者，他履行职责，进入大金字塔，有过一次神秘的经历。[84]

整个远征是欧洲对东方态度的诱人的转折点。在许多方面，详细的测量图、地图和绘画，盗窃物品和文化纪念碑以装饰法国，是通过科学探究进行研究和客体化这一标准模式的早期例子，这种模式是欧洲帝国主义的特征和 19 世纪"东方主义"的基础，爱德华·萨义德（Edward Said）如此精彩地描述了东方主义。[85]另一方面，仍然有许多旧的对待埃及态度的遗迹，远征的科学家成员们相信，在埃及，他们能够学到关于世界和他们自己文化的基本事实，而不仅仅关于异族事物，来完满西方关于非洲和亚洲的知识和对它们的控制。

例如，数学家埃德姆–弗朗索瓦·若马尔（Edmé-François Jomard）详细测量了金字塔和整个埃及，他的基础是古代文献认为埃及对长度的测量是建筑在对地球周长的详细知识之上的；上文论及牛顿时提到，大金字塔包含了纬度的特定部分。若马尔 1829 年发表他的发现时（当时希腊主义正处于盛期），他发现的惊人的对应很快被排斥了，因为所谓的不确切。最近更精确的测量表明，他的结论要可信得多。[86]

甚至在 1798 年，新希腊主义和浪漫主义已经是重要力量。尽管拿破仑关心共济会，但他基本上是他时代的孩童：他显然以很希腊的方式，把自己想象成亚历山大，他随身带着普鲁塔克的《英雄传》，以提供古典模范。他还带了一本《伊利亚特》，《伊利亚特》的主人公阿喀琉斯曾经是亚历山大的灵感。更直接相关的是一本色诺芬的《远征记》，这本书描写了一系列故事，欧洲的希腊人征服了数量远为庞大的各种各样的亚洲人。这一合适的文本成为 19 世纪和 20 世纪初帝国主义的"圣经"，虽然它代替狄摩西尼（Demosthenes）的民主演说和《伊利亚特》成为学习古希腊语的标准入门书花了几十年。[87]

拿破仑的另一个读物提供了当时浪漫主义趣味的完美样本。它是奥西恩的诗集，下一章将讨论这本书对于浪漫主义运动的中心重要性。最后，还有

84　Madelin（1937，pp. 235-7）. *La Décade Égyptrerne*（1798，vol. 1，pp. 1-4）; Tompkins（1978，pp. 49-50）.

85　Said（1978，pp. 113-226）.

86　Tompkins（1978，pp. 45-51，201-6）.

87　关于色诺芬作为作家的缺点和《远征记》作为希腊语入门的文本，参见 Pharr（1959，pp. xvii-xxxii）。色诺芬的拉丁文对应物是恺撒的《高卢战记》。

《圣经》和梵文《吠陀本集》，它代表了浪漫主义对古印度的新渴望，第五章将讨论它。[88]

像通常一样，拿破仑的位置很戏剧化，但他的处境在那个时代非常典型，他生活在古代模式中，但又卷入了"进步"的新范式和浪漫主义希腊主义。在写于 1791 年的《魔笛》中，席卡内德和莫扎特依然在庆贺埃及智慧，但那是在遥远的维也纳。西欧的情况则不一样。到 1780 年，爱德华·吉本以分阶段的渐进方式指称"埃及神学和希腊的哲学"，在此之前，他烧掉了他"年青时"关于色梭斯特里斯的论文，分辩说"在更成熟的年纪我不再敢把希腊古代、犹太古代和埃及古代联系起来，它们在遥远的云朵中消失了"[89]。

在同一个十年，另一名杰出的学者在同样的方向前进了一步。巴泰勒米神父关于解读腓尼基语和比较科普特语、希伯来语和希腊语的著作上文已经提到了；1788 年，在他漫长的生命即将结束时，他发表了《年轻的阿纳卡西斯旅行记》，这将成为他最有名的作品。这个故事讲的是年轻的锡西厄王子在 4 世纪希腊的旅行，这本小说很博学，注释很多，风格与《塞索斯》非常相似，而《塞索斯》和《忒勒玛科斯的冒险》正是它的灵感源泉。[90]《阿纳卡西斯》的成功与《塞索斯》相等：法语出了四十多版，被译为八种语言。[91] 但它迷人地颠覆了希腊的景况。费奈隆的无辜的年轻北方人忒勒玛科斯从希腊来到复杂的埃及，而阿纳卡西斯在一个复杂、堕落的阶段从充满美德的锡西厄来到希腊，但希腊仍拥有高度的文明。

虽然巴泰勒米颂扬了希腊，但他根植于古代模式太深了，无法忽略埃及和腓尼基的文明化角色。在小说绪言中，他认为埃及人作为立法者来到原始的希腊人中。他遵从弗雷列，认为这一事件不仅在凯克洛普斯、卡德摩斯和达那俄斯时，而且还要早 300 年，即公元前 20 世纪伊那科斯和甫洛纽斯（Phoroneus）时，希腊传统认为后两者是佩拉斯吉人或土著人。[92] 而且，他有趣地预期了 70 年后——即 19 世纪 50 年代——伟大的闪米特学家埃内斯特·勒南（Ernest Renan）提出的观点，即严酷的闪米特性格及其严酷的一神教来自沙漠里的太

186

88　Madelin（1937, vol. 2, p. 248）.

89　Gibbon（1794, pp. 41, 137）. 关于他一贯的反犹主义见 Pocock（1985, p. 12）。

90　关于与《塞索斯》的比较，见 Badolle（1926, p. 275）。

91　Badolle（1926, pp. 397-8）.

92　Barthélemy（1789, pp. 2-5）. Fréret 的观点见第一章，注 92。

阳。巴泰勒米论证，埃及的炎炎烈日及相对比的深厚树荫产生了思想和艺术的严厉朴素，而希腊的耀眼光明产生了更轻松、更有活力的东西：

> 于是希腊人从丛林中走出来，看到的物体不再笼罩在阴沉可怕的面纱下。于是，在希腊的埃及人渐渐软化了他们绘画中严厉骄傲的表情。两个集团现在成为单一民族，创造出来的语言闪烁着生动的表达方式。他们用色彩装扮了旧有的意见，从而改变了他们的朴素，但更加迷人了。[93]

从这一观点，我们可以看出巴泰勒米处于转折时期。这就是说，他接受了温克尔曼浪漫主义的新希腊主义观点，认为埃及人僵硬，正式，有点死板，而希腊人被视为笑出声的孩子。另一方面，他不像 19 世纪的人们那么看问题，必须有希腊种族和语言上的纯洁。因此，他接受古代模式关于殖民的描写没有什么困难。

《阿纳卡西斯》不仅在法国大革命期间是逃避现实的重要路径，而且它很可能是法国崇拜希腊的高峰期时最有影响的希腊历史。最有影响的英语书，吉本的朋友威廉·米特福德写的卷帙浩繁的《希腊史》，学术性更为直接。米特福德对希腊的印象比巴泰勒米肤浅得多。作为一贯的保守主义者，他排斥了"进步"的概念，根本不能肯定希腊超越了埃及和近东；实际上，他一般更偏爱后者。《希腊史》1784 年出版，直到 19 世纪 30 年代它都是这一题材的权威著作。正如他在第一卷中写道：

> 亚述是强有力的帝国，埃及人口密度很大，由很精致的政府统治着，西顿是富裕的城市，充满制造品，拥有发达的贸易，而此时希腊人尚不了解最明显、最必需的艺术，据说还以橡树果实为生。但是，欧洲第一个走出野蛮状态的国家正是希腊，这一优势完全是由于希腊和东方的文明国度更便于往来。[94]

93　Barthélemy（1789, p. 62）.

94　Mitford（1784, vol. 1, p. 6）. 关于米特福德历史著作的影响，参见 F. M. Turner（1981, pp. 203-7）。

米特福德还坚持古代模式殖民希腊的观点：

> 在很遥远的古代，埃及发生了革命，革命的早期情形不为我们所知，但它迫使很大一部分居民寻求外国殖民。克里特的文明和政府很可能得自这一事件。**古代希腊得到最好支持的一些传说与埃及在希腊建立殖民地有关系；这些传说与民族偏见如此不通融，与所有已知的历史如此完美地一致，以至它们的基本事实似乎不容置疑。**（黑体由笔者标注）[95]

当认为传说和故事是可信的这一观点得以广泛传播时，它们与其他历史模式和外在信息相符合，却不符合报道它们的团体的利益，但这种观点依然非常有力。但是，我们有趣地注意到，更早的时候没有人捍卫古代模式。这是因为密涅瓦的猫头鹰只在黄昏时起飞——这就是说，传统信仰只有在受到挑战时才被说出来。和许多严阵以待的现状的捍卫者一样，米特福德争论道，所有严肃的学者都同意他的立场，和他一样相信希腊文明的东方渊源。但他的确承认，一个"更浅薄的"学者，塞缪尔·马斯格雷夫（Samuel Musgrave）认为希腊文化是原地生成的。[96] 我们将在第四章集中讨论这一类的想法。

95　Mitford（1784, vol. 1, p. 19）. 我们现在知道，克里特宫殿文明在米特福德所谓"埃及骚乱"——这肯定是指希克索斯阶段——之前很久就建立了。

96　Musgrave（1782, pp. 4-5）.

第四章　18 世纪对埃及的敌意

　　现在，我们接近了这一卷的核心，即最终推翻了古代模式的各种力量的来源，导致希腊代替埃及成为欧洲文明的源泉。我集中讨论这些力量中的四种：基督教反应，"进步"概念的兴起，种族主义的发展，以及浪漫主义希腊主义。所有这些都彼此联系；在欧洲可以与基督教世界相同一的程度上，"基督教反应"与欧洲敌意的延续以及埃及宗教和基督教之间张力的加剧有关。

　　在"进步"的问题上，我论证，它作为支配性范式的兴起由于两个原因损坏了埃及。埃及的远古性使它位于后来的文明后面；而它长期稳定的历史曾经是受到崇拜的原因，现在却被鄙视为静止僵化。从长期来看，我们可以看出埃及也受到种族主义兴起的伤害，贬低每种非洲文化的需要也伤害了它；但在 18 世纪，埃及"种族"地位的不确定性允许其支持者声称埃及本质上原本是"白种人"。与此相对照，希腊即刻在每一个方面从种族主义中获益；它很快被视为"有活力的""欧洲种族"的"童年"。

　　这样，种族主义和"进步"联合起来，谴责埃及／非洲的停滞不动，表扬希腊／欧洲的活力和变化。这样的评价和新的浪漫主义完美地相契合，浪漫主义不仅强调地理和民族特征的重要性，以及民族间的绝对差异，而且视活力为最高的价值。而且，希腊城邦比较小，经常很穷，它们的民族诗人是荷马，荷马的英雄史诗与 18 世纪浪漫主义对北方民谣的激情契合很好，而多数北方民谣极其血腥，像《伊利亚特》一样。这里和语言一样，我们看到希腊和北欧之间的特殊关系，只是由于希腊位于地中海东南部的地理位置和古代模式，这种关系遭到破坏，古代模式强调希腊与中东的紧密联系。总之，埃及和中国、罗马一起，是启蒙运动的模范，而希腊与不那么重要的，但在生长中的18世纪思想和精神潮流浪漫主义联盟了。

基督教反应

这里，必须强调，在我们所讨论的几乎两千年的大部分时间里，基督教和埃及"双重"哲学之间的张力或"矛盾"不是列宁主义或毛主义意义上的"对抗性的"。赫耳墨斯神智论和共济会作为局限于精英者的运动，并没有从根本上威胁社会、政治甚或宗教现状。但是，犹太教、基督教、伊斯兰教等单一神教排他性的声称使得人们很难容忍任何种类的不一致，两个传统之间有过激烈竞争的阶段。

第二章提到了早期教会血腥无情地破坏了诺斯替教和新柏拉图主义。但在15和16世纪，教会一般容忍甚至鼓励柏拉图主义和赫耳墨斯神智论。处死布鲁诺并不令人吃惊，因为他大胆攻击了犹太-基督教传统，并呼唤回归埃及宗教。而且，把布鲁诺烧死之后并未禁止研究埃及，而是鼓励和大规模赞助弗朗西斯·耶茨所称的阿塔纳修斯·基歇尔的"反动的赫耳墨斯神智论"，或者更宽容地说，是教会支持的"埃及学"，包括基歇尔建立的科普特研究。[1] 虽然赫耳墨斯神智论和玫瑰十字会在北欧的知识圈子中经常很有影响力，但它们在德国的三十年战争中、法国的投石党叛乱中以及英国和荷兰反对君主制的斗争中并未扮演重要角色。天主教和新教或高教会派和低教会派之间的宗教斗争与赫耳墨斯神智论很少有或根本没有关系。

如我所述，新柏拉图主义和赫耳墨斯神智论常常是温和派支持的哲学，尝试超越当时剧烈的政治和宗教斗争。与此相似，与托马斯·霍布斯相关联的原子无神论是在对互相竞争着的各种宗教绝望的氛围中成长起来的。

191

1　参见本书第三章，注7; Iversen（1961, pp. 5, 89-99）; Blanco（1984, pp. 2263-4）; Godwin（1979, esp. pp. 15-24）。

因此，17 世纪六七十年代在英国，温和派如拉尔夫·卡德沃思关心着两大敌人，天主教的迷信和清教的狂热，他们把柏拉图主义视为二者的解毒剂。[2]它不仅超越了宗派论争，而且它内在于世界之中有光或生命的教条削弱了狂热派或受神灵启示的信仰者垄断圣灵的声称。进而，卡德沃思相信，无神论的危险来自埃及-柏拉图式的精神与物质的认同，或者造物主和创造本身的认同。[3]

牛顿的思想就是在这一氛围中形成的，我们必须在这一情景中看待上一章提到的他早年对埃及人的仰慕。但是，他对埃及的态度在 17 世纪 90 年代有过剧烈改变，他生命的最后年份忙于编年著作，其中最重要的是《古代王国纪年增补》。上一章提到，在这本书中，牛顿在《圣经》和天文学的基础上证明，埃及人和其他民族关于古代性的声称被大大夸张了，而以色列人存在于其他所有民族之前很久。

韦斯特福尔（Westfall）教授——牛顿最近的传记作者，称这本书是"极其沉闷之作"，认为牛顿"写了一本没有明显意义和明显形式的书"。韦斯特福尔能给出的唯一解释是它含有隐藏的自然神论的信息。[4]但牛顿的多数著作都是如此，我并不认为这种说法为牛顿为《纪年》付出的巨大劳动提供了充分的动机。的确，可以论证，它是牛顿写过的最正统的著作：威廉·惠斯顿可以被描述为牛顿的自然神论良心，但他像法国无神论者弗雷列一样猛烈攻击了《纪年》。[5]而且，正如韦斯特福尔所指出的，到他生命结束时，牛顿已经被当权者有效地收买了。因此，我认为，把《纪年》视为现代思想史家波科克（Pocock）教授所描述的"卡德沃思尝试的完全翻转，以展示古代思想与基督教神学自然相合"，是更有用处的。

波科克把这一点部分归因于"斯宾诺莎的影响"，这一看法是有问题的，因为正如历史学家科利（Colie）教授所表明的，卡德沃思到 17 世纪 70 年代完全意识到斯宾诺莎的思想，他的伟大著作《宇宙的真正知识系统》包含了对

192

2　Colie（1957, pp. 2-4）; Pocock（1985, p. 12）.

3　Pocock（1985, p. 13）. 这并不是说，剑桥柏拉图主义者不关心斯宾诺莎和他们眼中的他的泛神论或"物活论"无神论（Colie, 1957, pp. 96-7）。

4　Westfall（1980, p. 815）.

5　前引书; Manuel（1959, pp. 90-5）。

斯宾诺莎立场的攻击。[6] 这并不否认，在卡德沃思的著作 1679 年发表之后，斯宾诺莎的泛神论继续削弱了基督教柏拉图主义的可能性。但是，1688 年[*]"光荣革命"后的新因素是托兰和激进启蒙。总之，我认为，牛顿的晚年著作和他推迟了埃及和其他古代民族的古代性一般应该被视为"可敬的"自然神论和基督教辩护，以反对激进启蒙及其对埃及和东方古代性的利用。如同 16 世纪的布鲁诺一样，基督教与神秘的埃及宗教和哲学之间的和平共处在文艺复兴时期大部分时间里延续着，但在 17 世纪 90 年代落下了帷幕，基督徒开始反攻了。

"三角"：基督教和希腊一起反对埃及

对牛顿主义的辩护将希腊研究与基督教结盟，这把我们带到了本卷的中心议题，它不是埃及和《圣经》之间的二元冲突，而是基督教、埃及和希腊之间的三角关系。在基督教时代的最初几个世纪里，斗争主要存在于基督徒和异教徒之间。由于这一阶段地中海东部地区的主流文化是希腊的，宗教的基础是埃及的，所以基督徒和异教徒——其中最有影响的是新柏拉图主义者——都把埃及、东方和希腊之间的区分视为相对不重要。另一方面，犹太人如约瑟夫斯（Josephus），早期基督教教父如亚历山大的克莱门特和塔提安（Tatian）针对希腊人赢得了分数，他们指出，与埃及人、腓尼基人、迦勒底人、波斯人等等，当然还有以色列人的文明相比，希腊文明是晚近和肤浅的。他们还强调，希腊从更久远的诸民族那里进行了大量文化借用。[7]

在为基督教辩护的过程中，将希腊人与埃及人、迦勒底人和其他人相对立的可能性直到文艺复兴时期才出现。我已经指出，伊拉斯谟 16 世纪初对赫耳墨斯神智论的敌意本质上与他反对魔术、为基督教和宗教辩护相关联。但伊拉斯谟还是纯正拉丁文和研究希腊文的支持者。[8]

在这几十年中，德国人意识到德语和希腊语之间惊人的相似。二者的名词都有四个格，而拉丁语有五个格。二者都使用定冠词，都大量使用小品词及与

6　Pocock（1985，p. 23）；Colie（1957，p. 96）.

*　原文误为 1689 年。——译者注

7　参见 Josephus, *Against Apion*；Clement, *Stromata*. Tatian 见第二章，注 76。

8　参见第二章，注 121。

193

动词一起用的介词。在宗教改革后，脱离了罗马天主教，二者的关系紧密了许多，希腊语和德语有了新的形象，即新教的两种语言。路德以希腊文的《新约》与罗马教会做斗争。希腊语是神圣的基督教语言，新教徒可以自信地声称它比拉丁语要更正统，更真实。随着宗教改革传播到英格兰、苏格兰和斯堪的纳维亚，一种感觉形成了，即说日耳曼语的民族比说罗曼语的国家，如法国、西班牙和意大利，要"更好"和更"有男子汉气概"，这些民族的语言作为一个整体，比拉丁语高等，与希腊语平等。正如一位 17 世纪英国作家所述：

194

> 我们的语言是日耳曼语的一种方言，虽然当时仅仅处于婴儿期，但与其说发育不全，不如说充满希望，在重要的和根基好的词根和原词方面最富有，最富于果实，而且有能力、适合于从这些词根扩散到与希腊语一样的派生词和复合词的多枝，完全超过了拉丁语及其子嗣方言的能力……[9]

在整个 16 和 17 世纪，希腊研究兴盛于新教学校和大学中。例如，17 世纪法国主要的希腊主义者有多少人——包括伊萨克·卡索邦和达西耶夫人，我讲到荷马崇拜时会讨论后者——作为胡格诺派教徒长大是令人吃惊的。[10] 从利用希腊语来攻击罗马天主教的迷信，不多远就是利用它来反对埃及魔术。但是，卡索邦对赫耳墨斯文本古代性的批评并未将理性的希腊与魔术迷信的埃及相并列。它是用解读希腊文本的批评方法来推翻埃及智慧的古代性及其价值。

70 年后，理查德·本特利用了一种类似的方法。本特利生时担任剑桥三一学院的院长，十分专制，遭人嫉恨，但他在古典学的历史上是一名英雄，因为他是早期希腊语的第六个字母的发现者，更确切地说，他发现了以下事实：在一些希腊字母表中写作 F 的 w 音在荷马和其他希腊方言中存在过，尽管在这些方言中这个音没有被记录下来。本特利的发现表现出高超的智谋，他观察到，在特定的例子中，以元音开头的词和前面的音节在一起，并不省略或共存。他因为缜密的批评性学术更加受到尊敬，这些学术在他生时并未受到特别

9　Hare（1647, pp. 12-13），引用于 MacDougall（1982, p. 60）。
10　关于新教与希腊研究之间联系的历史学的概观，参见 Lloyd-Jones（1982b, p. 19）。

欣赏，但后来给予他名声，使他成为所有时代英国最伟大的古典学家。[11]

理查德·本特利还是使牛顿物理学通俗化，并详细说明其神学和政治内涵的第一人：由于物质本身不能移动，需要有一位神灵——其秉性通常是规律的——来创造和维持宇宙，正如辉格党君主立宪制需要一名国王一样。本特利1692年时提出了这一规划，当时他正在讲一组布道文或讲座的第一系列，著名的英裔爱尔兰化学家罗伯特·玻意耳（Robert Boyle）爵士创立了这一讲座，以反对"臭名昭著的异教徒，即无神论者、有神论者、异教徒、犹太人和伊斯兰教徒"。[12]本特利几乎没有提到最后两者。他关心的显然是前三者，尤其是激进启蒙。他特别关注的是共济会激进思想家和先驱约翰·托兰对布鲁诺有生命的物质这一埃及概念的利用，激进分子曾用这一概念来攻击牛顿物理学。本特利及其圈子似乎也了解托兰的共和主义。托兰完全意识到他的物理学和他的政治之间的相互关系。[13]本特利利用自己杰出的智力和古典学术，不仅阐释了牛顿系统及其内涵，而且质疑了指称埃及、东方智慧和天文学的希腊文献的可靠性及年代。[14]由此，他试图剥夺托兰和激进分子一个最有力的合法性来源。

但是，这里我们最关心的是牛顿和本特利的联盟，以及新科学和批评性古典学术联合起来保卫现状。这两个人总是处于阿里乌教义或自然神论的边缘，如果没有超越的话，但具有反讽意味的是，正是他们，成为基督教统治集团两个最有效的捍卫者。[15]

195

11　Pfeiffer（1976，pp. 143-58）; Wilamowitz-Moellendorff（1982，pp. 79-81）. 一般认为，早期希腊语的第六个字母digamma是一个古老的字母，因为它不存在于爱奥尼亚字母表，这一字母表在公元前403年伯罗奔尼撒战争结束时在希腊成为标准字母表。我在Bernal（1987a; forthcoming, 1988）中论证爱奥尼亚字母表比包含F的多利斯字母表要古老得多，因此这一字母大约公元前1000年进入希腊字母表，比大约公元前1600年晚得多，后者是我给予字母表作为一个整体传播的日期。这并不是否认本特利对音素w的发现，虽然我相信一些省略音节的失败可能是希腊语借用——或者至少是反映或意识到——闪米特语或埃及语ʿayin的结果。参见第二卷。

12　Bentley（1693）.（有神论指持多神论或其他观点者，不包括基督教意义上的神论者。——译者注）

13　Jacob（1981, p. 89）.

14　Bentley（1693）. 更多关于本特利和玻意耳讲座的讨论，参见Pfeiffer（1976，pp. 146-7）。

15　关于本特利的玻意耳讲座本身的自然神论内涵，参见Force（1985，pp. 65-6）. 对他正统性的进一步怀疑见Westfall（1980，pp. 650-1）。当然，有对牛顿和本特利都反对的基督徒; 参见Force（1985, p. 64）。

希腊和基督教的结盟

基督教和希腊之间更为正统的结盟存在于约翰·波特（John Potter）的著作中，他在韦克菲尔德（Wakefield）文法学校学习时与本特利是校友，但比本特利年轻，后来他做了坎特伯雷大主教。1697 年，波特出版了四卷书，讨论希腊政治机构和宗教，这本书及其新版一直是该领域的权威著作，直到 1848 年被史密斯（Smith）博士的《辞典》所替代。[16] 波特不仅坚称，雅典和希腊其他地方不一样，从未被野蛮人征服过，而且认为，希腊文化和机构来自雅典；波特的传统至少可以追溯到卢克莱修。[17] 这样，他能够把希腊从近东剥离出来，却并不挑战关于侵略的古代权威。

196 这一张力也存在于他对希腊宗教的处理上。这里，虽然他试图把色雷斯提到平等的地位，他承认宗教来自埃及，但继续把它视为似乎纯粹希腊的。[18] 在整个 18 世纪，人们发现了类似尝试，尤其是在基督教辩护士中，试图调和贬抑埃及、提升希腊的愿望与面对古代模式的无能为力。

针对埃及的"进步"

英国激进启蒙的支持者们利用埃及和美索不达米亚的古代性来支撑他们的立场时，像法国现代派一样，他们感觉自己是"进步的"。但从长远来看，埃及必定要从"进步"新范式的建立中衰落。这带来的转变可以从以下对比中看到：牛顿 18 世纪 10 年代攻击埃及和东方的古代性，威廉·沃伯顿（William Warburton）主教 18 世纪 30 年代采用了很不相同的方法。沃伯顿将他的《摩西的神圣使节》视为针对自然神论者、斯宾诺莎主义者、泛神论者的斗争的一部分，这些人与基督教的对立他追溯到了新柏拉图主义者。[19] 这样，沃伯顿在攻击激进启蒙时，给予了为基督教辩护一个进步的优势。正如波科克描述他的立场说：

16　Potter（1697）；B. H. Stern（1940, p: 38, n. 49）；Smith（1848）. 关于古希腊与基督教之间联盟的一些后来的衍生结果，参见 Bernal（1986, pp. 11-12）。

17　*De Rerum Nat*, VI. I. 上文提到，卢克莱修是伊壁鸠鲁主义者。这一学派的希腊民族主义或沙文主义见第一章，注 170。

18　Potter（1697, vol. 1, pp. 1-3；vol. 2, pp. 1-2）。

19　Warburton（1739, vol. 4, p. 403）. 更多关于沃伯顿与埃及的讨论，参见 Dieckmann（1970, pp. 125-8）；Iversen（1961, pp. 103-5）。

他远远没有认为现代哲学以其怀疑主义威胁了宗教，却很倾向于这样的观点，即只有在现代性中哲学才获得了与信仰相一致的神圣和中道。在沃伯顿看来，即便是现代的非宗教——他把这与雅各布的激进改革［启蒙］等同起来——也似乎是古代哲理化方式的拟古主义复兴。[20]

沃伯顿关于埃及宗教的观点本身是倒退的，离牛顿的观点相去不远。他在18世纪30年代作时，无法否认埃及宗教曾经是崇高的一神教，但他认为它已经堕入了惊人的偶像崇拜。在弗兰克·曼纽尔描述一位主教"与埃及祭司阶层的团结一致"时，他把这一腐化归罪于政治家。[21]但在沃伯顿眼中，优先权不是优势。他猛烈抨击了牛顿的时间表，即便这使得他与如此臭名昭著的自然神论者如威廉·惠斯顿和无神论者如尼古拉·弗雷列等并列起来。[22]

在沃伯顿看来，希腊人来得比较晚的事实反而使他们更好。他们超越了自己的老师们。虽然他被迫承认希腊人从埃及人那里学习了神的名字及其仪式，但他强烈否认二者完全一样。[23]他还坚持认为，虽然毕达哥拉斯在埃及学习了21年，但他是在回到希腊后才阐明他的定理的。在此基础上，他论证说埃及人不会假设——这一准则至今仍然存在。

雅各布·布鲁克，18世纪中期德国伟大的哲学史家，对于古埃及表达了类似的矛盾态度。[24]布鲁克无法否认埃及人曾经是哲学家这一巨大的古代传统，但他认为，更确切地说，埃及人应该被称为发明和操纵了寓言的"神谱学者"。根据他的观点，真正的哲学始于"前苏格拉底的"爱奥尼亚人，但与神谱的真正决裂始于苏格拉底本人。布鲁克认为，苏格拉底的胜利在于他（波科克教授如此写道）

放弃了认识自然的尝试，而以尊敬的怀疑主义态度视之，哲学则集中于它正当的目标，即发现导向理解真正上帝的道德真理。[25]

197

20　Pocock（1985，p. 11）.

21　Manuel（1959，pp. 69，191-3）.

22　Warburton（1739，vol. 4，pp. 5-26）；Manuel（1959，pp. 107-12）.

23　Warburton（1739，vol. 4，pp. 229-41）.

24　关于布鲁克的书目见 L. Braun（1973，p. 120）.

25　Pocock（1985，p. 22）.

但是，柏拉图背弃了这种反科学的"哲学"，不幸的是，他在西西里和毕达哥拉斯主义者一起学习过，在埃及和祭司一起学习过。布鲁克认为，柏拉图重新引进了爱奥尼亚人和苏格拉底试图与之决裂的寓言、诗歌和奥秘性。[26] 这样，布鲁克通过在苏格拉底和他忠实的弟子、传记作者柏拉图之间划上一个不太可能的无条件的分裂，得以声称希腊人的高等，同时保留古代的观点，即所有种类的柏拉图主义基本上都与埃及传统密切相关。

198 作为"进步"大陆的欧洲

17 世纪 80 年代土耳其人战败和对牛顿物理学的普遍接受改变了欧洲的自我形象。在后牛顿的世界中，作家如孟德斯鸠开始把东方"智慧"与欧洲"自然哲学"相对照，上文提及孟德斯鸠称埃及人为最伟大的哲学家。[27] 孟德斯鸠 1721 年时写了这样的话；随着这个世纪的进展，欧洲的经济和工业取得进步，并扩张到了其他大陆，因而欧洲高人一等的概念发展起来了。

但是，这一立场远远不是 19 世纪帝国主义胜利所产生的立场，因为 18 世纪的欧洲没有人能够声称欧洲创造了自我。然而，人们认为，欧洲现在比任何其他大陆要先进得多，这里有一个密切的类比，即公元前 4 世纪和希腊化时期的希腊与更古老的诸文明之间的关系。例如，人们经常引用柏拉图或他的一个学生写的《伊庇诺米篇》，在描述和表扬了埃及和叙利亚天文学后书中写道："让我们注意到，希腊人无论从外国人那里借用了什么，最终都把它们变成了更好的东西。"[28]

文化上处于边缘的民族，如英国、德国、日本、朝鲜或越南，经常出现这样的声称，即引进的技术、概念或美学风格增加了某种不可言状的性质。当面临着规模如此巨大的外来借用以至无法否认时，或者当借用与文化或"种族"高等性的等级相反时，文化骄傲必须得以维持。[29] 正如通俗作家奥利弗·哥尔德斯密斯（Oliver Goldsmith）1774 年在《地球史》中所写，他惊人地意译

26　前引书。

27　Montesquieu（1721, Letters 97, 104, 135; Rashed, 1980, p. 9）.

28　*Epinomis*, 987D.

29　参见例如 19 世纪 70 年代和 80 年代时由于日本迅速西化而应激产生的国粹（Kokusai）运动（Pyle, 1969, pp. 60-9）; Teters（1962, pp. 359-71）。

了《伊庇诺米篇》："可能由人类中其他种族发明的那些艺术在那里［欧洲］才得以完善。"[30]

"进步"

人们常说，18世纪关于"进步"概念最清楚的表达存在于孔多塞（Condorcet）写于1793年的《人类精神进步历史概观》。但是，孔多塞在这本书中提到的多数观点早已被阐明了，就在1750年，19岁的阿内·罗贝尔·杜尔哥（Anne Robert Turgot）所做的演说《论人类精神的逐步进步》中。杜尔哥后来成为路易十六的财政部部长，与当时重要的重农主义者关系密切，提倡中国的经济观念。后来他被称为政治经济学的创建者。在他的上述演说和未完成的历史草稿中，他关于"进步"的观点异常清晰。[31]

这些观点不仅本身很重要，而且对杜尔哥及其同时代人关于埃及人、腓尼基人和希腊人的观点有影响。根据新的范式，这些文明随着人类精神的"进步"，必须被视为逐渐上升。但是，如同所有的历史进化论——显著者如黑格尔和马克思所述——一样，每一步骤开始被视为有益于"进步"的，但后来堕落了，成为新生力量的对立面。因此，杜尔哥认为埃及和中国一开始具有先驱意义："它们向着完美，大跨步地前进。"[32]

埃及人和中国人被视为数学家、哲学家和玄学家。不幸的是，在这两种文明中，迷信和祭司的教条主义消耗了这些"科学"的元气。正如沃伯顿主教在这个问题上，基于"神职人员的团结一致"试图为祭司开脱一样，像杜尔哥和孔多塞等知识分子很高兴又有了一根棍子来打他们，因为在这里和现代世界一样，堕落的因由可以主要归罪于祭司。[33]但是，杜尔哥和崇拜当时中国的重农主义者不同，他宣判中国属于过去；"进步"规划的这个部分使他与关于埃及人的旧的、倒退的图景很接近：埃及人曾经拥有——很可能从以色列人那里——纯洁真正的宗教，但后来失去了。

30　Goldsmith（1774，vol. 2，pp. 230-1）。
31　Turgot（1808-15，vol. 2，pp. 52-92，255-328）。
32　Turgot（1808-15，vol. 2，pp. 55，315）。
33　Manuel（1959，p. 69）。

杜尔哥还把堕落视为埃及和中国政府专制主义的后果。孟德斯鸠把它归因于灌溉所引起的道德进步，但杜尔哥像孟德斯鸠一样，认为埃及和中国的政府不像它们的炎热气候所决定的那么坏，也不像穆斯林形式实际上是的那样。[34] 像布鲁克和 18 世纪多数思想家一样，杜尔哥将毕达哥拉斯主义者、新柏拉图主义者以及——他暗示——柏拉图本人归入堕落的亚洲玄学家的行列中。[35] 在他看来，人类精神进步的高级阶段开始于亚里士多德的逻辑学，直接延续到培根、伽利略、开普勒、笛卡尔、牛顿和莱布尼茨。[36] 至于希腊，杜尔哥相信，尽管这个国家的不统一和自由鼓励了他，"只是在许多个世纪以后，人们才看到希腊出现哲学家"[37]。

杜尔哥认为，古希腊真正的光荣在于诗歌，这直接源于希腊语言的丰富。这种丰富所以产生，是因为

> 腓尼基人居住在干旱的海岸，让自己成为民族间交往的媒介。他们的船只遍及整个地中海。他们开始从一个民族向另一个民族散布，天文学、航海和地理学彼此完善。希腊和小亚细亚的海岸充满了殖民地……这些独立的殖民地和希腊的古代诸民族相混合，和相继入侵的蛮族的遗留相混合，从这些混合中希腊民族形成了。……在这些多重混合中，这一丰富的语言形成了，它响亮，富于表现力，是适用于所有艺术的语言。[38]

为了支持腓尼基人，而大度地否认埃及人，这表明了二者相对重要性方面的未来态度。从别的方面来说，杜尔哥的陈述反映了当时的语言研究（论及巴泰勒米时上文已经提到），杜尔哥的规划还反映了法语来源于凯尔特语、拉丁

---

34 Montesquieu（1748，Bk. 18，ch. 6.）. 当然，这与后来的"治水说"直接相反，这一理论由马克思暗示，威特福格尔发展，认为对水的控制导致"东方专制主义"。与 19 和 20 世纪的思想家不同，孟德斯鸠那边有荷兰的例子。亚细亚生产方式的书目见 Bernal（1987b）。

35 Turgot（1808-15，vol. 2，pp. 65，253，314-16）. 在另外的地方（p. 71）他写道："柏拉图种植花朵；他雄辩的魔力甚至装饰了他的错误。"把柏拉图视为有诱惑力的诗人而非哲学家的观点直到 19 世纪仍然有，参见 Wismann（1983，p. 496）。

36 Turgot（1808-15，vol. 2，pp. 276-9）.

37 Turgot（1808-15，vol. 2，p. 70）.

38 Turgot（1808-15，vol. 2，pp. 66-7）.

语和日耳曼语的混合。[39]但是，这一点并不影响它的相对可信性，希腊语像理想化的德语一样，比较"纯洁"，这一同样主观的形象则不那么可信。纯洁的图景极端不可能，不仅仅基于地理和历史的原因，而且基于语言的因素，如同杜尔哥所指出的。

杜尔哥及其同时代人虽然宣称并表述了"进步"的新景象，但他们仍然尊敬埃及人和腓尼基人，从未质疑过他们曾经在希腊殖民并使之文明化的传说。[40]但是，"进步"范式的引入最终对于埃及人的名声是致命的。他们的古代性从前一直是他们的一个主要优点，现在则成了不利条件。

埃及衰落的反面是希腊地位的提升。但在论述这一点之前，我们必须考虑在推翻古代模式中帮助了基督教反应和"进步"范式的两种力量：种族主义和浪漫主义。

种族主义

所有的文化对面目不寻常的人们总有一定程度的成见，更经常的是偏见。但是，自从17世纪以来，北欧、美洲和其他殖民种族主义的烈度和普遍性超过了正常值如此之多，它们需要一些特别的说明。

16世纪是北欧人和其他大陆的民族进行经常性接触的第一个世纪，很难说16世纪以前种族主义是不是不同寻常地强烈。在早期的关于所谓谋杀小休爵士（Little Sir Hugh）的反犹主义歌谣中，邪恶的犹太人似乎并未被视为黑肤色的。[41]甚至有可能，随着诺曼征服以后法国人和意大利人的涌入，黑肤色享有高贵的地位，早期民谣有时把贫穷漂亮的姑娘和富有黝黑的姑娘相对照。另一方面，毫无疑问，"漂亮姑娘"被视为道德上优越，两姐妹的歌谣有非常古老的古代斯堪的纳维亚的先例，它们强调与漂亮的好姐妹相对照的黝黑的

39 参见第三章，注33、34。
40 Turgot（1808-15，vol. 2，pp. 330-2）.
41 Child（1882-98，vol. 3，pp. 233-54）.这一对犹太人肤色的不关心与沃尔特·司各特在《艾凡赫》中对这一阶段的重构形成鲜明对比，司各特一再强调了犹太人的黑肤色。当然，小说作于19世纪初，当时对"种族"差异的兴趣异常强烈。

坏姐妹。[42]

还有，到 15 世纪，毫无疑问，黝黑的肤色与邪恶、劣等之间建立了清晰的联系，此时人们对新近到来的吉卜赛人既怕又恨，一方面因为他们肤色黝黑，另一方面因为据说他们性能力很强。[43] 无论这一对皮肤黝黑的"他者"的担心和憎恶在中世纪的北欧是否非同寻常地强烈，人们普遍接受的是，一种更清晰的种族主义在 17 世纪 50 年代后生长起来，而且它被北美的日益殖民化大大强化了，这是由于殖民化的双重政策：将本土美洲人赶尽杀绝，将非洲人奴隶化。这两个政策对新教社会提出了道德问题，因为上帝面前人人平等和个人自由是新教社会的核心价值，只有强烈的种族主义才能消除它们。

最经常用来为奴隶制辩护的古典作家是亚里士多德，亚氏详细阐述了他对奴隶制的支持。人们求助亚里士多德，与他的作品浸透着希腊人比其他民族天生优等的信念有关系：

> 居住在寒冷地区和欧洲的种族充满勇气和热情，但有些缺少技巧和脑力；因此，虽然一般是独立的，但它们缺乏政治团结和统治他人的能力。另一方面，亚洲的种族有头脑和技巧，但缺少勇气和意志力，所以它们被奴化，被统治。而古希腊种族地理上处于中间位置，两方面都具有。所以它一直是自由的，拥有最好的政治机构，而且如果有了单一的政体，能够统治别人。[44]

就这样，亚里士多德将"种族优等"与统治其他民族的权利联系起来，尤其是有"奴性倾向"的民族。

对"种族"差异类似的观念也处于 17 世纪末辉格党哲学家约翰·洛克思想的核心。没有疑问的是，洛克亲自介入了拥有奴隶的美洲殖民地，他像 18 世纪伟大的哲学家大卫·休谟一样，我们现在应该称之为种族主义者。这些态度是否影响了他们的哲学更值得讨论，但哈里·布拉肯（Harry Bracken）和诺

42　关于中世纪对黑人态度的总体概观，参见 Devisse（1979，part. 1）。又参见 Child（1882-98，vol. 1，pp. 119-21）。

43　Child（1882-98，vol. 3，pp. 51-74）.

44　《政治学》，VII. 7（trans. Sinclair，1962，p. 269）。

姆·乔姆斯基（Noam Chomsky）认为这有可能的论证看起来很可信。[45]

　　洛克一贯诋毁本土美洲人，这对他的政治观至关重要，因为土著人居住的土地需要提供一块荒地，供英国人和其他殖民者使用。如此殖民的可能性对下列论点是必需的，即人们可以选择是否加入社会契约，社会契约显然有许多不平等。[46] 洛克拒绝维护同一民族内部的奴化，仅仅称这种奴隶制为"贱役"。对他来说，如同对于当时的多数思想家，只有当奴隶制是战俘的结果，作为正义战争中正当的死亡的另外一种选择时，奴隶制才是可以维护的。[47] 例如，基督教欧洲对异教非洲人和美洲人的攻击被分类为"正义战争"，因为后者不是在保卫他们的财产，而只是"荒地"而已。进而，洛克有个奇特但方便的想法，即非洲人和美洲人并不从事农业，而他认为，只有耕作才能取得对土地的权利。[48] 总体规划允许欧洲人蓄养黑人奴隶。而且，大量非洲奴隶的存在本身使人们相信，它们是亚里士多德意义上的"天生奴隶"。

　　到 17 世纪 80 年代，实际上有一种广泛传播的意见，认为黑人在"巨大的存在之链"上仅仅比同样来自非洲的黑猩猩高一个等级。[49] 洛克的唯名论使得这类思想更容易了：他否认"种类"的客观有效性，而认为它是主观的概念，他尤其怀疑不方便的类别"人类"：

> 我认为，我们现有的"人类"一词的定义中，或者那一类动物的描绘中，没有一个是如此完美和精确，以致使得周密爱问的人们满意的；更不用说共识了……[50]

　　这一立场不仅与《圣经》中"上帝以自己的形象创造了人类"，而且与笛卡尔认为的不思想的动物和思想的人类之间的本质区分形成鲜明对照。就这样，经验主义去除了种族主义道路上应该承认是脆弱的屏障；但是，经验主义

203

45　Bracken（1973，pp. 81-96；1978，pp. 241-60）. 又参见 Poliakov（1974，pp. 145-6）。

46　参见例如 Locke（1689，Bk. 5，p. 41）。

47　Locke（1690，Bk. 4）.

48　Locke（1689，Bk. 5，pp. 25-45）. 关于这一点的讨论见 Bracken（1973，p. 86）。

49　Jordan（1969，p. 229）.

50　Locke（1688，Bk. 3，p. 6，cited in Jordan，1969，pp. 235-6）. 洛克种族主义的其他例子见 Bracken（1978，p. 246）。

和种族主义之间并无必然联系。[51]

再重复一下——确定的是，洛克和 18 世纪多数说英语的思想家，如大卫·休谟和本杰明·富兰克林（Benjamin Franklin），都是种族主义者——他们公开表达了流行的观念，即黝黑的肤色与道德和精神上劣等相联系。在休谟一例中，种族主义如此超越了通常的宗教，他成为下列观点的先驱者，即人类被创造了不止一次，而且是有许多次不同的创造人类，因为"如果自然没有在不同种族间制造原初的区分，如此一贯恒常的分别不可能发生在如此众多的国家和时代"[52]。种族主义对 1700 年以后欧洲社会的中心意义可以在以下事实中表明：这种关于人类起源"多源论"的观点在 19 世纪初继续生长，甚至在基督教复兴后继续发展。

在 18 世纪的法国，种族主义不是那么清晰。但是，亚里士多德式、假柏拉图式的种族方面的气候和地形决定论在 16 世纪浸透了让·博丹的作品，18世纪的孟德斯鸠重新激活了它。[53]孟德斯鸠 1721 年发表《波斯人信札》，一举成名。在一个层面上，他用显贵的波斯人来批评和讽刺欧洲；在另一个层面上，他把欧洲的形象创立为"科学"和"进步"的大陆。这一优先性被解释为她有益的、温和的气候的结果。他支持欧洲、对亚洲和非洲抱有敌意的观点在他1748 年发表的《论法的精神》中更为明显。[54]

卢梭在他 1762 年发表的《社会契约论》中，猛烈攻击了任何对于奴隶制的辩护。另一方面，他遵从了地理决定论学派，相信一个民族的品德和政治能力取决于气候和地形。他是欧洲中心主义者，对埃及和中国显著地几乎没有兴趣。后来的浪漫派都有这个特点，他们几乎总是偏爱北欧雾蒙蒙的山，把北欧视为人类美德的真正储藏地。

浪漫主义

除了为基督教辩护和"进步"的概念外，我相信种族主义是推翻古代模式的第三大力量；第四大力量是浪漫主义。大致说来，浪漫主义与启蒙运动和

51　Bracken（1978，p. 253）.

52　Footnote to *Of National Characters*，cited in Jordan（1969，p. 253）；Bracken（1973，p. 82）；Popkin（1974，p. 143）；S. J. Gould（1981，pp. 40-1）.

53　假柏拉图的指称见 *Epinomis*，987D. Bodin 见第三章，注 26。

54　参见例如 Montesquieu（1748，Bk. 8，p. 21）。

共济会传统相对，认为理性不足以处理生活和哲学的重要方面。浪漫主义关心的是地方和特殊的东西，而非全球和一般的东西。还有一个过于简化但有用的对比，即 18 世纪启蒙运动对稳定和空间的安排充满兴趣，而浪漫主义对运动、时间和历史中"进步"的发展富于激情。启蒙运动成就的突出例子是对世界海岸线的精确绘图，林奈（Linnaeus）对自然物种的系统安排，以及据认为要永远存在下去的美国宪法。

从 1790 年到 1890 年浪漫主义兴盛的时代，除了自然科学领域非同寻常的成就外，对历史也有强烈的兴趣，两者中使用的主要模型都是"树"。树木将要出现在达尔文的进化论、印欧语系语言学和 19 世纪多数历史书中，它提供了理想的浪漫主义意象。树木根植于自身的土壤，所在的气候供给它营养；与此同时，它生机勃勃，向上生长。它一直向前进，从不回头。正如上文提到的历史作为传记这一意象一样，树木有着简单的过去，错综复杂的、分枝的现在和未来。当然，树木的意象在描述欧洲和希腊历史时有种种不足，我下文会回到这一论题。[55]

应该记住的是，虽然卢梭影响巨大，浪漫主义在法国从来不如在英国和德国那么强大，我们应该在英国和德国寻找该运动的进一步发展。

首先是德国。18 世纪初期，德国经历了它最为痛苦的民族身份的危机之一。与法国、荷兰和英国形成强烈对比的是，在德国，三十年战争 1648 年结束后的一个多世纪里，军事动荡、政治分割和经济落后连续不断。在同一时期，法国在军事上和文化上崛起，以致要成为"新罗马"，能够吸收整个欧洲。[56]德国宫廷的语言和文化是法国的，包括普鲁士国王腓特烈大帝的宫廷；18 世纪上半期德国出版的多数书籍是拉丁文和法文的。因此理所当然有一种担心，17 世纪末的哲学家和数学家莱布尼茨和后来的爱国者表达了这种担心，认为德语永远不会发展成为可以用来进行文化和哲学对话的语言；它甚至会像法国的早期统治者说的日耳曼法兰克语一样，在法语来临时完全消失。德国文化和德意志民族被视为处于极端危险中。[57]

德国浪漫主义者对这一危机最重要的反应是试图让德国人回归他们的文

55　对树木的更长篇的攻击见 Bernal（forthcoming，1988）。
56　在某种程度上，意大利人分有了 18 世纪法国对欧洲的文化征服，一般认为意大利人是最好的音乐家和画家，而且仍有杰出的科学传统。
57　参见 Blackall（1958，pp. 1-35）。

化根基，并在德国土壤和德国人民中创造真正的德意志文明。新的浪漫主义和进步的观点认为，民族现在必须放到它的地理和历史背景中考察。属于土地及其民众的种族精神根据时代精神，或用 18 世纪 80 年代发展起来的术语来说，Zeitgeist，来变换它的形式；但一个民族总是保持它不变的本质。浪漫主义运动这一侧面最有影响力的人物是约翰·戈特弗里德·赫尔德（Johann Gottfried Herder），他在新希腊主义和语言学的发展方面也很重要。赫尔德本人保留在启蒙运动的普适性范围之内，认为所有民族，不仅是德国人，应该得到鼓励，去发现和发展他们自己的精神。[58] 但是，他的观点中及其他 18 世纪末和 19 世纪初德国思想家，包括康德、费希特、黑格尔和施莱格尔兄弟的观点中明显的对历史和地方特殊性的关注以及对理性或"纯粹理性"的蔑视，为此后两个世纪中的沙文主义和种族主义提供了坚实的基础。

奥西恩与荷马

一个"种族"最为纯洁的两个本质被视为是语言和民歌。作为声音它们属于时间，而非空间。它们不是稳定的，而是移动的，如果不是"活着"的话，它们被视为传达感情，而非理性。而且，它们不仅是整个种族的表达，而且是这个种族最典型、最有活力的阶段，即"童年"或原始阶段的表达。所以在此我们聚焦于民歌和民谣。

在对歌谣、史诗及其与民族关系的关注中，德国运动背后的主要推动力来自英国，或者更确切地说，来自苏格兰。1707 年苏格兰与英格兰联合的法案，1715 年和 1745 年打败老觊觎王位者及其儿子漂亮王子查利（Bonnie Prince Charlie），以及苏格兰高地的盖尔人文化遭到破坏，迫使旧的民族主义进行了重大的重新调整。说英语的上层阶级苏格兰人很快发展了一种对民族主义的安全的文学升华，其中有对素朴的、落后的、遥远的东西的崇拜以及对失落的纯真的恋旧。[59] 对此，主要的艺术表现是真正的或新近制造的民谣或民歌。

58　Berlin（1976, pp. 145-216）; Iggers（1968, pp. 34-7）.

59　Trevor-Roper（1983）.

这一运动最有影响力的产品显然是詹姆斯·麦克弗森（James MacPherson）伪造的盖尔语全套史诗，据称是 3 世纪诗人奥西恩所作，主题是他父亲的英雄事迹。《奥西恩》1762 年出版，虽然很快被揭露为伪作，但它在出版后半个世纪内一直是欧洲阅读最广泛的诗歌。第三章提到，拿破仑远征埃及时携带了这本书。在《奥西恩》之前，珀西（Percy）主教出版了他的《英诗辑古》。这一真正苏格兰和英格兰边界民谣的集子也在整个欧洲影响广大，尤其是在德国，这个集子激励赫尔德倡导了收集和出版民歌的新运动。[60] 民歌运动与歌德发起的小说狂飙运动结合到了一起 [德语中小说叫 Romane，"浪漫主义"（Romanticism）一词即得名于此]。

在 18 世纪晚期的多数时间里，奥西恩被视为比荷马要更好。但这并不意味着荷马不受欢迎。荷马在古希腊享有很特殊的位置：他是大写、唯一的"诗人"，他的史诗对所有希腊教育和希腊所以成为希腊具有中心意义。[61] 在罗马，希腊式教育总是从荷马开始。在文艺复兴时期，尽管柏拉图-埃及传统居于优势地位，对荷马仍有相当关注，尤其是在新教学者中，他们认为希腊语是神圣的、非罗马的语言。正如塔内吉·勒费夫尔（Tanneguy Le Fèvre），一位卓越的胡格诺派学者，安妮·达西耶的父亲，1664 年写道：

> 古代人——地理学家，诗人，修辞家，神学家，医生，道德哲学家，甚至陆军将军——将荷马视为他们各自职业中智慧的最终源泉。[62]

达西耶夫人本人把荷马翻译成法语，大力支持他，尽管现代派和广大公众不同意，而她认为这些人对荷马有偏见。她和她丈夫就在新教遭禁之前，投机改信天主教，得到丰厚报偿，这一改宗很难和她对道德及高尚原则的关注相调和。但是，她仍然忠实于她父亲对荷马的世俗热情，这使张力得到缓解。

1714 年，达西耶夫人发表了极具影响力的《论品味退化的原因》。在这部作品中，她攻击了现代派如泰拉松，泰拉松批评荷马和希腊人太原始；太粗糙，

208

60　Berlin（1957, pp. 145-216）。

61　关于荷马在古典希腊文化中角色的描述，参见 Finley（1978, pp. 19-25）。荷马"诗人"的称号可以与他的名字可信地来自埃及语 ḥm(w)t-r 和科普特语 hmēr（拼写，言语行为，言语演员）相联系。

62　Le Fèvre（1664, p. 6）; cited in Farnham（1976, p. 146）。

文明民族享受不了，如现代法国人和古代埃及人。她则把荷马视为表达了未堕落时代情感的最早诗人，但要使荷马成为最早，她不得不否认埃及文明，还有"希伯来"文明的重要性。[63] 然而，达西耶夫人和古代派在启蒙运动的中心法国提倡希腊人并未成功。正如伏尔泰在世纪中期写道："在我看来，希腊人不再时髦了，这从达西耶先生和夫人的时代起就是如此。"[64]

其他国家的情况则不同。意大利学者和幻想家乔瓦尼·巴蒂斯塔·维科在 18 世纪 20 年代把荷马视为他的历史规划的前两个阶段（"神圣"和"英雄"阶段）中"诗性智慧"的缩影。[65]18 世纪 30 年代，阿伯丁人托马斯·布莱克韦尔（Thomas Blackwell），奥西恩的创造者麦克弗森的老师，把荷马视为原始时代的诗人，把希腊人视为欧洲的童年。[66]

18 世纪以迅猛速度发展起来的新概念"童年"位于"进步"和浪漫主义的交集。童年被视为理性之前情感和感觉的阶段，而且没有成年期的性和堕落。进而，童年是潜力阶段——面向未来，而不囿于过去。因此，童年的成长与浪漫主义和"进步"的成长携手并进。希腊人作为孩童形象的古典权威来自柏拉图的《蒂迈欧篇》，其中，我已经提到，柏拉图报告说，一位年老的埃及祭司告诉梭伦："你们希腊人总是孩童：没有老年希腊人这样东西……你们每一个人的心灵总是年轻的。因为……你们不拥有哪怕一个古老的信念……"[67]

对于古代的、中世纪的和文艺复兴时期的学者来说，这一陈述是彻底咒骂性的。甚至 18 世纪的现代派也能够谴责希腊人孩子气，浅薄。随着"进步"概念的兴起，这能够扭转为对希腊人有利，而且确实也扭转了。

浪漫主义希腊主义

经常有人假设，既然希腊这个国家是古典世界的一部分，对希腊的研究或

63　Dacier（1714，pp. 10-12）；引用于 Simonsuuri（1979，pp. 53-5）。又参见 Farnham（1976，pp. 171-9）。

64　Voltaire（致达米拉维尔先生信，1765 年 11 月 4 日）；引用于 Santangelo（没有日期，p. 6）。

65　Vico（1730）。关于此的讨论见 Manuel（1959，pp. 154-5）；Simonsuuri（1979，pp. 90-8）。

66　Blackwell（1735）；Simonsuuri（1979，pp. 53-5）。

67　*Timaios*，22B（tran. Bury，1925，p. 33）。尽管 id（小孩）一词的早期日期和 p3（定冠词）的晚期日期有问题，希腊语语 pais、paidos 最可信的词源仍然是 p3ᵓid（那个小孩）。印欧语词根 *pu 或 *pur 可能性要小得多。埃及语 id 几乎肯定是希腊语后缀 -ad（小孩的复数）和表示源于父名的后缀 -ides 的词源。

崇敬就应该视为一种古典主义。但在 18 世纪，希腊主义更有用地被视为属于浪漫主义阵营。启蒙运动的先生们关注的是广大地区的秩序、规则和稳定。在当代世界，他们倾向于关心"大个头"，把他们改革的努力倾注到法国、俄国和普鲁士身上。在古代，他们更喜欢延续了很长时间的强有力政权，如中国、埃及和罗马。作为古典主义者，他们阅读了多数拉丁作家，但很少或几乎没有读过希腊作家。但到了 18 世纪 90 年代，上层阶级开始阅读荷马的原文。这样，从理性到感性的转换与注意力从罗马帝国转移到古典的和荷马的希腊相联系。

浪漫主义者渴望遥远而寒冷地方的小的、有道德的和"纯洁的"社区：瑞士、德国北部和苏格兰。考虑到过去时，他们的自然选择是希腊。希腊显然在小的方面有资格，随着想象力的拓展，它的城邦可以被描述为有道德。它在其他方面的欠缺暂时可以忽略，虽然从长远来看这样做更困难。在许多方面，古代模式的被破坏和雅利安模式的建立可以最好地视为将遥远、寒冷和纯洁等浪漫主义理想强加于这一最不合适的候选者的尝试。[68]

浪漫主义自从启蒙运动一开始就存在了，在非常世界主义的第三世沙夫茨伯里伯爵（3rd Earl of Shaftesbury），洛克的学生那里，"敏感"，连同对美和形式的崇拜，与新希腊主义相联系。[69]接着在 18 世纪 30 年代，随着布莱克韦尔将荷马与苏格兰相联系，英国的浪漫主义亲希腊主义上涨。在同一个十年，艺术爱好者协会成立。正如它的名字所暗示的，协会开始时是富有的年轻人的社交俱乐部，但后来它从意大利进口古典雕像来装饰英国贵族的庄园和公园，变得更为严肃了。1750 年，它拓展了自己的活动，委托了一项彻底的、精确的调查，在雅典究竟现存多少古代艺术品。这一委托反映了对希腊艺术的新的强烈热情，西欧人在此之前只是在罗马摹本中见到过希腊艺术品。与此同时，大胆的贵族开始把他们的伟大旅行从意大利拓展到黎凡特地区，包括希腊。[70]开明的学者可以在舒适的书房读书，以研究世界的普遍真理。

但这对浪漫主义者来说还不够好，他们关注的是感觉和特殊的地方性。他们想面对着，如果有可能甚至闻到，他们希望研究的阶段和地点的原本文件和

210

68　"浪漫主义希腊主义"这一名词最初的使用见 H. Levin（1931），又参见 B. H. Stern（1940，p. vii）。

69　Simonsuuri（1979，pp. 104-6）. 沙夫茨伯里也对埃及和埃及象形文字抱有敌意。

70　St Clair（1983，p. 176）. Jenkyns（1980，pp. 8-9）; B. H. Stern（1940）; Simonsuuri（1979，pp. 133-42）.

其他遗物。[71] 例如，在 18 世纪 50 年代，罗伯特·伍德（Robert Wood）前往特洛阿德（Troad），即特洛伊附近的地区，在原地阅读《伊利亚特》，在他 1775 年发表的《关于荷马原创天才和作品的论文》中，伍德将荷马视为一个特定民族在特定环境中的产物。虽然与后来的浪漫主义者不同，他仍然坚持荷马是一个人，但他援引荷马是盲人的古代传统，来强调他是文盲。伍德描绘的荷马很"奥西恩"式——也就是说，这是原始的、几乎北方的诗人，不仅是希腊，而且是整个欧洲童年的诗人。[72]

到 18 世纪中期，浪漫主义情绪、欧洲中心主义和"进步"的概念在英国制造了对希腊的相当热情，希腊人似乎满足所有这些标准。英国语法学家詹姆斯·哈里斯（James Harris）——必须说明的是，他关注的是口语——憎恶东方人，认为罗马人文化上低等。与此相对照，他崇拜希腊人，1751 年，他评论希腊人道：

211

> 在刚过一个世纪的简短时间内，他们成为如此的政治家、战士、演说家、历史学家、医生、诗人、批评家、画家、雕塑家、建筑家，还有（最后要说的）哲学家，以至于人们禁不住要将那一黄金阶段视为表彰人类天性的天佑事件，来表明人类可以上升到什么样的完美高度。[73]

这样，"神圣希腊人"的概念已经形成了。他们发展的晚近和迅速现在不再被视为肤浅的表征，而是异乎寻常的伟大的象征。到 1767 年，英国人甚至开始认为希腊人比埃及人高等。正如另一位阿伯丁人，威廉·达夫（William Duff）在那一年写道：

> 在希腊，科学进展迅速，达到了很高的程度……如果说埃及人是发明家，这说明他们很天才的话，希腊人则表明他们拥有高等的天才……许多

71　关于这一过程的生动描述及其能够产生的结果，参见埃蒙德·威尔逊对历史学家米什莱的描写（1960，pp. 12-31）。

72　Jenkyns（1980，pp. 8-9）；Turner（1981，pp. 138-40）；Simonsuuri（1979，pp. 133-42）；Wilamowitz-Moellendorff（1982，p. 82）。

73　Harris（1751，p. 417）。

个世代以来，中国人就知道艺术和科学……但是他们没有……[74]

古典学家塞缪尔·马斯格雷夫过着不名誉的生活，上一章提到，米特福德称他为"更浅薄"的学者。但是，维拉莫维茨-默伦多夫在他的《古典学术史》中赞赏地提到了他的名字。[75]1782 年，马斯格雷夫发表了《关于希腊神话的论文》，认为希腊文化是原地生成的，甚至否认了希腊宗教源自埃及的巨大传统。他这样做的基础是卢奇安的一个间接指称（卢奇安是公元 2 世纪多产的诡辩派和讽刺作家），以及埃及和希腊神灵中最广为人知的名字的种种不同。[76]但是，我们看到，马斯格雷夫的论点被米特福德推翻了，古代模式这方面的浪漫主义突破是在德国完成的。

温克尔曼和德国的新希腊主义

212

18 世纪中期，希腊青春和纯洁的最伟大支持者是德国人约翰·约阿希姆·温克尔曼（Johann Joachim Winckelmann）。这个勤奋的、着魔的人在 16 和 17 世纪的希腊学术几乎消失的时候自学了希腊语。为了贴近他热爱但从未见过的希腊艺术品，他皈依了天主教，在罗马度过了他的大部分生涯，成为神父和为高雅的红衣主教们服务的艺术专家。

温克尔曼明确排斥了希腊人垄断哲学的观点。[77]他们的胜利在于他认为重要得多的东西：美学。早在 1607 年，伟大的文艺复兴学者斯卡利杰尔试图建立希腊艺术和诗歌的四阶段划分，温克尔曼承认他由此得到灵感。[78]但在许多方面，他的规划更接近于同时代分阶段历史的概念，尤其是杜尔哥的《论人类精神的逐步进步》，后者分为三个阶段，与 80 年后奥古斯特·孔德（Auguste Comte）的划分很相似：神学阶段、玄学阶段和科学阶段。[79]温克尔曼发表于 1764 年的《古代艺术史》是把艺术史整合进整个社会的历史的第一个尝试。

---

74 Duff（1767，pp. 27-9）.

75 Wilamowitz-Moellendorff（1982，p. 83）.

76 Musgrave（1782，esp. pp. 4-5）. 他在这篇论文之外加上了一篇，批评牛顿的编年。

77 Winckelmann（1764，p. 128）.

78 Winckelmann（1764，p. 97）.

79 Turgot（1808-15，vol. 2，pp. 256-61）. L. Braun（1973，pp. 256-61）; Comte（1830-42）.

温克尔曼认为，埃及艺术只是到达了原始阶段，在这一阶段，艺术家被迫把注意力集中于完全本质的东西。[80]

温克尔曼论述道，埃及艺术不完美，因为它不可能完美。其发展被不幸的自然和社会环境阻碍了：温克尔曼遵从亚里士多德的说法，认为古代埃及人多数罗圈腿、塌鼻子，这是针对古埃及人的现代种族歧视一个很早的例证。[81]因此，古埃及人缺乏美丽的艺术模特。温克尔曼与所有古典文献相左，甚至某种程度上与孟德斯鸠相左，坚持说埃及不幸的地理位置不利于高等文化的发展。他还不顾希罗多德、普鲁塔克、狄奥多罗斯和其他古代作家对埃及人强烈悲喜感情的强调，认为埃及人悲观，不热情。

在一个层面上，这一信念反映了盛行的观点，即其他大陆如此众多的民族面对欧洲的进犯放弃抵抗的原因是，环境使他们衰弱，他们天生软弱消极。[82]在另一层面，这是对埃及对于死亡最为真切之关注的强调，这一关注在"进步"范式内部可以阐释为反映了埃及总是注定要被更"有活力的"文明超越的事实。[83]

温克尔曼之赞成希腊艺术，不仅仅在于它在历史的次序上比较靠后。他异乎寻常地热爱希腊，喜爱他的希腊形象的每一个侧面，认为它两个主导的本质特点是自由和青春。[84]他认为，希腊是自由的缩影，而埃及文化遭到君王主义和保守主义的凝滞，是僵硬的威权和停滞的象征，而且恰好也是非欧洲的。在他心里，希腊城邦包含了创作伟大艺术所必需的自由。温克尔曼及其追随者热爱这一自由和青春，因为它们清新，富有活力。但是他坚持希腊艺术的温婉平和，以及希腊文化作为一个整体"高贵的朴素"和"静穆的伟大"，他认为这是平和的希腊气候造成的。而且，他欣赏希腊人的同性恋对他热爱希腊具有中

80　对这一可笑观点的毁灭性批判，见 Jean Capart（1942，pp. 80-119）。关于温克尔曼对埃及象形文字观点混乱之处的讨论，见 Dieckmann（1970，pp. 137-41）。

81　这些观点并不局限于亚里士多德。例如，参见表现蒲西里斯故事的来自罗马北部 Cære 镇（今切尔韦泰里）的提水罐上对埃及人令人不敢恭维的画像（Boardman，1964，plate. 11 和 p. 149）。虽然 Boardman 和 Snowden（1970，p. 159）都指出蒲西里斯有黑人随从，而且蒲西里斯本人在另外一个花瓶上被表现为黑人，但两个人都没有提及"希腊英雄赫拉克勒斯"被描绘为卷头发的非洲黑人的事实！这是雅利安模式完全不能对付的东西。赫拉克勒斯应该被如此看待的原因见第三卷。

82　Winckelmann（1764，vol 1-2）。又参见 Iversen（1961，pp. 114-15）。关于拥有这些一般信仰的英国先辈，参见 B. H. Stern（1940，pp. 79-81）。

83　19 世纪"埃及死亡的方式"参见本书第五章注 155—156。

84　参见 Butler（1935，pp. 11-48）；不同观点见 Pfeiffer（1976，p. 169）。

心意义。温克尔曼本人是同性恋，现代希腊主义中一直存在的同性恋主线至今仍与他相关联。[85]

虽然温克尔曼所阐释的自由、静穆、热爱青春的希腊人形象一直是后来的希腊主义的中心主题，即便在 18 世纪也有关于希腊的其他形象。相信希腊文化具有悲剧的和狄奥尼索斯的性质集中表现在 19 世纪末尼采的作品中，但在 18 世纪思想家中以及 19 世纪初的诗人荷尔德林（Hölderlin）和海涅（Heine）身上已经开始显露。[86]对简朴威权的多利安人的崇拜是希腊主义的另一支。但是，所有这些 18 世纪末和 19 世纪的思想学派在它们对埃及和希腊关系的认识上是一致的。埃及代表着人类进化的早期、低等、奇怪地近乎死亡的阶段，欧洲天才古希腊将其提升到质量更高、更富有活力的层次。

214

温克尔曼的作品对德国的影响是惊人的。正如古典史学家鲁道夫·法伊弗（Rudolph Pfeiffer）写道：

> 与拉丁传统的人文主义决裂后，一种完全崭新的人文主义，一种真正的新希腊主义，成长起来了。温克尔曼是发起人，歌德是圆满完成者，威廉·冯·洪堡（Wilhelm von Humboldt）在其语言学、历史学和教育学作品中，是理论家。最后，洪堡的概念有了实际效果，在他成为普鲁士的教育部长、创建了新的柏林大学和新的人文主义高级中学之后。[87]

通常认为歌德是浪漫主义的创建者，他把 18 世纪热情洋溢地称为"温克尔曼的世纪"。[88]20 世纪 30 年代，在更为严厉的氛围下，天才的英国德国学家巴特勒（Butler）小姐认为温克尔曼是她称为"希腊对德国的专制"的首要人物。[89]

与意欲回归真正的德国根基一起，对 18 世纪德国身份危机的第二大反应是新希腊主义。我已经讨论了关于希腊语和德语之间"特殊关系"的长久以来

---

85 Jenkyns（1980, pp. 148-54）; F. M. Turner（1981, pp. 39-41）.

86 Butler（1935, pp. 294-300）; Kistler（1960, pp. 83-92）.

87 Pfeiffer（1976, p. 170）.

88 转引自 Pfeiffer（1976, p. 169）。

89 Butler（1935, pp. 11-48）.

的洞见，以及希腊语作为新教语言，成为天主教拉丁语宗教对手的地位。在
18 世纪，对德国的威胁来自"新罗马"巴黎和罗曼语言法语。除了复活希腊
语和德语之间旧有的文化联盟之外，还有新的动机将德国认同为新的古希腊。
到 18 世纪 70 年代，日益清楚的是，德国有潜力成为重要的文化中心；然而，
这在政治上没有相应的反映。腓特烈大帝的战争使得同时代人相信，普鲁士无
法统一德国，奥地利帝国也同样不能。文化强势与政治弱势和不统一的组合似
乎表明，虽然德国不能成为新罗马，但她能成为新希腊。

215 　　这一时代卓越的戏剧家 C. M. 威兰（C. M. Wieland）在 18 世纪六七十年
代写了几部关于希腊人的戏剧。[90] 歌德完全被希腊人所吸引，中年时经常尝试
着学习希腊语，虽然他的尝试不是很成功。[91] 还有赫尔德热烈地崇拜雅典的自
由和艺术创造力，就希腊诗歌写文章，并说服歌德重新学习希腊语。[92] 这些思
想家和艺术家不像温克尔曼和 19 世纪的新希腊主义者那样执着于希腊；但没
有疑问的是，古希腊及其与现代德国可以觉察的密切关系对德国的文化生活，
包括新近形成的"学术界"，日益具有中心意义。

哥廷根

　　通常认为温克尔曼是艺术史这一学科的创建者，歌德当然接受他是一位
学者。但是，18 世纪末的德国开始出现的新的"职业"学界，尤其是哥廷根，
并不接受他。哥廷根可以被视为后来所有现代的、各种各样的职业大学的胚胎。
英国国王和汉诺威选帝侯乔治二世于 1734 年创建了它，它得到的资助很多，
作为一个新机构，它能够摆脱尚在其他大学里存在的许多中世纪的宗教和经院
限制。它的英国联系使它成为苏格兰浪漫主义的通道，还接通了洛克和休谟的
哲学和政治概念，上文提到了他们的种族主义。[93]

　　可以说，虽然排他的职业性是哥廷根学术的显著特征，但其内容主要的统
一原则是种族和种族主义。当然，这不仅是与英国学术相接触的结果，更重要

90　Clark（1954）.

91　Trevelyan（1981, p. 50）; Lloyd-Jones（1981, pp. xii-xiii）.

92　Trevelyan（1981, pp. 50-4）; Butler（1935, pp. 70-80）; Pfeiffer（1976, p. 169）.

93　L. Braun（1973, p. 165）.

的是德国有教养的社会作为一个整体的主要意见。[94] 尽管哥廷根的教授们坚持高度的学术标准和超脱，但他们不可避免地受到"通俗"作家如温克尔曼、歌德和莱辛的影响。

哥廷根大学的创建者之一，克里斯托夫·奥古斯特·霍伊曼（Kristophe August Heumann）的观点非常明显地表现出欧洲中心主义。作为新的职业主义的先驱者，霍伊曼创建了一本学术期刊，《哲学学刊》（Acta Philosophorum），他在 1715 年出版的第一期中论证道，虽然埃及人精通许多种研究，但他们并不"哲学"。我们在上文看到，霍伊曼的同时代人，孟德斯鸠和布鲁克不敢提出这样的观点，念及哲学和埃及之间自古有之的强烈联系，这一论点令人震惊，非常大胆。[95] 霍伊曼将埃及的"文科和研究"与希腊的"哲学"绝对对立起来是令人费解的，因为他对后者的定义是"在理性基础上关于有用的真理的探索和研究"。[96] 但是，这一定义的不确切过去和现在使得希腊人是第一批"哲学家"的说法几乎无可辩驳。

的确，古代有一种说法，只有希腊人才会哲学化，亚历山大的克莱门特声称是伊壁鸠鲁这么说的；克莱门特接着证明了这一说法的极端不可靠性。[97] 在《伊庇诺米篇》里还有关于希腊人把一切变得"更为精细"的陈述，上文已经援引。[98] 但是，这些说法削减不了霍伊曼的大胆，他指责了古代和现代的巨大传统，而这一传统将埃及和东方视为智慧和哲学的中心。

几乎无疑的是，霍伊曼的这些观点与其德国民族主义和欧洲中心主义有联系。他倡导并尝试着实践用德语写作哲学，当时这样的行为几乎从未听说过；甚至在孟德斯鸠之前，他就是气候决定论者。[99] 霍伊曼认为，哲学起源于希腊，因为太热或太冷的气候都不宜于哲学；只有气候温和国家的居民，如希腊、意

216

94 关于 18 世纪晚期德国的浪漫主义见上文；种族主义见 Gilman（1982，pp. 19-82）。

95 对哲学最早的四个指称中有三个与埃及有关。上文提及（第一章，注 136），伊索克拉底特别将哲学一词的起源归于埃及。现代学者认识到这一点有困难，这可以从 Malingrey（1961）看出来，他一贯地把 philosophia 翻译为埃及的"文明"。参见 Froidefond（1971，pp. 252-3）。

96 转引自 L. Braun（1973，p. 111），我未能见到原文：Heumann（1715，p. 95）。

97 *Stromateis*, I. 4. 关于伊壁鸠鲁式沙文主义及其与"腓尼基"斯多葛派竞争相联系的可能性，参见本章注 17。

98 参见本章注 28。

99 关于 18 世纪初德语的低下地位，参见本章注 57。

大利、法国、英国和德国，才能够创造出真正的哲学。[100]

霍伊曼关于哲学源于希腊的观点，像他认为德语具有哲学潜力的观点一样，比他的时代超前了五十多年。他关于哲学史的著作被布鲁克的巨著所超越，我们看到，布鲁克持折中立场，但没有否认埃及人"哲学家"的称号。[101] 但是，霍伊曼的影响在哥廷根仍然存在，迪特里希·蒂德曼（Dietrich Tiedemann），1780 年代新一波哲学史家中的第一个，在那个大学学习过，并不令人惊奇。[102] 对于这一种族的和"科学的"学派来说，正如对于所有关于此论题的后续作家来说，毋庸置疑的是，"真正的"哲学开始于希腊。

到这一个十年，历史研究正在经历革命化的变革，尤其是在哥廷根。加特雷尔（Gatterer），那里的一个教授，开始了一项计划，不是写作国王和战争的历史，而是写作民族的"传记"。另一个教授，施皮特勒（Spittler），将机构作为特定民族的表达和塑造者进行研究。[103] 更为重要的是历史学家和人类学家迈纳斯（Meiners）的工作，后来纳粹把他表彰为种族理论的一名创建者。在1770 到 1810 年间，迈纳斯将早先的一般概念"时代精神"发展成为关于时代精神（Zeitgeist）的学术理论。[104] 迈纳斯或许并不知道维科在这方面早一些的工作，他论证道，每一个时代和地方都有特别的由其位置和机构决定的心性。[105]

这一方法在早期历史学家中缺失的程度被夸大了，但没有疑问的是，18世纪 80 年代以后，严肃的历史学家判断一个行为或陈述，不可能不考虑它的社会和历史情景。与这一发展密切相关的是迈纳斯的另一个发明——渊源批评。这意味着，历史学家根据作者和社会情景评估不同历史来源的价值，主要地或唯一地以可靠来源为基础进行阐释。迈纳斯攻击早一些的作家如布鲁克不加鉴别、毫无选择地接受历史来源，而没有选择出那些能反映各自"时代精神"的来源。[106]

这一方法非常适合哥廷根的新"科学"精神，也非常适合在伽利略那

100　1715, vol. 1, p. 637（Cited in L. Braun, 1973, p. 113）.

101　参见本章注 24—26。

102　Tiedemann（1780）; L. Braun（1973, pp. 165-7）.

103　Hunger（1933）; Butterfield（1955, esp. p. 33）; Marino（1975, pp. 103-12）.

104　Marino（1975, pp. 103-12）; L. Braun（1973, pp. 165-7）.

105　关于 18 世纪德国人意识到维科作品的程度和他们否定他的影响的程度，参见 Croce（1947, vol. 1, pp. 504-15）. 又参见 Momigliano（1966c, pp. 253-76）.

106　Meiners（1781-2, vol. 1, p. xxx）, 引用于 L. Braun（1973, pp. 175-6）.

里已经显明的传统。伽利略认为："一个必要的原因一旦发现，将完全毁灭一千个只是可能的原因。"这一措施在实验科学中极其有用处；但是，正如乔治·德·桑蒂利亚纳所指出的，

> 一旦我们离开直接连续检查的领域——伽利略明确地称此为煎熬——而把它视为解释的哲学向导，危险就开始出现。[107]

迈纳斯的程序主导了 19 和 20 世纪的历史写作，与编年史家相对，它的确对历史学家至关重要：不可避免地，人们要给予不同的材料不同的估价。危险来自自省意识的缺乏，以及这样一种意识的缺乏：历史学家因为特定的材料据认为与讨论的时代"不合拍"，而忽视或排斥它们，结果是他几乎可以采用他愿意的任何模式。这就增加了仅仅反映时代和历史学家关怀的历史的成分。在18 世纪末这一例中，"现代"历史学家自信他们"知道得更好"使得情形更糟了。他们很有信心自己和早期学者不同，是在客观地写作。而且，迈纳斯及其同事坚持相信他们自信的材料的"质量"，而不是材料的数量甚或它们的类比可信性。

论及《黑色雅典娜》涉及的领域，这些历史学家拒绝接受历史报告的数量、传播和可信度包含的信息为否定古代模式打开了门路。古代许多关于埃及和腓尼基殖民以及晚一些的文化借用的指称现在可以被取消为"晚近""轻信"或者就是"不可靠"。而且，学者们现在能利用许多古代文本互相矛盾或者与新近建立的自然科学经典不相符合的事实，来推翻他们不喜欢的任何东西。但是，古代模式在此后 40 年内没有衰落部分是因为它在人们心中保持了强大的传统影响，部分是由于缺乏质量好的古代文献来挑战它。当古代模式被推翻时，新学者被迫依赖他们声称的来自一些古代作者的"沉默的不同"和"无言的辩驳"，这些作者，无论由于何种原因，没有提及上述殖民。[108]

尽管"渊源批评"与新的科学精神之间存在联系，重要的是要注意到这种方法没有出现在实证主义的法国或经验主义的英国，而是在浪漫主义的德国。

218

---

107 De Santillana（1963, p. 823）.

108 参见本书第七章，注 25。

比如，迈纳斯本人使用新的学术手段来书写诸民族的浪漫主义"进步"历史，他把这些民族绝对地划分为白种的、勇敢的、自由的等等与黑种的、丑陋的等等。谱系的范围从大猩猩到霍屯督人（Hottentots）和其他人再到德意志人和凯尔特人。[109]

J. F. 布卢门巴赫（J. F. Blumenbach），哥廷根的一位自然史教授，建立了更为谨慎和更为系统的种族等级。他发表于 1775 年的《论人类种族的土著多样性》（*De Generis Humani Varietate Nativa*）与几十年前林奈关于自然史的著作同属一个类型，是"科学地"研究人类种族的第一次尝试。但布卢门巴赫不能将林奈关于种——即能够繁殖和生产能生育的后代的种群——的定义应用到人类身上。他不是一个相信多源论的进步主义者，这种学说否认单一创造人类的圣经传统，认为不同"种族"是分别创造出来的。布卢门巴赫相信完美人类的独特创造。实际上，布卢门巴赫对于他发现的重要的"种族"差异的解释遵从了同一个世纪早些时候博物学家布丰（Buffon）展现的欧洲中心主义模式。布丰论证道，欧洲的正常种属在其他大陆因为不幸的气候条件而堕落了：个体变得太大，太小，太弱，太强，太亮色，太灰色，等等。[110]

布卢门巴赫是第一个公布"高加索种人"这一术语的人，他第一次使用它是在他伟大著作 1795 年的第三版中。他认为，白种人或高加索种人是第一个，也是最漂亮、最有天赋的种族，其他种族都由它堕落，成为中国人、黑人等等。布卢门巴赫用"科学"和"种族"基础来支撑奇特的名字"高加索"，因为他相信格鲁吉亚人是最好的"白种人"。但是，这一名字还有更多的内涵。首先有维科在 18 世纪宣扬的宗教信仰，即人类可以有用地被视为来自大洪水之后，每个人都知道，挪亚方舟在南高加索的亚拉腊山（Mount Ararat）着陆。[111] 还有日益重要的德意志浪漫主义倾向，将人类的源头，因此也是欧洲人的源头，置于东山（Eastern Mountains），而不是在尼罗河和幼发拉底河的河谷，像古代人相信的那样。正如赫尔德所言："让我们努力登山吧，直至亚洲的顶峰。"

赫尔德将人类的起源置于喜马拉雅山，而直到 19 世纪末在浪漫主义的起源寻求中占主导地位的一般信念是人类——至少其最纯洁的形式，雅利安

109　Meiners（1781-2，vol. 1，pp. 123-4，1811-15）. 又参见 Poliakov（1974，pp. 178-9）。

110　Baker（1974，pp. 24-7）；Jordan（1969，p. 222）；Bracken（1973，p. 86）；Gerbi（1973，pp. 3-34）.

111　关于维科和大洪水之后的世界人口，参见 Manuel（1955，pp. 154-5）。

人——来自亚洲的高原地区。[112] 亚洲起源论的一个优点是它将德国人置于比西欧人更靠近人类的纯粹源头，但这在 19 世纪被更为有效地利用了。

布卢门巴赫将"闪米特人"和"埃及人"包括进他的高加索种人，这在他的时代是习以为常的。虽然我未能确切地追溯它，但是清楚的是，已经有迹象表明，高加索与雅利安人有特别的联系，雅利安人是 18 世纪 90 年代开始使用的另一个新词。[113] 高加索是囚禁和残酷惩罚普罗米修斯的传统地点，而普罗米修斯被视为欧洲的缩影。他不仅是伊阿珀托斯（Iapetos）的儿子，伊阿珀托斯被可信地认同为《圣经》中的雅弗（Japhet），挪亚的第三个儿子，欧洲人的祖先；但他为人类盗火的英雄行为、有益的和自我牺牲的行为很快被看作典型雅利安的。戈比诺（Gobineau）把他视为主要的白种人的祖先，到了 20 世纪，极端浪漫主义者罗伯特·格雷夫斯（Robert Graves）甚至建议说普罗米修斯的名字意为"万字饰"。[114]

18 世纪 80 年代，还有一位哥廷根教授，A. L. 施勒策（A. L. Schlözer），试图建立一个"雅弗"语言家族，它包括后来称为印欧语系的大部分语言。这位教授失败了，但他成功地建立了"闪米特"语言家族。[115] 但哥廷根的闪米特研究被他的老师 J. D. 米夏埃利斯（J. D. Michaelis）控制着，米夏埃利斯是当时最伟大的希伯来学者，但他持强烈的反犹主义态度。[116]

至此一定很清楚，1775 到 1800 年间，哥廷根不仅创立了后来大学的许多机构形式，而且哥廷根的教授们建立了后来的研究和出版在新的职业学科中得以施行的思想框架的大部分。在这一非常卓越的团队中，毫无疑问，古典语文学是思想蓬勃发展的中心，它后来被赋予了更不凡、更现代的名字：Altertumswissenschaft 或"古代学"。[117]

这一领域的主导者是克里斯蒂安·戈特洛布·海涅（Christian Gottlob

112　Herder（1784-91，Bk. 6，p. 2 and Bk. 10，pp. 4-7），引用于 Harris-Schenz（1984，p. 28）。探险家格奥尔格·福尔斯特是哥廷根圈子中的重要成员，他假定"白人"来自高加索（Forster，1786）。

113　当然，Arya 是印度-雅利安语言和希腊语中的古老名词。它最早的现代使用者似乎是威廉·琼斯爵士（1794，pt. 45）。

114　Gobineau（1983，p. 656）；Graves（1955，vol. 2，p. 407）.

115　Moscati et al.（1969，p. 3）. 当然，希伯来语、阿拉姆语和阿拉伯语之间存在关系的观点自从古代就为人所知，而且早在施勒策之前很久就为学者所用。例如，参见上一章关于巴泰勒米的讨论。

116　Poliakov（1974，p. 188）.

117　R. S. Turner（1985）.

221　Heyne），他是布卢门巴赫的连襟，通过婚姻而成为大学城的一名教授。从他1763 年被任命到他 1812 年去世，他在城里和大学里都是中心人物。他管理图书馆，使它迅速成为欧洲最好的之一，他是"现代"职业学术的主要支持者之一。[118]C. G. 海涅倡导世俗研究班，这得自苏格拉底的方法，渊源批评在其中得以发展。

不令人吃惊的是，渊源批评一个最经常的靶子是古代模式和希腊文本中关于埃及的有利指称。[119] 把渊源批评与人口统计学和智力测量中使用的因子分析相比较，可以帮助我们，关于后者，斯蒂芬·古尔德（Stephen Gould）写道：

> 几乎它所有的程序都为了论证关于智力的特定理论而产生。因子分析，虽然它享有纯粹演绎数学的地位，是在社会情景中为了特定原因而发明的。虽然它的数学基础无可非议，但它不断被用作研究智力的物质结构的手段从一开始就陷入了深刻的概念错误中。[120]

年轻的 C. G. 海涅在德累斯顿（Dresden）做图书馆员时就认识温克尔曼了。作为一名"职业"学者，他批判了温克尔曼的著作，但无疑，C. G. 海涅受温克尔曼热情蓬勃的新希腊主义的影响甚深。[121] 正如鲁道夫·法伊弗写道：

> 正是温克尔曼的影响区分了 C. G. 海涅和他的朋友、学生的学术与其他同时代学者的学术。[122]

当代科学史家史蒂文·特纳（Steven Turner）在他关于传统德国受过教育的精英（érudits Gelehrte）转变为"职业"学者的重要论著中详细阐述了这一要点：

118　关于 C. G. 海涅的简短书目见 Pfeiffer（1976, p. 171, n. 5）。

119　参见，例如，C. G. 海涅领导的对《伊利亚特》第九卷第 383—384 行真实性的攻击，这两行表扬了埃及底比斯的财富。参见 P. Von der Mühl（1952, p. 173）。

120　S. Gould（1981, p. 238）.

121　Wilamowitz-Moellendorff（1982, p. 96）.

122　Pfeiffer（1976, p. 171）.

通过 C. G. 海涅，新人文主义对古典学术及其"公共形象"有一种类似的生机勃勃的影响。C. G. 海涅穷其一生，努力构造大中学校的传统语文学学术与学院之外发展起来的美学新希腊主义和魏玛古典主义潮流之间的新联系。[123]

222

C. G. 海涅是人们可以有用地称为"浪漫主义实证主义"的缩影。正如弗兰克·曼纽尔对他的评论：

> 他的学术毫无瑕疵，他对文本的编辑根植于伟大的传统，若非由于那些学问附加物，激活他和数代德国学者的精神同样是强烈影响了他在 18 世纪的文学同胞的浪漫主义希腊主义。[124]

C. G. 海涅被海外旅行和奇特的民族所吸引。既然在德国的学术生活中迎娶教授的女儿非常重要，那么，布卢门巴赫是他的连襟的事实就不如以下事实重要：C. G. 海涅的两个女婿都热衷于在欧洲以外旅行。第六章会讨论到其中之一，黑伦（Heeren）；另一个叫格奥尔格·福尔斯特（Georg Forster），在 18 世纪时要有名得多。福尔斯特曾与库克船长一起航行，写下了环游世界的描述。他在政治上持极端主义，不喜欢剥削，即便是剥削非白种人，他还拒绝低估多源论的可能性。C. G. 海涅和福尔斯特互相崇拜，彼此广泛通信，其中许多是关于热带气候和人类学的。[125]

C. G. 海涅并不对基督教特别关心。但是，当 1789 年后情势极端化时，他热烈地拥护维持现状。他对法国大革命的极力谴责不能仅仅解释为对格奥尔格·福尔斯特的怒火冲天，虽然福尔斯特去巴黎不仅是去参加大革命，而且离弃了他的妻子，C. G. 海涅的女儿，去爱她最好的朋友卡罗琳（Caroline），闪

123 R. S. Turner（1983a，p. 460）.

124 Manuel（1959，p. 302）.

125 关于福尔斯特与 C. G. 海涅，参见 Leuschner（1958-82，esp. Bk. 14）。福尔斯特的人类学参见第 8 卷，pp. 133，149-53；Harris-Schenz（1984，pp. 30-1）。

米特学家米夏埃利斯的女儿。[126]

　　对 C. G. 海涅怒火的解释还需要建筑在他深刻地卷入汉诺威王国和德国的现状之上，这一卷入并没有因为他能够与法国占领军打交道去保护他深爱的大学而稍减。因此，C. G. 海涅的学生和追随者中有许许多多在与法国和革命思想的斗争中为普鲁士服务，是完全合情合理的。总之，很清楚，古代学公认的祖宗——这一学科后来移植到英美，成为新学科"古典学"——是哥廷根的一个典型产物：它要求改革而非革命，深切地关怀种族和种族特点，以及穷尽性的学术。而且，这一祖宗和学科本身都对抗法国大革命及其对传统秩序和宗教的挑战，都关心不同种族间的差异和不平等。他们还都享有 18 世纪晚期德国进步的圈子里热情洋溢的浪漫主义和新希腊主义。

126　关于 C. G. 海涅的极力谴责和个人解释，参见 Momigliano（1982，p. 10）。关于哥廷根在革命和反动的两极之间选择了"中间道路"的观点，参见 Marino（1975，pp. 358-71）。关于哥廷根学派对法国大革命的敌意，参见本书第六章，注 9—16。福尔斯特前往巴黎的另一个原因是学习印度语言，并准备前往印度的旅行。关于此和浪漫纠葛，参见 Schwab（1984，p. 59）。福尔斯特死后，卡罗琳和莎士比亚译者、梵文学家奥古斯特·威廉·施莱格尔共事，并嫁给了他。他们离婚后，她又嫁给了哲学家弗里德里希·威廉·谢林。她今天的名声来自她的书信，因为它们提供了德国早期浪漫主义者的精彩描绘（Nissen，1962，pp. 108-9）。

第五章　浪漫主义语言学：印度的兴起与埃及的衰落，1740—1880

　　我们现在来关注古代模式的衰落，与大约二十年后雅利安模式的兴起相比，二者虽然都受到相似的背景与许多同样的社会和思想力量的影响，但还是应该区别开来。本章一开始讨论 18 世纪最后四分之一世纪发展起来的对梵文和其他印度语言的迷恋，以及这一迷恋对理解欧洲语言之间关系的影响。到 19 世纪 30 年代，这一迷恋导致了对印欧语言家族的总体觉察，在当时的种族主义氛围下，这很快发展成为印欧或"雅利安种族"的概念。对印度的激情还意味着它代替埃及成为欧洲的外国祖先。但这一次不是传播哲学和理性意义上的祖先，而是"血缘"和亲属意义上的浪漫主义祖先。

　　现在回到古代模式。18 世纪 80 年代以后，种族主义加剧，认为"种族特点"作为历史阐释原则具有中心重要性的新信仰对于认识古代埃及至关重要。埃及人被日益与高贵的高加索种人分离，他们的"黑色"和非洲本性越来越得到强调。因此，埃及人是希腊人——欧洲的缩影和纯洁童年——文化祖先的概念变得令人无法忍受。另外，迪皮伊的著作代表了法国大革命对欧洲社会秩序进行攻击的意识形态或神学对应物，它们带来了埃及神话和基督教之间的新危机。只有在这一背景下，我们才能理解商博良在 1815 年到 1830 年间反动年代的饱受折磨的生涯。虽然商博良是公然的革命者，热烈地支持拿破仑家族，但他最早的发现之一推翻了迪皮伊的支持者的一些理论，因此，教会和复辟贵族欢迎他和他对埃及象形文字的破解。另一方面，他认为埃及高于希腊，加上他的政治信仰，激怒了希腊主义和印度主义学者，这些学者一贯地竭尽全力，来阻碍商博良的学术生涯。

就在他 1831 年过早去世前，商博良赋予埃及古代较早的日期，从而挑战了基督教正统。因此，到他去世时，他招致了基督徒和希腊主义者两方面的对立，而埃及学在此后 25 年中迅速衰落，尽管大众仍迷恋埃及，共济会在某种程度上仍尊敬埃及。埃及学逐渐复原要等到 19 世纪 50 年代末。在 1860 年到 1880 年间，在商博良的精神与盛行的种族主义和对希腊的激情之间存在着张力，但 1880 年后，埃及学倾向于适应和附属于优势学科古典学。

从那以后，总是有一些不和谐的声音，声称埃及文明确实拥有至少一些古代人为它声称的高级宗教、哲学和科学。然而，压倒性的意见是虽然埃及人技术上是熟练的，但他们没有"真正文明化"，希腊人对他们文化的尊敬是建筑在受欺骗基础上的。这一"官方路线"与现存纪念碑和古代报告之间的距离导致了若干反文化或反学科的出现。

本章结尾讨论了两种反学科：第一种是解剖学家和体质人类学家埃利奥特·史密斯倡导的"传流论"理论。根据这种理论，亚洲移民创建了埃及文明，并把它扩散到欧洲和世界的其他地方。第二种是"金字塔学家"流派，这一学派的谨慎成员坚称，大金字塔是根据建筑学家的计划建造的，这些建筑学家对天文学和数学有着非常复杂的理解。本章结束时，讨论了这些"异端邪说"和正统埃及学将来相遇的可能性。

印欧语系的诞生

对于浪漫主义者来说，语言总是一个中心关注点。他们认为，语言是特殊的——也就是说，语言是特定的地点、景物和气候的产物。因此，它们被视为，并被珍视为特定民族的个体表达。赫尔德对语言，尤其是对言语非常着迷。他追随英国人对荷马、布莱克韦尔和德国神秘哲学家哈曼（Hamann）的热情，否认思想和理性对言语有优先权；这样，赫尔德反对启蒙运动对可视符号的偏爱，如埃及象形文字或中国汉字，它们被认为不受特定语音的约束，而表达普遍的概念。对于赫尔德和浪漫主义者来说，语言的主要目的不是传达理性，而是表达感情，正是因为这一点，德语与希腊语受到推崇。我们已经看到，18世纪中期时，希腊语不是作为哲学工具，而是因为其诗性受到重视。[1]

赫尔德和其他浪漫主义者对语言的关注在历史语文学的形成过程中扮演了重要角色。而且，浪漫主义影响可以在这一学科的两大模式中看到，即树和家族；这两个比喻有着巨大的美学和进步吸引力，在整个 19 世纪学术和科学中非常受欢迎。在历史语言学中，简单开始、后来分枝分叉的假设——通过可用图表表示的特定但规则的变化——在新学科的早期阶段极其有用处。另一方面，树和家族不允许"由原路返回"或混合和交会，它们有目的论的倾向，假定每一种语言在开初时就有内在化的最终本性，后来的接触基本上改变不了它。[2]第七和第八章讨论这些问题，我们在此仅仅可以预期道，正是主要由于这些原因，历史语文学到 19 世纪末行将灭亡。

但在此之前，语文学是思想生活中最为激动人心的领域之一。上文已经提到施勒策建立了闪米特语言家族，这与巴泰勒米神父的工作和哥廷根的一些发展相关。到 1820 年，学者们，尤其是如丹麦人克里斯蒂安·拉斯克（Christian Rask）和赫尔德的门徒弗朗茨·葆朴（Franz Bopp），已经系统追溯了大多数欧洲语言的语音学和形态学之间的关系。[3]

很清楚，这一努力与新的系统的种族分类相关。由于高加索种人来自亚洲的山区，欧洲语言被视为有着同样的来源。重要的是，正如德国人因为是最后离开原生地的，所以被认为是更纯洁的高加索种人一样，德语被视为比家族中其他语言更纯洁，更久远。因此新定义的语言家族的德语名字是印度-日耳曼语系（Indogermanisch），德国印度主义者 H. J. 克拉普罗特（H. J. Klaproth）1823 年发明了这一名称。[4]但弗朗茨·葆朴本人和其他国家的学者们一起，更喜欢"印欧语系"这个名字，托马斯·扬（Thomas Young）1816 年首先使用

---

1 赫尔德的确详细讨论过埃及和象形文字。但是，正如 L. 迪克曼（Liselotte Dieckmann）所言："关于埃及的全部长篇讨论的目的只是用来表明'创世之歌'是如何在埃及民族化的"（1970，p. 153；参看 pp. 146-54）。关于 18 世纪把希腊语作为纯粹诗性语言看待的态度，参见本书第四章，注 38。

2 关于对传统方法的攻击，参见 Masica（1978，pp. 1-11）。又参见 Scollon（1980，pp. 73-176）。

3 关于拉斯克和葆朴，参见 Pedersen（1959，pp. 241-58）。

4 关于印度-日耳曼语系，参见 Meyer（1892，pp. 125-30），引用于 Poliakov（1974，p. 191）。

了这一名称。[5]

与梵文的情事

印欧语系中的"印"与对印度和梵文的新激情相联系。在他首次出版于
1950 年的迷人著作《东方文艺复兴》中，20 世纪早期的法国知识分子雷蒙·施
瓦布（Raymond Schwab）追溯了对古代印度和伊朗的文化和语言日益增长的
兴趣，这种兴趣伴随着英法对南亚次大陆的渗透。如同如此众多的 19 世纪艺
术和思想发展一样，第一个介绍"东方文艺复兴"概念的人是语言学家、热情
的浪漫主义者弗里德里希·施莱格尔。在《印度人的语言和智慧》中，施莱格
尔写道：

> 对印度文学的研究需要学者和恩主欣然接受，这样的学者和恩主在
> 15 和 16 世纪的意大利和德国，突然点燃了对古典学问之美丽的激烈欣赏，
> 并在如此短的时间内，赋予它如此普遍的重要性，以至所有智慧和科学，
> 甚至几乎世界本身的形式都被那一复苏知识的影响改变和更新了。[6]

施瓦布的标题《东方文艺复兴》是埃德加·基内（Edgar Quinet）1841 年
发表的一本书中的一章的标题。基内和后来的施瓦布有两个很相似的基础。第
一个是声称新东方主义已经取代了新古典主义。[7] 这一观点的修正版——声称
东方主义与中世纪主义一起，正在代替古典主义——是 19 世纪 40 年代一个可
能的观点，虽然不是很可信。但随着 19 世纪末希腊和罗马得胜，古印度被抛弃，
这一观点完全站不住脚了，施瓦布的借尸还魂不过是好古而已。

东方文艺复兴背后的第二个概念属于科学史的神话这一范畴，它认为英雄
人物从黑暗、混乱和迷信中创造出了光明、秩序和科学。这一概念假设，在浪
漫主义时代以前，男人和女人不知道甚至不关心"东方"，只是在 18 世纪晚期

5　关于印欧语系，参见 Siegert（1941-42，pp. 73-99），引用于 Poliakov（1974，p. 191）。关于葆
朴对印欧语系的使用，参见葆朴的绪言（1833），引用于 Poliakov（1974，p. 191）和 Pedersen（1959，
p. 262，n. 2）。

6　Schlegel（1808，p. x，trans. Millington，1849，p. 10）.

7　Schwab（1984，p. 11）；Rashed（1980，p. 10）.

东方才首次被发现。的确, 启蒙运动时, 埃及有时被认为属于西方, 而非东方。[8]
另一方面, 正如我在前面几章中所揭示的, 早在 18 世纪 50 年以前很久, 人们
对埃及和中国很感兴趣, 也对它们有了相当了解。虽然印度与埃及和中国相比
不是启蒙运动思想家的中心关注点, 但在 17 世纪和 18 世纪早期西方对印度也
有了解。印度的婆罗门不像埃及祭司和中国文士那样受崇拜, 但在对欧洲机构
和宗教的总体批评中, 婆罗门从一些方面来讲是后两者的功能对应物。

当然, 印度学者一直知道他们的古典语言梵文, 自从 17 世纪晚期以降西
方也了解梵文。[9]在此背景下, 威廉·琼斯爵士 1786 年明确提出以下总体印象,
即梵文与希腊文和拉丁文相比,

> 在动词词根和语法形式方面都有很强的契合, 偶然性不可能产生如
> 此强烈的契合; 的确, 契合是如此强烈, 以至检验过三种语言的语文学家
> 都会相信它们来自某种共同的源头, 这一源头或许已不存在; 有类似的原
> 因——虽然这原因不那么强烈——来认为哥特语和凯尔特语与梵文分有同
> 样的源头, 虽然它们混合的语言特性很不相同。[10]

19 世纪的德国和英国学者排斥了下述观点, 即他们的语言是不纯净混合
的结果。但除此以外, 这一值得赞美的和简洁的陈述——应该注意到, 它建筑
在可信性之上——从那以后是印欧语系和其他所有历史语文学的基础。

上述语言关系意味着印度语言和文化现在可以被视为外来的和熟悉的,
如果不是祖先的话。这一观念所以产生, 是因为尽管琼斯在此问题上比较谨
慎——他认为梵文和欧洲语言很可能有一个共同的未知的祖先——人们一般认
为梵文本身就是原初的印欧语。这一联系——还有通过印度传统得到的知识,
即婆罗门是来自中亚高原的 "雅利安" 征服者的后裔——与德国的浪漫主义信
仰恰好完全相合, 这一信仰认为人类和高加索种人源自中亚山区。[11]18 世纪 90

8 作为证据, 参见下列表述, 威廉·琼斯爵士写于1784年: "既然埃及似乎是西半球的伟大知识来源,
而印度是更东半球的知识来源……" (1807, p. 387)。在由 C. G. 海涅 18 世纪 60 和 70 年代创建的哥廷根
的图书馆目录中, 埃及神话被归入 "西方" 部分。在 19 世纪的某个时候它被转移到 "东方" 部分。
9 Boon (1978, pp. 334-8); Schwab (1984, pp. 27-33). 他把这仅仅描述为 "真正" 学术的 "前史"。
10 Jones (1807, p. 34). 又参见 Schwab (1984, pp. 33-42)。
11 Thapar (1975; 1977, pp. 1-19). 又参见 Leach (1986)。

年代到 19 世纪 20 年代，盛行对印度文化所有侧面的异乎寻常的热情，这是热情背后一种强大的力量。但从短期来看，琼斯在文学方面的影响比在语言学方面要大，他翻译的印度诗歌受到整个欧洲如醉如痴的欢迎。[12] 英国的湖畔派诗人都被印度诗歌所感动，而歌德 1791 年写道："我只要提到《沙恭达罗》[琼斯翻译的一首印度诗歌]，什么都不用说了。"[13] 还要记住，拿破仑 1798 年去埃及远征时带了一本《吠陀本集》。[14]

230   这一热情的学术结果是创建了许多梵文的大学教授职位，并制造了一个学科的基础，这一学科与日耳曼语研究联盟成为印度日耳曼语系，威胁了拉丁文和希腊文作为唯一的古代语言的垄断地位。[15] 这并不是说，梵文和日耳曼语研究对于后者是一个严重的挑战，虽然一些学者，如 1820 年代的 K. O. 缪勒和 1890 年代的萨洛蒙·雷纳克认为是严重的挑战。[16]

一开始，新的学术研究中心位于英国和法国，这两个国家在印度都有殖民利益。但是，英国的努力很快退却了，甚至法国对梵文和古印度的研究也被德国的浪漫主义反应所超越。在此，主要人物是弗里德里希·冯·施莱格尔和他的哥哥威廉，后者成为波恩大学的第一位梵文教授。甚至不怎么热情的人，如威廉·冯·洪堡感谢上帝，让他活了那么久，来熟悉《福者之歌》。[17]

施莱格尔的浪漫主义语言学

往前推 20 年，1803 年，弗里德里希·施莱格尔对印度的激情甚至更少限制："一切，绝对的一切，都有印度源头。"[18] 施莱格尔也是第一个坚持语言多源论的学者，他反对《圣经》巴别塔的传统和后来多数思想家的观点。具体说来，

231   他认为印欧语系和其他语言之间存在一个绝对的区分，他还攻击威廉·琼斯及

12　Schwab（1984，pp. 51-80）.

13　Schwab（1984，pp. 195-7）.

14　Schwab（1984，p. 59）. 又参见本书第三章，注 88。

15　Schwab（1984，pp. 78-80）.

16　参见本书第六章和第九章。

17　Schwab（1984，p. 59）.

18　致 Ludvig Tieck 的信，1803 年 12 月 15 日（Tieck，1930，p. 140；引用于 Poliakov，1974，p. 191）。

其同时代人，因为他们看到印度语言和闪米特语言之间有关系。[19]

虽然他没有明确地讲，雅利安种族的概念也可以追溯到施莱格尔。他的浪漫主义激情和对古代印度种族高人一等的信念足够克服证据的完全缺失，对现在所谓"埃及问题"提供一个简单的答案。这个问题是：非洲人怎么能够创造出如此高度的文明？施莱格尔认为，答案是埃及被印度人殖民化和文明化了。他对这一点是如此深信不疑，以至他援引埃及建筑的壮观来证明印度种族的伟大。[20] 这一埃及源自印度的概念将在整个 19 世纪保持它的力量，我们将在戈比诺那里再次遇见它。

虽然施莱格尔对种族感兴趣，但他从未忽视语言的中心性。他区分了两种语言——"高贵的"、有屈折变化的语言和不那么完美、没有屈折变化的语言。前者有精神性的源头，而后者本来是"动物的"。[21] 他相信，只有应用印度语言为基础的屈折变化，才可能有清晰、敏锐的智力或高级、普适的思想。[22]

有点让人惊奇的是，纳粹并不怎么欣赏施莱格尔。原因是他的政治观点不是反犹主义的，他反而倡导犹太人解放；在个人方面，他娶了著名的犹太哲学家摩西·门德尔松（Moses Mendelsohn）的女儿。[23] 他还表扬了"阿拉伯语和希伯来语的崇高力量和能量"。但是，他继续道："它们的确站在它们特定分支的极高点。"[24] 有时他甚至坚持，它们是"精神"和"动物"语言的混合体。[25] 但这并不能把它们从低等范畴中拯救出来。施莱格尔还认为，犹太文化受到了埃及人的影响——你会记得，埃及人的高级文明来自印度人。[26] 而且，由于弗里德里希·施莱格尔是第一个把语言与种族联系起来的人之一，他关于语言多源论的观点显然与当时对人类多源论的态度相关联。[27]

施莱格尔为雅利安和闪米特种族铺垫了道路，在这一点上他肯定超前了

19　Schlegel（1808，p. 85）；参见 Schwab（1984，p. 175）；Timpanaro（1977，pp. xxii-xxiii）。我认为在这一点上，琼斯是对的，施莱格尔和后来的葆朴是错的，参见绪言和第二卷。

20　Schlegel（1808，trans. Millington，1849，pp. 506-7）；cited in Poliakov（1974，p. 191）.

21　Schlegel（1808，pp. 60-70）. Timpanaro（1977，pp. xxii-iii）.

22　Schlegel（1808，pp. 68-9；trans. Millington，1849，pp. 456-7）. 又参见 Rashed（1980，p. 11）。

23　Poliakov（1974，p. 191）.

24　Schlegel（1808，p. 55；trans. Millington，1849，p. 451）.

25　Timpanaro（1977，p. xix）.

26　Poliakov（1974，p. 191）.

27　Timpanaro（1977，pp. xx-xxi）.

他的时代。这些概念在此后四五十年内没有得到认真对待：外在地，种族反犹主义力量尚未足够强大，而内在地，施莱格尔的方法有严重的不一致。[28] 他坚称，在添加词缀（外在地把词缀或其他小品词增加到一个词上）和屈折变化（其中"词根"被他认为的有机的方式内在地修正了）之间存在绝对的分别。[29] 但对于印欧语系的高等不幸的是，闪米特语言恰恰是用这种方式修正的，而"词根"这一术语本身来自希伯来语语法。[30] 因此，后来的学者不得不把闪米特语和印欧语一起放到高等的分类里。与此同时，巴泰勒米 18 世纪 60 年代所做的提议，即"腓尼基语"和科普特语之间存在基本的、排他的关系，在 19 世纪几乎没有得到认真对待。而且，闪含语系或亚非语"超家族"的概念，包括闪米特语、埃及语和其他非洲语言，直到第二次世界大战以后才被普遍接受。[31]

19 世纪中期的语言学家对施莱格尔计划做出的另一大修正事关"进步"的问题。语文学从语言的历史转变为把语言阐释为生成历史的一种力量这一过程中，施莱格尔扮演了重要角色。他还部分地把"进步"纳入他的思想。但是，他的观点过时了，因为他认为"精神性的"印度语言是退步的。这就是说，它们形成时是完美的，后来经历了或多或少的衰败。另一方面，"动物"语言中间有"进步"，因为它们变得更复杂。[32] 这里，后来的学者更彻底地浸润于"进步的"范式，他们必须修正施莱格尔的观点，用语言在进化中的相对位置来解释其高等和低等。

英国和法国的学者同样信心满满地认为，印欧语比任何其他语言都要高等。但是，由于他们自己所说的语言屈折变化相对很少，他们对施莱格尔在这一领域的观点没有太多热情，他的观点暗示，梵文、希腊文、拉丁文和德文是适合哲学和宗教的唯一几种语言。与此相对照，尽管有上文提到的修正，德国学者分享或接受施莱格尔的新计划。例如，威廉·冯·洪堡倾向于看到从黏附型或黏着性语言到有屈折变化的语言的进步，他也认为二者之间的差

28　参见本书第七章和第八章。

29　Schlegel（1808, pp. 41-59; trans. Millington, 1849, pp. 439-53）；Timpanaro（1977, p. xix）.

30　Timpanaro（1977, p. xix）.

31　关于亚非语家族，参见绪言和第二卷。关于巴泰勒米，参见第三章，注 34。

32　Schlegel（1808, pp. 55-9; trans. Millington, 1849, pp. 451-3）.

异是绝对的。[33]

　　威廉·冯·洪堡的天才是多方面的，他的多个贡献之一是建立了巴斯克语和马来-波利尼西亚语语言学的基础。但是，上文已经提到，他对梵文的激情属于不同种类。例如，他认为梵文有大量的、复杂的屈折变化，所以是一种比汉语好得多的语言，汉语是"孤立语"，其屈折变化比英语还要少。洪堡在 19世纪 20 年代关于汉语的闪光论文中，被迫承认汉语尽管词语不被修饰，但作为逻辑思想的载体它堪与最好的印欧语言相比。[34] 另一方面，他坚持说汉语缺乏屈折变化，"阻碍了思想的自由升腾"，因为自由升腾需要语法形式来引导。[35]因此，中国文字不仅是静止的，而且口语本身据认为缺乏德国浪漫主义者现在要求语言的完全的情感力量。或许是因为他们自己的语言缺少屈折变化，英国和法国的浪漫主义者似乎没有阐明这一点。

　　把屈折变化等同于自由巧妙地缩微了浪漫主义者觉察到的区别，即启蒙运动严厉的爱好中国与他们自己对印度亲戚的自由的爱之间的区别。[36] 到 19 世纪20 年代，甚至洪堡对汉语的有限崇拜和他对其他非印欧语的研究使他成为老一代中的一员。与启蒙运动隔绝开来的年轻一代更加严格：他们几乎只关心印欧语系。

233

东方文艺复兴

　　基内和施瓦布声称，这一印度研究中的突破只是一个总体的"东方文艺复兴"的核心——施瓦布正确地认为"东方文艺复兴"与浪漫主义固有地相连——他们把这一运动与 19 世纪伟大的古代文字破解联系起来。[37] 的确，楔形文字的破解开始于 1800 年，由哥廷根的浪漫主义学者 G. F. 格罗特芬德（G. F. Grotefend）读解波斯国王的名字而得，但我在本章试图表明，给人印象深刻得

　　33　Humboldt（1903-36，vol. 4，pp. 284-313）. 参见 Sweet（1978-80，vol. 2，pp. 403-4），劳埃德-琼斯教授在关于斯威特的书评中，指出洪堡在这一点上并不总是一致（1982a，p. 73）。

　　34　Humboldt（1903-36，vol. 5，pp. 282-92）.

　　35　Humboldt（1903-36，vol. 5，p. 293）. 施莱格尔就两种语言做了类似的比较（1808，pp. 45-50）。

　　36　参见洪堡的书信，重印于 Schlesier（1838—1840，vol. 5，p. 300）和 von Sydow（1906-16，vol. 7，p. 283）. 又参见 Sweet（1978-80，vol. 2，pp. 418-25）。

　　37　Schwab（1984，pp. 482-6）.

多的对埃及象形文字的破解不是来自浪漫主义和东方文艺复兴，而是主要来自埃及–共济会传统和法国大革命的科学精神。[38]

另一方面，施瓦布声称东方文艺复兴与"东方学"被建立为一个学术学科相关，这一观点的确可以得到部分证实。阿拉伯语在欧洲中世纪早期是高等文化的语言，从那以后不时地在欧洲被教授。但是，阿拉伯语在现代学术研究中的经常性位置是在 1799 年确立的，与远征埃及相关联，那一年新创立了东方现代语言学校，西尔韦斯特·德·萨西（Sylvestre de Sacy）被任命为第一位老师。无疑，德·萨西作为新的神秘的东方学的老师和君主制的支持者，非常符合东方文艺复兴的浪漫主义和保守模式。[39]虽然法国因为远征埃及和 1830 年开始征服阿尔及利亚，需要阿拉伯语，但德国不需要，在那个国家里人们对阿拉伯语的兴趣微乎其微。而且，正如爱德华·萨义德所指出的，东方主义继承了许多对伊斯兰教的传统憎恨，伊斯兰是基督教国家的首要敌人。[40]在这一情景中，必须注意到，19 世纪 20 年代，东方主义形成的一个关键十年，被希腊的独立战争左右着，战争的双方是基督徒希腊人与穆斯林土耳其人和埃及人。但是，有宗教和语言学理由认为闪米特文化即便不能与雅利安文化相比拟，至少也在同一平面上（参见本书第七章）。

东方文艺复兴不包括中国。自从 16 世纪以来，许多耶稣会士精通汉语，到 18 世纪之交，通过耶稣会士的翻译和数十件旅行者的报告，欧洲人对中国有了一些细节的了解。[41]从那以后，汉语在巴黎断断续续地被教授，但只是到了 19 世纪晚期，欧洲其他地方才创建了经常性的汉语教授职位。尤其惊人的是，虽然第一个梵文教授职位 1818 年创建于柏林，但直到那个世纪末，中国研究在德国处境艰难。正如一位法国汉学家 1898 年写道："德国和奥地利在东方研究的一些分枝上成就斐然，但在汉学方面不足。"[42]

虽然德国学者在 19 世纪 80 年代以后控制了埃及学，但在东方文艺复兴的阶段，德国学者的主流与新学科没有任何关系。法国东方学家对商博良的敌意下文会有描述。在此，指出以下一点就足够了：雷蒙·施瓦布把他一部分的标

38　关于格罗特芬德及其继任者，参见 Pedersen（1959，pp. 153-8）；Friedrich（1957，pp. 50-68）。

39　Said（1974，pp. 123-30）. 这本书的 124 页印错了一个字："1769"应该是"1799"。

40　Said（1974，pp. 59-92）.

41　Cordier（1904-24）.

42　Cordier（1898，p. 46）.

题定为《对埃及的偏见》，并在其中写道："认为埃及是对西方首先的和基本的东方影响的观点是完全错误的。实际上，学者们的埃及相对是个晚到者，只是在19世纪才来到。"[43] 在脚注中，施瓦布解释他这句话的意思是说"19世纪对埃及的迷恋取代了对印度的迷恋"。[44]

这些陈述在如此众多的方面误导人们，以至我不知从何说起。首先是东方学家对埃及的敌意和埃及学建立的迟缓。其次，我们已经看到，自从古代以来埃及就被认为是"对西方的基本东方影响"，比对印度的任何可以相比的兴趣时间要长得多。第三，虽然19世纪上半期对埃及有相当的好奇心，但在那时埃及被认为是外来的和陌生的——这就是说，和埃及早先作为欧洲的祖先文化的地位很不相同。正是从祖先文化这一神圣的位置，它被浪漫主义对印度的看法取代了。

总之，明确的是，学术东方学开创的时候有非常明显的局限性，最突出的是在德国，但其他地方也是这样。早期东方学家表示尊敬的唯一东方地区是中亚——它被视为欧洲的山区原生地——和印度，它被视为欧洲人可以从中了解自己的亲戚。但到了19世纪末，对这些地区的尊重也消失了。

爱德华·萨义德和R.拉希德（R. Rashed）已经表明，在基本层次上和从一开始，东方学对亚洲社会的兴趣就伴随着蔑视和以下信念，即"东方人"不适合分析和安排他们自己的文化。[45] 东方学学者同时试图强调其他大陆的古代文明，而不怎么重视它们在中世纪和现代的延续和发展。[46] 其他古代文明能够完全被西方学术适用，是因为据论证，现代居民要么自己是新的闯入者，要么堕落和"失去了"祖先的高级文化。而后来的文明不能这样被接管，它们被摒弃，被忽视，尽管几乎每一种情况下，欧洲人对古代文明的了解都是通过后来的文明。[47] 首要的是，据称只有欧洲人才有真正的历史感，尽管反面有决定性

---

43 Schwab（1984，pp. 24-5）. 施瓦布分享了他论述的人物的许多偏见。整本书都表现出他对埃及的厌恶。

44 Schwab（1984，p. 488），他是在引用俄国作家V. V. 巴托尔德。

45 Said（1974，pp. 122-48）；Rashed（1980，pp. 10-11）.

46 参见Rahman（1982，pp. 1-9）。

47 在伊斯兰文明、印度文明和中国文明的例子中，对它们后来形式的借用非常清楚。即便阅读和理解用楔形文字写就的各种语言这一无疑属于西方的成就，如果没有波斯文化、犹太文化和阿拉伯文化的延续性，也是不可能的。关于商博良使用赫耳墨斯传统和科普特语来破解埃及象形文字，参见下文。

的证据。[48]

　　无疑，早期东方学家付出了巨大努力，取得了巨大、永恒的成就。然而，东方学的发展没有自然伴随着视野的开拓，像基内和施瓦布声称的那样。在许多方面，它意味着想象力的逼仄以及认为欧洲文明绝对内在高等的强化情感。这导致非欧洲的文化距离化和客体化，仅仅因为它们不是欧洲的，就把它们很不相同的特征归并到"东方"的大范畴里。它们被视为"奇特的"，与欧洲的活力相比，它们被视为惰性的和被动的。的确，自从 19 世纪以来，欧洲人实际上已经无法想象，任何其他大陆的民族能够像他们自己一样"科学"，或者亚洲人和非洲人对欧洲的形成做出了任何实质性的贡献。[49] 这里，唯一表面的例外是古代伊朗和印度，但当然，它们被视为印欧家族的一部分。就这样，它们填补了"外来祖先"的神龛，从前，埃及和迦勒底占据着这一位置。例如，戈比诺肯定地说："埃及和亚述两个民族在印度人后面有个位置。"[50]

　　自然，至少在英国和法国，东方学在机构上的兴起必须与同时发生的殖民主义大扩张和其他形式的对亚洲和非洲的控制相联系。为了控制非欧洲的民族，不仅需要系统理解它们和它们的口语，而且关于它们文明的知识——这通过理解和分类它们的文化获得——保证了土著人只有通过欧洲学术才能了解他们自己的文明。这提供了又一根绳子，把殖民精英捆绑到宗主国身上；自从 20 世纪后半期直接殖民衰落后，这是保持欧洲文化霸权的日益重要的因素。[51]

　　雷蒙·施瓦布杰出地表明，东方主义-浪漫主义主题在 19 世纪文化中出现得多么频繁。但他的暗示，即这是欧洲艺术中的新现象，完全是误导人的。欧洲对其他大陆的兴趣比上文描述的 18 世纪对埃及、阿比西尼亚和中国的热情要早得多。而且，19 世纪神秘的东方学学术学科的建立为有教养的通才卸下了不合口味的职责，即认真处理和以尊敬的态度对待东方文明的职责。17 和 18 世纪的艺术家和政治家确实对待埃及和中国很认真，但 19 世纪的艺术

　　48　对下述人物否认"历史学家"的称号是荒谬可笑的：司马迁及其后续的中国朝代历史的写作者和编纂者，伟大的伊本·哈勒敦和后来的穆斯林"历史学家"。关于伊斯兰情景下对此的讨论，参见 Abdel-Malek（1969，pp. 199-230）。只有雅利安人能写历史的观点仍然遗留于下述声称，即说印欧语的赫梯人在古代近东发明了书写历史。例如，参见 Butterfield（1981，pp. 60-71）。

　　49　非洲和亚洲对古代欧洲的影响是这本书的主题。我希望将来继续探讨后来的非欧洲影响。关于欧洲作为唯一"科学"的大陆，参见 Rashed（1980）。

　　50　Gobineau（1983，vol. 1，p. 221）.

　　51　Said（1974，esp. pp. 73-110）.

家和政治家不一样，他们仅仅收集瓷器，或在文学艺术中引进外来的浪漫主义主题。

这些思想和教育上的变化可以与欧洲对其他大陆的殖民扩张的特定国家布局相联系。例如，17 和 18 世纪古代印度研究的发展一开始来自东印度公司理解他们的臣民和"土著"同盟的需要。同样重要的是，将印度浪漫主义化是由德国人完成的，而德国人在南亚次大陆没有直接利益。甚至在英国，19 世纪后半期占主导地位的印度主义者是马克斯·缪勒（Max Müller），他在普鲁士大使克里斯蒂安·本森（Christian Bunsen）男爵的怂恿下得到任命，在牛津担任印度语言教授 50 年，整整 50 年中他一直很德国化。[52]

中国的衰落

印度文化的历史学衰落和古代闪米特人的衰落一样，直到 19 世纪末才发生。这里我们关心的是 19 世纪初以及中国人和埃及人的落魄。随着欧洲制造商开始用自己的产品来代替中国奢侈品，例如家具、瓷器和丝绸，种族主义和"进步"彻底得胜，浪漫主义"回归"到欧洲和基督教。这种做法使欧洲不仅得到了文化满足感。随着英国用兰开夏郡棉布和印度鸦片占领中国市场，贸易平衡开始对中国不利，紧跟着欧洲商业优势的是军事行动。

从 1839 年——在这一年，英国人为了保护鸦片贸易免于中国政府的禁令，不惜发动战争——到世纪末，英国、法国和其他"列强"连续攻击中国，来获取更多更大的特许权（concessions）。使这些行动和剥削合理化的需要，中国真正的社会崩溃——这主要是欧洲压力的结果——还有总体的种族主义和"回归欧洲"，这些力量导致西方的中国形象发生了变化。中国从前是理性文明的模范，现在被视为肮脏的国家，各种各样的酷刑和腐败盛行。带着下流的反讽，中国人尤其因为吸食鸦片而被谴责。德·托克维尔 19 世纪 50 年代写作时，无法理解为什么 18 世纪的重农主义者如此崇拜中国。[53]

中国名声的衰落在语言方面也有表现。洪堡难以把孤立语汉语——还有科

238

52　Chaudhuri（1974）.

53　De Tocqueville（1877，p. 241；trans. Gilbert，1955，p. 163）. 关于这一转变的一个出色概观，参见 Blue（1984，p. 3）。

普特语，某种程度上甚至还有英语——安放进他的从黏着性到有屈折变化的语言的进化性进步中。他不认真地考虑过但排斥了下述概念，即汉语是婴儿语言，因此是人类婴儿期的语言。[54] 到世纪中期，伟大的印欧语系语言学家奥古斯特·施莱歇（August Schleicher）等人没有这样的不安。施莱歇认为有一个三阶段的进化等级：从孤立的汉语，到黏着性的突雷尼语族（土耳其语和蒙古语），顶点是有屈折变化的闪米特语和印欧语。[55]

克里斯蒂安·本森男爵对埃及的矛盾态度极度痛苦，但他对汉语的语言地位，因此还有历史地位没有犹豫。他认为，中国（Sinism）是世界历史中最原始的阶段；接着是土耳其（Turanism），再后面是埃及（Khamism）。再往后是大洪水和真正历史的开端，真正历史是闪米特人和印度–日耳曼人之间的辩证运动。[56] 这样，在历史语言学的"科学"基础上，埃及和中国被踢出历史，踢进了大洪水之前的过去。我已经强调过，种族和语言的关系在 19 世纪极其接近。因此，埃及和中国语言地位衰落的对应物是它们解剖学上和种族上的衰落。

239

19 世纪初期的种族主义

19 世纪初期种族主义的大肆成长包括对中国人和埃及人日益贬义的"种族"分类。随着对法国大革命的反动和基督教的复兴，基督教不能恢复其位置的一个关键信条领域涉及人类的统一性。在提倡"因信称义"的基督教新教运动 19 世纪 20 年代受到挫折后，甚至多源论也有所复原，而 1800 到 1850 年的阶段基本上用尽各种方法，努力寻找种族差异的解剖学基础，每一个有文化的欧洲人都"知道"这些差异的存在。[57] 这一研究没有产生明确的结果，但这一点并不影响大众对这一问题的看法；但它可能是一个因素，使得许多更为谨慎的学者继续使用语言来解释他们视为不同种族间的明显不平等。不管它采取何种形式，种族特征的新原则浸透了生活和学术的所有领域。[58]

54　Humboldt（1826; 1903-36, vol. 5, p. 294）.

55　Schleicher（1865），引用于 Jespersen（1922, pp. 73-4）。

56　C. Bunsen（1848-60, vol. 4, p. 485）. 东方不存在真正历史的概念至少可以追溯到黑格尔。

57　关于正统基督徒就此的艰难斗争，参见 Curtin（1964, pp. 228-43）。关于 19 世纪多源论的支持者，参见 Gould（1981, pp. 30-72）。又参见 Curtin（1971, pp. 1-33）。

58　关于尼布尔和其他历史学家对它的应用，参见第六章。

文艺复兴时期的旅行家安德烈亚·科萨利斯（Andrea Corsalis）把中国人描述为"跟我们一样"。[59] 大致上，17 和 18 世纪作家认为中国人属于一个不同的，但未必低等的种族。[60] 但是，到了 19 世纪中期两次鸦片战争的时候，中国人在种族上是可鄙的。正如 1858 年发表在《笨拙周报》（*Punch*）上的一首反复出现同一声音的诗写道：

> 约翰中国佬生来是流氓，
> 真理的法律他不屑一顾；
> 约翰中国佬是个大牲畜，
> 他拖累了全体人类。
> 残忍的约翰中国佬，唱呀"对"，
> 倔强的约翰中国佬，唱呀"唷"。
> 科布登（Cobden）也无法去掉
> 人类加给约翰中国佬的诅咒。

> 小小猪眼睛，大大猪辫子，
> 吃什么老鼠、狗、鼻涕虫、蜗牛，
> 只要进了腥臊的煎锅里，
> 约翰中国佬什么都是美食。
> 唱呀"谎茶"*，狡猾的约翰中国佬，
> 不要抵抗，懦弱的约翰中国佬，
> 约翰牛有个机会，只要他能，
> 让他开开约翰中国佬的眼睛。[61]

240

19 世纪学者咒骂的程度只是稍微轻一点。无论新人类学家想象出多少种人类的分类，"黄"种人都处于中间，在白种人之下，黑种人之上。而且，启

59　Cordier（1899，p. 382）.

60　参见例如 Bernier（1684），引用于 Poliakov（1974，p. 143）。

*　谎茶，lie-tea，据说是中国人赋予销往欧洲市场的茶的名字的英译（《牛津英语大词典》），被认为是假货。——译者注

61　*Punch*，1858 年 4 月 10 日，引用于 Dawson（1967，p. 133）和 Blue（1984，p. 3）。

蒙运动时崇拜中国人的稳定，现在中国人却因此受到谴责。19 世纪初期伟大的博物学家居维叶（Cuvier）男爵认为："这一种族在中国和日本形成了强大的帝国……但是其文明长时间以来是静止的。"[62] 对于种族主义先驱者德·戈比诺伯爵来说，黄种人

> 身体活力很少，倾向于无动于衷……欲望薄弱，意志倔强而非极端……在一切事物中，他们都是中不溜。他们对不太崇高或不太深刻的事物有足够容易的理解……黄种人从严格意义上说，是讲求实际的民族。他们不梦想或享受理论。他们很少发明，但能够欣赏和改造他们使用的东西……[63]

应该记住，戈比诺只是作为希特勒的前身才臭名昭著；在 19 世纪的时候，尽管有些人不同意他的观点，他被接受为古怪的但名誉显赫的学者。中国人新的种族地位足够将他们从充满活力的世界历史这一浪漫主义图景中去除，任何人心里都没有疑问，"中国佬"在种族上是中不溜。

古埃及人是什么肤色？

古埃及人的种族地位要比中国人不稳固得多，这是由于两个原因：学者们关于他们"种族"的意见非常不一致，埃及人将自己折中在白人顶点和黑人最低点之间。对于居维叶来说，

241

> 黑人种族……特征是黑肤色，鬈头发，扁头颅，平鼻子。脸的下部突出，还有厚嘴唇，显然使他更像猴子：他组成的群落总是处于最完全的野蛮状态中。[64]

而戈比诺认为：

---

62 Cuvier（1831, vol. 1, p. 53）；引用于 Curtin（1971, p. 8）。

63 Gobineau（1983, vol. 1, pp. 340-1）.

64 Cuvier（1831, vol. 1, p. 53）；引用于 Curtin（1971, p. 8）。

黑种人是最低等的，处于梯级的底部。其基本形式所具有的动物特征从胚胎形成的那一刻就决定了它的命运。它从未离开过最受限制的智力领域……如果它的思想功能是中等的甚或不存在，那么它的欲望，因此还有它的意志具有一种经常可怕的烈度。许多感官发展的健壮程度在其他两个种族中是没有的：主要是味觉和嗅觉。正是在它对感觉的贪婪中，最能体现它低等的标志……[65]

如果欧洲人在整个 19 世纪对待黑人像上述两者一样坏的话，必须把黑人变成动物，至少也得变成亚人类；高贵的高加索种人不能够用这种方式来对待其他完整的人类。这一颠倒为"埃及问题"的种族和主要侧面准备了场景：**如果科学"证明"黑人在生物学上不能够文明化，那么如何解释古埃及——不方便的是，它恰好在非洲大陆上？**[66]有两个，或者说三个，解决办法。第一个是否认古埃及人是黑人；第二个是否认古埃及人创造了"真正的"文明；第三个是两者都否认，以加强证明。多数 19 和 20 世纪的历史学家更喜欢第三种方法。

那么，古埃及人到底属于哪一"种族"呢？一般说来，我很怀疑"种族"概念的有用性，因为在此问题上不可能取得任何解剖学的精确。而且，即便人们为了论证而接受它，我也更加怀疑在古埃及人这一例中找到答案的可能性。关于此问题的研究通常揭示了研究者的倾向，而非问题本身。但是，我相信，至少最近 7000 年中，埃及的人口包括非洲、西南亚和地中海的类型。清楚的还有，越往南走，即越往尼罗河上游走，人口肤色越黑，越黑人化，这一点在最近 7000 年都是这样。如同我在绪言中所说，我相信埃及文明基本上是非洲的，在古王国和中王国时期，即希克索斯侵略以前，比起侵略以后，非洲的成分要更强。而且，我相信，在上埃及建立的许多最有权势的埃及王朝——第一王朝、第十一王朝、第十二王朝、第十八王朝——其法老人们可以有用地称之

242

65　Gobineau（1983，vol. 1，pp. 339-40）.

66　戈比诺写道："我无须补充，荣誉这个词，像包含荣誉的文明概念一样，黄种人和黑种人都是不知道的"（1983，vol. 1，p. 342）。

为黑人。[67]

但是，埃及文明实际上的非洲性质和我们目前的讨论无关，我们关心的是人们认识中的埃及人的"种族"地位有哪些含混之处。在古典时代，埃及人被视为黑人和白人或黄种人；希罗多德称他们有"黑皮肤，鬈头发"。[68]另一方面，花瓶上的蒲西里斯画像倾向于把他画成高加索种人，虽然他有白人随从，也有黑人随从。[69]

让·德维斯（Jean Devisse）教授表示惊讶，早期基督教关于埃及人的画像中有这么多黑人。[70]他还表明，埃及人在 15 世纪很受崇拜时，是如何被"黑人化"的。黑肤色和埃及智慧之间也有某种关系。许多中世纪和文艺复兴时期的绘画把东方三博士之一——很可能是埃及人——描绘为黑人。[71]另一方面，文艺复兴时期对赫耳墨斯·特利斯墨吉斯忒斯的表现是个欧洲人，虽然有时有不明显的东方特征。[72]

在英国，吉卜赛（或埃及）的名字被赋予印度西北部人们的事实表明，在 15 世纪，埃及人被视为原型黑人。[73]塔木德经关于"含的天谴"是黑皮肤的阐释在 17 世纪广为流传［含是迦南和麦西（Mizraim，即埃及）的父亲］。[74]另一方面，17 世纪晚期日益兴盛的种族主义伴随着对古埃及人的日益尊重，所以古埃及人倾向于被白人化。贝尼耶（Bernier）1684 年发表了《根据居民的不同种类或种族对地球进行的新划分》，他坚称埃及人是白人种族的一部分。[75]

几乎没有疑问的是，许多共济会会员是种族主义者。他们直接或间接地卷入奴隶贸易，他们没有像正统基督徒那样信奉单源论，这些事实倾向于推翻他们的人类中心说传统以及"所有人类都是结盟兄弟"的共济会信条。他们的焦点是埃及，所以需要大力区分"动物"黑人和高贵的埃及人。例如，在《魔

---

67 参见绪言。

68 第二卷，p. 104。

69 参见第四章，注 81。

70 早期基督教图画参见 Devisse（1979）1，p. 43；2，pp. 82-4。

71 Devisse 2，pp. 136-94.

72 参见 Yates（1964, Frontispiece and pls 3-5）。

73 关于黑人和吉卜赛人形象的类似，参见 Child（1882-98, vol. 3, pp. 51-74）。英国传统上将土耳其人的头描写为非洲黑人的头，这表明这一领域明显有相当混淆。参见本书第四章，注 42—50。

74 Jordan（1969, p. 18）讨论了这一传统及其在 17 世纪的应用。

75 Bernier（1684）；引用于 Poliakov（1974, p. 143）。

笛》中，莫扎特在好色的摩尔人莫诺斯塔托斯（Monostatos）和埃及哲学家萨拉斯特罗（Sarastro）之间有强烈的对比。[76] 的确，如果我们注意到对埃及殖民化好处的强调——这是《塞索斯》的一个中心主题，还有《塞索斯》和其他许多 18 世纪作品的强烈对比，即埃及人到来之前佩拉斯吉人"吃橡树果实"，到来之后希腊文明无比辉煌——如果我们注意到这些，我们可以建议说，它们是，至少在某种程度上是，对同时代欧洲活动合理性的证明。

但是，在 18 世纪后半期，也有潮流要把埃及人拉回到非洲，这一潮流与对埃塞俄比亚的热情相关，这种热情反映在约翰逊博士的小说《拉塞拉斯》（Rasselas）和他翻译的洛博（Lobo）神父在那个国家 17 世纪的游记。[77] 中世纪的传说中有个祭司王约翰王国，这是欧洲在伊斯兰之外的基督教盟友，人们用亚洲和非洲的许多地区来定位这个王国，虽然如此，埃塞俄比亚作为新奇的、遥远的山地和基督教王国是一个可敬的候选人。而且，埃塞俄比亚可以很可信地与古埃及相联系。

但是，应该清楚的是，应用"阿比西尼亚"这个名字正是为了避免"埃塞俄比亚"，因为后者与黑色的联系难以去除。约翰逊小说的第一个美国版 1768 年出版于费城，标题是"阿比西尼亚王子拉塞拉斯的历史：一个亚洲故事"！居维叶男爵将埃塞俄比亚人与黑人等同起来，却把阿比西尼亚人——作为阿拉伯殖民地——分类为高加索种人。[78] 但是，这一区分太细微了，没有效力。伟大的苏格兰探险家詹姆斯·布鲁斯（James Bruce）学习得更好，他的灵感是关于阿比西尼亚／埃塞俄比亚的幻想与寻找尼罗河的源头。对他来说，埃塞俄比亚山区的居民是黑人，从整体来说很美丽。他迷人的发现鼓励着像他自己一样的埃及崇拜者，如旅行家兼学者德·沃尔内（de Volney）伯爵、迪皮伊和商博良，这些埃及崇拜者强调上埃及，甚至埃塞俄比亚作为埃及文明源头的重要性。[79]

尽管埃塞俄比亚热有明显的浪漫主义魅力，德国人还是没有卷入其中。他

244

76　Gilman（1982，pp. 61-9）。

77　Johnson（1768）。又参见 Moorehead（1962，p. 38）。五十年后，柯尔律治仍然随便对待阿比西尼亚作为理想化东方的中心这一观点。参见 Shaffer（1975，pp. 119-21）。

78　Cuvier（1831，vol. 1，p. 53）; cited in Curtin（1971，pp. 8-9）。

79　Hartleben（1909，vol. 2，p. 185）; Bruce（1795，vol. 1，pp. 377-400）; Volney（1787，pp. 74-7）; Dupuis（1822，vol. 1，p. 73）。

们欧洲之外的幻想总是集中于亚洲，当他们把埃及与撒哈拉沙漠以南的非洲联系起来时，他们是在贬抑埃及。温克尔曼不喜欢埃及人的外表上文已经提到了；下面的引文表明他相信非洲的联系对埃及来说是多么不幸：

> 人们怎么能够发现他们的形体哪怕有一点儿美，因为他们的原型全部或几乎全部有着非洲人的形式？这就是说，他们像非洲人一样，有着凸嘴唇，缩进的小下巴，凹陷的扁平的侧影。不仅像非洲人，而且像埃塞俄比亚人，他们经常有着扁平鼻子和黑皮肤……因此，画在木乃伊上面的所有人物都有深棕色的脸。[80]

英国和法国持类似态度。例如，与温克尔曼几乎同时写作的夏尔·德·布罗斯（Charles de Brosses）论证，古埃及人与当代黑人类似，因为他们的动物崇拜就是"黑人拜物教"，而共济会遵从至少像普鲁塔克一样古老的传统，把埃及人的动物崇拜视为寓言性的。[81]但是，18世纪末的主流观点是莫扎特和他的歌词作者埃马努埃尔·席卡内德在《魔笛》中的观点：埃及人既不是黑人，根本上也不是非洲人。类似地，赫尔德非常崇拜东方，他把埃及人视为亚洲民族。[82]人类学家和种族研究的先驱者蒙博多（Monboddo）勋爵以把猩猩包括进人类而闻名，他非常崇拜埃及人。[83]布卢门巴赫把埃及人和阿拉伯人、犹太人一起，归入高加索人种。[84]几十年以后，居维叶认为埃及人"很可能"是白人。

埃塞俄比亚的主导语言属于闪米特语系，似乎是由于这个原因，阿比西尼亚人作为高等种族成员的地位实际上比埃及人要牢靠。[85]19世纪上半期，欧洲人能够得到的古埃及人图像再现大大增加，这些图像表明埃及人是彻底混合的人口，结果埃及人日益倾向于被视为非洲人和黑人。

到19世纪中期，戈比诺复活了《圣经》——更确切地说，是《塔木德

80　Winckelmann（1964，p. 43）; trans. Gilman（1982，p. 26）.

81　De Brosses（1760）. 参见 Manuel（1959，pp. 184-209）。我未能发现18世纪甚或20世纪的文本，指出"黑人拜物教"本身会有象征性或寓言性功能这一明显的思想。参见 Horton（1967，1973）. 种族主义的力量如此厉害！

82　Herder（1784，vol. 1，p. 43）.

83　Rawson（1969，pp. 350-1）; Jordan（1969，p. 237）.

84　Blumenbach（1865，pp. 264-5）.

85　Curtin（1971，p. 9）.

经》——计划，将埃及人归类为含米特人和实际上的黑人。因此，他发现接受施莱格尔的理论是有用的，即埃及"文明"——在戈比诺承认它存在的程度上——源于印度"雅利安"殖民者的移植。[86] 在那之前，埃及人的黑皮肤和他们的高度文明之间在漫长历史跨度的帮助下，达成了两个妥协。第一个和解与普遍认为的印度情形一致——原本"纯洁"的埃及人是白人，但后来其他种族掺杂相当多，这一混合和种族间通婚是他们堕落的主要原因。[87]

第二个和解恰好相反，由 19 世纪初期的人类学家 W. C. 韦尔斯（W. C. Wells）提出。韦尔斯与人权运动相联系，反对极端的种族主义和多源论，他认为黑种人会进步。虽然他接受肤色和文明程度之间的联系，但他坚持说是文明决定了肤色，而非相反。例如，他注意到，古埃及艺术表现了明显是黑人的人，但现代埃及人不是黑人。因此，他论证，有可能埃及人的肤色随着文明的进步而变浅了。[88]

韦尔斯写作于 1818 年，他表明自从启蒙运动以来思想氛围改变得是多么彻底。面对着甚至可以超越《圣经》永恒缩影的、完全得胜的"进步"，古埃及高等文明的概念被摒弃了："埃塞俄比亚人能改变肤色吗，豹子能改变身上的斑点吗？"[89] 但是，韦尔斯在两方面是对的。首先，18 世纪晚期和 19 世纪早期对早期埃及人的认识是黑人——例如，参看远征中法国科学家测量斯芬克斯的著名图像。[90] 其次——无论韦尔斯是否意识到——1818 年的埃及正处于"民族文艺复兴"的开端。

现代埃及的民族文艺复兴

这里我们要讨论的主题似乎在古埃及名声的历史中不是个问题。然而，如同歇洛克·福尔摩斯故事中"夜里不咬人的狗"一样，埃及文艺复兴没有能够影响到学者们关于古埃及人的种族刻板形象，这一事实本身告诉了我们有关古埃及人很重要的东西。

86　Gobineau（1983，vol. 1，p. 347）. 施莱格尔的理论见下文。

87　Jordan（1969，pp. 580-1）.

88　Wells（1818，p. 438），引用于 Curtin（1964，p. 238）。

89　《耶利米书》第 13 章第 23 节。

90　参见下列复制品：Diop（1974）的卷首插图和 Tompkins（1973，p. 76）。

自从 16 世纪以来，埃及一直是土耳其帝国的一部分。但是，土耳其人一直通过旧有的统治者来统治，即马穆鲁克（Mamelukes），主要来自高加索的一群奴隶，他们组成了军队中最可怕的一部分，自从 13 世纪以来控制着埃及。马穆鲁克的历史极其血腥残酷，高层的权力经常走马灯似的变换。但到了 18 世纪末，埃及的商业农业生产、贸易和制造业达到了使埃及按照世界标准来说富裕的水平。[91]

马穆鲁克的统治和土耳其的宗主权接着受到 1798 年拿破仑征服的严重削弱，拿破仑征服主要通过操纵埃及社会中的阶级、宗教和种族划分来实现。到 1808 年——在法军撤离和英国干涉带来的大混乱之后——英国人被赶了出去，权力集中到穆罕默德·阿里（Mohamed Ali）手里，阿里是土耳其军队的阿尔巴尼亚将军。几年以后，他屠杀了马穆鲁克，成为埃及总督，实际上独立于土耳其人。

穆罕默德·阿里开始了对埃及经济和社会的以国家为主导的现代化运动，这一伟大的运动只有俄国的彼得大帝和日本的明治天皇可以相媲美。马穆鲁克和税款包收人的土地被没收后直接分给农民，农民向国家交纳租金和税收。巨大的灌溉工程开工了，棉花和糖进行大规模的商业种植。而且，在外国专家的帮助下，建立起了现代工厂，来加工这些庄稼，但是，与俄国和日本一样，工业的主要特点是建立兵工厂，以供应现代军队，使它独立于外国的武器。[92] 认为这一计划带来有害的后果不无理由，因为它使国家太依靠棉花，豢养了一批富有的商业大地主，他们的影响对国家发展很不利。但从短期来看，这一计划取得惊人的成功。到 19 世纪 30 年代，埃及的现代工业产量仅次于英国。[93]

有了这些经济和政治基础，穆罕默德·阿里开始创建海外埃及帝国。他的现代军队在西阿拉伯半岛征服了许多土耳其的附属国，到 1822 年，他的将军们已征服了苏丹。于是，他向北方，向叙利亚和希腊扩张：作为奥斯曼帝国的普通臣民，许多希腊人住在尼罗河三角洲地区，从事了新经济的商业部分。穆罕默德·阿里权力上升后，更多的希腊人来到这里，参加他的新军，并分享经

91　Gran（1979，pp. 11-27）.

92　Abdel-Malek（1969，pp. 23-64）；Gran（1979，pp. 111-31）.

93　Abdel-Malek（1969，p. 31）.

济繁荣。[94]

1821 年希腊独立战争爆发后，土耳其的苏丹王在绝望之中，授予穆罕默德·阿里克里特岛和摩里亚半岛（Morea，当时对伯罗奔尼撒半岛的称呼）的帕夏管辖区或省总督的职位，换取他消灭叛军。四年中，由于希腊舰队技术熟练，炮火猛烈，埃及人无法入侵。但在 1825 年，希腊舰队因为发不出军饷而叛乱，埃及人借机成功登陆，登陆的是一支训练有素的军队，由穆罕默德·阿里的儿子易卜拉欣（Ibrahim）率领。这一支军队得以消灭希腊游击队的激烈抵抗，但镇压日益野蛮。易卜拉欣接着向北机动到迈索隆吉翁（Missolonghi），在这里希腊爱国者被土耳其人包围着。

战斗力强的埃及军队一到，土耳其人如虎添翼，结果拿下了这一希腊革命的中心，但受到了英雄般的抵抗，拜伦战死在那里，欧洲各国政府因此支持同情希腊人事业的亲希腊的学者和艺术家。起义现在成为洲际战争，欧洲在一边，亚洲和非洲在另一边。[95] 一些人认为，衰落中的土耳其对希腊和欧洲的威胁比埃及要小。正如奥地利总理梅特涅（Metternich）写道，他是在考虑埃及从土耳其那里取得完全独立的可能性："这样，人们会看到如此经常地被宣布为欧洲最可怕威胁的实现——一个新的非洲强国……"[96]

为了遏止这一可能性，英法政府试图使埃及与土耳其分裂。他们还试图说服穆罕默德·阿里从摩里亚半岛撤军，作为补偿，他们会强迫土耳其政府授予他叙利亚的帕夏管辖区权限。1827 年，英、法、俄海军的中队在纳瓦里诺（Navarino）消灭了土耳其和埃及的舰队，希腊独立有了保证。埃及人签订了协定，同意从伯罗奔尼撒半岛撤军，并释放希腊奴隶。尽管忍受战败的屈辱，穆罕默德·阿里还是得到了叙利亚，继续他的经济和军事扩张。

19 世纪 30 年代，埃及人控制了叙利亚，开始对这个国家实行现代化，在那里建立一个新的权力基地。与此同时，穆罕默德·阿里和他的儿子易卜拉欣得以在克里特建立殖民统治。克里特岛的人口在希腊独立战争期间，即希腊人和土耳其人的野蛮战争中，伤亡非常严重：唯一的相对休战期是易卜拉欣的军

248

---

94 Sabry（1930, pp. 80-2）; St Clair（1972, pp. 232-8）.

95 Sabry（1930, pp. 95-7）; St Clair（1972, pp. 240-3）.

96 Cited in Sabry（1930, p. 135）.

队控制了克里特以后的 18 个月内，以作为前往伯罗奔尼撒半岛的垫脚石。[97]

1827 年埃及在纳瓦里诺战败之后，基督徒克里特岛人在欧洲军舰的保护下，再次举行起义。但英国不希望事态向完全有利于克里特的方向发展，结果 1829 年，穆罕默德·阿里被允许在岛上重新建立他的政权。三年的相对平静后，基督徒克里特岛人因为不满意在其他希腊人独立时受穆斯林的奴役，再次起义反叛，结果受到残酷镇压。1834 年以后，强制推行严格的殖民统治，但穆斯林没有得到偏袒，与埃及的大量希腊人口的联系也建立起来了。经济得到恢复和发展，穆罕默德·阿里和克里特岛人都从中获益。疾病得到控制，财富和人口都大量增加，从后来的角度看，在土耳其几十年的暴政之后，这一段似乎是克里特岛的黄金时期。[98]

1839 年，穆罕默德·阿里宣布他自高门 * 独立，并侵略土耳其。五天后，苏丹王死掉了，很快，土耳其舰队叛乱，加入了埃及人。非欧洲人控制了地中海东部的威胁可怕得几乎不可想象，奥地利、英国、法国、普鲁士和俄国一致行动，驰援土耳其。这次国际行动表现出的团结一致只有大约六十年后的中国义和团运动可以媲美。在封锁的威胁下，穆罕默德·阿里被迫交出叙利亚北部和克里特岛，并再次沦为土耳其的附属国。[99]

新协议对埃及经济的打击甚至比纳瓦里诺战败后还要严重。19 世纪 30 年代中，穆罕默德·阿里以国家为中心的自给自足政策已经受到欧洲商业渗透的削弱；1839 年的新协议后，埃及经济被迫回到土耳其传统经济的方向。这一倒退把埃及经济完全暴露在欧洲制造业的威胁之下，埃及工业受到削弱，并经常遭到毁灭。[100] 但是，穆罕默德·阿里的后代保留了相当的财富和权力，直到他们在政治上和军事上被英国人打败。的确，只是在 1880 年英国人接管之后，埃及的现代经济才受到进一步的和严重得多的损害。[101]

现代历史的这一插曲如此鲜为人知这一事实并不令人吃惊。它并不符合积极的欧洲向消极的外部世界扩张的范式。19 世纪的埃及帝国像同样晦暗和昙

97　Sabry（1930，p. 396）.

98　Sabry（1930，pp. 395-401）.

*　高门指 1923 年前的奥斯曼帝国政府。——译者注

99　Sabry（1930，pp. 405-541）；R. 与 G. Cattaui（1950，pp. 138-216）.

100　Abdel-Malek（1969，pp. 32-46）.

101　Abdel-Malek（1969，pp. 47-64）.

花一现的成功故事一样，例如阿巴拉契亚山脉的彻罗基人、新西兰的毛利人和加利福尼亚的中国人。这是一个例子，非欧洲人用欧洲人的游戏规则打败了欧洲人，却因此被迫放弃游戏。[102] 在欧洲人自然高等的种族刻板形象失败的时候，它必须依靠人为干涉来维持。

这些事件与我们的关注点相合的地方在于，同时代关于古代史的著作中没有提到过自从拉美西斯二世以来最伟大的埃及帝国。更引人注目的是，正是在埃及人控制了大片希腊地区的时候，至少部分地因为"民族性"，埃及人达那俄斯的侵略竟然被否认了。[103] 在某种程度上，这中间看不出任何异常可以用同时代的"新闻报道量"来解释。虽然在官方报道中，埃及统治的相对高效得到关注，但在大众报道中，埃及人在大屠杀中的角色被比作远远更加广为流传的土耳其人和基督徒希腊人的屠杀。而且，黑人站在希腊土地上的形象被视为尤其令人震惊。[104]

同时代的古代史学家没有提到同时代埃及的成功，尤其没有提到它对希腊的征服，这不能完全解释为职业历史学家不关注近期的事件，或者说在伊斯兰到来之后埃及历史有个彻底的断裂。19 世纪初期的历史学家位于浪漫主义时代的核心，这一时代认为种族有着永恒的本质和特征。例如，那时毫不犹豫地把异教的哥特人和北欧海盗与 19 世纪基督教英国和德国的胜利相联系。双重标准的原因显然是种族主义。历史学家们相信非洲人在种族上绝对低等，他们当时不方便承认——事后看来也是这样——埃及人能够训练出英勇的征服军队，像拿破仑、威灵顿（Wellington）或布吕歇尔（Blücher）的军队一样，即便这一军队的领袖是叛徒欧洲人穆罕默德·阿里和易卜拉欣。

迪皮伊、若马尔和商博良

在贬低埃及人和摒弃古代模式中，种族主义从一开始就是一个重要因素，

102　德·托克维尔将他的种族主义和彻罗基人不可否认的经济和社会成功进行调和，其手段是把他们的进步归因于大量的混血儿（1837，vol. 3，p. 142）。参见 Gobineau（1983，vol. 1，p. 207，footnote）。

　　这一模式的巨大例外是日本，其规模和能量使得它极难纳入殖民系统，而必须与西方人眼中大得多的国家中国一起看待。即便如此，日本的明显成功被解释成某种形式的"欺骗"。直到第二次世界大战，还有人因为种族刻板形象，坚持说日本人体力上战不过西欧人。

103　参见第七章，注27。

104　例如，在德拉克洛瓦的名画《希腊死于迈索隆吉翁的废墟》中，胜利的黑人站在敞开胸脯的希腊白人身后。

1860 年以后它成为压倒一切的因素。但在 19 世纪二三十年代，埃及宗教与基督教之间的古老竞争仍然扮演着重要角色。我已经讨论过夏尔·弗朗索瓦·迪皮伊作为革命政权的文化顾问和在《所有崇拜的本源》中对基督教的威胁，这部书使用大量确证性细节，声称基督教源自埃及天文学宗教寓言的被误解的残骸。

　　这样的想法，在法国大革命和基督教作为社会秩序的必要堡垒复兴之后，成为令人厌恶的东西。由于迪皮伊感到痛苦的不仅有赤裸裸的反动派，还有基督教的"批评性辩护者"。柯尔律治在阅读贝克莱之后宣称自己是"贝克莱主义者"；有人对福音书的历史性进行挑战，贝克莱的辩护是，从所有历史都是神话的立场出发，福音书的可靠程度与任何其他文本一样。[105] 正如托兰和激进启蒙运动使牛顿、本特利和惠斯顿感到害怕一样，迪皮伊甚至使 19 世纪初期的开明人士感到威胁。例如，前总统约翰·亚当斯为他感到着迷。1816 年，他写信给朋友托马斯·杰斐逊说，与其把钱花在传教士身上，"我们应该规划一个学会，把迪皮伊译成所有的语言，并给予任何对迪皮伊做出最好回答的人或团队以钻石的奖赏"[106]。钻石的奖赏应该归让-弗朗索瓦·商博良。

　　对迪皮伊和埃及-共济会及其与法国大革命联系的强烈害怕，还有基督教、希腊和古埃及之间复杂的三角关系，出现在商博良曲折的生涯里。作为东方文艺复兴的对立面，商博良在许多方面应该被视为共济会启蒙运动的顶点。他似乎在青少年时期沉浸于共济会思想的时候就发现了破解埃及象形文字的使命，到他 20 岁时，他已经掌握了希伯来语、阿拉伯语和科普特语，为完成他的使命做好了准备。[107]

　　由于现在有了一些新文本的摹本，包括新发现的罗塞塔石碑（Rosetta Stone），上面用希腊语、世俗体和埃及象形文字刻写着同样的文本，破解成为可能。但是，如加德纳所说，商博良"总是倾向于返回到他关于埃及象形文字

　　105　阅读迪皮伊见 *Letter to Thelwall*，1796 年 11 月 19 日；喜欢贝克莱见 *Letter to Poole*，1796 年 11 月 1 日和 *Letter to Thelwall*，1796 年 12 月 17 日。这一部分和下一部分行文的基础是 Bernal（1986, pp. 21-3）。

　　106　1816 年 11 月 4 日，引用于 Manuel（1959, p. 278）。

　　107　Hartleben（1906, vol. 1, p. 140）. Iversen（1961, p. 143）注意到国王和商博良的和解，但没有解释原因。

纯粹象征特征的不和谐理论"。[108] 最终他克服了它，这一事实表明，虽然他的破解需要共济会冲动，但只有当埃及理想开始破裂和浪漫主义语言学开始胜利的时候，破解才能够成功。只有在这一时刻，他才能抛弃共济会的中心信条，即埃及象形文字是纯粹象征性的，没有语音功能。

　　更进一步的反讽是，商博良的第一个重要发现是在 1822 年，把登德拉（Dendera）的罗盘日期定于罗马时代，而埃德姆-弗朗索瓦·若马尔，迪皮伊的追随者，关于拿破仑远征的杰出学者，曾声称这个罗盘来自公元前数万年前。[109] 这对基督教的帮助出现在法国驻罗马大使关于教皇态度的报告中，据报道教皇说：

　　　　［这］……对宗教做出了重要贡献："他［商博良］……打破和挫败了这一哲学的骄傲，即声称在登德拉的罗盘中发现了比《圣经》还要早的编年史。"教皇因此请求泰斯塔（Testa）先生，在古代研究方面最有学问的学者，详细展示商博良先生论证下列观点的过程：（1）这一罗盘是在尼禄统治时制造的；（2）不存在公元前 2200 年以前的纪念碑，即亚伯拉罕时代以前的纪念碑，所以，与我们的信仰相符合，大约有十八个世纪的黑暗时代，其间只有对《圣经》的阐释才能引导我们。[110]

　　这一帮助解除了迪皮伊的威胁，它解释了为什么 1822 年以后极端贵族、路易十八和查理十世对商博良和他的哥哥的态度表现出明显变化，他们曾痛恨这兄弟两个的极端激进主义和对拿破仑的支持，它还解释了商博良为何从他蔑视的政权那里得到相当的恩佑。商博良小心地把他的历史发现限制在希克索斯以后的王朝，这在当时的日期是公元前 2200 年，他因此承认了《圣经》的优先权。虽然这为他赢得了基督教卫护者的支持，但他使人们注意到最早的希腊文明之前很久埃及的胜利，这让希腊主义者感到痛恨。因此，在一段时间内，他分解了基督教和希腊主义之间的联盟。

108　Gardiner（1957，p. 14）。

109　若马尔对罗盘的解释见 Tompkins（1973，p. 49）。关于它确实事实上代表着古老得多的传统的可能性，参见 pp. 168-75。

110　Montmorency-Laval 的信，1825 年 6 月 22 日，见于 Hartleben（1909，vol. 1，p. 228）。

253 商博良在学术圈中有许多敌人，他们包括像若马尔一样的埃及学家对手，他推翻了若马尔给罗盘定下的日期，还有浪漫主义的和保守的东方学创建者，西尔韦斯特·德·萨西。但是，把他排斥在两个法兰西学院之外的反对力量的中坚是希腊主义者，如让·安托万·勒特罗纳（Jean Antoine Letronne）和拉乌尔·罗谢特（Raoul Rochette），他们此时热烈地反对埃及。[111] 然而，到 1829 年，皇家的恩佑、他的破解的可信性和应用使得希腊主义者当中足够多的人回心转意，商博良得到了早就该有的认可。接着，在 1830 年七月革命之后的自由氛围中，商博良得以自由地发表他的结论，认为埃及日历，因此还有埃及文明，可以追溯到公元前 3285 年。这使得基督徒和希腊主义者重新联合起来反对他，在他 1831 年死后的四分之一世纪中，埃及学进入衰退期，而他的希腊主义和东方学敌人继续操控着法国学术机构。确实，终极反讽的是，商博良的悼词不是由他的朋友和恩主、法兰西学院的终身秘书达西耶，而是由达西耶的继任者、商博良的头号敌人德·萨西念的。[112]

直到 19 世纪 50 年代晚期，古代史学家才认为埃及文本的译文是可靠的。1831 年到 1860 年间对埃及学缺乏任何严肃的考虑这一点对本书的主题非常重要，因为正是在这一阶段，以埃及为基础的古代模式遭到破坏，以印度为基础的雅利安模式建立起来。反映这一过程和古代埃及名声的总体衰落的一个良好例证是乔治·艾略特的《米德尔马契》，虽然这部小说作于 19 世纪 60 年代，但它细致重建了 1830 年左右的思想生活。小说中，老学者卡索邦对古代埃及的兴趣被用来象征他的蒙昧主义。与此相对照，年轻的拉狄斯洛（Ladislaw）刚刚从浪漫主义的中心、在罗马的德国人社区回来，他并未批评卡索邦没能考虑商博良的新破解。但他对他不能阅读新的德国学术和对埃及感兴趣本身感到轻蔑。[113]

罗马的德国人社区在 19 世纪前 20 年的官方首领是伟大的罗马史学家、做

111　参见例如商博良致 Gazzera 神父的信件，1826 年 3 月 29 日和 8 月 19 日；以及商博良 1829 年 6 月 18 日的日记（Hartleben, 1909, vol. 1, pp. 304, 348; vol. 2, p. 335）。又参见 Marichal（1982, pp. 14-15）。

112　Marichal（1982, p. 28）；Leclant（1982, p. 42）.

113　*Middlemarch*. 艾略特对不寻常的名字卡索邦的选择释放了精彩的双重信息。她的朋友马克·拉瑟福德 19 世纪 70 年代初在她写作《米德尔马契》时正在撰写卡索邦的传记，所以她从朋友那里知道关于这位 17 世纪学者的一切。

过一段时间的梵蒂冈教廷的普鲁士公使巴托尔德·尼布尔（Barthold Niebuhr）与他的秘书和继任者克里斯蒂安·本森。两个人都完全支持新的浪漫主义和对种族的激情。但是，与亚历山大和威廉·冯·洪堡一起，他们是 19 世纪 20 年代仅有的几个信服商博良的破解的德国学者。然而，即便他们对埃及文化也有严重保留。1833 年，威廉·冯·洪堡作为柏林新的国家博物馆的组织者，坚持说，虽然埃及物品对学者们，包括他自己，有价值，但在国家博物馆里它们不应该被给予平等的地位，因为这一博物馆为了公众的进步，应该着重于"艺术"（Kunst），他的意思是指希腊和罗马的古董，还有文艺复兴时期的艺术。[114]

克里斯蒂安·本森曾在哥廷根学习过，后来在 19 世纪 40 年代的一个关键时期成为普鲁士驻英国大使。他学习了埃及象形文字，在 19 世纪三四十代支持埃及学，反对"他的同胞的坚定的怀疑和漠然"，在这一学科处于低潮时保留了薪火，但代价是把古代埃及变成了陌生的研究对象。[115] 当他第一次考虑研究埃及语时，他写信给尼布尔说，他"有某种畏缩感"。[116] 在描述去罗马城外的奥尔巴尼别墅（Villa Albani）旅行时，他记录道："没有美好的或希腊的东西可以观看，但是所有埃及的东西都被寻找出来。"[117]

本森对德国埃及学家赖夏特·莱普修斯（Reichardt Lepsius）与英国埃及学家和亚述学家塞缪尔·伯奇（Samuel Birch）的支持为他在埃及学历史上赢得了永久的荣誉地位。伯奇简短的《埃及象形文字词典》是所有语言中同类书的第一本，发表于 1867 年，不过是作为本森厚重的《一般历史中埃及的地位》第五卷第二版的附录发表的。确实，主要正是由于这些卷书，本森多侧面生涯的埃及学视角在他生前身后才广为人知。

虽然本森写作上述著作是在 19 世纪 40 年代，但他声称，他关于此问题的基本概念实际上在破解之前很久就已形成，早至 1812 年他在哥廷根当学生时。这样，可以追溯到 C. G. 海涅和布卢门巴赫的思想世界，本森与前者相遇，在后者指导下学习。但是，他的规划中显然有后来的思想发展的痕迹，比如他认为埃及人是阿拉姆（闪米特）种族和印度-日耳曼种族的共同根基的非洲版本。

114　洪堡，反对博物馆章程的改变（Gegen Aenderung des Museumsstatuts），1833 年 6 月 14 日（1903—1936，vol. 12，pp. 573-81）；引用于 Sweet（1978-80，vol. 2，pp. 453-4）。

115　F. Bunsen（1868，vol. 1，p. 244）. 这至少部分是因为它需要学习科普特语。

116　F. Bunsen（1868，vol. 1，p. 254）.

117　致他的姐妹克里斯蒂娜的信，1817 年 12 月 28 日，见于 F. Bunsen（1868，vol. 1，p. 137）。

本森坚持说：

> 人类种族的文明主要得自两大民族家庭，他们之间的联系像他们早期
> 的分离一样，是不可能弄错的事实。我们称呼的一般历史在我看来，必然
> 是两大种族的历史……其中，我认为印度-日耳曼种族是历史的主流；阿
> 拉姆种族与它相交，形成神圣戏剧的插曲。[118]

在别的地方，他用另一种形式阐述了同样的观点："如果希伯来闪米特人
是人类的牧师，那么，希腊-罗马雅利安人是，而且将来永远是，人类的英雄／
主人公。"[119]

两个"主要种族"间可以感知的不平等将要在下文进一步讨论，但这里值
得强调的是，尽管施莱格尔早先声称两大语言家族绝对不同，但 19 世纪 40 年
代时，雅利安人和闪米特人具有共同渊源的概念仍然可以接受。随着 19 世纪向
前发展，这一概念越来越不可接受，但仍继续存在着，直到 20 世纪二三十年代
反犹主义的高潮到来。[120] 本森认为他的框架与商博良工作带来的新信息相符合，
他看到埃及语与闪米特语之间有清晰的联系，二者与印欧语系有重要的联系。[121]

《埃及的地位》一书中有相当部分与年代相关。为此，本森在古典和《圣经》
来源的基础上增加了新的埃及和天文学数据。他的结论遵从了商博良，即埃及
日历始于公元前 3285 年。与此相对照，他关于一般历史的日期与这一系统没
有关系，今天会被视为彻底荒诞的。本森属于新一代热烈的基督徒，认为大洪
水之前世界历史经历了三个阶段：中国，公元前 20000 年—公元前 15000 年；
土耳其，公元前 15000 年—公元前 14000 年；埃及，公元前 14000 年—公元前
11000 年。[122]

这里，从中国到中亚，到埃及，最后到欧洲的历史顺序和他在第一稿中阐
明的相当不同，那里包括三个阶段：东方，然后是希腊人和罗马人，最后是第

118　F. Bunsen（1868, vol. 1, p. 244）；C. Bunsen［1848-60（原文误为 80——译者注），vol. 1,
pp. i, ix］.

119　C. Bunsen（1868-70, vol. 1, p. 210）.

120　例如，参见 R. Brown（1898）的论战口吻。后来的发展见第九章，注 4。

121　有了最近大量的信息，关于这些观点的可信性，参见第二卷此问题的书目。

122　C. Bunsen（1848-60, vol. 4, p. 485）.

三阶段，日耳曼民族。两个规划放到一起，看起来很像洪堡从黏着性语言到有屈折变化的语言的"进步"或者黑格尔气势磅礴的"世界历史的阶段"，二者都几乎在同时产生。在黑格尔那里，正如太阳从东向西运行一样，国家或普遍观念从蒙古和中国直觉的"神权独裁制"运动到印度的"神权贵族制"和波斯的"神权王权制"，而埃及是东西方之间的转折点。所有这些形成了人类第一期，黑格尔明确地把它比喻为童年期。[123] 第二期，即人类的少年期，是希腊，这时第一次有了道德自由。第三期是罗马，最后的顶点是日耳曼世界。

　　值得注意的是，在这一规划中黑格尔关于埃及说得异乎寻常地少，他把它置于印度之上似乎是一个肤浅的手段，使得普遍观念的总体运行方向是从东向西。在他 1816 年到 1830 年间发表的《哲学史讲演录》中，他相当详尽地论述了中国和印度思想，但只是在讨论希腊哲学的源头时提及了埃及。[124] 因此，欧洲文化超越了东方文化的分阶段历史在 19 世纪初期的德国兴盛一时。

　　现在回到本森。他的雅利安-闪米特主义和他认为埃及是遥远的文明源头的信念把他牢牢地定位于 19 世纪初期；此类观念在他活着时（1791—1860）失去了存在基础，1880 年后在学术圈中成为不可接受的。虽然本森和他的同时代人把中国人和埃及人视为文明的先驱者，但本森将他们踢进了大洪水之前的遥远过去。在他看来，在几乎所有 19 世纪中期的历史学家看来，真正的历史是由雅利安人和闪米特人之间的对话组成的。所以本森断然否定了埃及人在爱琴海殖民的希腊传说。

　　和他的多数同时代人一样，本森承认希腊神话包含了一些闪米特影响，但是，他遵从德国最新的学术，相信这些影响是间接的。根据他的规划，闪米特的希克索斯人在公元前 16 世纪被从埃及逐出时被叫作 Peleset 或 Pelasgoi（佩拉斯吉人）。一些人在克里特岛和南爱琴海殖民，驱逐了住在诸岛上的雅利安人。这些雅利安岛民采用了他们驱逐者的名字，转移到了希腊大陆，在那里成为爱奥尼亚人的祖先。正是他们，由于曾经受过闪米特的影响，向希腊介绍了近东文化的片断。[125]

257

　　以这种复杂、笨重的方式——并没有古代权威支持它——本森试图既包括

123　Hegel（1975，pp. 196-202）.

124　Hegel（1892，vol. 1，pp. 117-47，198）.

125　C. Bunsen（1848-60，vol. 4，pp. 440-3）.

关于腓尼基殖民的希腊传说，又包括希腊明显的闪米特影响，同时保护了希腊的雅利安纯洁性。但在这里，我们进入了第八章和第九章要讨论的反犹主义时代，那两章将详细讨论埃及人、腓尼基人与爱奥尼亚人、多利安人之间的分别。

此时，重要的是要注意到，只是在学者们放弃了任何埃及人殖民过希腊的概念，或者埃及文化对群岛有任何重要影响的概念许多个十年之后，关于埃及语的知识才可以用于比较目的。因此，虽然文艺复兴时期和启蒙运动时期的学者们渴望对埃及语做比较研究，但他们无法这么做。与此相对照，19 世纪晚期的学者拥有了这一工具，却相信任何细致的比较都是徒劳的。到 19 世纪 40 年代，埃及语言和文化被视为一个绝对低等、更为落后的种族的产物，它从本质上无法对伟大的雅利安文明和印度、希腊、罗马的高贵语言做出贡献。

埃及一神教还是埃及多神教

有时人们指出，埃及名声衰落的一个主要原因是埃及文本一旦被阅读，人们便不再对其内容抱有幻想。但是，对于商博良来说不是这样，他对埃及的热情随着他的生命而增加。19 世纪 50 年代末期埃及学复兴时，埃及学家们一方面崇拜商博良，他们学科的公认的创建者，并接受他对埃及的尊敬，另一方面受到盛行的浪漫主义-实证主义精神影响，对埃及文化不屑一顾，持藐视态度，在两者之间左右为难。虽然二者之间的一致并不确切，表现这一张力的关键问题是埃及宗教的性质。正如宗教史学家卡尔·贝特（Karl Beth）1916 年写道：

> 一神教还是多神教？自从第一批埃及文本被发现以来，这一直是埃及学中的重大问题。我在此做出的概观表明两种回答都有道理；它还表明两种答案的支持者像口号一样使用这些概念，但两个概念都不能涵括埃及宗教的真正个体性。[126]

如果正如他可信论证的那样，埃及文本的集合可以用两种方式解读，那么，过去和现在争论的是什么？争论的实质似乎是埃及宗教和基督教之间古老

126　Beth（1916, p. 182）.

斗争的延续。如果埃及宗教是一神教，它可以被视为基督教的基础或源头。但在19世纪晚期，种族问题更为突出。如果埃及宗教是一神教，它将侵犯雅利安-闪米特对文明的垄断。

埃马纽埃尔·德·鲁热（Emmanuel de Rougé）和海因里希·布鲁格施（Heinrich Brugsch）是19世纪六七十年代第二波埃及学的领袖，他们都遵从商博良及其背后的赫耳墨斯和柏拉图传统，所以相信纯粹的埃及宗教是崇高的，本质上是一神教，正如德·鲁热所言："一个概念居主导地位，即单一的、原始的上帝的概念；在所有地方，它总是单一物质，独立存在，不可接近的上帝。"[127]

1868年，布鲁格施被任命为哥廷根的埃及学讲座教授，这是商博良死后的第一位埃及学教授。布鲁格施也认为埃及人原本信奉一神教，彼得·勒·佩奇·雷努夫（Peter le Page Renouf）爵士，英国的埃及学领袖，一开始也这么认为。[128]但是，到雷努夫《关于宗教的源头和发展的讲演》1880年出版第二版时，他的观点改变了，否认他曾经说过："埃及人以一神教开始。"[129]内在主义者，如现代埃及学家和埃及学历史学家埃里克·霍尔农认为，这一观点改变源于关于古埃及的知识增加了。[130]我则认为，把否定埃及一神教视为如下过程中的一部分是更为有用的，即在整体上盛行于古典学和古代史中的种族主义和浪漫主义希腊主义占领了埃及学。

259

这一过程的中间阶段可以从利布莱恩（Lieblein）教授著作中的一段话看出来。在写于1884年的段落中，利布莱恩试图使一神教的旧观点与新的语言和历史规划相一致，从而得出妥协方案，即埃及人或许仅有一位原始上帝或根本没有上帝：

考虑到所有情况，上帝概念发展的语言阶段比印欧语系要早是可

127　De Rougé（1869，p. 330）；引用于Hornung（1983，p. 18）. 根据Budge（1904，vol. 1，p. 142），Champollion Figeac，让-弗朗索瓦忠实的哥哥，相信埃及一神教。Hornung（1983，p. 18）使用了意味深长的说法"已经提议"。这假定现代埃及学学科应该完全与它的"前史"断开，它内中的一切都是新发现。

128　Brugsch（1891，p. 90）；引用于Hornung（1983，p. 22）与Renouf（1880，p. 89）。Hornung（1983，p. 23）.

129　第二版前言，引用于Hornung（1983，p. 19）。

130　Hornung（1983，p. 24）.

能的，甚至非常可能。未来或许能够为此提供证据。语言科学已经能够部分地重构印欧语系史前语言。它同样也有可能重构史前闪米特语和史前含语，在这三种史前语言中，它们之间本来的联系语言科学不仅猜测到了，而且甚至开始证明，我们相信到一定阶段，它将逐渐能够提取出一种更早的史前联系，根据类比，这种联系可以称为挪亚语（Noahitic）。当我们走了这么远的时候，我们将很可能在这一史前语言中发现表达上帝概念的词汇。但甚至可能的是，上帝概念在这一史前语言中也不存在。[131]

这样，利布莱恩就把埃及人降低到了遥远、原始的过去。对埃及的柏拉图的、赫耳墨斯的和共济会的尊敬的最后痕迹正在被逐出学术界，对旧的埃及学的全力攻击几年后由法国埃及学家马伯乐（Maspero）发起。正如他 1893 年描述当时的情势说：

> 在我生涯的初期，这很快将是 25 年前，那时我相信，并且像布鲁格施先生一样，我在长时间内坚持认为，埃及人在他们最早的阶段就抵达了神圣统一的概念，并从中推导出整个宗教系统和象征性神话……在这一阶段，我没有试图亲自解读宗教文本，而是局限于再生产我们诸位大师的文本。当我被迫处理它们的时候……我不得不承认，它们并未表现出其他人从中看出的深刻智慧。我不能被控告意欲贬低埃及人，我反而相信，他们是人类的一个伟大民族，是最有原创力、最有创造力的民族之一，但他们总是处于半野蛮状态……在艺术、科学和工业中，他们发明，生产，首要的是，他们预示了许多，但他们的宗教表现出人们在其他东西中发现的同样的粗糙和精致的混合。[132]

这位自由主义的法国人和启蒙运动的继承者的陈述，其重要性不是关于埃及人的描述，这些描述大多看来非常公正。重要的是下列暗示，即存在其他

---

131 Lieblein（1884），引用于 Budge（1904, vol. 1, pp. 69-70）。
132 Maspero（1893, p. 277）.

文明，大概是印欧语和基督教文明，它们完全精致，没有野蛮的地方。[133] 但是，在同一段落的其他地方，马伯乐非常清楚地表现出了他的种族主义立场：

> 时间对其他种族有如此多的害处，却对埃及人最偏爱不过。它饶过了他们的坟墓、神庙和雕像，还有千百种构成他们家庭生活骄傲的小物品，时间还如此引领我们，使我们以埃及人制造的最美丽、最漂亮的东西来判断他们，最终使得我们将埃及文明置于罗马文明、希腊文明的同等地位。但如果更贴近地观察，视角就改变了；简短说来，图特摩斯三世（Thothmes Ⅲ）和拉美西斯二世更像中非的穆太萨（Mtesa），而不是亚历山大或恺撒……[134]

人们不应该仅仅被外表迷惑，而打破种族主义的"科学"法则，这一论点有趣地表明了 19 世纪晚期学者眼中的科学和前科学阶段之间的完全断裂。对于马伯乐和他的同时代人来说，古代埃及是一个现代发现。关于古埃及的任何东西，如果写于拿破仑远征和商博良的破解之前，就没有什么意义。

而且，马伯乐继续写道：

> 它的多数神话与旧世界和新世界的多数野蛮部落是相同的。埃及人拥有微妙的玄学家的精神，当基督教给了他值得他用奥妙力量探索的题目的时候，他证明了这一事实。[135]

261

人们会想，埃及人被剥夺了文明、宗教和哲学之后，也许会被允许玄学的碎片存在。但是，种族主义的浪潮甚至连这都不允许。十年后，即 1904 年，英国埃及学家沃利斯·巴奇（Wallis Budge）进一步说：

> 埃及人基本上是非洲民族，他们拥有北非种族一般具有的所有优点和

133　我们有趣地注意到，马伯乐的儿子亨利成为一名杰出的汉学家时，对非欧洲文明的开明兴趣被维持着。他在第二次世界大战中被盖世太保杀害。

134　Maspero（1893，p. 277，trans. Budge，1904，vol. 1，p. 142）.

135　前引书。

缺点，一刻也不能认为，任何非洲种族能够成为现代意义上的玄学家。首先，非洲的语言都不适合表达神学和哲学思考，甚至有着最高心智成就的埃及祭司也不能够把亚里士多德的论文翻译成他的兄弟祭司未经教导便可理解的语言。仅仅非洲语言的构造就使得这种事情成为不可能，更不用说这位伟大的希腊哲学家的概念了，因为这些概念属于埃及人完全不熟悉的思想和文化领域。[136]

这里，除了运用 19 世纪常见的以语言理由来证明种族主义的伎俩外，巴奇还有点微妙！确实，埃及思想中没有发现过类似亚里士多德的东西，但是，巴奇利用这一缺失来暗示希腊思想和埃及思想作为整体，有着绝对的分别。例如，他不可能用柏拉图作为例子。

在别的地方，巴奇攻击了布鲁格施的观点，即最常见的表达"神圣"的埃及词，nṯr，与希腊语 φβσις 和拉丁语 natura 相同：

> 很难搞明白，为何这位卓越的埃及学家能尝试着把半开化的非洲民族形成的上帝概念与文明国度如希腊、罗马的概念相比较。[137]

262

毫无疑问，这一蔑视在某种层面上与英国占领埃及且不喜欢那个国家的居民有关系。的确，1880 年后，除了爱尔兰和索马里兰外，埃及成为英国最麻烦的财产。巴奇本人对帝国主义的认同集中表现在他把他的伟大著作《埃及人的诸神》题献给克罗默（Cromer）勋爵，后者作为"埃及的改革者"，领导了埃及制造业经济的毁灭。

在对埃及人的怀疑方面，德国学者也不落在英国人和法国人后面。利布莱恩对埃及一神教的质疑后面紧跟着明确批评和蔑视他们曾拥有古代智慧。[138] 而且，到 19 世纪 80 年代，一些埃及学家分有印欧语学家关于雅利安语言纯洁性的概念。A. 贝岑贝格尔（A. Bezzenberger）教授是《印度日耳曼语学科论文》（*Beiträge zur Kunde der indogermanischen Sprachen*）的编者，这是印欧语研究

---

136 Budge（1904，vol. 1，p. 143）.
137 Budge（1904，vol. 1，p. 68）. 关于希腊语词 ἄνθος（花朵，本来是"生长"）来自 nṯr，参见第二卷。
138 Hornung（1983，pp. 24-32）.

领域最卓越的期刊，他 1883 年描述当时的情形道：

> 许多人称，埃及对古希腊有很重要的影响。但是，这一假定迄今为止从未在语言方面有过任何证据。鉴于这一问题的严肃性，这样的证据显然是需要的。我因此求助于阿道夫·埃尔曼（Adolph Erman）博士先生［他后来成为德国埃及学的老前辈］，请他收集和处理希腊语中真正的和假定的埃及语借词。
>
> 埃尔曼有着极好，但极重的幽默感，他回答道："在理论上，我应该高兴地服从您的建议；但是，在我看来，缺乏最重要的前提：借词本身。人们可以在埃及学著作中发现足够多的'假定'借词。但是，就我的理解力所及，我看不出任何一个是确定无疑的。"[139]

埃尔曼承认，希腊语中采用了一些称呼埃及物品的埃及词汇，但这些不是真正的借词。在期刊的下一期，有人在这方面挑战埃尔曼。埃尔曼对挑战的回应是做出两个让步：

> 我从未宣称，希腊语中没有埃及语借词。我只是陈述说，我不知道任何保险的例子。我并不认为，在希腊作者中处处出现的埃及物品的名字应该被看作公认的希腊语借词。[140]

他的第二个让步是承认词语 βᾶϱις（小船）是被吸收进希腊语的，因为它显然来自晚期埃及语和世俗体的 br（小船）。但他以挑衅的态度结束：

> 在这之后，剩下的本质上都是负面的；有几个"文化词汇"和很可能唯一的真正借词，βᾶϱις 就是全部；认为埃及对希腊有深远影响的寻常观点不会到达同样的结果。我并不怀疑心胸宽广的同事们能够发现多得多的借词，就像我能够发现的那样。在此，我要提醒他们，在没有标注元音的

263

139　Bezzenberger（1883，p. 96）．

140　Erman（1883，p. 336）；挑战来自 Weise（1883，p. 170）。

书写物中，在词汇意义很不稳定的情况下，好意的人们可以为每一个希腊词语找出埃及来源……这个游戏我高兴地留给别人去做。[141]

虽然这种态度在当时和后来的埃及学家中很典型，必须承认的是，埃尔曼对古埃及人居高临下的态度在埃及学家中臭名昭著。艾伦·加德纳报告了关于他的下述故事：

> 有一次，埃尔曼请马伯乐帮他校对《金字塔铭文》中的一段，因为巴黎有一套文本的拓本。在收到校文后，埃尔曼写信给马伯乐："甚至在这一早期阶段，埃及人不能正确地书写，这是多么令人遗憾！"马伯乐对此的刻薄评论——不用说，这没有传达给埃尔曼——是："古王国时期的埃及人没有读过埃尔曼先生的语法书，这是多么令人遗憾！"[142]

但是，尽管埃尔曼对此持极端主义，我认为可以公正地说，这一本质上种族主义的态度，即对埃及成就的怀疑和蔑视，在埃及学中居主导地位的时间是从 1880 到 1950 年帝国主义处于高潮时。但声称这是唯一的态度是过于简单化了。在学界边缘或边缘之外对这一观点的反抗本章下文会讨论到，但即便在这一学科的中心也有例外。例如，正是在 20 世纪的第一个十年，种族主义的高峰期时，詹姆斯·亨利·布雷斯特德教授发表了《孟菲斯神学》，我在第二章讨论过它。作者做出结论道，它关于世界的概念，

> 形成了一个非常充分的基础，表明后来的奴斯和逻各斯的观念在这一早期阶段就存在，而迄今为止人们认为这些观念是从外国在晚得多的时候介绍进埃及的。因此，希腊哲学源于埃及的传统无疑比近年来人们承认的要包含更多的真实性。

他继续写道：

141　Erman（1883, pp. 336-8）。自然，我认为，之所以在埃及语和希腊语词汇之间发现对应如此容易，是因为 20% 到 25% 的希腊语词汇确确实实来自埃及语！

142　Gardiner（1986, p. 23）。

　　　　后来在希腊人中如此盛行的习惯，即以哲学的方式阐释埃及诸神的
功用和关系……在希腊最早的哲学家出生之前就已经在埃及开始了；不
无可能的是，希腊人阐释他们自己诸神的实践从埃及那里得到了最初的
冲动。[143]

　　但是，这一结论似乎是他被迫从文本本身得来的，即便在布雷斯特德自己
的思想中也是个异数。后来，在《古埃及宗教与思想的发展》中，他以标准的
语言学和种族主义术语写道：

　　　　与希腊人不同，埃及人不拥有表达抽象思想系统的术语，他也没有发
展出能力，来创造必需的术语。他用具体的图像来思考。[144]

　　19 世纪初年与学界盛行的趋势相左的一个更显著的例子是法国古典学家
保罗·富卡尔的工作，他对埃及相当了解，而且他的儿子乔治（Georges）是
位埃及学家。富卡尔关于埃琉西斯的神秘崇拜的细致工作不仅使他得出结论，
认为这一崇拜是从埃及介绍过来的，而且使他为古代模式进行有力的辩护，这
将在下一章讨论。

　　但是，从 20 世纪正统的观点来看，富卡尔的难点在于他关于埃琉西斯铭
文的工作是如此精彩，以至后来这个领域中的学者离不开它。这样，后来的工
作者倾向于将杰出的碑铭研究家和古怪的理论家区分开来。正如其中一个所
说："人们只能诚挚地感到抱歉，如此重要的一位学者竟然犯这样的错误。"[145]

　　尽管有这些偏离和异端，毫无疑问的是，在 20 世纪的前三分之二时期内，
多数"合理"的学者不太把埃及人当回事。但有趣的是，在他们贬损的形象中
有一个重大变化。19 世纪的多数学者接受温克尔曼和其他人提出的观点，即
埃及人是古老的、奇特地死气沉沉的民族。随着"进步"范式的牢固确立，随
着历史与传记之间类比的盛行，埃及人恰恰被推进了完全相反的位置。现在他
们被认为是小孩，其位置与温克尔曼的无忧无虑的希腊人大致相当。艾伦·加

265

143　参见本书第二章，注 57。

144　参见本书第二章，注 57。

145　Kern（1926，p. 136，n. 1）.

德纳 1927 年发表的《埃及语语法》一般被认为是现代埃及学的"圣经"，他在其中写道：

> 尽管希腊人声称埃及人享有哲学智慧的名声，但没有哪一个民族比埃及人表现得更加厌恶思考，或者更加全身心地投入物质利益；如果埃及人对葬礼习俗表现出超常的注意，那是因为它事关世俗追求和人间乐趣的延续，肯定不是由于对人类生命的为什么和到哪里去的任何好奇心。

他后来把埃及人描述为"爱好享乐的民族，高兴，有艺术性，机智，但缺乏情感的深度和理想主义"。[146]

这样，深刻智慧的古代名声和被动、阴暗的古老名声都被颠倒了。但是，埃及人仍然比欧洲人绝对低等。但在其他地方，加德纳承认埃及学家们受到某些限制："在过去，古典学者没有很友善地看待希腊对埃及文明的依赖。"[147]

既然古典学在大学中占有中心地位，拥有强大力量，埃及学家在一个小的边缘学科中无法做任何事情来改善对埃及的贬抑，即便他们想这么做。如果有人这么做的话，也很少。他们中几乎每一个在开始从事埃及学以前，都接受了彻底的古典教育。因此，加德纳下面的话显然反映了他多数同事的观点："所谓希腊对埃及哲学的依赖，一经检验，无非是空话罢了。"[148]

对埃及哲学的否定和对埃及宗教的怀疑一直到 20 世纪 60 年代都统治着埃及学。例如，霍尔农提到"半个世纪的节制"，不思考埃及宗教的基本性质的问题。[149] 实际上，另外有一两个学者如玛格丽特·默里（Margaret Murray）仍然严肃地对待埃及宗教，但这些人在"合理"学者看来，是处于埃及学的边缘。[150]

但是，正统中的罅隙在"二战"后开始出现了。1948 年，艾蒂安·德里

---

146 Gardiner（1927, pp. 4, 24）. 应该强调的是，加德纳的埃及人缺乏诗歌和精神性，与温克尔曼的希腊人有着本质区别。19 世纪末、20 世纪初的埃及学很不愿意承认埃及文学的复杂性。参见最近关于"散文化的" *Tale of Sinuhe* 的讨论（Baines, 1982）。同样，有把埃及"智慧书"描述为功利、非宗教的趋势。最近二十年抛弃了这一点。参见 R. J. Williams（1981, p. 11）。

147 Gardiner（1942, p. 53）.

148 Gardiner（1942, p. 65）.

149 Hornung（1983, p. 24）.

150 Murray（1931; 1949）. 参见 Černy（1952, p. 1）。

奥东（Etienne Drioton）神父，埃及古代署总长，开始在埃及智慧书中看到真正的宗教，并开始考虑更早的一神教的可能性。[151]

自从 20 世纪 60 年代以来，这一更加开放的态度开始确立，尤其是在法国和德国。在这些国家里，真正的埃及精神性和原创性的可能性开始再一次得到考虑。一些埃及学家，如德国人赫尔穆特·布伦纳（Hellmut Brunner），甚至呼唤"埃及的新图景"；布伦纳认为，在公元前三千纪之交埃及有一个质的思想和精神飞跃。[152]但是，尽管有新的灵活性，埃及学学科和人们称之为它的"反文化"之间仍有相当距离。

19 和 20 世纪对古埃及的民间认知

在检查与埃及思想和精神生活的盛行观点相对的学界边缘反潮流之前，我想考虑一般社会对古埃及的态度。人们一般相信，作为拿破仑远征的结果，19 世纪初期有一个埃及狂的阶段。的确，这一图景与由雷蒙·施瓦布最好表达出来的总体模式相合，施瓦布认为，浪漫主义–实证主义者是真正意识到外部世界的第一批欧洲人。这一观点源于并加强了下列概念，即欧洲和其他大陆之间唯一适当的关系是明确的高等关系，这种关系直到 19 世纪才存在。但是，埃及狂阶段的寻常观点的确包含了真实的成分，事实上，在 19 世纪初期对埃及有很强烈的好奇心。

但是，正如我们所看到的，早在那一阶段之前很久关于埃及就有相当的兴趣和知识。[153]而且，从 15 到 18 世纪埃及对欧洲的影响比 19 世纪时大得多。还有，没有疑问的是，19 世纪的"埃及狂"比"印度狂"要弱，与同时席卷北欧和美国的"希腊狂"或对希腊的激情相比，简直微不足道。而且，在多数人眼里，希腊被视为受尊敬、受爱戴的祖先，而埃及现在本质上被视为异己的、奇特的。

但是，不可否认，整个欧洲对关于法国远征的出版物和进一步的探索、发现的结果有着强烈兴趣。[154]并不出人意料的是，这一兴趣集中于金字塔和坟墓，

267

151　Drioton（1948）.

152　Brunner（1957，pp. 269-70）. 又参见 Hornung（1983，pp. 28-9）的书目。

153　Curl（1982，p. 107）提出了这一论点。

154　Iversen（1961，pp. 131-3）; Curl（1982，pp. 107-52）; Tompkins（1978，pp. 37-55）.

在 19 世纪后半期有埃及灵魂向导书的译本，《白天里走出去的书》，人们一般称之为《死者之书》。所有这些增加了埃及作为阴暗、死亡王国的印象，这一印象至此已经牢固树立起来了，埃及被赋予了一个在 19 世纪中后期非常重要的领域，即死亡。埃及风格出现在欧洲和北美的所有墓地。[155] 而且，19 世纪六七十年代时美国盛行制作木乃伊。尽管这一发展经常被归因于城市社会中更高的卫生要求，但仍然有趣的是，把美国（埃及）的死亡方式与同时期北欧大部分地区采用的火化——希腊处理尸体的形式——相对照。[156] 这是不是因为共济会在美国的影响要大得多？

共济会这一组织仍然保持着对埃及的尊敬。确实，共济会的建筑、象征和仪式过去和现在都遵从着埃及传统，而非学术风尚的要求。[157] 在美国，共济会、埃及和埃及象形文字对 19 世纪 20 年代摩门教的创立具有中心意义，对 19 世纪中后期的美国作家也有重要影响。梅尔维尔的小说，尤其是《白鲸》，充满了埃及象征和象形文字，而霍桑的《红字》带有同样的印记。[158]

虽然共济会在欧洲也同样很有影响，但在那里，它对埃及的关心几乎完全局限于内在或精神生活。共济会成员与欧洲中产阶级和上层阶级的其他人一样，他们更投入的是盛行的希腊狂。其他更小的组织也在其信仰中为埃及保留了中心位置：玫瑰十字会作为共济会的内部圈层和独立的精神团体，过去和现在都把埃及作为其信仰的中心和源头。18 和 19 世纪神秘的斯维登堡新教会会员及后来的神智学者和人智学信奉者都把埃及放在中心位置。[159]

但在 19 世纪前半期，圣西门信徒是更有影响的团体。这些先驱"社会主义者"和原始实证主义者克劳德·亨利·孔特·德·圣西门（Claude Henri Comte de St Simon）的门徒遵从一种典型的世界历史三段论，其中第三段，也是最后的"正系统时代"包含着世界的统一。这一统一需要在全世界开通联络，

---

155 Curl（1982，pp. 153-72）.

156 Farrell（1980，pp. 162-70）. 他没有讨论共济会对美国葬礼习俗"埃及化"的可能影响。例如，考虑华盛顿辉煌的共济会葬礼的影响将是有趣的。学者像别人一样，轻蔑地对待他们的前辈也许是不可避免的，但法雷尔教授对杰西卡·米特福德（Jessica Mitford）如此轻蔑（p. 213）仍然令人伤心；后者开拓了这一重要领域，而他从她那里偷窃了他的书名。

157 Mayes（1959，p. 295）；Wortham（1971，p. 92）.

158 Brodie（1945，pp. 50-3）；Franklin（1963，pp. 70-9）；Irwin（1980）. 这并不是否认埃及象形文字在 19 世纪欧洲文学中的重要性（参见 Dieckmann，1970，pp. 128-37）；我只是认为它们在美国更具中心性。

159 Iversen（1961，p. 121）.

对圣西门来说，正如对拿破仑和当时的多数思想家来说，埃及是东西方之间的桥梁。[160] 所以，他和他的继承者普罗斯珀·昂方坦（Prosper Enfantin）尤其关心埃及，不仅出于精神的原因，也出于实际的视点。

1833 年，昂方坦和许多门徒一起，包括工程师、医生、商人和作家，到达埃及。他把此行视为法国第二次思想和科学方面的远征，这次远征得到了新的法国政府路易·菲利普（Louis Philippe）的官方批准；但是，他还有作为"父亲"的神秘使命，来迎娶东方神秘的"母亲"。这一使命与建设苏伊士运河的实际规划相联系。昂方坦在表达挖运河的意象时嘲弄了人们的一般信仰，即欧洲人对非欧洲人的控制大概是异性恋的性行为："苏伊士是我们毕生工作的核心。我们将完成这一行为，世界正等待着宣称我们是男人！"[161] 运河由这一团体的一名成员，费迪南·德·雷赛布（Ferdinand de Lesseps）建造，但是直到19 世纪 60 年代才完成。与此同时，圣西门信徒作为工程师、医生、教师等，在穆罕默德·阿里的国家主导的埃及现代化事业中扮演了关键角色，他们规划的意象很像是拿破仑远征，即法国使埃及这一文明的古老源头重新苏醒。[162]

正是在这一圣西门的氛围中，穆罕默德·阿里的孙子伊斯梅尔（Ismail）委托威尔第（Verdi），意大利复兴运动的作曲家，创作了埃及民族歌剧《阿伊达》（*Aïda*）。歌剧的情节由埃及政府雇用的法国埃及学家奥古斯特·马里耶特（Auguste Mariette）设计，以西方的方式颂扬了古埃及。但是，它与 18 世纪仍有明显区别：莫扎特颂扬了拥有埃及智慧和道德的祭司，而威尔第将祭司与阿伊达和她的情人拉达梅斯（Radames）相对立。[163]

《阿伊达》在整个欧洲都非常成功。对埃及有利的观点——本质上是白种人和文明的源泉——的持续接受在法国和意大利尤其广为流传，但也可以在英

269

160　Manuel（1956，pp. 155-6）；埃及对斯维登堡思想的中心性参见 Dieckmann（1970，pp. 155-60）；神智学见 Blavatsky（1930；1931）。

161　Abdel-Malek（1969，p. 190）. 在那一页的注 4 中，他引用了 J. 多特里（Jean Dautry）的一封信，信中写道："圣西门在他出版或未出版的著作中都没有提到过苏伊士运河，但他几乎肯定在关于跨大洋联络的谈话中提到过它。"

162　Abdel-Malek（1969，pp. 189-98）. 关于苏醒的可视形象，参见为纪念《描述埃及》的出版而冲制的青铜大纪念章，时间为 1826 年。正面描写埃及的重新发现：埃及女王被站着的人物高卢揭开面纱，高卢被表现为得胜的罗马将军。反面是一系列的埃及神和女神。这是在 Curl（1982）一书的护封上。

163　参见 Abdel-Malek（1969，p. 302）；Curl（1982，p. 187）。威尔第还曾为埃及国歌谱曲。

国和美国的艺术中看到。[164] 这一点，加上 19 世纪六七十年代第二代埃及学家对埃及的喜爱，解释了上文提到的 19 世纪 80 年代学者，如马伯乐和埃尔曼，陈述中的辩护性或反抗性。他们和古典学家一样都不同于一般大众，拥有总体的、系统的观点，他们能够看出极其有利的埃及图景对希腊文明和整个欧洲独特性构成的威胁。

270

埃利奥特·史密斯与"传流论"

但是，在学界内部有另外两个对新的流行看法的威胁。我们先来考虑出现较晚的一个，因为至少到目前为止，它对埃及学的影响没有那么严重；它来自埃利奥特·史密斯的"传流论"观念。史密斯 1871 年出生于澳大利亚，取得了医生的资格后前往英国，成为一名优秀的解剖学家。1901 年，他被任命为开罗大学的解剖学教授，并在那里创办了医学院。在此后八年他待在那里的时间里，他被早期埃及深深吸引着——不仅仅它的体质人类学，还有它的文化。[165] 正是在这一时期，他开始坚信，埃及是近东文化和欧洲文化的源头。

埃利奥特·史密斯也没有超脱他的种族主义时代。因此，虽然他不能避免以下事实，即埃及人口大多数一直很像东非其他地方的人口，但他相信，在"金字塔时代"，即古王国时期，重要的是有宽头颅的非闪米特亚洲人涌入。[166] 他认为，这一混合种族在地中海周围迁徙，向北到了北欧，带去了巨石文化，这种文化令人印象深刻的纪念碑他认为是金字塔的反映。埃利奥特·史密斯的这些理论现在完全站不住脚，因为碳元素测定日期表明，欧洲巨石文化的开始比金字塔时代早了一千多年。[167]

埃利奥特·史密斯的观点被英国大众饶有兴趣地接受了，因为"传流论"与当代帝国主义相合得这么好，因为他的埃及人不是非洲人，还因为他是位解剖学家。解剖学被认为是一门"硬"科学，而历史学和考古学没有这一地位。职业古代史学家和埃及学家自然要小心谨慎得多。就我所知，没有把他的理论

164　Curl（1982，pp. 173-94）.

165　Black（1974，pp. 4-6）.

166　Elliot Smith（1911，pp. 63-130）.

167　但它并不排除如下可能性：公元前三千纪的纪念碑，如 Silbury Hill，或公元前两千纪的纪念碑，如巨石阵（Stonehenge）的晚期阶段，受到埃及和地中海东部地区一些发展的影响。

包括进他们的学术学科的尝试。但是，他没有惹起什么重大的麻烦，直到他扩展他的范围，声称埃及不仅是欧洲文化的源头，而且是世界其他地方文化的源头。他发现了墨西哥金字塔的埃及源头，以及秘鲁和新几内亚岛附近的托雷斯海峡群岛制作木乃伊技术的埃及源头。

271

似非而是的是，在今天，他的这部分理论比关于欧洲巨石文化的理论更能站得住脚。一方面，增加了的考古学和碳元素测定日期表明，西南亚使用金属的文化和欧洲的新石器文化比埃及同等文化古老得多，结果使得他在这些领域的理论无效了。另一方面，关于非洲对哥伦布以前美洲在大约公元前1000年以后有影响的证据增加了，还有许多发现，例如中美洲金字塔不仅是神庙的基座，而且能包含坟墓，这些都加强了埃及对这些晚得多的文明有间接影响的可能性。[168]

但是，当时，埃利奥特·史密斯在这一领域第二本伟大的书，《古埃及人与文明的起源》，出版于1923年，导致了保守主义者和立场强硬的种族主义者的攻击，前者保持着地方特殊性的浪漫主义观点，后者认为所有文明都源自纯粹的雅利安人。自由主义者那里经历了更为激烈的斗争，他们开始将人类学从种族主义据点——其实践者被用来廉价地维持帝国——变为能够向欧洲清楚展示文化相对主义的据点。但是，在20世纪20年代这一斗争不是不势均力敌。埃利奥特·史密斯有他自己学科中多数人的支持，而且他的学生在体质人类学中赢得了重要位置。他甚至使W. H. R. 里弗斯（W. H. R. Rivers），社会人类学的创建者之一，改宗为他的信仰。而且，当时没有资深的社会人类学家接受的学科训练超过史密斯的。[169]更为重要的是，他与洛克菲勒家族有着良好关系，而洛克菲勒基金会在20世纪二三十年代为埃及学和人类学提供了大量资助。所有这些资源使得埃利奥特·史密斯在学术界内部拥有相当势力。[170]

168 这绝不是否认美洲农业及以此为基础的美洲文明的基本地方性，也不否认在阿塔卡马沙漠发现的木乃伊可能来自公元前四千纪，因此是本土的。另一方面，也很有可能的是美洲文化接受了相当的非洲影响，至少自从发现于墨西哥东部、日期为公元前一千纪早期的奥尔梅克（Olmec）文明开始；参见 Van Sertima（1976；1984）。关于东亚对美洲影响的同样有力的证据，参见 Needham and Lu（1985）。对大陆之外对哥伦布以前美洲影响的攻击，参见 Davies（1979）。他尤其对非洲主动权和影响的概念抱有敌意（pp. 87-93）。"传流论"深受帝国主义的影响，而这一例中的隔绝主义似乎与只有"普遍大陆"欧洲才能联系其他大陆的信念有关系。

169 Langham（1981, pp. 134-99）.

170 Elkin（1974, pp. 13-14）; Langham（1981, pp. 194-9）.

即便如此，反对他的联合力量太强大了。里弗斯 1922 年过早地死去，埃利奥特·史密斯本人 1937 年去世时年仅 66 岁。即使他们能活的时间更长，他的概念和种族主义之间的联系从来不能够在"二战"期间和"二战"之后对种族主义反感的情况下存活。但是，埃利奥特·史密斯所代表的在人类学发展的一个脆弱阶段对该学科的威胁现在仍然可以看到：提及他的名字或"传流论"这个词时的震动或怪相仍然是在该领域正统或"有能力"的必要标志。

若马尔与金字塔之谜

虽然埃及学家和古代史学家一般不喜欢闯入者践踏他们的领域，但他们比起人类学家来，没怎么卷入这场斗争。这或许是因为埃利奥特·史密斯甚至从未靠近语言，这一浪漫主义-实证主义的至圣所。但是，他们更为关心的是对埃及学的第二大威胁，比"传流论"的影响久远得多的威胁。这一学术异端的最终源头是下列古代观点，即埃及人是高等智慧的占有者，而希腊人未能全部学习和保存这一智慧。

这一观点在 19 世纪初被商博良毕生的苦涩竞争对手埃德姆-弗朗索瓦·若马尔复活了，我们已经碰到过若马尔，他是附属于拿破仑远征的数学家和勘测员。若马尔把他自己对位于吉萨的大金字塔及其精确的地理位置的测量结果，与古代关于它的量度的数学重要性的描绘放到了一起。他相信，古埃及人一定拥有关于地球周长的精确知识，并以此为基础确定他们的线性测度单位，当然，这把他牢牢地归于迪皮伊的阵营。有人对他工作中的细节提出批评，但在拿破仑帝国的共济会氛围中，他的观点得到很严肃的对待；他在复辟前成为法国学术机构的成员，复辟后仍然是。[171]

尽管登德拉罗盘的日期问题打击了若马尔的名声，在整个 19 世纪他的观点还是存活下来，或者经常被重新发现和发展。[172] 这一异端学派与学术埃及学之间的分歧在埃及学于 19 世纪 60 年代创建以后变得尖锐起来，19 世纪 80 年代在埃及学接受古典学的优势地位以后变得激烈起来。但是，在任何阶段二者

---

171 Jomard（1829a；1829b）；又参见 Tompkins（1978，pp. 44-51）。

172 见上文注 109。

之间都没有正式的辩论。这首先是因为拥有学术权力的团体都不愿意用这种方式"推崇"局外人这个一般原则；其次是因为两个团队讲的是不同的学术语言。实际上，他们反映了商博良和若马尔之间的分歧。埃及学家主要是将语言学的新技术应用于埃及书面材料的语文学家。而离经叛道者是数学家、勘测员和天文学家，他们中几乎没有人通晓埃及语。另一方面，19世纪埃及学家不能读懂，更不用说反驳，离经叛道者的技术论证。

斗争从一开始就是不平等的，因为离经叛道者面对的是19世纪的两大主要范式——"进步"和种族主义。如果他们是正确的，那么一个古代非洲或半非洲民族比任何欧洲民族都有着更好的数学，一直到19世纪本身。在更世俗的层面上，离经叛道者缺乏一个学科和正式组织起来的学术知识的支持，有时陷入了宗教幻想。这样做的倾向由于他们解释他们发现的古代数学和天文学的惊人成就时遇到的真实困难而增加了，这使得他们用神启来解释。进而，这有时会鼓励金字塔包含神圣预言的信仰。[173] 所有这些都被用来推翻 Pyramidiocy*（它开始被这么称呼）。

离经叛道者的另一大不利因素是在19世纪的德国和英国，古典学和语言学比数学的地位要高这一事实。在法国，由于有巴黎综合工科学校（Polytechniques），形势要更均衡，这里的埃及学家似乎有某些压力，要考虑若马尔传统下的观点。例如在19世纪，马伯乐被迫承认，他为天文学家诺曼·洛克耶（Norman Lockyer）爵士的细致论断所信服，认为埃及神庙被很仔细地建造起来，用于天文学目的。[174] 但是，引人注目的是这么多人——包括如此杰出的和公认的天文学家如苏格兰皇家天文学家皮亚齐·史密斯（Piazzi Smyth）教授，和诺曼·洛克耶爵士——竟然冒险或放弃他们的生涯来追求这些观点。在皮亚齐·史密斯一例中，可以部分地用宗教热情来解释，但是，他和洛克耶一样，主要动机似乎是热烈激动于有关对应的数学优雅。[175]

"金字塔学家"最大的挫折来自弗林德斯·皮特里的失败，第二章提到他为赫耳墨斯文本定了早期日期。除了对皮亚齐·史密斯和若马尔的其他继承者

274

173　Tompkins（1978，pp. 93-4）.

　*　意为认为金字塔的尺寸包含神秘智慧的信仰，这个词带有侮辱性。——译者注

174　Tompkins（1978，p. 169）.

175　Tompkins（1978，pp. 77-146）.

的观点有热情外，皮特里拥有工程和测绘背景，1880年，他得以携带着最新的测绘装备，前往埃及，去亲自检验从前测量的准确性。

他的结论并不确定。一方面，他同意大金字塔与罗盘的方位基点相校正的准确性超过任何后来的建筑，对内室的测量表明把22/7作为圆周率的知识和对毕达哥拉斯三角形的认识。从总体上说，他惊诧于金字塔建造中所采用的技术和数学技巧。另一方面，关于建造中使用的肘尺的长度他的意见与皮亚齐·史密斯相左，他也不接受史密斯认为金字塔包括进了年的精确长度的观点。[176]而且，考虑到埃及学内部19世纪80年代发生的变化，以及1880年到1960年间学术界和其他地方的总体职业化，"金字塔学"理论被推入了古怪或伪科学的新范畴。

皮特里具有高超的测绘技术，而且发展了为不同风格陶器排列顺序的类型学，所以他不仅成为埃及考古学，而且成为所有现代考古学的创建者。他后来被封为爵士，纳入了学术埃及学，并为之提供必不可少的支持。但是，这其中的关系从来都不简单。[177]他必须由外部的捐助人提供大学教授职位，直到他1942年高龄去世，他一直是持不同意见者。

皮特里的失败并未使关于金字塔和其他埃及建筑的调查中止，据认为这些建筑能够揭示出更高等的古代智慧。洛克耶继续发展他关于埃及建筑物表现出复杂的天文学知识的观点，这些观点由20世纪的若干学者继续下去，其中最突出的是杰出的业余爱好者施瓦勒·德·鲁比兹（Schwaller de Lubicz）。德·鲁比兹的书发表于20世纪五六十年代，尤其在神秘圈子里得到巨大成功，在公众读者中也有广泛影响。[178]

与此同时，1925年，工程师J. H. 科尔（J. H. Cole）对金字塔进行了新的更为精确的测量。这一测量验证了早期"金字塔学家"提出的许多论断，甚至包括若马尔的声称，由于两个相抵消的错误，若马尔完成了对埃及测量单位的长度相对精确的估计。他的测量的不精确被他没有意识到大金字塔在顶端肯定有个尖顶或小金字塔这一点抵消了。而且，自从20世纪20年代以来，"正统"学术界甚至有两个重要人物变节到了"金字塔学"立场。第一个是利维奥·卡

176　Tompkins（1978，pp. 96-107）.

177　Petrie（1931）；Tompkins（1978，p. 107）.

178　Schwaller de Lubicz（1958；1961；1968）. Tompkins（1978，pp. 168-75）.

图洛·斯泰基尼（Livio Catullo Stecchini），他是在德国学习的意大利人，在哈佛拿到古代测量术的博士学位。他在 20 世纪五六十年代发表的若干研究中，以某种可信性证明埃及人拥有非常精确的地球测量的知识，而且这一知识以超常的精确度在埃及和其他地方得到应用。[179]

第二个改信更高等的古代智慧的变节者更加引人注目：他是乔治·德·桑蒂利亚纳，最伟大的文艺复兴时期科学史学家之一，如果不是最伟大的话。德·桑蒂利亚纳写了一本关于伽利略的重要著作后，开始对赫耳墨斯埃及传统感兴趣；接着，在晚年，他读了迪皮伊的《所有崇拜的本源》，信服书中观点，即古代许多神话确实是科学天文学的寓言。但是，德·桑蒂利亚纳超越了迪皮伊和埃及，主张一种更早的知识，这种知识的痕迹可以在全世界的神话中找到，他使用岁差把这种知识定位于公元前 6000 年前。

德·桑蒂利亚纳和一个比他年轻的德国同事在《哈姆雷特的磨坊》一书中展示了这一规划，但是，尽管德·桑蒂利亚纳名声响亮，任何大学出版社都没有接受这本书，最后它以商业方式出版。这意味着，受人尊敬的学者不必认真考虑这类著作。[180] 另外，德·桑蒂利亚纳不顾一切硬来的做法降低了他支持迪皮伊和若马尔这一学派的有效性。而且，他的著作，像斯泰基尼和汤普金斯的著作一样，可以和或多或少的"疯狂边缘"混为一谈；这就允许甚至迫使正统学者忽视它。

由于考古学的影响，现在的埃及学家和古代史学家倾向于比 50 年前或 100 年前更懂数学。但是，他们中很少有人有必需的时间、努力和技巧的组合来同施瓦勒·德·鲁比兹、斯泰基尼或德·桑蒂利亚纳的很技术的论证相较量。反而，近 30 年来，这些学科中的趋势是依赖科学史中另一个伟大的老人，奥托·诺伊格鲍尔（Otto Neugebauer）教授，所做出的反驳，他的名字在现状维护者中间几乎有着密教经典的力量。

诺伊格鲍尔的范围是惊人的。我们在讨论哥白尼时已经提到了他，但他最好的工作涉及古代科学。这里他比多数人更加心胸宽广，正如他愿意承认哥白尼背后的伊斯兰科学一样，他证实了美索不达米亚对希腊数学和天文学的一些

276

179　Stecchini（1957；1961；1978）.

180　参见 de Santillana（1963）；de Santillana and von Derchend（1969）。关于岁差，见第二章，注 9。

重要影响。[181] 他还与正统的埃及学家合作，出版了几部关于埃及天文学的著作，但与他对美索不达米亚的处理形成鲜明对照，在这些著作中，他和他的合作者一样对埃及和赫耳墨斯神智论持屈尊和轻蔑的态度。[182] 的确，诺伊格鲍尔在他所有的著作中坚持说埃及人缺乏原创或抽象的概念。金字塔和神庙的精确校正以及圆周率的使用都被解释为实际技能，而非深邃思想的结果；下面是一个例子："甚至有人声称半球的面积被正确地发现于莫斯科纸草的一个例子中，但这一文本也可以有原始得多的阐释，**原始阐释更为可取**"（黑体由笔者标注）。[183] 但是，有趣的是，诺伊格鲍尔没有同金字塔学派较量。他只是痛斥他们：

277　　　　　　重要的数学常量，例如圆周率的精确值和深刻的天文知识，据称被包括进了这一建筑物的尺寸和结构。这些理论与考古学和关于金字塔的历史和目的的埃及学研究所得到的所有合理知识完全互相矛盾。[184]

接着，他推荐对他承认为"与金字塔相关的非常复杂的历史学和考古学问题"感兴趣的人阅读爱德华兹（Edwards）和洛埃（Lauer）写的有关著作。[185]

埃及考古学家爱德华兹没有卷入"金字塔学家"及其计算。测绘员和考古学家洛埃卷入了，面对着来自埃及学家们的反对，后者"很惊讶，我们如此重视从未在埃及学世界中赢得任何信誉的理论的有关讨论"。[186]

总之，洛埃的著作有一定的矛盾性。一方面，他承认金字塔的测量的确有一些惊人的性质；人们能够从中发现一些关系如 π、Φ、"黄金数字"和毕达哥拉斯三角形；这些总体上与希罗多德和其他古代作家所声称的相符合。[187] 另一方面，他痛斥若马尔和皮亚齐·史密斯的"幻想"；他并不可信地攻击若马尔重建的肘尺；他声称，金字塔校正的方程式和恒星精确性的超常程度纯粹是"直觉的和实用的经验主义"的结果。[188]

181　参见 Neugebauer（1945）. 关于哥白尼，见第二章，注 110—111。

182　Neugebauer and Parker（1960-9）. 关于轻蔑的态度，参见例如 Neugebauer（1957, pp. 71-4）。

183　Neugebauer（1957, p. 78）.

184　Neugebauer（1957, p. 96）.

185　前引书。

186　Lauer（1960, p. 11）.

187　Lauer（1960, p. 10）.

188　Lauer（1960, pp. 4-5, 13-14, 21-4）. 肘尺的问题见 Tompkins（1978, p. 208）。

对大金字塔超常的数学精确度的接受和"肯定"希腊人是第一批"真正"的数学家，二者之间的矛盾充斥着洛埃关于此问题的许多著作。以下事实使这一张力变得更加不可忍受：希腊人被告知过许多金字塔超常的特征，而且相信埃及人是第一批数学家和天文学家。最后，众多希腊数学家和天文学家曾在埃及学习过这一问题。洛埃试图处理这些困难的诚实尝试如下：

> 尽管直到现在尚未发现秘密的埃及数学文件，我们知道——如果我们能够相信希腊人——埃及祭司很珍惜他们的科学秘密，而且，亚里士多德告诉我们，他们从事数学研究。那么，具有合理可能性的是他们拥有一种神秘科学，这种科学在漫长的世纪中——时间间隔是从将近公元前 2800 年金字塔的建造到公元前 6 世纪希腊数学思想产生的前夜——逐渐建造在神庙的秘密中。就几何学而言，分析著名建筑物如大金字塔将在这些祭司的研究中占据显著位置；完全可以想象的是，或许在建造之后很久，他们在建筑物中成功发现了偶然性质，这些性质是建造者完全始料未及的。[189]

洛埃发现了第三王朝建筑师伊姆霍特普（Imhotep）的实际存在，他从前被作为晚期埃及传说摒弃掉，洛埃还发掘了这一建筑师在塞加拉的一些技艺高超的建筑物。他还付出毕生精力，崇拜金字塔的超常成就。难以理解的是他为何回避最简单的解决办法，即相信希腊人，和德国埃及学家布伦纳教授一起接受大约公元前 3000 年时有过"轴向时代"（Achsenzeit）。因此一两个世纪以后，在第三和第四王朝，产生了关于数学的复杂知识，其中一些特征被建造进了大金字塔。这一传统由后来的埃及人保留，进而告诉了前来访问的希腊人。[190]

如果人们摒弃种族主义和赤裸裸的"进步"论点，为何这一说法会比希腊人在公元前 4 世纪取得质的智性突破这种说法更加不可能？的确，没有什么东西来支撑第二个假设，其论据都无法接近金字塔的实际成就和关于高级的埃及数学的古代一贯传统。

189　Lauer（1960, pp. 1-3）.

190　Brunner（1957, pp. 269-70）. 他在这里的声称没有指明是金字塔。

　　但是，帝国主义高潮时期的寻常学者不具备这一视角。反而清楚的是，洛埃就此问题很痛苦，最终受到了社会力量的限制。接受最简单的答案会使他成为像若马尔和皮亚齐·史密斯一样古怪的人。因此，他宁愿将大金字塔中精细的数学关系及其在古代传统中的地位归因于纯粹偶然，后来的埃及祭司发现并利用了它。

　　然而，即便是洛埃的解决办法也仍然允许一些后来的埃及人拥有一些相对高等的思想。他继续道：

　　　　在整个三千年的历史中，埃及就这样逐渐地为希腊学者准备了道路，希腊学者如泰利斯（Thales）、毕达哥拉斯和柏拉图，前来学习，后来甚至前来教学，如欧几里得在亚历山大城的学校里教书。但是几何学达到真正科学的阶段，是源于他们的哲学精神，因为这一精神知道如何从埃及人的技术实证主义积聚的财富中汲取。[191]

　　古代作家坚持埃及祭司的精神性和非现世性，与他们相对，洛埃怎么能够肯定埃及秘密智慧——关于此他没有什么证据——仅仅是"技术实证主义"？很难不把它仅仅视为所有在雅利安模式中工作的人的共同信条。

　　不同意洛埃关于"金字塔学"理论讨论的无名埃及学家们这么做完全是对的。通过与"金字塔学家"的斗争他变得与他们相似——至少接受了他们如此众多的论点，以至他自己对正统的辩护显得无望地笨重。

　　洛埃遇到困难，不是唯一的一个。德里奥东神父写道，上文提到他接受埃及的精神性："人们不应该注意……查尔斯·皮亚齐·史密斯重新制造的假象，即大金字塔的测量揭示了古代埃及人的神秘科学。"[192] 但在别的地方，他又写道，因为埃及学家们未能关注"金字塔学家"的研究，他们被视为"天真、盲目、倔强的浅尝者，他们所从事科学的平静常规已经被打破了"[193]。还有其他一些暗示，称若干"受尊敬的"埃及学家感到外部压力——或者他们所处理的材料的

191　Lauer（1960，p. 10）.

192　Drioton and Vandier（1946，p. 129）；引用于 Lauer（1960，p. 4）。

193　Drioton 为 Lauer（1948）写的前言；引用于 Tompkins（1978，p. 208）。

压力？——并花上或多或少的长时间不很认真地考虑异端邪说。[194] 在这一古代
模式和雅利安模式之间的重要论战中，我相信经过一些修正的古代模式会占据
上风。但与此同时，没有疑问的是，这一领域作为整体仍然基本遵从商博良的
语言学传统，这一传统由马伯乐、埃尔曼和其他 19 世纪末、20 世纪初的学者
改造过，他们使他们的学科与占优势地位的浪漫主义-实证主义相一致，而若
马尔的数学和测绘学派仍然处于外围。

280

194 Brunner（1957）；Brunner-Traut（1971）.

第六章 希腊狂（第一部分）：古代模式的衰落，1790—1830

这一章论述的几乎完全是40年中新教德国北部的社会和思想发展。这个时间段也许较短，但它涵盖了法国大革命、拿破仑征服、逐渐增强的针对法国人的德国民族主义、反动的年代、普鲁士成为居于主导地位的德国王国和所有德国民族主义的焦点。

正是在这一关键的阶段，语文学或古代学这一新学科被确立为现代意义上的先驱学科。它是建立了以下诸样东西的第一个学科：师生关系的截然分明的精英领导的网络，能够施展策略来获得尽可能大比例的王国资助的研究班或系，用职业术语写就、用来维护学科实践者和普通大众之间界限的学刊。

我认为，必须把思想和学术发展与社会和政治发展放到一起来看待。引人注目的是，一些语言和历史问题方面的关键领导人，如洪堡和尼布尔，不仅活跃于新学科的建立，而且活跃于从整体上创建新的大学系统。他们还是国家舞台上的重要政治家。

极端重要的是，他们施加最大政治影响的时期是在普鲁士政府1806年在耶拿（Jena）受到拿破仑军队灾难性挫败之后被迫进行的改革中。新的古代学的发展和广泛倡导［洪堡把这放在他的教育形成（Bildung）的中心］，应该被视为这些改革中的一个。他和他的朋友把研究"古代，尤其是希腊人"视为将学生和民众联合为整体的一种方式，因为他们认为，这些人的生活被现代社会片段化了。更为迫切的是，洪堡和其他人将这一研究视为倡导"真正"改革的方式，借助于这一改革，德国能够避免法国那种如此惊吓他们的革命。因此，从一开始，德国的古代学像它在英国的对应物古典学一样，被其倡导者视为革命和反动之外的"第三条道路"。但在实际上，其效果是支持维护了现状。教育机构及充满其中的古典教育形成成为 19 世纪普鲁士和德国社会秩序的支柱。

古典学的核心是神圣希腊人的形象，在艺术上和哲学上都是如此。希腊人和德国人自身理想化的形象一样，还必须和他们的本土土壤整合起来，必须纯洁。这样，古代模式变得日益令人无法忍受，因为它包含了多个侵略、经常的文化借用以及种族和语言混合的隐含后果。只有在这一社会和政治情景中，人们才能理解新系统的最初产物之一，卡尔·奥特弗里德·缪勒，对古代模式的压倒性古代权威的攻击。

1821 年，《米尼安人》出版后的一年（在这本书中缪勒给出了他的论证），希腊独立战争爆发了，亲希腊主义席卷了西欧。在这种反亚洲和非洲的希腊狂中，为古代模式辩护几乎不可想象；似非而是的是，古代模式的唯一主要捍卫者是伟大的古代史学家巴托尔德·尼布尔，他曾为把浪漫主义和种族主义引入历史写作做出了众多的贡献。1831 年尼布尔去世以后，"合理的"学者如果不是不可能，也很难论证埃及人曾殖民希腊，或在希腊文明的形成中扮演了重要角色。

283

弗里德里希·奥古斯特·沃尔夫与威廉·冯·洪堡

考虑完埃及的"衰落"后，我们现在应该讨论希腊的"兴起"了。克里斯蒂安·戈特洛布·海涅最有名的学生弗里德里希·奥古斯特·沃尔夫（Friedrich August Wolf）1777—1779 年仅仅在哥廷根学习了两年。但因为这一经历和时代精神，他在许多方面成为浪漫主义–实证主义的缩影。[1] 他是温克尔曼的门徒，相信分阶段的历史，热爱希腊。作为一名德国爱国者，他被真实性运动深深影响着，这一运动强调民歌。他还认为自己属于我们上文讨论达西耶

1　关于这一点，参见第四章，注 123—124。

夫人和维科时遇到的荷马研究的浪漫主义传统，在这方面，他相信自己与本特利有特别的契合。[2]

沃尔夫把所有这些线索拧到了一起。他把他的著作放置在细致的文本分析的情景中，想象《伊利亚特》和《奥德赛》是来自希腊人的童年，这就暗示着是欧洲种族的童年。以这些感情为基础，还有荷马是盲人的古代传统，沃尔夫确信上述史诗是在希腊人拥有字母表之前很久口头创作出来的。[3]他认为，这些史诗太长了，不可能是一个文盲诗人的作品。因此，它们一定是由许多民间诗人共同创造的，只有当它们被编辑时或者，他认为，当它们在公元前6世纪的雅典首次被书写成文时才被放到了一起。经由这些假设，沃尔夫得出了完美的浪漫主义结论。荷马史诗现在不应该被视为单一作者的作品，而是希腊／欧洲人民（Volk）作为一个整体的童年的产物。[4]

这些观念中有许多来自苏格兰作家和罗伯特·伍德，后者是浪漫主义票友，人们会记得，他现场阅读了《伊利亚特》。但是，沃尔夫有文本专长和教授的地位，他赋予了这些观念学术权威，这在"职业"知识的新世界中是至关重要的。[5]另一方面，至少在纸面上，沃尔夫的学术相当肤浅，我们不应该忽视这一事实。他的著作虽然极端有激发性，但《荷马绪论》已被视为"匆忙之作"，他的书面作品作为一个整体，"在图书馆露面甚少"。[6]

沃尔夫的成就位于他创建的古代学传统中。1777年他在哥廷根入学时称自己为"语文学学习者"，这在当时被认为是激进的做法。[7]但是，后来，他称古代文本研究——古典艺术和考古学使其更完美——为古代学。沃尔夫被称为这一学科的创建者，虽然他的学科形式显然来自他的老师 C. G. 海涅，内容最

284

2　参见本书第四章，注 63—67。关于沃尔夫和本特利，参见 Wilamowitz-Moellendorf（1982，pp. 81-2）。

3　毫无疑问，荷马在古代被认为是口头表演者；他的名字最可信的埃及语词源，或者称呼诗人的一般词汇，"说话的艺术"，加强了这一传统。参见第三章，注 61。沃尔夫没有研究过希腊语字母表来源的问题。他关于此的假设被 20 世纪极端雅利安模式的提倡者所共享。我认为，虽然史诗无疑与口头有联系，但它们是源自长期的读写传统的复杂的书面文件。更多关于荷马的讨论，参见第一章，注 59。关于 20 世纪学者的讨论和我支持将希腊语字母表的引入置于公元前两千纪中期（在荷马之前很久）的观点，参见 Bernal（1987a；即出，1988）。

4　Wolf（1804）；又参见 Pfeiffer（1976，pp. 173-7）；F. M. Turner（1981，pp. 138-9）。

5　关于苏格兰人和伍德，参见本书第四章，注 71—72。关于职业化，参见 R. S. Turner（1983a；1985）。

6　Monro（1911，p. 771）。

7　Pfeiffer（1976，p. 173）。

终来自温克尔曼，而名字取自康德在德国倡导的科学和进步的新词汇。[8] 沃尔夫的专长是教学，18 世纪 80 年代在哈雷（Halle）任教授时，他不仅倡导了新学科，而且把研究班作为教学方法和研究的机构基础进行提倡。沃尔夫由于和年轻的普鲁士贵族威廉·冯·洪堡的联系而获得了声誉。

但是，在考察他们的友谊及其异乎寻常的学术和机构后果之前，我想考虑一下浪漫主义希腊主义和哥廷根实证主义的政治立场。我一直在论证，二者紧密相关。二者的倡导者认为自己是"进步的"，支持小的"自由"王国。但是，"自由"一词的意思有相当歧义。而且，当法国大革命的考验来临时，持有这些观点和情感的人几乎都退缩了，因为法国大革命威胁了特权，因为其暴力以及他们认为的它对"自由"的"非自然的"和"无机的"处理方法。人们考察沃尔夫和洪堡计划和后来付诸实施的改革时，应该意识到这一背景。

沃尔夫和洪堡在 1792—1793 年大革命处于高潮时成为亲密的朋友。由于他们的讨论，洪堡写作了一份概略，《论古代研究，尤其是希腊人研究》。[9] 这份概要在洪堡生前并未发表，但是，沃尔夫和伟大的诗人、戏剧家和哲学家席勒阅读并批评了它。这一概略极端重要，还因为它表达了洪堡后来做普鲁士教育部长时试图付诸实施的观念。

285

为了证明古代研究在普通教育中的中心地位，洪堡给出了两个理由。他论证，研究希腊人显然有美学上的原因，但重要得多的是他的下述信念，即学习研究尚未异化的古代人会为今天创造出更好的人组成的新社会。这一研究将是教育和道德形成的中心。洪堡具有对经由时间成长和形成的浪漫主义关切，他把研究古代人作为过程，而非目标来重视。他相信，理解掌握古代的复杂的有机发展会在某种程度上延展和增强学习者的创造力。[10]

洪堡有可能原本为了全体民众设计这一教育和道德形成。但是，结果它成为英才教育下的精英印记。[11] 就这样，它挑战了贵族阶级。它的目的是在德国文化内部改造普鲁士，同时避免法国大革命的恐怖。因为《论古代研究》写于路易十六受审期间，洪堡当时就此事件写道："这一砍头和可怕的审讯已留下

8　参见本书第四章，注 122—123。

9　Humboldt（1793）.

10　Humboldt（1793）；又参见 Sweet（1978-80，vol. 1，p. 126）。

11　关于教育和道德形成为群众的开初概念，参见 Hohendahl（1981，pp. 250-72）。关于实际结果，参见 R. S. Turner（1983b，p. 486）。

了永远不可磨灭的污迹。"[12] 在法国，上层阶级阅读巴泰勒米的《阿纳卡西斯》，以逃避大革命的重压和恐怖，同样，毫无疑问，研究希腊人也为洪堡和他的朋友席勒提供了逃避的通道。[13] 但是，他们不仅止于研究；他们把研究和模仿希腊人视为超越革命和反动两个极端的方式。类似地，在席勒著名的关于《人类审美教育》的系列书信中，*第五封信是关于法国大革命的混乱，接着第六封信就是研究希腊人的和谐化功能。[14]

洪堡的教育改革

客观地讲，无论他们的主观政治立场如何，洪堡和席勒都帮助维护现状。普鲁士君主 1806 年在耶拿被拿破仑灾难性地击败后，传统政府及其钟爱的军队蒙受了耻辱，他求助的正是这一类安全的激进分子。1809 年，除了面对法国大革命的挑战进行的其他改革之外，洪堡被托付重组教育系统。他的新结构以教育和道德形成为基础，他相信这会在德国人民遭遇惨败后重新激活他们。在高等教育方面，他有意排斥了法国的重点放在数学和自然科学上的综合工科学校，而让学校教授广泛得多的科学（Wissenschaft）的概念。从表面上看，新的普鲁士课程将包括三种学科：数学、历史和语言。但是，在洪堡的主要创造物、位于柏林的新大学中，头五年都没有教授数学，从这一事实可以看出洪堡的优先权。[15]

洪堡为柏林大学招聘的杰出学者是沃尔夫，我们已经看到，沃尔夫引入了研究班的形式，这一形式从柏林传到了普鲁士，然后传到了德国以及更远的地方。这一系统坚持认为学生通过自己的研究可以更主动地学习，似乎比传统的讲演课赋予了学生多得多的自由和创新的余地。但是，在过去 180 年中，虽然

12　信件，1793 年 2 月 6 日，见于 Humboldt（1841-52, vol. 5, p. 34）；引用于 Sweet（1978-80, vol. 1, p. 131）。关于此问题更多的讨论，参见 Seidel（1962, pp. xix-xxix）。

13　参见第三章，注 91。怀着对维拉莫维茨-默伦多夫的敬意，我要指出他将小说的成功大部归因于它转弯抹角地提及了同时代的法国人。但是，他也承认（1982, p. 103）小说很好地描绘了古典时代的雅典。

*　即《审美教育书简》。——译者注

14　Schiller（1967, pp. 24-43）。关于哥廷根在革命和发动两个极端之间的所谓中间路线，参见 Marino（1975, pp. 358-71）。

15　Sweet（1978-80, vol. 2, p. 46）。

这一形式产生了伟大的学术成就，显然，它可以是，而且的确被用作很有效的工具，来控制学术所关心的论题的选择和处理。

沃尔夫古代学的实践遵从了 C. G. 海涅和哥廷根学派。他排斥了他视为启蒙运动的对普遍性东西的概念化和抽象的追寻，而赞成直接面对特殊的东西和细致的渊源批评。他完全没有意识到事后可以被视为他自己的强烈的浪漫主义，所以能够写道："我们所有的研究都是历史的和批评性的，其对象不是希望得到的**东西**，而是**事实**。艺术应该被喜爱，但历史应该被尊重。"[16]

从那以后，这一头脑简单的方法控制了多数历史和古典学的实践。洪堡要敏感得多，至少他生命将终时是这样。在论文《历史学家的任务》中，他确认理解过去绝不仅仅需要外在的描述。需要的是"理性的观察"（beobachtender Verstand）和"诗性的想象"（dichtende Einbildungskraft）之间的平衡。但是，历史学家和诗人不同，他必须使他的想象从属于对现实的调查，"必然地必须屈服于形式的力量，同时经常意识到形式的法则——观念"[17]。在 19 世纪，这些观念当然包括"种族的科学法则"。

287

洪堡还尝试着努力解决历史研究中主体和客体之间关系的难题，他相信，这需要一些亲切感，就像德国和古希腊之间存在的那样。因此，有可能书写古代的历史。但是，与此同时，希腊人被视为超越了历史。正如他在另一部著作中写道：

> 因此，我们对希腊历史的研究迥然不同于我们的其他历史研究。对我们来说，希腊人走出了历史的圈子。即便他们的命运属于事件的一般链条，但在这方面他们对我们根本不重要。如果我们敢于把应用在世界历史其他部分的标准应用到希腊人身上，那么我们将完全不能确认我们和他们的关系。关于希腊人的知识对我们不仅令人高兴，有用或有必要——不，只有在希腊人身上，我们才能发现我们自己愿意成为和生产的理想。如果历史的每一部分都以其人类智慧和人类经历使我们更丰富，那么，从希腊人那

16　Wolf（1804，2nd edn.，p. xxvi）；Pfeiffer（1976，p. 174）以完全赞成的态度引用了他。

17　Humboldt（1903-36，vol. 4，p. 37，trans. Iggers，1967，p. 59）. 关于这篇文章进一步的讨论，参见 Iggers（1968，pp. 56-62）；Sweet（1978-80，vol. 2，pp. 431-40）。

里我们取得了超越世俗的东西——几乎是神圣的。[18]

与洪堡关于希腊历史具有超越性观点相匹配的是他关于希腊语言的观点。他并不把希腊语视为原始语言（Ursprache），或像梵文一样的"原初语言"，而是青春活力和哲学成熟之间的完美平衡，它反映了美学和哲学的双重性质，自从18世纪80年代以来，这两者都被归于希腊人。[19]

上文已经讨论了语言的中心重要性、语言与民族和民族性的基本关系以及浪漫主义者对这三者的迷恋。[20] 洪堡虽然具有多面性，但基本上是个语言学家，他倾向于将语言视为本质上独立的固定变量。[21] 对他来说，希腊语的性质具有首屈一指的重要性。而且，就像一直存在的那样——或者至少自从15世纪以来——对希腊语的关切与对德语的关切平行。[22] 这样，随着德国民族主义渐渐增强至1813—1814年针对拿破仑的解放战争的高潮，对德语的日益颂扬到来了；德语的主要优点被认为是它与法语不同，在某种程度上是真实（echt）和纯洁（rein）的。[23]

早在这之前，洪堡在他1793年的概略中，曾论证希腊语的优异之处恰恰在于它没有被外来成分污染。[24] 因此，这位高超的语言学家，尽管他尤其迷恋语言混合的复杂情形，在谈到希腊语时却悬搁了他的判断能力，把希腊语是"纯洁的"作为自然的信条。在浪漫主义希腊主义得势之前，这一内在不可信的概念将会被认为是荒谬可笑的，但它现在成为古代学和现代古典学中的经典理论，只是附带一些条件。从那以后，对来自亚非语的借词几乎完全禁止，只有显然源于东方的奢侈品的名字是例外。

虽然洪堡和其他浪漫主义者坚持社会的无限多样性，认为启蒙运动宣称的普遍性并不存在，但他们看到由内在秩序、至高无上的力量或生命指示的总体

18　Humboldt（1903-36，vol. 3，p. 188，trans. Cowan，1963，p. 79）。

19　参见本书第四章，注102。

20　参见本书第四章，注57—58；第五章，注1—3。

21　R. L. Brown（1967，pp. 12-13）；Humboldt（1903-36，vol. 4，p. 294）。

22　参见本书第四章，注9。

23　Poliakov（1974，p. 77）。关于诗人克洛卜施托克对此的论述，参见p. 96。费希特关于此的一篇演说的译文见 R. L. Brown（1967，pp. 75-6）。

24　Humboldt（1903-36，vol. 1，p. 266）。

方向。[25] 希腊人被认为超越了世俗的混乱，更接近于不可名状的至善。所以在某种意义上，希腊人自己就是人类的共相。

正是这一点以及他们所谓对历史和语言法则的超越使得希腊人成为教育和道德形成的中心关切，德国的年轻领袖通过教育和道德形成来理解和重新塑造自己。正是为了相同的目的，古代学和古典学传播到欧洲其他地方及更远的分枝：尽管有学术装饰，它在统治阶级意识形态形成中的角色始终比历史或语言研究更重要。因此，虽然一贯种族主义的 19 世纪初亲希腊主义具有激进和反动的态度，但古典学这一学科从一开始就是保守的。以古典学为中心的教育改革就是避免或预防革命的系统尝试。[26]

亲希腊的人

289

为了理解 19 世纪 20 年代古代模式的衰落，我们应该首先考量转变发生的总体政治和意识形态环境。对此具有中心意义的是亲希腊运动，在 19 世纪，可以称为浪漫主义运动的"激进派"热衷于此。亲希腊主义倾向于分有浪漫主义对城市工业化、启蒙运动的普遍主义和理性以及法国大革命的排斥。另一方面，虽然浪漫主义的主流转向过去的中世纪和基督教，尤其是天主教，但亲希腊的人有时是宗教怀疑主义者或无神论者，还有政治激进派。[27] 例如，作为年轻人的黑格尔和弗里德里希·施莱格尔热爱希腊人，但随着他们逐渐年长，变得更加保守，开始求助于基督教。[28] 左翼黑格尔派哲学家，包括马克思，保留了年轻黑格尔对希腊的热烈兴趣。

激进派热情的原因何在很明显。与罗马相比较，甚至与埃及或中国相比较，希腊城邦的确是自由的典范。而且，浪漫主义运动内部的这一张力持续下来了。复活的公共学校系统——在其中英格兰的未来领导者据认为可以通过学习异教

25　Iggers（1967，p. 59）。此类概念出现于黑格尔和其他许多同时代思想家中。

26　对此唯一可能的反对意见是洪堡原来的教育和道德形成概念的乌托邦视角（参见上面的注 11）。Canfora（1980，pp. 39-56）认为，在 19 世纪之交对古典学有过右翼的盗用（usurpazione）。然而，他把雅各宾派对古代的使用作为他的基础。我遵从北欧流行的看法，不把这包括进古代学／古典学的传统。

27　当然，另一个保守的渠道是"东方"和印度。参见本书第五章，注 6—36。这一部分的紧密基础是 Bernal（1986，pp. 24-7）。

28　Highet（1949，pp. 377-436）；St Clair（1972，pp. 251-62）。

经典成为"基督教绅士"——还有造就印度-日耳曼或希腊式基督教的运动，都可以有用地视为把浪漫主义运动的这两翼拢到一起的尝试。[29]

法国大革命的经历和 1815 年后反动派的得胜让上层阶级浪漫主义者的幻想异常痛苦地破灭了。但是，在希腊独立战争于 1821 年爆发时，对自由的热爱复活了，即便是以一种疏离的方式；德国人是最迅速、最深刻卷入这一战争的民族。[30]的确，他们支持这一斗争的运动提供了德国自由主义唯一重要的中心：三百多名德国人前往希腊参加战斗，但他们仅仅是冰山一角，数万人卷入了这一运动，多数是学生和学界人士。[31]许多法国人和意大利人也前往了，他们得到众多亲希腊委员会的支持；甚至在美国运动也很强势。虽然仅仅有十六位北美人士抵达希腊，但战争带来的广泛的亲希腊感情大大推进了美国以希腊字母命名的"希腊"大学生联谊会。对美国学生组织的另一重要影响来自焚书的德国大学生联谊会，这些联谊会是在 1811 年到 1819 年间，由古怪的老师和锻炼倡导者雅恩（Jahn）"神父"为了支持解放战争的浪漫主义民族主义而复活的。两个国家的大学生联谊会都保留了这种沙文主义，还有它们的创建者所想象的强烈的身体和反智主义偏见。[32]

英国人也深深卷入了希腊事业。我们已经看到，英格兰和苏格兰诗人自从 18 世纪中期以来热烈地关心着希腊。当帕台农神庙或"埃尔金"（Elgin）大理石 1807 年在伦敦展览时，有过一阵追逐纯粹希腊艺术的热潮，此前这里从未发生过。[33]亨利·富泽利（Henry Fuseli）看到大理石时叫嚷道："希腊人是神！希腊人是神！"[34]

富泽利原名菲斯利（Füssli），是瑞士艺术家和艺术史家，居住在伦敦，并在那里倡导温克尔曼的观念。他对希腊的热爱和对埃及的憎恨似乎同样强烈。

29　关于公共学校，参见第七章，注 4—10；关于雅利安基督教，参见第八章，注 38—42。

30　关于希腊独立战争之前这些圈子中疏离的程度和对地中海的关心，参见 M. Butler（1981, pp. 113-37）。

31　St Clair（1972, pp. 119-27）。

32　St Clair（1972, pp. 334-47）。重要的例外是 ΦΒΚ，它在其他联谊会之前创立，总是保持了非常不同的性质。关于雅恩"神父"及他的锻炼和焚书，参见 Mosse（1964, pp. 13-30）; F. R. Stern（1961, pp. 1-25）。

33　关于这一时期大理石对英国欣赏希腊艺术和对希腊本身的影响，参见 St Clair（1983, pp. 166-202）。

34　Haydon（1926, p. 68）。

对他来说，希腊是"那个幸福的海岸，没有任意的象形文字，即无知的掩饰语，没有专制主义的工具，或者永远沉睡的笨重纪念碑，在那里，艺术悄然诞生，自由地跃动"[35]。

但是，应该注意到，希腊来自埃及的观念意味着对古代模式的接受，而后来的亲希腊的人不愿意承认古代模式。虽然富泽利是外国人，他关于希腊的观念离 19 世纪前二十五年一般有修养的意见亦相距不远。

1821 年希腊独立战争爆发后，对希腊的热情上涨到热昏的顶点。正如雪莱写道：

> 我们都是希腊人。我们的法律、我们的文学、我们的宗教、我们的艺术都根源于希腊。如果不是因为希腊……我们或许仍然是野人和偶像崇拜者……人类形式和人类心灵在希腊达到完美的境地，这种完美将它的形象加诸那些无可指摘的作品，它们的残肢断臂都使现代艺术感到绝望；这种完美生成永不止息的冲动，通过一千种或显或隐的运动，为人类的生存提供条件，使人类愉悦，直至人类不复存在。[36]

291

希腊狂确实被精彩地发动起来了！

虽然雪莱热情磅礴，口若悬河，虽然他将要去希腊时戏剧性地淹死了，但浪漫主义时代最有名的亲希腊的诗人是拜伦。他来自苏格兰这一点并非偶合：我们已经注意到 18 世纪那一北方国家和浪漫主义之间的种种联系。在 19 世纪初，这些联系不仅体现在拜伦身上，还体现在沃尔特·司各特爵士身上，后者是中世纪复兴的先驱，创造了虚构的伤感的民族传统，甚至司各特本人对此都犹豫不决。[37] 虽然拜伦是个粗俗的摄政时期*的浪荡子，但他将苏格兰浪漫主义与希腊相联系。在暴乱发生之前十年他就曾呼吁希腊的独立，更辉煌的是，后来他加入独立战争，以求战死其中，他的动机是复杂的，但本质上是浪漫主

35　Knowels（1831，p. 241）.

36　Shelley（1821，Introduction）.

37　在福楼拜的《包法利夫人》中，背景是 19 世纪 20 年代，女主人公阅读了司各特，有对苏格兰女王玛丽的崇拜（第六章）。关于这一传统的发明，参见 Trevor-Roper（1983，pp. 29-30）。

*　摄政时期，Regency，指 1811—1820 年乔治三世精神失常后由其子摄政。——译者注

义的。[38]

在整个西欧，希腊独立战争被视为欧洲年轻的活力与亚洲和非洲的堕落、腐败和残酷之间的斗争：

> 成吉思汗和泰摩兰（Tamerlane）的野蛮人在 19 世纪复活了。他们对欧洲宗教和文明宣告了殊死战争。[39]

甚至在 18 世纪，土耳其在希腊和巴尔干半岛各国的统治已经开始被视为非自然的，是低等种族征服高等种族的结果。这里应该记住，克里斯蒂安·本森在他关于种族的历史等级中将"突雷尼人"或土耳其人放置在中国人和埃及人之间；在 19 世纪，被土耳其人统治被视为肯定终将失败，肯定从来不会带来任何文明的进步。

到 19 世纪末，这一原则被系统地应用于整个历史，这一变化有一个明显的例子，即对于阿拉伯人和柏柏尔人对西班牙统治的认识。在 1860 年以前，英国和北美作家对摩尔人抱同情态度，因为对他们来说，伊斯兰教不如天主教有害。到这个世纪末，"种族"考虑超越了宗教考虑；因此，阿拉伯对西班牙的统治在它一般而言繁荣兴旺的整个八百年中被视为没有果实，"注定要灭亡"。[40]

这样，种族情感随着希腊独立战争的激化对于古代模式有着直接的影响。由于首先是埃及人，然后是腓尼基人日益被视为"种族上"劣等，所以不仅他们曾经殖民过"神圣的古希腊"，而且曾使之文明化的希腊传说变得不仅不合口味，而且在范式上是不可能的。这些传说像塞壬或半人半马的怪物的故事一样，不得不被摒弃，因为它们冒犯了 19 世纪科学的生物学和历史学法则。从启蒙运动到浪漫主义变化的另一侧面使得对这一图景的反对意见更大了。由于启蒙运动强调修养和进步，所以把希腊人的文明归因于埃及和腓尼基殖民并不是对他们的玷污。而另一方面，浪漫主义者强调大自然和与众不同的、永恒的民族性，结果导致现在认为希腊人曾经比非洲人和亚洲人更原始是不堪忍受的。

38　St Clair（1972, pp. 164-84）.

39　《法兰西通信》（*Courrier Français*），1821 年 6 月 7 日，p. 2b，引用于 Dimakis（1968, p. 123）。

40　关于第一种观点，参见 Borrow（1843）; Irving（1829）以及普雷斯科特（Prescott）关于西班牙历史的许多著作。关于后来的"种族"阐释，参见 Hannay（1911）。

肮脏的希腊人与多利安人

亲希腊的人更关心古典希腊人，而非他们英勇的但迷信的、肮脏的基督教"后代"，一些人试图将这些后裔解释为"拜占庭化的斯拉夫人"。[41] 亲希腊的人寻求遭到东方腐败污染之前的纯粹的希腊本性，随着他们神化程度的加深——我们可以在洪堡和雪莱那里看得出——甚至古希腊人本身也达不到新的高尚的标准。这些标准开始日益要求文化的、语言的，最后是"种族的"纯洁性，这样的新典范早在18世纪90年代由弗里德里希·施莱格尔在斯巴达人中发现了，或称他们隶属的更大的部落群体，多利安人。斯巴达形象的现代史家伊丽莎白·罗森（Elizabeth Rawson）描述施莱格尔关于斯巴达人的著述道：

> 但是，从一开始，描写多利安人所用的语言大都让人想起温克尔曼对 　　293
> 希腊人的描述；比如他们的"静穆的伟大"（milde Grossheit），的确，与
> 更容易被东方化的爱奥尼亚人相比，多利安人构成了更古老、更纯粹和更
> 真正希腊化的一支，主要是他们创造了那两种希腊精神的基本程序：音乐
> 和体操。[42]

请注意：施莱格尔和许多后来的作家将希腊文化的这两种非言语性的、非理性的，我可不可以说是"德国的"侧面认为是基本的。尼采1872年发表的《悲剧的诞生》中，与阿波罗式的理性相比，音乐和狄奥尼索斯式的悲剧情感得到强调，这本书经常被认为是对温克尔曼希腊人"静穆的伟大"的观点的激进断裂。实际上，它属于德国传统，这一传统从19世纪40年代海涅的诗歌上溯到 C. G. 海涅和18世纪的戏剧家威兰。[43]

在19和20世纪中，德国人对多利安人和拉科尼亚人的认同和崇拜持续上升，直到在第三帝国时期达到顶峰。[44] 到19世纪末，一些民族主义（völkische）作家将多利安人视为来自北方的纯种雅利安人，甚至可能来自德国，他们的雅

41　Fallmerayer（1835）；St Clair（1972，esp. pp. 82-4）.

42　Rawson（1969，p. 319）.

43　Kistler（1960）；E. M. Butler（1935，pp. 294-300）.

44　参见 Rawson（1969，pp. 338-43）。参见 Speer（1970，esp. pp. 63，159），他经常把多利安人作为模范来指称。

利安血缘和性格当然使得他们被视为与德国人很接近。[45]

这种热情不仅限于德国人。约翰·巴格内尔·伯里（John Bagnell Bury）的《希腊史》1900 年首次出版，现在仍被认为是标准著作，他在其中写道：

> 多利安人占据了埃夫罗塔斯河（Eurotas）富饶的河谷，使他们自己的种族免于外来鲜血的混合，将所有居民都沦为臣民……多利安人与众不同的显著特征……是我们称之为"性格"的东西，正是在拉科尼亚这一特征最充分地展现出来，并得以发展，因为在这里多利安人似乎是最纯粹的多利安式。[46]

可以有趣地注意到，伯里像 19 世纪之交的许多卓越的英国古典学家一样，这包括约翰·彭特兰·马哈菲（John Pentland Mahaffy）和威廉·里奇韦，也来自新教优势期的爱尔兰。这三位都热衷于多利安人的纯粹北方——可能是日耳曼——血缘。这样，除了参与到当时一般的种族主义中外，显然，他们看到了下列类比：条顿英国人与爱尔兰人的关系（他们把爱尔兰人视为"边缘欧洲人"），类似于多利安人与他们的臣民人口（即土著居民佩拉斯吉人和希洛人）之间的关系。[47]里奇韦是一位完全一贯的种族主义者，虽然他的家族已经在爱尔兰居住了二百年，他还是吹嘘说"他的血管中没有一滴盖尔人的血"。[48]所以，到 1900 年，斯巴达人，"真正的"希腊人，被视为种族上纯洁的和或多或少来自北方的。19 世纪初的情形没有这么极端，但是压力在逐渐加大。

过渡人物（一）：黑格尔和马克思

检讨 19 世纪 20 年代对古代模式全力进攻的另一先决条件是审视跨越了转

---

45 Rawson（1969, pp. 330-43）.

46 Bury（1900, p. 62）.

47 Cartledge（1979, p. 119）引用了韦德-吉尔里教授的一个边注，后者指称 Mothone，麦西尼亚被斯巴达人征服的一个城市，为"麦西尼亚爱尔兰的乌尔斯特（Ulster）"。Cartledge 本人在别处使用了这一类比（p. 116），但是在反英国／斯巴达的意义上。

48 Ridgeway（Conway, 1937）还写作了有关苏格兰历史和民谣的书。又参见 Stewart（1959, pp. 17-18）。

变的思想家们。为此目的，我取了三个例子：黑格尔和马克思；A. H. L. 黑伦；
巴托尔德·尼布尔。

黑格尔生于 1770 年，19 世纪 20 年代时他的权力和影响正如日中天，但
语文学家们不接受他，他们许多年以来将他排斥在普鲁士学院之外。然而，他
不仅对于当时的德国哲学具有中心意义，而且对浪漫主义历史学家具有深远的
影响。* 毫无疑问，黑格尔是他的时代的典型人物。他热爱欧洲，或者，如他
所说，他热爱温带地区；他尊敬亚洲山区和印度；他憎恶伊斯兰教，完全鄙视
非洲。[49] 他的世界精神从东向西的发展轨迹迫使他声称埃及在更西边，所以比
东部的印度更先进。[50]

黑格尔真正的情感似乎出现于他的《哲学史讲演录》中，这些讲演发表于
1816 年到 1830 年间。其中，他相当详细地阐述了中国和印度思想，但只是在
讨论希腊哲学的起源时提及埃及：[51]

> 无疑地，毕达哥拉斯因此从埃及带来了他的兄弟会的观念，所谓兄弟   295
> 会，即一个经常性的群体，为了科学和道德修养的目的集中到一起……当
> 时的埃及被视为具有高度文化的国家，即便与希腊相比亦是如此；这甚至
> 表现在社会集团的差异之处，社会集团区分了生活和工作中的大的分支，
> 例如工业集团、科学集团和宗教集团。但除此之外，我们不必在埃及人中
> 间寻求详尽的科学知识，也不用认为毕达哥拉斯的科学来自埃及。亚里士
> 多德（《形而上学》，I）只是说："数学科学首先始于埃及，因为在那里祭
> 司阶层拥有余暇。"[52]

在别的地方，黑格尔写道：

> 希腊的名字被欧洲的知识阶层深刻地领会着，尤其是被德国人深刻领
> 会着……他们［希腊人］的宗教、文化的实质性开始当然来自……亚洲、

---

* 米什莱是他的一个学生。Hegel（1892，vol. 1）——译者注

49　Hegel（1975，pp. 154-209）.

50　Hegel（1975，ch. 6，n. 127）.

51　Hegel（1892，vol. 1，pp. 117-47）.

52　Hegel（1892，vol. 1，pp. 197-8）.

叙利亚和埃及；但是，他们是如此深刻地泯灭了这一来源的外来性质，如此深刻地改变、修正、改变了它，使它变得完全不同，以至他们，如同我们一样，在其中注重、了解和钟爱的东西本质上是他们自己的了。[53]

因此，黑格尔遵从《伊庇诺米篇》的传统，承认大量借用，但指出希腊人已经从本质上改变了它们。[54]

当然，黑格尔认为东方是人类的童年、希腊是人类的青春期的观点与青年黑格尔派哲学家卡尔·马克思的观点非常相像。[55]马克思认为，只有在希腊，个体才从群体割断了脐带，从一个生物人（Gattungswesen）变成了政治动物／城市居民（zōon politikon）。他终生热爱希腊，所以完全接受流行的观点，认为希腊在其文明的每一侧面，都与在它之前的所有文明本质上不同，比它们高等。[56]但是，正如同雪莱显然做过的那样，马克思超越了这一点，声称希腊高踞于它的后代之上。这一声称带来了一个问题，因为它使得希腊违反了进步的潮流。在试图处理这一问题时，马克思在为他的《资本论》起草的大纲的绪言（*Grundrisse*）*中写道：

> 关于艺术，大家知道，它的一定的繁盛时期绝不是同社会的一般发展成比例的，因而也绝不是同物质基础的一般发展成比例的……例如，拿希腊人或莎士比亚同现代人相比。

但他看到了下述悖论，即"在世界史上划时代的、古典的形式……某些……艺术形式只有在艺术发展的不发达阶段上才是可能的"。

马克思接着论证，一旦神话被现实超越，就如同资本主义工业的胜利一样，神话就是不可能的了。但是，他坚持认为，神话只能由有着典型的社会形式的特定社会生产出来：

53　Hegel（1892，vol. 1，pp. 149-50）.

54　参见第四章，注28。

55　关于此更多的讨论，参见 Bernal（1988a）。

56　Marx（1939，pp. 375-413，trans. 1973，pp. 471-513）.关于此更多的讨论，参见 Bernal（1987b）。

*　即《〈政治经济学批判〉导言》。——译者注

希腊艺术的前提是希腊神话，也就是已经通过人民的幻想用一种不自觉的艺术方式加工过的自然和社会形式本身。这是希腊艺术的素材。不是随便一种神话，就是说，不是对自然的随便一种不自觉的艺术加工……埃及神话决不能成为希腊艺术的土壤和母胎。[57]、[*]

这一晦涩的段落涉及本书的主题，我对此的阐释是：甚至在 19 世纪 50 年代马克思写作《〈政治经济学批判〉导言》时，他仍旧充分意识到古代模式的存在，所以不得不面对希腊神话，因而希腊艺术，不是来自希腊社会关系而是来自埃及的可能性。当然，接受这一点会使他的规划成为一派胡言。[58] 在他生活的时代，每个人都确信希腊绝对不同于，而且高于埃及。因此，古代模式的毁灭在此问题上赋予了他那一代人一种自由，黑格尔是没有这种自由的。马克思能够完全否认埃及对希腊的影响。

过渡人物（二）：黑伦

297

A. H. L. 黑伦生于 1760 年，比黑格尔早十年，而且比他活得长了十一年，直到 1842 年才去世。黑伦是 C. G. 海涅的女婿，19 世纪二三十年代哥廷根杰出的历史学教授。他的学术成果集中于经济和技术发展，风格是哥廷根所认可的最为极致的那一种。像他的岳父 C. G. 海涅和他的连襟格奥尔格·福尔斯特一样，黑伦着迷于 18 世纪的探险，他的巨著，《对古代主要国家的政治、交往和贸易的思考》，结合了这些非洲和近东探险与有关题目的古代文献。他的结论强调迦太基、埃塞俄比亚和埃及的重要性，为了解释这些文化与希腊文化之间惊人的相似，他不得不保留古代模式，但带有些许歉意，因为他极其崇拜希腊。[59]

对后世有影响的黑伦的同时代人没有好好对待他。洪堡认为他"了无生

57　Marx（trans. 1973, p. 110）。

＊　以上三段马克思的译文引自《马克思恩格斯选集》第二卷，人民出版社，1972 年，第 112—113 页。——译者注

58　虽然我相信大多数希腊神话主题来自埃及或腓尼基，但同样清楚的是，它们的选择和处理是希腊特有的，在此程度上它们的确反映了希腊社会。

59　尤其参见 Heeren（1832-4，vol. 1，pp. 470-1；vol. 2，pp. 122-3）。

趣"，他今天为人所知，只是因为诗人海因里希·海涅在他的《旅游图景》中
对黑伦的无情讽刺。[60] 浪漫主义者惩罚了黑伦，不仅因为他论题的选择，而且
因为他相信古代模式时间太长了。今天，只有黑人历史学家才读他。[61]

过渡人物（三）：巴托尔德·尼布尔

尼布尔的名声比黑伦要好得多。他被正确地公认为现代古代史的创建者。
但从本书的观点来看，有趣的事情是他保留在古代模式里面。我比较详细地讨
论尼布尔，是因为他代表了 18 世纪之交德国的先进思想，还因为他在 19 世纪
对如何理解古代史和好的历史"方法"方面有巨大影响力。通过他，我们可以
意识到浪漫主义和种族主义是如何浸透了二者。

但是，我也把尼布尔列为过渡人物，因为他虽然为推翻古代模式的思想和
意识形态力量提供了巨大帮助，但他本人直至生命终结仍然支持古代模式。他
这样做，或许是由于他在这一阶段强烈的保守主义，或者是个人或职业竞争的
原因。但是，他拥护古代模式论据之中肯表明事情不是这样。

巴托尔德·尼布尔生于 1776 年，拥有广泛的条顿民族的背景。他的家庭
是德裔文化的弗里斯兰人，居住在荷尔斯泰因（Holstein），当时在丹麦。他的
父亲，卡斯腾·尼布尔（Carsten Niebuhr），是由丹麦王宫和哥廷根雇用的著
名的东方旅行家。他还是个亲英分子，小孩的第一外国语就是英语，而且巴托
尔德在英国学习，这在他那一代人中间几乎是独一无二的。卡斯腾·尼布尔还
鼓励他的儿子不仅读拉丁文和希腊文，而且阅读阿拉伯文和波斯文。因此，巴
托尔德有着异常广泛的学术背景。作为一名神童（Wunderkind），他得到有修
养的邻居们的提携，他们包括荷马学者福斯（Voss）和浪漫主义诗人 M. C. 博
伊厄（M. C. Boie），二者都是哥廷根风格的成果。[62]

巴托尔德与 C. G. 海涅通过信，两个人都想让他在哥廷根学习。但是，卡
斯腾·尼布尔宁愿把巴托尔德送到基尔大学，它当时属于丹麦；这可以带来丹

60　洪堡致他的妻子卡罗琳，1823 年 11 月 18 日，见于 von Sydow（1906-16，vol. 7，pp. 173-4）。又
参见 Heine（1830-31，vol. 2，p. 193）。

61　参见例如 Hansberry（1977，pp. 27，104，109）。

62　C. Bunsen（1859，pp. 30-5）; Witte（1979，pp. 17-19）.

麦的官员职位。从基尔他去了爱丁堡一年；然后，他在哥本哈根待了六年，身份是专事金融业的极其成功的公务员，并继续他集中于罗马史的学习。1806年，他加入了处于最低潮的普鲁士政府，从事于帮助王权存活下来的改革。在此，他也节省出时间从事学术事业，1810—1811年，他写作了《罗马史》，这本书很快被认为是现代"科学的"古代史的基础。接着，1816年，他作为普鲁士的代表被派往罗马，他在那里待到了1823年。在那之后，尼布尔在波恩进入半退休状态，在那里，虽然他仍然深切地关心政治，但他将大部分时间用于学术，直到1831年初，他在54岁的年龄上去世。

尼布尔首要的是位罗马史家。思想史家兹维·亚韦茨（Zvi Yavetz）探索了这一关切的原因。他指出，20世纪初的文学史家 E. M. 巴特勒小姐在她的伟大著作《希腊对德国的专制》中描绘的图景需要一些修正。亚韦茨承认，虽然与希腊的特别联系时间很久，希腊使18世纪末的德国人着迷，希腊形象继续在19世纪诗人和"进步人士"中占优势地位，但是，伟大的德国历史学家，无论保守派还是自由派，都集中于罗马——其兴起而非其衰落，因为他们将罗马与普鲁士等同。[63] 当然，尼布尔同样热烈地关心着希腊。

花一些时间来考虑尼布尔的一般意识形态立场是值得的。芬兰学者塞波·吕特克宁（Seppo Rytkönen）将尼布尔描述为"在启蒙运动和复辟之间找到了自己的道路"；但是，吕特克宁对"启蒙运动"的定义是如此宽泛，不仅包括孟德斯鸠，还包括伯克和德国保守派默泽（Möser）。[64] 他"复辟"的概念要成比例地狭窄。它似乎局限于海德堡（Heidelberg）的诗性的和亲印度的荒谬可笑，而排除了可怕得多的哥廷根传统，尼布尔显然属于这一传统。

伟大的古典学家莫米利亚诺（Momigliano）教授巍然屹立于古典学研究的历史之上，他总是急于将他的学科与浪漫主义和德国民族主义分隔开来。他声称，尼布尔思想的基础来自英格兰——甚至不是英国——经济学家。[65] 莫米利亚诺引用尼布尔的门生 F. 利伯（F. Lieber），大意是说，尼布尔曾经告诉他，他的多数英国朋友都是辉格党，而辉格党在1688年挽救了英国。[66] 由于巴托尔

63 Yavetz（1976, pp. 276-96）.

64 Rytkönen（1968, pp. 21, 222）. Witte（1979, p. 191）.

65 Momigliano（1980, p. 567）.

66 Momigliano（1982, p. 8）.

德·尼布尔的英国朋友多数来自东印度公司，认识他的父亲卡斯腾，他们的政治倾向并不令人吃惊。

而且，1688 年的光荣革命对于尼布尔来说，是带来最少混乱的政治变革的模范。他年轻时认为这类事件只能在高等的北方种族中发生；但到了中年，他对北方种族也绝望了。弗朗西斯·本森（Frances Bunsen），尼布尔的秘书克里斯蒂安·本森（他后来是男爵）的妻子，1816 年以后对尼布尔很熟悉，她把他描述为最顽固的反动派和"极端的托利党人"。她写道，一般来说，他的"倾向是相信政府，而非被统治的国民"。[67] 尼布尔的行动依据了这些原则，以及他对意大利南部的"小傻瓜"（Polcinellos）的蔑视，当时他超越了作为普鲁士官员的职责，去帮助奥地利人镇压 1821 年那不勒斯的烧炭党人起义。[68] 另外，很有可能的是，他对 1830 年法国和比利时革命的恐惧如果不是导致了，也是加速了他的过早死亡。[69] 因此，毫无疑问，1817 年以后，即便用反革命时代的标准来判断，尼布尔也是反动派，这影响了他后来的历史撰修。

这是否意味着，他 1811 年首次写作《罗马史》的时候已经是有意识的保守派？吕特克宁相信，尼布尔的意识形态看起来比实际上要更保守，而莫米利亚诺教授指出尼布尔早期的"民主同情"以及对丹麦和普鲁士农奴解放的支持。[70] 实际上，尼布尔对法国大革命的同情非常肤浅和短命，当时类似的同情比比皆是。[71] 的确，他的保守观念始终是基本的，而他的父亲的保守主义思想更强化了这一观点。卡斯腾·尼布尔总是不喜欢法国人和任何种类的政治动荡，二者的结合让他惊慌失措。由于他自己出身于农民，卡斯腾在他土生土长的迪特马什（Dithmarsch）非常同情农民阶级，这当然与当时的浪漫主义相契合；在巴托尔德身上，这类情感被卡斯腾的朋友博伊厄强化了，博伊厄在诗人圈子里的活动与对真正的"德意志"自由的强烈支持和对法国启蒙运动的反对相结合。[72]

莫米利亚诺认为，尼布尔的观念包含"保守的和自由的态度的混合，这在

---

67 C. Bunsen（1859, pp. 336-7, 340）; F. Bunsen（1868, vol. 1, p. 195）.

68 Witte（1979, p. 136）. 致亨斯勒夫人的信，1821 年 3 月 17 日。

69 Rytkönen（1968, pp. 280-2）; C. Bunsen（1859, pp. 485-9）.

70 Rytkönen（1968, p. 220）; Momigliano（1982, pp. 8-9）.

71 Witte（1979, p. 21）; C. Bunsen（1859, pp. 38-42）.

72 Witte（1979, p. 18）.

欧洲大陆相当不寻常"，是"他的英国经历的结果"。[73] 但是，这些观念看起来与他的父亲及其圈子的观念并无二致，而且完全是浪漫主义的。当他年轻时，尼布尔不仅相信北方的农民值得拥有真正的传统自由，而且认为他们可以是抵御革命力量和天主教力量的堡垒。[74] 这一观念的组合在英国出现过，但它同样是德国和斯堪的纳维亚的；因此，没有理由来挑战主流的历史学，它把尼布尔定位为浪漫主义者和保守派。[75]

没有人曾把尼布尔与亚当·斯密、边沁或詹姆斯·穆勒相比较。他求助的英国人是伯克。正如他在《罗马史》第三版的绪言中写道："我著作中政治判断的基础没有一个不能在孟德斯鸠或伯克中找得到。"[76] 除了莫米利亚诺之外，几乎所有作者都接受尼布尔和伯克之间密切相似的关系，从本森男爵夫人和19世纪晚期保守的德国民族主义者海因里希·冯·特赖奇克（Heinrich von Treitschke）到现代历史学家维特（Witte）和布里登沙尔（Bridenthal）。[77] 因此，作为体现尼布尔开明精神的一个例子，莫米利亚诺教授论证道，他前往爱丁堡是因为爱丁堡与伦敦不同，它有一所大学。这一实际原因有可能影响了他的决定，但是，尼布尔跟一个朋友说，他去苏格兰是为了学习奥西恩的语言！ [78]

虽然尼布尔是个一贯的浪漫主义者，但他直到1810年左右，是改革保守派，认为应该以改革挽救丹麦和普鲁士，使其免于革命。（他之倡导废除农奴制，应该在这一情景中看待。）由于这些观念，他有时为彻底的反动派所攻击，但他后来和攻击者站到了一起。[79] 例如，吕特克宁坚称，尼布尔与启蒙运动有联系，是因为他缺乏历史相对主义，相信非历史的人性。但在别的地方，他认为尼布尔有过浪漫主义成长的概念，它后来被一种传统主义（Traditionalismus）笼罩，一种与启蒙运动所追求的永恒理性秩序迥然相异的"停滞"。[80]

而且，尼布尔的跨文化比较是在严格的范围内。他关于早期罗马和他钟爱

73　Momigliano（1982，p. 7）.

74　他清楚阐明后者是更小的恶；参见 C. Bunsen（1859，p. 125）。

75　E. Fueter（1936，pp. 467-70）；C. P. Gooch（1913，pp. 16-17）；H. Trevor-Roper（1969）.

76　p. xiii，转引自 Rytkönen（1968，p. 306）。

77　F. Bunsen（1868，vol. 1，p. 337）. 关于其他人，参见 Witte（1979，p. 185）和 Bridenthal（1970，p. 98）。

78　致莫尔特克的信，1796年12月9日，引用于 Bridenthal（1970，p. 98）。

79　Witte（1979，p. 167）.

80　Rytkönen（1968，pp. 67，219）.

的家乡迪特马什之间的中心比较所以成为可能，只是因为他把两个民族都视为纯粹真实的和各自环境的产物。所以，在这里他还是属于主流的浪漫主义。他没有在任何地方接受过启蒙运动的普适性、自然神论或无神论以及对理性的信仰，更不用说法国大革命的自由、平等和博爱了。而且，尼布尔对浪漫主义的倡导并不限于历史学。第五章提到，在罗马的德国人社区是新的浪漫主义运动发源地的时候，他执掌着这一社区。[81]

尼布尔的保守主义和浪漫主义是如何影响他的历史写作的？首先，和洪堡一样，他认为对古代的宽泛研究——他仍把此称为"语文学"——是提供道德养成以倡扬祖国的一种路径。[82] 他的方法是哥廷根渊源批评家的方法，"通过文本分析、类比和直觉，结合理性批评和富有想象力的重构"[83]。或者，正如《不列颠百科全书》第十一版中关于他的很正面的文章所描述的："他通过推理来替代被推翻的传统，表明了写作的可能性……"[84] 这些传统如何被"推翻"没有得到说明，但显然，最不可靠的传统破坏了 19 世纪早期科学的经典，包括种族分支的经典。尼布尔方法的这一侧面与莫米利亚诺提出的下列关键要点相联系，即尼布尔是第一个在他们自己的地盘上挑战伟大的古代历史学家的。甚至吉本不过在塔西佗停止的地方开始，而尼布尔的题目是早期罗马，李维和其他人早就大书特书过了。[85]

尼布尔进一步发展了洪堡关于推理和想象必要性的观点。20 世纪初的思想史家 G. P. 古奇（G. P. Gooch）援引他，认为他写道："我是一名历史学家，因为我能把单独的碎片组合成完整的图景，一旦我知道了缺失的部分在何处，如何填充它们，没有人相信，那看起来失去的部分有多少可以恢复。"[86] 虽然用的是实证主义术语，尼布尔的话是诚实的表白，适用于所有历史学家。尽管如此，如果他的方法包含如此多的主观性，我们还是难以理解人们何以能够宣称尼布尔是第一位"科学的"历史学家，他把历史学科提升到绝对更高的平面，

81　参见第五章，注 115。

82　参见他 1808 年 1 月 4 日致 Altenstein 和 1811 年 5 月 2 日致 Schuckman 的信；参见 Witte（1978，p. 20）和 Rytkönen（1968，pp. 175-6）。

83　Witte（1979，p. 185）.

84　《不列颠百科全书》中关于尼布尔的匿名文章，第十一版，1911 年。

85　Momigliano（1966d, pp. 6-9）. M. Pallotino（1984, p. 15）正确指出，米特福德和 G. 米卡利（G. Micali），关于古代意大利的历史学家，预期了尼布尔的"现代"历史方法。

86　Gooch（1913, p. 19）没有给出出处地做了引用。

比"前科学的"历史学家如希罗多德、修昔底德、司马迁、塔西佗、伊本·哈勒敦（Ibn Khaldun）、伏尔泰和吉本等更高级！至少，所有这些人清晰地写作！

尼布尔具体的贡献何在？在当时和自那以后，他的工作最为人知的视角是——请吕特克宁和莫米利亚诺原谅我不同的看法——罗马历史得自失传"歌曲"或者史诗的假设。正如许多作者所指出的，尼布尔的观点显然来自民歌对于民族起源具有中心意义的浪漫主义信仰。[87] 既然莫米利亚诺教授认为尼布尔本质上是苏格兰启蒙运动的产物，那么他降低"歌曲"的重要性就不足为怪了。在他看来，尼布尔工作中最重要的发明是关于第二种论题的：早期罗马土地法和公共田地（Ager Publicus）的性质。他证实，尼布尔在这方面的观点来自他从他父亲的苏格兰朋友那里学到的有关印度的信息。[88] 但是，莫米利亚诺承认，尼布尔研究这一论题是因为他认为，法国大革命中的革命者在他们很温和的土地改革中误用了罗马先例。正如尼布尔自己所描述的，他写作是为了反驳"一群罪犯给予土地法的疯狂而可憎的意义"。[89]

对尼布尔来说，罗马和不列颠一样，是内部冲突如何可以通过渐进的宪法方式解决的典范。在发展这一观点的过程中，他引入了他的第三个重要的新理论，即贵族和平民不仅是不同的阶级，而且是不同的种族。阶级差异源于种族差异的观点——尼布尔还把它应用于其他情景中——早些时候在法国使用过；在法国，贵族是日耳曼法兰克人的后裔，而第三等级是本土的罗马帝国统治下的高卢人，这一信仰在 1789 年和 1830 年革命的发展中起到了重要作用。可能影响到尼布尔的另一模型是印度的种姓制度，它据认为源于雅利安征服，是为了保持征服者纯洁性的一个尝试。

但是，是尼布尔赋予了这一理论学术威望，而且他被认为是这一理论的引入者。法国伟大的浪漫主义历史学家米什莱向尼布尔致敬，因为他"早在1811年"就发现了历史的种族原则。[90]这也是尼布尔的英国门生阿诺德（Arnold）

303

87　Bridenthal（1970，p. 2）；Fueter（1936，p. 467）；Witte（1978，p. 82）；Trevor-Roper（1969）. Momigliano（1957，pp. 104-14；1977，pp. 231-51）关于尼布尔有可能正确的观点无法削弱浪漫主义影响的重要性。麦考利的 *Lays of Ancieut Rome* 首次发表于 1842 年，就是以尼布尔的假设为基础的。

88　Momigliano（1982，pp. 3-15）.

89　转引自 Momigliano（1982，p. 9）。

90　Michelet（1831，vol. 1，p. xi）.

博士，著名的拉格比公学的校长，从他那里得到的信息。[91] 尽管对于"歌曲"，公共田地，罗马各阶级的种族来源以及伊特鲁里亚人来自北方的另一理论存在疑问，《不列颠百科全书》1911 年版中关于尼布尔的佚名作者还是写道：

304

　　即便尼布尔每一个明确的结论都被推翻了，他关于自己是第一个用科学精神来讨论罗马史的人的声称也毫发无伤，他引入历史研究的新原则的重要性一点也不会降低。

这些"新"原则中的一个是浪漫主义-实证主义的，由哥廷根支持，认为应该研究民族及其机构而非个体。然而，尼布尔因为将种族引入历史而得到更多的崇敬：

　　他关于贵族和平民之间的争端起源于原初的种族差异的理论使人们注意到种族区分的巨大重要性，并对这些差异作为现代历史中因子的复兴做出了贡献。

另外，尼布尔对民族和种族纯洁的可取性是坚定不移的：

　　世界历史的进程似乎是，征服和各种各样的混合将无数种原初的种族搅和到一起……如此混合的结果是，很少有哪一个民族是赢家。其中一些经受了不可挽回的损失，失去了高贵的民族文明、科学和文学。甚至不那么文明的民族也会发现，这样引进的改进之处——而且，如果这些改进之处适合本民族的话，那么它本来自己能够得到它们——几乎不能弥补种种损失：它原初的特性，它的民族历史，它的世袭法律。[92]

这样，纳粹统治时处于全盛时期的古代史学家乌尔里希·维尔肯（Ulrich Wilcken）会把尼布尔表彰为"批评性基因历史学的创建人"，就不足为怪

91　参见第七章，注 7—10。

92　Niebuhr（1847-51，vol. 1, pp. xxix-xxxi）．

了。[93]1794 年，尼布尔 18 岁时，给他的父母写了一封信，描述了种族混合的有害后果。毫无疑问，这种浪漫主义种族性是建筑在他视为体质的和基本的种族差异之上的。至少在这一阶段，他相信人种多源论：

> 我坚持认为，将语言差异应用到种族理论时我们必须很谨慎，必须更多地尊重体质形态……［种族是］历史中仍然有待检讨的最重要的元素之一——实际上，它是所有历史建构的首要基础，也是历史运行的首要原则。[94]

305

尼布尔偏爱体质种族主义而非"语言"种族主义可能来自他的父亲，进而来自在东方的英国人。这使他超越了洪堡和后来由尼布尔的秘书本森、法国伟大的闪米特学家和历史学家埃内斯特·勒南倡导的传统，这一传统坚持，民族间的显著差异不是由体质形态造成的，而是由语言的适宜性造成的。[95]体质种族主义是尼布尔阶级的种族性质原则的关键所在，因为不同的阶级甚至种姓说同样的语言。值得关注的是，他是如此忠实于这一原则，还有种族混合的不可取性。

尼布尔综合了 18 世纪 90 年代的浪漫主义和种族主义。这一联盟水到渠成。在许多方面，种族（Rasse）或种类（Geschlecht）不过是浪漫主义所谓人民、民族（Volk）或团体（Gemeinschaft）的"科学"术语。赫尔德 1774 年出版的《也是一种历史哲学》一书是他关于历史主义和进步的相对主义的经典陈述，书中他坚持说人民、民族是所有真理的源泉。[96]这一概念在 19 世纪成为所谓"种族真理"，取代了其他所有概念。[97]

虽然浪漫主义和种族主义基本相契合，种族真实性的浪漫主义理想与支

93　Wilcken（1931），引用于 Witte（1979，p. 183）。关于纳粹政权下的维尔肯，参见 Canfora（1980，p. 136）。

94　来自基尔的信件，见于 C. Bunsen（1868，pp. 35-40）。

95　参见本书第五章，注 56—58。又参见第八章，注 24—28。

96　Iggers（1968，p. 30）; Shaffer（1975，p. 85）.

97　参见迪斯累里的《坦克雷德》中聪慧的西多妮娅的引文，第三卷，第一章：
　　"一切都是种族，没有其他真理。"
　　"因为它包括了所有其他的。"亨利勋爵说。
　　"你说得对。"

配种族进行征服的种族主义权力之间还是存在矛盾。尼布尔早期认为，落后民族——即德国人——发展土著文化是可取的，这一信念没有拓展到更不重要的非欧洲种族。1787 年，尼布尔十一岁时，他支持奥地利人反对土耳其人的斗争，而他对奥地利人此外并无深厚的感情；1794 年，他为革命的法国所能设计的最大侮辱是称之为"新鞑靼区"。[98]1814 年，他呼吁欧洲和基督教国家联合起来与伊斯兰教做斗争，他生命将终时的讲演记录其中有言道：

306

> 欧洲的支配权自然支持着科学和文学，还有人权，阻止野蛮政权的灭亡是对思想文化和人类犯下的叛国罪。[99]

这一为帝国主义做辩护的因缘是未来欧洲对埃及的征服。与洪堡兄弟及本森一样，但与德国多数古典学家和东方学家不一样，尼布尔接受了商博良的破解。这使得他攻击伟大的 F. A. 沃尔夫，他说他"调查希腊人中书写的古代性，完全不顾东方艺术"；尼布尔把这一片面观点归因于沃尔夫"对东方书写品的远古性的偏见"。[100]

尼布尔本人与罗马相联系，他遵从了商博良与教会在日期问题上达成的和解。[101] 因此，他将埃及历史往前推到公元前 2200 年，当时认为希克索斯王朝是这个日期。然而，他表现出批评方法的文化的、种族的和时代的傲慢或者自命不凡（Besserwissen），这从那以后对古代史的写作一直是个祸害；尼布尔声称，希克索斯王朝之前的所谓十三个王朝是埃及人捏造的，他们"理应满足于拥有远古至亚伯拉罕时代的历史，但是他们与东方民族的精神相合，意欲上升得更高"[102]。

尼布尔绝对地区分了自由和有创造力的希腊人与埃及人，这一方式也是浪漫主义–种族主义的；他认为后者"像许多受压迫的民族一样，在艺术方面

98　Witte（1979，p. 20）.

99　参见 Rytkönen（1968，p. 182）；Niebuhr（1852, Lecture, VII, pt. 1, vol. 1, pp. 98-9）。早先一些年，尼布尔表达了和欧洲人一起殖民亚洲的愿望："我想象在 Bithynia 的德国殖民地等等。"参见他致亨斯勒夫人的信，1821 年 8 月 16 日，见于 C. Bunsen（1859，p. 410）。

100　Niebuhr（1852, Lecture, XX, vol. 1, pp. 222-3）.

101　参见第五章，注 111—112。

102　Niebuhr（1852, Lecture, V, vol. 1, p. 77）. 又参见 Lecture, VII, pp. 97-9。

非常先进，但其思想文化处于落后状态。"[103] 他还攻击腓尼基人无根。对浪漫主义原则犯下的这一基本罪过当然被用于反对犹太人，一直到浪漫主义犹太复国主义得胜为止。毫无疑问，尼布尔分有他的社会圈子中日益增长的反犹主义。[104]

但是，我上文说过，尼布尔仍然处于古代模式之内。在他对沃尔夫的攻击中，他写道：

> 承认……东方民族对希腊人的影响被不堪忍受地滥用了……沃尔夫却完全忽视了希腊和东方的确存在关系的事实，也就是说，虽然后来它们彼此独立，但在早先的时代，东方民族影响和教导了希腊人。[105]

尼布尔相信，凯克洛普斯在雅典建立埃及殖民地的神话在某种意义上反映了埃及在那里的影响，正如达那俄斯和埃古普托斯殖民阿尔戈斯地区的传说一样。他对卡德摩斯创建底比斯根本没有疑问。[106] 另一方面，这些断言中有一种辩护的口吻，这必须归因于沃尔夫及其观点的影响，归因于 19 世纪 20 年代沃尔夫的追随者卡尔·奥特弗里德·缪勒的影响。在考量完珀蒂-拉德尔（Petit-Radel）神父在 19 世纪做出的对古代模式的第一次攻击之后，我将回到缪勒。

307

珀蒂-拉德尔与对古代模式的第一次攻击

珀蒂-拉德尔是一位对艺术和建筑学很感兴趣的学者。1792 年，他移居到罗马，当时罗马已经是浪漫主义美学中心。在意大利期间，他被这个国家的前罗马时代废墟迷住了。他遵从古代传统，称之为"巨石式的"，认为它们不规则，因而"自由"，其方式与埃及和东方建筑不同。[107] 在研究这些建筑物分布的基础上，他确信，在埃及人和腓尼基人到来之前，一种共同的欧洲文明已经在意大

103　Niebuhr（1852, Lecture, VI, vol. 1, pp. 83-4）.

104　参见例如他致亨斯勒夫人的信，1821 年 3 月 17 日，见于 C. Bunsen（1859, p. 405）。

105　Niebuhr（1852, Lecture, XX, vol. 1, p. 223）.

106　Niebuhr（1852, Lecture, IX, vol. 1, p. 117）.

107　Hoefer（1852-77, vol. 8, cols 721-5）.

利和希腊确立起来了。[108]

1806 年，珀蒂-拉德尔向在巴黎的法国研究院提交了一篇论文，《论阿尔戈号创建者的希腊渊源》。他的论点建筑在公元前 1 世纪的希腊历史学家哈利卡纳苏的狄奥尼修斯（Dionysios of Halikarnassos）对在意大利的一个阿卡狄亚殖民地的早期日期定位之上，珀蒂-拉德尔将这一殖民地与巨石式建筑联系起来。在埃及人定居时土著希腊人的文化水准的问题上，这位法国人攻击了作为古代模式支持者的弗雷列和巴泰勒米。他这一观点的根据有两点，一是他认为巨石式建筑比埃及人的到来要早，二是他认为光荣的希腊人**从来不会**有如此落后的浪漫主义信仰。

另外，传说认为阿尔戈号上的伊那科斯国王和甫洛纽斯国王是埃及人，珀蒂-拉德尔尤其挑战了这一点。[109]他表明这一传说在古代是多么虚弱；的确，甚至在传说阶段的朦胧人物中间，这两位是突出地模糊。这篇论文的语气使得他大胆的程度有了某些疑问，因为有迹象表明，他所说的话受到他的巴黎听众的欢迎。[110]人们对他的论文持赞成态度，珀蒂-拉德尔在复辟后的学术生活中继续扮演着尊贵的角色。

卡尔·奥特弗里德·缪勒与对古代模式的推翻

珀蒂-拉德尔试图绕过古代权威和古代模式，而卡尔·奥特弗里德·缪勒对二者进行了第一次直接挑战。一般来说，缪勒的学术和生命的浪漫主义性是没有疑问的。20 世纪初的古典学历史学家鲁道夫·法伊弗将他视为“一位幸福的年轻学者的光彩形象”，而对于一般情况下比较清醒的英国思想史家 G. P. 古奇来说，他是“现代文艺复兴的雪莱，历史万神殿中的阿波罗”。[111]

108　这些“巨石式”建筑可能在安纳托利亚有共同的祖先。迈锡尼的城墙和城门以及迈锡尼其他城市和防御工事看来是安纳托利亚影响波的结果，此波影响在传说中与公元前 14 世纪珀罗普斯的征服相联系。意大利的此类建筑物可以与伊特鲁里亚人相关联，而古代传统认为伊特鲁里亚人来自安纳托利亚西北部。因此，我相信，这一风格引入的时期是在青铜时代晚期的开始埃及对希腊的重要影响之后，但在公元前 10 世纪和公元前 9 世纪主要的腓尼基影响之前。

109　关于对伊那科斯的讨论，参见第一章，注 93—97。

110　参见 Petit-Radel（1815）。

111　Pfeiffer（1976, p.186）；Gooch（1913, pp.16-17）；Wilamowitz-Moellendorf（1959, p.67；1982, p.127）用类似的语言描述他。

　　缪勒属于在洪堡的教育体制下训练出来的第一代人。他 1797 年生于西里西亚地区（Silesia），在其首府布雷斯劳（Breslau）学习，参加了在柏林模式下创建的新的研究班。他的老师海因道夫（Heindorf）是沃尔夫疏远的学生，缪勒本人在柏林在沃尔夫的指导下工作了一年。虽然缪勒根本不喜欢沃尔夫，但他的著作浸透着沃尔夫的影响。

　　对于二人来说，关键词都是康德的"绪论"（Prolegomena）和"科学"（Wissenschaft）。[112] 缪勒采用沃尔夫进步的科学方式，强调他自己的研究的先驱性质，他相信后来学者的集体劳动将取代他的研究。但是，虽然他尊重未来，对历史却很傲慢。在他之前的著作中，他认为唯一值得正面注意的是哥廷根的出版物与法国保皇派学者的著作，例如珀蒂-拉德尔和商博良的大敌、古典学家拉乌尔·罗谢特。在这一蔑视中，缪勒是 19 世纪职业语文学家的完美例子，他们鄙视自己正在取代的 18 世纪的通才学者（érudits 或 Gelehrte）。[113]

　　缪勒的论文是埃伊纳（Aigina）岛的地方史。虽然这一项目部分地受到新近从那里运到德国的大理石的启发，但它是浪漫主义-实证主义的完美例子。首先，正如古奇所指出的，这一古希腊的第一部地方史与第一部德国的地方史相似：浪漫主义保守派尤斯图斯·默泽所作的奥斯纳布吕克（Osnabrück）的地方史。[114] 其次，埃伊纳是一个岛，是完美的有限空间，方便做全面彻底的研究。更为重要的事实是，多利安人居住在这个岛上，它面对着雅典，"腐败的"爱奥尼亚人的主要城市。

　　凭借着这部著作，缪勒在极其年轻的年龄下被任命为哥廷根大学的教授。这个，他用令人惊讶的希伯来语汇称为"所有地方中最适合我的地方"。[115] 从那以后，他的学术地位是牢靠的，这与他的许多同时代人不一样。他从汉诺威和其他德国王国的政府接受了资助和认可，直到 1840 年他在雅典过早地，但浪漫主义地死于发烧。[116]

309

112　参见缪勒的标题 *Prolegomena zu einer wissenschaftlichen Mythologie*，Leitch（1844）把它译为《神话的科学系统绪论》。对此的讨论和康德对术语的使用，参见 Neschke-Hentschke（1984，p. 484）。

113　R. S. Turner（1983a）.

114　Gooch（1913，p. 35）.

115　Donaldson（1858，p. vii）.

116　Donaldson（1858，pp. vii-xxxix）. 引人注目的是，缪勒没有被与他的朋友和同事（包括格林姆兄弟）"哥廷根七贤"一起摒弃，"哥廷根七贤"于 1837 年抗议了汉诺威国王的专制行为。

尽管他很职业化，缪勒的学术范围是惊人的。他能够以得到赞成的新方式完成语文学，他不仅能写出一部关于伊特鲁里亚人的重要著作，而且关于古代艺术和考古学著作累累。[117] 但是，成为古代学支柱的著作是他的《希腊部落和城市的历史》，出版于 1820—1824 年，和他的《神话的科学体系引论》，出版于 1825 年。他对古代模式的攻击在两书中都很明显。他的《希腊部落和城市的历史》第一卷，《奥尔霍迈诺斯与米尼安人》（*History of Greek Tribes and Cities Orchomenos and the Minyans*）开头援引了帕萨尼亚斯的话：

希腊人非常倾向于为家庭产品的费用而惊奇万分；杰出的历史学家们以最充分的细节解释了埃及金字塔，却根本没有提及［在奥尔霍迈诺斯］的米尼亚斯宝藏或者梯林斯（Tiryns）的城墙，这两者一点也不比金字塔差。[118]

这一引文非常关键：它将读者的注意力引向米尼安人，缪勒认为米尼安人是入侵的北方部落，与多利安人相联系；它还谴责了他认为是希腊人积重难返的恶习，后来被赋予病理学的名称"埃及狂"和"爱野蛮"。[119] 这些病态表现在下列"假象"中，即埃及人和其他非欧洲的"野蛮人"曾拥有高等文化，希腊人从他们那里大量借用。

缪勒在两条战线上都有敌人：古代模式以及共济会和迪皮伊对它的利用；施莱格尔的亲印度以及以神秘哲学家和神话学家克罗伊策（Creuzer）和格雷斯（Görres）为中心的浪漫主义者海德堡群体。施莱格尔将埃及视为印度的殖民地，而克罗伊策认为印度和希腊宗教之间的相似性，尤其是它们象征的

117　他关于伊特鲁里亚人的著作赢得了普鲁士学院提供的奖项："以解释和批判地阐明伊特鲁里亚民族训练的性质和本性。"参见 Donaldson（1858，p. xxii）。拿破仑家族可能视自己为伊特鲁里亚人，所以尤其提倡 18 世纪之交的伊特鲁里亚狂；除了思考伊特鲁里亚狂之外，一些德国人将自己认同为这一古代民族（参见 Poliakov，1974，pp. 65-6；Borsi，1985）。尼布尔在第一版中声称伊特鲁里亚人来自阿尔卑斯山北面，这可以解释普鲁士学院的兴趣。另外，请注意对伊特鲁里亚人教育和道德形成的关心，关于此人们几乎一无所知。

118　Pausanias, XI. 36. 3（trans. P. Levi, 1971, vol. 1, p. 387）.

119　普鲁塔克曾用 philobarbaros（爱野蛮）的词汇来攻击希罗多德。参见第一章，注183。称呼此的另一个现代术语是希腊解说，对希腊解说的显著平衡的看法参见 Griffiths（1980）。米尼安人的名字发现于波伊奥提亚（"产牛地区"）的富饶平原和伯罗奔尼撒半岛的麦西尼亚，我认为这个名字来自埃及语意为"牧人"的 mniw（参见第二卷）。

相似性，没有别的办法可以解释，于是完全没有任何证据地论证道，印度的祭司以某种方式将其哲学带到了希腊。[120] 虽然与古代模式的支持者不同，他们 1815 年以后肯定在德国更有影响力，但亲印度者不能提供具体的传播证据，以供缪勒攻击。[121]

在讨论古代模式时，缪勒经常提及希腊祭司和野蛮祭司之间的联合（Verbindungen）和联系（Verknüpfungen）。他坚称，这些联合和联系表明不同的宗教体系和神话之间存在基本的关系。缪勒认为，正是这些"晚期的"接触造成了错误的印象，以为希腊的宗教、神话以及文明作为整体都源自近东，在这里，他去除他视为这些晚期添加物的主要技术是"默证"。[122] 在原则上，他承认，真正古代的传说有时候仅仅出现在"晚期"来源中——的确，他本人有时也依靠这类证据。因此，要否认一个传说的真实性，他需要另外的标准，即肯定有强大的同时代的理由来捏造它。[123] 但在实践中，证据的缺乏本身被认为是毁灭性的，尤其是当缪勒攻击古代模式时。确实，他和他的继任者将荷马和赫西俄德作为百科全书加以利用，而非范围广泛的诗人。这样，通常的短语"不为 H. 所知"在使用中的意义不是"没有在 H. 现存的作品中被证实使用"，而是"在 H. 的时代不存在"。

缪勒摧毁古代模式的第二个技术是解剖或分析：他坚称，这是为了纠正古代他视为汇合的总体倾向。[124] 他支持浪漫主义的特殊性，反对启蒙运动的普遍性，认为"因此，分隔是神话学家的一个主要任务"[125]。这样，最早的神话被削减为地方细节，可以被视为根植于希腊的土壤。但是，缪勒认为，有必要"联合"，但不是已经提到的"晚期"或祭司那一类，而是通过追溯随着征服种族而扩散的崇拜和神话原型。

这一过程的首要例子是缪勒认为的阿波罗和多利安人之间的联系，即太阳

311

120　关于亲印度，参见第五章，注 6—17。又参见 Creuzer（1810-12）；Momigliano（1946, pp. 152-63，1966 年重印，pp. 75-90）。关于 F. 施莱格尔、克罗伊策和格雷斯的简短书目，参见 Feldman 和 Richardson（1972, pp. 383, 389）。

121　对克罗伊策的攻击见 Müller（1825, pp. 331-6）；对迪皮伊的攻击见 Müller（1834, pp. 1-30）。

122　关于"默证"，参见绪言。

123　Müller（1825, pp. 128-9; trans. 1844, pp. 68-9）.

124　Müller（1825, pp. 218-19; trans. 1844, pp. 158-9）.这当然存在于古代，但我看不出有多少相等力量的区分值班得怀疑。

125　Müller（1825, p. 221; trans. 1844, p. 161）.

神崇拜随着多利安人的征服而扩散。这样的阐释典型地反映出一般的浪漫主义信仰，即活力从北向南流动，而不是相反。[126] 这样，缪勒坚称，如果在希腊和近东发现了相似的崇拜、神话或者名字，它们一定是希腊的；而如果它们存在于希腊和色雷斯或者希腊和弗里吉亚，色雷斯和弗里吉亚在希腊的东北部，那么它们源自后者。[127] 缪勒认为，希腊内部也是如此：如果希腊北部和南部都发现了类似特征，它们几乎总是来自北部。而且，如果崇拜或名字在希腊或爱琴海广为分布，它们就不得不是土著的，而非外来引入的结果。

缪勒的第一个攻击是针对围绕凯克洛普斯的传说与他对雅典和位于波伊奥提亚的科帕伊斯湖地区的所谓殖民，波伊奥提亚包括奥尔霍迈诺斯，为缪勒《历史》第一卷命名的城市。[128] 这些传说被证实只是"晚期的"，所以符合缪勒第一个伪造的条件。希腊人，尤其是雅典与埃及第二十六王朝（公元前664年—公元前520年）关系密切，第二十六王朝的首都是雅典的姊妹城市赛斯，所以满足了缪勒的第二个条件。而且，缪勒指出，这一传说的主要来源有两部分，其一被帕萨尼亚斯认为是一部伪书，其二是埃及人讲给狄奥多罗斯的故事，埃及人显著的私利推翻了它们。[129] 还有，希罗多德坚定地相信别的地方的外来殖民，却唯独认为凯克洛普斯是土著。[130] 最后，缪勒引述柏拉图对话录中的美涅克塞努（Menexenos），大意说，雅典人血统纯正，与被东方人殖民过的底比斯人和伯罗奔尼撒人不同。[131]

缪勒挑战达那俄斯取得阿尔戈斯地区的传说时没有指称这段文字；他的手段是指出神话系列中谱系上的不一致之处。他还认为，达那俄斯不可能是埃及人，因为显然是希腊人的达那厄人得自他的名字。[132] 但是，他承认"虽然凯克洛普斯的埃及渊源只是历史谬论，但达那俄斯的埃及渊源是真正的神话"[133]。缪勒几乎不可能避免这一承认，因为他知道《达纳伊斯》史诗中指称达那俄斯女

312

126　Müller（1825, pp. 232-4; trans. 1844, pp. 173-4）.

127　Müller（1825, pp. 239-40; trans. 1844, p. 179）.

128　关于凯克洛普斯的殖民代表着第十二王朝远征的埃及影响的可能性，参见第二卷。又参见绪言。

129　Müller（1820-4, vol. 1, pp. 106-8）.

130　关于希罗多德对其他殖民的论述，参见本书第一章，注117—124；关于凯克洛普斯，参见 VIII. 44.

131　*Menexenos*, 245. C-D; Müller（1820-4, vol. 1, p. 107）. 关于雅典"纯洁性"和东方对希腊其他地方征服的区分，参见第四章，注18。

132　关于我对达那俄斯这一名字的意见，参见第一章，注107—110。

133　Müller（1820-4, vol. 1, p. 109）.

儿的诗行。[134] 当然，这并未赋予传说历史地位，由于文化流动的总体方向是从北向南的"事实"以及"埃及人对所有旅行和航海的憎恶"。[135]

缪勒承认，围绕卡德摩斯的传说带来更大的困难。首先，它们涉及腓尼基人，而他认为腓尼基人是"活跃的商人民族，比起……恐外和偏执的埃及人要更远古"。[136] 但是，缪勒信服民族特征的永恒性，认为航海的商人能够征服内陆的底比斯是不可想象的。他通过把腓尼基人在波伊奥提亚的所谓殖民地与在爱琴海的殖民地分隔开来攻击卡德摩斯的传说。接着，他排斥了古代（与"后来"相对）腓尼基人在爱琴海北部的萨莫色雷斯和萨索斯（Thasos）殖民的传说，因为希罗多德认为那里对卡贝罗伊（Kabeiroi）的古代崇拜是佩拉斯吉人的。

这里，缪勒遇到了困难，虽然他没有承认，因为 17 和 18 世纪的学者知道，Kabeiroi 的名字来自闪米特语 kabir（伟大）——希腊人称之为 Megaloi Theoi，罗马人称之为 Dei Magni，意为"伟大的神"。[137] 缪勒情愿认为这一名字来自希腊语 kaiō（燃烧），将它与这一崇拜和金属加工之间毫无疑问的关联相联系。他还指出卡德摩斯和卡德缪勒斯（Kadmilos，卡贝罗伊之一）之间的联系，并注意到后者在底比斯附近被崇拜。但是，他没有认为两个地方的崇拜都是近东的，而是利用爱琴海地区的崇拜是佩拉斯吉人的这一"证据"来论证，底比斯的崇拜和卡德摩斯的名字来自同一"本源"，因此与腓尼基无关。[138]

313

在当时，这一混乱的和令人迷惑的论证与缪勒对亲印度者的攻击一样不成功，和后者一样，他关于腓尼基人的观点只是在 20 世纪才取得优势地位。例如，1882 年，伟大的古典学家和印欧语学者赫尔曼·乌泽纳（Hermann Usener）攻击缪勒对"现在明显的中东影响"的否定。[139] 缪勒在埃及人方面成绩要好一些。在他出版于 19 世纪 40 年代的《腓尼基人》一书中，F. C. 莫费斯（F. C. Movers）试图挽救达那俄斯的传说，其根据是达那俄斯的希克索斯联系使他成

134　关于此，参见第一章，注 57。

135　Müller（1820-4, vol. 1, p. 112）.

136　Müller（1820-4, vol. 1, pp. 108, 113）.

137　Herodotos, II. 51. 卡索邦先生知道这一与卡贝罗伊的联系（参见 *Middlemarch*, ch. 20）。又参见 Astour（1967a, p. 155）; Dupuis（1795, vol. 1, p. 95）。

138　缪勒没有提及 Herodotos（III. 37），后者暗示卡贝罗伊与对埃及金属加工之神普塔的崇拜有联系。

139　Usener（1907, p. 11）. 对乌泽纳的迷人研究见 Momigliano（1982, pp. 33-48）。

为闪米特的，而非埃及的；但他大都被推翻了，到 1840 年为止，接受凯克洛普斯埃及渊源的任何故事都是不被允许的。[140] 这样，在缪勒之后，所有"有声望的"学者在我所谓"宽泛的雅利安模式"中工作，相信希腊大陆可能有或者没有腓尼基殖民地，但肯定没有埃及殖民地。

多数后来的历史学家和缪勒的一些同时代人认为他本质上是浪漫主义的，因为他认为希腊文化和其他文化之间存在绝对的区分。在《奥尔霍迈诺斯》中，他否认了这一控告，他处理希腊神话时似乎它是所有的神话，在为此做出道歉后，他声称，希腊是世界的一部分，因此希腊神话和人类其他神话有着同样的基础。[141] 他反对的是对殖民联系的信仰和认为希腊宗教和神话整体借自东方。他信服，他已经表明这些都是非历史的，尽管关于它们的假象使得所有此前的研究都迷失了方向。

在《绪论》中，缪勒雄辩地呼吁学者们来做他没有做到的事情，来调查所有的神话，以取得对希腊神话的洞见。[142] 剑桥古典学家詹姆斯·弗雷泽和简·哈里森的"人类学"学派全盛于 20 世纪初，它没有超越这些范围。[143] 缪勒宣布为非法的是希腊神话和东方神话之间的任何特殊关系。的确，正如他所说："有一种理论使得多数神话都是来自东方的进口物，整本书反对这一理论。"接下来是浪漫主义-实证主义的一个光辉例子：

314　　　甚至为了假定一个［神话］是这样的，必须有确实的证据，内部相符是如此一致，只有移植才解释得了；或者第二，这一神话在地方传统的土壤里绝对没有根源；或者最后，移植在传说本身中得到表达。[144]

140　关于莫费斯，参见第八章，注 86。

141　Müller（1820-4, vol. 1, p. 122）.

142　Müller（1825, pp. 282-3; trans. 1844, pp. 221-2）.

143　虽然她发表的关于希腊神话受到近东影响问题的著述晦涩难懂，但 Jane Harrison（1925, p. 84）在比较杰出的闪米特学家罗伯森-史密斯和古典学家弗雷泽时观察到的超出于此。罗伯森-史密斯的宗教背景允许他待在宽泛的雅利安模式内部，坚称近东对希腊有过影响。弗雷泽对人类学平行物的论证威胁性要小得多：

罗伯森-史密斯因为异端邪说遭到流放，他看到了东方的星星；徒然地，我们这些古典聋子蜷蛇堵住了耳朵，闭上了眼睛。但是，仅仅在有魔力的词语"金枝"的声音之下，鳞片掉落了——我们听到了，理解了。

144　Müller（1825, p. 285; trans. 1844, p. 224）.

要求"确实的证据"，而非有竞争力的可信性，在任何学科中都是可疑的。在希腊神话起源这一朦胧的领域中则是可笑的。

缪勒的第二个戏法是将如此"证据"的责任推到古代模式的支持者身上。正如 20 世纪初的学者保罗·富卡尔所论证的，古代共识认为有过近东殖民，要求古代共识的挑战者，而非捍卫者提供证据是更合理的。[145] 缪勒的虚张声势如此成功的事实只是表明，他的听众在希腊独立战争期间和之后是多么想听他说的话。随着缪勒占领了学术"高地"，从那里他可以要求挑战者提供"证据"，古代模式的毁灭是肯定的了。

缪勒承认，区分神话或传说的历史成分的最有效途径之一是词源学，尤其是名字的词源学。[146] 在希腊一例中，他本人在这方面的进展甚少，在做了一些不成功的尝试后他叫道：

> 但是唉！词源学仍然是这样一门科学，其中运用的盲目猜测比有条理的调查要多；在词源学中，因为我们希望尽快地解释一切，我们的劳动更经常地带来混乱，而非明晰。[147]

这一失败解释了为什么，正如缪勒的两个现代崇拜者所述，"在缪勒的作品中，语文学通常从属于神话学"[148]。但是，典型的缪勒对于科学的进步有信心："但是……从这一领域希望有更重要的解决办法并不愚蠢。"[149] 然而，对于雅利安模式来说，不幸的是，在过去 160 年中，印欧语系语文学对于解释希腊神话和宗教没有任何帮助。这一形势与闪米特语和埃及语中成百上千的可信词源形成鲜明对照。[150] 其中有许多，包括底比斯、卡德摩斯、卡贝罗伊和词素 Sam（在 Samothrace 一词中）的词源，缪勒都知道，但他很少直接面对它们，宁愿将它们摒弃掉。[151]

315

145　Foucart（1914，pp. 2-3）. 关于富卡尔更多的讨论，参见第五章，注 145，以及第三卷。
146　Müller（1825，pp. 285-6；trans. 1844，pp. 224-5）.
147　Müller（1825，p. 290；trans. 1844，p. 229）.
148　Feldman and Richardson（1972，p. 417）.
149　Müller（1825，p. 290；trans. 1844，p. 229）.
150　参见绪言、第二卷和第三卷。
151　Astour（1967a，pp. 128-58）；R. Edwards（1979，pp. 64-114）.

现在我们要谈后来对缪勒及其观念的接受。在他自己的时代，他受到崇拜；他的纪念匾是 1874 年在哥廷根树立的第一块纪念匾，到 19 世纪末，他被认为是"现代"古代史的先驱。[152] 在他出版于 1921 年的《古典学术史》中，伟大的维拉莫维茨-默伦多夫在提到缪勒的名字后说："我们终于来到了 19 世纪的门槛，科学对古代世界的征服完成于 19 世纪。"[153]

我们应该注意，除了它唤起的殖民形象外，这一陈述将缪勒塑造为通常的科学史中的英雄人物，他将混乱和黑暗变为秩序和光明，创造出一个新的科学领域。在神话学领域，他的这一形象在他生时就牢固地确立了。托马斯·凯特利（Thomas Keightley）出版于 1831 年的《古代希腊和罗马神话》和威廉·史密斯（William Smith）发表于 1844 年到 1849 年间的《希腊罗马传记和神话辞典》都采用了他的新方法。古典学历史学家 F. M. 特纳（F. M. Turner）把凯特利和史密斯称为"古典神话在英国的严肃评注者"，[154] 而主流的神话学学者仍然接受缪勒"科学的"自我定义，认为他是他们学科"严肃的"和"一丝不苟的"创建者。[155]

但在过去二十年中，博学的古典学家倾向于对他较有疑问的视角更敏感。例如，鲁道夫·法伊弗承认，缪勒关于《多利安人》的两大卷书"更多的是令人印象深刻地赞美了所有多利安人的东西的优异，而非叙述历史"。[156] 莫米利亚诺试图强调他的学科的理性侧面，他强调尼布尔的重要性（虽然他试图否认他的浪漫主义），给出了许多幅 19 世纪古典学家的画像，但省略掉了缪勒。[157]

对我们来说，缪勒的工作最引人注目的特征是它完全建筑在学者们总是能够得到的传统材料的基础之上。19 世纪对知识的拓展则完全没有涉及。自然，他不能将对楔形文字的解读或者谢里曼的考古发现纳入他的考虑，因为这些在他死后才发生。但是，与 C. G. 海涅和黑伦不同，他对 18 世纪的探索不是特别感兴趣；与洪堡、尼布尔和本森不同，他不尊重 1815 年到 1830 年间令人兴奋

316

152　Nissen（1962，pp. 12，117）.

153　Wilamowitz-Moellendorf（1982，p. 105）.

154　F. M. Turner（1981，p. 79）.

155　Feldman and Richardson（1972，pp. 416-18）. 又参见 F. M. Turner（1981，p. 79）中的书目。特纳也很严肃地对待缪勒。

156　Pfeiffer（1976，p. 187）.

157　关于维护此的一个尝试，参见 Momigliano（1982，p. 33）。

的学术发展。没有任何迹象表明他曾注意到商博良的破解，而他对印度的敌意意味着，尽管他与格林姆兄弟和其他印欧语学者有密切接触，但他没有将新的印欧语语言学应用到他的工作中。所有这些意味着，旧有模式毁灭的发生完全是因为科学史家所谓"外在的"原因。古代模式所以衰落，不是因为该领域有任何新发展，而是因为它不符合盛行的世界观。更确切地说，它与19世纪初期的种族和进步的范式不相契合。

第七章 希腊狂（第二部分）：新学术向英国的传播与雅利安模式的兴起，1830—1860

本章的前半部分讨论缪勒的作品传播到英国。我们必须在古代学引入英国和古典学学科建立的背景下来看待这一传播。在古典学里，关于希腊和罗马生活所有方面的思考都被认为会对将要成为不列颠和英帝国统治者的男孩子们发挥有益的教育意义和道德影响。

古典学成为改革后的公立学校系统的中心，在大学里也处于统治地位。这些改革由阿诺德博士和别的维多利亚时代早期的改革者领导。这些改革者把德国的教育和学术看成打破托利党和辉格党治下英国的停滞，同时又能避免法国激进主义的"第三条道路"。然而，就像三十年前德国的洪堡和他的同事们一样，无疑这些英国的改革者更害怕革命而不是反动。但这并不能使他们免受保守派的攻击。

康诺普·瑟尔沃尔（Connop Thirlwall）和乔治·格罗特（George Grote）分属于这群改革精英中两个略有差异的派别，他们向米特福德对古代模式的维护发起挑战。缪勒的作品给两人都留下了深刻印象，但二者都避开了他破坏偶像的激进主义。瑟尔沃尔不肯断然否定腓尼基人的殖民，而格罗特则快刀斩乱麻，完全拒绝考虑关于希腊过去的希腊传说中的真实成分。尽管他们的方法不同，但他们工作的实际结果推翻了关于殖民的传说，抬高了当时被看成半神的希腊人的独立创造性。这当然受到了日益亲希腊，并且藐视一切非欧洲文化的公众的热烈欢迎。

第七章的后半部分是关于亲印度现象以及印欧语研究与亲希腊主义和古代学之间的和解。在缪勒摧毁了古代模式之后，人们用来自北方的印欧征服模式来填补空白就相对容易了。在此情况中，与古代模式的毁灭不同，有一个好的内部原因来解释转变：解释希腊语的印欧语基础的需要。然而，无疑德国和英国的学者们尤为喜欢北方入侵的观点，因为这些观点与当时流行的种族主义和尼布尔对种族历史的规划非常契合。而且毫无疑问，当代人对印度的热情把欧洲人的注意力吸引到来自北方的雅利安人对次大陆的入侵。人们几乎无须想象就可以把这些入侵——它们业已在印度传统中被证明——换位成希腊，而那里并没有关于此类征服的任何现存记载。

德国模式和英国的教育改革

与公元前 4 世纪时伊索克拉底对雅典人和希腊人的看法一样，到公元 19 世纪初时，德国人确信自己就是"人类的思想导师"。[1] 这个自我评价为大多数"进步的"欧洲人和北美人所接受。德国的哲学和教育为破产的传统、法国大革命和无神论之间提供了一条中间道路。当代文学史家埃莉诺·谢弗（Elinor Shaffer）的评论道出了其中一个侧面：

> 德国批评的学术性和技术性强，不适合作为工人阶级运动的手册……而且，它能接受多种阐释，其中包括从内部进行的修正主义改革，它不仅让宗教和政治体制明显毫发无损，而且保留了实权派的本来地位。在英国，从 19 世纪 30 年代起，关于最先进的大陆学术的知识成了打击国教学术体制的大棒……这种思维模式的本质让我们深刻了解到政治浪漫主义的两面性，也让我们更深刻地认识到维多利亚时代和解的本质。按照某种观点，这可以被视为资产阶级虚伪的一大思想纪念碑。[2]

319

1　伊索克拉底的声称见第一章，注 131。引文出自 C. Bunsen；参见 F. Bunsen（1868, vol. 1, p. 111）。

2　Shaffer（1975, p. 25）。

　　在法国，这种日耳曼风潮在广受欢迎的哲学家和政治家维克托·库赞（Victor Cousin）身上得到了最好的体现。他在路易·菲利普的大资产者（grand bourgeois）妥协政体中飞黄腾达。库赞根据普鲁士模式建立了法国的初等教育，而且，像他非常崇拜的洪堡一样，他为古典作家，尤其为希腊人在整个教育体制中保留了特殊的位置。库赞还狂热地相信，东方哲学是原始和"自发"的，而异教和基督教世界的哲学是"沉思"的，二者之间存在绝对差别。[3]

　　虽然普鲁士的教育形成几乎一经阐明，英国的一些改革者就准备接受它，但保守主义势力还是把教育"德国化"阻止了好几十年。实际上，在不信奉国教者和工业家的压力下被迫建立新的大学，而且在改革公立学校以及牛津和剑桥大学的需要变得迫在眉睫之后，教育"德国化"在 19 世纪的第二个三分之一的时间才开始。然而，即便在大学改制后，研究班讨论课程也并没有站住脚，牛津和剑桥的教授由于受到学院和改革者中自由主义情绪的阻挠而无法确立德国式的专制。[4] 而且，在英国，人们更重视德国体制的教育形成而不是它的研究。引人注目的是，虽然 19 世纪后半期古典学家的领袖人物乔伊特（Jowett）对他的学生产生了持久的影响，但作为学者而言，他却远不如许多没有经过改革洗礼的前辈合格。[5] 与强大的德国教授相比，英国大学的研究成果微不足道。[6]

　　研究拉丁语语言和阅读古典作家的作品曾是中世纪大学基础课程的核心。在 18 世纪的英国，随着人们对宗教和神学兴趣的降低和日益贵族化的学生对数学的轻视，上述方面教育的相对重要性逐渐增强。而且，正如我们所知，1780 年后，人们开始更关注希腊语。懂拉丁语一直是上层社会的标志；现在希腊语成了内部圈子或头等圈子内的语言。然而对古典学的首次运用——对古代全面加以研究，从道德和思想上对精英进行培训——在 19 世纪上半期通过直

320

　　3　Cousin（1841，pp. 35-45）. 库赞"折中主义"的中心概念和柏拉图核心角色的观点似乎来自 Combes-Dounous，后者于 19 世纪初写作；参见 Wismann（1983，pp. 503-7）。虽然 Combes-Dounous 不情愿，但他无法否认柏拉图关于灵魂不朽的观念借自埃及和东方。参见 Combes-Dounous（1809，esp. vol. 1，p. 141）。到 19 世纪 30 年代，库辛将它归因于希腊天才是安全的。

　　4　Bunsen，致阿诺德的信，1836 年 3 月 4 日（F. Bunsen，1868，vol. 1，pp. 420-2）。关于普鲁士教授专制，参见 R. S. Turner（1983a；1985）。

　　5　Lloyd-Jones（1982a，pp. 16-17）.

　　6　参见 H. G. 利德尔（H. G. Liddell, Alice 的父亲，第一部伟大的希腊语–英语词典的作者）致 H. H. 沃恩（H. H. Vaughan）的信，1853 年 12 月 18 日，引用于 Bill（1973，p. 136）。

接或间接仿照德国模式才开始出现。

提倡古典学方面最著名的人物是托马斯·阿诺德，他最出名的是提倡培养"基督教绅士"这样不可能的混合物。作为拉格比公学的校长，而且热心大学改革，在他生命的最后大约十年，从 1832 年到 1844 年，他变得非常有影响力。像洪堡和库赞一样，阿诺德属于人们所说的好斗的中间派，既憎恨革命也厌恶反动。[7]他为了维护最好传统的全部改革思想的核心是对德国的热爱：1827 年他在罗马会见了本森，两人很快成为莫逆之交；而且，虽然对尼布尔的历史怀疑论有稍许担心，他还是成了一名热烈的崇拜者，并为《罗马史》写了一本流行的摘要。[8]阿诺德也怀有和尼布尔一样的把种族作为历史解释首要原则的热情，他在 1841 年就任牛津大学现代史钦定讲座教授时专门针对这一主题做了演讲。[9]阿诺德和他的儿子马修因为他们的"时髦"而具有特别的重要性；他们清楚地表达并且加强了已经存在于流行意见中的思想感情。[10]

一群更有创新性的学者从剑桥涌现出来。的确，1822 年现代的、"全面"型的古典学文学士荣誉学位考试在剑桥的确立，就体现了在这所辉格党领导下的稍微灵活的大学内进行改革的可能性；正是通过剑桥，新的德国学术和古代学被引进英国。在二者传播过程中有两位关键人物，他们是朱利叶斯·黑尔（Julius Hare）和康诺普·瑟尔沃尔，二人在中学和大学时都是密友。黑尔在德国度过了他的童年，他在那里学会了德语，并对德国文化产生了终身的兴趣，而且他把这种兴趣也传染给了康诺普·瑟尔沃尔。与数学家威廉·休厄尔（William Whewell）合作，他们积极地首次尝试建立剑桥俱乐部。在学生辩论社被冠以颠覆罪并于 1817 年关闭后，休厄尔和瑟尔沃尔致力于跟黑尔学习德语。到第二年他离开大学的时候，瑟尔沃尔不仅学会了德语，还阅读了尼布尔的《罗马史》。他不久去了罗马，在那里加入了德国社区，并且与本森建立了"对他一生都产生了非常重要影响"的友谊。[11]

321

7　这是由 Bolgar（1979，pp. 327-38）阐明的。

8　他发现德国人不那么有吸引力。参见他致本森的信，1828 年复活节星期一，见 F. Bunsen（1868，pp. 316-19）。

9　参见 T. Arnold（1845，pp. 44-50）。种族也是阿诺德的明星学生沃恩成为牛津教授时唯一可察觉的历史原则；参见 Bill（1973，pp. 182-5）。

10　Bill（1973，pp. 8-10）.

11　参见《不列颠百科全书》（1911）中关于瑟尔沃尔的匿名文章和 J. C. Thirlwall（1936，pp. 1-24）。

一返回英国，瑟尔沃尔就翻译了《圣路加》，这是由施莱尔马赫（Schleiermacher）写的一本难懂的神学专著。施莱尔马赫是洪堡和本森最喜欢的浪漫主义者和"雅利安派"神学家。[12]这引起了反对一切德国神学的保守牧师们的轻微愤慨，但这并没有阻止瑟尔沃尔返回三一学院，并担任必需的圣职。1827年，他和黑尔开始翻译尼布尔的《罗马史》；第一卷于1828年问世，第二卷也于三年后出版。但他们非凡的耐心和献身精神已被消耗殆尽，再也没能完成第三卷。

到1830年，瑟尔沃尔和黑尔与一个名为"使徒"的限制严格的秘密学生小团体建立了联系，该团体作为一个基督教的社交俱乐部成立于十年前。他们帮助改造了它，并赋予了它一种与众不同的形而上学的自由主义特色；尽管发生了一些变化，这种特色仍延续至今。二人还鼓励更年轻的"教友们"去尊重浪漫主义诗人和德国学术。[13]根据一名1832年当选会员的说法："柯尔律治和华兹华斯是我们首要的神灵，黑尔和瑟尔沃尔被视为他们的先知"；另有人士宣称："尼布尔是他们的上帝，在很长时间内塑造了他们的情感。"[14]1833年哈勒姆（Hallam）的去世加强了该团体中的浪漫主义思潮。哈勒姆是一个为瑟尔沃尔和很多教友所喜爱的青年才俊；对他的崇拜象征了他们自己已逝的青春和美丽，通过丁尼生的《悼念》（*In Memoriam*）而永垂不朽，在以后四十年里这种崇拜一直是该"团体"的核心内容。

322　　无疑，瑟尔沃尔把自己视为团体中的苏格拉底，有意识地培养年轻一代中的佼佼者具有浪漫主义的情感和怀疑主义的思维。这样，特别是从"使徒"这个社团开始，以及在整个时代精神中，浪漫主义怀疑论就成了当代社会历史学家诺埃尔·安南（Noel Annan）称为"思想贵族"或"新知识界"的精神气质。[15]确实，由于瑟尔沃尔允许非国教派的人取得剑桥学位的有原则的立场，他的苏格拉底式的名声更加响亮。黑尔的辜负和休厄尔的背叛迫使他辞去了研究员的职位。然而，他的毒药并不太苦，因为他有一些身居高位的辉格党朋友：他很快在东赖丁（East Riding）享受着富裕的生活，这使他有闲暇撰写自己的《希腊史》。

12　更多关于施莱尔马赫的讨论，参见 Shaffer（1975，pp. 85-7 and elsewhere）。关于他对雅利安基督教的信念，参见第八章，注29—30。

13　J. C. Thirlwall（1936，pp. 56-7）。

14　Merrivale（1899，p. 80）；cited in J. C. Thirlwall（1936，p. 57）；Brookfield（1907，p. 8）。

15　Annan（1955，pp. 243-87）；P. Allen（1978，p. 257）。

1840 年，瑟尔沃尔被任命为威尔士最古老的教堂圣戴维斯教堂的主教。这必须被视为一系列亲德的举动之一，其他的举动还包括任命阿诺德博士为钦定讲座教授以及本森怀着普鲁士政府的特殊使命到英国去推行他伟大的宗教计划——这项计划带有强烈的条顿种族色彩——即统一路德教和英国国教。这项计划的明确形式是，在耶路撒冷建立了联合的福音派新教会主教辖区，正是这个举措最终驱使未来的红衣主教纽曼（Newman）皈依了天主教。他的皈依很好地说明了浪漫主义运动中的分歧，这种分歧存在于"进步的"热爱希腊和德国的人与对基督教仪式和中世纪持有的"反动"热情之间，后者能将没有戒备的人引向罗马。

作为主教，瑟尔沃尔拥护"新知识界"的自由主义和它的宗教分支"广教会派"。他在这方面经常是单枪匹马，他敢为天下先的行动让他的同伴震惊。他是唯一一个投票赞成犹太人享有公民权的主教。他采取这一英勇立场的动机是复杂的。这些动机既包括真正的自由主义，也包括相信同化是实现皈依最迅速的道路。（皈依犹太人实际上是耶路撒冷的福音派新教会主教辖区的一个主要目的。）[16] 在他的余生里，瑟尔沃尔继续坚持这种有原则的自由主义，以及除了孩子和宠物之外，让他周围的一切都感到不快的做法。

通过他所有勇敢的改良主义——这在一次非同寻常的雄辩演讲中达到高潮，在演讲中他击溃了反国教制度废除论的拥护者——必须要强调的是瑟尔沃尔仍是一个浪漫主义者和反革命人士。他在十一岁时写的小品文《第一批果实》（*Primitiae*）受到了《反雅各宾评论》的盛赞，并被呈献给珀西主教。我们认为珀西的《英诗辑古》对不列颠和德国的浪漫主义在民谣方面的兴趣具有中心意义。接着，在 19 世纪 20 年代，在两位诗人极端反动的阶段，他和黑尔尊崇柯尔律治和华兹华斯。瑟尔沃尔还惧怕革命，他认为在丽贝卡女儿会（Daughters of Rebecca）会员身上发现了革命性。那些会员是装扮成女子的威尔士男子，焚烧了他们痛恨的过路收费亭。在美国内战期间，尽管他强烈谴责奴隶制，但他认为"由最卑贱的人掌握统治权的军事民主的支配地位"这一前景更令人担忧。[17] 而且，他还具有他的朋友托马斯·卡莱尔（Thomas Carlyle）

323

16　Thirlwall（1936，p. 200）；F. Bunsen（1868，vol. 1，p. 601）.

17　Thirlwall（1936，p. 165）. 这对 1987 年的情况也是不错的描述！

所描绘的"对法国威胁近乎发狂的忧惧"。[18] 总而言之，瑟尔沃尔的政治观点似乎接近本森、托马斯·阿诺德和年轻时的尼布尔。

瑟尔沃尔的八卷《希腊史》在 1835 年开始问世，是第一部重要的、结合了新的德国学术成果的英文著作。它也是第一部取代了出版于 1784 年到 1804 年间的米特福德的鸿篇巨制《希腊史》的作品。然而，早在十年前的希腊独立战争中，在 1824 年和 1826 年，对保守的米特福德的抨击就已经在评论中出现了。米特福德非常怀疑希腊的成就。第一个抨击者是托马斯·巴宾顿·麦考利（Thomas Babington Macaulay），他认为米特福德的反雅典和亲斯巴达的观点极端反动，并给予了激烈批评。然而，最重要的是，麦考利反对米特福德把希腊人仅仅当成另一个民族来对待的做法。像雪莱或德国的席勒和洪堡一样，麦考利确信希腊人要高于那样的分析形式。正如他所说，在考虑希腊时，他喜欢"在崇拜者的尊敬中忘记裁判的准确性"。[19]

1826 年，第二个抨击来自一位年轻激进的银行家乔治·格罗特。格罗特
324 比麦考利更仔细地阅读了米特福德的著作，他承认米特福德并非亲斯巴达，而是像亚里士多德一样，实际上更喜欢混合政体。格罗特反对的是他所认为的米特福德的亲英偏见及其对希腊特性的不确认。格罗特根据希腊的自由体制推导出希腊具有特殊性质："唯因民主（和事实上与之非常相似的那种开明的贵族政治），我们才有了这无与伦比的才华横溢和丰富多彩的个人天才，才构成了灿烂辉煌、魅力无穷的希腊历史。"他接着就希腊的特殊地位已经被制度化，而由此该受到特殊对待进行了循环论证。他强调"英国教育向古典学的转变赋予了所有的希腊学报异常的兴趣……"[20]。这样，两位批评家都赞同古希腊应该被置于一般的学术范围之外。麦考利后来忙于他务，而格罗特则继续从事他的使命，并在 20 年后写出了他关于希腊史的鸿篇巨制。

然而，在此之前，瑟尔沃尔的《希腊史》已经问世。通常的比较是，米特福德对希腊民主保守的蔑视使他的作品成了托利党的"五卷宣传小册子"，格罗特的《希腊史》对之构成了极端的挑战，而瑟尔沃尔的《希腊史》则取

18　转引自 Thirlwall（1936，p. 164）。

19　Macaulay（1866-71，vol. 7，pp. 684-5）；引用于 Jenkyns（1980，p. 14）。参见 F. M. Turner（1981，pp. 204-6）的有趣讨论。

20　Grote（1826，p. 280）. 参见 F. M. Turner（1981，pp. 207-8）。

得了平衡。[21] 然而，与我们有关的事宜是瑟尔沃尔和格罗特的著作对古代模式的抨击，和米特福德对古代模式的捍卫。如我们在第三章所见，早期的学者们毫无疑问地接受了该模式，从来也不需要证明它的合理性。然而，到18世纪80年代，米特福德已经认为有必要用语言来捍卫希腊曾被埃及人和腓尼基人殖民的正统观点。他认为，完全有理由相信希腊人叙述的殖民故事，因为这些故事非常详细并且广为流传，而且希腊人不可能编造违背自身利益的故事。[22]

为了反驳这一可信的观点，瑟尔沃尔总结了缪勒的论点，尽管没有提到缪勒的名字。他还根据缪勒的意图添加了一条吸引人的注解：

> 在相对较晚的时期——即历史文学在希腊人中兴起之后——我们发现在民众和学者中存在一种普遍流行的信仰，即在非常远古的时代，在佩拉斯吉人的名字和统治让位给古希腊种族之前，异族人由于各种原因到达希腊海岸，在那里建立殖民地，兴建王朝，修建城市，并引进了从前未开化的土著人不知道的有用的艺术和社会制度。现代的学者们也几乎普遍采用了同样的信念……要有很大的勇气，才能对受到如此权威的确认，并且长期以来得到广大公众没有争议的支持的观念的真实性提出怀疑，可能它从来也未被人质疑过，**如果从它得出的推论没有引起对其依赖的基础进行猜忌的调查的话**。（黑体由笔者标注）[23]

瑟尔沃尔没有具体指出这些推论是什么，但是考虑到缪勒的著作，除了浪漫主义和种族的推论外，我们很难找到别的解释。这番话出自一个与德国学者有密切接触的人是非同小可的，因为这意味着，之所以做出该批评，并不是因为形式上的不一致——如缪勒在达那俄斯的例子上所宣称的那样——而是因为传说的内容是要不得的。瑟尔沃尔继续写道：

325

21　转引自 Thirlwall（1936，p. 97）; F. M. Turner（1981，pp. 203-16）; Momigliano（1966b，pp. 57-61）。

22　关于这些论证，参见本书第三章，注94—95。

23　C. Thirlwall（1835，vol. 1，p. 63）。

　　然而，一旦这种精神被唤醒，人们就意识到这些关于古代殖民的流行故事为合理的怀疑提供了巨大空间，不仅它们所显示的非凡特征值得怀疑，更可疑的是，随着时间推移，这些故事的数量似乎在不断增加，让人们所能了解的细节也愈加详细。但年代愈是久远，我们能听到的这类故事就愈少，直到，如果我们查阅荷马史诗的话，完全找不到这类故事的踪迹。[24]

　　和他之前的缪勒一样，瑟尔沃尔不能在早期希腊作家中找到任何对古代模式的明确挑战，不得不勉强拿"默证"来应付。这样他便宣称从希腊作家那里找到了"心照不宣的反对"，相信这些传说遭到了"古代希腊诗歌和历史学家们默不作声的反驳"。[25]

　　秉着真正的使徒精神，瑟尔沃尔通常能够看到任何问题的两方面或更多方面。在这个问题上，在缪勒激进但令人满意的结论和尼布尔所捍卫的正统观念之间，他似乎举棋不定。因此，他写道："我们似乎可能，甚至有必要在新旧观念之间采取中间路线。"[26] 他的妥协合乎标准——埃及人，没门！腓尼基人，可能？而且，基于种族原因，他否认了关于埃及人凯克洛普斯和达那俄斯传说的真实性："纯种的埃及殖民者，穿越了爱琴海，建立了沿海城市，似乎与我们所知的民族性格在方方面面都不吻合。"[27] 请注意"纯种"和"沿海"这两个词！瑟尔沃尔在用词上非常讲究，以避免与同时代的穆罕默德·阿里和易卜拉欣的行动产生矛盾，但这种有系统的种族主义表明，意识形态凌驾于纯粹的事实之上有多么容易。[28]

　　另一方面，瑟尔沃尔的确接受了关于卡德摩斯和腓尼基人的传说，不仅在诸岛，而且在波伊奥提亚流传的传说。另一个区分他与 19 世纪晚期和 20 世纪的种族主义者和反犹分子的原因是，尽管他是一个宣扬"血统"和"种族"的浪漫主义者，在 19 世纪 30 年代，他坚持认为：

24　C. Thirlwall（1835, vol. 1, p. 64）.

25　C. Thirlwall（1835, vol. 1, p. 67）.

26　C. Thirlwall（1835, vol. 1, p. 71）.

27　C. Thirlwall（1835, vol. 1, p. 74）.

28　关于当时埃及在爱琴海的活动，参见本书第五章，注 91—95。

无论一小撮埃及人或腓尼基人是否与希腊的人口有过融合，这本身都无足轻重。让这一探究有趣的是，这些异族人的到来据信对他们新国家的社会状况产生了影响。[29]

80年后，这种对纯洁性的缺乏关心更加不为人所接受。

乔治·格罗特

乔治·格罗特 1846 年出版的著作很快就让瑟尔沃尔的《希腊史》黯然失色。他们二人在查特豪斯（Charterhouse）公学求学时几乎是同届，格罗特声称，如果他早知道瑟尔沃尔的著作，就绝不会开始自己的写作项目。对瑟尔沃尔来说，他十分真诚地接受了自己被取而代之的现实。[30] 莫米利亚诺指出了瑟尔沃尔的圈子和格罗特银行业激进分子所形成的圈子之间的相似性："两个团体都不喜欢米特福德，都阅读德文，都受到过《季度评论》的抨击。二人都旨在使英国政治和思想习惯自由化，都希望它们建立在坚实的哲学准则的基础上。"[31]

然而，莫米利亚诺进而又申明了他们的基本区别：瑟尔沃尔和黑尔想引进浪漫主义的历史哲学并取代牛津和剑桥大学进行的经验主义研究，而格罗特本人就是一个经验主义者和实证主义者。[32] 事实上，不应该把两者的区别看得太大。许多功利主义者都对希腊怀有浪漫主义的热情，到 19 世纪三四十年代持各种意见的男男女女都有这种热情，只有极端的反动分子例外。[莫米利亚诺引用了约翰·斯图尔特·穆勒（John Stuart Mill）关于希腊的观点，但穆勒的功利主义的父亲对希腊的热情更有说服力——他让儿子在三岁就开始学希腊语！][33] 例如，格罗特对希腊城邦的崇拜，似乎在很多方面都与卢梭相似。的确，正如莫米利亚诺所指出的，"格罗特对小国家的同情……后来引导他仔细研究了瑞士的政治"[34]。另一方面，作为激进分子和功利主义者，格罗特自然同情 19

29 C. Thirlwall（1835, vol. 1, p. 74）.

30 J. C. Thirlwall（1936, pp. 98-101）.

31 Momigliano（1966b, p. 61）.

32 前引书。

33 Momigliano（1966b, p. 60）; Pappe（1979, pp. 297-302）.

34 Momigliano（1966b, p. 61）.

世纪 30 年代在法国由孔德以实证主义形式所阐明的科学精神。这样，格罗特就能够比尼布尔或缪勒更始终如一地要求古代史给出"证据"，他为他所认为的"臆测的德国通行证"表示哀叹。[35]

莫米利亚诺坚持认为，通过明确区分传说中的希腊和历史上的希腊，格罗特"与 K. O. 缪勒和他的英国崇拜者们决裂"。[36] 然而，缪勒在他的《绪论》开头已声明二者之间存在"一个可容忍的清楚界限"。[37] 而且，缪勒和格罗特都追随沃尔夫，相信公元前 8 世纪前希腊不存在书写，而且不像东方那样有祭司的教导。因此，与更早时期的联系是极端含糊的。[38] 此外，两人都同意，虽然神话中可能包含历史因素，但考虑被强加了神话因素的纯事实核心是没有用处的；相反，两种因素倒是从一开始就应被视为一个整体。[39] 那么，这里，格罗特和浪漫主义历史学家的区别似乎也没有莫米利亚诺教授设想得那么大。然而，格罗特和德国的浪漫主义者有一个重要的区别。后者关心的是希腊作为欧洲的婴儿期，而格罗特作为激进分子，而不是保守分子，他并不为产生神话的时代的消逝而遗憾。和一个世纪前的语法学家詹姆斯·哈里斯一样，格罗特的热情是针对雅典民主晚期的突然繁荣，而且，如我们所知，他主要关注的是反驳米特福德对希腊制度的托利党怀疑论。[40]

莫米利亚诺还认为格罗特在希腊神话历史性问题上采取了严格的中立立场：只不过是在接受这些神话前他要求有"旁证"。[41] 除了要求"证据"不恰当之外，格罗特在这个问题上的中立十分令人怀疑，因为他对历史性讨论的口吻如果算不上藐视，也是怀疑的。因此，他赞许地引用了 18 世纪晚期的历史学家和神话学家雅各布·布赖恩特。布赖恩特认为，不可能把那些相信半人马怪物、萨梯、仙女和会说话的马的人的讲述当真。[42]

35　Momigliano（1966b, p. 62）.

36　Momigliano（1966b, p. 63）.

37　K. O. Müller（1825, p. 59; trans. 1844, p. 1）.

38　Müller（1825, pp. 249-51; trans. 1844, pp. 189-90）; Grote（1846-56, vol. 2, pp. 157-9, 182-204）.

39　Müller（1825, p. 108; trans. 1844, pp. 189-90）; Grote（1846-56, vol. 2, p. 477）.

40　F. M. Turner（1981, pp. 90-1）; Momigliano（1966b, pp. 56-74）.

41　Momigliano（1966b, p. 63）. 关于格罗特的神话研究以及缪勒对他的影响的讨论，参见 F. M. Turner（1981, pp. 87-8）。

42　Grote（1846-56, vol. 1, p. 440）.

布赖恩特的论点似乎有道理。然而，我们应当记住每个时期都有在后世看来很荒唐的普遍信仰。我坚持认为，对这种情况，就我们所关心的问题而言，与 19 世纪关于种族的神话、不变的民族特点、纯洁的多产性、种族融合的有害后果，以及，最重要的，让希腊人超越了历史和语言法则的半神地位相比，现在我们所认为的关于半人马怪物和其他神话精灵的错误信仰倒更不容易让人误入歧途。因此，虽然我们应当警惕古代的传说，我们也应当对 19 世纪和 20世纪早期对这些传说的阐释持更加怀疑的态度。

莫米利亚诺宣称由于格罗特的"中立性"，他关于神话的观点无法被后来的似乎能确认传说内容的考古发现推翻。[43] 按照我坚持的论点，如果他的观点是怀疑论的，这个理由则不能成立。而且，与格罗特 20 世纪的后继者相比，这种怀疑主义似乎对他本人更合情合理：那些着迷于特洛伊、迈锡尼、克诺索斯等地的人期待，它们至少能让那些古时候毫无争议的传说在没有发现相反证据前获得肯定。例如，保留波伊奥提亚曾和腓尼基有特殊关系的观点，或者色梭斯特里斯和门农——即被称为森乌塞特和阿蒙涅姆赫特的埃及法老——曾在公元前 20 世纪时对地中海东部地区进行过大范围远征的观点，把它们视为工作假说，而不是把它们斥为荒谬，这样只会在发现能确认这两个传说的考古或碑铭证据时自取其辱——这样做是谨慎的。[44]

然而，格罗特对传统不足以满足"证据"要求的轻蔑非常有影响。他坚持，除非有证据证明相反的观点，必须假定希腊与中东隔绝。他的坚持，加上缪勒的坚持，成了将雅利安模式的异己分子赶出学术圈的有效工具。[45] 同样地，通过将希腊历史定为始于公元前 776 年的第一届奥林匹亚竞技会，格罗特有力地加强了古典时期的希腊在时间和空间上都是一座孤岛的印象。希腊文明被视为无中生有，然后以相当超人的方式几乎全副武装地跳了起来。

格罗特的历史书立刻被英国、德国和欧洲大陆其他地方的学者奉为权威。[46]尽管格罗特关于神话的程序令人振奋，然而，它并不能让另外一些历史学家

43　Momigliano（1966b, pp. 63-4）.

44　关于底比斯的迦南和腓尼基发现的参考书目，参见 R. Edwards（1979, p. 132, n. 145）; Porada（1981）。关于第十二王朝的远征，参见 Farag（1980, pp. 75-81）。关于我对此的观点，参见绪言和第二卷。

45　这是指保罗·富卡尔、维克托·贝拉尔、赛勒斯·戈登、迈克尔·阿斯特、索尔·莱文、鲁思·爱德华兹和其他人受到的对待。

46　Momigliano（1966b, pp. 64-7）.

满意。这些历史学家仍认为必须对早期的希腊历史加以说明。大体上，他们似乎都采取了瑟尔沃尔的折中立场：虽然希腊传说坚持曾有过埃及和腓尼基的入侵，但现在语言学的"科学"证据暗示，希腊语是纯洁的、土生土长的。威廉·史密斯爵士的《希腊史》，从它 1854 年的初版到 19 世纪 80 年代，一直是这个问题的英语标准教科书，该书揭示了这个立场的诸多困难：

> 希腊人的文明和他们语言的发展具有本土成长的所有特征，可能几乎没有受到任何外来影响。然而，希腊人的传说却指向相反的结论。他们普遍认为东方的异乡人让佩拉斯吉人摆脱了野蛮，这些异乡人在当地定居，并在未开化的居民中引进了最初的文明因素。然而，这些传说有很多并非远古时候的传说，而是后来的时代发明了它们。[47]

330　　考虑到第六章讨论过的希腊语言"纯洁"概念的意识形态根源，人们注意到几十年后，语言正被用作否定古代模式的"科学"基础。这真是有趣极了。像瑟尔沃尔一样，史密斯也采取了折中立场，他既接受卡德摩斯率领腓尼基人在底比斯进行的殖民，又拒绝关于埃及殖民的任何故事。

　　虽然自 18 世纪以来，浪漫主义者就考虑过希腊人源自北方的观点，但他们并未当真。而学者们对古代模式加以抨击，从塞缪尔·马斯格雷夫，到卡尔·奥特弗里德·缪勒和康诺普·瑟尔沃尔，他们都坚持希腊人的土著地位，认为古希腊人和佩拉斯吉人关系密切。到 19 世纪 50 年代，印欧语系和雅利安种族已成为既定"事实"。随着一整套种族理论和原初的雅利安发祥地位于中亚山区某处的概念的确立，对希腊起源的描述就被篡改了。

雅利安人和古希腊人

　　尼布尔、缪勒和印欧语学者共同努力，为雅利安模式的建立提供了所有的必要因素。尼布尔让排斥古代的原始资料合法化，他还把法国和印度的北方征服模式引入古代。缪勒把古代模式开除出希腊。然而，语言学家们把希腊语和

47　Smith（1854，pp. 14-15）.

梵语联系起来的，并明确希腊语是一种印欧语。这些中的任何一种工作都更有威力。对这种关系做出一些历史解释是必要的，而且来自中亚的北方征服模式能够很好地契合。这样，人们必须在古代模式的衰落和雅利安模式的兴起之间做出明确的区分。前者的衰落只能用外部原因来解释——即社会和政治压力所致。后者的兴起相当程度上是内因在起作用——即学术本身的内部发展在新模式的演变中发挥了重要作用。

我还想强调，古代模式和雅利安模式不一定是相互排斥的。事实上，在19 世纪的多数时间，二者共存于我所说的宽泛的雅利安模式中。该模式认为，早期希腊人的出现是前古希腊人印欧征服的结果，他们又被安纳托利亚人和腓尼基人征服，后者留下了重要的文化遗迹。我个人认为，在我的修正的古代模式中，在埃及人和西闪米特人殖民前，很可能有讲印欧语者的早期入侵和渗透到爱琴海盆地。[48] 然而，整体上，雅利安模式的支持者关心的是种族等级和种族纯洁，埃及和腓尼基殖民的概念似乎总是令他们反感。

新的雅利安模式有一大缺陷：缺乏古代的证明。修昔底德曾提到过部落迁移，古希腊人从希腊北部搬到南方，吞并了其他民族。他对这一过程的时间定位并不清楚，但他强调这一过程到特洛伊战争时尚未结束；这就让达那厄人、阿尔戈斯人、亚加亚人和其他许多希腊人的起源无法得到解释。[49] 时间晚期的类似问题破坏了另一个可能的北方征服的传说——即自称赫拉克勒斯后裔者的回归或多利安人的入侵——其中来自希腊西北部的部落横扫南部，占领了绝大部分伯罗奔尼撒半岛和大部分爱琴海南部地区。

一贯的传说是，这些事件发生在特洛伊战争后，大约在公元前 1200 年。这样——如果人们接受了这些事件，把它们看成"雅利安入侵"的组成部分，那么阿伽门农、墨涅拉俄斯（Menelaos）和大多数荷马史诗中的英雄都可能不是希腊人了。甚至在 B 类线形文字被解读之前，也几乎没有希腊主义者愿意付出这个代价。B 类线形文字的解读证明希腊语早在特洛伊战争之前很久就已在希腊使用。[50] 因此，已有的唯一可能性是论证多利安人的入侵是一系列入侵中的最后一次——但它对最初的征服仍未加以解释。

331

48　参见绪言。第二卷将更为详细地讨论修正的古代模式。

49　Thucydides，I. 3.

50　参见第一章，注 39—41。

恩斯特·库尔提乌斯是缪勒忠实的晚辈同事。他承认雅利安人的征服缺乏古代的权威认证，而且，正如他所言，"本土的概念在他们［希腊人］中以最丰富多彩的传说形式发展起来"[51]。然而，**语文学**现在是一门"科学"学科，凌驾于此类事物之上；缺乏古代的权威认证并没有让新的历史学家烦恼。据说，19 世纪中晚期的伟大的罗马史学家特奥多尔·莫姆森（Theodor Mommsen）曾写道："历史首先必须彻底清除所有这些寓言，它们尽管声称是历史，却只不过是胡编乱造。"[52]

考虑到印欧语研究的兴起、雅利安征服的印度模式的显著地位以及缪勒对古代模式的破坏，雅利安模式对希腊的适用性是如此明显，以至于它似乎在 19 世纪四五十年代普遍盛行起来。因此，我们很难知道这要归功于谁。然而，最有可能的人选是库尔提乌斯兄弟。我们将打破长子优先权的规则，先来考虑弟弟格奥尔格。

格奥尔格·库尔提乌斯 1820 年出生在吕贝克（Lübeck），就读于波恩和柏林，在布拉格（当时已经是一个重要的语言学中心）、基尔和莱比锡做教授。他的许多著作都是新的印欧语语言学原则在希腊语上的应用。他对比较语法和希腊语中的印欧语成分都有研究，在这两个领域他系统地阐述了优雅的、有规则的语音转换，根据这些语音转换规则大部分希腊语都能从假设的原始印欧语中派生出来。[53] 在 19 世纪 50 年代，格奥尔格·库尔提乌斯建立了迄今难以超越的牢固基础。20 世纪早期的词典编纂者 H. 斯图尔特·琼斯（H. Stuart Jones）在利德尔（Liddell）和斯科特（Scott）所编撰的标准希腊语–英语字典第九版的前言中描绘了 20 世纪 20 年代时的情形：

> 经过认真思考，我们认为词源学的信息应该被最简化。浏览布瓦萨克（Boisacq）的《希腊语词源学字典》，人们会发现词源学家们的揣测几乎很少脱离猜想；自从格奥尔格·库尔提乌斯（他的《希腊语词源学》是利德尔和斯科特的主要依据）的时代以来，比较语文学的进步清除了很多垃

51　Curtius（1857-67, vol. 1, p. 26; trans. 1886, vol. 1, p. 39）。

52　转引自 Pallotino（1978, p. 37），他没有注明来源。关于莫姆森的怀疑立场和其他人对他的反对的吸引人的描述，参见 Gossman（1983, esp. pp. 21-41）。

53　Sandys（1908, vol. 3, p. 207）。

圾，却几乎没有产生可靠的建设。[54]

今天的情况和他在 1925 年写这番话时的情形并无二致。当然，大部分"垃圾"是闪米特的，它在 20 世纪 20 年代是不可能被容忍的。[55]

如果格奥尔格·库尔提乌斯在语言学上建立了希腊和印欧人的联系，他的兄长恩斯特则从历史方面实现了这一点。恩斯特·库尔提乌斯生于 1814 年。他先后在波恩和哥廷根学习，在哥廷根他迷恋上了缪勒。从 1836 年到 1840 年，他在希腊生活，并在缪勒逝世时陪伴在他身旁。库尔提乌斯对伯罗奔尼撒半岛做了详细的历史描述，并在柏林获得了一个职位；接下来，从 1856 年到 1868 年期间他在哥廷根任教授；接着他在柏林任教授，并在那里度过了生命中的最后 28 年。[56]

恩斯特·库尔提乌斯和缪勒一样酷爱希腊的山水、纪念碑、考古学和艺术。他的书是第一部由亲身到过希腊的人所写的有关希腊历史的重要著作。而且，库尔提乌斯一贯坚持他导师所奉行的对待希腊的浪漫主义观点。正如维拉莫维茨-默伦多夫所说，他"绝不舍弃对那个理想观念的信仰，而是至死宣扬它"[57]。然而，与缪勒不同，库尔提乌斯在对印欧人和雅利安人的新的热情中被彻底感染，他的浪漫主义也延伸到了他们身上。

这样的观念在他的《希腊史》中随处可见，其中的第一卷发表于 1857 年。库尔提乌斯接受了语言学家们关于印欧语的发源地在中亚山区某处的观点；从那里，正当雅利安人横扫南方征服了印度时，古希腊人南下进入希腊。然而，与古典作家和他的前辈们不同，库尔提乌斯强调佩拉斯吉人与古希腊人之间的区别："佩拉斯吉人的时代处于背景中，是一个单调漫长的时期：赫楞和他的儿子们第一次带来了冲动和运动；随着他们的到达，历史开始了。"[58]

这个观点似乎类似于雅利安人和非雅利安人之间的区分。然而，事实上，库尔提乌斯把佩拉斯吉人看作第一波低等的雅利安人，他们穿过安纳托利亚，越过达达尼尔海峡，最终抵达希腊，在弗里吉亚留下了他们的踪迹。后来的古

333

---

54 Stuart-Jones（1968，p. x）.

55 对此更多的讨论见第二卷。

56 Sandys（1908，vol. 3，pp. 228-9）.

57 Wilamowitz-Moellendorf（1982，p. 153）.

58 Curtius（1857-67，vol. 1，p. 27；trans. 1886，vol. 1，p. 41）.

希腊人侵略规模较小，但"尽管他们人数较少，由于聪慧过人，他们能够将分散的因素集中起来……提升到较高的发展阶段"[59]。我们在第六章提到过斯巴达和麦西尼亚的多利安人出现以前的当地居民与"外雅利安"（off-Aryan）爱尔兰人之间的类比。[60] 库尔提乌斯的历史规划是，雅利安的古希腊人征服了半雅利安的佩拉斯吉人。这个规划的好处是结合了两种意识形态上的理想特征——支配种族实现了北方征服，并且保留了本质上的种族纯洁性。

334

新的入侵者是彻底的北方人。其中一支"走陆路，穿越达达尼尔海峡的国家古入口：他们经色雷斯进入希腊北部的阿尔卑斯山陆地，在那里，在山区村镇中，他们形成了自己独特的社区生活……名曰多利安人"[61]。对这种在"村镇"中的与世隔绝的山区生活——使得他们近乎瑞士人——栩栩如生描写的原因，似乎来自长期存在的、从某个民族的祖国地形来追溯该民族性格的浪漫主义需要。令支持这种观点的人尴尬的是，他们会发现"温柔"的爱奥尼亚雅典人形成于地势崎岖的阿提卡，而斯巴达人则生活在埃夫罗塔斯河的翠谷中。

库尔提乌斯对爱奥尼亚人渊源的阐述非常简略，仅提到爱奥尼亚人从弗里吉亚一路而来至爱琴海的东岸。[62] 希腊传统明确声明安纳托利亚的爱奥尼亚仅在公元前11世纪时才由来自希腊的爱奥尼亚人殖民，但在这点上尼布尔与古典作家持不同意见。这样，当库尔提乌斯否定传统并宣称希腊人在早得多的时候就已生活在那里时，他有新学术权威的撑腰。在这部分的结论中，他论证道，他们的分别迁移让多利安人有别于爱奥尼亚人：因此"就奠定了遍及这个民族全部历史的二元论的最初基础"。然而，他们在种族上是联合的："一种内在的亲属感把他们彼此吸引。"[63]

最重要的是，库尔提乌斯关于雅利安古希腊人的神秘感情是对语言的关心：

59　Curtius（1857-67，vol. 1，p. 30；trans. 1886，vol. 1，p. 45）。

60　参见本书第六章，注46—47。

61　Curtius（1857-67，vol. 1，pp. 30-1；trans. 1886，vol. 1，pp. 45-6）。没有明确提到，但非常有可能的是，库尔提乌斯和其他德国学者看到以陆地为基础、道德上优越的德国人和多利安人与他们以海洋为基础、有天赋但不可靠的"兄弟民族"英国人／爱奥尼亚人之间的类比关系。

62　Curtius（1857-67，vol. 1，p. 31；trans. 1886，vol. 1，pp. 45-6）。

63　前引书。

懂得以如此特别的方式发展出印度－日耳曼语这一共同财富的民族是……古希腊人。他们的第一个历史功绩是发展了这门语言，这一功绩是一种艺术成就。因为超越了其他所有的姊妹语言，希腊语必须被看成一件艺术品……如果这种语言的语法是古希腊人留给我们的唯一遗产，它可以成为证明这个民族不同凡响的自然天赋的充分和有效证据……整个语言就像一位受过训练的运动员的身体，其中的每一块肌肉，每一根肌腱都得到充分的发展，没有丝毫的臃肿或惰性物质的痕迹，全都是力量和生命。[64]

335

这门"纯洁"的语言在进入希腊之前，必须在北部山区已完全形成。库尔提乌斯认为这种早期的完成是特别必要的，因为他相信语言跟地形直接相关："一类语音惯于在山上占优势，另一类惯于在谷地占优势，还有的惯于在平原占优势。"[65]人们无法想象，像希腊语这样美丽纯洁的东西会形成在地中海地区；人们更无法想象它可能是古希腊人与埃及人和闪米特人杂交的结果。

库尔提乌斯确实承认，在早期时，腓尼基人曾在希腊进行贸易，并引进了某些新发明。但他坚持，他们很快就被更有活力的爱奥尼亚人赶跑了。而且他确信，"种族科学"业已证明了埃及和腓尼基殖民传说的荒谬：

> 人们很难想象，严格意义上的迦南人，他们在希腊人所到之处无不胆怯地退却，尤其当他们与古希腊人交往时，或远离故国时；他们作为一个民族被古希腊人如此鄙视，以致在像萨拉米斯或塞浦路斯这样人种混合的地区与他们通婚，也会被古希腊人视为耻辱；我们重申，人们很难想象，这样的腓尼基人曾在古希腊人中建立过公国。[66]

我们将在下一章讨论这段文字的反犹主义含义和当时英国对腓尼基人截然不同的态度。就库尔提乌斯而言，他通过解释消除了对腓尼基人的指称，其方式与本森的方式类似并且同样累赘。库尔提乌斯认为，腓尼基殖民的希腊传说要么源于腓尼基人和曾到过国外并学到了一些外国方式的爱奥尼亚人之间的自

64　Curtius（1857-67，vol. 1，p. 20；trans. 1886，vol. 1，p. 32）。

65　Curtius（1857-67，vol. 1，p. 19；trans. 1886，vol. 1，p. 34）。

66　Curtius（1857-67，vol. 1，p. 41；trans. 1886，vol. 1，p. 58）。

然混淆，要么源于卡里亚曾被称为 Phoinikē 和卡里亚人似乎是一种东部希腊人的"事实"。[67] 他唯一允许的例外是克里特岛。他承认真实的腓尼基人或许曾在那里大量定居，尽管他们从来没有取代那里的土著佩拉斯吉人。[68] 在 19 世纪 50 年代，因为该岛仍处于土耳其的统治之下，这似乎未必不可能；只有在 1900 年，埃文斯在该岛上发现了"弥诺斯"文明后，克里特岛才变成了不能让步给腓尼基人的、极其宝贵的领土。

我想用一段花边文字来结束本章。上文曾提到，令人敬畏和顽固的威廉·里奇韦曾把斯巴达人描述为乌尔斯特人。他是 20 世纪初剑桥在早期希腊史领域最有影响力的人物。[69] 在他出版于 1901 年的《希腊早期时代》一书中，他给出了他智识上的家谱，他提到了："四位无人质疑过其怀疑主义或清醒头脑的历史学家——尼布尔、瑟尔沃尔、格罗特和恩斯特·库尔提乌斯"。[70] 无人能怀疑他们对他们所不喜欢的理论所持的怀疑主义。但另一方面，毫无疑问，他们除了格罗特的可能例外都是种族主义者，都是对他们所钟爱的希腊形象怀有激情的浪漫主义者。现在人们必须清楚的是，我想对他们的清醒头脑、不偏不倚的姿态和客观性提出质疑。

67　Curtius（1857-67，vol. 1，p. 41-3；trans. 1886，vol. 1，pp. 58-61）. 本森的规划见第五章，注 125. 荷马唯一提到"野蛮人"——即非希腊人——的地方是指卡里亚人（*Iliad*，II. 867）。

68　Curtius（1857-67，vol. 1，pp. 58-61；trans. 1886，vol. 1，pp. 81-3）.

69　对他的生动画像见 Stewart（1959，pp. 16-18）。

70　Ridgeway（1901，vol. 1，p. 88）.

第八章　腓尼基人的兴起和衰落，1830—1885

现在我们到了建立雅利安模式的中间阶段：埃及人参与希腊形成的作用已
经被否认，而腓尼基人的作用仍受到广泛承认。在本章和以下章节中，我认
为，导致否认腓尼基人对早期希腊产生过巨大影响传统的背后根本势力是种族
的——而非宗教的——反犹主义的兴起。这是因为人们正确地认识到，腓尼基
人在文化上非常接近犹太人。

　　然而，在我们所关心的这一中间时期，由于另一组过去和现在之间的相似
性，情况变得复杂化——即英国人，和过去作为骄傲的制造业和商业王子的腓
尼基人之间的相似性。这种等同关系不仅被英国人接受，也被他们的敌人——
19世纪早期的法国人和19世纪末期的德国人所接受。因此，在英吉利海峡两
岸对腓尼基人的历史探讨存在明显分歧：英国人倾向于崇拜他们，而欧洲大陆
人多少持激烈的敌视态度。随着他们在黎巴嫩（旧腓尼基）和北非（新腓尼基）
的殖民和军事介入，法国人对腓尼基人的兴趣不断增加。法国人对腓尼基人的
敌视在福楼拜极受欢迎的历史小说《萨朗波》中达到了顶点，该书生动描绘了
公元前3世纪时迦太基的奢靡和残忍。

　　《萨朗波》同样以惊人之笔，提出了可怕的摩洛神的祭祀仪式和《圣经》
中经常提到的用头生子献祭的问题。福楼拜用描绘这种极端可憎之物的惊人之
笔，提醒人们迦太基人和腓尼基人之间的联系，甚至连英国学者和犹太学者也

很难再支持他们。

本章的最后三部分首先关注的是，戈比诺认为希腊在很大程度上被闪米特化，因而是一种堕落文化的观点；其次关注的是，谢里曼对青铜时代"迈锡尼"文明的发现，以及关于它的统治者和居民的种族和语言性质的讨论。在此，我特别关注的是，整个文化被严重"闪米特化"的广泛信仰。

第三个也是最后一个话题是，楔形文字解读和种种发现对地中海东部地区历史编纂的影响，首先发现了讲闪米特语的亚述人和巴比伦人，接下来发现了非闪米特的苏美尔人。通过把美索不达米亚文明的所有侧面都归功于苏美尔人，到 19 世纪 90 年代，控制了大部分古代史写作的反犹分子得以维护他们总的宗旨，即，闪米特人本质上不具有创造性。

腓尼基人和反犹主义

宗教上的仇犹和种族上的敌犹总有交叠之处。然而，同样真实的是，在 19 世纪，从传统的基督教仇恨犹太人（Judenhaβ）到现代的"种族"反犹主义之间的过渡中有一个重点上的转变。但是，这种过渡是一个复杂的过程，它在不同的地方发生的速度都不相同。例如，在德国，两种仇恨之间的差距是微小的，仅存在于法国大革命前开明的和共济会圈子中。在 19 世纪早期，随着向基督教的回归，和启蒙运动令人恐惧的革命性后果，对犹太人的仇恨复活了，反犹主义的种子快速生长；反动派们认为，启蒙运动与犹太人的理性主义密切相关。

在受过最良好教育的精英中，所发生的变化代表了德国统治阶级整体的冰山一角。因此，在法国大革命前，威廉·冯·洪堡和他的妻子卡罗琳在犹太人的圈子里活动，但在她生命的后期，作为反犹分子的先驱，卡罗琳反对犹太人的热忱为她赢得了纳粹的承认。洪堡本人仍提倡给犹太人民权，但他在 1815 年写道："我喜爱作为整体的犹太人；但就个体而言，我小心翼翼地避开他们。"[1] 然而，毫无疑问，在 19 世纪七八十年代，形势变得更加尖锐，许多著名的自

1　洪堡致卡罗琳的信，1816 年 2 月 29 日（Sydow，1906-16，vol. 5，pp. 194-5；引用于 Sweet，1978-80，vol. 2，p. 208）。

由主义者，像维拉莫维茨-默伦多夫和莫姆森，以及其他人，如尼采，激烈地
反对反犹主义新的加剧。

在法国——那里的犹太人要少得多——犹太理性主义和启蒙运动的双重联
系，以及大革命让犹太人享有民权，都牢牢地将犹太人与法国政治的共和派从
此联系在一起。这也意味着，犹太人在法国遭到保皇党人和天主教徒比在欧洲
任何其他地方更激烈的仇恨。另一方面，虽然自由主义者和"进步人士"经常
持有新的种族主义和反犹主义，他们有时也把犹太人看成共和国的外部堡垒；
因此犹太人在法国社会，经常是在法国政府中拥有重要同盟。

在英格兰，直到 17 世纪 50 年代犹太人一直受到驱逐，那里在理论上既有
亲犹太人倾向，也有反犹太人倾向。根据中世纪传统，英国人是挪亚的儿子闪
的后裔——闪是犹太人的祖先——而非雅弗的后裔，雅弗是欧洲人的祖先。此
外，清教徒把英格兰视为新的耶路撒冷，这一观点今天仍存在于布莱克感人的
赞美诗中。[2] 这些传统——以及在 17 世纪晚期和 18 世纪中叶时犹太人在确立
英国的金融和殖民霸权中所起的重要作用——使得这里和法国一样，从仇犹到
反犹的转变是缓慢的，并在 19 世纪中期开启了一扇非同寻常的"机会之窗"。
像迪斯累里这样的皈依者能够以一种前无古人后无来者的方式获得最高权力，
虔诚的犹太人获得了民权和社会认可，这种情况直到 20 世纪 50 或 60 年代才
恢复。

340

闪米特人是什么种族？

尽管我们已经明白"高加索种人"这个名称如何通过普罗米修斯与雅弗语
有关，而不是和闪米特语有关，它的发明者 J. F. 布卢门巴赫仅在 1795 年他了
不起的《论人类种族的土著多样性》的第三版中介绍过这个术语。我们知道，
他的第一个优越白人种族的概念既包括阿拉伯人也包括犹太人。直到 19 世纪
末，就高加索种人这个词，很多英国作家仍采用这个意义。[3] 例如，在 19 世纪
40 年代，迪斯累里把摩西描绘成"一个在各方面都是彻底的高加索种人典范

2　Poliakov（1974，pp. 37-46，210-13）.

3　参见本书第四章，注 113—114。

的人"，他写道，欧洲的犹太人如果不是因为是"纯净血统的高加索种人"就不可能忍受他们所有的磨难；后来，在 19 世纪 70 年代，乔治·艾略特把犹太人称为"更纯洁的高加索种人"。[4] 甚至在德国，施莱格尔兄弟的一个学生，强烈反对犹太人的克里斯蒂安·拉森（Christian Lassen），也不否认犹太人的高加索种人地位。[5]

然而，在同样的几十年中，也出现了新的态度。解剖学家罗伯特·诺克斯（Robert Knox）教授作为盗墓贼伯克和黑尔的雇主而声名狼藉。据说他曾要求新鲜的尸体，抱怨他们给他用以解剖的尸体过于陈旧和瘦瘠。不管怎样，他都很高兴接受他们杀害的受害人。伯克和黑尔被绞死了，但诺克斯虽然被禁止从事解剖，却进而成了宣扬种族主义的先行者。迪斯累里的《坦克雷德》中的智者西多妮娅（Sidonia）曾说："一切都是种族，没有其他真理。"诺克斯对他的话加以阐释，在 1850 年坚持认为"种族是一切，是事实，是哲学曾经宣布过的、最显著、最全面的事实。种族就是一切：文学、科学、艺术——总之，文明依赖种族。"[6]

诺克斯为白人实施种族灭绝的机会感到狂喜："多么伟大的灭绝战场，展现在撒克逊凯尔特种族和萨尔马希亚［斯拉夫］种族面前啊！"[7] 他把"犹太人"描写成"不生育的杂种"，责骂这个民族一直都是没有创造力的寄生虫：

341

> 但是，哪里有犹太农民、犹太技工［和］劳动者呢？为什么他不喜欢手工艺劳动？他没有发明能力，没有机械或科学才能吗？……于是，我开始探究这个问题，我发现……凡是有职业的犹太人都不是真正的希伯来人，而是出身于父亲是犹太人，母亲是撒克逊人或凯尔特人；真正的犹太人自从最早有记载的时期以来，就从未改变过；……真正的犹太人没有音乐才能，不热爱科学或文学，没有探索精神，等等……[8]

诺克斯明确地把对犹太人的宗教仇恨转变成现代的种族反犹主义。尽

4　Disraeli（1847，Bk. 3，ch. 7；Bk. 5，ch. 6）；Eliot（1876，Bk. 5，ch. 40）。

5　Poliakov（1974，p. 197）.

6　Knox（1862，p. 1）；引用于 Poliakov（1974，p. 232）。

7　转引自 Curtin（1971，p. 16）；又参见 Curtin（1964，pp. 375-80）。

8　Knox（1862，p. 194）；引用于 Poliakov（1974，p. 362）。

管——如反犹主义的现代历史学家波利亚科夫（Poliakov）所说——这种种族论调在大不列颠很新颖，但像达尔文和赫伯特·斯宾塞［（Herbert Spencer），社会达尔文主义的创始人］这样的开明思想家也在沿着非常相似的路线工作，前者曾赞许地引用过诺克斯的观点。[9]

咱们再回到法国。1856 年，伟大的闪米特学家埃内斯特·勒南抱怨道："法国很少相信种族，这恰恰是因为种族已几乎从她的心窝里消逝了……所有这种［对种族的关心］只能诞生在像德国人这样的民族中，他们仍坚持自己原始的根。"[10]对法国和德国的比较可能是公正的，但法国人也关心种族。到 19 世纪 50 年代，"闪米特种族"的概念早就成了法国新种族主义的一部分。我曾经提到过以语言学为基础的把历史作为雅利安人和闪米特人之间对话的理论；另一方面，尼布尔的法国门生米什莱把此视为永远的种族斗争。早在 1830 年，他就在《罗马史》中写道：

> 人们对布匿战争的记忆是如此普遍和鲜活并非毫无理由。这场战斗并不只是要决定两个城市或两个帝国的命运；而是要决定两个种族，印度–日耳曼人或闪米特人，谁将统治世界……一方面是英雄主义、艺术和法律的天才；另一方面是勤奋、航海和商业的精神……英雄们与他们勤劳却背信弃义的邻居们战斗——无休无止。他们是工人、铁匠、矿工、魔术师。他们热爱金子、空中花园和迷人的宫殿……他们以无比的雄心壮志修建起堡垒，却被勇士们的宝剑攻破，并从大地上化为乌有。[11]

这段文字可分两层来看，两层意义都很重要。首先，表层的意义是雅利安人和闪米特人之间的种族斗争。其次，在另一层意义上，"背信弃义的邻居"指向"不讲信义的阿尔比恩（Albion）"，它是法国人对英格兰的称呼。无疑，在写布匿战争时，米什莱想到了他那个时代的拿破仑战争。因此，尽管英雄的法国被英国的工业革命击败了，但与布匿战争的类比给人以复仇的希望。这种类比反映了人们在总体上认为英格兰和闪米特人，特别是和腓尼基人，关系密

9　Poliakov（1974，p. 233）.

10　致戈比诺的信，1856 年 6 月 26 日，引用于 Boissel（1983，pp. 1249-50）。

11　Michelet（1831，Bk. 2，ch. 3）.

切；这在一定程度上解释了上面提到的犹太人在英国的正面形象，而且我们也会反复提到这一点。

我们将在戈比诺和福楼拜的著作中见到米什莱关于腓尼基人的看法。但现在我们还是继续看看法国种族主义反犹主义的发展，其中最明显的例子来自埃米尔·路易·比尔努夫（Émile Louis Burnouf）的著作。埃米尔·比尔努夫是一位杰出的希腊主义者，他是位于雅典的法兰西学校的校长，一位梵语学家，和鼓吹印欧语联系的热心分子。他还是欧仁·比尔努夫（Eugène Burnouf）的堂兄弟，欧仁·比尔努夫是法国印度学的奠基人之一和施瓦布《东方文艺复兴》中的主人公。在 19 世纪 60 年代，埃米尔·比尔努夫对闪米特种族的描写如下：

> 真正的闪米特人长着柔顺的头发，发梢卷曲，鹰钩鼻强烈弯曲，双唇丰满而突出，四肢魁梧，小腿细瘦，平足。而且，闪米特人属于后脑发达的（occipetal）种族：也就是说，那些后脑比前脑更发达的种族。他发育得很快，在十五六岁时他的发育便停止了。在那个年龄，包含智力器官的颅骨的分裂已经愈合，在某些情况下甚至已经密闭。从那时起，大脑的发育便被抑制。在雅利安种族中，这种现象，或类似现象，在生命的任何阶段，从来都没有发生过……[12]

根据比尔努夫的观点，闪米特种族是白种人和黄种人的混合体。与他同时代的戈比诺，对犹太人和闪米特人有着更加复杂的看法。戈比诺后来被大家看成欧洲的种族主义之父，是个极端反动的人。德·戈比诺伯爵在他对教会保守的支持和对新种族主义理论的兴奋中不知如何是好。这种冲突引发了各种难题，其中最根本的问题集中在，人类的起源是单一的还是多元的。波利亚科夫把他描述成"理论上的人类单源论者和实践上的多源论者"，这种说法是正确的，因为戈比诺的确把白种人、黄种人和黑种人三个种族看成各自独立的种族。[13] 戈比诺个人也在严厉高贵的父亲和"投机家"母亲之间左右为难，因此他关于种族的性别意象非常明显。[14] 他认为，"白种人"在本质上是"男的"，

12　Burnouf（1872，pp. 318-19；trans. 1888，pp. 190-1）.

13　Poliakov（1974，p. 234）. 关于戈比诺的黄种人和黑种人形象，参见本书第五章，注 63—65。

14　参见 Gaulmier（1983，pp. lxxii-lxxxi）。［此处页码作者有修正。——译者注］

而"黑种人"在本质上是"女的"。尽管厌恶黑种人，他仍然认为"黑人因素是……一个种族中发展艺术天才必不可少的因素，因为我们已经见识过蕴藏在它灵魂里蓬勃的活力和自发性，以及它丰富的想象力，那面感官的镜子和对物质生活的全部渴望为它做好了准备……"[15]

同样的紧张状态也反映在戈比诺的整体历史观中，这种历史观是《圣经》和新的印欧主义的混合物。在他看来，三个种族分别由挪亚的三个儿子——含、闪和雅弗代表，都起源于索格底亚纳（Sogdiana），或中亚的某个类似地区。而且，与三只小猪很相似，他们都出去寻找各自的出路。[16] 首先向南而行的是含米特人。在建立了一些文明，并尝试保持自己的血统纯洁后，含米特人绝望地被土生的低劣黑人杂化。[17] 其次离开的是闪米特人。尽管他们也试图保持自己血统的纯洁性，他们还是被黑人血统严重玷污了；这部分是由于跟黑人直接接触，但更多的是因为跟"黑白混血儿"含米特人交往的结果。[18] 只有雅弗人，或雅利安人留在了北方并保持了自身的纯洁性。

尽管戈比诺的整部作品是对逝去的纯洁性的哀悼，但混合对他的规划非常重要。只有当一个种族与其他民族混合了，人们才能解释它的好坏特征。因此，戈比诺把他所喜欢的犹太人的方面——犹太人在战斗中的英勇和对土地的良好耕耘——归功于他们的闪米特血统，而把他们的经商技巧、对奢侈品的热爱、残忍、使用雇佣军等等归因于含米特人的影响。[19]

1856 年，由于戈比诺的伟大著作在法国受到冷遇，他的恩主亚历克西斯·德·托克维尔写信安慰他。和他们共同的朋友埃内斯特·勒南一样，德·托克维尔认为，由于它"对抽象真理的热爱……"，该书会在德国受到更好的欢迎，他向他的被保护人保证，这部书将会"首先绕道德国，再返回法国"。[20] 事实上，在 1940 年德国征服法国后，该书立刻被重印。

344

15　转引自 Poliakov（1974, p. 235）。关于 19 世纪认为的偏离白人、成人、男人常规的所有异常者——非白人、小孩、疯子和女人——之间的关系，参见 Gilman（1982, pp. 1-18）。

16　对戈比诺规划的总体概观见 Poliakov（1974, p. 234）。

17　Gobineau（1983, pp. 349-63）.

18　Gobineau（1983, pp. 364-478）.

19　Ibid,. esp. pp.415-17.

20　1856 年 7 月 30 日的信，引用于 Poliakov（1974, p. 238）。

闪米特人在语言和地理上的低劣

人们长期以来一直认为，犹太人和腓尼基人之间存在密切联系，这种看法是正确的。早在 18 世纪中期巴泰勒米解读腓尼基字母以前，17 世纪的学者们，如萨米埃尔·博沙尔就已经充分认识到，希伯来语和腓尼基语是同一语言的两种方言。[21] 到 18 世纪 80 年代，这两种语言和阿拉伯语、阿拉姆语以及埃塞俄比亚语一起被冠以"闪米特语"的名称。很多 19 世纪早期的学者，反对《圣经》中把希伯来语描绘成亚当的语言和巴别塔倒塌前全人类的语言，他们强烈否认这种语言是完美的或最早的。希伯来语现在被认为是一种原始语言。例如，洪堡就为此敦促在德国的高级中学里教授这门语言。[22] 在第五章，我们了解到弗里德里希·施莱格尔是如何把闪米特语言定义为"动物"语言的最高形式的，但因为屈折变化被认为是优秀的"精神"语言的试金石，人们没有办法绕开闪米特语言是最卓越的有屈折变化的语言的事实。[23] 因而，当洪堡和另外一些人创造出多多少少"进步"的语言等级时，闪米特语不得不被置于和印欧语同样高的地位。这种局面反映了 19 世纪早期的欧洲对犹太人的相对容忍，是作为雅利安人和闪米特人对话的"真实"历史学术观的基础。

生理种族主义者把闪米特人视为"女性的"和"不育的"——表面上充满智慧，想象力丰富，但根本上不具备创造性思考和行动的能力。埃内斯特·勒南不赞成他的朋友戈比诺的观点，而是遵照更老的浪漫主义传统。该传统坚持认为造成某些特定民族无能的根本原因是语言。勒南被大家公认为闪米特语最好的法国专家和 19 世纪腓尼基研究的奠基人，他非常关心他所认为的闪米特语的不足之处。他对自己观点的表达和那些他极其崇拜的德国学者一样罗唆，他写道：

> 从闪米特语言自身，人们能发现闪米特种族的统一性和简单性。这些语言不知抽象为何物，也不可能有形而上学。由于语言是塑造一个民族智力活动的必要模式，当一种方言几乎完全没有了句法，缺乏多变的结构，

21　巴泰勒米见第三章，注 24；博沙尔见第三章，注 27。

22　R. L. Brown（1967，p. 57）.

23　参见第五章，注 25。

不具备能在思想元素之间建立微妙关系的连接词，只能用事物的外部性质来描述各种事物时，它应该特别适合**预言家**雄辩的神灵感应和用来描绘转瞬即逝的印象，但它可能拒绝所有的哲学和所有纯粹智性的思考。请想象，一位亚里士多德或康德有着一门类似的工具……[24]

对勒南而言，闪米特语低劣的另一个原因是地理上的。欧洲人生活在降雨量充沛的气候中（他是布列塔尼人），因此被赋予了精细和多样的天性。闪米特人来自沙漠，那里有无情的太阳和十分鲜明的光与影的区别，因此使得他们天性简单，狂热：

> 在我们看来，闪米特种族似乎在所有方面都因为简单而显得不完善。我斗胆说，它和印欧种族相比，就如同素描与油画，或素歌与现代音乐相比。它缺乏那种多样、那种广大、那种成就完美所必需的生命的极大丰富。[25]

另一方面，这种简单性和烈度也是闪米特人带给世界的宗教的源泉；勒南认为自己的使命是把科学传播给宗教，科学是雅利安人的，而宗教则是闪米特人的。[26] 因而就有了他对基督教起源的语文学研究和种族研究。然而，宗教不应被认为给了闪米特人平等的地位：

> 因此，人们对闪米特种族的看法几乎全是负面的特点。它既没有神话，也没有史诗、科学、哲学、小说、造型艺术和公民生活；除了统一性外，它在各方面都完全缺乏复杂性、微妙性或感情。它的一神论中没有多样性。[27]

346

24　Renan（1855）；引用于 Gaulmier（1977，p. 48）. 这一引文的大部分引用于 Rashed（1980，p. 12）. 又参见 Said（1978，p. 139）. 有趣的是，勒南选择了一个希腊人和一个德国人作为真正的欧洲哲学家的例子。如果他援引洛克和休谟的话，他会遇到困难；洛克和休谟主要用孤立语英语写作。

25　Renan（1855）；引用于 Gaulmier（1977，p. 47）。（本段引文的中译据法文原文做了校改，参见郝田虎《鸿飞且复计东西：萨义德与贝尔纳》，载于《中国图书评论》2013年第2期，第91—92页。——译者注）

26　关于勒南认为研究闪米特文化意味着他在某种意义上创造了它，参见 Said（1978，p. 140）。

27　Renan（1855）；引用于 Gaulmier（1978，p. 47）；又参见 Faverty（1951，p. 169）。

　　勒南的态度至关重要，这不仅因为他受到公众非同寻常的认可显示了他在表达大家普遍持有的观点，还因为他在闪米特、《圣经》和腓尼基研究方面具有优势地位。两者加起来意味着，他既体现也集中了这些学科里的流行观点和学者们的态度。[28] 的确，勒南与闪米特语的关系，和洪堡、尼布尔以及本森提倡埃及学时的关系非常相似。在这两种情形中，学者们都害怕担上过分同情所研究对象的罪名。任何背叛欧洲的嫌疑当然都无法得到开脱，因为正是这种对某一非欧洲文化的"科学"研究，使得这种文化在性质上低劣，奇异和呆滞。[29] 然而，勒南坚持认为，闪米特人与其他非印欧人不一样，后者一无是处、不值一提。他坚持认为，闪米特人具有一些好品质，和英国人一样的好品质；他对二者的敌视是温和的，这与米什莱不同。他认为，两个民族都具有"伟大正直的心灵、令人羡慕的赤子之心和敏锐的道德感……"[30]

阿诺德父子

347　　托马斯·阿诺德和马修·阿诺德之间的对比为 19 世纪英国种族主义所发生的变化提供了有启发性的例证。托马斯·阿诺德博士在 19 世纪二三十年代全神贯注于研究条顿人和盖尔人之间的冲突——包括罗马帝国统治下的高卢人——特别是英国人与法国人和爱尔兰人之间的冲突。他对被大家称为"条顿人中的条顿人，憎恨凯尔特人的阿诺德博士"感到自豪。[31] 他的儿子马修在 19 世纪 50、60、70 年代既喜欢爱尔兰人也喜欢法国人，他相信自己超越了父亲的狭隘。[32] 他充分认识到了语言学的新进步，是印欧人和雅利安人有系统的支持者。他对他们都热爱。的确，他领导着另一派 19 世纪中期英国的思想，甚至对吉卜赛人或波希米亚人也充满了热情。这些讲印欧语的人现在被看作雅利安人的表亲，他们宛若温克尔曼所描绘的希腊人，快乐，迷人，不负责任，孩

28　Faverty（1951, pp. 167-74）; Said（1978, pp. 137-48）.

29　参见本书第五章，注 117—120。这当然是 Said（1978）的主题。

30　Renan（1858, p. 359）. 据我所知，勒南从未面对这些相似性为气候决定论带来的问题。英国人几乎不可能从炽烈的阳光中发展出这些特征！

31　转引自 Faverty（1951, p. 76）。

32　Faverty（1951, esp. pp. 111-61）.

子气——然而不知何故又是富有哲学气质的。他们是印欧文化较愉快的一面。[33]

马修·阿诺德承认，勒南是仅次于其父对他智力生活影响最大的人。[34] 他接受勒南的信仰——也是当时大多数开明思想家所持有的信仰——认为世界历史的根本区分在于希腊人和希伯来人、雅利安人和闪米特人之间。[35] 然而，他面临着一个没有影响到欧洲大陆种族主义者的问题：他被迫承认他们关于英国人具有和闪米特人同样品质的指责的有效性。而且，正如我所说过的，英国有亲闪米特人的传统，这种传统在 19 世纪中期随着资产阶级的兴起而变得尤为强大。因此，许多维多利亚时代的人都把自己视为《圣经》中的族长，对自己的勤奋、节俭、谨慎、对形式的尊重以及——最重要的是——自己严格的正直感引以为豪。

阿诺德对这种亲密关系感到苦恼，因为它超越了语言学和种族的界线。他对这种异常现象的解释是，英国人的"希伯来"精神主要是宗教改革和清教主义的结果。也就是说，希腊人和希伯来人之间的分野是英国内战的结果，是高教会派和低教会派之间，国教礼拜堂和非国教教堂之间，以及工业化的北方和农业南方之间持续斗争的结果。[36] 像勒南一样，马修·阿诺德宣称认识到了"希伯来"传统中的诸多优点；然而，他呼吁英国远离近代清教徒的资产阶级市侩作风，把目光转向希腊人。他遵循温克尔曼的主要传统，认为希腊人自然风雅，无忧无虑，恬静祥和。但作为 19 世纪的人，阿诺德也增添了清晰的思维和独一无二的哲学能力。通过转向希腊精神，英国能够参与她欧洲同邻的进步。阿诺德在他著名的《文化与无政府状态》中所做的最终呼吁是种族："希腊主义是印欧人的产物。希伯来主义是闪米特人的产物，我们英国人是印欧族的一支，似乎理所当然地属于希腊主义运动。"[37]

348

33　参见 M. Arnold（1906）。19 世纪将吉卜赛人浪漫化的伟大的乔治·博罗（George Borrow）对吉卜赛人的语言和东印欧语如亚美尼亚语极其感兴趣（1851，第 27、47 章）。博罗对吉卜赛自然哲学家贾斯珀·佩图伦格罗（Jasper Petulengro）的描写（1857，第九章）在维多利亚时代和爱德华时代的英国极其受欢迎；参见 Borrow（1851；1857）。英国人对吉卜赛人／波希米亚人的崇拜在德国没有被接受。到了大屠杀时，他们的印欧语和犹太人的日耳曼语、意第绪语一样，无法保护他们。

34　Faverty（1951，p. 167）.

35　Faverty（1951，pp. 162-85）.

36　关于马修·阿诺德的"希腊主义"作为 19 世纪晚期和 20 世纪早期英国衰退的主要因素，参见 Wiener（1981，pp. 30-7）。

37　M. Arnold（1869，p. 69）. 注意撒克逊语单词"生长"的使用和"运动"中暗含的活力。关于希腊主义和雅利安主义之间的联系，参见 Hersey（1976）。

虽然维多利亚时期的希腊主义是一场重要的、多面性的复杂运动，但无疑，在马修·阿诺德于 1869 年出版了他的《文化与无政府状态》后，所有的希腊形象都与他对德国的新希腊主义的重新阐述有关或是对他的重新阐释做出的反应。阿诺德博士对希腊的热爱与他的新教教义、条顿主义和反犹主义融为一体，他儿子的希腊主义则明确与印欧人或雅利安种族和闪米特种族之间无休止的斗争有关，或与"有教养的人"的价值和资产阶级价值的冲突有关。当然，在这方面，他采用了一条许多人走过的熟路。在理论上，像米什莱、勒南和其他人一样，他接受了，正如本森所说的，"如果希伯来闪米特人是人类的牧师，那么希腊罗马雅利安人是，而且永远都将是，人类的英雄"[38]。然而，所有人都明显感觉到，他们承认闪米特人有宗教，等于给了他们过多的承认。如马修·阿诺德在给他母亲的信中所注明的：

> 本森过去常说，我们的伟大任务是消除基督教中所有纯粹的闪米特元素，并使它印度-日耳曼化，施莱尔马赫也说过，在我们西方民族的基督教中，其实更多的是柏拉图和苏格拉底，而不是约书亚和大卫；总体上，爸爸的工作遵循了本森和施莱尔马赫的方向，或许，他是他的时代里唯一这样做的强有力的英国人。[39]

349　　我们不想贬低阿诺德博士在这方面的先驱精神，但我们要记得，瑟尔沃尔在 1825 年翻译了施莱尔马赫的《圣路加》，该书包含了许多这样的思想。而且，在法国，维克托·库辛早在 1818 年以来就一直在宣扬基督教的希腊本质。[40]

虽然人们不能总是因为儿子的罪过而责备父亲，但有趣的是，我们注意到在 1870 年代，本森的儿子恩斯特根据《圣经》传统发明了一种雅利安太阳崇拜形式，其中亚当是雅利安人，而蛇是闪米特人！[41] 到 19 世纪末，有许多不同的试图建立雅利安或日耳曼基督教的尝试。其中最成功的努力当属偏激的学

38　参见第五章，注 119。

39　Russell（1895, vol. 1, p. 383）.

40　更多关于施莱尔马赫在英国的讨论，参见 Shaffer（1975，尤其 pp. 85-7）。关于库赞，参见 Gaulmier（1978, p. 21）。

41　Poliakov（1974, p. 310）. 对此，20 世纪有一个有趣的平行：从肯内特·克拉克"隐晦的"种族主义上升到他儿子的"赤裸裸的"种族主义。

院派闪米特学家和热烈的德国民族主义者保罗·拉加德（Paul Lagarde）。拉加德认为耶稣是来自加利利的"雅利安犹太人"，他被朱迪亚的"闪米特犹太人"钉死在十字架上。更糟糕的是，基督教被另一个犹太人保罗接管并歪曲。因此，有必要从真正的雅利安宗教中除掉它的闪米特赘疣。拉加德是个热烈的反犹分子，他反复呼吁摧毁犹太教并把犹太人放逐到马达加斯加，这后来成了希特勒的计划之一。拉加德的运动一直令人信服地被描绘成纳粹主义的源泉之一。[42]

在英国，情况从未如此赤裸裸。即便如此，在接近 19 世纪末时，也出现了一种剥夺闪米特人对人类唯一贡献的愿望。首次出版于 1891 年的哈代《德伯家的苔丝》的主题之一就是，韦塞克斯（Wessex）心脏地带真正始终充满活力的撒克逊英格兰与颓废的法国征服者后裔之间的冲突。然而，哈代的德意志主义也与希腊主义有关，他把希腊主义视为与闪米特主义和新资产阶级市侩作风的战斗。主人公安玑·克莱（Angel Clare）想返回祖国，娶一个纯洁的撒克逊姑娘。与此同时，他具有温克尔曼所描写的希腊人的酒神品质：他喜爱跳舞、吃喝和通常在令人乐而忘忧的乡间嬉戏。安玑的父亲和兄弟是典型的闪米特人：道德高尚，正直诚实，完全与大自然和生活脱节。哈代用以下文字描写了他们冲突的关键时刻：

　　有一次，不幸安玑由于一时的烦恼，曾在他父亲面前说，假使近代文明里宗教这一项是从希腊发源的，不是从巴勒斯坦发源的，那对于我们人类，结果一定要好得多；他的父亲听了这句话，万分痛心，简直想不到这种意见还会含有一丝一毫的真理，更不用说五成或者十成的真理了。[43]

因此在这里，尽管哈代不像马修·阿诺德和勒南那样热爱盖尔人，但他和他们的立场是相同的。

350

42　Poliakov（1974，pp. 307-9）；Mosse（1964，pp. 15-30）；F. R. Stern（1961，pp. 35-52）. 拉加德的许多观点是勒南观点的延伸。

43　Hardy（1891，ch. 25）.（此处的译文引自张谷若译，《德伯家的苔丝》，北京：人民文学，1957 第 1 版，第 217 页。——译者注）

腓尼基人和英国人：1. 英国人的观点

尽管英国人和闪米特人之间存在联系，但无人把英国人比作阿拉伯人或埃塞俄比亚人。他们心目中的"闪米特人"是犹太人和／或腓尼基人。在本章的这一部分，我们将集中讨论与腓尼基人的认同关系。虽然米什莱对印欧人和闪米特人之间持久战争的讨论集中在罗马和迦太基间的冲突，但 19 世纪英吉利海峡两岸的读者都十分清楚迦太基和英国之间的相似之处。许多维多利亚时代的人都对腓尼基人怀有正面的感情，把他们视为冷静的布商，从事一点贩卖奴隶的副业，在赚得可观利润的同时播撒文明。因此出身与此类商人背景十分相似的威廉·格莱斯顿（William Gladstone）就成了腓尼基人的热心支持者。[44]考虑到他对荷马贵族价值的酷爱，对欧洲的希腊的热爱，和对亚洲的土耳其的憎恨，这似乎让人感到惊讶。[45] 然而，这种热情在 19 世纪 40 年代是适合的，那时候，格莱斯顿未来的对手，迪斯累里正在宣扬闪米特种族的优越性。晚至 1889 年，可敬的历史学家 G. 罗林森（G. Rawlinson）写了一部赞美腓尼基的历史书，在书中他把腓尼基人描绘成"在所有古代人中与英国和英国人具有最多相似之处的民族"。[46]

当时大家也普遍——而且有充分理由——相信腓尼基人曾到康沃尔（Cornwall）来做锡交易。马修·阿诺德似乎把此看作英国希伯来主义的早期来源。他在一首著名的诗的开头写道"某个严肃的推罗商人……"，诗中，腓尼基人在"年轻快乐的大海主人"，新的希腊支配种族面前胆怯地溜走了。接着腓尼基人被逐出地中海，被驱赶到大西洋和英国。对注定失败的腓尼基人的同情同样出现在五十年后 T. S. 艾略特《荒原》中的"水里的死亡"中：

> 腓尼基人弗莱巴斯（Phlebas），死了已两星期，
> 忘记了水鸥的鸣叫，深海的浪涛
> 利润与亏损。
> 海下一潮流

---

44 Gladstone（1869）.

45 F. M. Turner（1981, pp. 159-70）; Lloyd-Jones（1982a, pp. 110-25）.

46 Rawlinson（1889, p. 23）.

在悄声剔净他的尸骨。在他浮上又沉下时

他经历了他老年和青年的阶段

进入漩涡。

外邦人还是犹太人

啊你转着舵轮朝着风的方向看的，

回顾一下弗莱巴斯，他曾经是和你一样漂亮、高大的。[47]

《荒原》属于"后贝拉尔"（post-Bérard）时代，我将在下一章对此加以讨论。然而，它把腓尼基人与他们自己在海上和银行业中的活动联系起来，这也是盎格鲁-撒克逊人更长期态度的体现。它对腓尼基人闪米特性质的模棱两可的态度也能说明问题，因为如果闪米特人是寄生和消极的典型，那么腓尼基人——他们活跃在航海、制造业和贸易领域，而不是犹太人的"理财"领域——就不可能是真正的闪米特人。

在他耄耋之年，格莱斯顿感到有必要捍卫他所热爱的腓尼基人，使其免受作为闪米特人的极其有害的指控："我总相信，腓尼基人在实质上是非闪米特人种。"[48]的确，到20世纪初，英国在反犹主义方面正在迅速赶上其他欧洲国家，人们对腓尼基人的态度也变得更加复杂。英国可以与哪怕是边缘闪米特人存在特殊联系的信念也越来越受到怀疑。因此，就像歇洛克·福尔摩斯在康沃尔退休期间打算做的事一样，对这种联系的寻找现在被认为是古怪的典型。另一方面，甚至这种对古怪的归属也暗含着对这一观念和对腓尼基人的一定喜爱；而在欧洲其他地方，对腓尼基人截然不同的态度已经形成了。

352

腓尼基人和英国人：2. 法国人的观点

我们在上文提到了米什莱对法国人和罗马人，以及英国人和迦太基人之间含蓄，并且最终让人感到安慰的类比。然而，在别的地方，他很明确地讲：

47　M. Arnold（1906，p. 25）. 这几乎是阿诺德的同时代人恩斯特·库尔提乌斯在描写闪米特人的"撤退"时的原话。参见第七章，注6。又参见 T. S. Eliot（1971，pp. 46-7）。（此处的译文引自赵萝蕤译，《荒原》，北京：中国工人出版社，1995年，第14页。——译者注）

48　转引自 Evans（1909，p. 94）。埃文斯到此时将非闪米特的弥诺斯人投射到每一个地方，包括腓尼基，他和伟大的老人（Grand Old Mon）的意见相同。

> 人类的骄傲体现在一个民族身上，那就是英国。当野蛮人（诺曼人和丹麦人）移民到这块强大的岛屿上，依靠这块土地的肥沃和海洋的供奉变得富裕时，发生了什么情况呢？这些无法无天的既是海洋也是世界君主的人，他们身上集中了丹麦海盗的野蛮强硬和诺曼王侯公子的封建傲慢……人们要把多少推罗和迦太基加起来才赶得上庞大英国的傲慢呢？[49]

人们可以从他对腓尼基人的议论看出这个类比背后隐藏的攻击的猛烈性："迦太基人像他们的前身腓尼基人一样，似乎是一个冷酷、悲哀、好色、贪婪、有冒险精神但无英雄主义的民族。"在使用这个绝妙的例子收到一箭双雕的效果后，他又继续表达他的观点："在迦太基，宗教也是残忍的，充满了可怕的仪式。"[50]

在总体上对英国人和腓尼基人之间咒骂式的类比，尤其是与迦太基人的类比，是整个19世纪法国思想的一个组成部分。当格莱斯顿说腓尼基人不是闪米特人时，他的意思是他们比犹太人好，人们可以从这个事实中看到这种对比。然而，对大多数法国和德国作家来说，他们糟糕得多。在此，考虑一下戈比诺对腓尼基人的态度可能会有所帮助。戈比诺的重要性是基于两方面的原因：他对法国人和德国人的思想，以及马修·阿诺德都有相当的影响，而且他似乎以极端的形式，表达了他的朋友们，诸如德·托克维尔和勒南所持有但不敢发表的许多观点。

353　　腓尼基人在戈比诺的含米特人、闪米特人和雅弗人或雅利安人的三次入侵的计划中的地位是复杂的。《圣经》明确将他们定位于含的后裔，但是如我们在第三章所看到的，学者们至少自从17世纪以来就已经知道腓尼基语和希伯来语存在极端密切的关系。[51] 对19世纪的戈比诺来讲，这种语言学上的联系既是重要的也是令人痛苦的。下列有力组合：《圣经》传统，他不愿意让这种神圣的语言与腓尼基人语言有过于密切的联系，以及他对犹太人矛盾的态度——但在许多方面是积极的态度——迫使他把腓尼基人描绘成含米特人，而不是闪米特人。因此，戈比诺唯一能让《圣经》与语言学材料保持协调的办法就是通

49　Michelet（1962, p. 68）.

50　Michelet（1831, pp. 177-8）.

51　参见第三章，注27。

过赤裸裸的谎言。1815 年，德国伟大的闪米特学家威廉·格泽纽斯（Wilhelm Gesenius）把闪米特语分成三个亚语系：（1）阿拉姆语和古叙利亚语；（2）迦南语，包括希伯来语和腓尼基语，古迦太基语来自后者；（3）阿拉伯语，他推断埃塞俄比亚语由此派生而来。[52] 然而，在另一处，格泽纽斯曾提到腓尼基语扩散到分布广泛的腓尼基殖民地和市场，戈比诺引用此页，宣称格泽纽斯事实上把闪米特语分成了四类：

> 第一类包括腓尼基语、古迦太基语和古利比亚语，柏柏尔语方言源自后者；第二类包括希伯来语和它的派生语；第三类是阿拉姆语……第四类是阿拉伯语……[53]

除了把腓尼基语与希伯来语分隔开来，这个分类中对语言学法则的公然践踏在于戈比诺把腓尼基语与柏柏尔语联系起来。无论当时或现在，都没有哪个闪米特学家会认为柏柏尔诸语言属于闪米特语。然而，为了根据《圣经》模式把腓尼基人定义为含米特人，这两个违犯对他的计划都是至关重要的。也就是说，他们最初的"白人"性质使得他们能建立一定程度的文明，但等到闪米特人从东北部到来时，腓尼基人几乎变成了"黑人"，因此要对犹太人的堕落负责："在亚伯拉罕时代，含米特文明在完美和缺陷方面都登峰造极。"[54]

戈比诺在研究缺陷方面花的时间远远多于他对完美的研究。几乎在整部书的开头，他就使用纳粹对犹太人所做的老鼠和疾病的比喻提出了一个自问自答的问题："腓尼基人的衰败是因为侵蚀着他们并被他们到处传播的堕落吗？没有，恰恰相反，他们的堕落是他们赢得权力和光荣的主要工具。"[55] 那么，在多大程度上，戈比诺在写这部书时脑子里想着英国呢？戈比诺精通英语，并频繁地引用英语材料，他把自己的《人类种族不平等论》献给在英国出生的汉诺威国王。然而，有趣的是，人们会注意到，在他从斯堪的纳维亚到波斯、巴西和

354

52　Gesenius（1815，p. 6）. 实际上，闪米特语言的分类是一个颇有争议的题目；今天，又发现了数种古代和现代的闪米特语言，使得这一问题更加复杂了。我对此观点的更多讨论，参见 Bernal（1980）. 对格泽纽斯将腓尼基语与希伯来语，而非柏柏尔语等同起来，从未有过任何疑问。

53　Gesenius（1815，p. 4）；Gobineau（1983，pp. 380-1）.

54　Gobineau（1983，p. 388）.

55　Gobineau（1983，p. 149）.

其他许多地方的环球旅行中，他从未穿越英吉利海峡到达英国。而且，戈比诺对他那个时代统治全世界的国家奇怪地保持缄默——这和他对德国兴致勃勃的热情形成了鲜明的对比。

戈比诺步他的恩主德·托克维尔的后尘，明确赞同盎格鲁-撒克逊人相对于北美的美国本土人和黑人的绝对优越感；他同样严厉批评了围绕奴隶制的虚伪。[56] 他非常关心并对美国的移民政策感到震惊。在这方面，他从不好的角度把纽约比作迦太基，而迦太基至少曾有高贵的迦南家庭定居。而且："迦太基获得了所有推罗和西顿失去的东西。但迦太基没有为闪米特文明增添一点东西，也没能阻止它最终的灭亡。"[57] 在其他地方，戈比诺把推罗和西顿在商业上的角色比作伦敦和汉堡，把它们在制造业方面的功能比作利物浦和伯明翰。[58]这种盎格鲁-撒克逊人和迦南人之间的类比，和他对二者的厌恶似乎是明白无误的。然而，显而易见，他憎恶含米特人和血统不纯的闪米特人本身。他把后来的腓尼基人看成"黑白混血"的含米特人和闪米特人混合的结果，当然其中的后者，因为更具有"白人"性质，更加优越。然而，他在整个历史中所发现的不幸的讽刺是，"黑人"和低劣的"女性"种族征服并玷污了"白人""男性"种族。因此，在腓尼基人创建的城市里，既有令人难以置信的奢华和辉煌，又充斥着野蛮的陈规陋习；而且尤其是骇人听闻的宗教仪式，包括卖淫和拿活人献祭，他向他的读者们保证，"白人种族决不会做出"此等行径。[59]

腓尼基人的政府不像"白人"那样高贵而自由，而是要么被暴君要么被乱民所统治。[60] 最糟糕的是，迦太基没有历史，在含米特人完全堕落后才被建立起来，接着受到更多的非洲影响。[61] 戈比诺把闪米特人的到来看成一大进步，但他们也受到"黑人"文化的引诱。总体上，他在对犹太人的态度上感到左右为难。有时，他认为他们保留了一些白人的性质；有时，他又坚持希伯来人从尚武的牧人变成了女人气的商人。[62]但最糟糕的是，他们雇佣其他民族作雇佣军。

---

56 Gobineau（1983, p. 1135）.

57 Gobineau（1983, p. 1141）.

58 Gobineau（1983, p. 396）.

59 Gobineau（1983, pp. 369-72）.

60 Gobineau（1983, pp. 399-401）.

61 Gobineau（1983, pp. 401-5）.

62 Gobineau（1983, pp. 195, 413-17）.

对这种做法，戈比诺写道：

> 含米特人堕落的一个主要特征和他们衰落的最明显原因……就是他们失去了战士的勇气和不再亲身参加军事行动。这种在巴比伦和尼尼微（Nineveh）盛行的丢脸的做法，不亚于推罗和西顿……[63]

《萨朗波》

1830 年，当米什莱描写公元前 241 年迦太基的雇佣兵在第一次布匿战争失败后的反叛时，他表达了同样的信息。根据古典资料——主要是希腊历史学家波利比奥斯（Polybios）——米什莱生动报道了这次兵变。叛乱队伍是由各种族组成的超级大杂烩，由一名黑人 Matho 和一名希腊人 Spendios 领导。在经过异常惨烈的战斗后，这支队伍最终被击败，雇佣军和许多迦太基对手在战争中都被处死，景象极端恐怖。[64]

米什莱的文本成了古斯塔夫·福楼拜的小说《萨朗波》的基础。福楼拜长期以来就对"东方"的异国情调心驰神往。他曾到过埃及，在《包法利夫人》成功后，他曾打算写一部关于埃及名叫《阿努比斯》的小说。[65] 然而，在 1857 年 3 月前的某个时候，他改变了主意，决定采用最后成为《萨朗波》的故事情节。意大利学者贝内代托（Benedetto）认为他放弃《阿努比斯》是因为泰奥菲勒·戈蒂埃（Théophile Gautier）在同一年出版了一本关于古埃及的小说。但他和其他的"福楼拜学家们"都没能确定什么导致福楼拜选择了新的题目。[66]

356

---

63 Gobineau（1983, pp. 378-9, 379, n. 2）.

64 Michelet（1831, pp. 203-11）. 根据波利比奥斯，Spendios 是来自意大利南部的坎帕尼亚人（Campanian）。

65 参见 Benedetto（1920, pp. 21-39）；A. Green（1982, pp. 28-31）. 对这一心驰神往的批评性讨论，参见 Said（1978, esp. pp. 180-97）. 正如 Jean Bruneau 所指出的（Flaubert, 1973, vol. 2, p. 1354）："在福楼拜所有的作品中，《萨朗波》无疑是研究最少的。没有好的版本，它的起源也鲜为人知。" 又参见 Bruneau 关于此问题的参考书目。

66 Benedetto（1920, p. 39）；A. Green（1982, p. 28）；Starkie（1971, p. 14）. 我认为叛乱引发了福楼拜对此问题的兴趣，并在他心里一直是重要的现代相似事件，这并不在任何方面试图推翻格林博士所展示的《萨朗波》和 1848 年法国革命之间的重要相似性；参见 A. Green（1982, pp. 73-93）。

尽管在他的通信中不曾出现过，但答案似乎可能是当年二月爆发的"印度叛乱"。英国——现代腓尼基人建立的伟大帝国——通过它的贪婪、残忍和使用让士兵们不得不舔的子弹上的牛油猪膏，成功地联合起它的印度和穆斯林雇佣军——这是一个困难的任务——来镇压叛乱。甚至在战争之初，"叛乱"就在两方面遭到异常凶猛和残酷的打击。因此，小说《萨朗波》一开始就存在英国和迦太基之间的类比。

在 1861 年 5 月，当福楼拜感到他的书已可供他朋友们阅读时，他邀请了巴黎著名的文学巨匠龚古尔兄弟前来阅读，并参加下列活动：

1. 在四点钟我开始准时大吼，有时大约在三点钟。

2. 在七点钟吃东方正餐。将会奉上人肉、中产阶级的脑髓、犀牛油煎母老虎的阴蒂。

3. 喝过咖啡后，继续古迦太基人的吼叫，直到听者抱怨以后。[67]

在福楼拜写这部小说时，颓废派诗人波德莱尔是一位特殊的朋友，而《萨朗波》是一部研究颓废的作品。[68] 在 19 世纪 50 年代的法国上层阶级看来，福楼拜选择了最颓废的民族（腓尼基人）和最颓废的城市（迦太基）的最颓废的一面（雇佣军）。或者，换一种方式说，他描绘了体面的男性白人社会的所有对立面的累积：一支种族上大杂烩的雇佣军，一方面由黑人领导，另一方面由一个种族叛徒希腊人领导；对立面的迦太基人，本身也被视为一个由黑人、含米特人和闪米特人组成的丑陋的混合体；奢靡的亚热带背景里装着祭司、太监、引人堕落的性感女郎；所有这些都被锁定在一场残酷而可怕的冲突中。

357

正如我所说，这个事件建构在真实的史料之上。福楼拜访游迦太基故址，加强了他对米什莱和波利比奥斯作品的理解；而且，更重要的是，他采用了最近的法国东方学家，主要是勒南的研究成果。据此，他充分意识到所有说迦南语者之间存在的密切的文化关系，并使用《圣经》中关于以色列人和他们近邻的信息，弥补了关于腓尼基人和迦太基人材料匮乏的缺憾。[69]

67　信件，1861 年 5 月初；Starkie（1971，p. 22）用英语引用了它。

68　Starkie（1971，pp. 20-2）.

69　Starkie（1971，pp. 58-9）.

1920 年写作的贝内代托指出福楼拜的再建构非常经得起后来的学术检验。[70]
尽管贝内代托与罗马极端反犹的古典学院有关联，并在一个种族主义情绪热
烈、反犹主义盛行的时期写下这番话，但即使在今天看来，这位意大利人所宣
称的观点大部分似乎也是正确的。[71] 然而，我认为福楼拜确确实实误导读者的
地方在于他的两处暗示。其一是公元前 3 世纪的迦太基在某种程度上属于典型
的东方文化；因此 90 年后它遭到罗马人的种族灭绝不仅是罪有应得，而且在
19 世纪，对非欧洲文明实行殖民破坏也几乎可以不受道德上的谴责。（而且，
这里，我们有另一个理由解释为什么福楼拜放弃他关于古埃及的写作计划，因
为古埃及在罪恶和残酷性上远远不足以满足他的目的。）

其二，福楼拜暗示，欧洲人——可能不包括英国人——不能做出那样的事
情。事实上，在几乎每一种奢侈和暴行上罗马人比迦太基人更加有过之而无不
及，而马其顿人也未相去甚远。举个具体的例子，公元前 3 世纪时的迦太基雇
佣军战争，在社会革命性上，可以与罗马战争相比较。罗马战争发生在不到
二百年后，是为了镇压由斯巴达克思（Spartacus）领导的奴隶起义军，该奴
隶起义军也被同样恐怖的手段镇压和消灭。[72] 福楼拜自己所处的社会，法兰西
第二帝国，也对中国人和印度支那人，尤其对阿尔及利亚人实施了令人难以
置信的暴行。而且，在某些方面，《萨朗波》中描写的迦太基的剥削、奢靡和
腐败与埃米尔·左拉（Émile Zola）小说中生动描写的福楼拜所在的巴黎也非
常相似。[73]

《萨朗波》是一个巨大的成功。当福楼拜试图在《包法利夫人》中真实地
描绘法国资产阶级生活时，他的书遭到出版商的删改，他也因为"践踏公共道
德"而受到审判。《萨朗波》在各方面都更加粗糙，但这一次，它使福楼拜成
了巴黎上流社会中的名人，并使他成为皇室的朋友。[74] 福楼拜赢得了文学上的
惊人成功；他把"现实主义"运用到"东方"，使得读者们获得性快感和施虐

358

70　参见 Benedetto（1920）.这一学院由尤利乌斯·贝洛赫控制着，关于它的反犹主义，参见下文。

71　我在这里同意劳埃德-琼斯教授的意见。参见 Wilamowitz-Moellendorf（1982，p.103，n.405）。

72　米什莱陶醉于描写雇佣军战争的恐怖景象，在描写第三次奴隶战争时却很平淡无味。他完全省略
了罗马胜利后，用 6000 个在十字架上处死的奴隶排满了从卡普阿（Capua）到罗马的道路（1831，vol.2，
pp.198-203）。

73　虽然左拉 1880 年才发表《娜娜》，但他关于巴黎生活和堕落的现实主义小说 19 世纪 60 年代就开
始了。

74　参见 Starkie（1971，pp.23-6）。

的快感，同时又保留了他们作为白人基督徒天生的绝对优越感。这也激发了法国去拯救其他大陆的民族，使他们免受残酷和邪恶之苦的教化的使命（mission civilisatrice）的迫切性。[75]

摩洛神

福楼拜强调迦太基文化中令人毛骨悚然的一面，它在罗马人和 19 世纪的欧洲人中都不存在。这就是用儿童献祭的特殊仪式。被献祭的儿童要么被割断喉咙，要么被烧死，要么先被割喉后再烧死。按照当时的解释传统，他把这称为向可怕的摩洛神献祭。自那以后，这个例子中的 $\sqrt{}$ mlk 这个词根被确认为不是指某个神，而是献祭本身的名称。[76] 在迦太基，受害者本应是统治者家族中的男儿，但福楼拜按照古典资料讲述，一些富人从穷人或奴隶的孩子那里取得替身。[77] 这里，虽然他补充了一些自己编造的骇人听闻的细节，但他还是采用了希腊罗马历史学家的说法；而且，后来在迦太基和它的许多殖民地旧址，也出土了数以百计的装满了烧焦的儿童骨骼，并写有献给巴力神字样的瓮，这似乎确认了福楼拜的再建构。[78]

无疑，在犹太和基督教传统中，这种拿儿童献祭的做法都被认为是极端令人厌恶的行为。《萨朗波》在法国和欧洲其他地方的巨大成功——这部分是它对摩洛神描写的结果——以非凡的力量重新开启了《圣经》中宣扬的恐怖之门。对很多人来讲，这种感情延伸成了对实施这种献祭的社会的彻底谴责，为所有迦太基和腓尼基人（连同他们的犹太和英国关联）的憎恨者提供了强有力的攻击手段。

而且，无疑这种感情也延伸到了学术界。几乎所有 20 世纪研究迦太基和腓尼基的史学家都不得不考虑福楼拜。[79] 在犹太人这方面，《萨朗波》和它对摩

359

75　Said（1978，pp. 182-5）.

76　这一确认是由 Eissfeldt（1935）做出的。又参见 Spiegel（1967，p. 63）；A. R. W. Green（1975, pp. 179-83）.

77　Flaubert（1862, ch. 13）. 这一题目的许多极其重要的分支得到的研究很少，原因很明显。它们值得严肃细致的讨论，但我在此无法给出。

78　Benedetto（1920, pp. 196-215）；Spiegel（1967, pp. 62-3）；A. R. W. Green（1975, pp. 182-3）.

79　参见 Harden（1971, p. 95）；Herm（1975, pp. 118-19）；Warmington（1960, p. 164）很敌视福楼拜。

洛神的强调，似乎复活并加强了对迦南人及其恶劣行径的《圣经》和宗教仇恨，甚至还引导不信教的和被同化的犹太人与迦南人和腓尼基人保持距离。

1870 年，迦太基和英国的主要敌人变了。法国作为一个帝国参加了普法战争，并兴起成为共和国，而普鲁士国王则通过战争成为德国的皇帝。许多德国人现在相信，神圣罗马帝国和罗马的衣钵已经落到他们身上。甚至在 18 世纪，据说赫尔德曾说，迦太基因为自己的恶劣行径而变得千疮百孔，以致它应该被比作豺，罗马母狼应该灭掉它；到 19 世纪后期，该城市理所当然地应该被毁已成了陈腔滥调。[80] 人们把大力强调的重点放在了罗马人摧毁该城市的结局上。"迦太基，被罗马人摧毁的迦太基，再也没有被重建起来"这句话——顺便说一下，它完全不真实——似乎已经成了一种常见的表达。[81]

这个原则——最终解决方案的原则——在宣传中被延伸到两次世界大战中的英国，实际上被延伸到大屠杀中的犹太人。[82] 然而，在这一点上，我正在提前进入 19 世纪 80 年代以后的激烈的"种族"反犹主义时期，这里我们应该考虑一下 19 世纪中期人们对腓尼基人在希腊殖民的态度。

腓尼基人在希腊：1820—1880

K. O. 缪勒否认腓尼基人在希腊形成中扮演的角色，他很可能是反犹太人的。[83] 然而，如我们所知，他对卡德摩斯的攻击在当时并不被人们普遍接受。事实上，随着对埃及人崇拜的减弱，人们对腓尼基人的兴趣和尊敬与日俱增。这种变化体现在 F. C. 莫费斯出版于 19 世纪 40 年代的《腓尼基人》中，他的这几部鸿篇巨制建立在对古典和《圣经》作品中所有提到该民族的材料的汇编的基础之上。像 19 世纪的尤利乌斯·贝洛赫和 20 世纪的里斯·卡彭特（Rhys Carpenter）一样——我们将在下面两章考虑他们的生涯——莫费斯倾向于把腓

---

80 转引自 Herm（1975，p. 118）。虽然我没有理由怀疑它，但我未能找到原文。参见 Kunzl（1976，pp. 15-20）。

81 参见 Lohnes and Strothmann（1980，p. 563）。两位作者的原则是只要有可能，就引用德语文献。

82 1918 年德意志帝国衰落、1922 年墨索里尼兴起以后，后者与罗马的认同使得意大利复兴了敌人英国与迦太基的等同。参见 Cagnetta（1979，pp. 92-5）。

83 参见例如 Müller，1820-4，vol. 1，p. 8。

尼基人的活力归功于来自北方的影响，特别是那些来自亚述人的影响。[84] 像许多后来的历史学家一样，他对这种野蛮文化非常崇拜，在某种程度上，和它那纯粹的闪米特语言所能让人联想的相比，这种文化经常被描绘得不那么"闪米特"。在 19 世纪，亚述人的作战勇气被归功于"白人"影响。[85] 另一方面，如果闪米特人向北和向东失去了荣誉，他们向南则获得了荣誉。就腓尼基人在希腊的存在而言，莫费斯不仅接受了古典作家们给予腓尼基人的所有美誉，而且他还加上了对"埃及人"达那俄斯的赞扬。这种立场在一定程度上可以用希克索斯王朝时期下埃及文化混杂的真正复杂局面来维护。然而，如他的崇拜者迈克尔·阿斯特所说，莫费斯对这一点的理解是"凭直觉而不是凭他所能掌控的证据"。[86] 因此，我们应该从历史编纂的角度来判断他的结论——通过这种方式它适合埃及人衰落以后，但在腓尼基人衰落以前的时代。

戈比诺刻画的希腊形象

在这一时期，我们应该为戈比诺对希腊起源的态度做个定位。如我们所知，戈比诺的研究工作一直限于雅利安模式内部，但在 19 世纪 50 年代，这个模式仍十分"宽泛"，并认可闪米特人的影响。他对希腊人的分析采取了下列方式：

1. 古希腊人——被黄色原则所修正的雅利安人，但白人实质占主导地位，还有一些闪米特契合。

2. 土著居民——充满了黄色成分的斯拉夫人／凯尔特人。

3. 色雷斯人——雅利安人与凯尔特人和斯拉夫人的混种。

4. 腓尼基人——黑色含米特人。

5. 阿拉伯人和希伯来人——血统非常不纯的闪米特人。

6. 非利士人——可能在血统上更纯洁的闪米特人。

7. 利比亚人——几乎算得上黑色含米特人。

---

84 Movers（1840-50，vol. 2，pt. 1，pp. 265-302）.

85 Movers（1840-50，vol. 2，pt. 1，pp. 300-3，420）.

86 Astour（1967a，p. 93）.

8. 克里特人和其他海岛居民——与非利士人相似的闪米特人。[87]

这个分类足以使最勇敢的种族主义者绝望地举手投降！然而，戈比诺坚持下来，虽然他发现不可能在如此复杂的情况下保持一致。

这样说他，并非对他的完全贬低。如果一个人要把"种族"转化成文化，所涉及的一些流动混合的真实性是没有疑问的。戈比诺说："在原始时代，没有哪个国家呈现出这样的种族大动荡，这样突然的迁移和多样化的移民。"[88]他是非常正确的。而且，他的方案比极端的雅利安模式具有大得多的解释价值。他相信，希腊的土著居民在公元前三千纪的某个时候，受到了北方雅利安"巨人"的侵略；然而，差不多在同时，他们也受到南方迦南人的侵略，他把迦南人视为闪米特阿拉伯人、希伯来人和黑色腓尼基人。[89]他采用莫费斯的视角，认为腓尼基人从具有白人成分的亚述获得了自己的文明。[90]

考虑到希腊血统已被黑色的腓尼基人所玷污，对戈比诺来讲，是否曾存在埃及殖民地的问题已不是很重要。然而，他接受了否认希腊曾存在埃及殖民地的最新学术成果。[91]当他采纳施莱格尔的理论时，即埃及文明的伟大来自印度的殖民，他也相信，埃及人在种族上被混血——这包括相当多的黑人，甚至准黑人成分——赋予了这个国家静止和被动的性质。[92]这是因为戈比诺把希腊历史看作底比斯以北的雅利安希腊精神与南方的闪米特精神之间的较量，二者都被来自希腊外部的种族上的远亲所加强。[93]按照这种方式，他对关于卡德摩斯和达那俄斯的传说，或者多利安人的优秀都没有问题。[94]

然而，我们必须注意，尽管他热衷于雅利安古希腊人的性格和制度，戈比诺确信，古希腊在整体上已经被完全"黑化"和"闪米特化"了。有些人坚持

362

87　Gobineau（1983，vol. 1，pp. 664-5）.

88　Gobineau（1983，vol. 1，p. 663）.

89　Gobineau（1983，vol. 1，p. 663）.

90　Gobineau（1983，vol. 1，p. 367）.

91　Gobineau（1983，vol. 1，p. 662）.

92　Gobineau（1983，vol. 1，pp. 420-63）. 施莱格尔对此的观点，见第五章，注20。

93　Gobineau（1983，vol. 1，pp. 660-85）.

94　奥德修斯是来自北方的伊萨基（Ithake）的闪米特希腊的典型，他解释奥德修斯有更大的困难（vol. 1，p. 661）。

认为，现代希腊人的血统已经被严重污染，不能再被看成古代人的后裔。[95] 他正是这些人中的一员。的确，他相信腓尼基人对希腊有影响的部分原因是，他在总体上认为欧洲南部已经被不可救药地"闪米特化"，只有北方的日耳曼民族保持了他们的"白人"纯洁。[96] 然而，在这点上，他明显属于少数派。虽然大多数北欧人慢慢接受了他的雅利安人优越论，但他们并不准备放弃希腊和罗马。

总之，越来越多的人不愿意相信腓尼基的殖民。我们在上一章了解到，格罗特是如何避开这一话题；本森和库尔提乌斯是如何摆脱那些传说；威廉·史密斯和乔治·罗林森是如何对它们闪烁其词。[97] 然而，其他人，虽然他们不愿像戈比诺走得那样远，也仍然看不到怀疑古代模式在关于腓尼基人问题上的理由。如格莱斯顿在 1869 年所写：

> ……关于腓尼基人问题的进一步研究，更清楚和全面地证明了我先前斗胆所做的猜想和暗示，如果我是正确的，也证明了他们在希腊民族形成过程中所产生的巨大影响。我们观察到这些有力的闪米特影响不仅存在于荷马所处的希腊，也在荷马时代以前发生过作用。如果这一发现的确存在，这就会开启研究世界古代历史的新视角。[98]

谢里曼和"迈锡尼人"的发现

当然，格莱斯顿主要是位政治家而非学者；因此他的观点不完全切合最新的情况。然而，值得注意的是，他的这番话正好发表于海因里希·谢里曼于 19 世纪 70 年代在迈锡尼和梯林斯做出的令人吃惊的发现之前。谢里曼本人坚持说，他"凝视了阿伽门农的脸"，那些遗迹就是荷马时代英雄们的遗体，他们当然就是希腊人。然而，一开始，他的发现起到了完全相反的效果。它们帮助了那些坚持腓尼基在希腊曾有重大影响的人。

95　参见他关于这一主题的文章，Gaulmier（1983, p. lxx）提到了它们。

96　Gobineau（1983, vol. 1, pp. 716-932）.

97　本森见第五章，注 125；库尔提乌斯见本书第七章，注 67—68；史密斯见第七章，注 47；Rawlinson（1869, pp. 119-20）。

98　Gladstone（1869, p. 129）.

迈锡尼的发现肯定与以前人们对希腊艺术的概念大相径庭，大家普遍认为它们是丑陋的。因此，人们对它们有不同的认识，有人认为它们是拜占庭式的，有人认为是哥特式的，或者——最普遍地——它们被认为是东方式的；在最后一种情况中，人们认为它们要么是进口货，要么是东方的手工艺人及其希腊学徒在希腊的作品。[99]

那么，显而易见的结论是，这些就是希腊传统中腓尼基殖民者的踪迹。如著名的德国古代史学家马克斯·东克尔（Max Dunker）在 1880 年所写的：

> 对希腊土壤上最古老纪念碑的检验已为这个国家的海岸上腓尼基人大量的商业活动提供了证明；不仅在纪念碑内发现的物品，而且纪念碑本身，都无可辩驳地证明了这种影响，因而也证明了腓尼基人在希腊的存在。还有关于腓尼基人在希腊土地上殖民，和腓尼基对希腊人产生影响的进一步的踪迹、标志和遗迹。希腊传统本身告诉我们，一位腓尼基国王的儿子在希腊人的土地上建立了城邦和统治。这是它讲述的唯一殖民：**但我们能够证明，古希腊沿海曾存在一系列的腓尼基殖民地**。（黑体由笔者标注）[100]

其他的德国学者，如希腊史学家阿道夫·霍尔姆（Adolf Holm）持不同意见。霍尔姆公然视希腊人为"人类异常高贵的典范"，并遵从恩斯特·库尔提乌斯"对传统时代的最新科学修正"。他在 19 世纪 80 年代写出了他对这种学术困境的个人看法：

> 最近，就腓尼基人对希腊发生过重要影响的流行理论出现了一个明确反应，这种反应十分合情合理，但论证并不总是到位。**人们对腓尼基人是否曾经存在于希腊有争论的真正原因在于，他们反对希腊人因为任何重要的东西感激腓尼基**。我们相信，我们已经证明，已经被归功于腓尼基人的广泛影响……只是出于一时冲动。但当有在别的情况里被认为有效的历史**标准支持时，为什么还不愿意承认腓尼基人在希腊殖民地的存在呢？腓尼**

364

99　Gardner（1880，p. 97）；Vermeule（1975，p. 4）.

100　Dunker（trans. 1883，vol. 1，p. 59）.

基人曾到过希腊，但他们的影响微不足道。（黑体由笔者标注）[101]

霍尔姆的话非常清楚地表明了古代史学家所承受的外部压力，和学者们，如19世纪30年代的康诺普·瑟尔沃尔和20世纪60年代的弗兰克·斯塔宾斯做出妥协的原因。[102] 然而，1885年到1945年间，在反犹主义和帝国主义的高潮时期，也是古典考古学的职业化时期，这种观点是不能被接受的。

主导这一时期的基调业已确立。如一位作家在1885年的《美国考古期刊》第一期中所说：

> 腓尼基人，就我们所知，没有给世界带来一丝富有成果的思想……他们的艺术……简直不配被称为艺术；他们在绝大部分意义上只是商人。他们的建筑、雕刻、绘画都是最缺乏想象力的类型。他们的宗教，至少如我们所知，完全只是一种对感官的吸引。[103]

巴比伦

然而，到19世纪80年代出现了一种新的令人不那么反感的"闪米特人"。从19世纪初，人们就对美索不达米亚的古代遗迹有莫大的兴趣，同时我们也在上文提到过像莫费斯和戈比诺等人对亚述人抱有同情。亚述人是以一种非常"非闪米特"的方式进行征服和屠杀的。而且，19世纪四五十年代逐渐破译了用楔形文字写成的文本，这些文本记录了古波斯语、作为阿卡德语方言的亚述语和巴比伦语，以及古代非闪米特语苏美尔语。破译工作使得学者们非常激动，在随后的几十年中，随着人们在阅读中发现阿卡德语文本与《圣经》惊人地相似，这种激动之情愈发强烈。[104] 随着19世纪七八十年代世俗化的加深，这些文本被作为《旧约》的背景材料受到欢迎。它们也能被用来支持一种信仰，即西闪米特文化——犹太人和腓尼基人的文化——正如人们对闪米特人所期待的那

101　Holm（trans. 1894，pp. 47，101-2）.

102　瑟尔沃尔见第七章，注29；斯塔宾斯见第十章，注24。

103　Marsh（1885，p. 191）.

104　Friedrich（1957，pp. 59-69）.

样，在本质上是一种衍生物，起源于古老得多的巴比伦文明。这个趋势到19世纪90年代变得更加强烈，那时候所有人都满意地确信美索不达米亚文明不是闪米特人而是苏美尔人创造的，"当闪米特人出现在巴比伦时，文明业已充分发展。"[105]

出于各种原因想避免给腓尼基人荣誉的学者们，开始把希腊和其他欧洲文化中不可缩减的闪米特元素归因于亚述人和巴比伦人。[106]然而，甚至这里也有一个问题，即正常的传播路线应该是经由海上，通过腓尼基——或者至少叙利亚北部。的确，从19世纪晚期，有一种趋势把影响希腊的东方因素归功于安纳托利亚，那里的"小亚细亚"人是不说闪米特语的。古代传统确实提到了希腊与小亚细亚的交往，正是从那里，珀罗普斯据信征服了希腊南部的大部分地区。然而，根据古代模式，这次征服一贯被放在卡德摩斯和达那俄斯的征服之后，而且除了战车竞赛之外，珀罗普斯在其他文化创新方面没有获得任何荣誉。在1912年人们发现赫梯人的古安纳托利亚帝国的语言与印欧语有联系后，德国的东方学家们怀着很大的热情接受了这一发现。他们和古典学家们企图给予安纳托利亚人尽可能多的荣誉，以赞扬他们对希腊发挥的"东方"影响。例如，英国古典学家和历史学家P.沃尔卡特（P. Walcot）的重要著作《赫西俄德与近东》出版于1966年，该书的第一章专门用来讨论赫梯人，第二章专门讨论巴比伦人；然而，与埃及人和腓尼基人形成鲜明对比的是，这两个民族在古代作为希腊神话和宗教的来源都没有被提到过。[107]确实，在下一章所关注的1885年至1945年期间，学者们就东方对希腊的影响仅有的一点关注集中在巴比伦通过陆路将影响传播到希腊，这个传播路线绕开了叙利亚，采取了德国人青睐的陆路而不是海上运输和交流。我们现在就转向这一时期。

366

105　Winckler（1907，p. 17）。又参见 T. Jones（1969，pp. 1-47）。我对此的观点见绪言。

106　参见例如 Reinach（1893，pp. 699-701）。下文也将注意到此。

107　Walcot（1966，pp. 1-54）.

第九章 腓尼基问题的最终解决，1885—1945

本章探讨雅利安模式的巩固以及对希腊形成过程中埃及和腓尼基影响的否定。否定腓尼基的影响明显与这一时期强烈的反犹主义有关，特别是与它的两次高潮或发作有关——分别发生在 19 世纪八九十年代和 20 世纪二三十年代。第一次反犹高潮紧随在大规模的东欧犹太人迁移进入西欧之后，并围绕着德雷福斯事件（Dreyfus Affair）具体化；第二次发生在犹太人在国际共产主义和俄国革命中担当关键角色之后和 20 世纪二三十年代经济危机期间。

在学术上，在 19 世纪 90 年代，一位被同化的法国犹太人萨洛蒙·雷纳克，和一位在意大利的德国流亡者尤利乌斯·贝洛赫向腓尼基殖民传说发起了首轮攻击。此后是一段暂时的平静，在此期间，伟大的法国学者维克托·贝拉尔非常成功地在外行的公众中宣传了他的闪米特对希腊有基本渗透的观点——但在他的古典学同事中没有成功。

然而，在同一时期，阿瑟·埃文斯在克里特做出的引起轰动的发现，和他对"弥诺斯人"与原先被认为是克里特岛土著居民的说闪米特语的人的区分，都促进了人们对"古希腊之前"的爱琴海居民的巨大兴趣。凡是不能用印欧语解释的希腊文化的所有方面都被归因于这个神秘的"弥诺斯"民族，这使得希腊在文化上可以自给自足，并消除了用近东影响来解释其进步的任何需要。

在 20 世纪 20 年代，这种拒绝闪米特在爱琴海有任何影响的努力包括，他们极其成功地削弱了一个无法被抵赖的腓尼基借用物，即字母表的重要性。的确，到 1939 年，极端的雅利安模式的支持者在该领域占据了统治地位，以致要是有人建议关于腓尼基人在希腊的传说包含真实的内核，就会马上失去学术地位。

希腊文艺复兴

只是在 19 世纪 80 年代后期，谢里曼关于"迈锡尼人"的民族的观点才开始被接受，他们的遗迹才开始被归类为欧洲的；新的分类最活跃的支持者是希腊考古学家 C. 聪塔斯（C. Tsountas）。

自从取得独立后，希腊的知识分子们做出了英雄般的努力，以使他们的国家重返"古希腊"时代。古典地名被恢复，土耳其、威尼斯甚至拜占庭的建筑都被夷为平地，以彰显古代的遗迹。同时，19 世纪的希腊人无法宣称，希腊人总是像公元前 5 世纪时理想化的雅典人形象。因此，古希腊精神，虽然一直被它的历史以及希腊的气候和地形塑造，但被看成在保持它的民族本质的同时，有多种多样的形式。因而，在这种背景下，人们就不会惊诧于聪塔斯对新发现的激动了。这些新发现可被解释成，表明了希腊精神不局限于古典形式，也可能有其他同样真实的类型。

聪塔斯确信，迈锡尼遗迹是古典文明的希腊先辈留下的踪迹，强烈反对它们与东方有任何关系。"这种本土艺术，在性质上与众不同又有内部一致性，一定是一个天才的强大种族的产物。这个种族就是我们认为不言自明的古希腊民族。"[1] 然而，在其他地方，他的确试图证明他的论点。1891 年，《美国考古期刊》发表了他一篇文章的摘要：

> 聪塔斯博士的结论对迈锡尼文明的亚洲起源是不利的。他的主要观点如下：（1）对神灵的表现可以通过希腊观念来解释；（2）在迈锡尼和梯林斯，没有可吃的鱼类的遗迹，但有牡蛎，荷马作品里的希腊人是不吃鱼的，而在印欧语系语言中有一个指称牡蛎的词；（3）迈锡尼人一方面与意大利

369

1　Tsountas and Manatt（1897, p. 326）.

南部古希腊移民城邦的居民和其他雅利安人有联系，另一方面，和历史上与其文明有延续的希腊人有联系；（4）迈锡尼人的房屋式样为多雨的气候而设计，是从北方引进的。[2]

我们在绪论部分已经简单谈过第一点的错误，在其他两卷中还将详细地谈论这一点。第二点因为过于不足信，我们不做评价。第三点属于循环论证，不管怎样，都因克里特的"弥诺斯"文明的发现而完全过时。我们很难讲第四点的立足理由，因为整个叙利亚都采用斜屋顶，而平坦的屋顶在青铜时代的爱琴海地区似乎是最普遍的。总之，尽管几乎所有人都会接受聪塔斯从这些论据中得出的貌似真实的结论，今天很少有古代史学家或考古学家会认真对待这些论据。

支持闪米特对希腊有影响的观点并未马上消失。民间仍盛行着更常识的认识。一本出版于 1895 年的美国教科书写道：

> 这些传说中的事实核心大概是——欧洲的希腊人从东方接受了他们文化的基础成分，这通过两种方式实现：首先，直接通过闪米特种族，特别是腓尼基人史前时期在希腊的殖民；其次，间接通过东方希腊人，这些希腊人定居在小亚细亚海岸、克里特和塞浦路斯，可能还有下埃及，他们与闪米特或半闪米特民族有接触……并把这些文化萌芽传播给他们在欧洲希腊的亲属。[3]

到 1898 年，独立学者罗伯特·布朗（Robert Brown）充分意识到所涉及的问题。他抨击那些"雅利安派学者"，一个世纪以来他们"几乎完全忽视或否认了大量存在的闪米特影响，而雅利安-闪米特学派认为，在整个古希腊都可以发现这种影响"[4]。有趣的是，事实上，布朗的观点在 19 世纪的大部分时期都被人们所接受，而现在则显得有些古怪，他的整部作品在今天读来给人一种严阵以待之感。

---

2 Frothingham（1891, p. 528）.

3 Van Ness Myers（1895, p. 16）.

4 R. Brown（1898, p. ix）.

萨洛蒙·雷纳克

从 19 世纪 80 年代以来，欧洲的智识氛围就被种族反犹主义在德国和奥地利的胜利和它在别处的急剧增强而改变。这个变化显然有很多原因，最重要的原因是东欧犹太人到西欧和美国的大规模移民。他们在解释城市工人的苦难，以及建立城市工人、农民和资本家、土地所有者反对这些"外来人"的认同中起了替罪羊的作用。反犹主义也从 19 世纪 50 年代晚期以后的世俗化、信仰缺失以及其他类型的种族主义的成功中获得了力量。

种族主义的汹涌与帝国主义和宗主国在反对野蛮的非欧洲的"土著人"过程中建立的民族团结有关。似非而是的是，19 世纪八九十年代也是欧洲和北美完全统治世界的时期。美洲和澳洲的土著居民已大都被灭绝，非洲和亚洲的土著居民也被完全征服和羞辱；"白人"没有在政治上考虑他们的理由。在这方面，反犹主义可以被看成，只有在没有外部敌人时才能被欧洲人享有的一件奢侈品。

因此，这就是 1892 年时的形势，那时候法国的博学者萨洛蒙·雷纳克对聪塔斯的著作评价道："这些概念正在流行中。"[5] 第二年，他本人就沿着同样的路线发表了一篇关键的文章。雷纳克支持"这些概念"的事实表明，它们不再仅仅是浪漫主义者的独占领域。萨洛蒙·雷纳克和他杰出的兄弟们几乎不亚于浪漫主义者。他们出身于巴黎一个富有的、被同化的犹太家庭，勒南和其他时髦的知识分子是他父亲家里的常客。雷纳克兄弟们对犹太教的态度是复杂的。他们自身没有受过宗教教育，认为犹太教和基督教都是过时的迷信。另一方面，萨洛蒙关心犹太文化的保存，多年来是《犹太研究期刊》(*Revue des Études Juives*) 的赞助人。他与其兄弟约瑟夫 (Joseph) 一起为德雷福斯案积极奔走，与法国新反犹主义背后的天主教保皇势力处于完全的对立面。[6]

萨洛蒙·雷纳克是位极其渊博精深的学者。然而，他主要的兴趣在于考古学和人类学这些新兴学科。尽管他对印度和近东知道很多，他最关心的是来自北欧、中欧和西欧的考古信息的激增。因为他总是强硬坚持，语言不可能与物

371

5　Reinach（1892b，p. 93）；引用于 Reinach（1893，p. 724）。

6　Necrologue，*Revue Archéologique* 36（1932）和 *Encyclopaedia Judaiea* 中有关雷纳克的匿名文章。

质类型有关。他在 19 世纪 90 年代早期的著作是两个意义上的独立宣言：欧洲从东方幻影（mirage oriental）中独立，"科学"的考古学和人类学从语文学及其浪漫主义联系中独立。在雷纳克身上，人们能同时看到 20 世纪考古学和古典学的优点和缺点：优点是常识和怀疑主义，而缺点是对证据的要求——当它涉及反对者时——近期年代定位，以及对古典作家的轻视。

他的长篇文章《东方幻影》是对印度和闪米特近东双管齐下的攻击。用雷纳克本人所偏爱的军事类比来讲，印欧-闪米特联盟实现了对中国、埃及和土耳其人的贬低。在 19 世纪 20 年代，只有被雷纳克描写成"总是领先于时代"的 K. O. 缪勒才有勇气抛弃欧洲的联盟。[7] 到 1885 年，欧洲完全征服了世界，以至这种勇气也变得平淡无奇，可以把印度人和闪米特人弃之一旁了。

当人们在讲述 19 世纪历史科学的发展史时，人们会正确地强调正是在 1880 到 1890 年期间——起先是怯懦地，但后来带着愈来愈被事实证明正确的自信——开始行动起来反对"东方幻影"；在最初文明的晦暗中重新捍卫欧洲的权力以反对亚洲的主张。[8]

雷纳克从三方面攻击了印度主义的浪漫主义者。首先，他证明了那些企图建立印度神话和希腊神话联系的努力都失败了。其次，在语言上，他引用了年轻的语言学家费尔迪南·德·索绪尔（Ferdinand de Saussure），索绪尔发展了所谓新语法学派的一个思想，新语法学派认为自己从总体上反叛了老一辈的学者们。雷纳克坚持认为，索绪尔已罢黜了梵语最古老和最纯洁的印欧语的地位；索绪尔现在确认"原始印欧语"是一种欧洲语言，并明确把它与立陶宛语等同起来。与此相关的是，原始印欧语族的发源地大体也转移到乌克兰的大草原，甚至转移到了波罗的海。[9] 无论如何，作为他的第三点，雷纳克坚持，讲印欧语者，如果他们曾经是一个"种族"，也已在身体上被欧洲的土著民族同化，西欧令人印象深刻的史前文化在本质上都是土生土长的。[10]

---

7 Reinach（1893，p. 543）.

8 Reinach（1893，p. 541）.

9 Reinach（1892b；1893，pp. 541-2）.关于立陶宛语地位的提升、索绪尔的历史语言学和新语法学派，参见 Pedersen（1959，pp. 64-7，277-300）.

10 Reinach（1893，pp. 561-77）.

雷纳克对雅利安种族主义的敌意和他对欧洲同化能力的信任的外部原因是明显的。他对闪米特影响的抨击却更复杂。这似乎与他想确认自己作为一名被同化的欧洲人的文化身份有关，结果却导致了闪米特文化包袱的缺乏。这也可能部分出于让欧洲的犹太人与我们在上文所知的与摩洛神有关的腓尼基人和迦太基人相疏远的新的世俗愿望。除了肯定自己的正直诚实外，他对犹太教研究的支持应该被看作发挥了贯穿 19 世纪全部自然科学的"通过屠杀来维护科学"的双重功能。

373

雷纳克"坚决"否认，直到后来的"金属时代"为止，闪米特人或"库希特人"（埃及人）对欧洲有过任何影响。然而，他确实承认自腓尼基人开始经商之初，他估计大约是在公元前 13 世纪，"西方文明……在一定程度上……变成了东方人文明的附庸"[11]。然而，他坚持认为，西方文明的基础仍保持了坚定的本土性。进而，他相信，欧洲伟大的史前文明影响了东方文明，如果学者们敢于大胆尝试的话，这一"从被动到主动的过渡"就会成功。[12] 雷纳克赞成聪塔斯，迈锡尼文明是欧洲的，就像，他坚持认为，在地中海和黑海周围发现的类似的文化也统属欧洲文明一样；他把时间和地方上的差异看成"文化程度不同的同一种族"的不同部落叠加的结果。[13]

尤利乌斯·贝洛赫

尽管持激进主义的态度，但由于承认公元前 1300 年后的闪米特影响，雷纳克完全没有返回到 K. O. 缪勒的老路上。第二年，即 1894 年，尤利乌斯·贝洛赫在一篇简短但影响巨大的文章《爱琴海上的腓尼基人》里实现了这一点。[14] 贝洛赫是又一个居住在罗马的德国人。他在罗马的大学里教书五十年，从 1879 年到 1929 年，像洪堡、尼布尔和本森一样，他喜欢在意大利旅行并为那里的纪念碑编目；像他们一样，他保持了对"意大利文化的无动于衷"。[15]

虽然他作为教师很成功，还发表了大量的著作，但贝洛赫似乎把自己看成

11　Reinach（1893，p. 572）.

12　Reinach（1893，p. 704）.

13　Reinach（1893，p. 726）.

14　Beloch（1894）.

15　Momigliano（1966a，p. 247）.

一个被判流放的失败者。他似乎被伟大的德国罗马史学家莫姆森排除在德国的学术生活之外。贝洛赫不能在德国找到满意职位的另外一个原因是，他被怀疑是犹太人，无论正确与否。尽管——或者更可能因为——有这种怀疑，他不仅是一个激情的德国民族主义者，而且还是一个刻毒的反犹主义者。[16] 而且，他还把他的反犹主义延伸到了历史写作中："一个说英语的黑人并不因此是英国人，一个说希腊语的犹太人也算不上是个希腊人，就像说德语的犹太人今天也不被看成是德国人一样。"[17]

尤利乌斯·贝洛赫在希腊史和意大利史上的写作甚丰，他因为将现代统计方法引进古代史领域而受到人们最深切的缅怀和尊重。[18] 这种运用严密的方法处理软数据——如果不是流数据的话，对证据有严格的要求，是一种对待古代资料来源的极端挑剔的方法，也是对近期年代定位的热爱。与之相伴的还有我在绪论中描写过的"考古实证主义"，一种对考古学是关于古代的唯一"科学"信息来源的绝对信念。这又与一个双关语有关，即处理对象（object）就会使人客观（objective），而且贝洛赫及其继任者对考古阐释恰恰和文献阐释、语言学阐释、神话阐释一样容易受到主观影响的事实几乎都表现得麻木不仁。

莫米利亚诺教授在他的关于贝洛赫的文章中，提到"他的自由主义和民族主义之间……他的种族主义和数字崇拜之间暗含的冲突"[19]。我虽然不否认暗含的矛盾，但我认为它们通常是"非对抗性的"。如果人们把"数字崇拜"扩大到实证主义者对证据的要求，这些"暗含的冲突"就成了 19 和 20 世纪古典学的主要成分。它们构成了"批判性历史生成写作"，右翼古代史学家维尔肯为此对尼布尔做了恰当的赞扬。[20] 尽管贝洛赫被像莫姆森和维拉莫维茨-默伦多夫这样更自由主义的同事抨击——就像现在他被莫米利亚诺抨击一样——但他的观点只是该学科在整体上所持有观点的极端形式而已。姑且不论他对待闪米特人的态度，很少有古典学家会不同意他的观念，即"科学与纯粹的可能性无

16　Momigliano（1966a, pp. 259-60）.

17　Beloch（1893, vol. 1, p. 34, n. 1）.

18　Lloyd-Jones（1982c, p. xx）.

19　Momigliano（1966a, p. 258）.

20　参见第六章，注 94。

关"，他们像他一样，经常把这一观念与"很可能"这个词结合在一起使用。[21]

　　像大多数 20 世纪的古典学家一样，贝洛赫不懂任何闪米特语。然而，他引用德国最新的学术成就，认为无论那些相似性显得多么诱人，仍然可以否认腓尼基语曾借词给希腊的语言和地名。例如，他甚至否认以前被广泛认可的约旦河与在克里特和埃利斯（Elis）发现的河名为伊尔达诺斯（Iardanos）的河流之间的关系；或者以色列的塔沃尔山（Mt Tabor）和罗得岛的摩塔伯尔山（Atabyrion）之间的关系。[22] 他发现爱德华·迈尔——此人是个坚定的德国民族主义者——在这方面很有用。迈尔与阿道夫·霍尔姆有相似的一面，也就是虽然在清除闪米特对希腊的影响上很激进，但并不否认腓尼基在爱琴海的殖民。因此，在这个问题上他可以作为客观的榜样被引用。[23] 贝洛赫效仿 K. O. 缪勒，把希腊和近东提到的共同的膜拜起源归因为古典时代晚期或希腊化时期的接触。[24]

　　贝洛赫接受了另一名学者的意见，认为腓尼基人不可能教给希腊人造船的技术，因为据信在希腊的航海术语中没有闪米特语借词。因此，他们不可能在早期到过爱琴海。[25] 这个论点有两方面的误导性。首先，假定腓尼基人在爱琴海的出现是在公元前两千纪，这并不意味着原始希腊人在此之前没有船只；其次，那些找不到印欧语词根的希腊航海术语，碰巧可以被许多闪米特词源非常合理地解释。尽管大家都承认 baris（小船）这个词的埃及起源，贝洛赫及其同辈却没有考虑这个语义场中其他埃及词根的可能性。事实上，这些埃及词根可以解释同样多的术语，这也非常符合事实，即公元前两千纪中期的锡拉岛壁画中最早详细呈现的来自爱琴海的船只，很明显是埃及的类型。[26]

375

21　参见 Beloch（1894，p. 114）中二者引人注目的结合。

22　Beloch（1894，p. 126）.

23　Beloch（1894，p. 125）.

24　Beloch（1894，p. 128）.

25　Beloch（1894，p. 112）.

26　关于迦南语术语，参见例如 byblinos（绳索），与城市名毕布勒相关 ʾēlåh, elatē（桨），源自 ʾēlåh/ ʾēlat（大树，柱）; gaulos（船），源自 gullåh（船）。在我看来，Chantraine（1928，p. 18）太轻易地摒弃了印欧语 *ku(m)bara（篙杆）作为 kubern-（操舵桨）的词源。但是，似乎也有来自闪米特词根 √ kbr（大的）的影响。他承认 baris 一词埃及语源的可能性，但他于 20 世纪 20 年代写作，否认闪米特借词，而将不能用印欧语解释的航海词汇的绝大多数归因于"前古希腊人"或"地中海语系"。埃及语词源见第二卷。

　　关于埃及船只的图画，参见在锡拉岛发现的壁画，重印于《锡拉岛与爱琴海世界：第二届国际科学大会论文，1978 年 8 月，希腊圣托里尼岛》（C. Doumas 编，伦敦，1979）。

贝洛赫还坚持，腓尼基人的船只太小，航行技术太笨拙，不足以挑战辽阔的海洋。因此，虽然它们可能能够沿着海岸爬到北非，但不可能在公元前8世纪以前到达爱琴海。除了大量的古代传说可作反证外，当今势不可挡的考古证据也表明他们的确在公元前8世纪以前到达过爱琴海。[27]这里，像大多数极端的雅利安学者一样，贝洛赫自然倾向于把所有不可避免的东方影响归因于，或至少是通过，安纳托利亚和陆路路线。

总体上，区分宽泛的和极端的雅利安学者的一个途径就是他们对修昔底德的态度。宽泛的雅利安学者虽然对希罗多德的"埃及狂"和"希腊解说"感到不安，但他们仍深深地尊敬修昔底德。修昔底德没有提到过任何埃及-腓尼基在希腊大陆的殖民地；然而，他的确提到过腓尼基在希腊诸岛和西西里周边所有地区的殖民地。贝洛赫却完全否认它们的存在，对那些能证明它们存在的"无确实根据"但广泛流传的古代证词要求考古"证据"。[28]然而，他主要的忧虑是荷马对腓尼基（人）和西顿（人）相对频繁的提及。像缪勒一样，贝洛赫力图通过指出phoinix（腓尼克斯）在希腊语中有许多不同的意义，来削弱前者；对于无法被削减的提及腓尼基人的地方，他就假设它们属于史诗中最晚的一层，效仿沃尔夫和缪勒，他认为荷马史诗是添加的而非单一的创造行为。贝洛赫坚决否认，史诗的核心部分有提到过腓尼基人的任何地方，并通过引用《伊利亚特》中特洛伊的野蛮同盟名单中没有腓尼基人，来证明这种信念的正确性。他认为《伊利亚特》详尽无遗地描绘了爱琴海和安纳托利亚。[29]因此，他能够坚持，腓尼基人不可能在公元前8世纪末以前到过爱琴海，因此，也就不可能在希腊文明的形成中扮演重要角色。

现代比利时学者居伊·比南（Guy Bunnens）对极端雅利安主义的创建人评论道：

> 阅读他们的著作，人们不禁认为，这些作者并不总是只是受制于科学的客观性。雷纳克和奥特朗（Autran，一个有类似观点的法国学者）坚持，为他们自己的时代统治世界的民族，也就是说，为欧洲人，在最遥远的过

27　Bass（1967）; Helm（1980, pp. 95, 223-6）.

28　Beloch（1894, pp. 124-5）.

29　参见第一章，注58—68; Beloch（1894, p. 112）。

去保留一个位置。他们坚持认为，当今如此重要的民族在过去没有发挥任何作用是令人难以置信的。因此，有必要"维护欧洲的权力在亚洲的主张之上"。19 世纪末和 20 世纪初的历史背景是这些新理论产生的原因。因为这是一个欧洲列强的殖民主义耀武扬威的时代……还有另一个非科学的因素。19 世纪末在欧洲，特别是在德国和法国，反犹主义的洪流汹涌澎湃……这种对犹太人的敌意延伸到历史上对其他闪米特人，即腓尼基人的仇视。[30]

维克托·贝拉尔

有趣的是，本森所描绘的模式对当时有眼光的人是显而易见的。在 1894 年，也就是贝洛赫发表他那篇文章的那一年，维克托·贝拉尔出版了他的内容更为充实的《论阿卡狄亚崇拜的起源》；这本书对希腊与腓尼基人的关系做了截然相反的阐释。

贝拉尔出生在瑞士边境附近的汝拉省（Jura）的山区，他通过奖学金读完了巴黎的中学和高等师范学校（École Normale）。1887 年他到了雅典的法国学校，并花三年时间参与了阿卡狄亚的发掘工作，阿卡狄亚是伯罗奔尼撒半岛中心典型的乡村风味的古老多山省份；他广泛地游览了这个偏远的省份，以及整个希腊和巴尔干半岛各国。贝拉尔是一个精力非凡旺盛、意志力极强的人——他不仅继续他的学术生涯，还就当代的巴尔干半岛各国、近东和俄国出版了许多著作，并多年以来为一本政治期刊《巴黎杂志》（Revue de Paris）做编辑。他后来当选为汝拉省的议员。尽管在政治上很激进，但他非常热爱法国的海军，并对海洋产生了强烈的爱好。[31]

他把他的第一本关于阿卡狄亚崇拜的书的主题，归因于他居住在这个省时得到的两个启示。第一个是帕萨尼亚斯非凡的精确性，无论在什么可能的情况下，通过测绘或是考古对他的作品进行检验。似乎令人觉得奇怪的是，贝拉尔对这一发现感到惊讶，因为当时，谢里曼在迈锡尼和梯林斯的发现已经如此惹

30　Bunnens（1979，pp. 6-7）.

31　Armand Bérard（1971，pp. vii-xviii）.

人注目地证实了这本 2 世纪时的旅游指南。帕萨尼亚斯已指出在迈锡尼和梯林斯有重要的遗址存在。然而，以雷纳克和贝洛赫为代表的自以为是的学术精神并不那么容易被挫败。帕萨尼亚斯，像古代其他历史学家和地理学家一样，继续被用适合对待小孩的亲切的恩赐态度来对待。无论如何，贝拉尔确信，帕萨尼亚斯访问过他说他曾到过并且精确描述的遗址，这也鼓励这位法国人相信其他的古代作家。[32]

贝拉尔也注意到，阿卡狄亚崇拜是非古希腊的。这是没有争议的，因为阿卡狄亚总是与佩拉斯吉人联系在一起。令他惊讶，也让他的同事感到愤慨的是，他的结论是它们是闪米特的。因为，到 19 世纪 80 年代晚期，大家都公认，腓尼基人作为一个以航海为业的民族是无法进入内陆的，贝洛赫只不过将一种普遍的信念系统化，即腓尼基在希腊的影响很晚才出现。这两个假定都被一个以古老风俗闻名的内陆省份实实在在存在的闪米特影响的主张违犯了。

贝拉尔充分意识到了这些不一致性。由于对自己的结论深信不疑，他开始质疑它们所冒犯的正统观念，并开始寻找当代的类比现象。这导致他做出了一个我将全文引用的声明，因为它很好地总结了《黑色雅典娜》的主题。当为腓尼基人在贫穷、遥远的内陆"佩拉斯吉人的"阿卡狄亚的出现做证明时，他写道：

……佩拉斯吉人居地遥远，民风野蛮，今天，许多欧洲人前往佩拉斯吉人那里，为了同样微薄的利益，去发现非洲的阿卡狄亚。对航海和冒险的爱好并非任何时代或种族的专利，闪米特人在当今世界分布甚广……的确，当代旅行者拥有西顿人似乎不具备的两个动机，至少不在同一程度上：科学的好奇心和宗教热情。而且，将佩拉斯吉人与现代刚果人做比较或许会令人惊讶。然而，人们应当警惕两种先入为主的想法，或者两种几乎全无道理却几乎是无意识的情感：……我们的**欧洲沙文主义**和人们所谓的——无甚不恭之意——我们的**希腊狂热主义**。

从斯特拉博［公元 1 世纪时的地理学家］到［卡尔·］里特尔［（Carl Ritter）19 世纪早期的地理学家，在哥廷根接受训练］，所有的地理学家都

32　V. Bérard（1894, pp. 3-5）.

教育我们把**我们**的欧洲当成最受宠爱的土地，风光的秀丽、形态的优雅、文明的力量都独一无二，领先于其他大洲……这种看世界的方式或许能够影响我们大量的最习惯性的思维，尽管我们不想这样，或者我们几乎不知道。我们把欧洲放在一边，把亚洲和非洲放在另一边——二者之间是一道深渊。当我们谈起亚洲对某个欧洲国家的影响时，我们不能想象……那些野蛮人曾胆敢到我们这里来。严峻的现实迫使我们承认，他们有时曾蜂拥而至。有些人甚至坚持认为，我们最初祖先的摇篮绝不是在我们的欧洲，而是在亚洲的中心。作为孝子贤孙，我们对自己的雅利安祖先是宽容的。就他们而言，即使他们来自亚洲，他们也不是亚洲人，他们是永恒的说印欧语的人。相比之下，闪米特亚洲对我们雅利安欧洲的入侵与我们所有的成见都相抵触。似乎腓尼基的海岸确实比伊朗高原离我们更远。似乎阿拉伯对整个地中海地区的入侵仅仅是唯一的偶然，是一次不幸的机遇……人们认为这种机遇绝不会再重新上演。腓尼基人占领了迦太基，并拥有了半个突尼斯的事实只与非洲有关。迦太基人又征服了西班牙和西西里四分之三的领土，正如我们所说，只是［没有问题，因为他们是］非洲。但是，当我们在马赛、普勒尼斯特（Praeneste）、基西拉岛（Kythera）、萨拉米斯、萨索斯和萨莫色雷斯，在波伊奥提亚和拉科尼亚的罗得岛，以及克里特发现了腓尼基人的遗迹时，我们不愿意，像在非洲一样，承认实际上的占领；我们仅仅讨论暂时的登陆或简单的商栈……如果我们说出要塞或腓尼基领地这些词，我们会匆忙补充说，它们只是沿海的设施……当我们不是在高卢、伊特鲁里亚、卢卡尼亚（Lucania）或色雷斯，而是在希腊，遇见陌生人时，这种欧洲沙文主义便变成了真正的狂热主义。在 19 世纪初，所有欧洲国家都已经崛起……1820 年慷慨的亲希腊主义已不再时髦。但是，我们可以说，这种情感还没有发生很大变化……我们只能把希腊想象成一个英雄和神的国家。在白色大理石建成的门廊下……

希罗多德告诉我们一切均来自腓尼基和埃及，这是徒劳的。我们知道应该怎样看待**亲爱的老希罗多德**。每天，在希腊的所有城邦中，20 年的考古都给我们提供了无可辩驳的东方影响的证据，但因为这个，我们仍不被允许像对待卡里亚、利西亚或塞浦路斯那样，把希腊当成东方的一个省份。如果说在地理上，我们把欧洲与亚洲割裂开来，那么我们在历史上，

380

> 把希腊历史与我们所说的古代史割裂开来。然而，我们从他们的物质和有形的纪念碑中看到，希腊人……曾是腓尼基和埃及的学生，我们看到，他们从闪米特东方借用，一直到字母表；然而我们在渎圣的假设面前有些震惊地退缩了，这个假设是，希腊人的制度、风俗、宗教、仪式、思想、文学和全部原始文明也可能继承自东方。（他加的重点）[33]

有趣的是，我们注意到，尽管他很大胆，贝拉尔并没有——不像与他同时代的富卡尔——严肃地提出埃及影响的建议；他也没有挑战神圣中的神圣，即希腊语。

我很感动，能发现写于帝国主义的高潮和极端的雅利安模式开始时期的这段话，它清楚地表达了我本人工作背后的信念。然而，这一事实本身似乎对我用外部原因——也就是说，用受到外部社会和政治发展以及整体智识氛围严重影响的因素，来解释这些学术发展的方法构成了挑战。为了克服这种挑战，我认为了解学术的三个层面将会是有用的：个体学者的思想；他们的教学和发表能力；学术的总体发展。我相信，在第一个层面，知识社会学只能大概预测态度和行为。在第二个层面，它会做得更好，但只有在第三个层面也是最普遍的层面，它才开始盛行。

这个例子属于第一和第二层面。我相信，德国和英国都不可能产生贝拉尔。谢里曼给出了浪漫主义范围一个极好的例子，甚至最有创造性的激进的德国人也在此范围内对这些事件进行思考。在英国，格莱斯顿、弗雷泽和哈里森展示了相对更为广阔的可能界限。只有职业的异端分子、研究闪米特宗教的杰出人类学家罗伯逊·史密斯（Robertson Smith）才能开始超越界限。只有在法国——1870年后，它对德国雅利安主义有怀疑——和共和主义者中——他们憎恨天主教保皇党人的反犹主义——这样的想法才能被思考。人们或许会说，在浪漫主义的意义上，贝拉尔的地方出身起了重要作用，因为法国和瑞士的汝拉省有着强烈的世俗和社会激进的个人主义的传统，这使得它成了"三大"社会无政府主义者，即蒲鲁东（Proudhon）、巴枯宁（Bakunin）和克鲁泡特金（Kropotkin）

33　V. Bérard（1894，pp. 7-10）.

的模范。[34] 另一个重要的因素是贝拉尔不是一个"纯粹"的学者：他外部的新闻和政治世界为他提供了一个更宽广的视角，我们应该在谢里曼和格莱斯顿身上注意到相似的特征。

这最后一个因素在第二层面上是至关重要的。只有当他或她有了一个更宽广的公共地位，这个学术异端分子才能有希望发表他的"不合理"的思想。对现在正统观念通过大学出版社所拥有的"可敬"出版物的接近垄断权（这使得学者们能忽略在其他地方发表的论点），在 19 世纪和 20 世纪早期，墨守成规的学术界是没有的。然而，即使那时，不墨守成规的学者和门外汉仍很难获得被倾听的机会。

超越正统学术界的界限有另一个不利条件。对没有学科的学者来讲，"单枪匹马"地闯荡，很难知道在哪里停下来。根据一不做二不休的原则，会有不管对象的先入之见，"实事求是讲真话"的巨大诱惑。这样的学者不但可以轻松地超越心胸最开阔的正统者可能接受的界限，也可以超越对他或她的思想的缜密发展有用的界限。

例如，贝拉尔发展了一种理论，认为就像希腊地中海背后有腓尼基地中海一样，希腊的《奥德赛》背后也有腓尼基的《奥德赛》。[35] 这个异想天开的假设给"合理的学者"提供了推翻他和他全部思想的理想武器。然而，在他就该题目所做的大量详尽的调查过程中，他为希腊地名发现了大量可信的闪米特词源，他还建立了一个有用的地名"同源异形词"原则。这指的是，两个明显不同的地名被用来指同一个或附近地方的情形。在这些情况中，他认为，这些名字只是指代同一事物的希腊和闪米特单词。

以伯罗奔尼撒半岛东南的基西拉岛为例。1849 年在那里发现了一个公元前 18 世纪的美索不达米亚铭文；希罗多德记述，腓尼基人曾在那里建立阿芙洛狄忒·乌拉尼亚（Ourania）的神庙；阿芙洛狄忒经常被描绘成戴着王冠。[36] 贝拉尔注意到，这个岛屿的主要港口的名字是斯坎迪亚（Skandeia）。古希腊最优秀的词典编纂者赫西基奥斯说，这个词的意思是"某种头饰"。贝拉尔于是指出，基西拉这个岛的名称及其主要城市的名称，不具有印欧语词源，貌似

382

34　Kropotkin（1899, pp. 385-400）.

35　V. Bérard（1902-03；1927-9）.

36　Herodotos, I. 105.

合理的解释是，它源于希伯来语 keter 或 kōteret（意为"王冠或冕状头饰"）中发现的闪米特词根√ktr。[37]

尽管这个以及其他许多地名和崇拜的相似性具有非常可信的性质，正统派们还是可以因为奥德修斯明显不可能是腓尼基人而摒弃贝拉尔和他的全部著作。到贝拉尔逝世的 1931 年，他的名字已经成了学术圈内古怪的代名词，但是人们应该注意到，一场地下运动继续"隐蔽地"持有这些观念。而且，他的书被全体公众广泛地阅读和欣赏，他们似乎认为奥德修斯在某种意义上是闪米特人，更早五十年的戈比诺表达过这种感觉。贝拉尔在英国特别受欢迎，这是因为英国仍然部分认同并喜爱腓尼基人，他的影响为詹姆斯·乔伊斯的小说《尤利西斯》打下了永久的烙印，这本小说写的是犹太人，而不是希腊人。

然而，贝拉尔无法阻止极端的雅利安主义在学术界的不可抵挡之势。在第三个也是最重要的层面，知识社会学可以在一定程度上被精确地运用。我相信，1880 年到 1939 年间，欧洲的政治和社会严重笼罩在种族主义和反犹主义之下，古典学在教育和社会系统中占据了极其重要的中心地位，以至——不管发现了什么历史和考古证据——不可能使古希腊的形象按照贝拉尔期待的方式改变。直到 1945 年到 1960 年间，在殖民主义衰落以及种族主义和反犹主义正式非法化之后，建立在它们之上的古代史模式才能取得初步的成就。

383

阿克那顿和埃及文艺复兴

贝拉尔和富卡尔在他们的著作中都没有提到对方。尽管人们只能猜测，他们似乎认为，一个异端就足够了——同时既支持埃及人又支持腓尼基人则太过分了。然而，明显的是，随着反犹主义的兴起和对腓尼基人敌意的增加，人们对埃及人的容忍越来越多了。职业的埃及学家现在保留了埃及人绝对低劣的正统观念，但在外行人中，他们现在看起来十分具有异国风情，对欧洲文明不构成任何威胁。

---

37 Bérard（1902-03，vol. 2，pp. 207-10）；Astour（1967a，p. 143）. 二者都不相信重要的埃及影响，所以他们没有注意到，没有印欧语词源的 Skandeia 大概源自埃及语 shmty（埃及的双重王冠），这个词和冠词 p3- 一起，在希腊语中转写为 psent。我相信，贝拉尔的同源异形词中有许多，如果不是多数的话，实际上是在埃及语和闪米特语之间，而非希腊语和闪米特语之间。

异教徒国王阿克那顿这一人物受到特别的崇拜。作为阿蒙诺菲斯四世（Amenophis Ⅳ），这位公元前 14 世纪第十八王朝的法老，打破了他的家族和王朝对阿蒙神和其他神的崇拜，试图在日面 itn，即阿顿的基础上建立一神教。从阿顿那里，他取得了新的名字阿克那顿。他把在底比斯的传统都城迁至新都，新都建立的地址现在被称为阿玛纳（El Amarna）。然而，在他死后不久，改革被终止，对阿蒙的崇拜被重新树立，都城也迁回了底比斯。被摧毁和遗弃的阿玛纳遗留下来成了考古学的理想遗址。19 世纪 80 年代，该遗址被弗林德斯·皮特里发掘，围绕未遂的改革事件的轮廓得以被确立，从而引发了欧洲人对阿克那顿的巨大热情。

埃及学家特别留心给予他和他的新宗教授予雅利安的，或至少是北方的证书。皮特里宣称，该宗教起源于讲胡里安语的北方米坦尼（Mitanni）王国。他断言，阿克那顿的外祖父、母亲和妻子都来自那里。[38] 这些信念——或对它们的修正——在接下来的 50 年里一直非常流行，如在下面的一段话中，说这番话的埃及学家能够将改革变成一个种族事件："我们必须总是牢记，这位国王的血管里有很多外国血统。另一方面，那些跟他讲话的人虽然受过高等教育，但都是些迷信的埃及人……"[39]

今天，人们普遍而且有理由赞成，如果第十八王朝的皇室成员是外国人的话，他们是努比亚人。然而，他们也同样可能是上埃及人。从他们的肖像看，他们似乎是黑人。[40] 关于新宗教的问题，有人认为，对 ᵓitn 的崇拜源自闪米特人对 ᵓdn，ᵓadōn（主）的崇拜。然而，这里大家也一致认为，这些宗教改革可以被更合理地解释为埃及本土的发展，设计米坦尼起源的方案明显是为了解释，在基督徒不得不承认的正面方向，"静态的"非洲埃及人做出剧烈改革的种族"不可能性"。[41]

另一方面，对阿克那顿和他改革的热情——甚至就那些接受他是埃及人的人们而言——似乎表明还牵涉到其他力量。其中之一是旧的信仰的复苏，即犹太人作为一个民族，或摩西作为一个人，从埃及那里学到他们的宗教。学者们

38　Petrie（1894—1905, vol. 2, pp. 181-3）.

39　Weigall（1923, p. 69）.

40　Gardiner（1961, pp. 213-14）.

41　King and Hall（1907, pp. 385-6）.

对这个问题很谨慎，但公元前 14 世纪在邻国出现的一神教使人们从那里推导出以色列的形式，这是完全自然的。一些作家甚至相信，对阿顿的崇拜比犹太教高等："世界上没有哪一种宗教像阿克那顿的信仰那样如此接近基督教。"[42] 因此，基督教，不论是在精神上还是在历史上，最终都可以不起源于闪米特人而是源自一个实际的或名誉的雅利安人，这就是人们应该看待写于 20 世纪 30 年代晚期的弗洛伊德的《摩西和一神教》的背景。然而，弗洛伊德所期望的恰恰与阿克那顿的基督教崇拜者相反。为了缓和当时激烈的反犹主义，他似乎希望为犹太教和犹太人开脱，使他们不承担基督教一神教压抑作用的责任，而把责任归咎于阿克那顿和埃及人。[43]

阿瑟·埃文斯和"弥诺斯人"

在 20 世纪开始后不久，学术讨论不得不包含一个新的因素：克里特的"弥诺斯"文明。它的证据来自阿瑟·埃文斯于 19 世纪 90 年代在克诺索斯做出的轰动性的发现，以及在该岛的其他地方快速进行的其他发掘工作。随着人们意识到，迈锡尼文化在很多方面只是克里特文化的低劣形式，对古代克里特文化进行语言学上的确认变得至关重要。在古典时期，埃及人对 Kftiw 这个名称的使用，似乎已从指"克里特人"转到指"腓尼基人"，希腊人似乎把"弥诺斯人"和腓尼基人都称为 Phoinikes。[44] 这表明了闪米特的联系。不管怎样，大家似乎都已接受，至少在希腊化时期，早期克里特的主要语言是腓尼基语。例如，卢修斯·塞蒂米乌斯（Lucius Septimius）在公元 4 世纪时写道，当公元 66 年发生的一场地震暴露出古克里特文稿时，皇帝尼禄召集了一些闪米特学者来解释它们。[45] 还有，就像我们在第七章所知的，恩斯特·库尔提乌斯愿意承认，在克里特曾有过大量的闪米特殖民，但否认当地的佩拉斯吉人曾被完全征服。[46] 阿瑟·埃文斯本人相信，在古克里特人和腓尼基人之间存在某种关系。根据克

---

42 Weigall（1923，p. 127）.

43 Freud（1939）.

44 Vercoutter（1953，pp. 98-122）；Helck（1979，pp. 26-30）.

45 参见 Evans（1909，p. 109），他给出了接受塞蒂米乌斯传说的原因；又参见 Gordon（1966b，p. 16）。

46 参见本书第七章，注 68。

里特传说中的国王弥诺斯和常见的名字 Minoa，他现在把古克里特人称为"弥诺斯人"。尽管我们应该记住，他赞成格莱斯顿，认为腓尼基人不是纯粹的闪米特人，而是接受过爱琴海的影响。[47]

埃文斯生于 1851 年，虽然在牛津和哥廷根受过教育，但属于心胸更开阔的老一辈。因此，他接受了闪米特甚至利比亚，对克里特影响的可能性，由是对爱琴海整个地区影响的可能性。然而，他新造的"弥诺斯人"的名称鼓励人们把克里特当成一个完全与中东文明分离的单一文化。因此，学术界容易达成共识，认为弥诺斯语既非希腊语也非闪米特语；尽管在克里特的每个地层都发现了大量的埃及物品，也没有人认为它是埃及语。"弥诺斯语"普遍被认为与各种安纳托利亚语有联系；因此，根据人们对后者的定义，它或者是，或者不是印欧语。

同样也有结论表明，弥诺斯人在"种族上"不是闪米特人。正如一位学者1911 年描绘一幅著名的弥诺斯壁画时写道：

> 侍酒者也许表明了他们的体格、黑色的卷发、挺直的鼻梁、长长的颅骨；我个人拒绝相信，这么优雅的人是人们所建议的闪米特人或腓尼基人。我们知道，这些人，特别在形式感方面，非常有天分，他们能够非常迅速地发展。[48]

到这个时候，弥诺斯人被看成文明程度最高的佩拉斯吉人，两位西亚历史学家清楚地说明了流行的路线：

> 大概，对于我们总体的世界历史知识，尤其对我们自己的文化知识而言，谢里曼发现迈锡尼，以及由此做出的进一步发现，以阿瑟·埃文斯先生在克诺索斯所做的发现为顶峰，没有哪个发现比这些发现的意义具有更加深远的重要性。自然，这些发现对我们有莫大的吸引力，因为它们揭示了今天的欧洲文明的开端和最初的繁盛。我们的文化祖先既不是埃及人，

386

47　参见本书第八章，注 48。关于埃文斯对"弥诺斯人"术语的发明，参见 1909（p. 94）。

48　Stobart（1911，p. 32），引用于 Steinberg（1981，p. 34）。

也不是亚述人，也不是希伯来人，[注意，这里没有提到腓尼基人，表明他们根本不具有可能性！]而是古希腊人；他们，雅利安希腊人，从他们在这块土地上发现的、在他们之前的前古希腊民族那里衍生出了自己的绝大部分文明。[49]

现在一切都取决于前古希腊人！

我曾提到过旧的妥协观点，即腓尼基人或许到过希腊，但这无关紧要，因为他们对希腊文明的发展没有影响。尽管极端的雅利安模式的势力不断增强，仍有来自宽泛的雅利安模式的坚决不合作者坚持这条路线，这些人中包括埃文斯；谢里曼的老同事，杰出的建筑师和测绘员威廉·德普费尔特（Wilhelm Dörpfeldt），以及伟大的博学者爱德华·迈尔。他们和修昔底德一道坚持认为，在这些岛屿上曾有过真正的腓尼基人，甚至可能在底比斯也有。[50]这样的判断是在 1885 年后成熟起来的年轻一辈所不能容忍的。正如 20 世纪初杰出的英国希腊史学家和杰出的自由主义者 J. B. 伯里 1900 年在他的至今仍被奉为权威的《希腊史》中所说："腓尼基人，无疑，在沿海和岛上各处都拥有市场；但没有理由认为，迦南人曾在希腊的土壤上安家落户，或者把闪米特血统带给希腊人。"[51]请注意"土壤"和"血统"这两个关键的浪漫主义和种族主义字眼的使用！这样的态度一直存在并持续到"二战"之后。

反犹主义的高潮，1920—1939

在 20 世纪 20 年代，气氛变得更加严酷。在犹太人成了俄国革命中人们眼中和实际上的中心以后，反犹主义在整个欧洲和北美更加强盛。总是有犹太银行家、金融家为经济危机和民族挫败感而受到指责；现在，在布尔什维克党中，原先犹太人密谋推翻和颠覆基督教道德和秩序的模糊形象似乎已变得清晰可见。[52]

49　King and Hall（1907，p. 363）.

50　参见 Dörpfeldt（1966, pp. 366-94）；E. Meyer（1928-36, vol. 2, pt. 2, pp. 113-22）。又参见 Giles（1924, p. 27）。

51　Bury（1900, p. 77）. 这一段在第三版中仍然存在，由 R. Meiggs（p. 77）1951 年修订。

52　参见例如 Baron（1976, pp. 168-71）。

这样的情感并不局限于德国, 或像纳粹一样的下流的极端分子。在整个北欧、北美, 反犹主义成了"良好社会"的准则, 而"良好社会"包括大学。当代社会历史学家奥伦（Oren）教授最近为 20 世纪 20 年代强迫执行严格定额, 以削减耶鲁和职业联合学校的犹太学生数目提供了详细背景, 没有理由认为, 他所描写的不适用于美国的其他学院和大学, 并且——以一种更紊乱的方式——也适用于英国。[53]

的确, 在 20 世纪 30 年代有很多非常杰出的反法西斯古典学家, 他们对希腊自由的热爱伴随着他们对纳粹和法西斯专制的反对。但是, 我们已经看到亲希腊主义总是具有雅利安主义和种族主义的含义, 古典学也总是带有保守主义的偏见。因此, 无疑这个学科整体上也分有流行的反犹主义倾向, 如果它没有超出反犹主义的话。通过下面这封 1980 年在康奈尔大学哈里·卡普兰（Harry Caplan）教授桌上发现的信, 我们可以了解到当时古典学界的氛围。卡普兰教授多年以来是常春藤联合会唯一的一名古典学犹太终身教授。

388

　　亲爱的卡普兰: 我想支持布里斯托尔教授的建议, 敦促您到中学去教书。大学教职的机会从来都不太多, 目前很少, 将来可能会更少。我无法鼓励任何人期待获得大学的教职。而且, 现在确实存在对犹太人的偏见。我个人不具有这种偏见, 而且, 我肯定我们这里的同事也都不具有这种偏见。但我们已经看到, 如此众多的具备良好资格的犹太人都未能获得任命, 我们现在也要被迫接受这个现实。我想起艾尔弗雷德·古德曼（Alfred Gudeman）和 E. A. 洛（E. A. Loew）——两位享有国际声誉的才华横溢的学者, 然而, 他们也没能获得大学的教职。我感到, 对受到无可否认的种族偏见阻挡的任何人, 鼓励他们致力于高等学术研究是错误的。在这方面, 我的古典学同事都和我意见一致, 他们授权我在这封信上和我的名字一道也签上他们的名字。（签名）查尔斯·E. 贝内特（Charles E. Bennet）, C. L. 德拉姆（C. L. Durham）, 乔治·S. 布里斯托尔（George S. Bristol）, E. P. 安德鲁斯［（E. P. Andrews）1919 年 3 月 27 日］伊萨卡（Ithaca）。[54]

53　Oren（1985, pp. 38-63）.

54　*Correll Alumni News* 84, 9 July, 1981, p. 7. 感谢保罗·霍南博士为我提供了这一信息。

在这种氛围下，人们几乎不会感到惊讶，学术界既强调希腊与近东完全的隔绝，也强调对腓尼基曾在地中海发挥过积极文化影响所表示的怀疑。

20 世纪的雅利安主义

尽管已经开始了对种族主义新的攻击，但不仅在以纳粹为代表的、极端的、声名狼藉的右派中，而且在正规的学术界内，雅利安种族主义都有所增强。甚至伟大的马克思主义史前史学家戈登·柴尔德（Gordon Childe）也参与其中，他奉献了一本名为《雅利安人》的书，书中前言把语言和物质种族联系在一起："印欧语及其假定的源语言始终都是思想的特别精巧灵活的工具……由此我们可以得出结论，与其说雅利安人不会享受高等的物质文化生活，不如说他们具有杰出的智力天赋。"柴尔德还提到，那些共享同一种语言的人具有"一定的精神一致性"。他用下面的例子来解释雅利安精神的优越性："任何怀疑这一点的人，最好比较一下，（雅利安人）大流士（Darius）……在贝希斯敦（Behistun）的岩石上雕刻的高贵的叙述和（闪米特人）亚述巴尼拔（Ashurbanipal）或尼布甲尼撒（Nebuchadrezzar）所刻的言过其实、明目张胆、自吹自擂的铭文。"[55]

《剑桥古代史》第一版中也充满了同样赤裸裸的种族主义，该书出版于1924 年，由伯里和他的同事们编辑。该书旨在成为一部由一群专家就各自领域集体写作的、"新的"、"客观的"历史书典范，它也很快成功地获得了经典地位。同样的"剑桥史"模式现在也被运用到世界的很多地区和文化。整个《古代史》的绪言部分都被种族支配着。在它的第一章中，牛津的古代史教授，约翰·迈尔斯（John Myres），阐明了他在尼布尔的古代史民族传统中的立场：

> 古代民族按一定顺序……登上历史舞台……每个民族的打扮都与他们将要扮演的角色相称……历史预先假定了那种角色的形成，……在更遥远的过去的演员休息室里：接下来的概述……旨在……描绘人们怎样获得这些体格和气质特点……[56]

55　Childe（1926, p.4）.
56　Myres（1924, p.3）.

　　迈尔斯接受了普遍的人类种族三分法的观点，他把"蒙古人"描写成"寄生的"、"幼稚的"和"从后面看起来像四足动物"！用这种诙谐的方式指代他们的怯懦后，迈尔斯进而指出他们身上还具有与怯懦相反的品质，声明说他们的群体心理是一个"特殊"的类型，这种类型不"珍惜人类的生命……他通常冷漠得几乎没有人情味，蒙古人在受到惊吓或虐待的刺激时，可以表现出几乎像马一样的野性"[57]。尽管"黑人"被描写成长着"食肉动物般的下巴"和拥有"很大的体力"，但黑人表现得令人惊讶地轻松。[58]

390

　　S. A. 库克（S. A. Cook）教授，在"闪米特人"一章中，也反映了当时的态度。因为闪米特人从根本上有别于雅利安人，所以他们本身存在某种很大的问题。库克批评他们是乐观和悲观、禁欲和纵欲的两个极端。他们拥有极大的精力、热情、闯劲和勇气，但缺乏韧劲，几乎没有公民的或民族的忠诚，也几乎不关心行动的道德价值："行动的源泉是个人情感，而非常识、计划或道德。"[59]

　　库克的"不道德的"闪米特人和六十年前勒南的"道德的"闪米特人之间有天壤之别。这似乎反映了阿拉伯人在"闪米特人"结合体上的附加影响，和对犹太人领导的、以他们的希伯来先知马克思为领路人的布尔什维克党人的恐惧。另一方面，当库克认为闪米特人缺乏推理式思维时，他更接近勒南："在希伯来的先知和穆罕默德的《古兰经》中，我们有的是热情、雄辩和想象，而不是逻辑的准确性、持续的思想和全面的理解……这种思想既非按部就班地前进，也非不偏不倚、客观公正。"[60]

　　这类想法一直持续到"二战"后，成了考古学家、艺术史学家和古代史哲学家亨利·法兰克福（Henri Frankfort）区分古埃及人、闪米特人和"现代野蛮人"的"创造神话的"思想以及与之相对的希腊人和后来的欧洲人的"理性"思想的基础。[61] 当然，这类绝对区分贬低了现代社会中"创造神话的"思想的巨大程度；但不止如此，美索不达米亚人和埃及人对空间和时间的测量的"客

57　Myres（1924, pp. 21-3）.

58　Myres（1924, pp. 26-7）.

59　S. A. Cook（1924, p. 195）.

60　S. A. Cook（1924, p. 196）.

61　Frankfort（1946, pp. 3-27）；关于 19 世纪晚期和 20 世纪早期欧洲思想中这一问题的精彩讨论，参见 Horton（1973, pp. 249-305）。

观精确性"，以及他们让测量统治他们生活的程度也证明了这种分类的无效性。

现在回头再看看库克在《剑桥古代史》中对闪米特人的观点，他认为闪米特人是"中间人，复制外国的模型……，重新改造他们吸收的东西……在他们输出的东西上盖上自己的印记"[62]。这里，似非而是的是，我们有些东西听起来与《伊庇诺米篇》的传统非常相似，根据这个传统，希腊人"改进"了一切从其他文化引进的东西。[63] 然而，对库克来讲，希腊人——和前古希腊人——都不再以这种方式被看待。他们是本族文化的创始人。

从这些介绍性的章节，人们可以看清这些发起编写《剑桥古代史》的学者的基本观点。他们明确表示，现在一切都取决于前古希腊人，在 20 世纪 20 年代，他们和其他"现代"学者做出了坚决的努力，试图发现尽可能多的有关前古希腊人的史料和他们与古希腊人本身的关系。正是在这十年中，伟大的瑞典学者马丁·尼尔松（Martin Nilsson）开始证明，古典希腊神话与迈锡尼和弥诺斯文明中的图像材料之间的联系。随着这种联系的确立，他不再能接受埃文斯和老一辈学者对弥诺斯和迈锡尼与中东之间存在接触的随便的态度。青铜时代纵贯地中海东部地区的基本接触现在被认为不可能存在。克里特、埃及和叙利亚的建筑和物质文化上明显的相似性对这个否定提出了难题，但这和利害攸关的问题，即希腊文明自身的整体性和纯洁性相比是无足轻重的。[64]

我们看到自从 19 世纪晚期以来，有一种普遍的信仰，即前古希腊人的语言或语族在某种程度上是"小亚细亚语"或安纳托利亚语。然而，到 20 世纪 20 年代，由于人们开始阅读赫梯语，而且吕底亚语、利西亚语和卡里亚语的铭文也可以获得，这种假想越来越难以维持，因为人们无法找到它们与希腊语中非希腊成分的相似之处。然而，这似乎是唯一可能的线索，在 1927 年，它被用来确定前古希腊人的地理位置。在一篇用新的受人称道的"科学"的合作方式，由考古学家卡尔·布利根和古典学家 J. 黑利分两部分合写的文章中，两位作者接受了德国语言学家保罗·克雷奇默的假想，即两个前古希腊地名成分 -i(s)sos 和 -nthos，可以被看成与在安纳托利亚发现的成分 -ssa 和 -nda 相关。他们认为，这意味着，所有这些地名都来自古代印欧语出现以前的那一层。他

62　S. A. Cook（1924，p. 203）.

63　这是 Barnard（1981，p. 29）的论点。

64　Nilsson（1950，p. 391）.

们进一步宣称，这些地名和其他非古希腊的希腊地名的分布与青铜时代早期的
殖民地相一致。这个主张被认为非常契合印欧人在青铜时代中期之初就已经入
侵的假想。[65]（从那时起，大家逐步达成一致，入侵不是发生在这个时候，而是
发生在考古学上认为的青铜时代早期第二期和青铜时代早期第三期之间的物质
文化断裂期。）

　　两位作者所做的地名和考古一致性的举证并不令人印象深刻。他们自己
承认，这些地名也同样非常适合青铜时代晚期的迈锡尼文化地区。[66]他们的语
言学论证更加不可靠。首先，地名后缀通常有意义：-ville（城镇），-ham（村
庄），-bourne（小溪），-ey（岛屿），等等。然而，-s(s)os 和 -nthos 可以指称各
种地理特征，意味着起源的多样性。其次，正如当代安纳托利亚语语言学家拉
罗什（Laroche）教授所宣称的，-ssa 等后缀可以被解释为赫梯语或卢维语，而
不是前古希腊语。[67]现在，如果人们在这些安纳托利亚语言和前古希腊语之间
找到密切的相似性，这个论点就可以被推翻——虽然这很困难，但也许是可能
的。然而，保罗·克雷奇默后来又提出了一个不可逾越的障碍，这个障碍在布
利根和黑利发表他们的文章之前就已经存在。这就是，事实上这些后缀有时附
加在印欧语词干之后。[68]因此，尽管在某些情况下，它们可能很古老，但也不
能被视为讲印欧语的希腊人到来之前爱琴海地区居民的语言和文化的标志。[69]
布利根和黑利有根本缺陷的论文能成为经典之作，至今仍然供对这个题目感兴
趣的学生参考，这足以说明古希腊地名学研究的薄弱。

　　布利根和黑利的工作揭示了学者们无力对付"前古希腊人"，尽管如此众
多的东西依赖后者。如果埃及或腓尼基绝对不可能在希腊的形成上发挥过根本
性的影响，前古希腊人会继续担当必不可少的角色，因此 20 世纪 20 年代晚期
和 20 世纪 30 年代早期对腓尼基人的攻击变得更加激烈。弥诺斯人的非闪米
特性质现在已经非常稳固，以至弥诺斯人和腓尼基人的古代等同可以被翻转过
来，方法是 19 世纪时本森和库尔提乌斯所建议的路线；现在，人们声称，当

392

65　Blegen and Haley（1927，pp. 141-54）。

66　Blegen and Haley（1927，p. 151）。

67　Laroche（1977 ?，p. 213）。

68　Kretschmer（1924，pp. 84-106）。又参见 Georgiev（1973，p. 244）。

69　关于这些"元素"的详细讨论，参见本书第二卷。

希腊神话提到腓尼基人时，他们实际上指的是弥诺斯人。[70]

驯服字母表：对腓尼基人的最后一击

393　　极端雅利安模式高潮时期的领袖人物是美国考古学家里斯·卡彭特，他是尤利乌斯·贝洛赫的一位强烈崇拜者，和东方幻影的终生反对者。到 1930 年，腓尼基人在希腊殖民的传说大都被推翻，希腊名称和单词几乎全被排除了具有闪米特词源的可能性。只剩下了腓尼基字母表。诗人和小说家罗伯特·格雷夫斯宣称它有雅利安来源，但是，尽管学者们尝试过，他们还是无法忽略以下事实，即希腊字母看起来像闪米特字母，发音也非常相似，大多数还有相应的名称，如：alpha/ ＞alep（牛）；bēta/ bêt（房屋），等等。这些字母在晚期迦南语中有明显的意义，而在希腊语中则没有意义。[71] 因此，尽管新的学者们可以随意否认大量的、无异议的、能证明腓尼基人曾向希腊人输入字母表的古代证据，他们还是无法回避它的闪米特起源。

　　根据大范围的有关这一主题的古代书面材料，字母表的引入被归功于来自埃及的达那俄斯或来自推罗的卡德摩斯。这把引入的时间大概定位于公元前两千纪中期。然而，在犹太护教家约瑟夫斯的著作中也有一段文字，在其中，他断言——在一篇特别抨击希腊人缺乏文化深度的长篇激烈演说中——当希腊人宣称他们从卡德摩斯那里学会了字母时，他们只是在吹牛。事实上，根据他的说法，他们在特洛伊战争时还是文盲。[72] 不出意料，当浪漫主义希腊主义者把荷马当成不识字的吟游诗人时，约瑟夫斯的说法受到了他们的青睐。然而，大多数学者更愿意接受古人的一致意见，因为，围绕卡德摩斯建立底比斯的传说的真实性直到世纪末才遭到认真的挑战。

　　然而，这么早的日期并不被雷纳克和贝洛赫所接受。雷纳克把传播的时间推后到公元前 13 世纪或公元前 12 世纪，他相信腓尼基的影响在那时才开始。[73]

70　参见第五章，注 125；第七章，注 68。关于腓尼基人与弥诺斯人的混淆，参见 Burns（1949, p. 687）。

71　德国人试图证明这一点的参考书目，参见 Jensen（1969, p. 574）。又参见 Waddell（1927）; Graves（1948, pp. 1-124）; Georgiev（1952, pp. 487-95）。

72　Josephus, *Contra Apionem*, I. 11.

73　参见本章注 11。

贝洛赫建议公元前 8 世纪是他所认为的首次接触时间，他用四个论据来支持这一论点。首先，他坚持认为，公元前 7 世纪之前没有可以确定年代的希腊铭文；其次，他声明，在荷马作品中唯一提到写作的地方很模糊，有可能诗人及其读者确实理解阅读行为；第三，他宣称，从腓尼基到希腊要途经塞浦路斯，而塞浦路斯直到亚历山大时代才开始使用字母表；第四，他认为，这些字母的名称在形式上与阿拉姆语，而不是腓尼基语相似；因此，字母表一定是在阿拉姆语在公元前 8 世纪晚期在黎凡特地区占据统治地位后才被借入的。[74]

贝洛赫第一点的可疑之处，默证，已经而且还将在《黑色雅典娜》的其他地方加以讨论。第二点，尽管贝洛赫和许多后来的学者保证这个指称不重要，但无疑，荷马确实曾提到 sēmata lygra（有害的符号）是"书面的"。[75] 塞浦路斯没有字母表是当地条件的结果，这意味着，当字母表被从黎凡特传播到爱琴海时，该岛屿没能做出回应。但无论如何，这并不能向我们显示传播发生的时间。最后，我们已经了解到，贝洛赫并不懂闪米特诸语言，当他宣称希腊的字母名称显示了阿拉姆语的发音时，他是错误的。字母 iōta 和 rhō 中的 ō，体现了发生在迦南语，而不是阿拉姆语中的语音转换。

无论如何，贝洛赫对字母表的观点并不被他同时代的人认真对待。整体上，在 20 世纪前四分之一的时间里，关于字母表引入时间的争论比关于宽泛的和极端的雅利安模式之间的争论更加易变。这种开放性的一个原因可能是，闪米特专家和犹太人在对任何严肃的年代定位都必不可少的闪米特铭文研究上有相对的影响力。然而，总体上，无疑传播时间定位的趋势是向后推迟的，极端的雅利安模式也由于同样的原因而大权在握；别忘了此时熟悉的、愈来愈强的要求"证据"的"实证主义"愿望，以及赋予考古学和古代史被认为是自然科学确定性的愿望。

较近年代定位的过程在 1933 年达到最高潮，那时候，里斯·卡彭特教授——考古学家和坦诚的铭文研究的外行——提出，字母表引入希腊的时间大约在公元前 720 年。对这个论点，他给出的理由有两方面：最早的希腊字母与公元前 8 世纪的腓尼基字母相似；那个时期以前，没有发现过用希腊字母写成

74　Beloch（1894，pp. 113-14）．

75　*Iliad*，VI. 168-9.

的铭文，"默证"。[76] 较近年代定位只是卡彭特的三个企图之一，为的是削弱字母表引进的重要性，并使得可能与之相伴的任何其他重要的文化借用都更加不可能。另一个企图采用的形式是，绝对区分辅音字母表和元音化的字母表。元音的发明被归功于——我认为这是错误的——希腊人。[77] 卡彭特明确表态，他认为闪米特人没有能力发明元音，他提到"才华横溢的希腊人对元音的创造"，这样，就把发明第一个"真正"字母表的功劳给了希腊人。[78]

卡彭特的第三个企图是把借用的地点尽可能远地移出希腊大陆。他的建议包括克里特、罗得岛，后来又有塞浦路斯——这个观点最不可信，原因我已在上文给出：塞浦路斯没有使用字母表。然而，20 世纪 30 年代晚期，考古学家伦纳德·伍利（Leonard Woolley）爵士让自己满意地表明，在叙利亚沿海的阿尔米纳曾有过公元前 8 世纪时的希腊殖民地，并建议，希腊人可能在那里学会了字母表。[79] 尽管这个声明站不住脚——在这个遗址的五百英里以内完全找不到早期希腊铭文——古典学家和考古学家们，包括卡彭特在内，都热情地接受了这就是传播的地点。[80]

为什么在时间上卡彭特如此尊崇证明的需要，而在地点上却如此松懈？一个原因是，他认为把字母表带回家比被动地接受字母表更加适合"有活力的"希腊文化。他的第二个原因更加险恶。他在铭文学领域的主要继承人，莉莲·杰弗里（Lilian Jeffery）教授对这个情况做了总结：

> 卡彭特教授合理地提出了第二点：只有在一个已经确立的两个民族的双语殖民地，而不只是在希腊地区的某个偶然的闪米特商栈，一个民族的字母表才会被另一个民族的字母表取代。[81]

这个想象力丰富的再建构认为，"闪米特人的"殖民比希腊人的殖民在类

396

76　Carpenter（1933，pp. 8-28）.

77　关于我相信希腊字母表一开始是从闪米特字母表形成的，这一闪米特字母表使用元音，至少在转写外来语音时使用，参见 Bernal（1987a; forthcoming, 1989）。

78　Carpenter（1933，p. 20）.

79　Woolley（1938，p. 29）.

80　Jeffery（1961，p. 10，n. 3）.

81　Jeffery（1961，p. 7）.

别上更"偶然"是不言自明的，但几乎没有任何古代权威支持这个论点，就这个论点请看本章上文贝拉尔的讨论。[82] 然而，坚持腓尼基殖民地小规模和暂时性的原因有一个强大的意识形态侧面：如果希腊要保持种族上纯洁的欧洲的童年和精粹的形象，腓尼基殖民地就不得不如此。为了避免有人会认为这是夸大其词，我想重复伯里的一段话，这是与字母表传播相关的一段文字：

> 腓尼基人，无疑，在沿海和岛上各处都拥有市场；但没有理由认为，迦南人曾在希腊的土壤上安家落户，或者把闪米特血统带给希腊人。[83]

字母表的传播必须发生在希腊以外，否则就必须有大量的腓尼基殖民，这样就会有"种族"混合。

再回到传播时间的问题。为什么里斯·卡彭特坚持公元前8世纪晚期的时间呢——这个时间可能，而且已经很容易被后来的发现证明是错误的。第一个好处是，它能解释为什么本质上"被动的"腓尼基人曾经向西航行过；他们被亚述人带领着，亚述人只在公元前8世纪中期在腓尼基沿海起过重要影响。在讨论莫费斯和戈比诺时，我们了解到对只是"部分闪米特人"的亚述人的偏爱。[84] 而且，这么晚的日期意味着，腓尼基在希腊仅有的影响不是发生在希腊的形成时期，而只是在城邦建立和殖民开始以后——要不然，这两个制度可能被看成腓尼基人的创造。[85]

在受到质疑时，里斯·卡彭特承认，他的晚期年代定位要求，字母表不仅在整个爱琴海地区，而且在整个意大利和安纳托利亚地区，都以无与伦比的方式迅速传播和多样化。然而，他的回应是：

397

> 我认为这比荒谬更糟糕。我认为这是非希腊的，因此难以想象，它［字母表］会在这么积极的民族中，被被动地搁置，徘徊不前如此长的时间，只为人知而不被人用。希腊的气候确实对年轻的字母表有神奇的作用；我

---

82 参见本章注33。

83 Bury（1900, p.77）. 参见上面的注51。

84 参见本书第八章，注83—85。

85 关于我的观点：至少从公元前10世纪起，腓尼基就对爱琴海有重大影响；希腊城邦和奴隶社会作为一个整体源自腓尼基，参见 Bernal（1987b）。

们几乎可以看到它在成长。[86]

除了气候、树木、青春和成长等浪漫主义的意象外，这段文字清楚地说明了在洪堡那里就已存在的传统的影响力和持续性，即当谈到古希腊人时，所有正常的法则和类比都被悬搁了，像判断其他民族那样来判断他们，即便不是不正确的，也是不合适的。

并非所有的学者都被卡彭特的花言巧语说服。例如，汉斯·延森（Hans Jensen），20 世纪最开明的字母表专家，仍继续坚持公元前 10 世纪或公元前 11 世纪的年代定位。[87] 但对卡彭特的唯一直接挑战来自美国的闪米特专家 B. J. 厄尔曼（B. J. Ullman），他——在一篇卡彭特没有引用的文章中——先前提出了一个公元前 12 世纪或更早的年代定位。厄尔曼同意，很多古希腊字母偏离了公元前 9 世纪腓尼基语或摩押语（Moabite）铭文的形式；但他认为它们派生自更早期的黎凡特类型，而不是与更晚期的类型相似，他坚持认为，字母表和它最古老字母的年代同样久远。厄尔曼确认了最早的可确定年代的腓尼基语铭文字母，即毕布勒国王亚希兰（Ahiram）石棺上的铭文字母，认为它们与公元前 9 世纪的字母非常相似，但他说，在这些字母有差异的地方，较早期的字母更接近希腊的形式。[88]

在对厄尔曼的抗辩中，卡彭特暗中采用了相反的立场，即字母表应该被看成和它最晚字母的年代一样近。也就是说，他关注的是 K 和 M，这些字母的希腊形式确实类似后来的腓尼基字母。[89] 即使这不是针对厄尔曼关于"较古老"字母的论证，厄尔曼也无法成功抵挡卡彭特强有力的法庭辩论式的风格、反犹主义的时代思潮以及古典学和闪米特研究的相对力量。的确，古典学家们热情欢迎卡彭特的结论。他们确定了位于这一学科的浪漫主义中心的信仰，即荷马（们）是不识字的。因为埃文斯发现的克里特的书面文字以及来自希腊大陆指向同一方向的证据中有某种让人心烦意乱的东西。然而，线形文字可以令人信服地——即使是错误地——被说成已随着迈锡尼宫殿的毁灭而消亡；因此卡彭

86 Carpenter（1938，p. 69）.
87 Jensen（1969，p. 456）.
88 Ullman（1934，p. 366）.
89 Carpenter（1938，pp. 58-69）.

特的近代定位很受欢迎，原因就在于它确立了一个长期的没有文字的"黑暗时代"，在这一时期，民间的荷马或荷马们可能用北方人野蛮的活力来吟唱。我们有趣地注意到，正是在 20 世纪 20 年代，米尔曼·帕里（Milman Parry）教授开始了他对塞尔维亚民间史诗的研究，来展示《伊利亚特》和《奥德赛》可能不是用文字创作的。[90]

卡彭特对没有文字和无法渗透的"黑暗时代"的确定，对雅利安模式的支持者有另一种吸引力。它强加的文化持续性的断裂，使得人们对古典时期和希腊化时期的希腊人所写的关于遥远过去的历史漠然置之。这不仅完成了对古代模式的推翻，也完成了对宽泛的雅利安模式的推翻。

就这样，在时代精神中，古典学家们被卡彭特说服了。贝洛赫在 19 世纪 90 年代失败的地方，卡彭特使用非常雷同的论证，在 20 世纪 30 年代取得了成功。大多数闪米特专家向霸权学科制定的路线做出了让步，但有些人——特别是犹太闪米特专家——不怎么高兴。厄尔曼始终没有被说服，他和其他人——特别是耶路撒冷的图尔-西奈（Tur-Sinai）教授——继续认为希腊字母表显然不可能派生自铁器时代的腓尼基，而肯定源自更早期的迦南字母表。[91]

从 1938 年到 1973 年，无人对卡彭特的希腊字母表借用时间的超近年代定位提出认真的挑战。对字母表的削减排除了建立极端的雅利安模式的最后一块严重的绊脚石，到"二战"爆发时，古典学家和古代史学家确信，他们的学科已步入科学时代。用现代的术语来表达，就是已建立了一个范式。人们已不再能容忍某个"学者"建议，埃及或腓尼基曾对希腊的形成产生过任何重大的影响。如果可能的话，现在任何这样做的人都会被赶出了学术界，或至少被打上"古怪"的标签。

399

90　Parry（1971）.

91　参见 Z. S. Harris（1939，p. 61）。关于奥尔布赖特对亚希兰石棺上关键铭文的日期的意见改变，将它往下推到与占优势的日期定位相符合，参见 Garbini（1977，pp. 81-3）。又参见 Bernal（1987a；即出，1988）；Tur-Sinai（1950，pp. 83-4）。

第十章　战后局势：回归宽泛的雅利安模式，1945—1985

　　在这一章里，我们兜了一圈后又返回原处。本卷书的写作始于对当今的关心，但从那时起我就尽力避免这种关心介入进来。此刻，我希望对当今世界从本质上感兴趣的读者能从阅读前九章的辛苦工作中得到一些奖赏。我还希望，读者能够已经信服历史和历史编纂的当代相关性。

　　这一章包括两个故事。我相信第一个故事近乎幸福的结局，这就是主要由犹太学者领导的运动，这一运动根除了古代史写作中的反犹主义，给予了腓尼基人应得的荣誉，即在希腊文化形成中的中心作用。用这里使用的术语讲，这些学者近乎重建了宽泛的雅利安模式。

　　不讨论这一转变中的内部因素，我们可以说，从外部视角来看，腓尼基人名声的成功恢复需要两个前提，它们都已被实现。第一个前提是把犹太人重新纳入欧洲生活；第二个前提是犹太文化内部对智识追求的非常重视和对学术的尊敬。前者消除了反犹主义概念上的障碍，从而使得认可腓尼基和迦南的成就成为可能；后者意味着即便关心这些问题的犹太学者占少数也能对学术界现状产生强有力的影响。

　　第十章包含的第二个故事涉及对青铜时代的希腊埃及殖民传说的排斥；这一排斥的结果目前尚不清楚。有一两个德国学者试图恢复埃及殖民的传说，但学术界内部在这方面没有开展恢复古埃及名誉的广泛运动。而且，与腓尼基人不同的是，古埃及人没有"自然"的捍卫者。穆斯林埃及人对古埃及抱有一种深厚的矛盾情绪，由于腐败的亲西方政府为了提升当代埃及的非阿拉伯观念对古埃及形象的利用，这种情绪变得更加剧烈。可能因为这个——但更可能是因为接受了西方学术的巨大影响——埃及学者还没有对古埃及世界角色的正统观念发出挑战，或对其海外影响进行调查。

古埃及唯一可能的捍卫者是科普特人和一些非洲和美洲的黑人小群体。前者在这一问题上引人注目地沉默，后者更关心证明埃及是真正属于非洲和黑人的，而不关心埃及对希腊的影响。他们对这种影响的关心，集中在希腊人在埃及学习成果的传播，以及在亚历山大征服之后他们所认为的对埃及哲学和科学的大规模的抢劫和盗用。

另一个抑制修复古代模式中埃及方面更强有力的因素是，与腓尼基人的捍卫者不同，这些黑人学者一直处于学术圈之外。因此，关于 G. G. M. 詹姆斯称为《被盗窃的遗产》——被希腊人窃取的埃及文化成就——的大多数著述只在朋友间传播，或出版发行量很少；它们被迅速地向热心关注的公众销售一空，却不被学界认为是学术，甚至不被图书馆收藏。我研究这些问题已经八年，才知道这类文献的存在，即可作为这方面的明证。

有了这方面的接触后，我内心深感矛盾。一方面，我所受的训练使我厌憎学术外部包装的如此缺乏；另一方面，我发现我的思想立场更接近黑人文献而不是正统古代史。

我相信我的感觉是重要的。肯定还有别的学者，为腓尼基人在希腊形成过程中的角色及其受压制的政治侧面感到震撼，并已开始质疑极端的以及宽泛的雅利安模式。通过我对这个问题已经做过的成百上千的讨论，我知道人们已经不再在意识形态上公开反对古代模式。私下里，可能还有人相信这些排斥意见，但我相信，甚至这种态度——尽管在整个社会很普遍——在开明的学术界也难得一见。

那么，雅利安模式似乎主要因为其自身的传统和学术界的惰性而得以维持。这两种力量都不应被低估；然而，它们在很大程度上被许多令人吃惊的内部发展而弱化——这些发展表明青铜时代的文明比原来人们认为的更先进，更具有世界性。总体上，古代的记载比现代的重构更加可靠。考虑到这些外在和

402

内在背景，我确信即使是宽泛的雅利安模式也不可靠，古代模式将在 21 世纪初的某个时候得以恢复。

战后局势

"二战"和公众对大屠杀的揭露取消了反犹主义和种族主义的合法性，但新提倡的种族平等价值经过长时间才得以制度化。实际上，尽管流亡到英国和美国的犹太学者取得了卓越成就，在欧洲和北美社会的多数地方，包括学术界，反犹主义仍大行其道。直到 20 世纪 50 年代末和 20 世纪 60 年代初，很多美国大学还在继续排斥犹太人或严格限制吸纳犹太人。[1] 如同两次世界大战之间的反犹主义一样，英国机构不太容易被定性，但那里似乎很可能存在类似的情况。然而，从 20 世纪 50 年代末起，犹太学生和学者开始被名列前茅的大学完全接受。这一过程同样发生在古典学领域，到 70 年代这一领域的许多最具影响力的人物都是犹太人。

对非洲人和亚洲人的种族偏见无论过去，还是现在，都是一个更难克服的障碍。美国最高法院直到 20 世纪 50 年代中期才开始行动起来反对合法的种族歧视，直到 20 世纪 60 年代，大多数——但不是全部——美国黑人才获得选举权。这些法律和政治改革依然没有改变黑人和南亚人其他方面的境遇。从 1945 年到 1973 年，在持续繁荣期间，工业国家里的一些黑人和非欧洲的移民发了财，但各种族之间的工资级差仍然存在，甚至在恶化。随着 20 世纪七八十年代的经济萧条，在整个欧洲和北美，非欧洲人比白人损失得更多，也更快。

历史写作还受到下面我就要谈到的第三世界事件的影响。这里，看来可以公平地讲，在削弱反犹主义上，1949 年后以色列的建立和军事扩张比揭露大屠杀中反犹主义的后果发挥了更大作用。1947 年印度的独立，或者是 20 世纪 50 年代英、法允许其热带殖民地政治独立的"变化之风"，普遍都未给白人们留下深刻印象。无论如何，新殖民主义仍持有宗主国的经济大权。而且，准独立国或新独立国确实存在的问题和媒体对它们的种族主义处理，继续支持了只

1　Oren（1985, pp. 173-286）.

有白人才有能力自治的教条。然而，我们认为，更重要的是欧洲文化霸权的维持：对历史的理解和教授没有什么真正的变化。维克托·贝拉尔谴责的"欧洲沙文主义"仍甚嚣尘上。例如，晚至 20 世纪 60 年代，剑桥大学历史荣誉学位考试有关第三世界所教授的唯一课程是"欧洲的扩张"。

然而，也有一些重大的变化——首先是日本非凡的经济成功。此外，还有中国的重新统一，以及 1970 年后，西方讨好中国并与之结成反苏联盟，中国成为主要大国。希特勒在 20 世纪 30 年代给予日本人"荣誉雅利安人"的地位，他的观点到 1960 年被普遍接受。20 世纪 70 年代，中国也开始接受这种赞誉。现在西方对东亚人的普遍看法似乎是，东亚人从某种角度来讲是不一样，但与西方人是平等的。随着南亚次大陆从分裂的恐惧中恢复，印度人也受到稍许更多的尊敬。另一方面，富有浪漫主义色彩的阿拉伯酋长的形象则变成了骄傲自大的石油王子和巴勒斯坦的"恐怖分子"。基督教对伊斯兰全部的宿仇业已复活，并都指向了阿拉伯人，而且——不像欧洲在 19 世纪时对波斯人的崇拜——穆斯林伊朗被描绘成了穷凶极恶的魔鬼。此外，尽管已取得独立，非洲及其移民社群被视为毫无希望，黑人也被视为最低级的人类形式。

我列出这些粗糙的刻板形象不是因为大多数学者接受它们（尽管有些学者的确如此），而是因为我们大家——除了穆斯林，但包括许多亚洲人和非洲人——都在某种程度上受到这些刻板形象的影响。许多第三世界的运动——对非洲黑人文化艺术传统的尊崇和自豪感便是其中一例——接受了欧洲人的想法，即只有欧洲人有思辨能力；因此，很多黑人和深肤色的知识分子往往否认自己的分析智力，而退缩进入共享、热情、直觉和艺术创造等"女性"特征——有趣的是，这些正是戈比诺愿意向黑人承认的特征。换句话说，并不只是白人非犹太教徒发现容易接受"希腊奇迹"的神话和随之而来的"西方"文明的绝对优越性。然而，在广泛一致的情况下，已有一些不同意见。这个我们将在本章稍后呈现给大家。

古典学的发展，1945—1965

甚至早在 19 世纪，谨慎的历史学家就经常在他们著作的开头宣称，语言界限和种族界限并不总是一致——接下来却对它们一视同仁。[2]1945 年后，这种做法成了唯一可接受的方法，学者们总是提到语言上的划分而不谈种族差异。另一方面，"二战"摧毁了种族主义，却彰显了科学的胜利。这样，随着时间的推移，极端的雅利安模式的合法性愈发增强，因为几乎没有人怀疑它是用考古学和其他现代方法得出的"科学真理"。古代模式不再被视为必须面对和克服的连贯的规划，而是分解成了"当代无人"能认真对待的滑稽传奇的集合。

进行得非常热烈的关于早期希腊历史的辩论，几乎都发生在极端的雅利安模式内部。关于古希腊人何时到达希腊有过一场大讨论：直到 20 世纪 50 年代，少数重要的学者认为，在关于"自称赫拉克勒斯后裔者的回归"和多利安人入侵的传说中，雅利安人只是在青铜时代末横扫南方。这个观点遭到了压倒性的证伪，因为迈克尔·文特里斯破译了 B 类线形文字，他认为该类文字应属希腊文，但很多顽固分子直到 20 世纪 70 年代仍坚持这些观点。[3]

继谢里曼和埃文斯做出的发现以来，B 类线形文字的破译被认为是该领域最伟大的内部进展。而且，和谢里曼一样，它也是由一名业余爱好者完成的。迈克尔·文特里斯是一名建筑师，曾试图用密码来破译已出版的 B 类线形文字文本语料，他原以为这些文本是用一种前古希腊神秘语言写成的。然而，在1952 年，他尝试把文本与希腊语匹配起来，这一结合使他成功地破译了这些文本。

我想重新回到本卷书绪论中提到的一个主题。为什么这两个突破都是由外部人士做出的？就谢里曼而言，他头脑单纯，相信古典作家，而他那个时期的学者则被教导千万要避开这两样东西。文特里斯也同样"头脑单纯"。他把B 类线形文字和希腊语并置，而不是和某种深奥的几乎无人能懂的安纳托利亚语，或根据希腊语中的"前古希腊"成分构成的某种调和语并置。[4]而且，事实上 B 类线形文字以一种极端粗糙的方式体现了希腊语：把它当成希腊语来读简直就是对古典学家终身孜孜以求的所有优雅的践踏。

通过对比塞浦路斯音节文字，我们可以更加确信没有一个古典学家可以完

2　参见例如 Holm（1894, vol. 1, p. 13）。

3　Grumach（1968/9）; Hood（1967）.

4　对破译的描述见 Chadwick（1973a, pp. 17-27）。

成破译的任务：直到希腊化时代，塞浦路斯音节文字在塞浦路斯岛上一直被用来代表希腊语，在与希腊语语音体系的接近上，其粗糙程度和 B 类线形文字几乎一样。该音节文字由乔治·史密斯（George Smith）和塞缪尔·伯奇破译。史密斯几乎不懂希腊语。伯奇尽管是个称职的希腊学家，但在本质上他是个埃及学家和亚述学家，因此习惯于此类工作所要求的联系的松散性。[5] 这一观点——希腊学家太精细，因而不适合此类工作，至少不适合此类工作的初始阶段——将会在《黑色雅典娜》第二卷发挥作用。到时候，我将尝试用对应性来证实希腊语中的埃及语和闪米特语借词。这些对应性对大多数比较语言学家是可以接受的，但在希腊学家看来则十分粗糙，令人震惊。

　　考虑到他给专业人员带来的威胁，文特里斯的工作那么快并且那么热情地得到大家的认可真是引人注目。[6] 这部分归功于他的个人魅力，他精明地邀请一位头脑清醒、本质保守的古典学家——约翰·查德威克（John Chadwick）做他的合作者，并从新发现的刻写板中发现能支持他的解释的确证性证据。另一方面，无疑，当他们开始考虑这件事时，古典学家认为新的破译能支持极端的雅利安模式，因为它延伸了希腊人的时间深度和地理范围。然而，也有一些美中不足之处。第一个问题是在一块 B 类线形文字刻写板上发现了酒神狄奥尼索斯的名字。在希腊传统中，狄奥尼索斯一般被认为是一个出现很晚的神；因此，古典学家认为在公元前 6 世纪或公元前 7 世纪对他的崇拜才到达或兴起。他在公元前 13 世纪的出现将事情几乎推回到了古典作家们建议的时期——公元前 15 世纪。然而，这仍令人十分费解。尽管没人能否定新的证据，但大多数学者仍继续沿用旧的路线。

　　然而，比这更严重的一个问题是，在 B 类线形文字中发现了用闪米特语和埃及语写成的人名，以及很多用来指称香料、黄金等所谓外国货的得到认可的闪米特语借词。自 20 世纪 20 年代以来，这些借词曾被认为是由腓尼基人在公元前 8 世纪晚期的假定到达后引进的。这里，直到闪米特学家对这一点提出质疑，希腊学家才注意到这与极端的雅利安模式的不协调。总体上，这次破译加强了极端的雅利安模式，鼓励学者们向北方寻找来自入侵的源头。在 20 世

5　Friedrich（1957, pp. 124-31）.

6　Chadwick（1973a, pp. 24-7）.

纪 50 年代，大家达成了一致，都认为，说印欧语的原始希腊人曾在青铜文化早期第二期末尾，也就是大约公元前 2200 年，到达了爱琴海盆地。

原地生成模式

那些既同意把 B 类线形文字当成希腊语来读，又拒绝承认古希腊人侵略的学者，是他们所说的"原地生成模式"的支持者。在保加利亚著名的古代史老先生弗拉迪米尔·格奥尔基耶夫（Vladimir Georgiev）和杰出的极端孤立主义考古学家科林·伦弗鲁（Colin Renfrew）的带领下，他们否认印欧语是从黑海以北的发源地被带到希腊来的。相反，他们认为，原始印欧语只是在安纳托利亚和巴尔干半岛讲的一组方言群，而绝不是别的东西，在希腊讲的希腊语正是其中的一种方言。[7] 该模式属于孤立主义或反传流论的范式，从 20 世纪 40 年代起，就在考古学和人类学领域居于统治地位。它的统治地位似乎与对殖民主义的反动有关，很明显，传流论是殖民主义在学术上的反映。[8] 然而，语言学家和古典学家往往不像别的学者那样甘心放弃传播的概念，因为它经常可以合理地解释已知语族间的关系。他们的一个强有力的论点是，通过征服和移民带来的传播在人类有记载的历史上发挥了重要作用，没有理由认为史前史在这方面会有重大差别。

原地生成模式代表了向雅利安模式取得进展以前、19 世纪二三十年代的卡尔·奥特弗里德·缪勒的立场的回归。然而，和缪勒一样，它的支持者们多采用北方的和欧洲的思维方式，如果说有什么不同的话，他们比雅利安主义者更敌视青铜时代中期末尾近东殖民的传说。但这种否认及其前古希腊基础的缺乏，使原地生成模式无法解释希腊语中的非印欧语成分，雅利安模式的捍卫者正是利用了这个弱点。[9] 然而，很可能因为原地生成模式的支持者在考古学的优势范式内部工作，他们认为可以忽略这个明显的重大缺陷。由于原地生成模式和雅利安模式都排除了近东殖民的可能性，它们之间的冲突就不再与《黑色

7　参见 Georgiev（1966；1973，pp. 243-54）；Renfrew（1973，pp. 265-79）。关于我对此观点的概观，参见绪言。

8　这并不是说，孤立主义范式的所有支持者都反对殖民主义，也并非所有的传流论者都敌视殖民主义。

9　Crossland and Birchall（1973，pp. 276-8）。

雅典娜》的主题有直接联系，本书的重点在于讨论古代模式和雅利安模式之间的冲突。

地中海东部的联系

到 20 世纪 60 年代中期，对腓尼基人的憎恨，如果说有什么变化，就是更加升级。里斯·卡彭特加紧开展运动推迟字母表的传播时间，并限定腓尼基殖民的范围，他的提议被广为接受。[10] 底比斯被殖民的可能性通常遭到摒弃。事实上，关于卡德摩斯传说最坚定的雅利安解释出现于 1963 年，由法国学者 F. 维安（F. Vian）提出。[11] 很多学者继续否定或至少尽量缩小地中海东部联系的范围。1951 年，英国古代史学家 R. 梅格斯（R. Meiggs）在对伯里历史的修订中，认为可以做出以下判断：

> 似乎有一套连贯的文献证据表明，在青铜时代，迈锡尼人与腓尼基人，或者别的闪米特人之间交往密切。可惜，这套证据并没有它表面上看起来的那样连贯，那样有说服力……更严重的是，越来越多的人怀疑是否曾有任何近东民族在青铜时代进入过爱琴海或地中海西部地区。[12]

随着爱琴海和黎凡特之间有联系的考古证据越来越多，有人认为这些联系一定是希腊人主动接触的结果："……在弥诺斯中期第二期结束后，在整个公元前两千纪的后半期，只有迈锡尼的希腊水手、商人、工匠才能当之无愧地接受营造了爱琴海和东方联系纽带的荣誉。"[13] 由于第八、九两章中讨论过的原因，很多闪米特学家似乎不愿意研究腓尼基历史，直到 20 世纪 60 年代，研究腓尼基历史的人主要是古典学家和亲希腊的人。1961 年，黎巴嫩学者 D. 巴拉姆基（D. Baramki）复兴了埃文斯在世纪之交和伍利在 20 世纪二三十年代提出的理论，即腓尼基人的所有成功都来自雅利安血液的输入；而受古典学训练的 D. B.

409

10　参见 Carpenter（1958；1966）。又参见 Snodgrass（1971，pp. 18-23）。
11　Vian（1963）.
12　Bury（1951，p. 66）.
13　Kantor（1947，p. 103）.

哈登（D. B. Harden）在他出版于 1962 年的《腓尼基人》一书中，则接受了迈锡尼人曾在青铜时代拥有制海权的观念。[14]

鉴于有可以证明这些联系存在的新的考古发现和证明影响的方向是从东往西的事实，不仅那些全盘否定联系存在的理论，就连那些把这些联系完全归因于迈锡尼人和后来的希腊人的理论都受到反抗。直至其 1971 年去世前，伟大的美国学者、闪米特研究的老前辈威廉·福克斯韦尔·奥尔布赖特主张，腓尼基殖民发生在公元前 9 世纪甚或公元前 10 世纪。[15]澳大利亚的古代史学家威廉·卡里肯（William Culican）在一本极其大胆的书中，强调了黎凡特在公元前两千纪的中心性、开创性和影响力，但他故意避开了古代模式和西闪米特人是否对希腊文明有过深远的和／或长期的影响的问题。[16]

而且，对卡德摩斯传说的否定（这是极端的雅利安模式中的薄弱一环），也继续让人心生疑窦。伟大的马克思主义古典学家乔治·汤姆森（George Thomson）在 1949 年，以及他的同事 R. F. 威利茨（R. F. Willetts）在 1962 年，坚持认为卡德美亚人（Kadmeioi）是一个闪米特人部落，他们从腓尼基到达克里特，又继续来到底比斯。[17]同样，在 20 世纪 60 年代，黎巴嫩历史学家 D. 巴拉姆基和 N. 伊德健（Nina Jidejian）也认为腓尼基人曾在底比斯殖民，然而，他们认为这发生在铁器时代。[18]有些历史学家则更加有过之而无不及，他们不但接受了卡德摩斯传说，也接受了有关达那俄斯的传说。古典学家 G. 赫胥黎（G. Huxley）在他 1961 年出版的《克里特和卢维人》一书中，论证了这些观点；但正如他的书名所暗示的，他更关心的是受尊敬的安纳托利亚联系，而不是与埃及和黎凡特的联系。有趣的是，人们应注意这本书是以私人名义出版的。[19]第二年，古典考古学家弗兰克·斯塔宾斯博士在《剑桥古代史》第二卷第三版中发表了关于"迈锡尼文明的兴起"的章节，这是一个更加令人震惊的进展。[20]在这一章，斯塔宾斯所接受的古代模式，使他可以赞成有来自埃及的入侵，以

---

14 Baramki（1961, p. 10）.

15 Albright（1950; 1975）.

16 Culican（1966）.

17 Thomson（1949, pp. 124, 376-7）; Willetts（1962, pp. 156-8）.

18 Baramki（1961, pp. 11, 59）; Jidejian（1969, pp. 34-7, 62）.

19 Huxley（1961, esp. pp. 36-7）; 又参见下面的注 64—65。

20 Stubbings（1973, vol. 2, pt. 1, pp. 627-58）. 这一分册首次出版于 1962 年。

及希克索斯公国在希腊业已建立等观点；他还宣称这一解释能被最新的考古发现证明，有证据表明在迈锡尼时代之初希腊就有来自近东和埃及的影响。[21]

另一个古典考古学家走得更远。她就是哈佛大学的古典考古学教授埃米莉·弗穆尔（Emily Vermeule）。她认为迈锡尼文明在整个存在期间都与埃及和腓尼基保持了联系。1960 年，她在描述迈锡尼文明没落的原因时写道：

> ……很明显，不是迈锡尼人消失了，而是迈锡尼文明消亡了。这个文明的力量主要取决于它从竖井墓（谢里曼在迈锡尼发现的最早的古墓）时期以来与克里特和东方所保持的使它生机勃勃的联系。这个联系一旦中断，迈锡尼文化便日益凋零，直至面目全非，无法识别。[22]

但是，我们应当记住，这些观点无论过去还是现在都绝不是有代表性的。现代英国大多数迈锡尼时代的希腊考古学家和历史学家——例如，查德威克、迪金森（Dickinson）、哈蒙德（Hammond）、胡克（Hooker）、伦弗鲁和泰勒（Taylour）——都坚持认为迈锡尼文明是本土发展的结果。那些明显的来自近东和非洲的希腊文化借用都被看成希腊人主动的引进：雇佣兵的回归、贸易，甚至中东的旅游业。[23]

由于完全排除了埃及人或迦南人对希腊文化或语言影响的可能性，学术界权威们便可利用这一"事实"来攻击那些基于希腊传说或考古类似的入侵假说。与希克索斯人相联系，斯塔宾斯博士试图克服这一点：

> 他们的到来并没有伴随着大规模的埃及化，这一点完全符合我们所知道的希克索斯人在埃及的情况。在埃及，除了新的军事技术和组织外，他们几乎没有传入别的东西。他们代表的不是大规模的人口迁徙，而只是武士阶层对高度发展的埃及文明的占领。他们并没有带来新的语言，因为他

411

21　Stubbings（1973，pp. 631-5）。

22　Vermeule（1960，p. 74）；引用于 Astour（1967a，p. 358）。

23　参见 Chadwick（1976）；Dickinson（1977）；Hammond（1967）；Hooker（1976）；Renfrew（1972）；Taylour（1964）。这一观点的最好表述见 Muhly（1970b，pp. 19-64）。但是，下文将讨论他立场的改变。Vermeule（1964）也持有这些观点，但她自那以后也大大拓宽了她的立场。

们留下的极少数的官方铭文都是用埃及语写的。[24]

我认为他对于埃及的希克索斯人影响力的分析实在有些问题。我们对那里的希克索斯王朝的一手资料所知甚少。然而，从长远观点来看，尽管有第十八王朝的埃及民族主义和文化的复兴，毫无疑问，重大的文化转变发生在异族统治时期。的确，斯塔宾斯博士把希克索斯人看成武士阶层似乎是正确的；但像蒙古人搅翻了欧亚大陆文化一样，希克索斯王朝在传播其他文明——把闪米特文明传入埃及，把"弥诺斯"文明和埃及文明传入希腊等的过程中似乎也起到了文化塑造的作用。然而，希腊由于缺乏像埃及那样强大的文明传统，更容易被改变；因此，总体来说，希克索斯王朝很可能在爱琴海地区发挥了更大的影响。

另一方面，从历史编纂的角度看，斯塔宾斯的立场重新回到了康诺普·瑟尔沃尔在 19 世纪 30 年代和阿道夫·霍尔姆在 19 世纪 80 年代的论点：尽管希腊可能有过埃及人和闪米特人，但没有关系，因为他们没有长期的影响。虽然斯塔宾斯摒弃了 1885—1945 年间赤裸裸的种族主义，但他仍像他的前辈一样，坚定地拒绝了古代模式。

斯塔宾斯赖以建立其论点的"最新"考古学证据并不足以动摇牢固的极端雅利安模式。然而，在 19 世纪 60 年代，若干新发现的确对地中海东部地区黎凡特人和希腊人的相对重要性有重大影响。1967 年，海洋考古学家乔治·巴斯（George Bass）发表了关于在该地区发掘的唯——艘青铜时代晚期的船只的报告。虽然他坚持认为这艘在土耳其南部的盖利多尼亚角（Cape Gelidonya）沉没的商船是叙利亚的，但他没有继续主张这表明这一时期的所有船舶都是迦南人的。然而，根据该证据和其他证据，他认为清楚的是，黎凡特贸易在青铜时代晚期的重要性已居于中心地位。[25] 这一论点削弱了被广泛接受但毫无根据的非闪米特的弥诺斯和迈锡尼拥有制海权或建立过海上王国的主张，并最终摧毁了贝洛赫使用过的腓尼基船只在公元前 8 世纪前无法到达爱琴海地区的论点。

在 1963 年和随后的几年里，人们又在时间大约为公元前 1300 年底比斯的

24　Stubbings（1973，p. 637）. 埃及发生的变化包括公认的新语言的发展：晚期埃及语；青铜的首次广泛应用；一些东西如马、战车、剑、复合弓和桔槔的引入。

25　Bass（1967）；他的初步报告见 1961（pp. 267-86）。

卡德摩斯（Kadmeion）或皇家宫殿的土层里，发现了大量的近东物品，其中包括 38 枚圆筒印章。[26] 大多数考古学家保持谨慎，但此发现所在的城市在传说中与腓尼基的联系是如此密切，这一发现自然让人们重新认识到关于卡德摩斯的传说也许不无可能。这也提供了对雅利安模式中的反腓尼基侧面进行激进挑战的武器。[27] 接着，在 20 世纪 60 年代，艺术史学家们对很多常见于青铜时代晚期的近东和爱琴海地区的主题和技术的研究证明，的确存在密切联系；而且影响的方向在该时期的早些时候似乎是向西推进。[28]

有趣的是，古典考古学家和爱琴海考古学家都不公然敌视这项工作。[29] 另一方面，考古发现对近东在爱琴海地区影响的证明无疑通常遭到贬低。相比之下，大家普遍认为，在黎凡特地区发掘的大量的青铜时代晚期末尾的迈锡尼陶器表明了希腊在该地区的存在，如果不是殖民的话。[30] 虽然迈克尔·阿斯特和一些闪米特批评家反对这一点，但我仍认为在公元前 14 世纪和公元前 13 世纪，黎凡特地区似乎确实受了相当的希腊文化影响。但我仍觉得，应该注意到学者们在坚持这一影响的同时却又否认西闪米特人对爱琴海地区有影响的双重标准。[31]

神话学

应当强调的是，希腊学家发现，与神话和语言这些被视为更基础领域里的联系相比，两个文明之间物质文化联系的证据还不太令人不安。在神话学里，对待越来越多的证明近东和爱琴海形式之间具有惊人相似性的问题有两种方法，而且都未脱离极端的雅利安模式。第一个也是最令人满意的方法是由卡尔·奥特弗里德·缪勒倡导，并由世纪之交的剑桥古典学家詹姆斯·弗雷泽和简·哈里森首先尝试的“人类学”方法：这种方法要求必须把相似性看成人类心理巧合的表现。希腊和中东的神话、崇拜之间的相似性也可能会被

413

26　Symeonoglou（1985, pp. 226-7）。

27　对此的概观见 R. Edwards（1979, pp. 132-3）。

28　关于此的参考书目，见 R. Edwards（1979, p. 118, n. 122-3）。

29　参见 Mellink（1967, pp. 92-4）和 Muhly（1970a, p. 305）对 Stevenson Smith 的著作的评论。

30　参见例如 Akurgal（1968, p. 162）; Stubbings（1975, pp. 181-2）。

31　Astour（1967a, pp. 350-5）。

大量的讨论全世界相似性的著作所掩盖。[32]另一个主要的方法是第八章提到的，由现代古典学家沃尔卡特和韦斯特（West）教授采用的方法。按照喜好的递减顺序，这种方法认为东方的影响来自印度人、伊朗人、赫梯人、胡里安人和巴比伦人。[33]

第三种方法，也就是美国古典学家和神话作家方滕罗斯（Fontenrose）教授的方法，就是结合前两种方法，并假定普遍性和通过陆路的借用。[34]而另一种方法试图解决由希腊和乌加里特的西闪米特文化之间存在的密切相似性所引起的问题，于是假定希腊在叙利亚城市建有殖民地，并由殖民者将闪米特神话和故事传播到了故乡。[35]这些方法的关键是，无论怎样解释这些相似性，都避免采用古代模式设定的路线，即埃及人和腓尼基人曾在希腊殖民。

语　言

我在本卷中始终强调，语言是雅利安模式中的至圣所。不仅浪漫主义者认为语言是一个民族独一无二精神的根本体现，而且语言在学术学科中也处于核心地位。运用语言的能力是在学术领域中发表观点的必要条件，正是主要通过必然专制的语言教学过程，学生们被反复灌输学科界限。因此，尽管在物质文化领域，关于近东影响的限制已大大放松，在神话学上也有些变化，但一谈到语言问题，人们仍然严格维持拒绝承认亚非语基本影响的禁令，这并不令人惊奇。这里，"可敬"的学者们又根据同样的喜好递减的顺序，把不可削减的希腊词汇中的"东方"成分归因于印度、伊朗、赫梯、胡里安、巴比伦、西闪米特和埃及来源。[36]

然而，也有两个现代美国学者，索尔·莱文和约翰·佩尔曼·布朗（John Pairman Brown），他们同时擅长希腊语和希伯来语，很谨慎也很合理地重新确定了大量的进入希腊语的迦南语借词。尽管古典学家清楚他们的工作成果，莱文的研究被摒弃，因为他坚持闪米特语和印欧语言之间存在起源上的联系；出

32　参见例如 G. S. 柯克（G. S. Kirk）教授的著作。

33　Walcot（1966）; West（1971）.

34　Fontenrose（1959）.

35　Webster（1958, p. 37）.

36　Szemerenyi（1964; 1966; 1974）; Mayer（1964; 1967）. 对他们著作的进一步讨论见第二卷。

于同样的原因，这一立场在极端的雅利安模式建立的同时成为诅咒。[37] 布朗的成果主要发表在与闪米特研究有关的期刊上，完全被人忽视。[38] 其实，这也是对待这种无可辩驳的成果的传统方式。

另外，大家也不得不承认，B 类线形文字中已被确认的借词是在青铜时代传入的。尽管如此，关于进入希腊语的闪米特语借词的受到最广泛承认和赞扬的著作，是法国语言学家 E. 马森（E. Masson）的一本小册子，其中被确定的借词仅局限于腓尼基语铭文的小语料库所证实的描绘物件的词语，而不包括在乌加里特语和《圣经》中发现的借词。[39] 这样，原本就少得可怜的受到认可的借词就更少了。

乌加里特

然而，对雅利安主义的反抗也在崭露头角。但在讨论这一点之前，我们应当简单地考虑一下削弱极端的雅利安模式的主要内部进展：乌加里特文明的发现。乌加里特是叙利亚沿海的一个港口，在 1929 年被发现后，得到了充分彻底的发掘。几乎是紧接着，在第一个考古季，人们就在地质年代处于公元前 14 世纪和公元前 13 世纪的土层中，出土了大量的烘干土简。有些土简是用阿卡德语写成的，阿卡德语是青铜时代晚期的通用语。而别的土简是由一种未知的楔形文字书写的。解读这些土简非常迅速，其原因有二：首先，别的楔形文字是以音节形式出现的，而这种文字则是字母形式；第二，该语言与迦南语非常接近，是不为前人所知的一种西闪米特语。

这种"新"语言对语言学家们弥足珍贵。大多数文本涉及经济，提供了关于一个重要贸易中心的结构和贸易的珍贵信息。其他的文本涉及传说和仪式，这些文本也具有显著的重要性，因为它们与《圣经》故事和希腊神话有着惊人的相似性。这就给极端的雅利安模式带来了极大问题，因为该模式的中心信仰是雅利安希腊人和闪米特黎凡特人之间存在绝对的区别。

415

37　Levin（1968；1971a；1971b；1973；1977；1978；1979；1984）. 他关于两大语系的著作见 1971a。绪言中提到，过去数年间，亚非语系和印欧语系之间发生关系的观念有实在的复兴。

38　Brown（1965；1968a；1968b；1969；1971）.

39　参见 Masson（1967）；关于赞扬，参见例如 Rosenthal（1970，p. 338）。

学术与以色列的崛起

古希腊学术没有受到以色列建立和军事扩张的直接影响，尽管它们清楚地证明了，根据事实本身，讲迦南语的人不是没有能力征服或建立海外殖民地。大多数犹太历史学家受到的直接影响是，将自己的研究重点缩小至巴勒斯坦，并忽视犹太人的大流散。同样，以色列人与其迦南和腓尼基邻居之间的差异，而不是彼此间的相似之处，受到越来越多的强调，这样就限制了极端重要的比较研究的发展。[40]

以色列建国的间接影响极其重要。它重新燃起了犹太人对世俗犹太性的骄傲。而且，通过提供两个极端——宗教民族主义者和世俗民族主义者——它允许在犹太传统内部有更大的机动空间。数个学者得以利用这个新的范围取得独立。我们关心的领域中就有两位最卓越的学者，赛勒斯·戈登和迈克尔·阿斯特，他们现在都在美国工作。两人都是自觉的犹太人，但处于宗教和犹太复国主义的主流之外。戈登著作的主要动机似乎是为了推动同化。这种同化不是像雷纳克之类的学者所倡导的，希望犹太人遵守基督教或希腊文化的同化。戈登似乎把同化看成一种同伴关系，相关的双方要能意识到各自的根基，并引以为荣，进而创造出一种更丰富的文明。[41]阿斯特的观点与之类似，但他著作中的泛闪族主义（pan-Semitism）的成分似乎更强，而且不愿意承认讲印欧语或讲埃及语的人有任何创造性。

赛勒斯·戈登

赛勒斯·戈登是一位杰出的语言学家和最伟大的在世的闪米特学家之一。尽管他的敌人千方百计想取代他的开拓性著作《乌加里特语语法》的地位，这本书仍是 20 世纪解读被发现的第一种新的闪米特语的权威著作。然而，在过去三十年里，他一直被排挤在学术界的边缘，大多数学者认为他是个怪人。这部分是因为他的罪行或过错不是无意的——对此，学术界通常极端宽大——而

40　当然有重要的例外，显著的如 Umberto Cassuto（1971）和 Spiegel（1967）的著作。

41　参见 Gordon（1971，pp. 144-59）有关自传的部分。

是有意的，故属于十恶不赦。更有甚者，他企图证明腓尼基人甚至早期犹太人对美洲的影响，这远远超出了流行的看法，因此他显得荒唐可笑。这意味着，他所有的原创工作可能，而且也已经被弃之如敝屣。[42]

戈登企图把闪米特文化和希腊文化联系起来，这一努力是对学术界现状的一个更严重和更直接的威胁。他把乌加里特和克里特看成联系两个文化的桥梁。正是在他有关乌加里特大量工作的基础之上，他才创作了一部专著，并于1955 年出版，书名为《荷马与〈圣经〉》。他在书的结尾处这样结论道："希腊和希伯来文明是建构在同样的地中海东部基础上的平行结构。"尽管这一观点与世纪之初的埃文斯的观点比较相似，但不被信奉极端的雅利安模式的学者们所容忍。正如戈登所描写的那样，人们对这部书的反应是：

> 犀利：有些评论家大加赞美，而有些则冷嘲热讽。但有一点非常清楚：我不再是一个平静的学者，不再是一个被其他专家所接受的另一个安静的专家了。我成了学术界的搅局者，同时我的作品和演讲也为更多的公众所瞩目。[43]

与对待五十年前的维克托·贝拉尔一样，外行和内行的意见产生了分歧，前者偏好简单的大规模的"聚合分类"，后者偏好"过细区分"。内行人士需要狭窄的、不相联系的题目，以适合个人研究，并利于"私人拥有"知识。在回应贝拉尔和戈登时，别的专家觉得受到威胁，正是因为那些反对学术界现状的观点似乎言之有理。

特别是在纳粹使雅利安人绝对独特和高等这一观念蒙羞之后，对外行来讲，鉴于荷马时代的希腊、乌加里特和《圣经》中的巴勒斯坦在历史时代和地理位置上的相邻性，它们之间存在密切联系的观点似乎完全合理。而在内行看来，事情"没有那么简单"。他们认为，外行人士由于不了解学术文献中的详细情况，所以无权向专家挑战。然而，不幸的是，学者们虽然这样认为——因为他们的地位和生计有赖于此——但明显的不一定总是错误的！有时，回头想想人们可

417

42　Cross（1968，pp. 437-60）；Friedrich（1968，pp. 421-4）；Bunnens（1979，pp. 43-4）；Davies（1979，pp. 157-8）.我对此的观点见第五章，注 168。

43　Gordon（1971，p. 157）.

能会说，外行公众比专家更懂行：在绪论中我曾举过大陆漂移说的例子。

克里特是戈登联系闪米特人和希腊人的第二座桥梁，它更加令人烦恼。受到文特里斯破译 B 类线形文字的鼓舞，戈登对当时受到批判，但现在已被广泛接受的假想，做了进一步的推论。他认为 B 类线形文字的符号具有和它的前身 A 类线形文字——至少是存在于弥诺斯文明晚期的线形书写系统——同样的语音价值。[44] 根据这一原则，戈登读出了 A 类线形文字中的几个闪米特单词，还区分出了闪米特句型。为做到这些，他假设和 B 类线形文字一样，清塞音和浊塞音之间几乎没有区别（p 和 b；t 和 d；k 和 g）。他还运用西闪米特语和阿卡德语来解读词汇。1957 年，戈登在一本非常受尊敬的期刊《古代》（Antiquity）上发表了他解读 A 类线形文字的初步结果。在 20 世纪 60 年代，他继续发展了自己对 A 类线形文字和对用希腊字母书写的后期原克里特语铭文（Eteocretan inscriptions）的闪米特解读的一些想法。[45] 人们普遍认为他采取的程序不合法，但引人注目的是，这些程序的正确性因 1975 年埃卜拉语的发现而被确认。埃卜拉语是公元前三千纪的一种西闪米特语，它兼有阿卡德语的古风以及乌加里特语和迦南语的特征。[46]

和他对 A 类线形文字的解读一样，戈登对荷马史诗和《圣经》中相似性的研究一直也颇受"争议"。然而，有趣的是，戈登立刻获得了两位"英裔"南非白人学者的支持。我认为，这可以用外部因素或意识形态力量来解释。1885 年后，大多数北欧人和美国人可以随心所欲地大肆反犹，南非白人因为他们的基要主义传统，对犹太人既爱又恨。[47] 随着他们种族主义的系统化和与德国纳粹分子的联盟，这种爱恨交织的感情发展成了反犹主义。[48]

另一方面，"英裔"南非人永远也无法忽视非欧洲的威胁，他们保持了 19 世纪对犹太人爱恨交织的感情。另外，他们还有解释津巴布韦大规模石头遗迹的特殊需要。津巴布韦这个国家正是由于这些石头遗迹而得名。人们在 20 世

---

44 Gordon（1971，p. 158）．关于认可，参见 Chadwick（1973a，pp. 387-8）。

45 Gordon（1962a；1963a；1968a；1968b；1969；1970a；1970b；1975；1980；1981）．又参见 Astour（1967b，pp. 290-5）。关于原克里特语 / 人，参见第一章，注 16。

46 Dahood（1981a；1981b）；Garbini（1981）；Gelb（1977；1981）；Kienast（Cagni，1981）．

47 Gordon（1971，p. 161）．

48 南非白人领袖发觉与现代以色列结成联盟是明智的，这并没有阻止他们重新发现他们与古代以色列人非常真实的密切关系。

纪 60 年代采用碳-14 年代测定法测定这些遗迹属于公元前 15 世纪和公元前 16 世纪，甚至在此之前，人们就已清楚这些遗迹是至今仍居住在该地的绍纳人（Shona people）修建的。然而，这样的结论是无法被接受的，因为种族刻板印象容不得非洲人完成这样的壮举；因此，建筑就被归功于腓尼基人。[49] 这样就可以让南部非洲保存维多利亚时代对腓尼基人的好感，这种好感似乎是南非的古典学家在这个问题上持开明态度的一个因素。

然而，这两位学者后来又收回了他们的支持，在解读 A 类线形文字上，他们采取了更正统的不可知论和赞同安纳托利亚联系的立场。这种态度的转变肯定与来自欧洲的希腊学家对闪米特联系的强烈抵制有关，尤其是来自文特里斯的合作者、研究迈锡尼语言的老前辈约翰·查德威克的抵制。查德威克在其发表在《剑桥古代史》中有关 B 类线形文字的文章里，和其厚重的著作《迈锡尼时代的希腊语文献》中只字未提戈登在 A 类线形文字上的研究成果，尽管这些成果大多发表在权威期刊上。有趣的是，查德威克专门提到不要把他参考文献中的遗漏"看成批评"。然而，由于戈登假想的重要性——不仅对阐释 A 类线形文字，而且对解释迈锡尼时代的手迹、语言和社会的性质都很重要——这种遗漏就显得别有深意。[50]

至少到目前为止，戈登已经遭到和许多极端分子一样的命运。戈登在 20 世纪 50 年代冒犯了极端的雅利安模式。尽管这一模式现在已经开始衰败，尽管现在已确认 A 类线形文字可以用 B 类线形文字的音值来读，已确认有多种"混合"闪米特语的存在，已确认 A 类线形文字和原克里特语中存在闪米特单词，而且没有内在因素证明它们不是闪米特语，但是仍有人拒绝承认它们是闪米特语，拒绝认同戈登由于提出了这个假想应该受到赞扬。[51]

尽管赛勒斯·戈登在很多方面是一个遭学术界蔑视的人，但他的语言和教学能力意味着他的学生们在学术训练方面是同时代人中的佼佼者，现在他们已经成了美国闪米特研究的主力军。他们学到的一个教训是，出格要付出高昂的代价，他们中只有一人就克里特问题发表过文章。[52] 然而，大多数人对老师的

---

49 Chanaiwa（1973）.

50 Chadwick（1973b, vol. 2, pt. 1, pp. 609-26; 1973a, pp. 595-605）.

51 参见例如 Duhoux（1982, pp. 223-33）。

52 Stieglitz（1981, pp. 606-16）.

观点保持着基本的同情，并相信迦南人和腓尼基人的角色一直以来都受到系统的忽视。[53] 无疑，他们的影响正逐渐侵蚀着当今的学术界，在美国，这可能会导致拒绝接受从前毫无疑问的古典学对闪米特研究的支配。

阿斯特和《希腊-闪族比较论》

然而，从短期来看，戈登的同事迈克尔·阿斯特取得了更大的影响。20世纪30年代，阿斯特在巴黎师从乌加里特语破译大师、法国人夏尔·维罗洛（Charles Virolleaud）学习。维罗洛曾受贝拉尔的影响，在私下里相信卡德摩斯神话中有关腓尼基的指称是基本真实的。从1939年到1950年，阿斯特被关押在苏联的战俘集中营内；随后六年他在一个西伯利亚的城市生活，在那里他得以在闲暇时分克服巨大困难，继续从事希腊-闪米特关系的研究。1956年，他离开苏联，前往波兰。一年后，他在波兰读到戈登关于A类线形文字的第一篇论文。此后不久，他抵达美国，在戈登的安排下，在伟大的布兰代斯（Brandeis）犹太大学所属的戈登所在的系工作。[54] 1967年，他出版了《希腊-闪族比较论》。这部书囊括了关于达那俄斯、卡德摩斯和他称为"济世英雄"（healer heroes）的诸如伊阿宋（Jason）、柏勒罗丰（Bellerophon）等的神话系列的重要研究。通过这些研究，他力图展示希腊、乌加里特和《圣经》神话在结构和名称上详细的相似之处。在这一点上，他继承也超越了贝拉尔的成果。

如前所说，20世纪50年代晚期和60年代早期的其他学者，如方滕罗斯和沃尔卡特都探索过希腊和近东神话之间详细的相似之处，他们也从未怀疑过希腊神话是派生的产物。[55] 但为什么阿斯特的著作被认为更令人反感呢？首先，它在形式上是一种冒犯，因为它挑战了学术等级；这反映了两种学科的相对权威。尽管古典学家以前讨论过东方神话与希腊神话的相似性，但东方学家就希腊问题发表观点则完全是另一回事，并且完全不能被接受。

阿斯特的著作在内容上也遭到根本性的抵制。学者们，如方滕罗斯和沃尔卡特广泛搜罗了全世界的神话故事——包括印度、伊朗等地的神话——如果

53　Neiman（1965，pp. 113-15）；Sasson（1966，pp. 126-38）.

54　Astour（1967a，pp. xii-xvii）.

55　参见本章注33。不久以后，Kirk（1970）研究了同样的主题。

可能的话，他们更青睐那些不太冒犯的神话来源。相比之下，阿斯特认为希腊
名字起源于闪米特语，这不仅侵犯了语言的神圣领域，还彰显了西闪米特人和
希腊人之间密切、明确的联系，这令人不安。更有甚者，他讨论的两个神话系
列——卡德摩斯和达那俄斯神话系列——都涉及近东在希腊的殖民，他令人信
服地证明这两个神话系列都具有历史真实的内核。《希腊-闪族比较论》的第四
部分更加具有挑衅性，因为它探究了知识社会学，而且它对古典学和古典考古
学的历史和意识形态的概述也成了以后所有有关该主题的论述的基础，本卷书
也不例外。这样，阿斯特就把相对论注入了以前不受或然说和不确定性影响的
题目。自 19 世纪 90 年代以来，或然说和不确定性的影响力已改造了其他多种
学科。

421

　　阿斯特已经证明——请鲁思·爱德华兹等人原谅——在西闪米特神话和希
腊神话之间存在根本性的联系。[56] 但很明显，这只是他的部分目标。像莫费斯和
其他 19 世纪中期坚持宽泛的雅利安模式的学者一样，阿斯特认为古代模式对殖
民的描述基本正确，除了后者把本应是西闪米特人的征服归结给了埃及人。整
体上他认为"不仅腓尼基语在迈锡尼时代的希腊的多个地区得到应用，而且整
个迈锡尼文明在本质上都是古代东方的一种边缘文化，是它最西方的延伸"[57]。

　　尽管阿斯特指出 B 类线形文字中存在借词，从而证实了闪米特文化在公元
前 14 世纪以前的重大影响，但他没有寻找希腊语发展中其他阶段的进一步
的例证。而且，他也从未考虑过埃及的文化影响，或者近东文化全面涌入的可
能性，它们可以被用来解释希腊语言、地名和神话名称中的大多数非印欧语成
分，从而不需要假想的前古希腊人本源。尽管如此，阿斯特已经永远地改变了
古代地中海地区的历史编纂。

　　《希腊-闪族比较论》卖得异常火爆。然而，评论非常不友善，以至阿斯
特放弃了对该题目的继续研究。这些批评家以 J. D. 米利（J. D. Muhly）为首，
他是为数不多的有资格与阿斯特进行辩论的人之一。米利是一位美国考古学
家，懂得希腊语和阿卡德语。他宣称："《希腊-闪族比较论》一书令人极端失
望。该书并没有在大量新材料的基础上，对问题进行新的讨论，而只是对维克

56　Edwards 的反对意见见 1979（pp. 139-61）。她给出了一些有效的论点，但没有破坏阿斯特的整体
观点。

57　Astour（1967a, pp. 357-8）。

托·贝拉尔的理论回炉而已。"[58] 米利认为，阿斯特对于青铜时代的希腊和黎凡特之间的关系没有做出任何贡献。米利还宣称，在抨击 19 世纪 90 年代的反腓尼基的学者如贝洛赫的过分言论时，阿斯特树立了一个稻草人，后者观点与现代古典学家不同。然而，这个论点的力度被米利的另外一句话削弱了："我不打算为那些著名的古典学家业已发表的，而且**仍在继续发表的**关于近东文明的谬论辩护"（黑体由笔者标注）。[59]

422

米利的第二句话是可以站住脚的，因为贝洛赫在他的学科的某些领域中仍广受尊敬，而且在 19 世纪 90 年代贝洛赫的反腓尼基主义和 20 世纪 50 年代里斯·卡彭特的反腓尼基主义之间也没有多少可以选择的余地。[60] 此外，米利指出现代大多数古典学家并不和他们的老师或师爷们一样有种族主义或反犹主义的流行病，这一点无疑是正确的。但他仍要求他的读者相信极端的雅利安模式在其所形成的时代思潮中出淤泥而不染，相信那些创造了极端的雅利安模式的学者们的观点——这些观点现在已被认为无法接受。

三年后，在 1970 年，米利在一篇题为《荷马和腓尼基人》的文章中重新进行抨击。在这篇文章中，根据本章前面所概括的流行看法的路线，他主张：没有考古证据表明腓尼基人在公元前 8 世纪前的地中海出现过，在地中海青铜时代土层中所发现的黎凡特物品是希腊人通过雇佣兵兵役或贸易带来的，甚至可能是旅游者携带的小古董。他断言，荷马笔下的腓尼基人是荷马自己时代的腓尼基人。米利认为荷马时代在公元前 8 世纪，这些腓尼基人所处的年代与特洛伊战争或迈锡尼时代晚期不在同一时期。米利明确而又热心地支持贝洛赫和里斯·卡彭特的论点，认为腓尼基人对希腊的影响不但时间靠后，而且非常浅薄。[61] 稍后我们还将谈到米利在 20 世纪 80 年代部分转变了自己的立场。

阿斯特的继任者？ J. C. 比利希迈尔

尽管阿斯特对古典学没有太大的直接影响，但他的作品的确在古代史学家

58　Muhly（1968, p. 585）.
59　Muhly（1968, p. 586）.
60　现代崇拜见第九章，注 18。
61　Muhly（1970b, pp. 19-64）.

中引发了一些反应。1976 年，加利福尼亚大学圣巴巴拉（Santa Barbara）分校通过了 J. C. 比利希迈尔的一篇简短的博士论文。该论文的标题是《卡德摩斯和希腊青铜时代闪族因素存在的可能性》，但实际上这篇论文的内容比标题暗示的更大胆，因为它不仅接受了阿斯特关于卡德摩斯和达那俄斯传说的观点，而且还超过了阿斯特，赞成达那俄斯埃及出身的传说。比利希迈尔还重申了许多被接受的希腊语单词和地名的闪米特词源，并重新复活了 19 世纪时被摒弃的一些闪米特词源。[62]

423

七年后，在 1983 年，据称一家荷兰的小出版社将以书的形式出版比利希迈尔的博士论文。然而，出书计划在最后关头破产，至今也未能问世。由于不了解这件事的具体细节，我们无法透露任何确切的情况；另一方面，此事的结果似乎符合出版商 "没有勇气" 出版宣扬此类异端学说学术书籍的一般模式。[63]正如索尔·莱文所说：

> 寻找一个心甘情愿的出版商的过程被证明比实际的研究工作还要慢，其过程的令人不快可以和研究工作中的欢欣鼓舞进行媲美。经验告诉我，等上一年甚至更长的时间，等来的却只是一封带有简短理由或根本没有理由的拒绝信。[64]

这也是对我本人经历的一个很好的描述，而赛勒斯·戈登的晚期著作都交给由他的家人经营的一个小出版社来出版。下面我要提到的鲁思·爱德华兹，她因为她的出版社 "在困难的时候接受出版这部作品" 而十分感激。[65]这个模式表明，通过控制大学出版社，以及通过对商业出版机构发挥举足轻重的影响，那些支持现状的学术界人士得以 "维护权威" ——按照他们的说法——或者，换句话说，得以压制反对正统观点的意见。

62　Billigmeier（1976，esp. pp. 46-73）。

63　出版商是阿姆斯特丹的 J. C. Gieben，书的标题将是 *Kadmos and Dannaos : A Study of Near Eastern Influence on the Late Bronze Age Aegear*。

64　Levin（1971a，p. ix）。

65　R. Edwards（1979，p. x）。

折中的尝试：鲁思·爱德华兹

没有一个古典学家认为值得——或者能够？——应对来自戈登和阿斯特的挑战，全面捍卫自己的立场。然而，有个学者却试图通过把闪米特学家的成果的积极方面纳入"体面的"学术中来达成他们之间的和解。这就是鲁思·爱德华兹博士，斯塔宾斯博士的学生。我们在上文提到过后者对希克索斯征服的信念。鲁思·爱德华兹的博士论文完成于 1968 年，但她的书十多年后才问世。她的著作《腓尼基人卡德摩斯》对我们所关心的话题极为重要。

她对阿斯特持批判态度。她猛烈抨击阿斯特通过神话相似性建立联系的做法，因为她认为很多联系是松散的，它们要么建立在对乌加里特文本的可疑解读之上，要么来自不同的历史时期，要么只是普遍的民间传说主题的产物。[66]她还怀疑阿斯特的词源研究，因为在处理纯粹辅音的西闪米特语字母表时不严格的做法在所难免。另一方面，她也同样严厉批评了渊源批评家们否认卡德摩斯和达那俄斯传说的古老性的做法：她指出，由于早期的希腊作家无人攻击过这些传说，所以渊源批评家们不得不依赖可疑的"默证"。她又接着证明了腓尼基殖民的传说的确由来已久。[67]

总体上，爱德华兹博士坚持对待所有的传说都应极其小心，应尽可能地把普遍的民间传说主题排除在外。但她坚信有关卡德摩斯和达那俄斯的传说包含着真实的迈锡尼成分，而且，她认同阿斯特的论点，认为来自传说的证据并不比其他来源的证据更主观。她这样写道：

> 有时那些敦促我们抛弃传说而集中精力研究其他来源的人认为，在某种程度上这些来源比传说更客观。但是，我们必须强调，考古学、语言和文献的客观性都只存在于非常有限的范围内，事实上，它们的客观性只局限于纯粹的观察和数据的描述中。一旦这些来源被加以阐释，便蒙上了主观的因素。在这点上，特别值得说明的是考古学：一批同样的汇集在一起的手工艺品，处于同一破坏层，不同的考古学家可能会有不同的阐释方式。

66　R. Edwards（1979, pp. 139-61）.

67　R. Edwards（1979, pp. 17-113）. 她具体的论点见第一章，注 52—57。

此外，考古学阐释也有迎合时尚的趋势。因此，在 20 世纪初，人们习惯 425 把不列颠史前史中的物质文化的某些变化解释为外部入侵的结果。今天为了迎合本土发展的解释，这个观点遭到了普遍反对。同样，在希腊史前史中我们可以看到，直到 19 世纪 90 年代人们仍倾向于把许多青铜时代的成就解释为腓尼基人或其他东方人的成果……此后，克里特假想很快几乎被所有人接受，而目前，希腊大陆的独立性又受到普遍强调。因此，**为重构史前史起见**，其他的来源本身并不客观；它们和传说的传统一样也受到同等程度的限制。史前史的研究总是根据有缺陷的、含糊的材料……如果人们知道他们在做什么，那么使用传说作为证据也没有什么根本不合逻辑或不合理之处。[68]

因此，虽然她承认了卡德摩斯传说——这暗示，她也承认了达那俄斯传说——的历史内核，但爱德华兹博士仍然无法确定这些传说指的是公元前 16 世纪的希克索斯殖民，还是公元前 14 世纪的贸易殖民。她还认为，这些传说允许创建底比斯的卡德摩斯要么来自克里特，要么来自近东，她更倾向相信后者。[69] 但是，她与她的导师斯塔宾斯博士和"即便有闪族的入侵，也无关紧要"的"瑟尔沃尔传统"保持一致，她明确声称，她唯一可以接近确定的是，没有进入希腊的大规模移民：

> 如果在迈锡尼时代的希腊有来自东方的**大规模**移民，人们会期待在考古记录中有更明确的踪迹，或者在东方文献里有某些记载。但这方面的证据目前尚未出现，语言材料也未能提供恰当的支持，因为（请阿斯特见谅）出现在希腊语中的闪语词相对很少而且可以解释为借词。[70]

这里我们要注意考古学对"默证"的使用和语言论证的循环性，原话大体 426 如下："探究希腊单词的近东词源是没有意义的，因为没有证据表明两种文化之间存在持久的联系。由于借词的数量非常少，所以不可能有重大的联系……"

68　R. Edwards（1979，pp. 201-3）.

69　R. Edwards（1979，pp. 172-3）.

70　R. Edwards（1979，p. 171，n. 182）.

然而，尽管她小心翼翼地想与戈登和阿斯特保持一定距离，但毫无疑问鲁思·爱德华兹已经深受二人著作的影响。引人注目的是，比利希迈尔对她的博士论文一无所知，却采用了相似的工作方法。综合起来，我认为他们的工作表明，极端的雅利安模式正在摇摇欲坠。爱德华兹和比利希迈尔都毫无疑问地认为，当代的反犹主义已经影响到了关于腓尼基人的历史写作。此外——这里爱德华兹也继承了她的老师，斯塔宾斯博士——两人都坚持传说是研究史前史的合法信息来源。

铁器时代腓尼基人的回归

阿斯特和他的继任者一直在唤起人们对青铜时代腓尼基人或迦南人的记忆，与此同时，也有人提议要恢复铁器时代早期爱琴海文明中腓尼基人的地位。比利时古典学家 D. 范·贝尔尚（D. Van Berchem）关于"赫拉克勒斯-麦勒卡特（Hercules-Melqart）的避难所：对研究腓尼基在地中海地区扩张的贡献"的一系列论文发表于 1967 年，展示了公元前一千纪早期腓尼基人在地中海地区影响的范围、深度和久远年代定位。[71] 接着，在 1979 年，另一个比利时学者居伊·比南的关于腓尼基扩张的重要著作问世了。在此书中，作者结合了以贝拉尔为代表讲法语的亲腓尼基的传统、20 世纪 60 年代学术界的自我意识，以及阿斯特对古典学的政治分析。[72]

到 1980 年，甚至连米利的势力范围宾夕法尼亚大学也受到影响。他的一个学生 P. R. 赫尔姆（P. R. Helm）在自己的博士论文中列举了大量最新的考古证据，暗示早在公元前 10 世纪腓尼基人就在爱琴海地区出现过。其中有一段表明，该学生做出的结论和他的老师强烈坚持的观点有分歧时所遇到的种种困难，该学生写道：

> 所有这些并不是为了说明，近东拥有海洋垄断地位的理论——它被拒绝作为青铜时代晚期爱琴海-东方贸易的模式——应该被复活以描述铁器

71　Van Berchem（1967, pp. 73-109, 307-38）.

72　Bunnens（1979, esp. pp. 5-26）.

时代早期的状况。这一理论的提出也不是为了复活"公元前 8 世纪的时代，
学者们认为那时爱琴海地区到处都是腓尼基商人，带着他们的商品抵达希
腊，教给希腊人更高的文明艺术"，即使现在，腓尼基商人被称为"塞浦
路斯的腓尼基人"。有丰富的证据表明雅典和其他希腊城邦在这一时期经
常参与海上活动。**这里想要表明的是，东方贸易如果不是完全，也在很大
程度上被塞浦路斯的商人（很可能还有来自黎凡特海岸的商人）控制**［他
在别处写道：塞浦路斯商品"实际上来自腓尼基"］。**这些商人定期与爱琴
海东南部地区，偶尔与基克拉迪群岛、埃维亚岛（Euboea）和阿提卡进
行交易。**（黑体由笔者标注）[73]

现在，在 20 世纪 80 年代中期，米利自己也改变了立场。在一篇发表于
1984 年的论文中——显然他是被考古证据征服了——他认为西闪米特对迈锡
尼时代的希腊有巨大的影响。[74]然而，尽管他自己的立场发生了 180 度的大转
弯，尽管赫尔姆得出了上述结论，米利仍执拗地坚持他在铁器时代早期爱琴海
地区的腓尼基人问题上的立场。[75]

纳韦和字母表的传播

不出所料，闪米特学家的"反叛"在雅利安模式的薄弱处——字母表上取
得了最大的成功；因为我们已经看到了，20 世纪五六十年代对极端的雅利安模
式的抨击，与以色列建立后犹太人自信心的提升有明显的联系。而且，对字母
表问题的挑战就来自以色列。在 20 世纪 40 年代，闪米特学家和碑铭研究家、
耶路撒冷的图尔-西奈教授曾一直反对里斯·卡彭特的超近年代定位（ultra-low
dating）；接着，由考古学家出身的碑铭研究家约瑟夫·纳韦（Joseph Naveh）
在 1973 年发表了一篇开路先锋之作，文章的标题为《关于希腊字母表的闪米
特碑铭研究的一些思考》，从而开始了新一轮对字母表问题的挑战。[76]纳韦完全

428

73　Helm（1980, pp. 97, 126）.

74　Muhly（1984, pp. 39-56）.

75　Muhly（1985, pp. 177-91）.

76　Tur-Sinai（1950, pp. 83-110, 159-80, 277-302）; Naveh（1973, pp. 1-8）. 关于 Bundgard 20 世纪
60 年代新颖但没有影响的著作，参见 Bernal（forthcoming, 1988）。

从碑铭研究的角度出发，认为早期希腊语铭文不确定的书写方向不像是腓尼基字母规则的从右到左的书写方式，而是类似于腓尼基字母出现以前的迦南字母的不规则形式。相似地，许多希腊字母的形态，特别是 A 和 ∑ 都不是腓尼基字母的形态，而像更早时期的字母形态。纳韦进一步认为，早期希腊字母 H 和 O 与迦南字母的形式相同，而不是和腓尼基字母的形式相同。尽管与早期闪米特语字母的形状不同，字母 Δ，E，N，Ξ，Π，Ϙ，P，可能还有 Θ 更可信地起源于晚期迦南语形式而不是腓尼基语形式。[77]

纳韦能够认识到他的方案不能很好地解释 K 和 M。这两个字母最早的例证似乎更像公元前 850 年左右时的腓尼基字母形态，而不像更早期的字母形态。对此他做了连篇累牍的解释，尽管原因非常复杂，他仍然相信更古老的字母和大部分证据最终能确定的时间是在腓尼基字母表标准化之前。我认为，由于他错误地接受了奥尔布赖特认为亚希兰铭文是出现在公元前 1000 年后的较近期的年代定位，根据"默证"的有效性，他小心谨慎地假定这一时期就是腓尼基字母的标准化时间，认为字母表传播的时间是在大约公元前 1050 年，从而把字母表传播的时间提早了五十年。[78]

纳韦的这一论文发表在《美国考古期刊》上，卡彭特和厄尔曼也曾在同一刊物上发表过文章。尽管如此，正如其他对学术正统观点的挑战所经常遭遇的那样，他的论点也几乎无人响应。里斯·卡彭特学术观点的主要继承者，牛津的古典学家、早期希腊字母研究专家 L. 杰弗里博士把她的批评限制在短评范围："尽管公元前 8 世纪以前的希腊一方的空白仍然是一个问题，纳韦的文章仍值得引起希腊碑铭研究家的认真关注（他认为 mu 和 psi 不带尾巴的形式是早期的，这一论点是错误的）。"[79] 整体上，她和她的同事们仍继续以"里斯·卡彭特的基础工作"为基础；尽管现在，自从发现了可以确定是公元前 8 世纪时的希腊铭文以来，她们也倾向于认同大约公元前 800 年而不是公元前 700 年的日期。[80] 这一让步在不经意中推翻了卡彭特论点的主要依据之一，即需要亚述人把腓尼基人向西推进，还消除了他力图证明腓尼基人的影响是在希腊城邦形

77　Naveh（1973, pp. 1-8）。

78　关于把铭文日期定位为公元前 13 世纪，参见 Garbini（1977）; Bernal（1985b; 1987; 1988b）。

79　Jeffery（1982, p. 823, n. 8）。

80　Jeffery（1982, p. 832）。

成以后的主要动机之一。

闪米特学家们对这一问题采取了非常不同的立场。《圣经》学者、碑铭研究家凯尔·麦卡特（Kyle McCarter）教授，是伟大的奥尔布赖特的继任者、哈佛杰出的闪米特语碑铭研究家弗兰克·克罗斯（Frank Cross）教授的学生和同事，他力图在纳韦和卡彭特之间取得折中，给出了下列不确定的结论：

> 虽然希腊人可能早在公元前 11 世纪时就已经开始用腓尼基文字做实验，但无论由于何种原因，他们直到公元前 8 世纪初，才发展出了真正独立的书写传统。因此，我们最好把希腊系统描绘成以大约公元前 800 年的腓尼基文字为原型的派生文字。[81]

我认为麦卡特教授强调两个借用时期是正确的。然而，他对正统观点的声明和对卡彭特观点的明显接受，显然容易让人误入歧途。事实上，麦卡特已经承认了纳韦的论点——因为，如果字母"实验"不是对字母表更早期的借用，它又能是什么呢？另一方面，麦卡特遇到的难题一直以来是个普遍问题，许多闪米特学家在字母表传播的时间上日益模糊其词，把它定位在公元前 1100 年和公元前 750 年之间。[82]

然而，也有闪米特学家倾向于更久远的年代定位。克罗斯教授对古典学家的态度正在变得越来越武断。他在 1975 年很好地证明了字母表传播的近期年代定位和极端的雅利安模式之间不可分割的关系：

从东方学家的立场来看，某些古典学家关于借用发生在晚期的权威观点已不再有分量：

（1）认为腓尼基人直到公元前 8 世纪或更晚时期才到达西方的观点纯属谬误。这是由默证带来错误的典型例证。从公元前 11 世纪以来，腓尼基人就与地中海西部地区的岛屿和海岸有交往……

（2）希腊没有文字使用的延长的黑暗时代的理论看起来即将崩溃……

430

---

81 McCarter（1975，p. 126）.

82 参见例如 Millard（1976，p. 144）。

对于东方学家，该理论……似乎非常站不住脚……

（3）大家普遍认为希腊字母表的借用刚刚早于现存最早的希腊铭文（现在被测定为属于公元前8世纪后半期），这一观点是错误的……我们必须在字母表被借用的时间和它在已知的最早的希腊铭文中出现的时间之间假定一个相当大的时间间隔，因为这样才能解释最早的希腊字母表与原始迦南语和腓尼基语线形字母类型序列之间的差距……

（4）关于希腊字母表的理论如果不能充分解释克里特、锡拉岛和米洛斯岛（Melos）字母表中的古老特征（类型上的古老），就无法经得起长久考验。我非常倾向于认为该字母表最初的传播者是西方的腓尼基人而不是东方的希腊人。[83]

克罗斯教授的信念已经被最近在以色列的一些发现进一步佐证；特别是在特拉维夫外的 Izbet Sartah 村发现的公元前12世纪的初级读物或者说是一套完整的字母表，其上的字母看起来更像希腊罗马文字而不像后来的腓尼基文字。[84]

然而，仍有一些闪米特碑铭研究家被如此大胆的观点吓坏了，他们为最近在 Tell Fekheriye 发现的铭文而欢呼雀跃。Tell Fekheriye 地处叙利亚和土耳其边界大约二百公里的内地。因为这个铭文中的字母具有很多"腓尼基文字出现以前"的特征（该铭文被尝试性地定位于公元前9世纪中期，但这并不是基于碑铭研究做出的判断），所以有人认为早期希腊字母表中的古代特征应该是在更近的时期才被传播过来的。[85]但即使是这些学者也承认黎凡特海岸及紧挨海岸的内地到公元前9世纪时已采用标准的腓尼基字母书写。因此，Tell Fekheriye 类型的字母表要到达希腊，必须跳过当时近东最富有、最有声望的腓尼基地区。这一论点的不可信性仅仅突出了保守主义的力量和相关的既得利益。

尽管有这种逆流，但毫无疑问，现在对字母表传播日期的定位一般趋向于

83 Cross（1979，pp. 108-11）.虽然我几乎完全支持这一精彩的陈述，但我不同意他相信克里特字母表的特殊古代性等等，参见 Bernal（1987b；forthcoming，1988）。

84 Cross（1980，p. 17）.

85 Millard and Bordreuil（1982，p. 140）；Kaufman（1982）.后者的兴奋见 pp. 142，144，n. 18。

往远推移。相对而言，即使那些宣称反对纳韦的学者一般也将传播日期认定为公元前 10 世纪。[86] 甚至还有人试图将日期定位于公元前 11 世纪以前。1981 年，戈登的学生罗伯特·施蒂格利茨（Robert Stieglitz）发表了一篇文章，认为纳韦的假想过于保守，因为他认为字母表传播的最近可能日期是在腓尼基字母表形成之前。不管怎样，施蒂格利茨展示了晚期乌加里特语文字的证据，该证据表明包含 22 个字母的腓尼基字母表到公元前 1400 年在黎凡特地区出现过。而且，他还指出强大的希腊传说也表明在特洛伊战争以前希腊人就已拥有字母表。因此，他坚持认为在公元前 14 世纪时，字母表就已通过克里特说闪米特语的原克里特人得以传播。[87]

1983 年，我根据在黎巴嫩贝卡（Bek‹a）谷地的卡米德劳兹（Kāmid el Lōz）的一项新发现，提出过一个更早的传播时间。这一发现可以确定所谓的南闪米特字母表形成于公元前 14 世纪。[88] 在纵贯阿拉伯和叙利亚沙漠的地区都发现过用南闪米特字母写成的铭文，其中埃塞俄比亚字母是唯一幸存至今的南闪米特字母。它们与 22 个字母的迦南字母表及其派生物——包括腓尼基字母表、阿拉姆字母表和阿拉姆字母表的衍生物，即现代阿拉伯字母表——的最重大的区别之一是，南闪米特字母表中有多达 30 个字母来表示阿拉伯语和原始闪米特语中的辅音。的确，德国的闪米特学家和碑铭研究家勒利希（Röllig）和曼斯费尔德（Mansfeld）在卡米德劳兹发现的基础上，已经令人信服地论证了迦南字母表源自更早出现的南闪米特字母表。[89]

432

1902 年，德国闪米特学家普雷托里乌斯（Praetorius）指出，萨穆德语（Thamudic）和赛法语（Safaitic）中两种最古老的的南闪米特字母表（它们不存在于迦南语中）与希腊字母表末尾处的所谓"新字母"Φ，Χ，Ψ，和 Ω 在视觉和发音上有令人惊讶的相似性。这些相似性出现在很多最早时期的希腊铭文中，但人们尚未找到它们的源头。普雷托里乌斯接着论证，这些字母起源于更早期的南闪米特类型的字母表。尽管包括阿瑟·埃文斯爵士和伟大的法国闪米特学家勒内·迪索（René Dussaud）在内的很多学者都承认这些相似性，

86 参见例如 Burzachechi（1976，pp. 82-102）。
87 Stieglitz（1981，pp. 606-16）。
88 Bernal（1983a；1983b）。
89 Röllig and Mansfeld（1970，pp. 265-70）。

但这一设想在 20 世纪二三十年代还是被放弃了。[90]放弃的理由似乎是因为这些理念与极端的雅利安模式和这几十年的考古学实证主义不融洽，后者使得学者们要求提供南闪米特语字母表早期存在的**证据**。

现在既然已经找到了这种早期存在的证据，我认为重新展开辩论的时机已经成熟。我已建议安纳托利亚字母表、爱琴海字母表和其他字母表——以及那些来自地中海周围地区源自字母表的音节文字——都源自黎凡特地区曾使用过的一种字母表，其时间是在公元前 15 世纪或公元前 14 世纪的腓尼基城市开发包含 22 个字母的迦南字母表**之前**。[91]要接受这一观点我们只需回归古代模式，回归希罗多德和其他古代作家的立场——约瑟夫斯是个例外——他们认为字母表是在公元前两千纪中期的某个时候，由卡德摩斯或达那俄斯引进希腊的。这一回归还将摧毁没有文字使用的黑暗时代的概念；而特洛伊战争前幸存的字母读写能力会反过来加强古典希腊人关于他们的青铜时代史，尤其是殖民传说报告的可靠性。

对闪米特字母表传播到希腊的较近期的年代定位的攻击只是对极端的雅利安模式总体上进行全面攻击的一个侧面。无疑，随着米利教授的转变立场，反对爱琴海地区的早期西闪米特存在的积极核心力量也随之瓦解。然而，这并不等于维护极端的雅利安模式的相当强大习惯势力业已消亡。在此背景下，引人注目的是，《剑桥古代史》第三卷第一部分的最新版本《中东和爱琴海世界，公元前 10 世纪—公元前 8 世纪》有章节论述亚述、巴比伦、乌拉尔图（Urartu）、叙利亚和安纳托利亚的新赫梯王国、以色列和犹大王国、塞浦路斯和埃及——却只字未提当时地中海地区的主要强国腓尼基。

尽管这卷书出版于 1982 年，但它的计划体现了开始于 20 世纪 70 年代后期的重新思考之前很久的学术思想。例如，由牛津的古典学家奥斯温·默里（Oswyn Murray）在 1980 年汇编的关于东方对希腊影响的参考文献表明，针对这一重大命题进行的研究工作少得多么可怜。而且，正如大家所预料的那样，大多数作者只是笼统地提到了巴比伦王国，他们更喜欢使用"陆上桥梁"，这样就能避免提到腓尼基。默里本人代表了放弃极端的雅利安模式的潮流，似乎

90　Evans（1909, pp. 91-100）; Dussaud（1907, pp. 57-62）.

91　Bernal（1983a; 1983b; 1985b; 1987; 1988b）.

在腓尼基影响的问题上持更加开放的态度。然而，他居然也将影响的时间定位于公元前 750 年之后；而腓尼基的全盛时期，以及希腊对诸如城邦和殖民等腓尼基制度的明显采用却发生在此之前。[92]

埃及人的回归？

无论这些观念，或者纳韦和克罗斯的观念能否被接受，它们得到辩论的事实就意味着极端的雅利安模式的范式垄断地位业已动摇。因此，我相信，尽管 20 世纪 80 年代保守主义泛滥，种族主义复苏，对极端的雅利安模式的挑战很有可能取得较快的成功。另一方面，恢复古典模式和埃及人地位的战役则需要较长的时间。的确，在支持曾存在埃及殖民地，和后来曾向埃及学习的希腊人那里大量借用的主张方面，唯一被接受的学者是东德的埃及学家西格弗里德·莫伦兹。莫伦兹是一位受大家认可的、非常多产的学者，他最出名的是在埃及宗教方面的著述，他在 1969 年出版了一本非常重要的著作，书名为《欧洲和埃及的相遇》。

这部著作涉及了本卷书中讨论的几个领域。然而，在很多重要的方面它与《黑色雅典娜》有根本的区别：它没有建立可以与古代模式和雅利安模式相比较的规划；尽管书的作者清楚地意识到知识社会学所涉及的一些力量，但该书特别反对对知识社会学详加解释。[93] 而且，莫伦兹没有考虑相当数量的语言借用的可能性；他也没有提到希腊对西闪米特文化的借鉴。然而，他坚持认为希腊和埃及之间的文化交往意义重大，特别是通过克里特的文化交往。[94] 他还明确宣称与达那俄斯有关的传说包含 "历史内核"。[95] 他坚持认为 "希腊人不仅在埃及了解了埃及神灵［例如，在诺克拉提斯（Naukratis）作为工匠和商人的希腊人，诺克拉提斯是公元前 6 世纪希腊建在埃及的一个殖民地］，而且

434

92　Murray（1980, pp. 300-1, 80-99）。关于希腊对这些制度的借用，参见 Bernal（1988a）。即出的《剑桥古代史》第三卷第二部分将包含关于腓尼基人的文章。但这一卷涵盖的是公元前 8 世纪到公元前 6 世纪。第三卷第一部分中省略的重要性是它否认了公元前 750 年之前腓尼基对希腊影响的重要性。

93　Morenz（1969, p. 44; for language, see pp. 20, 175）。

94　Morenz（1969, pp. 38, 39）。

95　Morenz（1969, p. 49）。

在他们自己的领土上早就了解了。"[96] 他还确信柏拉图曾在埃及学习，并从中受益颇丰。[97]

考虑到交织在一起的各种社会、智识和学术力量，不出所料，莫伦兹教授的观点大胆、学术论证翔实有力的著作并未引起多少关注。这部作品是与瑞士的学者们共同完成的，已经在西方出版。然而，它似乎对由黑尔克（Helck）教授所代表的西德埃及学主流并没有发挥太大的影响。黑尔克教授是古埃及与外部世界关系方面的智识和学术权威。莫伦兹的这部作品没有被译成英语或法语，据我所知除了讲德语的中欧（Mitteleuropa）国家，外界几乎对它一无所知。

《欧洲与埃及的相遇》对唯一的另一群相信埃及对希腊有重大文化影响的学者——美国黑人——也没有丝毫作用。闪米特学家，主要是犹太闪米特学家从学术圈的边缘与极端的雅利安模式对抗，而埃及人的美国拥护者大部分是黑人，他们完全从系统外部挑战雅利安模式。

极少数黑人学者，尤其是弗兰克·斯诺登（Frank Snowden）在古典学领域内取得了成功。斯诺登是在一流的黑人大学、霍华德（Howard）大学任教的杰出古典学教授。他们把精力集中于搜集雅利安模式所承认的给予黑人的很少的功劳，同时也接受了该模式的两条禁律：不接受埃及文化中的黑人成分，否认亚非语因素在希腊文明形成过程中的作用。[98] 其他的学者因为更敏锐地意识到种族主义遍及了 19 和 20 世纪的欧洲和北美文化的每个角角落落，从而更加敏感。在这方面做出过努力的先驱者是乔治·G. M. 詹姆斯，他是阿肯色州一所小学院的教授。他在 1954 年出版了一本书，书名是《被盗窃的遗产：希腊哲学的创造者不是希腊人，而是北非人，即通常所谓的埃及人》。《被盗窃的遗产》不关心希腊的青铜时代基础，而是倚重古代的原始资料，展示希腊人承认在铁器时代向埃及人借鉴学识的程度。[99] 詹姆斯用一种相当随意的方式宣称，埃及人曾经就是黑人。该书结尾以一种动人的感染力呼唤黑人意识的转变：

96　Morenz（1969，pp. 56-7）.

97　Morenz（1969，pp. 44-8）.

98　Snowden（1970）.

99　James（1954）.

这的确意味着一种精神解放，黑人将从传统谎言的锁链中获得自由， 几百年来这种谎言一直将黑人禁锢于自卑情结以及全世界的欺凌和侮辱的牢狱中。（他加的重点）[100]

为了能使《被盗窃的遗产》的复本被康奈尔的大学图书馆接受，我不得不努力了两次，最后它被安置在了一个较小的分馆里。它不被认可为一本**合适的书**。它也不为黑人群体以外的人阅读。[101] 但在黑人群体的知识分子圈内，它非常有影响，而且受到高度评价。

《被盗窃的遗产》在人们心里通常与以已故的塞内加尔核物理学家谢赫·安塔·迪奥普（Cheikh Anta Diop）为先驱的思想学派联系在一起。迪奥普就他所认为的撒哈拉沙漠以南的非洲和埃及之间不可分割的联系著述甚丰，在此过程中他在整体上认为关于古希腊历史的古代模式和詹姆斯在《被盗窃的遗产》中提出的理论是正确的。然而，他最关心的还是埃及文明的伟大成就和欧洲学者对这些成就的经常性诋毁；他确信，如希罗多德所确认的，埃及人就是黑人。[102]

在一篇有趣的分析性文章中，当代黑人学者雅各布·卡拉瑟斯（Jacob Carruthers）把研究这一问题的黑人学者分成了三类。第一类是"好吵架的人"，他们

436

没有经过特殊的训练，但很真诚地致力于搜集关于黑人史的真相，以摧毁有关黑人历史和文化低劣的弥天大谎。如果条件允许，他们就采用所有可利用的资料，并从中挤出足够的真相。[103]

第二类包括了乔治·华盛顿·威廉斯（George Washington Williams），W. E. B. 杜波依斯（W. E. B. Dubois），约翰·霍普·富兰克林（John Hope Franklin），安东尼·诺格拉（Anthony Noguera）和阿里·马兹鲁伊（Ali Mazrui），他们

100　James（1954，p. 158）。

101　我是在这一领域研究了许多年以后，经过詹姆斯·特纳博士的指引才知道这本书的。

102　Diop（1974；1978；1985a；1985b）。尤其要参见 1974，pp. xii-xvii，p. 1。关于我在这个题目上的观点，参见第五章，注 65—90。

103　Carruthers（1984，p. 34）。

只论证了黑人和其他种族一起建构了埃及文明。这种努力……完全沦为欧洲历史编纂的奴隶……还要求承认黑人参与创造了古希腊时代（这一点恰当理解的话，是真实的），但大体上这些"黑鬼知识分子"没有领会真正的意义。[104]

卡拉瑟斯把第三类看成"好吵架的人"的延伸。他们包括迪奥普、本·约翰南（Ben Jochannan）和钱塞勒·威廉斯（Chancellor Williams）。他认为这些人"发展了跨学科能力，以掌握关于非洲过去的事实，这是非洲历史编纂基础的必要成分……"[105]。

然而，毫无疑问，"好吵架的人"的时代已经过去，大多数黑人将不能像斯诺登教授一样接受对男的或女的白人学者的顺从。虽然黑人知识分子严阵以待的立场使团结的呼声变得很有必要，但我怀疑卡拉瑟斯所说的第二类和第三类学者之间的战争仍将持续很长时间。

因此，在20世纪80年代末，我目睹了黑人学者在古埃及人"种族"属性问题上持续的斗争。另一方面，他们对于埃及文明的高品质和它在希腊形成中的核心角色并没有严重的分歧。而且，他们对闪米特文化普遍持敌视态度，尤其当大家认为它影响过埃及时。与此同时，虽然除莫伦兹之外，白人学者越来越愿意承认西闪米特人在创造希腊文化中扮演了举足轻重的角色，但仍很不情愿承认埃及对希腊文化的根本性影响。[106]本书的一个方面就旨在调和这两种敌对的态度。

修正的古代模式

有趣的是，我发现把我本人和我对修正的古代模式的提倡置于黑人学术

---

104 Carruthers（1984, p. 35）. Dubois（1975, pp. 40-2; 1976, pp. 120-47）; J. H. Franklin（1947）; Noguera（1976）.

105 Carruthers（1984, p. 35）. Diop（1974; 1978; 1985a; 1985b）; Ben Jochannan（1971）; C. Williams（1971）.

106 除了莫伦兹外，还有一两个例外。上文已经提到比利希迈尔接受关于埃及人达那俄斯的神话（参见注62）。更重要的是，有迹象表明，埃米莉·弗穆尔教授在考虑埃及对希腊有重大影响的可能性。她提到埃及和希腊对死亡信念的基本相似性（1979, pp. 69-80）。

圈比放在正统学术圈内更加容易。我认为自己属于卡拉瑟斯所划分的第二类学者，也就是被他斥为"黑鬼知识分子"的人。我很高兴能与杜波依斯、马兹鲁伊和其他一些杰出的学者为伍，他们虽然没有把所有的古埃及人描绘成与今天的西非人相似，但在本质上把埃及看成非洲的一员。

这表明了学术界内构成本卷书背景的思想的孤立。然而，我相信现在修正的古代模式在古典学家和一些古代史学家中所引起的愤慨只是一个暂时现象。为什么我这样想呢？首先，我相信极端的雅利安模式的瓦解，以及古代史中引进外在性（externalism）和相对论在总体上对整个现状具有颠覆作用。然而，令我确信修正的古代模式会在不久的将来取得胜利的根本原因只不过是因为，在开明的学术圈内部，雅利安模式的政治和智识基础都已在很大程度上消失了。

自从 20 世纪 40 年代起，伴随着纳粹德国的"种族主义"和"反犹主义"政策，种族主义和反犹主义已经失去了人心。从那时起，反犹主义不得不变得更加复杂和隐蔽。种族主义也随着第三世界的崛起而不得不变得更加狡猾。同样重要的是自 20 世纪 60 年代以来，人们对"科学"的神秘性大大失去信心，对实证主义也产生了深刻的怀疑。这样——除了语言领域的可能例外外——极端的雅利安模式虽然宣称自己经过了专家的科学证明，但已不足以保护它免受常识的检验。

随着本人研究的进行，经常有相关的外界人士告诉我，他们发现我的历史规划比学术权威们提供的规划更为可信。他们不能理解为什么传说中的殖民是非常不可能的；为什么不能像对待其他语言那样来对待希腊语，为什么希腊语不可能受到过埃及语和西闪米特语的深厚影响；为什么希腊人不可能，像希罗多德和其他古希腊人坚持的那样，从埃及引进宗教；或者，为什么希腊的科学家和哲学家不可能在埃及学到了很多科学和哲学知识？简言之，雅利安模式在种族和科学上的存在理由都不能再作为体面的支柱。没有了这些支柱，它终将倒塌。而这是结论部分的内容。

结　论

　　我试图用前面的几百页来展示这一宽广博大、极其错综复杂的主题的某些方面，但也只不过是像汉语成语形容的那样"走马观花"而已，因此，力图用12个段落来总结全书实在可笑。

　　在绪论中，我介绍了我对过去一万年里西亚和北非历史的总体观点，而且比较详细地说明了自己对公元前两千纪、横跨地中海东部的文化交流的看法。在结论部分，我打算集中谈谈第一卷书的主题，"编造古希腊"；也就是人们认识希腊文明起源模式的变化。然而，在深入解释之前，我想重申一下，古代模式和雅利安模式之间并不一定水火不容。的确，虽然我提出的修正的古代模式像其名称所体现的那样，是古代模式的一种形式，但它也吸收了雅利安模式的很多特征，包括在某一历史时期曾有大量的讲印欧语的人从北方涌入希腊的核心信念。另一方面，毫无疑问，这两个模式之间实际上存在相当多的竞争，这也正是我力图在这里研究的问题。

　　本书主体的开头部分描写了，从公元前5世纪到公元5世纪之间，古典时期的希腊人、希腊化时期的希腊人和后来的异教徒希腊人对他们远古历史的看法。我试图追溯他们自己对祖先曾被埃及和腓尼基殖民文明化的看法，以及后来的希腊人在埃及学习所产生的影响。我力图展示，基督教和犹太《圣经》传统以及埃及宗教和哲学之间的矛盾关系：尽管经历了几百年的明争暗斗，但直到 18 世纪，无疑各方面都把埃及看成了包括希腊人的、所有"非犹太人的"哲学和学问的源泉，而且各方面都认为希腊人只是设法保存了部分的"非犹太人的"哲学和学问。由此而产生的失落感，和对恢复所失落智慧的追求，成了17 世纪科学发展的主要动力。

我接着指出，在 18 世纪初埃及哲学怎样严重地威胁了基督教。共济会会员们大量利用了埃及智慧的形象，成为启蒙运动中攻击基督教秩序的核心力量。与 18 世纪亲埃及的人所提倡的"理性"概念相对的，是希腊人的情操和艺术完美理想的发展。而且，随着同一时期殖民地的扩张，欧洲中心主义和种族主义不断增强，导致了只有在温带气候中生活的人们——即欧洲人——才具有真正思考能力的错误见解。这样，古埃及人——虽然他们的肤色还不确定——因为生活在非洲，便丧失了作为哲学家的地位。由于他们生活在远古，他们也因新的"进步"范式的建立而处于不利的地位。

这样，到 18 世纪之交，希腊人不仅被认为比埃及人更敏感，更艺术，而且被视为更优秀的哲学家，和货真价实的哲学创始人。我认为由于希腊人在此时被视为智慧和敏感的典范，那些睿智的反革命知识分子把对希腊人的研究看成重新联合被现代生活异化的人们的一种方式；甚至是面对法国大革命，重建社会和谐的一种方式。我们今天所知的古典学创立于 1815—1830 年之间——这是一个极端保守的时期。同一时期还发生了希腊独立战争，它团结了所有欧洲人，以反对来自亚洲和非洲的传统穆斯林敌人。

这场战争，以及支持争取独立的斗争的亲希腊运动，完善了希腊作为欧洲典型的本来就很强大的形象。此时，古希腊人被视为完美无缺，超越了历史和语言的法则。因此，如果人们在此时像研究其他民族的文化那样来研究古希腊文化的任何方面，就会被认为是一种亵渎。而且，随着 19 世纪早期狂热的有步骤的种族主义的高涨，古代关于希腊是一种曾被非洲人和闪米特人教化的混合文化的观念，变得不仅令人讨厌而且没有科学性。就像人们不得不漠视"轻信的"希腊人有关塞壬和半人半马的怪物的故事一样，人们也不得不拒绝希腊曾被低等种族殖民的传说。自相矛盾的是，19 世纪越崇拜希腊人，就越不尊重希腊人对自己历史的书写。

我认为古代模式的毁灭完全是所有这些社会力量和 19 世纪的北欧人强加给古希腊人的要求共同作用的结果。我相信没有什么内部力量——或关于古希腊知识的进步——可以解释这种变化。说到这里，我认为雅利安模式的建立极大地得益于印欧语系的确立和希腊语基本上是印欧语这一毫无疑问的事实。印欧语系的建立虽然受到浪漫主义的启迪，但仍是一项内部成就。但是这里，在19世纪20年代摧毁了古代模式的同样的社会和智识力量在19世纪四五十年代变得更加强大。很明显，在19世纪晚期发展起来的愈来愈"北方的"古希腊形象中，这些力量发挥了一定的作用。同时，那种认为只有19世纪的人才懂得如何"科学"思考的观点也给了学者们——主要是德国学者们以信心，使他们抛弃了古人对早期希腊历史的描写，并且完全不顾古人重新编造了自己对古希腊的描写。

随着19世纪种族主义的加强，对埃及人的憎恶也与日俱增。埃及人不再被看成希腊的文化鼻祖，而成了彻底的异族人。埃及学作为一个全新的学科因此得以发展，以便研究这种异族文化，同时也保持和进一步强化埃及与希腊、罗马"正宗"文明的距离。

埃及的地位随着19世纪20年代种族主义的上升而下降；腓尼基人的地位也随着19世纪80年代种族反犹主义的高涨而衰退，并于1917年到1939年间，在反犹主义达到最高峰时崩溃。这样，到第二次世界大战时，下述观点已牢固确立：希腊不曾在文化上和语言上向埃及和腓尼基有过相当数量的借鉴，殖民传说只不过是迷人的谬论，希腊的智者曾在埃及学习的故事也同样子虚乌有。实际上，这些观点在1945年到1960年间依然存在，即使其种族主义和反犹主义的意识形态基础已遭到学术界的普遍质疑。

然而，自20世纪60年代晚期以来，极端的雅利安模式一直遭到猛烈的抨击，这些抨击多来自犹太人和闪米特学家。现在，迦南人和腓尼基人在古希腊形成过程中的重要角色愈来愈得到认可。然而，认为希腊文明多半溯源于埃及的传统观念仍受到排斥；在希腊语研究方面——这是浪漫主义和极端的雅利安模式的最后堡垒——任何关于亚非语对希腊语产生过重大影响的言论都被斥为荒诞。

我在本书中始终想要申明的要点是，古代模式之所以被雅利安模式摧毁和取代，并非因为其自身的学术缺陷，也并非因为雅利安模式的解释更加合理有效；真正起作用的原因是，雅利安模式使希腊历史以及希腊与埃及和黎凡特地区的关系符合19世纪的世界观，特别是符合系统化的种族主义。从那时起，构成了这种世界观核心的"种族"观念和欧洲人绝对优越的观念一直遭到道德上和探索上的质疑。可以公正地讲，现在我们可以把雅利安模式的产生称为罪恶和错误的。

　　然而，我仍坚持认为即便它的孕育是罪恶的，甚或是错误的，也并不必然影响它的有效性。在同一时期产生的、带有很多同样"不光彩"动机的达尔文主义，一直以来仍不失为一种很有用的启发性理论图式。人们完全有理由认为，尼布尔、缪勒、库尔提乌斯和其他一些学者都处于阿瑟·凯斯特勒（Arthur Koestler）所说的"梦游"状态——这个词用来描述根据不为后世所接受的外部原因和目的做出的有用的"科学"发现。我对本卷书的全部声称是，它提供了一个需要回答的问题。也就是说，即便雅利安模式可疑的起源不能证明它是错误的，也的确使我们怀疑它相对于古代模式的内在优越性。正是出于这种原因，本套书的第二卷所要关注的是，两种模式作为理解古希腊的有效工具的竞争。

443

附　录　非利士人是希腊人吗？

　　我们在第一章讨论了佩拉斯吉人和非利士人这两个民族名称之间存在可信的联系，因此，考量非利士人和克里特之间的联系将是有用的。[1] 无人怀疑被埃及人称为 Prst 的民族来自西北方，但关于他们是来自克里特岛等岛屿，还是来自安纳托利亚大陆却有相当大的争议。

　　英国考古学家桑达斯（Sandars）博士认为，埃及的文本表明 Prst（非利士人）是走陆路到达黎凡特地区的。这表明这是一次安纳托利亚的入侵，而不是爱琴海的入侵。而且，在埃及的文本中 Prst 与 Trš 有关，Trš 似乎是来自安纳托利亚西北部的特洛伊人或 Tyrsēnoi 人。[2] 在《圣经》中非利士王子被称作 s^erânîm，这个头衔可能来自新赫梯语的 Sarawanas/Tarawanas，或者源于据信借自吕底亚语的希腊语 tyrannos［暴君（tyrant）一词就由此而来］。非利士巨人歌利亚（Goliath）的头盔被称为 qôba$^<$，它可能取自赫梯语的同义词 kupaḫḫi。[3] 歌利亚这个名字本身也与吕底亚名字 Alyattes 有关。[4] 最后，吕底亚

　　1　参见第一章，注 17—18。又参见 Macalister（1914，p. 2）；Mazar（1971，p. 166），二者都引用于 Joffe（1980，p. 2）。

　　2　Sandars（1978，p. 145）。我在此不讨论被埃及浮雕如此生动地表现的头饰的问题，因为它们没有明确表明头饰佩戴者是来自爱琴海还是安纳托利亚。

　　3　Barnett（1975，p. 373）.

　　4　Albright（1975，p. 513）.

446

历史学家赞瑟斯（Xanthos）讲述了一个名叫墨普索斯（Mopsos）的吕底亚英雄从吕底亚前往非利士的故事。[5] 所有这些证据都被用来证明非利士人来自安纳托利亚而不是克里特。

然而，这些论点都只是外强中干。考虑到希腊人在这一时期——即公元前13世纪晚期和公元前12世纪——的塞浦路斯和在安纳托利亚南部的潘菲利亚（Pamphylia）和西利西亚的活动，我们没有理由认为，为什么有些希腊人不能经由陆路而来。根据诗人卡利诺斯（Kallinos）在公元前7世纪的描述："不同的民族在墨普索斯［特洛伊战争中的一位希腊英雄］的领导下，穿越了托罗斯山脉（Taurus），有部分人留在了潘菲利亚，其他的人则四散开来，有的住在西利西亚，还有的住在叙利亚，最远的落脚在腓尼基。"[6] 这个描述与公元前12世纪早期拉美西斯三世铭文上的记载非常相似：

　　……至于那些外国，它们在海岛上共策密谋。突然陆地移动起来，在战争中四分五裂。没有哪个国家能在它们的武器前屹立不倒：Hatti［赫梯人的安纳托利亚中部］，Qode［西利西亚］，Karkemesh［幼发拉底河上游］，Arzawa 和 Alashiya［塞浦路斯］。它们被隔绝，在阿穆尔［Amur，叙利亚］安营扎寨……它们的同盟是 Prst，Ṭkr，Šklš，Dnn 和 Wšš。[7]

请注意拉美西斯三世把密谋看成开始于"海岛上"，这些海岛暗指爱琴海诸岛、西西里岛甚或撒丁岛（Sardinia）。铭文似乎还表明，Prst 曾出现在"海上民族"最后的战役中。

我们还应该注意，这里 Prst 和 tkr 联系在一起。tkr 也在巴勒斯坦定居，或许与希腊英雄透克罗斯（Teukros）有关系。我们几乎可以肯定 Šklš 这个名字与西西里有关，Dnn 与但努那人（Danuna）和达那厄人有关。Trš 没有被列在这一事件中。[8]

5　Barnett（1975，pp. 363-6）. 更为怀疑的处理方式见 Astour（1967a，pp. 53-67；1972，pp. 454-5）。
6　转引自 Strabo，XIV. 4. 3（trans. Jones，p. 325）。Astour（1972，pp. 454-5）正确指出，关于不同的希腊和吕底亚墨普索斯迁移的传说异常混乱。
7　转引自 Astour（1967a，p. 11）；Sandars（1978，p. 119）。
8　参见 Gardiner（1947，vol. 1，pp. 124-5）。关于达那厄人，参见本书第一章，注106—111。

Srnm 的词意是"王子"，它出现的乌加里特文本表明，不管这个词与安纳托利亚语是否有联系，sᵉrånîm 在入侵前的黎凡特地区已经通用，且不能与入侵的"海上民族"中的安纳托利亚人直接挂钩。[9]Qôba ˂ 可能与赫梯语 kupaḫḫi 有关，但赫梯人经常出现在《圣经》时代的巴勒斯坦，赫梯语曾经影响了那里的迦南方言几乎是没有疑问的。[10] 而且，并不只是非利士人才戴 qôba ˂ 。阿斯特曾指出，扫罗、埃及人、巴比伦人、推罗雇佣兵甚至耶和华本人都戴过这种头饰。[11] 歌利亚和 Alyattes 之间有联系是可能的，但根据《撒母耳记》，歌利亚属于迦特（Gath）的 Rᵉpå ˃ îm，专门研究这一问题的现代学者 J. 斯特兰奇（J. Strange）认为，Rᵉpå ˃ îm 有可能是迦南人。[12] 在我看来，这种观点似乎不能成立。更可能的情况是，像西闪米特的 Ditanu 和希腊的提坦神一样，Rᵉpå ˃ îm 是巨大的死人的精灵。[13] 因此，Rᵉpå ˃ îm 的称号可能只指歌利亚的块头，歌利亚 /Alyattes 之间有联系是可能的。

赞同安纳托利亚移民的最有力的论点仍然是吕底亚人墨普索斯从吕底亚前往非利士的阿什凯隆（Ashkelon）的吕底亚传说。然而，正如我们已经看到的，也有关于由希腊人墨普索斯和别的希腊英雄领导的、经由安纳托利亚和塞浦路斯到达黎凡特的远征的传说。在西利西亚的卡拉泰佩（Karatepe）发现的公元前 8 世纪时使用赫梯象形文字——或卢维文——和腓尼基文的双语碑铭，足可肯定希腊墨普索斯传说的真实性。碑铭上讲述的是 Dnnym 王国和一位先人的事迹，这位先人卢维语称为 Muksas，腓尼基语称为 Mps。[14] 令人困惑的是，种族名称表明是希腊人的殖民地，而王朝建立者的名字却表明是安纳托利亚殖民地，这就支持了安纳托利亚的传说。因此，多种证据表明，在公元前 13 世纪和公元前 12 世纪"海上民族侵略"时代的黎凡特地区已包含了安纳托利亚成分。

更有力的证据表明讲希腊语的人也曾参与其中。首先，《圣经》传统一贯

---

9 Astour（1972, p. 457）.

10 Rendsberg（1982）.

11 Astour（1972, p. 458）.

12 Strange（1973）.

13 Lipinsky（1978, pp. 91-7）; Pope（1980, pp. 170-5）. 又参见《黑色雅典娜》第三卷。

14 参见 Astour（1967a, pp. 1-4）. 关于 Muksas 和 Mps 之间语音关系的讨论，参见第二卷和 Bernal（1988b）.

讲非利士人来自伽斐托（Kaphtôr）、克里特或爱琴海南部。[15] 也有文献把雇佣兵称为 Kᵉrētî 和 Pᵉlētî，这两个名称通常被同时提到，有时与非利士人作类比；通常人们认为这些雇佣兵是克里特人和非利士人。他们通常和大卫联系在一起，大卫不仅抗击非利士人也为他们作战。[16] 人们还应该注意希伯来语中含有十分充分的名称来表示安纳托利亚诸民族：Ḥittî，也就是经常出现的赫梯人，Tŭbal，Mešek 和 Tîrås——最后一个民族很可能就是埃及的 Trš 和特洛伊人。尽管如此，非利士人与这些民族都没有联系，却专门不断地与伽斐托有联系。因此，我们似乎没有理由怀疑非利士人和克里特岛之间的圣经联系。

从考古学的观点来看，引人注目的是，主要发现于和《圣经》时代的非利士人有关地区的所谓"非利士陶器"由当地人制作，却类似于被称为迈锡尼文化第三期 C IB 的风格。最相似的风格来自西利西亚的塔尔苏斯（Tarsus）、塞浦路斯和克里特的克诺索斯。然而，毫无疑问的是，这一风格起源于爱琴海，发现过它的其他地区都非常符合这一时期关于希腊殖民的报告。[17] 考虑到非利士与埃及相邻，而且很多海上民族为埃及人充当雇佣兵，公元前 12 世纪到公元前 10 世纪的非利士文化表现出的强烈的埃及影响并不出人意料。因此，将非利士人和爱琴海相联系的书面证据和考古证据相一致的程度如果不是绝无仅有的，也是很罕见的。然而，尽管如此，以色列考古学家多森（Dothan）博士在她的有关非利士人的鸿篇巨制中承认，非利士人的物质文化源自爱琴海，但她又坚持认为非利士人是伊利里亚人（Illyrians）、色雷斯人或安纳托利亚人；事实上，可能是除了希腊人以外的任何民族。[18]

如果我们假定——这是大概可能的——大量的非利士人出身于克里特和爱琴海地区，并且制造了迈锡尼陶器，那就极有可能他们讲的是希腊语。尽管如上所述，有一种非古希腊的原克里特语直到希腊化时代仍在克里特岛存在，但

448

15　《阿摩司书》9：7；《耶利米书》47：4；《创世记》10：14；《以西结书》25：15—17，但有文本校订；《西番雅书》2：4—7。

16　参见《撒母耳记下》15：18—22；《撒母耳记上》27. 关于大卫与非利士人的关系，我与 J. Strange（1973）的意见不同。

17　M. Dothan（1973）；Muhly（1973）；Popham（1965）. T. Dothan（1982，pp.291-6）；Snodgrass（1971，pp.107-9）；Helck（1979，pp.135-46）.

18　T. Dothan（1982，pp.20-2，291-6）. 她的证据有 Prst 佩戴的"饰有羽毛的王冠"或坚挺的发型在希腊没有被证实。但是，二者也没有在巴尔干半岛诸国或安纳托利亚西部证实。而且，T(t)kr 和 Dnn 肯定来自希腊，他们的风格一致。参见 Sandars（1978，p. 134）。

我们从 B 类线形文字得知，早在最早提到 Prst 的文献出现以前一百多年，希腊语就已经在该岛占据了统治地位。

还有别的证据表明非利士人与希腊有联系。亚述文本提到过某个 Ia-ma-ni 或 Ia-ad-na，这两个同意异形词都指"希腊人"，他夺取了非利士城邦阿什杜德（Ashdod）的王权，并在公元前 712 年起兵反叛亚述。关于这个人是希腊人还是一位当地首领仍有很大争议。[19] 尽管人们已经明确确定非利士人被迅速闪米特化，但是通过采用某些有影响的公元前 8 世纪的非利士人是希腊后裔的设想，就能解决关于 Ia-ma-ni 的问题。

449 在公元前 7 世纪锡西厄的入侵和公元前 6 世纪新巴比伦的流放之后，"非利士人"的名字似乎被来自该地区两个主要城市的名字加沙人（Gazan，ʿazzâtî）和阿什杜德人（Ashdodite，ʾašdôdî）部分取代。大约公元前 400 年时，尼希米（Nehemiah）谴责犹太人与阿什杜德妇女通婚，并提到"阿什杜德语"（ʾašdôdît）对"犹太人的语言"（Yᵉhûdît）是一种威胁。[20] 后一个词的意思还不确定，但因为阿拉姆语和希伯来语当时都为犹太人口头使用，所以尼希米不可能关心某种西闪米特语。另一方面，希腊语当时在整个地中海东部迅速扩张，似乎是一种更有可能的威胁。《圣经》中没有"希腊语"这个词。因此，我们似乎有理由建议，尼希米所说的 ʾašdôdît 就是指"希腊语"——这是希腊人和非利士人有联系的又一个标志。

这一时期非利士和希腊有交往的进一步证明是，在大约公元前 400 年，加沙是雅典以东根据雅典的重量单位铸造硬币的唯一城市。然而，我们应当注意，这些硬币上刻的是腓尼基字母——有些硬币上的刻字甚至可以被读作 Yhd（犹太人）或 Yhw（耶和华）——上面还刻有一尊坐像，似乎就是以色列的神。[21] 从该城发现的其他硬币上面还刻有 MEINΩ，这应该与克里特的弥诺斯有关。[22]

尽管雅法（Jaffa）和加沙激烈抵抗亚历山大大帝，但该地区随后的希腊化的彻底性远远超过了腓尼基或朱迪亚。正如伟大的希腊化时期历史学家维克托·切里科夫（Victor Tcherikover）所暗示的，这似乎显示了向着希腊文化靠

---

19 关于此的最近概观，参见 Helm（1980，p. 209）。

20 Nehemiah 13：23-4.

21 Yhd 见 J. Naveh（私人交流，耶路撒冷，1983 年 6 月）；Yhw 见 Seltman（1933，p. 154）。

22 Gardiner（1947，vol. 1，p. 202）.

近的倾向。[23] 例如，拜占庭的斯特凡诺斯（Stephanos of Byzantium）在公元 5 世纪写道，加沙崇拜的神灵马纳（Marna）就是 Zeus Kretogenes，"出生在克里特的宙斯"。[24]

总而言之：与"海上民族"入侵最相似的类比似乎就是十字军东征。一波又一波北方的侵略者在一个混乱的时期通过陆地和海洋到来；为寻找战利品和能定居的土地，他们一群又一群地在彼此的地盘上往返奔波。十字军战士大部分都讲罗曼语，但由不同的方言民族构成，他们还包括德国人和英国人。同样，海上民族似乎也由不同的语言群体组成，包括说希腊语和安纳托利亚语的人。尽管其他群体可能大部分由说安纳托利亚语的人构成，非利士人却绝大多数是讲希腊语的人，这是有可能的。然而，直到 B 类线形文字被解读成希腊文，非利士人与克里特之间的联系也不存在问题；可以很容易把他们看成前古希腊人。自从 1952 年以来，学者们不认可非利士人和希腊人之间存在联系的有力证据，这只能用 19 和 20 世纪的观点来解释，这种观点视"非利士人"为古希腊人的严格对立面——文化敌人。

450

23　Tcherikover（1976，pp. 87-114）.

24　Gardiner（1947，vol. 1，p. 202）. 我相信 Marna 源自埃及语 M3nw，神秘的"西方日落之山"，这个名字可以应用于克里特。新王国地名 Mnnws 已被可信地，虽然不是决定性地，等同于弥诺斯和克里特，这个地名可能源于此。参见 Vercoutter（1956，pp. 159-82）；更多讨论见第二卷。

词汇表

添加词缀或黏着法构词（affixing or agglutination）：

在不影响词根的情况下，对词语添加前缀、后缀或中缀。这一术语所描写的语言不包括**有屈折变化的语言**或**孤立语**。最广为人知的黏着语是阿尔泰语系，其中心例子是土耳其语和蒙古语，但这一语系还包括相隔如此遥远的语言如日语和匈牙利语。

亚非语系（Afroasiatic）：

又称闪含语系，一个语言"超家族"，由若干语族组成，包括**柏柏尔语族**、乍得语族、**埃及语族**、**闪米特语族**以及东、南和中库希特语支。

阿卡德语（Akkadian）：

古代美索不达米亚的**闪米特语**，受到**苏美尔语**的极大影响，也影响着**苏美尔语**。大约公元前一千纪中期被阿拉姆语代替。

外邦人（Allogenes）：

希腊城市中的外国人，其权利比奴隶要多，但比公民要少。

安纳托利亚（Anatolia）：

古代一地区，大约相当于现代土耳其。

安纳托利亚语族（Anatolian）：

安纳托利亚的**印度-赫梯语**，但非**印欧语**诸语言。它们包括**赫梯语**、巴莱语、卢维语、利西亚语、吕底亚语，大概还有卡里亚语和**伊特鲁里亚语**。

阿拉姆语（Aramaic）：

一种西闪米特语，原本在现今叙利亚境内部分地区口头使用，后来成为**亚述帝国**、**新巴比伦帝国**和**波斯帝国**大部分地区的通用语。公元前一千纪中期，它在地中海东部地区取代了**腓尼基语**

和**希伯来语**两种**迦南语**方言。它自己被希腊语和阿拉伯语取代，虽然在一些偏僻的村庄它直到今天仍然残存。

古风希腊（Archaic Greece）：

从公元前 8 世纪到公元前 6 世纪的希腊；在这一时期，希腊城邦和马克思主义者所谓奴隶社会建立起来。

亚美尼亚语（Armenian）：

安纳托利亚东部的一个古代民族的印欧语。有时据信它尤其接近希腊语。但是，由于现存最早的文本只能追溯到公元 4 世纪，相似点可能是希腊语影响的结果，也可能是与闪米特语共同接触的结果。

雅利安人（Aryan）：

这个术语用来描述**印欧语**系的印度–伊朗语分支的使用者。他们在公元前两千纪的上半期好像侵略了伊朗和印度。在公元 19 世纪晚期，这一术语被用来指称作为一个整体的印欧语"种族"。

亚述（Assyria）：

美索不达米亚北部的一个古代王国，可以追溯到公元前三千纪中期。它最辉煌的时期是公元前两千纪末以及公元前 900 年到公元前 600 年间。其语言原本是**阿卡德语**的一种方言。

亚特兰蒂斯（Atlantis）：

柏拉图笔下沉于大西洋海底的土地；现代作家把它可信地等同于锡拉岛。

原子论（atomism）：

认为物质由极小的不可再分的粒子组成的信仰，由德谟克利特于公元前 5 世纪提出，他曾与毕达哥拉斯的追随者一起学习过，也在埃及学习过。后来，原子论在伊壁鸠鲁学说信奉者中间流行。在 19 世纪，约翰·道尔顿（John Dalton）复活了原子论。

土著的（autochthonous）：

当地的或土著居民的。

巴比伦（Babylon）：

美索不达米亚南部中部的古代城市。数个重要王国的中心，最后是公元前 600 年到公元前 538 年之间的新巴比伦帝国的中心。

柏柏尔语族（Berber）：

非洲西北部原住民口头使用的诸语言。在从埃及的西部沙漠到摩洛哥的山区或偏僻地区，它们至今仍然被口头使用。

波海利语（Bohairic）：

科普特语方言，原本在尼罗河三角洲西部地区口头使用，后来成为整个基督教埃及的标准语言。

波伊奥提亚（Boiotia）：

希腊中部地区，在青铜时代以其财富和权力而闻名。它主要的地理特征是浅湖科帕伊斯湖，大约青铜时代早期末的某个时候湖的大部分被排干。波伊奥提亚的主要城市是底比斯。

毕布勒（Byblos）：

位于现今黎巴嫩南部的古代港口城市。它自从公元前四千纪以来与埃及有着密切交往，是黎凡特地区最重要的城市，直到公元前两千纪末它被西顿的兴起所超越。

别名（byname）：

辅助的名字。

仿造（calque）：

从另一种语言对一种表达或习语的字面借用。

迦南语（Canaanite）：

一种闪米特语言，受到埃及语很深的影响，公元前 1500 年到公元前 500 年间在叙利亚-巴勒斯坦南部口头使用，公元前 500 年时被**阿拉姆语**取代。**腓尼基语**和**希伯来语**是最广为人知的后来的迦南语方言。"迦南的"也用来描述青铜时代晚期，即大约公元前 1500 年—公元前 1100 年叙利亚-巴勒斯坦南部的物质文化。

卡里亚（Caria）：

安纳托利亚西南部一地区。其语言大概是**安纳托利亚语**，但有可能是非**印度-赫梯语**。卡里亚语的字母铭文来自公元前 6 世纪。

清洁派教义（Catharism）：

这个名字来自希腊语 Kathar-"清洁的"。中世纪欧洲的一组**摩尼教**异端，首先被记载于 9 世纪的保加利亚。最著名的中心是 12 世纪的朗格多克，又称阿尔比派教义。

陶器时期（ceramic period）：

考古学家以陶器风格为基础重构的时间段。

古典希腊（Classical Greece）：

公元前 5 世纪和公元前 4 世纪的希腊，一般认为这一时期产生了希腊天才最伟大和"最纯洁"的作品。

公元（Common Era）：

非基督徒，尤其是犹太人使用的术语，以避免"耶稣纪元"（AD，Anno Domini）这一术语的宗派主义。

科普特语（Coptic）：

基督教埃及的语言和文化。它的口头使用直至公元 15 世纪或 16 世纪，现在仍然是埃及基督教的礼拜仪式用语。它用希腊字母书写，有一些额外的字母源自**世俗体**，它是埃及语的最新形式。

楔形文字（cuneiform）：

美索不达米亚发展出来的一种文字系统，用钉子形状的楔子按进湿泥里写成。

（基督教的）黑暗时代 [Dark Ages (Christian)]：

一个历史时期的习惯名称，在公元 5 世纪西罗马帝国衰亡之后，中世纪之前，通常认为中世纪开始于 9 或 10 世纪。

（希腊的）黑暗时代 [Dark Ages (Greek)]：

希腊一个历史时期的命名，在公元前 12 世纪迈锡尼宫殿覆亡之后，公元前 8 世纪古风希腊兴起之前。

死海古卷（Dead Sea Scrolls）：

这些古卷于 20 世纪 40 年代发现于死海之上的山洞里。多数讲述生活于附近的犹太教派从公元前 3 世纪到公元 2 世纪的宗教和机构生活。它们很有趣地烛照了**艾赛尼派信徒**和基督教的起源。

自然神论者（deists）：

17 和 18 世纪的一组思想家，排斥形式宗教，但认为自然可以证实上帝的存在。他们对基督神性的怀疑也使他们信仰阿里乌教义或上帝一位论。

世俗体（Demotic）：

严格说来，世俗体是源自**象形文字**和**僧侣书写体**的文字，公元前 7 世纪以后在埃及使用。也用来描述这一时期的语言。

树木年代学（dendrochronology）：

用查树木年轮的方法来确定树木和考古环境的年龄。

齿音（dentals）：

舌头抵住牙齿形成的辅音，例如 d 和 t。

义符（determinative）：

象形文字对一个词语的表现的元素，代表它的意义，与声音相对。

狄奥多罗斯（Diodoros Sikeliotes）：

来自西西里的希腊历史学家，约公元前 80 年到约公元前 20 年，以他的《历史图书馆》闻名。

多利安人（Dorians）：

源自希腊西北部的一个希腊部落，公元前 12 世纪侵占了希腊南部大部分地区。最著名的多利安人国家是斯巴达。

青铜时代早期（Early Helladic）：

一个**陶器时期**，应用于青铜时代早期的希腊大陆，大约公元前 2900 年—公元前 2000 年。

弥诺斯早期（Early Minoan）：

青铜时代早期的克里特的**陶器时期**，大约公元前 3000 年—公元前 2000 年。

埃卜拉（Ebla）：

叙利亚一古代城市，20 世纪 70 年代首次发掘。大约公元前 2500 年时，它有巨大的贸易网络和覆盖整个叙利亚-巴勒斯坦的帝国。

埃卜拉语（Eblaite）：

埃卜拉的语言，一种独立的闪米特语言，可以有用地被视为迦南语的前身。

埃及语（Egyptian）：

这里不是指现在埃及口头使用的阿拉伯语方言，而是指古代埃及的语言，它是一种独立的**亚非语**。它可以划分为古埃及语，大约公元前 3250 年到公元前 2200 年的古王国口头使用；中期埃及语，公元前 2200 年到公元前 1750 年的中王国口头使用，在此后 1500 年间它一直是官方语言。没有修饰语的"埃及语"称呼通常指中期埃及语。晚期埃及语到公元前 16 世纪时被口头使用，但直到这个千纪末才经常地用于书写。我认为，对希腊语影响最大的是晚期埃及语。关于后来的阶段，**世俗体和科普特语**，参见上文。

埃及异教信仰（Egypto-Paganism）：

笔者发明的术语，指希腊化时期和罗马时期的异教宗教，它坚持多神教中埃及的中心性和原初性。

别名（epiclesis）：

姓或另外的名字。

伊壁鸠鲁学说信奉者（Epicurean）：

伊壁鸠鲁创建的思想学派，信奉哲学的目的是通过智识乐趣或心灵宁静达到生活幸福。它后来被有名地简化为"吃喝玩乐，因为我们明天会死"，一神教徒认为它是无神论唯物主义的缩影。

伊壁鸠鲁（Epicurus）：

伊壁鸠鲁主义的希腊创建者，公元前 341 年到公元前 270 年。

埃拉托斯特尼（Eratosthenes）：

大约公元前 275 年到公元前 195 年。希腊学者，亚历山大大图书馆的图书馆员。首位测量地球周长和倾斜角度的希腊人。

艾赛尼派信徒（Essenes）：

一个苦修的犹太教派，在基督生活前后以社群形式居住在朱迪亚和其他沙漠。**死海古卷**被可信地归属于艾赛尼派信徒，它倾向于肯定艾赛尼派宗教组织和信仰在基督教形成过程中扮演了重要角色这一理论。

伊特鲁里亚语（Etruscan）：

古代意大利的文明。古代占优势地位的观点是伊特鲁里亚人来自安纳托利亚西北部的**吕底亚**。其语言没有被很好理解，有可能是**安纳托利亚语**。附近的**利姆诺斯岛**上发现的铭文是一种关系很密切的语言。**伊特鲁里亚语**在公元前 9 世纪到公元前 6 世纪受到腓尼基文明很深的影响。它本身在拉丁文化形成过程中起了中心作用。

欧多克索斯（Eudoxos）：

希腊伟大的天文学家和数学家，来自安纳托利亚海岸的尼多斯。曾在埃及学习。大约生于公元前 400 年，卒于大约公元前 350 年。

犹希迈罗斯主义"神话即历史论"（euhemerism）：

犹希迈罗斯的理论，即人们普遍崇拜的神灵实际上是被神化的英雄。由此延伸，这个词被用来指称以理性术语来解释或简化宗教信仰。

犹希迈罗斯（Euhemeros）：

哲学家，大概是腓尼基血统，活跃于大约公元前 300 年。

发生学的（genetic）：

语言之间的"发生"关系是指它们据信来自同一个父亲或祖先语言。例如，法语和罗马尼亚语有"发生"关系，因为尽管它们之间有很多差异，但都源自俗拉丁语。

诺斯替教徒（Gnostic）：

基督教和犹太教派的名字，坚持认为在普通信仰者的宗教后面，存在另一个更高的宗教，只有那些"知道"———希腊语 gnō-———的人才可以接近它。

天衣派信徒（Gymnosophist）:

裸体的哲学家，希腊人称呼印度或埃塞俄比亚圣人的名字。

哈拉帕（Harappa）:

这一地点或另一地点，摩亨朱达罗（Mohenjo Daro）的名字被用来指代印度西北部从大约公元前 2500 年到公元前 1700 年繁盛的古代文明，公元前 1700 年，它大概被从北方侵略的**雅利安人**破坏。这一文明的文字尚未被破解，但有可能其语言属于达罗毗荼诸语，今天在印度南部盛行，在巴基斯坦西部口袋形被围的地方仍然口头使用。

哈西德派教徒（Hasidîm）:

源自希伯来语 ḥāsîd（虔诚的）的名字，被用来指两个犹太宗教运动：第一个是公元前 300 年到公元前 175 年反抗**塞琉西王朝**将犹太人希腊化的运动，第二个是公元 18 世纪针对塔木德犹太教理性主义的弥赛亚反抗。

希伯来语（Hebrew）:

公元前 1500 年到公元前 500 年间在以色列、犹大王国和摩押王国口头使用的迦南语方言。由于宗教原因，它经常被视为独立的语言，随着其他迦南语方言的消失，它自那以后成为独立的语言。

希腊青铜时代文化的（Helladic）:

称呼希腊大陆三个**陶器时期**的名字，大概相当于克里特的**弥诺斯陶器时期**。

古希腊的（Hellenic）:

希腊的或说希腊语的，但尤其与希腊北部的塞萨利相联系。自从 18 世纪晚期以来，这个词获得了许多高贵以及北部和雅利安"血统"的含义。

希腊化的（Hellenistic）:

整个地中海东部希腊文化的名字，时间上从亚历山大大帝公元前 4 世纪末的征服到公元前 1 世纪这一地区被纳入罗马帝国的版图。

达达尼尔海峡（Hellespont）:

连接地中海和黑海的海峡，亚洲与欧洲的分界线。

赫耳墨斯·特利斯墨吉斯忒斯文本（Hermetic Texts）:

神秘、魔术和哲学文件的集合，大概在公元前一千纪后半期首先用世俗体写成和 / 或公元 200 年到 400 年用科普特语写成，被归属于神灵透特 / 赫耳墨斯。它们后来对**赫尔墨斯神智论**具有中心意义。

赫尔墨斯神智论（Hermeticism）:

对**赫耳墨斯·特利斯墨吉斯忒斯文本**的魔术、神秘和哲学力量的信仰。赫尔墨斯神智论运动存在于古代晚期和文艺复兴时期。

希罗多德（Herodotos）:

希腊最早的历史学家，来自小亚细亚的哈利卡纳苏斯（Halikarnassos），大约生于公元前 485 年，卒于大约公元前 425 年。

僧侣书写体（Hieratic）:

大约公元前 2500 年逐渐从象形文字发展而来的埃及文字。它将正式的图画象形文字改变为草书文字，但仍然建筑在同样的原则之上。

埃及象形文字（Hieroglyphic）：

公元前四千纪晚期首次被证实使用的埃及文字。它由字母、双重字母、三重字母的语音符号以及表明词语意义范畴的"义符"构成。

赫梯（Hittite）：

公元前两千纪安纳托利亚中部的帝国。其语言属安纳托利亚语，书写形式是一种楔形文字。

胡里安人（Hurrian）：

公元前两千纪居住在安纳托利亚东部和叙利亚的一个民族的名字。其语言已消亡，既不是印度-赫梯语，也不是亚非语。

印欧语系（Indo-European）：

包括除巴斯克语、芬兰语和匈牙利语之外的所有欧洲语言以及伊朗语、北印度语言和吐火罗语的语系。虽然弗里吉亚语和亚美尼亚语位于安纳托利亚，但它们不是安纳托利亚语，而是印欧语。

印度-赫梯语系（Indo-Hittite）：

一个语言超家族，包括安纳托利亚语族和印欧语系。

屈折语（inflected languages）：

诸如希腊语、拉丁语和德语等语言，它们在很大程度上依赖屈折变化或者变化词形或词法来传达意义；与孤立语和黏着语相对。

齿间音（interdentals）：

舌头放在上下齿之间构成的辅音，例如 th。

爱奥尼亚人（Ionians）：

希腊中部和南部民族，在多利安人征服之后幸存，其中一些迁徙到安纳托利亚西海岸。其最著名的城邦是雅典。

伊索克拉底（Isokrates）：

希腊演说家、教师，苏格拉底的学生，公元前 436 年—公元前 338 年。

孤立语（isolating languages）：

诸如汉语和英语等语言，它们相对很少有屈折变化，而是严重依赖句法或者句子中词语的位置来传达意义；与有屈折变化的语言和黏着语相对。

凯克洛普斯（Kekrops）：

传说中雅典的创建者和国王。他一般被描述为土著，虽然少数传统认为他来自埃及。绪言中给出了一些支持后者的证据。

唇音（labials）：

嘴唇形成的辅音，诸如 b, p, m 等。

圆唇软腭音（labiovelars）：

由圆唇完成的软腭音，例如我们的 qu, k^w, 和 g^w。

喉音（laryngeals）：

在喉部或作为整体的咽喉部位形成的声音，更确切地说，可以分为软腭摩擦音（ḫ 和 ġ）、咽音（ḥ和‹）和喉音（›和 h）。所有这些，除了 ğ，存在于全部闪米特语和埃及语中，但除了 h 外，它们都从印欧语消失了。

青铜时代晚期或迈锡尼晚期（Late Helladic or Mycenaean）：
从大约公元前 1650 年—公元前 1100 年希腊大陆的**陶器时期**。

弥诺斯晚期（Late Minoan）：
克里特的**陶器时期**，大约公元前 1650 年—公元前 1450 年，当时该岛被希腊人控制。

利姆诺斯岛（Lemnos）：
爱琴海西北部的岛，古典时代时那里说一种与**伊特鲁里亚语**相联系的非印欧语。

A 类线形文字（Linear A）：
克里特和其他地方使用的**音节文字**，当时希腊语在该岛尚未确立。

B 类线形文字（Linear B）：
源自 A 类线形文字的**音节文字**，从大约公元前 1400 年起在迈锡尼时代的希腊和克里特被证实使用，但很可能在那之前很久才被书写下来。

流音（liquids）：
"流动"的辅音，如 l 和 r。

利西亚（Lycia）：
安纳托利亚南部一地区。利西亚语属安纳托利亚语族，是赫梯语的非直接后裔。用这种语言写成的字母铭文来自公元前 5 世纪。

吕底亚（Lydia）：
安纳托利亚西北部地区。吕底亚语属**安纳托利亚语族**。传统认为，**伊特鲁里亚人**来自吕底亚。用这种语言写成的字母铭文来自公元前 5 世纪。

摩尼教（Manichaeism）：
波斯宗教改革者摩尼公元 3 世纪创建的宗教。它将**琐罗亚斯德教**的二元论进一步极端化，否认所有物质或肉体，认为是邪恶的。信徒分为精英和一般教众，前者实践严格的、朴素的独身生活，后者允许结婚，在世间过清苦的生活。6 世纪时，基督教摧毁了摩尼教。但是，摩尼教"异端"在中世纪相当普遍。其中最广为人知的是**清洁派教义**或阿尔比派教义。

唯物主义（materialism）：
认为世界由物质组成的信仰，在希腊首先由德谟克利特在公元前 5 世纪和公元前 4 世纪倡导。

音位变换（metathesis）：
语言中辅音或元音位置的交替或变换。

青铜时代中期（Middle Helladic）：
希腊大陆的**陶器时期**，大约公元前 2000 年—公元前 1650 年。

弥诺斯中期（Middle Minoan）：
克里特文化大约公元前 2000 年—公元前 1650 年的**陶器时期**，大致与埃及的中王国同时。

弥诺斯文化（Minoan）：
由阿瑟·埃文斯命名的名字，源于克里特传说中的国王弥诺斯，用来指克里特在说希腊语的人到来之前的文化，也指由埃文斯确定的三个**陶器时期**。

一元论（monism）：
本书中，一元论指所有事情一定有单一原因的观点。

单源论（monogenesis）：
指单一来源的观点，本书中主要限于人类和语言。与**多源论**相对。

迈锡尼（Mycenae）：
伯罗奔尼撒半岛东北部阿尔戈斯附近的城市，以青铜时代的主要城市而闻名。

迈锡尼文化（Mycenaean）：
首先在迈锡尼发现的青铜时代物质文化的名字，由此延伸，指青铜时代晚期的希腊文化。

鼻音（nasals）：
鼻腔通道形成的辅音，如 m 和 n。鼻音化指在塞音之前引入鼻音的普遍特征：b 或 p 之前的 m；d 或 t 之前的 n；g 或 k 之前的 ng。

新柏拉图主义（Neo-Platonism）：
公元 2 世纪在埃及形成的哲学，它倡导柏拉图理想的、神秘的哲学和埃及-希腊宗教。6 世纪初，它被基督教威权摧毁，但在中世纪以基督教的形式幸存。文艺复兴时期，它或多或少以基督教的外表复苏。

唯名论（nominalism）：
认为理想的形式和共相无非是名字的观点。与唯实论或本质主义相对。

奥林匹亚节日和竞赛会（Olympian Festival and Games）：
在伯罗奔尼撒半岛西北部的奥林匹亚举行的宗教节日和竞赛会，从公元前 776 年起，每四年举行一次，直到公元 4 世纪末被基督教皇帝狄奥多西一世（Theodosius）终止。19 世纪末，根据雅利安模式恢复。

俄耳甫斯教崇拜者（Orphics）：
神圣的俄耳甫斯的追随者。他们很像毕达哥拉斯的信奉者，提倡埃及宗教信仰，尤其关心个人不朽。

泛神论（pantheism）：
认为上帝存在一切事物中，一切事物皆是上帝的信仰。这一世界观与埃及和希腊宗教的世界观密切相似，它在 17 世纪，尤其是在斯宾诺莎的著作发表以后，变得重要起来。

帕萨尼亚斯（Pausanias）：
内容广泛的《希腊指南》的作者，生活于公元 2 世纪。

佩拉斯吉人（Pelasgians）：
根据古典传统，这是希腊最早的居民。

波斯帝国（Persian Empire）：
公元前 6 世纪中期由居鲁士大帝创建，控制了中东、小亚细亚和爱琴海地区，直到被希腊人击退。最终，在公元前 4 世纪后半期，它被亚历山大大帝摧毁。

非利士人（Philistines）：
公元前 13 世纪晚期和公元前 12 世纪从安纳托利亚和爱琴海方向侵略埃及和黎凡特的民族。

腓尼基（Phoenicia）：

分布在今天的黎巴嫩到以色列北部的狭长海岸上的诸城市，其中最著名的是**毕布勒、推罗和西顿**。在整个古代，腓尼基指代这一地区。但是，它一般是指诸城市历史中最辉煌的阶段，公元前 1100 年到公元前 750 年。腓尼基"语言"像**希伯来语**一样，是**迦南语**的方言。字母表经常被说成腓尼基人的发明。它大概发源于这一地区，但其发展是在腓尼基时期之前很久。

音素（phoneme）：

一个语言中声音的最小的重要单位。

语音对应（phonetic correspondences）：

实际上或词源上相似的声音。

弗里吉亚（Phrygia）：

安纳托利亚北部一地区。它在公元前一千纪前半期是强大的国家。其语言用字母写成，不是安纳托利亚语，而是印欧语，与希腊语关系密切。

重农主义者（Physiocrats）：

一组法国哲学家和官员中的一部分，与百科全书派交叉，在 18 世纪中期行政理性化和加强政权方面扮演了重要角色。这一派最显著的人物，弗朗索瓦·魁奈（François Quesnay），建立了一个经济学的完整系统，他遵从中国经济理论，认为所有财富都来自土地。

象形图（pictogram）：

把被标示的物体用图画出来或直接表现出来的文字。

多源论（polygenesis）：

认为有多个来源的观点，尤其是人类和语言。与**单源论**相对。

词首添音（prothetic or prosthetic）：

放在单词开始的元音，以避免起始辅音。在词首添加元音的现象在双辅音之前尤其普遍。

原始希腊语（Proto-Greek）：

未被证实使用的语言或民族，被重构为希腊语或希腊人的来源。

托勒密文化（Ptolemaic）：

赋予托勒密统治时埃及文化的名字。

托勒密（Ptolemy）：

托勒密一世的一系列后裔的名字，托勒密一世原是亚历山大大帝的将军，在亚历山大死后在埃及夺取了权力。托勒密王朝的最后一个统治者是克娄巴特拉七世，她戏剧性地卒于公元前 30 年，恺撒和安东尼都爱她。

小男孩（puttini）：

艺术表现中的小男孩。

毕达哥拉斯（Pythagoras）：

希腊哲学家和数学家，约公元前 582 年—公元前 500 年。曾在埃及学习，带回了埃及的数学和宗教原则，创建了毕达哥拉斯学派兄弟会。

毕达哥拉斯学派（Pythagoreans）：

毕达哥拉斯的追随者，按照一般认为是埃及的方式组织成"兄弟会"。毕达哥拉斯学派在公元前 5 世纪和公元前 4 世纪西西里和意大利南部的希腊社会中扮演着重要的政治、宗教和科学角色。

词根（root）：

一个单词在其他所有元素被去除后留下的本质部分。

塞琉西王朝（Seleucid）：

亚历山大的将军塞琉古一世在叙利亚和美索不达米亚建立的王朝的名字。

语义的（semantic）：

与意思或意义相关的。

咝音（sibilants）：

带有咝咝声音的辅音，如 s，š，ş 和 z。

西顿（Sidon）：

供奉海神 Sid 的古代腓尼基城市。其鼎盛时期是铁器时代一开始，因此"西顿的"在《圣经》开篇的历史书和荷马史诗中被用来指一般性的腓尼基的。其控制力在大约公元前 9 世纪时被它的对手推罗取代。

石柱（stele）：

带有雕刻的图样或铭文的直立的石板。

词干（stem）：

词根通过特殊的元音化或者添加各种前缀或后缀派生而成的言语形式。

塞音（stop）：

完全的辅音爆破，例如我们的字母 b，p，d，t，g 和 k 所代表的声音。

斯多葛哲学（Stoicism）：

由基蒂翁的芝诺创立、兴盛于希腊化和罗马时代的哲学。斯多葛派学者认为世界是物质的，一种普遍的工作力量，即上帝，存在于一切事物中。他们强调摆脱情感，以便履行职责，赢得真正的自由。

斯特拉博（Strabo）：

公元前 1 世纪和公元 1 世纪的希腊地理学家。

神谱（theogony）：

诸神的祖先和诞生；它是若干诗歌的名字和主题，其中最著名的为赫西俄德所著。

锡拉岛（Thera）：

克里特北部 70 英里处的火山岛。它在公元前两千纪有过一次大爆发，通常的日期是大约公元前 1500 年—公元前 1450 年。但我认为，它的发生应该早 150 年，在公元前 1626 年。

修昔底德（Thucydides）：

关于伯罗奔尼撒战争的希腊历史学家，生于大约公元前 460 年，卒于公元前 400 年。

吐火罗语（Tokharian）：

公元一千纪在现在说突厥语的中国西部新疆维吾尔自治区口头使用的印欧语。吐火罗语和西印欧语分有几个特征，它们在印度-雅利安语言中不存在。因此，吐火罗语为认识早期印欧的性质提供了关键信息。

地名（toponym）：
地方的名字。

三层船（trireme）：
带有三排桨的希腊桨帆并用大木船。

推罗（Tyre）：
古代腓尼基城市。其鼎盛时期是公元前 10 世纪到公元前 9 世纪，但在公元前 333 年被亚历山大大帝摧毁之前，它一直是重要的政治和文化中心。

软腭音（velars）：
舌头位于口腔后部形成的**塞音**，例如 k 和 g。

元音化（vocalization）：
将元音注入辅音结构。

基蒂翁的芝诺（Zeno of Kition）：
迁移到雅典的腓尼基人。**斯多葛哲学**的创立人，大约公元前 336 年—公元 264 年。

琐罗亚斯德教（Zoroastrianism）：
波斯帝国的国教，其创立者为一宗教改革者，一般认为他生活于公元前 7 世纪，但很可能要早得多，生活于公元前两千纪。其教义认为宇宙是善恶之间永恒的、取得极好平衡的斗争的场景。亚历山大征服削弱了琐罗亚斯德教，伊斯兰教几乎摧毁了它。今天，它也许幸存于霍梅尼的伊朗口袋形被围的小地方，在整个世界，它仍然作为帕西人的宗教而兴盛。

参考文献

Abdel-Malek, A. (1969) *Idéologie et renaissance nationale: l'Égypte moderne*. Paris: Éditions Anthropos, 2nd edn.

Abel, L. S. (1966) *Fifth Century BC Concepts of the Pelasgians*. Stanford University, MA thesis.

Abou-Assaf, A., Bordreuil, P. and Milliard, A. R. D. (1982) *La Statue de Tell Fekheriyé: et son inscription bilingue assyro-araméenne*. Études Assyriologiques Éditions recherche sur les civilisations no. 7, Paris.

Ahl, F. (1985) *Metaformations: Soundplay and Wordplay in Ovid and Other Classical Poets*. Ithaca, NY: Cornell University Press.

Akurgal, E. (1968) *The Art of Greece: Its Origins in the Mediterranean and the Near East*. New York: Crown Publishers.

Albright, W. F. (1950) 'Some Oriental glosses on the Homeric problem', *American Journal of Archaeology* 54:162–76.

—— (1968) *Yahweh and the Gods of Canaan: A Historical Analysis of Two Contrasting Faiths*, London: Athlone.

—— (1970) 'The biblical period', in L. Finkelstein, *The Jews Their History*. New York: Schocken, pp. 1–71.

—— (1975) 'Syria, the Philistines and Phoenicia', *Cambridge Ancient History*, 3rd edn, vol. II, pt 2, *History of the Middle East and the Aegean Region 1380–1000 BC*, pp. 507–16.

Allen, P. (1978) *The Cambridge Apostles: The Early Years*. Cambridge University Press.

Allen, T. G. (1974) (trans.) *The Book of the Dead or Going Forth by Day*. Chicago: Oriental Institute.

Annan, N. (1955) 'The intellectual aristocracy', in J. H. Plumb, ed., *Studies in Social History: A Tribute to G. M. Trevelyan*. London: Longman, pp. 243–87.

Apollodoros (1921) *The Library*, J. G. Frazer, trans., 2 vols. Cambridge, Mass.: Loeb.

Appleton, W. W. (1951) *A Cycle in Cathay, The Chinese Vogue in England in the 17th and 18th Centuries*. New York: Columbia University Press.

Arbeitman, Y. and Bomhard A. R., eds (1981) *Bono Homini Donum: Essays in Historical Linguistics, in Memory of J. Alexander Kerns*, 2 vols. Amsterdam: John Benjamin.

Arbeitman, Y. and Rendsburg, G. (1981) 'Adana revisited: 30 years later', *Archiv Orientální* 49: 145–57.

Aristotle, *De Caelo.*

—— *Metaphysica.*

—— *Meteriologica.*

—— (1962) *Politics*, T. A. Sinclair, trans. London: Penguin.

Arnold, M. (1869) *Culture and Anarchy*. London: Smith Elder.

—— (1883) *Literature and Dogma*. London: Smith Elder.

—— (1906) *The Scholar Gypsy and Thyrsis*. London: Macmillan. See F. W. E. Russell.

Arnold, T. (1845) *Introductory Lectures on Modern History*. New York.

—— (1864) *A French Eton*. London.

Arrian (1929) *Anabasis of Alexander*, E. Iliff, trans. Robson. New York: Putnam.

Astour, M. C. (1967a) *Hellenosemitica: An Ethnic and Cultural Study in West Semitic Impact on Mycenaean Greece*. Leiden: Brill.

—— (1967b) 'The problem of Semitic in Ancient Crete', *Journal of the American Oriental Society* 87: 290–5.

—— (1972) 'Some recent works on Ancient Syria and the Sea People', *Journal of the American Oriental Society* 92.3: 447–59.

Auguis, P. R. (1822) Introduction, in vol. 7 (pp. 1–26) of Dupuis, *Origine de tous les cultes, ou la religion universelle*, 12 vols. Paris.

Badolle, M. (1926) *L'Abbé Jean-Jacques Barthélemy (1716–1795) et l'Hellénisme en France dans la seconde moitié du XVIIIᵉ siècle*. Paris: Presses Universitaires de France.

Baines, J. (1982) 'Interpreting *Sinuhe*', *Journal of Egyptian Archaeology* 68: 31–44.

Baker, J. R. (1974) *Race*. London: Oxford University Press.

Baldwin Smith, E. (1918) *Early Christian Iconography and the School of Provence*. Princeton: University Press.

Banier, A. (1739) *The Mythology of the Ancients Explained*, anon. trans. London: A. Millar.

Baramki, D. (1961) *Phoenicia and the Phoenicians*. Beirut: Khayats.

Barnard, K. (1981) *The Paradigm of Race and Early Greek History*, paper for an undergraduate course, Government 352. Cornell.

Barnett, R. D. (1956) 'Ancient Oriental influence on Archaic Greece', *The Aegean and the Near-East, Studies Presented to Hetty Goldman*, ed. S. Weinberg. Locust Valley, NY: Augustin, pp. 212–38.

—— (1960) 'Some contacts between Greek and Oriental religions', *Éléments orientaux dans la religion grecque ancienne*, ed. O. Eissfeldt. Paris: Presses Universitaires de France, pp. 143–53.

—— (1975) 'The Sea Peoples', *Cambridge Ancient History*, 3rd edn, vol. II, pt 2, pp. 359–78.

Baron, S. W. (1952) *A Social and Religious History of the Jews*. New York: Columbia University Press, vols 1–2.

—— (1976) *The Russian Jew under Tsars and Soviets*. New York: 2nd enl. edn.

Barthélemy, J-J. (1750) 'Réflexions sur quelques monuments et sur les alphabets qui en résultent', *Recueils des Mémoires de l'Académie des Inscriptions* 30: 302–456.

—— (1763) 'Réflexions générales sur les rapports des langues égyptienne phénicienne et grecque', *Recueils des Mémoires de l'Académie des Inscriptions* 32: 212–33.

—— (1789) (1788) *Voyage du jeune Anacharsis en Grèce vers le milieu du IVe siècle avant l'ère vulgaire*. Paris.

Bass, G. (1961) 'Cape Gelidonya Wreck: preliminary report', *American Journal of Archaeology* 65: 267–86.

—— (1967) 'Cape Gelidonya: a Bronze Age shipwreck', *Transactions of the American Philosophical Society* 57: pt 8.

Baumgarten A. J. (1981) *The Phoenician History of Philo of Byblos: A Commentary*. Leiden: Brill.

Beck, R. (1984) 'Mithraism since Franz Cumont', in H. Temporini and W. Haase, eds (1972–) *Aufstieg und Niedergang der römischen Welt: Geschichte und Kultur Roms im Spiegel der neueren Forschung*, 21 vols. Berlin/New York. vol. 17.4. *Religion: (Heidentum: römische Götterkulte, orientalische Kulte in der römischen Welt [Forts.])* ed. W. Haase, pp. 2003–112.

Beckarath, J. von (1980) *Kalender*, in Helck and Otto, cols 297–9.

Beddaride, M. (1845) *De l'Ordre Maçonique de Misraim*. Paris.

Beer, A. and Beer, P. (1975) *Kepler Four Hundred Years: Proceedings of Conferences Held in Honour of Johannes Kepler*. Oxford: Pergamon.

Beloch, J. (1893) *Griechische Geschichte*, Strasbourg.

—— (1894) 'Die Phoeniker am aegäischen Meer', *Rheinisches Museum* 49: 111–32.

Benedetto, L. F. (1920) *Le Origini di 'Salammbô'*. Florence: Istituto di Studi Superiori Pratici in Firenzi Sezione di filologia e filosofia.

Ben Jochannan, Y. (1971) *Black Man of the Nile, Africa, Africa the Mother of Civilization*. New York: Alkebu Lan Books.

Bentley, R. (1693) *A Confutation of Atheism from the Structure and Origin of Humane Bodies*. London.

Benz, F. L. (1972) *Personal Names in the Phoenician and Punic Inscriptions*. Rome: Biblical Institute.

Bérard, A. (1971) Préface, in V. Bérard, *Les Navigations d'Ulysse*, 3 vols. Paris: Librairie Armand Colin.

Bérard, J. (1951) 'Philistines et préhellènes', *Revue Archéologique*, série 6: 129–42.

—— (1952) 'Les hyksos et la légende d' io: Recherches sur la période pré-mycenienne, *Syria* 29: 1–43.

Bérard, V. (1894) *De l'origine des cultes arcadiens: Essai de méthode en mythologie grecque*. Paris: Bibliothèque des Écoles Françaises d'Athènes et de Rome.

—— (1902–3) *Les Phéniciens et l'Odysée*, 2 vols. Paris: Librairie Armand Colin.

—— (1927–9) *Les Navigations d'Ulysse*. Paris: Librairie Armand Colin.

Berlin, I. (1976) *Vico and Herder: Two Studies in the History of Ideas*. London: Hogarth.

Bernal, M. (1980) 'Speculations on the disintegration of Afroasiatic', paper presented at the 8th conference of the North American Conference of Afroasiatic Linguistics, San Francisco, April and to the 1st International Conference of Somali Studies, Mogadishu, July.

—— (1983a) 'On the westward transmission of the Canaanite alphabet before 1500 BC', paper presented to the American Oriental Society, Baltimore (April).

—— (1983b) 'On the westward transmission of the Semitic alphabet before 1500 BCE', paper read at the Hebrew University, Jerusalem (June).

—— (1985a) 'Black Athena: the African and Levantine roots of Greece', *African Presence in Early Europe, Journal of African Civilizations* 7.5: 66–82.

—— (1985b) Review of *Sign, Symbol, Script: An Exhibition on the Origins of the Alphabet*, in *Journal of the American Oriental Society* 105.4: 736–7.

—— (1986) 'Black Athena denied: the tyranny of Germany over Greece', *Comparative Criticism* 8: 3–69.

—— (1987) 'On the transmission of the alphabet to the Aegean before 1400 BC', *Bulletin of the American Schools of Oriental Research* 267: 1–19.

—— (1988a) 'First land then sea: thoughts about the social formation of the Mediterranean and Greece', in E. Genovese and L. Hochberg, eds *Geography in Historical Perspective*. Oxford: Blackwell.

—— (1988b) *Cadmean Letters: The Westward Diffusion of The Semitic Alphabet Before 1400 BC*. Winona Lake: Eisenbrauns.

Bernier, F. (1684) *Nouvelle Division de la terre par les différentes espèces ou races qui l'habitent*. Paris.

Beth, K. (1916) 'El und Neter', *Zeitschrift für die alttestamentliche Wissenschaft* 36: 129–86.

Beuchot, A. 'Jean Terrasson, 1852–77', *Biographie Universelle: Ancienne et Moderne*. Paris, vol. 41, pp. 169–71.

Bezzenberger, A. (1883) 'Aus einem briefe des herrn dr. Adolf Erman', *Beiträge zur Kunde der indogermanischen Sprachen* 7: 96.

Bietak, M. (1979) *Avaris and Piramesse: Archaeological Exploration in the Eastern Nile Delta. Proceedings of the British Academy* 65. London.

Bill, E. G. W. (1973) *University Reform in Nineteenth Century Oxford: A Study of Henry Halford Vaughan*. Oxford: Clarendon.

Billigmeier, J. C. (1976) *Kadmos and the Possibility of a Semitic Presence in Helladic Greece*. University of California, Santa Barbara, thesis.

Black, H. D. (1974) 'Welcome to the centenary commemoration', in Elkin and Macintosh, eds *Grafton Elliot Smith*. Sydney University Press, pp. 3–7.

Blackall, E. (1958) *The Emergence of German as a Literary Language, 1700–1775*. Cambridge University Press.

Blackwell, T. (1735) *Enquiry into the Life and Writings of Homer*. London.

Blanco, A. G. (1984) 'Hermeticism: bibliographical approach', in H. Temporini and W. Haase, eds (1972–) *Aufstieg und Niedergang der römischen Welt: Geschichte und Kultur Roms im Spiegel der neueren Forschung*, 21 vols. Berlin/New York. Vol. 17.4. *Religion: (Heidentum: römische Götterkulte, orientalische Kulte in der römischen Welt [Forts.])* ed. W. Haase, pp. 2240–81.

Blavatsky, H. P. (1930) *The Secret Doctrine* . . . Los Angeles: The Theosophy Co.

—— (1931) *Isis Unveiled* . . . Los Angeles: The Theosophy Co.

Blegen, C. W. and Haley, J. (1927) 'The coming of the Greeks: the geographical distribution of prehistoric remains in Greece', *American Journal of Archaeology* 32: 141–52.

Bloch, M. (1924) *Les Rois Thaumaturges: Étude sur le caractère surnaturel attribué à la puissance royale particulièrement en France et en Angleterre.* Strasbourg and Paris: Publications de la Faculté des Lettres de l'Université de Strasbourg.

Bloomfield, M. W. (1952) *The Seven Deadly Sins.* East Lansing: Michigan State University Press.

Blue, G. (1984) *Western Perceptions of China in Historical Perspective.* Talk at the China Summer School, Selwyn College, Cambridge.

Blumenbach, J. F. (1795) *De Generis Humani Varietate Nativa.* Göttingen, 3rd. edn.

—— (1865) *Anthropological Treatises of Johann Friedrich Blumenbach,* ed. and trans. T. Bendyshe. London.

Blunt, A. (1940) *Artistic Theory in Italy: 1450–1600.* Oxford: Clarendon.

Boardman, J. (1964) *The Greeks Overseas: The Archaeology of Their Early Colonies and Trade.* London: Penguin.

Boas, G. (1950) trans. *The Hieroglyphics of Horapollo.* New York: Pantheon.

Bochart, S. (1646) *Geographia Sacræ Pars Prior: Phaleg seu de Dispersione Gentium et Terrarum Divisione Facta in Ædificatione Turris Babel etc. Pars Altera: Chanaan, seu de Coloniis et Sermone Phœnicum.* Munich.

Bodin, J. (1945) *Method for the Easy Comprehension of History,* B. Reynolds, trans. New York: Columbia University Press.

Boissel, J. (1983) 'Notices, notes et variantes', in Gobineau, *Oeuvres,* vol. 1, pp. 1177–471.

Bolgar, R. R. (1979) 'Classical influences in the social, political and educational thought of Thomas and Matthew Arnold', in Bolgar, ed., *Classical Influences on Western Thought AD 1650–1870: Proceedings of an International Conference held at King's College, Cambridge, March 1977.* Cambridge University Press, pp. 327–38.

—— (1981) 'The Greek legacy', in Finley, pp. 429–72.

Bollack, M. and Wismann, H. (1983) *Philologie und Hermeneutik im 19. Jahrhundert II: Philologie et herméneutique au 19ème siècle.* Göttingen: Vandenhoek und Ruprecht.

Bomhard, A. (1976) 'The placing of the Anatolian languages', *Orbis* 25.2: 199–239.

—— (1984) *Toward Proto-Nostratic: A New Approach to the Comparison of Indo-European and Afroasiatic.* Amsterdam: John Benjamin.

Boon, J. (1978) 'An endogamy of poets and vice versa; exotic ideas in Romanticism and Structuralism', *Studies in Romanticism* 18: 333–61.

Bopp, F. (1833) *Vergleichende Grammatik des Sanskrit, Zend, Griechischen, Lateinischen, Litthauschen, Gothischen und Deutschen.* Berlin, trans. E. B. Eastwick, as *A Comparative Grammar of the Sanskrit, Zend, Greek, Latin, Lithuanian, Gothic, German and Slavonic Languages,* 3 vols. London, 1845–50.

Bordreuil, P. (1982) see Abou-Assaf.

Borrow, G. (1843) *The Bible in Spain.* London: John Murray.

—— (1851) *Lavengro.* London: John Murray.

—— (1857) *Romany Rye.* London: John Murray.

Borsi, F. *et al.* (1985) *Fortuna degli etruschi*. Milan: Electa.

Boylan, P. (1922) *Thoth the Hermes of Egypt: A Study of Some Aspects of Theological Thought in Ancient Egypt*. London: Oxford University Press.

Bracken, H. (1973) 'Essence, accident and race', *Hermathena* 116: 91–6.

—— (1978) 'Philosophy and racism', *Philosophia* 8: 241–60.

Brady, T. H. (1935) 'The reception of Egyptian cults by the Greeks (330–300 BC)', *The University of Missouri Studies* 10: 1.

Braun, L. (1973) *Histoire de l'histoire de la philosophie*. Paris: Ophrys.

Braun, T. F. R. G. (1982) 'The Greeks in the Near East', *Cambridge Ancient History*, 2nd edn, vol. 3, pt 3, *The Expansion of the Greek World, Eighth to Sixth Centuries BC*, pp. 1–31.

Breasted, J. H. (1901) 'The philosophy of a Memphite priest', *Zeitschrift für ägyptische Sprache und Altertumskunde* 39: 39–54.

—— (1912) *The Development of Religion and Thought in Ancient Egypt*. Chicago: Scribner.

Bridenthal, R. (1970) *Barthold George Niebuhr, historian of Rome: a Study in Methodology*. Columbia University, thesis.

Brodie, F. M. (1945) *No Man Knows My History: The Life of Joseph Smith the Mormon Prophet*. New York: Knopf.

Brookfield, F. (1907) *The Cambridge Apostles*. New York: Scribner.

Brosses, C. de (1760) *Du Culte des dieux fétiches ou parallèle de l'ancienne religion de l'Égypte avec la religion actuelle de Nigritie*. Paris.

Brown, J. P. (1965) 'Kothar, Kinyras and Kytheria', *Journal of Semitic Studies* 10: 197–219.

—— (1968a) 'Literary contexts of the common Hebrew Greek vocabulary', *Journal of Semitic Studies* 13: 163–91.

—— (1968b) 'Cosmological myth and the Tuna of Gibraltar', *Transactions of the American Philological Association* 99: 37–62.

—— (1969) 'The Mediterranean vocabulary of the vine', *Vetus Testamentum* 19: 146–70.

—— (1971) 'Peace symbolism in ancient military vocabulary', *Vetus Testamentum* 21: 1–23.

—— (1979–80) 'The sacrificial cult and its critique in Greek and Hebrew', pt 1, *Journal of Semitic Studies* 24: 159–74; pt 2, *Journal of Semitic Studies* 25: 1–21.

Brown, R. (1898) *Semitic Influences in Hellenic Mythology*. London: Williams and Norgate.

Brown, R. L. (1967) *Wilhelm von Humboldt's Conception of Linguistic Relativity*. The Hague and Paris: Mouton.

Bruce, J. (1795) *Travels to Discover the Sources of the Nile, In the Years 1768, 1769, 1770, 1771, 1772 and 1773*, 5 vols. London: G. G. and J. Robinson.

Brugsch, H. (1879–80) *Dictionnaire géographique de l'ancienne Égypte*. Leipzig.

—— (1891) *Religion und Mythologie der alten Ägypter*. Leipzig.

Brunner, H. (1957) 'New aspects of Ancient Egypt', *Universitas* 1.3: 267–79.

Brunner-Traut, E. (1971) 'The origin of the concept of the immortality of the soul in Ancient Egypt', *Universitas* 14.1: 47–56.

Bryant, J. (1774) *A New System or an Analysis of Ancient Mythology*, 3 vols. London.

Buck, R. J. (1979) *A History of Boiotia*. Edmonton: University of Alberta Press.

Budge, W. (1904) *The Gods of the Egyptians: or Studies in Ancient Egyptian Mythology*, 2 vols. London: Methuen.

Bullough, G. (1931) *Philosophical Poems of Henry More, Comprising Psychozoia and Minor Poems*. Manchester University Press.

Bunnens, G. (1979) *L'expansion phénicienne en méditerranée: essai d'interprétation fondé sur une analyse des traditions littéraires*. Brussels and Rome: Institut historique belge de Rome.

Bunsen, C. (1848–60) *Egypt's Place in Universal History*, C. H. Cotrell, trans. 5 vols. London: Longman.

—— (1852) *The Life and Letters of Barthold George Niebuhr, with Essays on his Character and Influence*, 2 vols. London.

—— (1859) *The Life and Letters of Barthold George Niebuhr*. New York.

—— (1868) Statement of a Plan of Intellectual Labour Laid Before Niebuhr, at Berlin, January 1816. Trans. F. Bunsen, vol. 1, pp. 85–90.

—— (1868–70) *God in History, or the Progress of Man's Faith in the Moral Order of the World*, S. Winckworth, trans., 3 vols. London: Longman.

Bunsen, F. (1868) *A Memoir of Baron Bunsen . . . Drawn chiefly from family papers by his widow Frances Baroness Bunsen*, 2 vols. London: Longman.

Burnouf, E. (1872) 'La science des religions', Paris; trans. J. Liebe (1888) as *The Science of Religion*, London.

Burn, A. R. (1949) 'Phoenicians', *Oxford Classical Dictionary*, pp. 686–88.

Burton, A. (1972) *Diodorus Siculus, Book 1: a Commentary*. Leiden: Brill.

Bury, J. B. (1900) *A History of Greece to the Death of Alexander the Great*. London: Macmillan.

—— (1951) *A History of Greece to the Death of Alexander the Great*. London: Macmillan, 3rd edn., rev. R. Meiggs.

Burzachechi, C. (1976) 'L'adozione dell'alfabeto nel mondo greco', *Parola del Passato* 31: 82–102.

Butler, E. M. (1935) *The Tyranny of Greece over Germany. A Study on the Influence Exercised by Greek Art and Poetry over the Great German Writers of the Eighteenth, Nineteenth and Twentieth Centuries*. Cambridge University Press.

Butler, M. (1981) *Romantics Rebels and Reactionaries: English Literature and its Background, 1760–1830*. Oxford University Press.

Butterfield, H. (1955) *Man and His Past: the Study of Historical Scholarship*. Cambridge University Press.

—— (1981) *The Origins of History*. ed. A. Watson. New York: Basic Books.

Cagnetta, A. (1979) *Antichisti e impero fascista*. Bari: Dedalo.

Cagni, L., ed. (1981) *La Lingua di Ebla: Atti del convegno internationale (Napoli, 21–23 aprile 1980)*. Naples: Istituto Universitario Orientale, Seminario di Studi Asiatici, 14.

Canfora, L. (1980) *Ideologie del Classicismo*. Turin: Einaudi.

Capart, J. (1942) 'Egyptian art', in Glanville, *Legacy of Egypt*. Oxford: Clarendon, pp. 80–119.

Carpenter, R. (1933) 'The antiquity of the Greek alphabet', *American Journal of Archaeology* 37: 8–29.

— (1938) 'The Greek alphabet again', *American Journal of Archaeology* 42: 58–69.

— (1958) 'Phoenicians in the west', *American Journal of Archaeology* 62: 35–53.

— (1966) *Discontinuity in Greek Civilization*. Cambridge.

Carruthers, J. (1984) *Essays in Ancient Egyptian Studies*. Los Angeles.

Cartledge, P. (1979) *Sparta and Lakonia: A Regional History 1300–362 BC*. London: Routledge & Kegan Paul.

Cassirer, E. (1970) *The Platonic Renaissance in England*, J. P. Pettegrove, trans. New York: Gordian Press.

Cassuto, U. (1971) *The Goddess Anath: Canaanite Epics of the Patriarchal Age*, I. Abraham, trans. Jerusalem: Magness.

Cattaui, R. and G. (1950) *Mohamed-Aly en Europe*. Paris: Geuthner.

Černy, J. (1952) *Egyptian Religion*. London: Hutchinson.

Chadwick, J. (1973a) *Documents in Mycenaean Greek*. 2nd edn. Cambridge University Press.

— (1973b) 'The Linear B tablets as historical documents', *Cambridge Ancient History*, 3rd edn, vol. 2, pt 1, *The Middle East and the Aegean Region, c.1800–1380 BC*, pp. 609–26.

— (1976) *The Mycenaean World*. London: Cambridge University Press.

Chailley, J. (1971) *The Magic Flute, Masonic Opera*, H. Weinstock, trans. New York: Knopf.

Champollion, J. F. (1814) *L'Égypte sous les Pharaons: ou recherches sur la géographie, la religion, la langue, les écritures et l'histoire de l'Égypte avant l'invasion de Cambyse*. Grenoble.

— (1909) see Hartleben, H.

Chanaiwa, D. (1973) *The Zimbabwe Controversy: A Case of Colonial Historiography*. Syracuse, NY: Program of Eastern African Studies.

Chandler, R. (1769) *Ionian Antiquities, Published with Permission with the Society of Dilletanti*. London.

Chang, K. C. (张光直, 1980) *Shang Civilization*. New Haven: Yale University Press.

Chantraine, P. (1928) 'Sur le vocabulaire maritime des grecs', in *Étrennes de linguistique: offertes par quelques amis à Émile Benveniste*. Paris: Geuthner, pp. 1–25.

— (1968–75) *Dictionnaire étymologique de la langue grecque*, 4 vols. Paris: Klincksieck.

Charles-Roux, F. (1929) 'Le projet français de conquête de l'Égypte sous le règne de Louis XVI', *Mémoires de l'Institut d'Égypte* 14: 1–85.

— (1937) *Bonaparte Governor of Egypt*, E. W. Dickes, trans. London: Methuen.

Chaudhuri, N. C. (1974) *Scholar Extraordinary: The Life of Professor the Right Honourable Max Müller PC*. London: Chatto & Windus.

Child, F. J. (1882–98) *The English and Scottish Popular Ballads*, 5 vols. Boston.

Childe, G. F. (1926) *The Aryans*. London: Kegan Paul.

Cicero, *The Nature of the Gods*.

— *Tusculanae Disputationes*.

Clark, W. M. (1954) *Christoph-Martin Wieland and the Legacy of Greece: Aspects of his*

Relationship to Greek Culture. Columbia University, PhD thesis.

Clement of Alexandria, *Stromata.*

—— *Protrepticus.*

Coleridge, S. T., see Griggs, E. L.

Colie, R. L. (1957) *Light and Enlightenment: A Study of the Cambridge Platonists and the Dutch Arminians.* Cambridge University Press.

Combes-Dounous (1809) *Essai Historique sur Platon, et coup d'œil rapide sur l'histoire du Platonisme depuis Platon jusqu'à nous.* Paris.

Comte, A. (1830–42) *Cours de philosophie positive,* 6 vols. Paris: Bachelier.

Conan-Doyle, A. (1968) *The Adventure of the Devil's Foot,* in *The Annotated Sherlock Holmes,* 2 vols. London: Murray, pp. 508–26.

Conway, R. S. (1937) 'William Ridgeway', *Dictionary of National Biography: Twentieth Century 1922–1930.* Oxford University Press, pp. 720–2.

Cook, A. B. (1914–40) *Zeus: A Study in Ancient Religion,* 3 vols, 5 pts. Cambridge University Press.

Cook, R. M. (1937) 'Amasis and the Greeks in Egypt', *Journal of Hellenic Studies* 57: 227–37.

Cook, S. A. (1924) 'The Semites', *Cambridge Ancient History,* 1st edn, vol. I, pp. 181–237.

Cordier, H. (1898) 'Les études chinoises: 1895–1898', Suppl. to *T'oung-Pao* 9: 44–51.

—— (1899) 'Deux voyageurs dans l'Extrême Orient au XVe et au XVIe siècles: essai bibliographique, Nicolò de Conti-Lodovico de Varthema', *T'oung-Pao,* 10: 380–404.

—— (1904–24) *Bibliotheca Sinica: dictionnaire bibliographique des ouvrages relatifs à l'Empire Chinois,* 2nd edn, 5 vols. Paris: Librairie Orientale et Américaine.

Corpus Hermeticum (1945–54) text established by A. D. Nock, trans. (into French) by A.-J. Festugière, 4 vols. Paris.

Cory, I. P. (1832) *Sanchunation, Ancient Fragments of the Phoenician, Chaldaean, Egyptian, Tyrian, Carthaginian, Indian, Persian and Other writers, With an Introductory Dissertation and an Inquiry into the Philosophy and Trinity of the Ancients.* London.

Cousin, V. (1841) *Cours de l'histoire de la philosophie: Introduction à l'histoire de la philosophie.* Paris.

Cowan, M. (1963) *An Anthology of the Writings of Wilhelm von Humboldt: Humanist Without Portfolio.* Detroit: Wayne State University Press.

Cramer, M. (1955) *Das altägyptische Lebenszeichen (Ankh) im christlichen (koptischen) Ägypten.* Wiesbaden: Harrasowitz.

Creutzer, F. (1810–12) *Symbolik und Mythologie der alten Völker besonders der Griechen,* 4 vols. Leipzig/Darmstadt.

Croce, B. (1947) *Bibliographica Vichiana,* 2 vols. Naples: Atti dell'Accademia Pontaniana.

Crombie, A. C. (1963) ed. *Scientific Change: Historical Studies in the Intellectual, Social and Technical Conditions for Scientific Discovery and Technical Invention, from Antiquity to the Present: Symposium on the History of Science Held at the University of Oxford, 9–15 July 1961.* London: Heinemann.

Cromey, R. D. (1978) 'Attic Παιανια and Παιονιδαι', *Glotta* 56: 62–9.

Cross, F. M. (1968) 'The Phoenician inscription from Brazil. A nineteenth century forgery', *Orientalia* 37: 437–60.

—— (1974) 'Leaves from an epigraphist's notebook', *The Catholic Biblical Quarterly* 36: 490–3.

—— (1979) 'The early alphabetic scripts', in Cross, ed. *Symposia, Celebrating the Seventy-Fifth Anniversary of the American Schools of Oriental Research (1900–1975)*. Cambridge, Mass., pp. 97–123.

—— (1980) 'Newly found inscriptions in Old Canaanite and Early Phoenician scripts', *Bulletin of the American Schools of Oriental Research* 238: 1–21.

Crossland, R. A. and Birchall, C. (1973) *Bronze Age Migrations in the Aegean: Archaeological and Linguistic Problems of Greek Prehistory*. London: Duckworth.

Crum, W. (1939) *A Coptic Dictionary*. Oxford: Clarendon.

Cudworth, R. (1743) (1676) *The True Intellectual System of the Universe*, 2nd edn. London.

Culican, W. (1966) *The First Merchant Venturers: The Ancient Levant in History and Commerce*. London: Thames & Hudson.

Cumont, F. (1929) *Les religions orientales dans le paganisme romain*, 3rd edn. Paris: Annales du Musée Guimet, Bibliothèque de Vulgarisation.

—— (1937) *L'Égypte des Astrologues*. Brussels: Fondation Égyptologique de La Reine Elizabeth.

Curl, J. S. (1982) *The Egyptian Revival, An Introductory Study of a Recurring Theme in the History of Taste*. London: Allen & Unwin.

Curtin, P. (1964) *The Image of Africa: British Ideals and Action, 1780–1850*. Madison: Wisconsin University Press.

—— (1971) *Imperialism: the Documentary History of Western Civilization*. New York: Harper & Row.

Curtius, E. (1857–67) *Griechische Geschichte*, 4 vols. Berlin, trans. A. W. Ward (1886) as *History of Greece*, 5 vols. New York.

Cuvier, G. (1817) *Le règne animal distribué d'après son organisation*. Paris, trans. M. Mac Murtrie (1831) as *The Animal Kingdom*, 4 vols. New York.

Dacier, A. Le F. (1714) *Des Causes de la Corruption du goût*. Paris.

Dahood, M. (1981a) 'The linguistic classification of Eblaite', in Cagni, pp. 177–89.

—— (1981b) 'Afterward: Ebla, Ugarit and the Bible', in Pettinato, *The Archives of Ebla*, pp. 271–321.

Daniélou, J. (1964) *Primitive Christian Symbols*, D. Attwater, trans. Baltimore: Helicon.

Dart, R. A. (1974) 'Sir Grafton Elliot Smith and the evolution of man', *Grafton Elliot Smith: The Man and his Work*. Sydney University Press, pp. 25–38.

Davies, N. (1979) *Voyagers to the New World*. London: Macmillan.

Davis, W. M. (1979) 'Plato on Egyptian art', *Journal of Egyptian Archaeology* 66: 121–7.

Dawson, R. (1967) *The Chinese Chameleon: An Analysis of European Conceptions of Chinese Civilization*. London: Oxford University Press.

Delatte, A. (1922) *La vie de Pythagore de Diogène Laerce*. Brussels: Académie Royale de Belgique, Classe de Lettres etc.

Delia, R. (1980) *A Study in the Reign of Senwosret III*, Columbia University, PhD thesis.

Derchain, M.-T. & P. (1975) 'Noch einmal "Hermes Trismegistos"', *Göttinger Miszellen* 15:7–10.

Derchain, P. (1962) 'L'authenticité de l'inspiration égyptienne dans le "Corpus Hermeticum"', *Revue de l'Histoire des Religions*: 175–98.

—— (1980) 'Kosmogonie'. Helck and Otto, cols 747–56.

Des Places, E. (1964) 'Les *Mystères d'Égypte* et les *Oracles Chaldaïques*', *Oikumene*: 455–60.

—— (1975) 'La religion de Jamblique', *Entretiens sur l'Antiquité classique* 21: 69–94.

—— (1984) 'Les oracles Chaldaïques', in H. Temporini and W. Haase, eds (1972–) *Aufstieg und Niedergang der römischen Welt: Geschichte und Kultur Roms im Spiegel der neueren Forschung*, 21 vols. Berlin/New York, vol. 17.4. *Religion: (Heidentum: römische Götterkulte, orientalische Kulte in der römischen Welt [Forts.])*, ed. W. Haase, pp. 2300–35.

Devisse, J. (1979) *L'image du noir: dans l'art occidental 2. Des premiers siècles chrétiens aux 'grands découverts'* pt 1: *De la menace démoniaque à l'incarnation de la sainteté*; pt 2: *Les Africains dans l'ordonnance chrétienne du monde (XIVᵉ–XVIᵉ siècle)* Lausanne: Fondation de la menil.

Dickinson, O. T. P. K. (1977) *The Origins of Mycenaean Civilization*. Gotenborg: Studies in Mediterranean Archaeology No. 49.

Dieckmann, L. (1970) *Hieroglyphics: The History of a Literary Symbol*. St Louis: Washington University Press.

Dimakis, J. (1968) *La guerre de l'indépendance grecque vue par la presse française (période 1821–1824): contribution à l'étude de l'opinion publique et du mouvement philhellénique en France*. Thessalonika.

Diodoros Sikeliotes (1933–67) *The Library of History*, 12 vols, C. H. Oldfather, trans. Cambridge, Mass. (vols 11 and 12 trans. F. R. Walton and R. M. Geer).

Diogenes Laertius (1925) *Lives of Eminent Philosophers*, R. D. Hicks, trans. 2 vols. Cambridge, Mass.

Diop, C. A. (1974) *The African Origin of Civilization: Myth or Reality?*, M. Cook, trans. Westport, Conn.: L. Hill.

—— (1978) *The Cultural Unity of Black Africa*. Chicago.

—— (1985a) 'Africa: cradle of humanity', *Nile Valley Civilizations*: pp. 23–8.

—— (1985b) 'Africa's contribution to world civilization: the exact sciences', *Nile Valley Civilizations*: pp. 69–83.

Disraeli, B. I. (1847) *Tancred; or the New Crusade*. Liepzig: Tauschnitz.

Dods, M. and Smith, T. (trans.) (1867) *Tatian, Theophilus and the Clementine Recognition*, vol. 3, *The Ante-Nicene Christian Library*. Edinburgh, pp. 1–39, esp. 35–6.

Dolgopolskii, A. B. (1973) *Sravitelno-istoricheskaya fonetika kushchitskikh yazykov*. Moscow: Nauka.

Donaldson, J. W. (1858) Introduction in Müller, *A History of the Literature of Ancient Greece*, 3 vols. London, vol. 1, pp. i–xxxix.

Doresse, J. (1960) *The Secret Books of the Egyptian Gnostics*. London: Hollis & Carter.

Dörpfeldt, W. (1966) (1935) *Alt-Olympia: Untersuchungen und Ausgrabungen zur Geschichte des ältesten Heiligtums von Olympia und der älteren griechischen Kunst* (reprint). Osnabrück: Zeller.

Dothan, M. (1973) 'Philistine material culture and its Mycenaean affinities', in Karageorghis, ed. *The Mycenaeans in the East Mediterranean*. Nicosia.

Dothan, T. (1982) *The Philistines and their Material Culture*. Jerusalem and New Haven: Yale University Press.

Doumas, C. (1979) *Thera and the Aegean World: Papers Presented at the Second International Scientific Congress, Santorini, Greece, August 1978*. London.

Dow, S. (1937) 'The Egyptian cults in Athens', *Harvard Theological Review* 30, 4: 183–232.

Drioton, E. (1948) 'Le monothéisme de l'ancienne Égypte', *Cahiers d'histoire égyptienne* 1: 149–68.

—— (1948a) Preface, in Lauer, *Le Problème des Pyramides d'Égypte*.

Drioton, E. and Vandier, J. (1946) *L'Égypte*. Clio. Paris: Introduction aux études historiques.

Dubois, W. E. B. (1975) *The Negro*. New York: Kraus-Thompson Organization.

—— (1976) *The World and Africa*. New York: Kraus-Thompson Organization.

Duff, W. (1767) *An Essay on Original Genius: and its various Modes of Exertion in Philosophy and the Fine Arts, Particularly in Poetry*. London.

Duhoux, Y. (1982) *L'Étéocrétois: Les textes, la langue*. Amsterdam: J. C. Gieben.

Duke, T. T. (1965) review, *The Classical Journal* 61.3: 131–6 (p. 133).

Dumas, F. (1976) *Le Tombeau de Childéric*. Paris: Le Cabinet.

Dunand, F. (1973) *Le culte d'isis dans le bassin de la Méditerranée*, 3 vols. Vol. II: *Le culte d'isis en Grèce*. Leiden: Brill.

Dunker, M. (1880) *Griechische Geschichte*, S. F. Alleyne, trans. (1883), 3 vols. London.

Dupuis, C. F. (1822) (1795) *Origine de tous les cultes, ou la religion universelle*, 12 vols in 7. Paris.

—— (An XII) Discours prononcé à la rentrée du Collège de France Le 1ᵉʳ Frimaire.

Dussaud, R. (1907) *Les Arabes en Syrie avant l'Islam*. Paris: Leroux.

—— (1931) 'Victor Bérard (necrologue)', *Syria* 12: 392–3.

Earp, F. R. (1953) 'The date of the Supplices of Aeschylus', *Greece and Rome*: 118–23.

Edwards, G. P. (1971) *The Language of Hesiod in its Traditional Context*. Oxford: Blackwell.

Edwards, I. E. S. (1947) *The Pyramids of Egypt*. London: Penguin.

Edwards, R. (1979) *Kadmos the Phoenician: A Study in Greek Legends and the Mycenaean Age*. Amsterdam: Hakkert.

Eissfeldt, O. (1935) 'Molk als Opferbegriff im Punischen und Hebräischen und das Ende des Gottes Moloch', *Beiträge zur Religiongeschichte des Altertums*, vol. 3.

—— (1960) 'Phönikische und griechische Kosmogonie', in *Éléments orientaux dans la religion grecque ancienne*. Paris, pp. 1–15.

Eliot, G. (1906) (1864) *Romola*, 2 vols. Chicago: Mc Clarg.

—— (1871–2) *Middlemarch*, 2 vols. London and Edinburgh.

—— (1876) *Daniel Deronda*, 2 vols. Edinburgh and London.

Eliot, T. S. (1971) *The Complete Poems and Plays: 1909-1950*. New York: Harcourt Brace.

Elkin, A. P. (1974) 'Sir Grafton Elliot Smith: the man and his work; a personal testimony', in *Grafton Elliot Smith: the Man and His Work*. Sydney University Press, pp. 8-15.

—— (1974a) 'Elliot Smith and the diffusion of culture', in *Grafton Elliot Smith: the Man and His Work*. Sydney University Press, pp. 139-59.

Elliot Smith, G. (1911) *The Ancient Egyptians and their Influence Upon the Civilization of Europe*. London: Harper.

—— (1923) *The Ancient Egyptians and the Origin of Civilization*. London: Harper.

Erman, A. (1883) 'Aegyptische Lehnwörte im Griechischen', *Beiträge zur Kunde der indogermanischen Sprachen* 7: 336-8.

Erman, A. and Grapow, H. (1982) *Wörterbuch der ägyptischen Sprache*, 7 vols. Berlin: Akademie Verlag.

Eusebius (1866) *Chronicorum*, trans. from the Armenian by H. Petermann, ed. A. Schoene. Berlin: Weidmann.

Evans, A. (1909) *Scripta Minoa*. Oxford: Clarendon.

—— (1921-35) *The Palace of Minos*, 4 vols in 6. London: Macmillan.

Fallmerayer, J. P. (1835) *Welchern Einfluss hatte die Besetzung Griechenlands durch die Slawen auf das Schicksal der Städte Athen und der Landschaft Attika*. Stuttgart and Tübingen.

范祥雍，(1962)《古本竹书纪年辑校订补》。上海。

Farag, S. (1980) 'Une inscription memphite de la XIIe dynastie', *Revue d'Égyptologie* 32: 75-81.

Farnell, L. R. (1895-1909) *The Cults of the Greek States*, 5 vols. Oxford: Clarendon.

Farnham, F. (1976) *Madame Dacier: Scholar and Humanist*. Monterey: Angel Press.

Farrell, J. J. (1980) *Inventing the American Way of Death*. Philadelphia: Temple University Press.

Faverty, F. (1951) *Matthew Arnold: The Ethnologist*. Evanston, Ill.: Northwestern University Press.

Fay, B. (1961) *La francmaçonnerie et la révolution intellectuelle du XVIIIe siècle*. Paris: Libraire Français.

Feldman, B. and Richardson R. D. (1972) *The Rise of Modern Mythology 1680-1860*. Bloomington and London: Indiana University Press.

Fénelon, F. de S. de la M. (1833) (1699) *Télémaque, fils d'Ulysse*. Philadelphia.

Festugière, R. P. (1944-9) *La révélation d'Hermès Trismégiste*, 3 vols. Paris: Lecoffre, vol. 1, *L'astrologie et les sciences occultes*.

—— (1945) trans. *Corpus Hermeticum*, 4 vols. Paris: Société d'édition 'Les Belles Lettres'.

—— (1961-5) *Les Moines d'Orient*, 4 vols in 3. Paris: Éditions du Cerf.

—— (1966-8) *Prolius, Commentaire sur le Timée*, 5 vols. Paris.

Finkelstein, L. (1970) *Akiba: Scholar, Saint and Martyr*. New York: Atheneum.

Finley, M. I. (1978) *The World of Odysseus*. New York, rev. reset edn.

—— (1980) *Ancient Slavery and Modern Ideology*. New York.

—— (1981) *The Legacy of Greece: A New Appraisal.* Oxford: Clarendon.

Flaubert, G. (1857) *Madame Bovary.* Paris.

—— (1862) *Salammbô.* Paris.

—— (1973) *Oeuvres*, 3 vols., ed. and ann. J. Bruneau. Paris: Pléiades.

Fleckenstein (1975) 'Kepler and Neoplatonism', in Beer, pp. 519–33.

Fontenrose, J. (1959) *Python: a Study in Delphic Myth and its Origins,* Berkeley: University of California Press.

Force, J. E. (1985) *William Whiston: Honest Newtonian.* Cambridge University Press.

Forrest, W. G. G. (1982) 'Central Greece and Thessaly', *Cambridge Ancient History*, 2nd edn, vol. 3, pt 3, *The Expansion of the Greek World, Eighth to Sixth Centuries BC.* eds. J. Boardman and N. G. L. Hammond, pp. 286–99.

Forster, G. (1786) 'Noch etwas über die Menschenraßen', *Der Teutsche Merkur.* Aug.

—— (1958–) Georg Forsters Werke. Berlin: Akademie der Wissenschaften der D.D.R. Zentralinstitut für Literaturgeschichte.

Foucart, G. (1914) *Les Mystères d'Eleusis.* Paris: A. Picard.

Frankfort, H. and H. A. (1946) 'Myth and reality', in *The Intellectual Adventure of Ancient Man.* University of Chicago Press.

Franklin, J. H. (1947) *From Slavery to Freedom: A History of American Negroes.* New York: Knopf.

Franklin, H. B. (1963) *The Wake of the Gods: Melville's Mythology.* Stanford: Stanford University Press.

Frazer, J. (1890–1915) *The Golden Bough: A Study in Magic and Religion,* 9 vols. London: Macmillan.

—— (1898) *Pausanias's Description of Greece,* 6 vols. London.

—— (1911) *The Dying God, The Golden Bough,* vol. 3. London: Macmillan.

—— (1921) *Apollodoros; The Library,* 2 vols. Cambridge, Mass. See Apollodoros.

Freeman-Greville, G. S. P. (1962) *The East African Coast: Select Documents from the First to the Earlier Nineteenth Centuries.* Oxford: Clarendon.

Fréret, N. (1784) 'Observations générales sur l'origine et sur l'ancienne histoire des premiers habitants de la Grèce', *Académie des Inscriptions, 1784–1793* 47 (published 1809). *Mémoire de Littérature*: 1–149.

Freud, S. (1939) *Moses and Monotheism,* Katherine Jones, trans. London: Hogarth.

Friedrich, J. (1951) *Phönizisch-punische Grammatik.* Rome: Analecta Orientalia.

—— (1957) *Extinct Languages,* F. Gaynor, trans. New York: Philosophical Library.

—— (1968) 'Die Unechtheit der phönizischen Inschrift aus Parahyba', *Orientalia* 37: 421–4.

Froidefond, C. (1971) *Le mirage égyptien dans la littérature grecque d'Homère à Aristote.* Paris: Ophrys.

Frothingham, A. (1891) 'Archaeological news', *American Journal of Archaeology* 6: 476–566.

Frye, N. (1962) *Fearful Symmetry.* Boston: Beacon.

Fueter, E. (1936) *Geschichte der neueren Historiographie.* Berlin and Munich: R. Oldenberg.

Fuhrmann, M. (1979) 'Querelle des Anciens et des Modernes, der Nationalismus und die deutsche Klassik', in Bolgar, *Classical Influences*, pp. 107–28.

Fung Yu-lan (冯友兰 , 1952) *A History of Chinese Philosophy*, D. Bodde, trans., 2 vols. Princeton University Press.

Gamer-Wallert, I. (1977) 'Fische, religiös', in Helck and Otto, cols 228–34.

Garbini, G. (1977) 'Sulla datazione dell'iscrizione di Ahiram', *Annali dell'Istituto Orientale di Napoli* 627: 81–9.

—— (1978) 'La Lingua di Ebla', *La Parola del Passato* 181: 241–51.

—— (1981) 'Considerations on the language of Ebla', in Cagni, pp. 75–82.

Gardiner, A. H. (1927) *Egyptian Grammar*. Oxford: Clarendon.

—— (1942) 'Writing and literature', in S. R. A. Glanville, ed., *The Legacy of Egypt*. Oxford: Clarendon, pp. 53–79.

—— (1947) *Ancient Egyptian Onomastica*, 3 vols. Oxford University Press.

—— (1957) *Egyptian Grammar*, 3rd edn. Oxford: Clarendon.

—— (1961) *Egypt of the Pharaohs*. Oxford: Clarendon.

—— (1986) (1945–55) *My Early Years*, ed. J. Gardiner. Isle of Man: Andreas.

Gardner, P. (1880) 'Stephani on the tombs at Mycenae', *Journal of Hellenic Studies* 1: 94–106.

Garvie, A. F. (1969) *Aeschylus' Supplices: Play and Trilogy*. Cambridge University Press.

Gaster, T. H. (1964) *The Dead Sea Scriptures: In English Translation*. Garden City New York: Anchor Books.

Gaulmier, J. (1978) *Ernest Renan: Judaisme et Christianisme: textes présentés par Jean Gaulmier*. Paris.

—— (1983) Introduction to Gobineau, *Oeuvres*, vol. 1, pp. i–lxxxvii.

Gauthier, H. (1925–31) *Dictionnaire des noms géographiques contenus dans les textes hiéroglyphiques*, 5 vols. Cairo: L'Institut Français d'archéologie orientale.

Gelb, I. J. (1977) 'Thoughts about Ibla: A Preliminary Evaluation, March 1977', *Syro-Mesopotamian Studies* 1.1: 1–26.

—— (1981) 'Ebla and the Kish civilization', in Cagni, pp. 9–73.

Georgiev, V. I. (1952) 'L'origine minoenne de l'alphabet phénicienne', *Archív Orientální* 20: 487–95.

—— (1966) *Introduzione alla storia delle lingue indoeuropee*. Rome: Edizione de l'Ateneo.

—— (1973) 'The arrival of the Greeks in Greece: the linguistic evidence', in Crossland and Birchall, pp. 243–54.

Gerbi, A. (1973) *Dispute of the New World: The History of a Polemic, 1750–1900*, rev. and enl. edn. Pittsburgh: University of Pittsburgh Press.

Gesenius, F. H. W. (1815) *Geschichte der hebräischen Sprache und Schrift*. Leipzig.

Gibbon, E. (1776–88) *The Decline and Fall of the Roman Empire*, 6 vols. London.

—— (1794) 'Memoirs of my life and writings', *Miscellaneous Works of Edward Gibbon Esquire with Memoirs of His Life and Writings, Composed by Himself: Illustrated from His Letters with Occasional Notes and Narrative by John Lord Sheffield*, 2 vols. London, vol. 1, pp. 1–185.

Giles, P. (1924) 'The peoples of Europe', *Cambridge Ancient History*, vol. 2, *The Egyptian and Hittite Empires to c. 1000 BC.* Cambridge University Press, pp. 20–40.

Gillings, R. J. (1973) *Mathematics in the times of the Pharaohs.* Cambridge, Mass.

Gilman, S. (1982) *On Blackness without Blacks: Essays on the Image of the Black in Germany.* Boston.

Gimbutas, M. (1970) 'Proto-Indo-European culture: the Kurgan culture during the fifth, fourth and third millennia', *Indo-European and Indo-Europeans: Papers Presented at the Third Indo-European Conference at the University of Pennsylvania,* eds. G. Cardona, H. M. Hoenigswald and A. Senn. Philadelphia: University of Pennsylvania Press, pp. 155–97.

Gladstone, W. (1869) *Juventus Mundi: The gods and men of the heroic age.* London: Macmillan.

Glanville, S. (1942) *The Legacy of Egypt.* Oxford: Clarendon.

Gobineau, J. A. de (1983) *Oeuvres,* 2 vols. Paris: Pléiades.

Godwin, J. (1979) *Athanasius Kircher: A Renaissance Man and the Quest for Lost Knowledge.* London: Thames & Hudson.

Goldin, J. (1967) Introduction, in Spiegel, *The Last Trial,* pp. i–xxvi.

Goldsmith, O. (1774) *History of the Earth,* 8 vols. London.

Gomme, A. W. (1913) 'The legend of Cadmus and the Logographi', *Journal of Hellenic Studies,* pp. 53–72, 223–45.

Gooch, C. P. (1913) *History and Historians in the Nineteenth Century.* London: Longman.

Goodenough, W. H. (1970) 'The evolution and pastoralism and Indo-European origins', in *Indo-European and Indo-Europeans: Papers Presented at the Third Indo-European Conference at the University of Pennsylvania,* eds. G. Cardona, H. M. Hoenigswald and A. Senn, pp. 253–65.

Gordon, C. (1962a) 'Eteocretan', *Journal of Near Eastern Studies* 21: 211–14.

—— (1962b) *Before the Bible: The Common Background of Greek and Hebrew Civilizations.* New York: Harper & Row.

—— (1963a) 'The Dreros bilingual', *Journal of Semitic Studies* 8: 76–9.

—— (1963b) 'The Mediterranean factor in the Old Testament', *Supplements to Vetus Testamentum* 9: 19–31.

—— (1965) *Ugaritic Textbook, Analecta Orientalia* 18. Rome: Pontificum Institutum Biblicum.

—— (1966) *Evidence for the Minoan Language.* Ventnor.

—— (1968a) 'The present status of Minoan studies', *Atti:* 383–8.

—— (1968b) 'Northwest Semitic texts in Latin and Greek letters', *Journal of the American Oriental Society* 88: 285–9.

—— (1968c) 'The Canaanite text from Brazil', *Orientalia* 37: 425–36.

—— (1968d) 'Reply to Professor Cross', *Orientalia* 37: 461–3.

—— (1969) 'Minoan', *Athenaeum* 47: 125–35.

—— (1970a) 'Greek and Eteocretan unilinguals from Praisos and Dreros', *Berytus* 19: 95–8.

—— (1970b) 'In the wake of Minoan and Eteocretan', Πρακτικά του Α΄ Διεθνουσ ’Ανθρωπιστικοῦ Συμποσίου ἐν Δελφοῖς 1: 163–71.

—— (1971) *Forgotten Scripts: The Story of their Decipherment.* London: Penguin.

—— (1975) 'The decipherment of Minoan and Eteocretan', *Journal of the Royal Asiatic Society*: 148–58.

—— (1980) 'A new light on the Minoan language', Πεπραγμένα: 205–9.

—— (1981) 'The Semitic language of Minoan Crete', in Arbeitman and Bomhard, pp. 761–82.

—— (1983) 'The Greek unilinguals from Praisos and Dreros and their bearing on Eteocretan and Minoan', Πεπραγμένα τοῦ Γ′ Διεθνους Κρητολογικοῦ Συνεδρίου: 97–103.

Gossman, L. (1983) 'Orpheus Philologus: Bachofen versus Mommsen on the study of Antiquity', *Transactions of the American Philosophical Society* 73: pt 5.

Gould, R. F. (1904) *A Concise History of Freemasonry*. London: Gale and Polden.

Gould, S. J. (1981) *The Mismeasure of Man*. New York: Norton.

Gran, P. (1979) *Islamic Roots of Capitalism: Egypt 1760–1840*. Austin: University of Texas Press.

Graves, R. (1948) *The White Goddess*. London: Faber & Faber.

—— (1955) *Greek Myths*, 2 vols. London: Penguin.

Green, A. (1982) *Flaubert and the Historical Novel*. Cambridge University Press.

Green, A. R. W. (1975) *The Role of Human Sacrifice in the Ancient Near East*. Missoula, Montana: Scholars Press for the American Schools of Oriental Research.

Griffiths, G. J. (1970) *Plutarch's De Iside et Osiride*. Cambridge University Press.

—— (1975) *Apuleius of Madauros, The Isis Book (Metamorphosis, Book XI)*. Leiden: Brill.

—— (1980) 'Interpretatio Graeca', in Helck and Otto, vol. III, cols 167–72.

—— (1982) 'Plutarch', in Helck and Otto, vol. IV, cols 1065–7.

Griggs, E. L. (1956–71) *Collected Letters of Samuel Taylor Coleridge*, 5 vols. Princeton University Press and Oxford: Clarendon.

Grimm, G. (1969) *Die Zeugnisse ägyptischer Religion und Kunstelemente in römischen Deutschland*. Leiden: Brill.

Grote, G. (1826) 'Mitford's *History of Greece*', in the *Westminster Review* 5: 280–331.

—— (1846–56) *A History of Greece*, 12 vols. London.

Grumach, E. (1968/9) 'The coming of the Greeks', *Bulletin of the John Rylands Library* 51: 73–103, 400–30.

Guignes, C. L. J. de (1758) *Mémoire dans lequel on prouve que les chinois sont une colonie égyptienne*. Paris.

Haase, R. (1975) 'Kepler's harmonies between Pansophia and Mathesis Universalis, in Beer and Beer, pp. 427–38.

Hammond, N. G. L. (1967) *A History of Greece to 322 BC*, 2nd edn. Oxford: Clarendon.

Hani, J. (1976) *La Religion égyptienne dans la pensée de Plutarque*, collection d'études mythologiques. Centre de Recherche Mythologique de l'Université de Paris. Paris: 'Les Belles Lettres'.

Hannay, D. (1911) 'Spain, history', *Encyclopaedia Britannica*, 11th edn.

Hansberry, L. W. (1977) *Africa and the Africans as seen by Classical Writers: The Leo William Hansberry African History Notebook*, 2 vols, ed. J. E. Harris. Washington: Howard University Press.

Harden, D. (1971) *The Phoenicians*. London: Penguin.

Hardy, T. (1891) *Tess of the d'Urbervilles*.

Hare, J. (1647) *St Edward's Ghost: or, Anti-Normanisme. Being a Patheticall Complaint and Motion in the behalfe of our English Nation against her grand (yet neglected) grievance, Normanisme*. London.

Harris, J. (1751) *Hermes: Or, a Political Inquiry, Concerning Language and Universal Grammar*. London.

Harris, Z. S. (1939) *The Development of the Canaanite Dialects: An Investigation in Linguistic History*. New Haven: American Oriental Society.

Harris-Schenz, B. (1984) *Black Images in Eighteenth Century German Literature*. Stuttgart: Heinz.

Harrison, J. (1903) *Prolegomena*. Cambridge University Press.

—— (1925) *Reminiscences of a Student's Life*. London: Hogarth.

Hartleben, H. (1906) *Champollion sein Leben und sein Werk*, 2 vols. Berlin: Weidmann.

—— (1909) *Lettres de Champollion le Jeune recuellies et annotées*, 2 vols. Paris: Bibliothèque Égyptologique.

Havelock, A. E. (1982) *The Literate Revolution in Greece and its Cultural Consequences*. Princeton University Press.

Haydon, B. R. (1926) *Autobiography and Memoirs*, new edn, ed. Aldous Huxley. London: P. Davies.

Heeren, A. H. L. (1824) *Ideen über die Politik, den Vehrkehr und den Handel der vornehmsten Völker der alten Welt*, 2 vols, Göttingen, trans. B. W. Talboys (1832–4) as *Reflections on the Politics, Intercourse, and Trade of the Principal Nations of Antiquity*, 2 vols. Oxford.

Hegel, G. W. F. (1892) *Lectures on the History of Philosophy*, E. S. Haldane and F. H. Simson, trans., 3 vols. London.

—— (1967) *Philosophy of Right*, trans. with notes by T. M. Knox. London: Oxford University Press.

—— (1975) *Lectures on the Philosophy of World History: Introduction: Reason in History*, H. B. Nisbet, trans. Cambridge University Press.

Heine, H. (1830–1) *Reisebilder*, 2 vols. Hamburg.

Helck, W. (1962) 'Osiris', in *Pauly Wissowa*, suppl. 9: 469–513.

—— (1971) *Die Beziehungen Ägyptens zu Vorderasien im 3. und 2. Jahrtausend v. Chr.* 2nd improved edn, Wiesbaden.

—— (1979) *Die Beziehungen Ägyptens und Vorderasiens zur Ägäis bis ins 7. Jahrhundert v. Chr.* Darmstadt: Wissenschaftliche Buchgesellschaft.

Helck, W. and Otto, E. (1975) *Lexikon der Ägyptologie*, vol. I. Wiesbaden: Harrasowitz.

—— (1977) —— vol. II.

—— (1980) —— vol. III.

—— (1982) —— vol. IV.

Heliodoros (1935) *Aithiopika*, J. Maillon, trans., 2 vols. Paris: 'Belles Lettres'.

Helm, P. R. (1980) *'Greeks' in the Neo-Syrian Levant and 'Assyria' in Early Greek Writers*. Philadelphia, PhD thesis.

Hemmerdinger, B. (1969) 'Noms communs d'origine égyptienne', *Glotta* 44: 238–47.

Herder, J. G. (1784–91) *Ideen zur Philosophie der Geschichte der Menschheit*, 4 vols. Riga and Leipzig.

Herm, G. (1975) *The Phoenicians: The Purple Empire of the Ancient World*, C. Hillier, trans. New York.

Herodotos (1954) *Herodotus: The Histories*, A. de Selincourt, trans. London.

Hersey, G. (1976) '"Aryanism" in Victorian England', *Yale Review* 66: 104–13.

Hester, D. A. (1965) 'Pelasgian a new Indo-European language?' *Lingua* 13: 335–84.

Heumann (1715) *Acta Philosophorum*. Halle.

Highet, G. (1949) *The Classical Tradition: Greek and Roman Influences on Western Literature.* New York and London: Oxford University Press.

Hill, C. (1968) *The World Turned Upside Down*. London: Temple Smith.

—— (1976) *Science and Magic in Seventeenth Century England*, text of a lecture given at the J. D. Bernal Peace Library, 19 Oct. 1976.

Hodge, C. (1976) 'Lisramic (Afroasiatic): an overview', in M. L. Bender, ed., *The Non-Semitic Languages of Ethiopia*. East Lansing, Mich., pp. 43–65.

Hoefer (1852–77) *Nouvelle Biographie générale*, 46 vols. Paris.

Hohendahl, P. U. (1981) 'Reform als Utopie: Die preußiche Bildungspolitik 1809–1817', in W. Voßkamp, ed., *Utopieforschung: Interdisziplinäre Studien zur neuzeitlichen Utopie*, vol. 3, pp. 250–72.

Holm, A. (1886–94) *Griechische Geschichte von ihrem Ursprunge bis zum Untergange der Selbständigheit des griechischen Volkes*, 4 vols, Berlin, trans. 1894 as *History of Greece*. London: Macmillan.

Honolka, K. (1984) *Papageno: Emanuel Schikaneder: Der Große Theartermann der Mozart-Zeit*. Salzburg: Residenz Verlag.

Honour, H. (1961) *Chinoiserie: The Vision of Cathay*. London: John Murray.

Hood, S. (1967) *Home of the Heroes: The Aegean Before the Greeks*. London: Thames & Hudson.

Hooker, J. T. (1976) *Mycenaean Greece*. London: Routledge & Kegan Paul.

Hopfner, T. (1922/3) *Fontes Historiae Religonis Aegyptiacae*, 2 vols. Bonn: Marci et Weberi.

—— (1940–1) *Plutarch über Isis und Osiris*, 2 vols. Prague: Orientalisches Institut.

Hornung, E. (1971) *Der Eine und die Vielen: Ägyptische Gottesvorstellungen*. Darmstadt, trans. J. Baines (1983) as *Conceptions of God in Ancient Egypt: The One and the Many*. London: Routledge & Kegan Paul.

Horton, R. (1967) 'African traditional thought and Western science', *Africa* 37: 50–71, 155–87.

—— (1973) 'Lévy-Brühl, Durkheim and the scientific revolution', in R. Horton and R. Finnegan, eds *Modes of Thought: Essays on Thinking in Western and Non-Western Societies*. London: Faber & Faber.

Humboldt, W. von. (1793) 'Über das Studium des Altertums und des Griechischen insbesondre', *Gesammelte Schriften*, vol. I, pp. 255–81.

—— (1821) 'Ueber die Aufgabe des Geschichtsschreibers', *Gesammelte Schriften*, vol. 4, pp. 35–56.

—— (1826) 'Lettre à Monsieur Abel-Remusat sur la nature des formes grammaticales en générale, et sur la génie de la langue chinoise en particulier', *Journal Asiatique* 9:115; reprinted, *Gesammelte Schriften*, vol. 5, pp. 254–308.

—— (1841–52) *Wilhelm von Humboldts gesammelte Werke*, ed. C. Brandes, 7 vols in 4. Berlin.

—— (1903–36) *Wilhelm von Humboldts gesammelte Schriften*, 17 vols. Berlin: Leitzmann and Gebhardt.

Hunger, K. (1933) *Die Bedeutung der Universität Göttingen für die Geschichtsforschung am Ausgang des achtzehnten Jahrhunderts*. Berlin: E. Ebering.

Huxley, G. (1961) *Crete and the Luvians*. Oxford: the author.

Iggers, G. I. (1967) [trans. of W. von Humboldt's] 'The task of the historian', *History and Theory* 6: 57–71.

—— (1968) *The German Conception of History: The National Tradition of Historical Thought from Herder to the Present*. Middletown, Conn.: Wesleyan University Press.

Irving, W. (1829) *The Conquest of Granada*. New York.

—— (1852) *The Alhambra*. New York.

Irwin, J. T. (1980) *American Hieroglyphics: the Symbol of Egyptian Hieroglyphics in the American Renaissance*. New Haven: Yale University Press.

Isokrates (1928–44), 3 vols, 1 & 2 trans. G. Norlin; 3, trans. L. Van Hook. Cambridge, Mass.: Loeb.

Iversen, E. (1957) 'The Egyptian origin of the Archaic Greek canon', *Mitteilungen des Deutschen Archäeologischen Instituts Abt. Kairo* 15: 134–47.

—— (1961) *The Myth of Egypt and its Hieroglyphs in European Tradition*. Copenhagen: Gad.

Jacob, M. C. (1976) *The Newtonians and the English Revolution 1689–1720*. Ithaca, NY: Cornell University Press.

—— (1981) *The Radical Enlightenment: Pantheists, Freemasons and Republicans*. London: Allen & Unwin.

Jacoby, F. (1904) *Das Marmor Parium*, ed. and ann. Weidmann. Berlin.

—— (1923–9) *Fragmente der griechischen Historiker*, ed. and ann. Weidmann. Berlin.

James, G. G. M. (1954) *Stolen Legacy, The Greeks were not the authors of Greek Philosophy, but the people of North Africa, commonly called the Egyptians*. New York: Philosophical Library.

Jeanmaire, H. (1951) *Dionysos*. Paris: Payot.

Jeffery, L. H. (1961) *The Local Scripts of Archaic Greece: A Study in the Origin of the Greek Alphabet and its Development from the Eighth to the Fifth Centuries BC*. Oxford: Clarendon.

—— (1976) *Archaic Greece: The City-States c. 700–500 BC*. London/New York: St Martin's.

—— (1982) 'Greek alphabetic writing', *Cambridge Ancient History*, vol. 3, pt 1, pp. 819–33.

Jenkyns, R. (1980) *The Victorians and Ancient Greece*. Oxford: Blackwell.

Jensen, H. (1969) *Sign, Symbol and Script: An Account of Efforts to Write*, 3rd rev. edn, trans. G. Unwin. New York: Putnam.

Jespersen, O. (1922) *Language: its Nature, Development and Origin*. London: Allen & Unwin.

Jidejian, N. (1969) *Tyre Through the Ages*. Beirut: Dar el-machreq.

Joffe, A. H. (1980) *Sea Peoples in the Levant*. Cornell, Department of Near Eastern Studies, undergraduate thesis.

Johansen, H. F. and Whittle, E. W. (1980) *Aeschylus: the Suppliants*, 3 vols. Aarhus: Gyldenda.

Johnson, S. (1768) *The History of Rasselas Prince of Abissinia: An Asiatic Tale*. Philadelphia.

Jomard, E. F. (1829a) *Description générale de Memphis et ses pyramides*. Paris.

—— (1829b) *Remarque sur les pyramides*. Paris.

Jones, T. (1969) *The Sumerian Problem*. London, New York, Toronto and Sydney: John Wiley & Sons.

Jones, W. (1784) 'On the gods of Greece, Italy and India', in *The Works of Sir William Jones, with the Life of the Author by Lord Teignmouth*, 13 vols, London, 1807, vol. 1, pp. 319–97.

—— (1786) 'Third anniversary discourse before the Asiatick Society (of Bengal)', in *The Works of Sir William Jones, with the Life of the Author by Lord Teignmouth*, 13 vols, London, 1807, vol. 1, pp. 25–39.

—— (1794) *The Laws of Manu*. Calcutta.

Jordan, W. D. (1969) *White Over Black: American Attitudes Toward the Negro: 1550–1812*. Baltimore: Penguin.

Josephus, *Contra Apionem*.

——*Antiquitates Judaicae*.

Juster, J. (1914) *Les Juifs dans l'Empire romaine*, 2 vols. Paris: Geuthner.

Kantor, H. J. (1947) 'The Aegean and the Orient in the second millennium BC', *American Journal of Archaeology* 51: 1–103.

Kaufman, S. A. (1982) 'Reflections on the Assyrian–Aramaic bilingual from Tell Fakhariyeh', *MAARAV* 3/2: 137–75.

Keightley,D. N. (1978) *Sources of Shang History: The Oracle Bone Inscriptions of Bronze Age China*. Berkeley: University of California Press.

—— (1983) ed., *The Origins of Chinese Civilization*. Berkeley: University of California Press.

Keinast, B. (1981) 'Die Sprache von Ebla und das Altsemitische', in Cagni, pp. 83–98.

Kern, O. (1926) *Die Religion der Griechen*. Berlin: Weidmann.

Khattab, A. (1982) *Das Ägypthenbild in den deutschsprachigen Reisebeschreibungen der Zeit von 1285–1500*. Frankfort a.M.: Europäische Hochschulschriften Reihe 1 Deutsche Sprache und Literatur.

King, L. W. and Hall, H. R. (1907) *Egypt and Western Asia in the Light of Recent Discoveries*. London: Grolier Society.

Kinkel, I. G. (1877) *Epicorum Graecorum Fragmenta*. Leipzig.

Kircher, A. (1652) *Oedipus Aegyptiacus*. Rome.

Kirk, G. S. (1970) *Myth: its Meanings and Functions in Ancient and Other Cultures*. Berkeley and Cambridge: University of California Press.

Kistler, M. O. (1960) 'Dionysian elements in Wieland', *Germanic Review* 25.1: 83–92.

Klausner, J. (1976) 'The First Hasmonean rulers: Jonathan and Simeon', in A. Schalit, ed. *World History of the Jewish People: VI, The Hellenistic Age*. London: W. H. Allen, pp. 183–210.

Knight, S. (1984) *The Brotherhood: The Secret World of the Freemasons*. London, New York: Granada.

Knoop, D. and Jones, G. P. (1948) *The Genesis of Freemasonry: An Account of the Rise and Development of Freemasonry in its Operative, Accepted and Early Speculative Phases*. University of Manchester Publications.

Knowles, J. (1831) *The Life and Writings of Henry Fuseli, Esq. M.A., R.A.* London.

Knox, R. (1862) *The Races of Men: A Philosophical Inquiry into the Influence of Race over the Destinies of Nations*. London, 2nd edn.

Kretschmer, P. (1924) 'Das nt-suffix', *Glotta* 13: 84–106.

Kroll, J. (1923) 'Kulturhistorisches aus astrologischen Texten', *Klio* 18: 213–25.

Kropotkin, P. (1899) *Memoirs of a Revolutionist*. New York and Boston: Houghton Mifflin.

Kuhn, T. (1970) *The Structure of Scientific Revolutions*, 2nd edn. Chicago University Press.

Kunzl, A. (1976) *Der Gegensatz Rom-Kartago im Spiegel historisch-politischer Äusserungen der Zeit um den Ersten Weltkrieg*. Erlangen, thesis.

Lafont, R., Labal, P., Duvernoy, J., Roquebert Martel, P. and Pech, R. (1982) *Les Cathares en Occitanie*. Paris: Fayard.

La Marche, V. C. and Hirschbeck, K. K. (1984) 'Frost rings in trees as records of major volcanic eruptions', *Nature* 307, 12 Jan. pp. 121–6.

Lambert, R. (1984) *Beloved and God: the Story of Hadrian and Antinous*. New York: Viking.

Lane-Fox, R. (1980) *The Search for Alexander*. Boston and Toronto.

Langham, I. (1981) *The Building of British Social Anthropology: W. H. R. Rivers and his Cambridge Disciples in the Development of Kinship Studies, 1898–1931*. Dordrecht, Boston and London: J. D. Reidel.

Laroche, E. (1977?) 'Toponymes et frontières linguistiques en Asie Mineure', in *La Toponymie Antique: Actes du Colloque de Strasbourg, 12–14 juin 1975*. Leiden: Brill, pp. 205–13.

Lattimore, R. (1939) 'Herodotus and the names of the Egyptian gods', *Classical Philology* 34: 357–65.

Lauer, J. F. (1948) *Le Problème des Pyramides d'Égypte*. Paris: Payot.

—— (1960) *Observations sur les pyramides*. Cairo: Institut Français d'Archéologie Orientale.

Leach, E. (1966) 'The legitimacy of Solomon, some structural aspects of Old Testament history', *European Journal of Sociology* 7: 58–101.

—— (1986) *Aryan Invasions over Four Millennia*, Wenner-Gren Symposium no. 100, 'Symbolism Through Time'. Fez: 12–21 Jan.

Leclant, J. (1972) *Inventaire Bibliographique des Isiaca: Répertoire analytique des travaux relatifs à la diffusion des cultes isiaques, A–D*. Leiden: Brill.

—— (1974) *E–K*.

—— (1982) 'Champollion et le Collège de France', *Bulletin de la Société Française d'Égyptologie* 95: 32–46.

Lee, H. D. P. (1955) *Plato: The Republic*. London: Penguin.

Le Fèvre, T. (1664) *Les Poètes grecs*. Saumur.

Lehmann, W. P. (1973) *Historical Linguistics: an Introduction*. New York: Holt, Reinhart & Winston.

Levi, P. (1971) *Pausanias' Guide to Greece*, 2 vols. London: Penguin.

Levin, H. (1931) *The Broken Column; a Study in Romantic Hellenism*. Cambridge, Mass.: Harvard University Press.

Levin, S. (1968) 'Indo-European penetration of the civilized Aegean world as seen in the "Horse" tablet of Knossos (Ca895)', *Attie memorie del 1° congresso internazionale di micinilogia. Roma, 27 Settembre–3 Ottobre 1967*, pp. 1179–85.

—— (1971a) *The Indo-European and Semitic Languages*. Albany: State University of New York Press.

—— (1971b) 'The etymology of νέκταρ exotic scents in early Greece', *Studi Micenei ed Egeo-Anatolici* 13: 31–50.

—— (1973) 'The accentual system of Hebrew, in comparison with the ancient Indo-European languages', *Fifth World Congress of Jewish Studies*, 4: 71–7.

—— (1977) 'Something stolen : a Semitic participle and an Indo-European neuter substantive', in P. Hopper, ed., *Studies in Descriptive and Historical Linguistics: Festschrift for Winfred P. Lehmann*. Amsterdam: John Benjamin, pp. 317–39.

—— (1978) 'The perfumed goddess', *Bucknell Review* 24: 49–59.

—— (1979) 'Jocasta and Moses' mother Jochabed, Teiresias-Τειρεσιασ, suppl. 2: 49–61.

—— (1984) 'Indo-European descriptive adjectives with 'Oxytone' accent and Semitic stative verbs', *General Linguistics* 24.2: 83–110.

Lewy, H. (1895) *Die semitischen Fremdwörter im Griechischen*. Berlin.

Lieblein, J. (1884) *Egyptian Religion*. Christiania and Leipzig.

Linforth, I. M. (1911–16) 'Epaphos and the Egyptian Apis', *University of California Publications in Classical Philology* 2: 81–92.

—— (1926) 'Greek gods and foreign gods in Herodotus', *University of California Publications in Classical Philology* 9.1: 1–25.

—— (1940) 'Greek and Egyptian gods (Herodotus II, 50, 52), *Classical Philology* 35: 300–1.

Lipinsky, E. (1978) 'Ditanu', *Studies in Bible and the Ancient Near East, Separatum*: 91–110.

Lloyd, A. B. (1976) *Herodotos Book II*, vol. II: *Commentary 1–98*. Leiden: Brill.

Lloyd-Jones, H. (1981) Foreword, in Trevelyan, *Goethe and the Greeks*, pp. i–xlvii.

—— (1982a) *Blood for the Ghosts: Classical Influences in the Nineteenth and Twentieth Centuries*. London: Duckworth.

—— (1982b) *Classical Survivals: The Classics in the Modern World*. London: Duckworth.

—— (1982c) 'Introduction to Wilamowitz-Moellendorf', *History of Classical Scholarship*: i–xxxii.

Lochner-Hüttenbach, F. (1960) *Die Pelasger*. Vienna.

Locke, J. (1688) *Essay Concerning Human Understanding*. London.

—— (1689) *The True End of Civil Government*. London.

Lockyer, J. N. (1893) *The Early Temple and Pyramid Builders*. Washington.

—— (1894) *The Dawn of Astronomy*. London.

Lohnes, W. F. W. and Strothmann, F. W. (1980) *German: a Structural Approach*, 3rd edn. New York: Norton.

Lorimer, H. L. (1950) *Homer and the Monuments*. London: Macmillan.

Lucretius, *De Rerum Natura*.

Lumpkin, B. (1984) 'Mathematics and engineering in the Nile Valley', *Journal of African Civilizations* 6.2: 102–19.

Macaulay, T. B. (1842) *Lays of Ancient Rome*. London.

—— (1866–71) *The Works of Lord Macaulay Edited by His Sister, Lady Trevelyan*, 8 vols. London.

McCarter, K. (1975) *The Antiquity of the Greek Alphabet and the Early Phoenician Scripts*. Missoula, Montana: Scholars Press for Harvard Semitic Museum.

MacDougall, H. A. (1982) *Racial Myth in English History*. Montreal, Hanover Vt. and London: Harvest House, University Press of New England .

Macqueen, J. G. (1975) *The Hittites and Their Contemporaries in Asia Minor*. London: Thames & Hudson.

McGready, A. G. (1969) 'Egyptian words in the Greek vocabulary', *Glotta* 44: 247–54.

McGuire, J. E. (1977) 'Neoplatonism and Active Principles: Newton and the Corpus Hermeticum', in Westman and McGuire, pp. 95–142.

McGuire, J. E. and Rattansi, P. M. (1966) 'Newton and the pipes of Pan', *Notes and Records of the Royal Society* 21: 108–43.

Madelin, L. (1937) *Histoire du consulat et de l'empire*, 8 vols. Paris: Hachette, vol. 2, *L'ascension de Bonaparte*.

Malingrey, A. M. (1961) *Philosophy: Étude d'un groupe de mots dans la littérature grecque des Présocratiques au IVᵉ s. ap. J.-C.* Paris: Klincksieck.

Mallet, D. (1888) *Le Culte de Neïth à Saïs*. Paris.

Manuel, F. E. (1956) *The New World of Henri Saint Simon*. Cambridge, Mass.: Harvard University Press.

—— (1959) *The Eighteenth Century Confronts the Gods*. Cambridge, Mass.: Harvard University Press.

—— (1963) *Isaac Newton, Historian*. Cambridge, Mass.: Harvard University Press.

—— (1974) *The Religion of Isaac Newton*. Oxford: Clarendon.

—— (1983) *The Changing of the Gods*. Hanover Vt. and London.

Marichal, R. (1982) 'Champollion et l'Académie', *Bulletin de la Société Française d'Égyptologie* 95: 12–31.

Marin, L. (1981) *Le Portrait du Roi*. Paris: Minuit.

Marino, L. (1975) *I maestri della Germania, Göttingen 1770–1820*. Turin: Einaudi.

Marsh, (1885) 'Review of *A History of Art in Phoenicia and its Dependencies*, by G. Perrot and C. Chipiez', *American Journal of Archaeology* 1: 190–5.

Marx, K. (1939) *Grundrisse der Kritik der politischen Ökonomie, Verlag für fremdsprachige Literatur*. Moscow and Berlin. trans. Martin Nicolaus (1973) as *Karl Marx, Grundrisse*. New York: Vintage Books.

—— (1983) *Das Kapital: Kritik der politischen Ökonomie, erster Band, Hamburg 1867 Text*.

Ser. 2, vol. 5, in *Karl Marx – Friedrich Engels, Gesamtausgabe (MEGA)* 1975–1983. Berlin: Dietz Verlag.

Masica, C. P. (1978) *Defining a Linguistic Area: South Asia.* Chicago University Press.

Maspero, G. (1893) *Études de mythologie et d'archéologie égyptiennes.* Paris.

Masson, E. (1967) *Recherches sur les plus anciens emprunts sémitiques en grec.* Paris: Klincksieck.

Matz, F. (1973) 'The zenith of Minoan civilization', *The Cambridge Ancient History*, 3rd edn, vol. 2, pt 1, *The Middle East and the Aegean c. 1800–1380 BC*, pp. 557–81.

Maverick, L. (1946) *China a Model for Europe.* San Antonio: Paul Anderson.

Maximus of Tyre (1910) ed. H. Hobein. Leipzig: Teubner.

Mayer, M. L. (1964) 'Note etimologiche III', *Acme* 17: 223–9.

—— (1967) 'Note etimologiche IV', *Acme* 20: 287–91.

Mayes, S. (1959) *The Great Belzoni.* London: Putnam.

Mazar, B. (1971) *World History of the Jewish People*, vol. 3. London: W. H. Allen.

Meiners, C. (1781–2) *Geschichte des Ursprungs, Fortgangs und Verfalls der Wissenschaft in Griechenland und Rom.* Lemgo.

—— (1811–15) *Untersuchungen über die Verscheidenheiten der Menschenrassen*, 3 vols. Tübingen.

Mellink, M. J. (1967) Review of *Interconnections in the Bronze Age* by W. S. Smith. *American Journal of Archaeology* 71: 92–4.

Merkelbach, R. and West, M. L. (1967) *Fragmenta Hesiodea.* Oxford: Clarendon.

Meyer, E. (1892) *Forschungen zur alten Geschichte*, 2 vols. Halle.

—— (1921) *Ursprung und Anfange des Christentums, II. Die Entwicklung des Judentums und Jesus von Nazaret.* Stuttgart and Berlin: Cotta.

—— (1928–36) *Geschichte des Altertums*, 4 vols. Stuttgart and Berlin: Cotta.

Meyer, G. (1892) 'Von wem stammt die Bezeichnung Indogermanen?', *Indogermanische Forschungen* 2: 125–30.

Michael, H. N. and Weinstein, G. A. (1977) 'New radio carbon dates from Akrotiri', *Thera. Temple University Aegean Symposium* 2: 27–30.

Michelet, J. (1831) *Histoire Romaine*, 2 vols. Paris.

—— (1962) (1831) *Introduction à l'histoire universelle.* Paris: A. Colin.

Millard, A. R. (1976) 'The Canaanite linear alphabet and its passage to the Greeks', *Kadmos* 15: 130–44.

Millard, A. R. and Bordreuil, P. (1982) 'A statue from Syria with Assyrian and Aramaic inscriptions', *Biblical Archaeologist* 45.3: 135–41. See also under Abou-Assaf.

Mitford, W. (1784–1804) *The History of Greece*, 8 vols. London.

Momigliano, A. (1946) 'Friedrich Creuzer and Greek historiography', *Journal of the Warburg and Courtauld Institute* 9: 152–63.

—— (1957) 'Perizonus, Niebuhr and the character of the early Roman tradition', *Journal of Roman Studies* 47: 104–14, repr. in his *Essays on Ancient and Modern Historiography* (1977). Oxford, pp. 231–51.

—— (1966a) 'Giulio Beloch', in *Dizionario Biografico degli Italiani*, vol. 8, pp. 32–45, repr. in *Terzo Contributo alla storia degli studi classici e del mondo antico*, 1966. Rome, pp. 239–65.

—— (1966b) 'George Grote and the study of Greek history', *Studies in Historiography* (1966) London, pp. 56–74.

—— (1966c) 'Vico's scienza nuova: Roman "Bestioni" and Roman "Eroi"', *History and Theory* 5: 3–23, repr. in *Essays on Ancient and Modern Historiography* (1977), pp. 253–76.

—— (1966d) 'Ancient history and the antiquarian', *Studies in Historiography*, pp. 6–9.

—— (1968) *Prime linee di storia della tradizione Maccabaica.* Amsterdam: Hakkert.

—— (1975) *Alien Wisdom: The Limits of Hellenization.* Cambridge University Press.

—— (1980) 'Alle origini dell'interesse su Roma arcaica, Niebuhr e l'India', *Rivista Storica Italiana* 92: 561–71.

—— (1982) "New paths of Classicism in the nineteenth century', *History and Theory Beiheft* 21.

Monro, D. B. (1911) 'Wolf, Friedrich August', *Encyclopaedia Britannica*, 11th edn, vol. 28, pp. 770–1.

Montesquieu, C. de (1721) *Lettres Persanes.* Paris.

—— (1748) *L'esprit des lois.* Paris.

Moorehead, A. (1962) *The Blue Nile.* New York: Harper & Row.

More, H. (1931) *Philosophical Poems of Henry More.* G. Bullough, ed. Manchester University Press.

Morenz, S. (1969) *Die Begegnung Europas mit Ägypten.* Zürich and Stuttgart: Artemis.

—— (1973) *Egyptian Religion*, A. E. Keep, trans. London: Methuen.

Moscati, S. (1968) *Fenici e cartaginesi in Sardegna.* Milan: A. Mondadori.

Moscati, S., Spitaler, A., Ullendorf, E., and von Soden, W. (1969) *An Introduction to the Comparative Grammar of the Semitic Languages: Phonology and Morphology.* Wiesbaden: Harrasowitz.

Mosse, G. (1964) *The Crisis of German Ideology: Intellectual Origins of the Third Reich.* New York: Grosse & Dunlap.

Mosshammer, A. A. (1979) *The Chronicle of Eusebius and the Greek Chronographic Tradition.* Lewisburg: Bucknell University Press.

Movers, F. C. (1841–50) *Die Phönizier*, 2 vols, 4 books. Bonn and Berlin.

Muhly, J. D. (1965) Review of *Hellenosemitica*, by M. C. Astour. *Journal of the American Oriental Society* 85: 585–8.

—— (1970a) Review of *Interconnections in the Ancient Near East*, by W. S. Smith. *Journal of the American Oriental Society* 90: 305–9.

—— (1970b) 'Homer and the Phoenicians: The relations between Greece and the Near East in the Late Bronze Age and Early Iron Ages', *Berytus* 19: 19–64.

—— (1973) 'The Philistines and their pottery', paper presented to the *Third International Colloquium on Aegean Prehistory.* Sheffield.

—— (1979) 'On the Shaft Graves at Mycenae', *Studies in Honor of Tom B. Jones*, M. A. Powell and R. M. Sack, eds. Neukirchen-vlugn: Butzon & Bercker kevelaer, pp. 311–23.

—— (1984) 'The role of the Sea Peoples in Cyprus during the L.C. III period,' in *Cyprus at the Close of the Late Bronze Age*, V. Karageorgis, ed. Nicosia: G. Leventis Foundation, pp. 39–56.

—— (1985) 'Phoenicia and the Phoenicians', *Biblical Archaeology Today: Proceedings of the International Congress on Biblical Archaeology, Jerusalem, April 1984*, A. Biran *et al.*, eds Jerusalem: Israel Exploration Society, Israel Academy of Sciences and Humanities American Schools of Oriental Research, pp. 177–91.

Müller, C. (1841–70) *Fragmenta Historicorum Graecorum*. Paris.

Müller, K. O. (1820–4) *Geschichte hellenischer Stämme und Städte*, 3 vols. Breslau. Vol. 1, *Orchomenos und die Minyer*, vols II and III, *Die Dorier*, vols 2 and 3 trans. H. Tufnell and G. C. Lewis as *The History and Antiquities of the Doric Race* (1830) 2 vols. London.

—— (1825) *Prolegomena zu einer wissenschaftlichen Mythologie*. Göttingen. trans. J. Leitch as *Introduction to a Scientific System of Mythology* (1844) London.

—— (1834) 'Orion', *Rheinisches Museum* 2: 1–30.

—— (1858) *A History of the Literature of Ancient Greece, Continued by J. W. Donaldson*, 3 vols. London.

Murray, G. (1951) *Five Stages of Greek Religion*. Oxford: Clarendon.

Murray, M. (1931) *Egyptian Temples*. Marston, London: Sampson Low.

—— (1949) *The Splendour that was Egypt*. London: Sidgwick & Jackson.

Murray, O. (1980) *Early Greece*. Brighton: Harvester/Atlantic Highlands, NJ: Humanities.

Musgrave, S. (1782) *Two Dissertations: 1) On the Grecian Mythology: 2) An Examination of Sir Isaac Newton's Objections to the Chronology of the Olympiads*. London.

Myres, J. L. (1924) 'Primitive man in geological time', *Cambridge Ancient History*, 1st edn, vol. 1, pp. 1–97.

Naveh, J. (1973) 'Some Semitic epigraphical considerations on the antiquity of the Greek alphabet', *American Journal of Archaeology*: 1–8.

—— (1982) *Early History of the Alphabet: An Introduction to West Semitic Epigraphy and Paleography*. Jerusalem: Magnes/Leiden: Brill.

Needham, J. and Lu, G. D. (1985) *Transpacific Echoes and Resonances: Listening Once Again*. Singapore: World Scientific.

Needham, J. T. (1761) *De Inscriptione quadam Ægyptiaca Taurini inventa et Characteribus Ægyptiis olim et Sinis communibus exarata idolo cuidam antiquo in regia universitate servato ad utrasque Academias Londonensem et Parisiensem Rerum antiquarum, investigationi et studio præpositas data Epistola*. Rome.

Neiman, D. (1965) 'Phoenician place names', *Journal of Near Eastern Studies* 24: 113–15.

Neschke-Hetschke, A. B. (1984) 'Discussion', in Bollack and Wismann, pp. 483–4.

Nettl, P. (1957) *Mozart and Masonry*. New York: Philosophical Library.

Neugebauer, O. (1945) *Mathematical Cuneiform Texts*. New Haven: American Oriental Society and the American Schools of Oriental Research.

—— (1950) 'The alleged Babylonian discovery of the precession of the equinoxes', *Journal of the American Oriental Society* 70: 1–8.

—— (1957) *The Exact Sciences in Antiquity*. Providence.

Neugebauer, O. and Parker, R. A. (1960–9) *Egyptian Astronomical Texts*, 4 vols. Providence and London: Brown University Press. See also Swerdlow.

Neusner, J. (1965–70) *A History of the Jews in Babylonia*, 5 vols. Leiden: Brill.

Newton, I. *A Dissertation upon the Sacred Cubit of the Jews and the Cubits of several Nations: in which from the dimensions of the Greatest Pyramid as taken by Mr. John Greaves, the ancient Cubit of Memphis is determined.*

—— *Principia Mathematica.*

—— *The Origins of Gentile Theology.*

Niebuhr, B. (1828–31, enl. edn) *Romische Geschichte*, 2 vols. Berlin.

—— (1847) *Vorträge über alte Geschichte an der Universität zu Bonn gehalten*, 3 vols. Berlin. trans. L. Schmitz as *Lectures on Ancient History from the Earliest Times to the Taking of Alexandria by Octavius* (1852) 3 vols. Philadelphia.

—— (1847–51) *The History of Rome*, J. C. Hare and C. Thirwall, trans. 4th edn, 3 vols. London.

Nilsson, M. P. (1932) *The Mycenaean Origin of Greek Mythology*. Berkeley: University of California Press.

—— (1950) *The Minoan Mycenaean Religion*. 2nd rev. edn. Lund. C. W. K. Gleerup.

Nissen, W. (1962) *Göttinger Gedenktafeln: Ein biographischer Wegweiser*. Göttingen: Vandenhoek & Ruprecht.

—— (1975) 'Ergänzungen', *Göttinger Gedenktafeln: Ein biographischer Wegweiser*. Göttingen.

Noguera, A. (1976) *How African was Egypt: A Comparative Study of Egyptian and Black African Cultures*. New York: Vantage Press.

Nonnos, (1940) *Dionysiaca*, 3 vols, trans. W. H. D. Rouse, notes by H. J. Rose and L. R. Lind (Loeb). Cambridge, Mass.

Oren, D. A. (1985) *Joining the Club: A History of Jews at Yale*. New Haven: Yale University Press.

Otto, E. (1975) 'Ägypten im Selbstbewußtsein des Ägypters', in Helck and Otto, cols 76–8.

Paaw, C. de (1773) *Recherches philosophiques sur les Égyptiens et les Chinois*. Berlin.

Pagels, E. (1979) *The Gnostic Gospels*. New York: Random House.

Pallotino, M. (1978) *The Etruscans*, rev. and enl. edn, trans. J. Cremona, ed. D. Ridgeway. London: Penguin.

—— (1984) *Storia della Prima Italia*. Milan: Rusconi.

Pang, K. D. and Chou, H. H. 'Three very large volcanic eruptions in Antiquity and their effects on the climate of the Ancient World', paper abstract in *Eos* 66.46. 12 Nov. 1985: 816.

Pappademos, J. (1984) 'The Newtonian synthesis in physical science and its roots in the Nile Valley', *Journal of African Civilizations* 6.2: 84–101.

Pappe, H. O. (1979) 'The English Utilitarians and Athenian democracy', in Bolgar, *Classical Influences . . .*, pp. 297–302.

Parke, H. W. (1967) *The Oracles of Zeus: Dōdōna, Olympia and Ammon*. Oxford: Blackwell.

Parker, R. A. and Neugebauer, O. (1960–4) *Egyptian Astronomical Texts*, 4 vols. London: Lund Humphries for Brown University Press.

Parmentier, L. (1913) *Recherches sur le traité d'Isis et d'Osiris de Plutarque*. Brussels: Académie Royale de Belgique.

Parry, M. (1971) *The Making of Homeric Verse: The Collected Papers of Milman Parry*. Oxford: Clarendon.

Patrides, C. A. (1969) *The Cambridge Platonists*. Cambridge University Press.

Paulys Real-Encyclopädie der classischen Altertumswissenschaft, ed. G. Wissama *et al.* (1894–). Stuttgart, München.

Pausanias, *Guide to Greece*, see Frazer and Levi.

Pedersen, H. (1959) *The Discovery of Language: Linguistic Science in the Nineteenth Century*, J. W. Spargo, trans. Bloomington: Indiana University Press.

Pendlebury, J. D. S. (1930a) *Aegyptiaca*. Cambridge University Press.

—— (1930b) 'Egypt and the Aegean in the Late Bronze Age', *Journal of Egyptian Archaeology* 16: 75–92.

Petit-Radel, F. (1815) 'Sur l'origine grecque du fondateur d'Argos', *Mémoires de l'Institut Royal de France, Classe d'Histoire et de Littérature Ancienne* 2: 1–43.

Petrie, W. M. F. (1883) *The Pyramids and Temples of Gizeh*. London.

—— (1893) *The Great Pyramid*. London.

—— (1894–1905) *A History of Egypt*, 3 vols. London.

—— (1908) 'Historical references in Hermetic writings', in *Transactions of the Third International Congress of the History of Religions*, Oxford 1: 196–225.

—— (1909) *Personal Religion in Egypt before Christianity*. New York: Harpers Library of Living Thought.

—— (1931) *70 Years of Archaeology*. London: Sampson Low.

Pettinato, G. (1978) 'L'Atlante Geografico nel Vicino Oriente antico Attestate ad Ebla ed ad Abu Salabikh', *Orientalia* 46: 50–73.

—— (1979) *Ebla: un impero inciso nell'argilla*. Milan: Mondadori, trans. (1981) as *The Archives of Ebla: An Empire Inscribed in Clay, with an Afterword by Mitchell Dahood S. J.* Garden City: Doubleday.

Pfeiffer, R. (1976) *History of Classical Scholarship: From 1300–1850*. Oxford: Clarendon.

Pharr, C. (1959) *Homeric Greek: A Handbook for Beginners*, 2nd edn. Norman, Okla.: University of Oklahoma Press.

Picard, C. (1937) 'Homère et les religions de l'Égypte', *Revue archéologique* 6ᵐᵉ Série, 10: 110–13.

—— (1948) *Les Religions Préhelleniques*. Paris: Presses Universitaires de France.

Pierce, R. H. (1971) 'Egyptian loan words in Ancient Greek?', *Symbolae Osloenses* 46: 96–107.

Pinot, V. (1932) *La Chine et l'esprit philosophique en Europe 1640–1740*. Paris: Geuthner.

Plato, (1914–192?) 12 vols, H. N. Fowler, trans. *Kratylos*.

—— *Kritias*.

—— *Menexenos*.

—— *Republic*.

—— *Timaios*, see Lee, 1955.

Platon, N. and Stassinopouloutouloupa, E. (1964) 'Oriental seals from the Palace of Cadmus: unique discoveries in Boeotian Thebes', *Illustrated London News*, 28 November: 859–61.

Plutarch, *De Iside et Osiride*, trans. F. C. Babbit (1934–5) in *Plutarch's Moralia*, 16 vols

(Loeb). Cambridge, Mass.: Harvard University Press/London: Heinemann, vol. 5, pp. 7–191.

—— *De Herodoti Malignitate*, trans. L. Pearson and F. H. Sandbach in *Plutarch's Moralia*, vol. 11, pp. 9–133.

Pocock, J. G. A. (1985) 'Gibbon as an Anglican manqué: clerical culture and the *Decline and Fall*', Miriam Leranbaum Memorial Lecture, SUNY, Binghamton, 17 April.

Poliakov, L. (1974) *The Aryan Myth: A History of Racist and Nationalist Ideas in Europe*, E. Howard, trans. London: Chatto & Windus and Heinemann for Sussex University Press.

Polomé, E. C. (1981) 'Can graphemic change cause phonemic change?', in Arbeitman and Bomhard, pp. 881–8.

Pope, M. (1973) *Job: A New Translation with Introduction and Commentary*, 3rd edn. Garden City, NY: Anchor.

—— (1980) 'The cult of the dead at Ugarit', in G. Young, ed. *Ugarit in Retrospect: 50 Years of Ugarit and Ugaritic*. Winona Lake: Eisenbraun, pp. 170–5.

Popham, M. (1965) 'Some Late Minoan pottery from Crete', *Annual of the British School at Athens* 60: 316–42.

Popkin, R. H. (1974) 'The philosophical basis of modern racism', in C. Walton and J. P. Anton, eds *Philosophy and the Civilizing Arts*, pp. 126–65.

—— (1985) Introduction to Force, pp. xi–xix.

Popper, K. R. (1950) *The Open Society and its Enemies*, 2 vols. Princeton University Press.

Porada, E. (1965) 'Cylinder seals from Thebes: a preliminary report', *American Journal of Archaeology* 69: 173.

—— (1966) 'Further notes on the cylinders from Thebes', *American Journal of Archaeology* 70: 194.

—— (1981) 'The cylinder seals found at Thebes in Boiotia, with contributions on the inscriptions from Hans G. Güterbock and John A. Brinkman', *Archiv für Orientforschung* 28: 1–78.

Porphery, *Vita Plotini*.

Potter, J. (1697) *Archæologia Græca, or the Antiquities of Greece*, 4 vols. London.

Praetorius, G. F. (1902) 'Zur Geschichte des griechischen Alphabets', *Zeitschrift der Deutschen Morgenländischen Gesellschaft* 56: 676–80.

Pulleybank, E. G. (1955) *The Background of the Rebellion of An Lu-shan*. Cambridge University Press.

Pyle, K. B. (1969) *The New Generation in Meiji Japan: Problems of Cultural Identity 1885–1895*. Stanford University Press.

Rahman, A. (1982) *Science and Technology in Medieval India*. New Delhi: Vikas.

—— (1983) *Intellectual Colonization: Science and Technology in West–East Relations*. New Delhi: Vikas.

Rashed, R. (1980) 'Science as a Western phenomenon', *Fundamenta Scientiae* 1: 7–21.

Rattansi, P. M. (1963) 'Paracelsus and the Puritan revolution', *Ambix* 11: 24–32.

—— (1973) 'Some evaluations of reason in sixteenth- and seventeenth-century natural philosophy', in Teich and Young, pp. 148–66.

Rawlinson, G. (1869) *A Manual of Ancient History*. Oxford.

—— (1889) *History of Phoenicia*. London.

Rawson, E. (1969) *The Spartan Tradition in European Thought*. Oxford: Clarendon.

Ray, J. D. (1976) *The Archive of Hor*. London: Egypt Exploration Society.

Reghellini de Schio (1833) *La Maçonnerie considérée comme le résultat des religions égyptienne, juive et chrétienne*. Paris.

Reinach, S. (1892a) *L'Origine des Aryens: Histoire d'une Controverse*. Paris.

—— (1892b) 'Résumé of Tsountas', in *Revue Archéologique* 1: p. 93.

—— (1893) 'Le mirage oriental', *Anthropologie* 4: 539–78, 699–732.

Renan, E. (1855) *Histoire générale et système composée des langues sémitiques*. Paris.

—— (1858) *Études d'histoire religieuse*, 3rd edn. Paris.

—— (1868) 'Mémoire sur l'origine et caractère véritable de l'histoire phénicienne qui porte le nom de Sanchunation', *Mémoires de l'Académie des inscriptions et Belles-Lettres* 23: 241–334.

Rendsberg, G. (1982) 'A new look at Pentateuchal HW"', *Biblica* 63: 351–69.

Renfrew, C. (1972) *The Emergence of Civilization: The Cyclades and the Aegean in the Third Millennium BC.* London: Methuen.

—— (1973) 'Problems in the general correlation of archaeological and linguistic strata in prehistoric Greece: the model of autochthonous origin', in Crossland and Birchall, pp. 265–79.

Renouf, P. I. P. (1880) *Lectures on the Origin and Growth of Religion*. London.

Ridgeway, W. (1901) *The Early Age of Greece*, 2 vols. Cambridge University Press.

Robertson Smith, W. (1894) *The Religion of the Semites: The Fundamental Institutions*. Cambridge.

Röllig, V. W. and Mansfeld, G. (1970) 'Zwei Ostraka vom Tell Kāmid el Loz und ein neuer Aspekt für die Entstehung des kanaanäischen Alphabets', *Die Welt des Orients* 5. 2: 265–70.

Rosen, E. (1970) 'Was Copernicus a Hermeticist?', *Minnesota Studies in the Philosophy of Science* 5: 164–9.

—— (1983) 'Was Copernicus a Neoplatonist?', *Journal of the History of Ideas* 44.3: 667–9.

Rosen, G. (1929) *Juden und Phönizier*. Tübingen: Mohr.

Rosenthal, F. (1970) Review of *Recherches sur les plus anciens emprunts sémitiques en grec*, by E. Masson, in *Journal of the American Oriental Society* 90: 338–9.

Rothblatt, S. *The Revolution of the Dons: Cambridge and Society in Victorian England*. Cambridge University Press.

Rougé, E. de (1869) 'Conférence sur la religion des anciens Égyptiens', *Annales de philosophie chrétienne*, 5th ser. 328–30.

Russell, B. (1961) *History of Western Philosophy: and its Connections with Political and Social Circumstances from the Earliest Times to the Present Day*, new edn. London: Allen & Unwin.

Russell, F. W. E. (1895) *The Letters of Matthew Arnold*, 2 vols. New York.

Rytkönen, S. (1968) *B. G. Niebuhr als Politiker und Historiker*. Helsinki: Annales Academiae Scientiarum Fennicae, ser. B. vol. 156.

Sabry, M. (1930) *L'Empire Égyptien sous Mohamed-Ali et La Question d'Orient (1811–*

1849). Paris: Geuthner.

Saggs, H. W. F. (1962) *The Greatness that was Babylon.* New York: Hawthorn Books.

Said, E. (1978) *Orientalism.* New York and London: Vintage.

St Clair, W. (1972) *That Greece Might Still be Free: The Philhellenes in the Greek War of Independence.* London: Oxford University Press.

—— (1983) *Lord Elgin and the Marbles.* 2nd rev. edn. Oxford University Press.

Saldit-Trappmann, R. (1970) *Tempel der ägyptischen Götter in Griechenland und an der Westküste Kleinasiens.* Leiden: Brill.

Sandars, N. K. (1978) *The Sea Peoples: Warriors of the Ancient Mediterranean 1250–1150 BC.* London: Thames & Hudson.

Sandmel, S. (1979) *Philo of Alexandria: An Introduction.* New York/Oxford: Oxford University Press.

Sandys, J. E. (1908) *A History of Classical Scholarship,* 3 vols. Cambridge University Press.

Santangelo, G. S. (1984) *Madame Dacier, una filologa nella 'Crisi' (1672–1720).* Rome: Bulzoni.

Santillana, G. de (1963) 'On forgotten sources in the history of science', in A. C. Crombie, ed. *Scientific Change: Historical Studies in the Intellectual, Social and Technical Conditions for Scientific Discovery and Technical Invention, from Antiquity to the Present.* London, pp. 813–28.

Santillana, G. de and von Dechend, H. (1969) *Hamlet's Mill: an Essay in Myth and the Frame of Time.* Boston: Gambit.

Sasson, J. M. (1966) 'Canaanite maritime involvement in the second millennium BC', *Journal of the American Oriental Society* 86: 126–38.

Sauneron, S. *et al.* (1970–) *Collection des voyageurs occidentaux en Égypte.* Cairo: Institut Français d'archéologie orientale.

Schiller, F. von (1967) *Über die ästhetische Erziehung des Menschen: in einer Reihe von Briefen (On the Aesthetic Education of Man: In a Series of Letters),* E. M. Wilkinson and L. A. Willoughby, trans. Oxford.

Schlegel, F. von (1808) *Über die Sprache und Weisheit der Indier.* Heidelberg. trans. as 'On the language and philosophy of the Indians' by E. J. Millington (1949) in *Aesthetic and Miscellaneous Works of Friedrich von Schlegel.* London.

—— (1939) *Cours d'histoire universelle (1805–1806).* J. J. Anstett, ed. Paris: Patissier.

Schleicher, A. (1865) *Über die Bedeutung der Sprache für die Naturgeschichte des Menschen.* Weimar: H. Böhlen.

Schlesier, G. (1838–40) *Schriften von Friedrich von Gentz,* 5 vols. Mannheim.

Scholem, G. G. (1960) *Jewish Gnosticism, Merkebbah Mysticism and the Talmudic Tradition.* New York: Jewish Theological Seminary of America.

—— (1965) *On the Kabbalah and its Symbolism,* R. Mannheim, trans. New York: Schocken.

—— (1970) *Kabbalah.* New York: Quadrangle.

—— (1974) *Major Trends in Jewish Mysticism.* New York: Schocken.

Schwab, R. (1950) *La Renaissance Orientale.* Paris: Bibliothèque Historique.

—— (1984) G. Patterson-Black and V. Reinking, trans. New York: Columbia University

Press.

Schwaller de Lubicz, R. A. (1958) *Le Temple de l'homme: Apet du sud à Louqsor*. Paris: Caractères.

—— (1961) *Le Roi de la théocratie pharaonique*. Paris: 'Homo Sapiens'.

—— (1968) *Le Miracle égyptien*. Paris: Flammarion.

Scollon, R. and S. B. K. (1980) *Linguistic Convergence: An Ethnography of Speaking: At Fort Chipewyan, Alberta*. New York, San Francisco and London: New York Academic Press.

Scott, W. (1924–36) *Hermetica*, 4 vols. Oxford: Clarendon.

Seidel, S. (1962) *Der Briefwechsel zwischen Friedrich Schiller und Wilhelm von Humboldt*, 2 vols. Berlin: Aufban Verlag.

Selem, P. (1980) *Les Religions orientales dans la Pannonie Romaine: Partie en Yougoslavie*. Leiden: Brill.

Seltman, C. (1933) *Greek Coins: A History of Metallic Currency and Coinage Down to the Fall of the Hellenistic Kingdoms*. London: Methuen.

Seznec, J. (1953) *The Survival of the Pagan Gods: The Mythological Tradition and its Place in Renaissance Humanism and Art*, B. E. Sessions, trans. New York: Pantheon.

Shaffer, E. S. (1975) *Kublai Khan and the Fall of Jerusalem: The Mythological School of Biblical Criticism and Secular Literature 1770–1880*. Cambridge University Press.

Shelley, P. B. (1821) *Hellas*. London.

Sheppard, J. T. (1911) 'The first scene of the Suppliants of Aeschylus', *Classical Quarterly* 5: 220–9.

Siegert, H. (1941–2) 'Zur Geschichte der Begriffe "Arische" und "arich"', *Wörter und Sachen* 4: 73–99.

Simonsuuri, K. (1979) *Homer's Original Genius: Eighteenth Century Notions of the Early Greek Epic (1688–1798)*. Cambridge University Press.

Smelik, K. A. D. and Hemelrijk, E. A. (1984) '"Who knows not what monsters demented Egypt worships?" Opinions on Egyptian animal worship in Antiquity as part of the ancient conception of Egypt', in H. Temporini and W. Haase, eds *Aufstieg und Niedergang der römischen Welt: Geschichte und Kultur Roms im Spiegel der neueren Forschung*. 17.4, *Religion: (Heidentum: römische Götterkulte, orientalische Kulte in der römischen Welt [Forts.])*, ed. W. Haase, pp. 1852–2000.

Smith, W. (1848) *A Classical Dictionary of Greek and Roman Biography, Mythology and Geography*. London.

—— (1854) *A History of Greece: From the Earliest Times to the Roman Conquest*. New York.

Smyth, C. P. (1864) *Our Inheritance in the Great Pyramid*. London.

—— (1867) *Life and Work at the Great Pyramid*. Edinburgh.

—— (1874) *The Great Pyramid & the Royal Society*. London.

Snodgrass, A. (1971) *The Dark Age of Greece: An Archaeological Survey of the Eleventh to the Eighth centuries BC*. Edinburgh University Press.

Snowden, F. M. S. (1970) *Blacks in Antiquity: Ethiopians in the Greco-Roman Experience*.

Cambridge, Mass.: Harvard University Press.

Sourvinou-Inwood, C. (1973) 'The problem of the Dorians in tradition and archaeology', paper presented to *the Third International Colloquium on Aegean Prehistory*, Sheffield.

Speer, A. (1970) *Inside the Third Reich*, R. and C. Winston, trans. London: Weidenfeld & Nicolson.

Spiegel, S. (1967) *The Last Trial: On the Legends and Lore of the Command to Abraham to Offer Isaac as a Sacrifice: The Akedah*, J. Goldin, trans. New York: Pantheon.

Spyropoulos, T. (1972) 'Αἰγυπτιακὸς Ἐποικισμὸς ἐν Βοιωτίαι', Ἀρχαιολογικὰ Ἀνάλεκτα ἐξ Ἀθηνῶν 5: 16–27.

—— (1973) 'Εἰσαγωγὴ εἰς τὴν Μελέτην τοῦ Κωπαϊκοῦ Χώρου', Ἀρχαιολογικὰ Ἀνάλεκτα ἐξ Ἀθηνῶν 6: 201–14.

Starkie, E. (1971) *Flaubert the Master: A Critical and Biographical Study (1856–1880)*. New York: Atheneum.

Stecchini, (1957) 'The Delphian column of the dancers', *American Journal of Archaeology* 61: 187, note.

—— (1961) 'A history of measures', *American Behavioral Scientist* 4.7: 18–21.

—— (1978) 'Notes on the relation of ancient measures to the Great Pyramid', in Tompkins, *The Secrets of the Great Pyramid*, pp. 287–382.

Steel-Maret (1893) 'La Franc-Maçonnerie: ses origines, ses mystères et son but', in *Archives Secrètes de la Franc-Maçonnerie*. Lyon.

Steinberg, R. (1981) *Modern Shadows on Ancient Greece: Aegean-Levantine Connections in the Late Bronze Age*. Cornell University, MA thesis.

Stella, L. A. (1951–2) 'Chi furono i Populi del Mare', *Rivista di antropologia* 39: 3–17.

Stern, B. H. (1940) *The Rise of Romantic Hellenism in English Literature, 1732–1786*. Menasha, Wisconsin: G. Banta.

Stern, F. R. (1961) *The Politics of Cultural Despair; a Study in the rise of the Germanic ideology*. Berkeley: University of California Press.

Stern, M. (1974) *Greek and Latin Authors on Jews and Judaism*, vol. I, *From Herodotus to Plutarch*. Jerusalem: Israel Academy of Humanities and Sciences.

Stewart, J. G. (1959) *Jane Ellen Harrison: A Portrait from Letters*. London: Merlin.

Stieglitz, R. R. (1981) 'The letters of Kadmos: mythology, archaeology and eteocretan', ανντψπο απο τον α' (2) τομο των πεπραγμενων τον δ' διέθνονο κρητολογικοῦ σννεδριδν ('Ηράκλειο, 29, Αὐγούστου-3 Σεπτεμβρίου 1976). Athens.

Stobart, J. C. (1911) *The Glory that was Greece*. Philadelphia: Lippincott.

Strabo (1929) *The Geography*, H. L. Jones, trans. 8 vols. Cambridge, Mass.: Loeb.

Strange, J. (1973) 'Biblical material on the origin of the Philistines', paper presented to the *Third International Colloquium on Aegean Prehistory*, Sheffield.

Strauss, B. S. (forthcoming) *Politics and Society in Athens After the Peloponnesian War, 403–386 BC*. Ithaca: Cornell University Press.

Stricker, B. H. (1949) 'The Corpus Hermeticum', *Mnemosyne*, Series 4, vol. 2: 79–80.

Stuart-Jones, H. (1968) Preface, *Greek–English Lexicon: Liddell and Scott*. Oxford, pp. i–xii.

Stubbings, F. H. (1973) 'The rise of Mycenaean civilization', *The Cambridge Ancient*

History, 3rd edn, vol. 2, pt 1, *The Middle East and the Aegean 1800–1380 BC*, pp. 627–58.

—— (1975) 'The expansion of Mycenaean civilization', *The Cambridge Ancient History*, 3rd edn, vol. 2, pt 11, *The Middle East and the Aegean Region c.1380–1000 BC*, pp. 165–87.

Sturtevant, E. H. (1942) *Indo-Hittite Laryngeals*. Baltimore: Linguistic Society of America.

Sweet, P. R. (1978–80) *Wilhelm von Humboldt: A Biography*, 2 vols. Columbus: Ohio State University Press.

Swerdlow, N. M. and Neugebauer, O. (1984) *Mathematical Astronomy in Copernicus's De Revolutionibus*, 2 pts. New York/Berlin: Springer.

Sydow, A. von (1906–16) *Wilhelm und Caroline in ihren Briefe*, 7 vols. Berlin: Mittler und Sohn.

Symeonoglou, S. (1985) *The Topography of Thebes: From the Bronze Age to Modern Times*. Princeton University Press.

Szemerényi, O. (1964) 'Structuralism and substratum: Indo-Europeans and Aryans in the Ancient Near East', *Lingua* 13: 1–29.

—— (1966) 'Iranica II', *Die Sprache* 12: 190–226.

—— (1974) 'The origins of the Greek lexicon: *Ex Oriente Lux*', *Journal of Hellenic Studies* 94: 144–57.

Sznycer, M. (1979) 'L'inscription phénicienne de Tekké près de Cnossos', *Kadmos* 18: 89–93.

Tatian, see Dods and Smith.

Taylor, A. E. (1929) *Plato: The Man and His Work*, 3rd edn. London: Methuen.

Taylor, T. (1821) *Iamblichus on the Mysteries of the Egyptians, Chaldaeans and Assyrians*. Walworth.

Taylour, W. (1964) *The Mycaeneans*. London: Thames & Hudson.

Tcherikover, V. (1959) *Hellenistic Civilization and the Jews*, S. Applebaum, trans. Philadelphia.

—— (1976) *Hellenistic Palestine in the Hellenistic Age: Political History of Jewish Palestine from 332 BCE to 67 BCE*, ed. A. Schalit, vol. 6 in *The World History of the Jewish People*. London: W. H. Allen.

Teich, M. and Young, R. (1973) *Changing Perspectives in the History of Science: Essays in Honour of Joseph Needham*. London: Heinemann.

Terrasson, J. (1715) *Dissertation critique sur l'Iliad d'Homère, où à l'occasion de ce poème, on cherche les règles d'une poétique fondée sur la raison et sur les exemples des anciens et des modernes*, 2 vols. Paris.

—— (1731) *Sèthos, histoire ou vie tirée des monuments de l'ancienne Égypte*. Paris.

Teters, B. (1962) 'The Genro In and the National Essence Movement', *Pacific Historical Review* 31: 359–71.

Thapar, R. (1975) *The Past and Prejudice*. New Delhi: National Book Trust.

—— (1977) 'Ideology and the interpretation of early Indian history', in *Society and Change: Essays in Honour of Sachin Chaudhuri*. New Delhi, pp. 1–19.

Thirlwall, C. (1835–44) *A History of Greece*, 8 vols. London.

Thirlwall, J. C. Jr (1936) *Connop Thirlwall, Historian and Theologian*. London: Society for the Promotion of Christian Knowledge.

Thissen, H.-J. (1980) 'Manetho', in Helck and Otto, *Lexikon*, vol. III, cols 1179–81.

Thomson, G. (1941) *Aeschylus and Athens – A Study in the Social Origin of Drama*. London: Lawrence & Wishart.

—— (1949) *Studies in Ancient Greek Society 1: The Prehistoric Aegean*. London: Lawrence & Wishart.

Thomson, K. (1977) *The Masonic Thread in Mozart*. London: Lawrence & Wishart.

Thucydides, (1954) *The Peloponnesian War*, R. Warner, trans. London: Penguin.

—— (1980) *Histories*, C. F. Smith, trans. (Loeb). London: Heinemann/Cambridge, Mass.: Harvard University Press.

Tieck, L. (1930) *Ludwig Tieck und die Brüder Schlegel, Briefe mit Einleitung und Anmerkungen*, H. Lüdete, ed., Frankfurt a. M.: Baer.

Tiedemann, P. (1780) *Griechenlands erste Philosophen oder Leben und System des Orpheus, Pherekydes, Thales und Pythagoras*. Leipzig.

—— (1793) *Geist der spekulativen Philosophie*. Marburg.

Timpanaro, S. (1977) Introduction to Schlegel, *Über die Sprache und Weisheit der Indier*. Amsterdam.

Tocqueville, A. de (1837) *De la Démocratie en Amérique*, 3 vols. Brussels.

—— (1877) *L'ancien régime et la révolution*, 8th edn. Paris; trans. S. Gilbert (1955) as *The Old Regime and the French Revolution*. New York.

Tompkins, P. (1978) *The Secrets of the Great Pyramid*. London: Penguin.

Trevelyan, H. (1981) *Goethe and the Greeks*, 2nd edn. Cambridge University Press.

Trevor-Roper, H. (1969) *The Romantic Movement and the Study of History* (John Coffin Memorial Lecture). London: Athlone.

—— (1983) 'The Highland tradition of Scotland', in Hobsbawm and Ranger, *The Invention of Tradition*. Cambridge University Press, pp. 15–41.

Tsountas, C. and Manatt, J. (1897) *The Mycenaean Age*. Boston.

Turgot, A. (1808–15) *Oeuvres de M. Turgot Ministre d'État, Précédées et accompagnées de Mémoires et de Notes sur sa Vie, son Administration et ses Ouvrages*, 9 vols. Paris.

Turner, F. M. (1981) *The Greek Heritage in Victorian Britain*. New Haven: Yale University Press.

Turner, R. S. (1983a) 'Historicism, *Kritik*, and the Prussian professoriate', in Bollack and Wismann, pp. 450–78.

—— (1983b) 'Discussion', in Bollack and Wismann, p. 486.

—— (1985) 'Classical philology in Germany: toward a history of the discipline', Paper presented to *The Fabrication of Ancient Greece 1780–1880*, Conference held at Cornell 22–23 April 1985.

Tur-Sinai, S. (1950) 'The origin of the alphabet', *The Jewish Quarterly Review* 61: 83–110, 159–80, 277–302.

Ullman, B. L. (1934) 'How old is the Greek alphabet?', *American Journal of Archeology* 38: 359–81.

Usener, H. (1907) 'Philologie und Geschichtswissenschaft', in *Vorträge und Aufsätze*, 2 vols. Leipzig, vol. 2, p. 11.

Van Berchem, D. (1967) 'Sanctuaires d'Hercule-Melqart: contribution à l'étude de l'expansion Phénicienne en Méditerranée', *Syria*: 73–109, 307–38.

Van Ness Myers, P. (1895) *A History of Greece for Colleges and High Schools*. Boston.

Van Sertima, I. (1976) *They Came Before Columbus*. New York: Random House.

—— (1984) 'Nile Valley presence in America BC', *Journal of African Civilizations* 6.2: 221–46.

Vaux de Foletier, F. de (1970) *Mille ans d'histoire des Tsiganes*. Paris: Fayard.

Vercoutter, J. (1956) *L'Égypte et le monde égéen préhellénique*. Paris: Maisonneuve.

—— (1975) 'Apis', in Helck and Otto, vol. 1, cols 338–50.

Vermeule, E. (1960) 'The fall of the Mycenaean Empire', *Archaeology* 13.1: 66–75.

—— (1964) *Greece in the Bronze Age*. Chicago University Press.

—— (1975) *The Art of the Shaft Graves of Mycenae*. Cincinnati: University of Cincinnati.

—— (1979) *Aspects of Death in Early Greek Art and Poetry*. Berkeley and Los Angeles: University of California Press.

Vesey-Fitz-Gerald, B. (1973) *Gypsies of Britain: an Introduction to their History*, 2nd edn. Newton Abbot: David and Charles.

Vian, F. (1963) *Les origines de Thèbes: Cadmos et les Spartes*. Paris: Études et Commentaires No. 48.

Vico, G. B. (1721) *De Constantia Jurisprudenta*. Naples.

—— (1725) *La Scienza Nuova*. Naples.

—— (1730) *La Scienza Nuova Seconda*. Naples.

Virgil (1935) *Works*, H. R. Fairclough, trans., 2 vols (Loeb). London: Heinemann/ Cambridge, Mass.: Harvard University Press.

Volney, C. F. C. (1787) *Voyages en Syrie et en Égypte*. Paris.

Voltaire, F. M. (1886) (1768) *Siècle de Louis XIV*. Paris.

Von der Mühll, P. (1952) *Kritisches Hypomnema zur Ilias*. Basel: Rheinhardt.

Voss, von M. H. (1980) 'Horuskinder', in Helck and Otto, vol. III, cols 52–3.

Wace, A. J. B. (1924) 'Greece and Mycenae', *Cambridge Ancient History*, 1st edn, vol. 2, *The Egyptian and Hittite Empires to c. 1000 BC*, pp. 431–72.

Waddell, L. A. (1927) *The Aryan Origin of the Alphabet*. London: Luzac.

Walcot, P. (1966) *Hesiod and the Near East*. Cardiff: University of Wales Press.

Wallace, W. P. (1966) 'The early coinages of Athens and Euboia', *Numismatic Chronicle*, 7th series. 6: 23–44.

Walton, C. and Anton, J. P. (1974) *Philosophy and the Civilizing Arts*.

Warburton, W. (1738–41) *The Divine Legation of Moses, demonstrated, on the principles of a religious deist from the omission of the doctrine of a future state of reward and punishment in the Jewish dispensation*. London.

Wardle, K. A. (1973) 'North West Greece in the Late Bronze Age: the archaeological background', paper presented to the *Third International Colloquium on Aegean Prehistory*, Sheffield.

Warmington, B. H. (1960) *Carthage*. London: Robert Hale.

Warren, P. M. (1965) 'The first Minoan stone vases and early Minoan chronology', *Kretika Chronika* 19: 7–43.

—— (1967) 'Minoan stone vases as evidence for Minoan foreign connections in the Aegean Late Bronze Age', *Proceedings of the Prehistoric Society* 33: 37–48.

Webster, T. B. L. (1958) *From Mycenae to Homer*. London: Methuen.

Weigall, A. (1923) *The Life and Times of Akhnaton*. New York: Putnam.

Weir Smyth, H. (1922) *Aeschylus*, 2 vols (Loeb). London: Heinemann/Cambridge, Mass.: Harvard University Press.

Weise, O. (1883) 'Miscellen', *Beiträge zur Kunde der Indogermanischen Sprachen* 7: 167–71.

Wells, W. C. (1818) *An Account of the Female of the White Race of Mankind, Part of Whose Skin Resembles that of a Negro; with some Observations on the Causes of the Differences in Colour and Form Between the White and the Negro Races of Men Appended to Two Essays: One upon Single Vision with Two Eyes and the other ...* London.

Wessetzky, V. (1961) *Die ägyptische Kulte zur Römerzeit in Ungarn*. Leiden: Brill.

West, M. L. (1971) *Early Greek Philosophy and the Orient*. Oxford: Clarendon.

Westfall, R. S. (1980) *Never a Rest: A Biography of Isaac Newton*. Cambridge University Press.

Westman, R. S. and McGuire, J. E. (1977) *Hermeticism and the Scientific Revolution: Papers read at a Clark Library Seminar Los Angeles: William Andrews Clark Memorial Library*. Los Angeles: Unversity of California Press.

Whiston, W. (1957) (1720?) *Concerning God's Command to Abraham to Offer up Isaac, his Son, for a Sacrifice*. Dissertation II added to *The Life and Works of Flavius Josephus*. Philadelphia, pp. 914–21.

White, H. G. E. (1914) *Hesiod: The Homeric Hymns and Homerica*. Cambridge, Mass.: Loeb edn.

Wiener, M. J. (1981) *English Culture and the Decline of the Industrial Spirit, 1850–1980*. Cambridge University Press.

Wigtil, D. N. (1984) 'Incorrect apocalyptic: The Hermetic "Asclepius" as an improvement on the Greek original', in H. Temporini and W. Haase, eds *Aufstieg und Niedergang der römischen Welt: Geschichte und Kultur Roms im Spiegel der neueren Forschung. 17.4. Religion: (Heidentum: römische Götterkulte, orientalische Kulte in der römischen Welt [Forts.])*, ed. W. Haase, pp. 2282–97.

Wilamowitz-Moellendorf, U. von (1919) *Platon*. Berlin: Weidmann.

—— (1931) *Der Glaube der Hellenen*, 2 vols. Berlin: Weidmann.

—— (1959) *Geschichte der Philologie*, 3rd. edn (1927) repr. Leipzig: Teubner.

—— (1982) *History of Classical Scholarship*, A. Harris, trans. London and Baltimore: Johns Hopkins University Press.

Wilcken, U. (1928) 'Alexander Zug in die Oase Siwa', *Sitzungberichte der preußischen Akademie der Wissenschaften* VIII: 576–603.

—— (1930) 'Alexander Zug von Ammon: Epiteg', *Sitzungberichte der Preußischen Akademie der Wissenschaften* X: 159–76.

—— (1931) 'Eine Gedächtnisrede auf Barthold Georg Niebuhr', *Bonner akademische Reder* 10. Bonn.

Willetts, R. (1962) *Cretan Cults and Festivals*. London: Routledge & Kegan Paul.

Williams, C. (1971) *The Destruction of Black Civilization: great issues of a race from 4500 BC to 2000 BC*. Dubugne, Iowa: Kendall/Hunt.

Williams, R. J. (1981) 'The sages of Ancient Egypt in the light of recent scholarship', *Journal of the American Oriental Society* 101/1: 1–19.

Wilson, E. (1960) *To the Finland Station*. New York: p.b. edn.

Winckelmann, J. (1964) (1764) *Geschichte der Kunst des Altertums*, ed. W. Senff. Weimar.

Winckler, H. (1907) *The History of Babylonia and Assyria*, J. A. Craig, trans. New York: Scribner.

Wind, E. (1968) *Pagan Mysteries in the Renaissance*, rev. edn. (1980) p.b. Oxford: Oxford University Press.

Wismann, H. (1983) 'Modus operandi, analyse comparé des études platoniciennes en France et en Allemagne au 19ème siècle', in Bollack and Wismann, pp. 490–513.

Witte, B. C. (1979) *Der preußische Tacitus: Aufstieg, Ruhm und Ende des Historikers Barthold Georg Niebuhr 1776–1831*. Düsseldorf: Droste.

Wolf, F. A. (1804) *Prolegomena ad Homerum*. 2nd edn. Halle.

Wood, R. (1767) *A Comparative View of the Antient and Present State of the Troade. To which is Prefixed an Essay on the Original Genius and Writings of Homer*. London.

—— (1775) *An Essay on the Original Genius of Homer, with a Comparative View of the Antient and Present State of the Troade*, ed. J. Bryant. London.

Woolley, L. (1938) 'Excavations at Al Mina, Sueidia, 1 & 2', *Journal of Hellenic Studies* 58: 1–30, 133–70.

Wortham, J. D. (1971) *British Egyptology 1549–1906*. Newton Abbot: David & Charles.

Yadin, Y. (1965) '"And Dan, why did he remain in the ships?"', *Australian Journal of Biblical Archaeology*, 1.1: 19–23.

—— (1973) 'And Dan, why did he remain in the ships?', in J. Best, ed. *The Arrival of the Greeks*. Amsterdam: Hakkert, pp. 55–74.

Yates, F. (1964) *Giordano Bruno and the Hermetic Tradition*. London: Routledge & Kegan Paul.

—— (1967) 'The Hermetic tradition in Renaissance science', in C. S. Singleton, ed., *Art, Science and History in the Renaissance*. Baltimore, pp. 255–74.

—— (1972) *The Rosicrucian Enlightenment*. London: Routledge & Kegan Paul.

Yavetz, Z. (1976) 'Why Rome? Zeitgeist and Ancient historians in early 19th century Germany', *American Journal of Philology* 97: 276–96.

Yoyotte, J. (1982) 'Le Panthéon égyptien de J.-F. Champollion', *Bulletin de la Société Française d'Égyptologie: séance solennelle consacrée à la commémoration du cent-cinquantenaire de la mort de J.-F. Champollion* 95: 76–108.

Zafiropulo, J. and Monod, C. (1976) *Sensorium Dei dans l'hermétisme et la science*. Paris: 'Les Belles Lettres'.

Zervos, C. (1920) *Un Philosophe néoplatonicien du XIe s.: Michel Psellos, sa vie, son œuvre, ses luttes philosophiques, son influence*. Paris: Leroux.

Zucker, F. (1950) 'Athen und Aegypten bis auf den Beginn der hellenstischer Zeit', *Antike und Orient*: 140–65. Leipzig.

索 引

（以下页码均为英文版页码，即本书边码）

译者后记

    2009 年夏，蝉声聒噪中，《黑色雅典娜》（第一卷）的译稿终于杀青。此书出版已二十余年，现在距我最初发愿翻译这本书，也已经近八年了。那是 2003 年 4 月 16 日，哥伦比亚大学在意大利卡萨隆重举办萨义德教授的重要著作《东方主义》出版廿五周年纪念（silver jubilee）大会，时在哥大攻读博士的我有幸参与盛会，并获得了萨义德教授的亲笔签名。如今忆起他为我签名时如花朵般盛开的笑脸，我恍然明白：我认识他，他也认识我，我的名字叫作"一个诚实的中国人"，因为有一次开学时我想旁听他的课，他夹着书本，走进教室第一句话就是：没选课的请离开，于是我起身走了，印象中我是唯一一个走开的。纪念会上，萨义德教授讲，《东方主义》1978 年面世后，有两本有影响的书遵循了它的思路，其中之一就是《黑色雅典娜》（该书作者引用了《东方主义》，并在致谢名单中列举了萨义德的名字）。从此，我就记住了这个名字，并与作者贝尔纳教授建立了通信联系，自告奋勇要翻译这本书。现在想来，无知者无畏，我真是有点不知天高地厚。《黑色雅典娜》是一部饱受争议的著作，出版后在学界激起轩然大波，但更是一部有分量的著作，纵横数千年，涉及古典学、东方学、语言学、文学、历史、考古、哲学、宗教、神学、神话、学术史等诸多学科领域，而这些领域我知之不多。我唯一有把握的是我的英文理解水平应该是过硬的，所以在恶补了一阵世界古代史后，我开始啃这块硬骨头。

断断续续的工作后，在我的合作者程英的鼎力相助下，终于译完了这本世界范围内已有十余种译文、中国学者相当关注但一直没有中译本的著作。《历史与当下》（上海：上海三联书店，2005 年）刊有《黑色雅典娜》的节译：《〈黑色雅典娜〉导言》，李霞译，黄洋校，第 96—112 页。但译者没有参考这一译文。笔者选译的《黑色雅典娜》第一卷"绪言"曾发表于白钢主编的《希腊与东方》（"思想史研究"第六辑，上海：上海人民出版社，2009 年，第 13—62 页），本次出版时做了必要的修正。我希望我们的中译本的出版可以作为 2012 年《黑色雅典娜》silver jubilee 的献礼，因为贝尔纳教授是对翻译工作帮助最大的人。他不仅抽出宝贵时间，专门为中译本作了序，而且一次又一次耐心解答我们在翻译过程中碰到的许多疑难问题（包括对原书中一些瑕疵的修正）。没有他的慷慨帮助，我们的翻译工作几乎是不可能的。我们真挚感谢贝尔纳教授，这位与中国结缘的大学问家。（顺便透露一句，贝尔纳教授最近完成了他的英文回忆录，其中有近三万字是与中国有关的。他曾于 20 世纪五十年代末在北京大学学习中文。）

把《黑色雅典娜》与著名的《东方主义》相提并论，并非始自笔者。哥伦比亚大学东亚系教授刘禾早在 1992 年就这么做了（《黑色的雅典》，《读书》1992 年第 10 期），2000 年她进一步阐发了这一思想（《欧洲路灯光影以外的世界》，《读书》2000 年第 5 期）。2006 年，Iain Boal 称，《黑色雅典娜》和《东方主义》一起，是"20 世纪与诽谤和种族主义做斗争的指路明灯"。萨义德教授生前也曾对人讲，《黑色雅典娜》最让他钦佩的地方是，马丁·贝尔纳"在理论建构中对相对可信性原则的明确承担，和他对质疑他的假定词源的批评家一丝不苟的致谢"，并把《黑色雅典娜》称为"一部纪念碑式的、开拓性的作品"。（以上三处引文前两处见《伦敦图书评论》，第 28 卷第 14 号，2006 年 7 月 20 日，"通信"栏；第三处见《黑色雅典娜》第二卷封底。）根据我一个外行人的体会，《黑色雅典娜》在学术的精密度上或有瑕疵（要知道，贝尔纳教授是半路出家，从中国研究转行到古希腊文明起源研究的），但它无疑开辟了一条可能通向广阔前景的道路，对欧洲中心主义当头棒喝，确是振聋发聩、醍醐灌顶之作。《黑色雅典娜》的意义不仅在于 20 世纪，更在于 21 世纪。

《黑色雅典娜》讨论希腊文化形成时期，即公元前两千纪希腊历史的两种阐释模式，即贝尔纳所谓"雅利安模式"和"古代模式"。古代模式是希腊人在古典和希腊化时代通行的看法，雅利安模式则是种族主义和欧洲中心主义渗透进入史学或曰历史写作哲学的结果。雅利安模式 19 世纪上半期取代古代模式，并非古代模式本身的问题，而是由于外部原因。现代古典学的前身是 18 世纪末、19 世纪初兴起于德国哥廷根大学、浸透了种族主义影响的"古代学"（Altertumswissenschaft），后来移植到英美，成为新学科"古典学"（Classics）。古代学的创立者弗里德里希·奥古斯特·沃尔夫曾在哥廷根学习两年，是古典语文学大家克里斯蒂安·戈特洛布·海涅最有名的学生，而后者是"高加索种人"术语发明者、哥廷根自然史教授 J. F. 布卢门巴赫的连襟。基于学术史的梳理，贝尔纳认为，应该推翻欧洲中心主义的雅利安模式，而代之以"修正的古代模式"。《黑色雅典娜》共三卷，后两卷已于 1991、2006 年在大西洋两岸同时出版（第二卷，《考古学和书面证据》; 第三卷，《语言学证据》）。贝尔纳教授这部巨著的广泛和深刻影响不仅体现于它在学术界掀起了惊天波澜和持续争论，而且超出了学术界，及于一般公众。比如，《黑色雅典娜》第一卷除了文字版之外，还先后出版了录像版（San Francisco, C. A. : California Newsreel, 1990）和录音版（Princeton, N. J. : Recording for the Blind and Dyslexic, 2008）。正如《希腊与东方》的"编者按"指出："作为后殖民主义的代表作品之一，《黑色雅典娜》系列的影响远远超越古典学界乃至古代文明研究的范围，在学界内外所引发的激辩远远超过对学术著作的寻常反应，各种带有复杂背景的读者对于该书态度鲜明、迥然相异的评价，使得隐藏在有关希腊精神起源的学术化语言背后的文明自我意识乃至政治意识空前清晰地凸显出来。"《黑色雅典娜》第一卷出版后，英国和美国的主流媒体纷纷发表书评，对该书给予高度评价。书评作者中有知名的古代史学家（G. W. 鲍尔索克），有著名新左派理论家（佩里·安德森），有闻名的人类学家（埃德蒙·利奇爵士，费孝通的老同学），还有杰出的女小说家（玛格丽特·德拉布尔），各界翘楚，不一而足。其热闹场面，成一时之盛。

根据数据库"世界图书馆书目"（WorldCat），《黑色雅典娜》第一卷共有三种版本：除了美国版（罗格斯大学出版社）外，还有两种英国版，即伦敦 Free Association Books（FAB）版和伦敦 Vintage 版。后一种伦敦版以前一种伦敦版为基础，我们翻译依据的版本是北京大学图书馆馆藏的美国版（1991 年 12 月第 7 次印刷），翻译完毕后笔者对照了 FAB 版（该版标题页引用了《共产党宣言》中的名言:"……这样一个联合体,在那里,每个人的自由发展是一切人的自由发展的条件"——这是该出版社名称"自由联合体图书"的由来)。三种版本最初都出版于1987年,都曾经重印过,尤其是美国版和FAB版曾多次重印,FAB版更是有精装本、平装本、珍藏本等多种样式,以适应不同读者的需要。FAB版和美国版大同小异,连文本中的错误都一样,所不同者主要在于扉页、封底的内容以及"前言与致谢"中的致谢名单。印在封底的推荐广告(blurb)美国版总计三条,FAB版总计六条,分别主要出自各自国家的重要媒体,除了玛格丽特·德拉布尔的一段大体相同外,其余均不同;美国版中,内容简介和作者简介出现于封底,而在FAB版中,二者出现于书前扉页,且内容略有不同;FAB版中,书后扉页详细说明了字体、纸张、印刷机类型以及出版者、编辑等工作人员姓名等信息;美国版的封底标出第一卷所获奖项,为FAB版所无;两者的致谢名单各有增减,本译文按照宁多勿少的原则,综合了两个名单。各版的版权页大都标明《黑色雅典娜》的出版得到康奈尔大学"纪念赫尔出版基金"(Hull Memorial Publication Fund)的资助。

本书的翻译分工如下:程英负责翻译第七章、第八章、第九章、第十章、结论和附录,郝田虎翻译了其余部分,二人共同校对、修改了全书。在人名、地名、神祇名称等专有名词的翻译上,译者主要查阅了《世界人名翻译大辞典》(上、下,北京:中国对外翻译出版公司,2007年第2版)、《世界地名录》(上、下,北京:中国大百科全书出版社,1984年)、《不列颠百科全书:国际中文版》(20卷,北京:中国大百科全书出版社,1999年)等工具书。部分专有名词的翻译也择善而从,参考了互联网上的译名。少数专有名词的译名实在查不到,译者不好贸然杜撰,只好付诸阙如。需要说明的是,本书作者Bernal的名字一般情况下译为伯纳尔,但因为他的父亲J. D. Bernal是英国物理学家,约定俗成的中译名是贝尔纳,所以依据子从父名的原则,Martin Bernal译为马丁·贝尔纳。另外,《黑色雅典娜》共有三卷,我们勉力翻译了第一卷,意在抛砖引玉,等待更有资格的译者翻译其余两卷,以成完璧。

本书翻译过程中,许多师长、同事和朋友提供了精神支持和宝贵帮助,他们包括但不限于:程朝翔教授、高一虹教授、沈弘教授、李耀宗先生、白钢博士、陈贻绎博士、高峰枫博士、匡咏梅老师、袁伟老师等。北京大学外国语学院和英文系的领导和诸位同事容忍我们从事严格说并非本行的学术工作,我们衷心感谢他们所有人和每一个人。书中有些引文的翻译直接采用了一些前辈的译笔，如我们所深深尊敬的杨宪益、张谷若、赵萝蕤等诸位先生，已经一一注明，我们愿在此向他们表达崇高的敬意。上海三辉咨询有限公司的严搏非先生、李志卿女士、吉林出版集团有限责任公司的崔文辉先生以及紫禁城出版社的刘辉女士等人为本书的策划、编辑和出版做出了不可磨灭的贡献，我和他们的合作是愉快的，特别要感谢他们耐心等待我和我的妻子程英完成译稿，感谢他们改正了译稿中的一些错别字和错误。我们的家人，包括我的母亲，我的岳父、岳母等，解除了我们的后顾之忧，为翻译的完成提供了基本保证，我们的感激已非言语可以表达。还有许许多多同学和学生的期待和关切，也是我们前进的动力。

　　谨以此译本纪念我的父亲郝玉亮，感谢他对我的养育之恩。小时候，我老得第一，爸爸老说我"瘌子里面挑将军"，现在我也不是将军，但我希望，我的微末工作没有辜负他的期望和教导。

　　尽管我们战战兢兢，小心翼翼，力求对得住作者和读者，但由于水平有限，译文的缺点错误在所难免，恳请读者朋友批评指正，以便再版时修订。谢谢。

郝田虎（haotianhu@pku.edu.cn）

2009.8.14 初稿，2011.2.18 完成　燕北园

修订版后记

　　《黑色雅典娜》（第一卷）中译本自 2011 年出版后，得到各方读者的热烈反馈。其中，我们要特别感谢北京大学哲学系校友高洋同学在豆瓣提出批评和建议，感谢中国社会科学院外文所程巍研究员在《中国图书评论》主持主题书评，感谢北京大学历史系颜海英教授指点关于古埃及语的问题，感谢北京大学法语系段映虹教授解答关于法语译名的问题，感谢中国人民大学哲学系聂敏里教授和复旦大学中文系白钢副教授发表有见地的书评，感谢我的博士生崔梦田同学在页边添加了原书页码，并校对了部分注释，感谢上海三辉咨询有限公司为出版修订本所付出的种种努力。本书作者贝尔纳先生对我们的译本多所嘉勉，遗憾的是，驾鹤西游的他已经看不到更为完善的修订版了。还有众多老师、同事、朋友和同学表示过关心、鼓励和支持，在此一并谢过。

　　修订过程中，译者发现，《黑色雅典娜》（第一卷）的版本问题非常有趣。不唯扉页、致谢和封底，而且从正文到注释到书目，几乎每次重印都有改动，有些改动甚至是相反的。例如，某个古埃及语词到底是不是阴性形式（原书第 71 页），犹太反抗的最后一位弥赛亚领导人是在他的朋友还是他的敌人中间以"星之子"而闻名（原书第 127 页），马伯乐有个儿子成为杰出的汉学家，究竟是 Jean 还是 Henri（第五章注 133），威廉·奥尔布赖特是在 1963 年还是 1971 年去世的（原书第 409 页），等等。《黑色雅典娜》项目所涉及知识领域的广度和深度是惊人的，作者偶尔犯个错误，其实无伤大雅，这并不能成为攻击他作为历史学家可信度的理由。恰恰相反，作者勇于挑战自我，始终孜孜以求，不断修改完善，这种不懈追求真知、严谨踏实治学的精神值得倡扬和效仿。根据数据库"世界图书馆书目"（WorldCat）的最新记录，《黑色雅典娜》（第一卷）有第十次印刷的本子（2003），国家图书馆和浙江大学图书馆有收藏。我们翻译时选择的原文底本是第七次印刷的本子，美国罗格斯大学出版社 1991 年 12 月出版，北京大学图书馆藏本。出版社提供的样书是伦敦 FAB 版 1988 年重印本，我们没有使用这一版，也没有使用 1987 年首次印刷本，而采用了北大图书馆藏本，还是比较妥当的。本次修订，译者多方搜集，比对了英国版和美国版八个印次的本子，包括第十次印刷本，考察了各种异文，对译文做了广泛补充和修正。译文第一版面世前夕，中国社会科学院外文所袁伟副研究员曾经提醒我原书的版本问题，我现在终于可以给予他一个比较满意的回答了。中译本修订版以第七次印刷本为基础，充分考量了其他印刷本，愉快吸收了第十次印刷本的最新修改，并做了进一步校正，因此比较忠实、全面地反映了作者的最终意图。笔者期待，通过细致的校勘工作，本修订版能够成为值得信赖的学术版本。

我们的修订工作是严肃认真的，也是全方位的，不仅增加了原书页码，更新了书目（大概是出于方便，编辑原来采用了样书书目，即 FAB 版 1988 年重印本书目，修订版则采用第十次印刷本书目，略有改动），恢复了索引；更重要的是，我们对译文本身进行了大大小小千百处修改。尽管如此，由于时间和水平的限制，缺点错误在所难免，我们期待读者的反馈和善意的批评。谢谢您。

谨以此修订本纪念马丁·贝尔纳教授（1937—2013），希望他在天之灵感到满意。虽然我们从未谋面，但我能感受到他炯炯的目光。

郝田虎

2016 年 5 月

京郊燕北园